WBC 성경주석

열왕기상

솔로몬

WORD BIBLICAL COMMENTARY

Volume 12

1 Kings

SIMON J. DeVRIES

THOMAS NELSON PUBLISHERS
Nashville

목 차

편집자 서문

본 성경 주석 전집(WBC: Word Biblical Commentary)이 세상에 나오기까지는 수 년 간의 기획 과정이 필요했다. 1977년에 본 전집의 편집위원회 위원들은 발행인들과 회합한 자리에서 몇 가지 뚜렷한 특징을 지닌 새로운 성경 주석의 발간 가능성을 면밀하게 검토했다. 그러한 특징이 무엇인지는 독자들이 이 주석서들을 진지한 자세로 읽어 내려가는 과정에서 금방 알게 될 것이다. 하지만 본 성경 주석이 당초에 목표로 삼은 것이 과연 얼마나 완벽하게 성취되었는지는 오로지 시간만이 말해 줄 수 있을 것이다.

우선, 우리는 우리와 뜻을 같이하면서 세계 도처의 대학교, 신학교 등에서 가르침의 사역에 종사하고 있는 학자들을 되도록 폭 넓게 선발하여 본 성경 주석의 기고자로 삼기 위해 많은 노력을 기울여 왔다. 매우 다양한 교단적 배경을 지닌 본서 기고자들의 폭 넓은 시야는 가히 "복음주의적" – 성경을 하나님의 계시로 받아들이고 기독교 복음의 진리와 능력을 자신의 생명처럼 여긴다는 적극적이고 역사적인 의미에서 – 이라 불려지는 것이 마땅하다.

다음으로, 본 전집에 포함된 주석서들은 처음부터 『WBC 성경주석』의 일환으로 쓰여진 책들이다. 오늘날 성경 주석 분야에서 상당한 호평을 받고 있는 몇몇 전집들이 영어 이외의 언어로 쓰여진 저작들을 영어로 번역한 것에 비하여, 본 성경 주석은 오로지 처음부터 영어로 쓰여진 책들만이 포함되어 있다. 또한 본 전집의 주석가들은 성경 원문을 각자 나름대로 영어로 번역한 다음, 그 번역된 성경 본문을 자신들의 주해와 주석의 바탕으로 삼는 것을 원칙으로 삼았다. 나아가서 본 전집의 대표적인 특징으로는, 그 내용이 어디까지나 성경적인 언어를 바탕으로 하면서도 각계 각층의 독자들 – 공부하는 학생들, 현재 목회 사역에 종사하고 있는 교역자들 그리고 이 분야를 전공하는 학자들이나 교수들 – 이 성경에 대한 신학적 이해를 학문적이면서도 실제적으로 쌓아 나갈 수 있고, 또 그들에게 현실적인 도움이 될 수 있도록 구성되어 있다는 점을 들 수 있다.

마지막으로, 본 성경 주석의 구성 양식에 관하여 몇 마디 말을 덧붙이고자 한다. 우리는 여러 계층의 – 그리고 상이한 수준의 – 독자들을 의식하여, 확실하게 구분되는 몇 개의 단락으로 나누어 책의 내용을 구성했다. 예를 들어, 번역된 성경 본문의 바탕을 이루는 히브리어와 헬라어 원문에 관하여 좀더 깊이 있게 공부하려는 독자들은 본 성경 본문의 "원문주해"를 살펴보고, 현대 신학자들이 어떠한 해석을 내리고 있는지에 관심이 있다면 "참고문헌" 및 "양식/구조/배경"을 참조하면 될 것이다. 또한 어떤 성경 본문의 의미 및 그 본문에 포함된 성경적 계시를 좀더 폭 넓은 관점에서 이해하려면 "주석"과 "해설"을 보면 된다. 그러므로 본 성경 주석을 펼쳐 든 사람이라면 누구나 자신에게 유익한 자료들을 얻을 수 있으리라 믿어 의심치 않는다.

이상과 같은 우리의 목표가 상당히 만족스러운 수준까지 달성될 때, 우리 편집자들이 당초에 의도했던 것들이 구체적으로 실현됨과 아울러 본 전집의 기고자들이 흘린 땀방울도 충분한 보상을 받을 수 있게 될 것이다.

책임 편집자 : **데이비드 허바드**(David A. Hubbard)
글렌 바커(Glenn Barker)
구약 편집자 : **존 와츠**(John D. W. Watts)
신약 편집자 : **랠프 마틴**(Ralph P. Martin)

저자 서문

모든 세대의 기독교 학자들은 성경을 연구하고 성경이 말하는 바를 들을 필요가 있다. 이러한 과정을 통하여 그들은 성경을 더 잘 해석하기 위한 방법을 성경 자체로부터 배우게 되며, 또한 어떻게 자신들을 성경에 더 잘 복종시킬 수 있는지를 배우게 될 것이다. 나는 이러한 필요성이 다른 어떤 성경 본문보다도 성경의 역사 기술 작품들에서 더욱 긴요한 문제라고 생각한다. 여기에는 다음과 같은 두 가지 이유가 있다. 첫째는 교회 관련 학교의 학과목들 중에는 구약(창세기, 출애굽기, 여호수아-역대하)과 신약(복음서, 사도행전)의 역사 기술 문헌이 광범위하게 포함되어 있기 때문이고, 둘째는 그동안 이러한 특별 문헌들에 대한 전통적인 기독교 해석학이 매우 빈약했기 때문이다. 사실 선하고 악한 인격체와 더불어 거룩한 사건들은 일종의 역할 모델로서 다루어져 온 경향이 있다. 우리는 이러한 사람들의 좋은 행실들을 본받고 따르도록 (혹은 그들의 나쁜 행실들을 피하도록) 가르침을 받아 왔다. 그러나 기독교는 하나의 옳은 윤리 그 이상의 의미를 가지고 있다. 기독교의 중심에는 그의 아들 예수 그리스도 안에서 참 신이신 하나님에 대한 지극히 개인적인 앎과 신뢰, 그리고 헌신뿐만 아니라 교리적인 고백이 들어 있는 옳은 믿음이 자리하고 있다. 그리스도의 겉모습을 흉내내는 것만으로는 충분하지 않다. 우리 몸 안에서 그리스도가 구체적으로 체현되어야 한다. 유비적으로 다른 성경의 인물들, 즉 아브라함, 모세, 다윗, 여호사밧, 히스기야 그리고 스룹바벨 등의 경우도 마찬가지다. 이들 성경의 인물들 중 그 어느 누구도 부활하신 그리스도께서 살아 계신다는 의미로 살아 있는 것이 아니다. 그러나 그들이 말로나 행동으로 고백했던 것들은 살아서 활동하게 되어야만 한다. 이것이 바로 기독교 강단으로부터 선포되어야 할 내용이고 젊은이들뿐만 아니라 연로한 어른들에게도 가르쳐져야 할 내용들인 것이다. 역사 기술 문헌의 이러한 긴 계보의 성경 인물들이 우리 주위의 "구름같이 둘러싼 허다한 증인들"(히 12:1)이라면, 우리는 그들을 단순히 높이고 흉내내는 것 이상의 무엇인가를 해야 할 필요가 있다. 신학적 증언으로서 그들에 관해 이야기하는 책들이 말하는 바를 경청하면서(바로 이러한 것들이 역사 기술 문헌들이 전하는 본질이기도 하다), 우리는 그들의 증언들을 나누어야 하며 그들 무리의 한 부분이 될 수 있도록 해야 할 것이다.

필자가 교회 전통을 존경하는 마음이 매우 크긴 하지만, 나는 이 세대의 성경 학자들이 다시금 성경의 본질적인 의미에 귀를 기울이도록 만들어야 할 것이다. 나에게 하나님의 말씀에 대한 복종이란 그 말씀의 증언이 온전히 그리고 진실하게 들려지도록 해석되어야 하는 방법론을 포함하는 것이다. 하나님의 말씀으로서의 성경은 인간의 말로 쓰여졌다. 독자는 가장 최근의 방법론들이 이 열왕기상 주석을 위해서 사용되었음을 금세 알게 될 것이다. 이러한 방법론들은 학문적으로뿐만 아니라 성경 자체로부터 얻게 된 것들이다. 나는 이 책을 읽는 사람들이 성경적 자료들의 사실적 내용들과 더불어 양식 비평, 전승사 비평 그리고 편집 비평 등과 같은 새로운 방법론들을 배우게 되기를 바란다. 좀더 낫고 성경적인 방법론들은 심도 있는 성경 연구를 통해서 자신들의 삶을 빚어 나가려는 모든 사람들에게 더욱더 필요한 것이다.

시몬 J. 드 브리스
오하이오 주 델라웨어
1985년 3월

약어표

정기간행물, 연속 간행물 및 참고 자료

AASOR	Annual of the American Schools of Oriental Research
AcOr	*Acta orientalia*
AION	*Annali dell'istituto orientali di Napoli*
AJSL	*American Journal of Semitic Languages and Literature*
ANET	*Ancient Near Eastern Texts*, ed. J. B. Pritchard
AOAT	Alter Orient und Altes Testament
ATAbh	Alttestamentliche Abhandlungen
ATANT	Abhandlungen zur Theologie des Alten und Neuen Testaments
ATD	Das Alte Testament Deutsch
AUSS	*Andrews University Seminary Studies*
BA	*Biblical Archaeologist*
BASOR	*Bulletin of the American Schools of Oriental Research*
BDB	F. Brown, S. R. Driver, and C. A. Briggs, *Hebrew and English Lexicon of the Old Testament*
BETL	*Bibliotheca ephemeridum theologicarum lovaniensium*
BHK	R. Kittel, *Biblia hebraica*, 3rd ed.
BHS	*Biblia hebraica stuttgartensia*
BHT	Beiträge zur historischen Theologie
Bib	*Biblica*
BibB	Biblische Beiträge
BibOr	Biblica et orientalia
BIJS	*Bulletin of the Institute of Jewish Studies*
BJRL	*Bulletin of the John Rylands University Library of Manchester*
BK	*Bibel und Kirche*
BKAT	Biblischer Kommentar: Altes Testament
BLit	*Bibel und Liturgie*
BMik	*Beth Mikra*
BN	*Biblische Notizen*
BOT	De Boeken van het Oude Testament
BotAT	Die Botschaft des Alten Testaments
BTS	*Bible et terre sainte*
BulMusBeyrouth	*Bulletin du musée de Beyrouth*

BWANT	Beiträge zur Wissenschaft vom Alten und Neuen Testament
BZ	*Biblische Zeitschrift*
BZAW	Beihefte zur ZAW
CBQ	*Catholic Biblical Quarterly*
CenB	Century Bible
ConB	Coniectanea biblica
CTA	A. Herdner, *Corpus des tablettes en cunéiformes alphabétiques*
DTT	*Dansk teologisk tidsskrift*
EchB	Echter-Bibel
EHAT	Exegetisches Handbuch zum Alten Testament
EI	*Eretz Israel*
ErbAuf	*Erbe und Auftrag*
EstBib	*Estudios bíblicos*
EstEcl	*Estudios Eclesiásticos*
EvT	*Evangelische Theologie*
ExpB	Expositor's Bible
FOTL	The Forms of the Old Testament Literature
FRLANT	Forschungen zur Religion und Literatur des Alten und Neuen Testaments
Hen	*Henoch*
HKAT	Handkommentar zum Alten Testament
HTR	*Harvard Theological Review*
HUCA	*Hebrew Union College Annual*
IB	*Interpreter's Bible*
ICC	International Critical Commentary
IDB	*Interpreter's Dictionary of the Bible*, ed. G. A. Buttrick
IDBSup	*Supplementary volume to IDB*
IEJ	*Israel Exploration Journal*
Int	*Interpretation*
JAAR	*Journal of the American Academy of Religion*
JAOS	*Journal of the American Oriental Society*
JBR	*Journal of Bible and Religion*
JETS	*Journal of the Evangelical Theological Society*
JHI	*Journal of the History of Ideas*
JNES	*Journal of Near Eastern Studies*
JPOS	*Journal of the Palestine Oriental Society*
JQR	*Jewish Quarterly Review*

JSOTS	*Journal for the Study of the Old Testament, Biblical Studies*
JSS	*Journal of Semitic Studies*
JTS	*Journal of Theological Studies*
KAT	Kommentar zum Alten Testament, ed. E. Sellin
KB	L. Kohler and W. Baumgartner, *Lexikon in Veteris Testamenti libros*
KHCAT	Kurzer Hand-Commentar zum Alten Testament
KKAT	Kurzgefasster Kommentar zu den Heiligen Schriften Alten und Neuen Testaments
KV	Korte Verklaring
LASBF	*Liber Annuus Studii Biblici Franciscani*
Leš	*Lešonénu*
LingBib	*Linguistica Biblica*
OBO	Orbis Biblicus et Orientalis
OTL	Old Testament Library
OTS	*Oudtestamentische Studien*
PCB	*Peake's Commentary on the Bible*, ed. M. Black and H. H. Rowley
PEFQS	*Palestine Exploration Fund, Quarterly Statement*
PEQ	*Palestine Exploration Quarterly*
Ra	A. Rahlfs, ed., *Septuaginta* (Württembergische Bibelanstalt Stuttgart 1935)
RB	*Revue biblique*
RBibIt	*Rivista biblica italiana*
RHR	*Revue de l'histoire des religions*
RSO	*Rivista degli studii orientali*
SAB	*Sitzungsberichte der Deutschen Akademie der Wissenschaft zu Berlin*
SANT	Studien zum Alten und Neuen Testament
SBLSCS	Society of Biblical Literature Septuagint and Cognate Studies
SBT	Studies in Biblical Theology
SEÅ	*Svensk exegetisk årsbok*
Sem	*Semitica*
SOTSMS	Society for Old Testament Study Monograph Series
ST	*Studia theologica*
StSemNed	Studie Semitica Nederlandica
TBT	*The Bible Today*
THAT	*Theologisches Handwörterbuch zum Alten Testament*, ed. E. Jenni and C. Westermann
ThEx	*Theologische Existenz Heute*

TLZ	*Theologische Literaturzeitung*
TRu	*Theologische Rundschau*
TS	*Theological Studies*
TTZ	*Trierer theologische Zeitschrift*
TZ	*Theologische Zeitschrift*
UF	*Ugaritische Forschungen*
VD	*Verbum domini*
VT	*Vetus Testamentum*
VTSup	*VT* Supplements
WMANT	Wissenschaftliche Monographien zum Alten und Neuen Testament
WO	*Die Welt des Orients*
WuD	*Wort und Dienst*
ZAW	*Zeitschrift für die alttestamentliche Wissenschaft*
ZDMG	*Zeitschrift der deutschen morgenländischen Gesellschaft*
ZDPV	*Zeitschrift des deutschen Palästina-Vereins*
ZKT	*Zeitschrift für katholische Theologie*
ZTK	*Zeitschrift für Theologie und Kirche*

히브리어 사본 및 고대 역본

A	Arabic version
Arm	Armenian version
C	Coptic version
E	Ethiopic version
G	Greek Septuagint (=LXX)
G^A	Codex Alexandrinus
G^B	Codex Vaticanus (and its recension)
G^L	The (proto-)Lucianic recension
G^O	The Origenic (Hexaplaric) recension
G^S	Codex Sinaiticus
Jos	Fl. Josephus
Kaige	*Kaige* recension of LXX
LXX	see G
MT	Masoretic Text (*BHS*)

Chr	Chronicles
K	Kethibh
Or	The Oriental MS family
Q	Qere
Seb	Sebir (C. Ginsburg)
OG	"Old Greek" = Alexandrian LXX
OL	Old Latin (Vetus Latinus)
P	Priestly Source
Par	Paralipomenon (Greek Chronicles)
Syr	Syriac
Syrh	Syro-Hexaplar
Tg	Targum
"The Three":	
A	Aquila
θ	Theodotion

Σ	Symmachus	Vg	Vulgate

The LXX text if cited from A. E. Brooke, N. McLean, and H. St. J. Thackeray, *The Old Testament in Greek*, II, ii (Cambridge 1930).

현대의 문서

Burney C. F. Burney, *The Book of Judges* (*etc.*) *and Notes on the Hebrew Text of the Book of Kings*, New York: KTAV, 1970 (reprint of 1918 ed.).

Gray J. Gray, *I & II Kings, A Commentary*. OTL. 2nd rev. ed. Philadelphia: Westminster, 1970.

HOTTP D. Barthelemy *et al.*, eds., *Preliminary and Interim Report on the Hebrew Old Testament Text Project*. Vol. 2. Stuttgart: United Bible Societies, 1976.

Noth M. Noth, *Konige*. BKAT IX/1. Neukirchen-Vluyn: Neukirchener Verlag, 1968.

YTT S. J. De Vries, *Yesterday, Today and Tomorrow: Time and History in the Old Testament*. Grand Rapids: Eerdmans; London: SPCK, 1975.

성경 및 외경

구약

Gen	Genesis	Ezra	Ezra
Exod	Exodus	Neh	Nehemiah
Lev	Leviticus	Esth	Esther
Num	Numbers	Job	Job
Deut	Deuteronomy	Ps	Psalms
Josh	Joshua	Prov	Proverbs
Judg	Judges	Eccl	Ecclesiastes
Ruth	Ruth	Cant	Song of Solomon
1 Sam	1 Samuel	Isa	Isaiah
2 Sam	2 Samuel	Jer	Jeremiah
1 Kgs	1 Kings	Lam	Lamentations
2 Kgs	2 Kings	Ezek	Ezekiel
1 Chr	1 Chronicles	Dan	Daniel
2 Chr	2 Chronicles	Hos	Hosea

Joel	Joel	Hab	Habakkuk
Amos	Amos	Zeph	Zephaniah
Obad	Obadiah	Hag	Haggai
Jonah	Jonah	Zech	Zechariah
Mic	Micah	Mal	Malachi
Nah	Nahum		

신약

Matt	Matthew	1 Tim	1 Timothy
Mark	Mark	2 Tim	2 Timothy
Luke	Luke	Titus	Titus
John	John	Phlm	Philemon
Acts	Acts	Heb	Hebrews
Rom	Romans	Jas	James
1 Cor	1 Corinthians	1 Pet	1 Peter
2 Cor	2 Corinthians	2 Pet	2 Peter
Gal	Galatians	1 John	1 John
Eph	Ephesians	2 John	2 John
Phil	Philippians	3 John	3 John
Col	Colossians	Jude	Jude
1 Thess	1 Thessalonians	Rev	Revelation
2 Thess	2 Thessalonians		

외경

1 Kgdms	1 Kingdoms	Ep Jer	Epistle of Jeremy
2 Kgdms	2 Kingdoms	1 Macc	1 Maccabees
3 Kgdms	3 Kingdoms	2 Macc	2 Maccabees
4 Kgdms	4 Kingdoms	3 Macc	3 Maccabees
Add Esth	Additions to Esther	4 Macc	4 Maccabees
Bar	Baruch	Pr Azar	Prayer of Azariah
Bel	Bel and the Dragon	Pr Man	Prayer of Manasseh
1 Esdr	1 Esdras	Sir	Sirach
2 Esdr	2 Esdras	Sus	Susanna
4 Ezra	4 Ezra	Tob	Tobit
Jdt	Judith	Wis	Wisdom of Solomon

기타

act	active
art	the article (grammatical)
chap(s).	chapter(s)
cj	conjecture
consec	consecutive
corr	corruption, is corrupt
Dtr	Deuteronomistic history/redaction/redactor
Eng.	English verses
ET	English translation
fem	feminine
Fs	Festschrift
gl	gloss
Gr.	Greek
hab	*habet(nt)* has/have
Heb.	Hebrew
hiph	hiphil
hithp	hithpael
h.l.	*hapax legomenon*
hoph	hophal
impf	imperfect
impv	imperative
ind	indicative
inf	infinitive
init	*initium*, at the beginning
juss	jussive
lit.	literally
masc	masculine
mg	margin
min	(some or all) minuscules
MS(S)	manuscript(s) (When appearing as first entry, the reference is to manuscripts of MT)
niph	niphal
opt	optative
pass	passive
pers	person (grammatical)
pl	plural
praem	*praemittit(unt)*, sets forward
ptcp	participle
qal	the basic stem of Heb. verbs
rell	*reliqui*, the remaining witnesses
sing	singular
tr	transpose(s)
v, vv	verse, verses
Vrs	(all) the ancient versions
+	add(s), addition
⁺	additional material at the verse cited (=$^{a\text{-}z}$)
x	with preceding numeral: times, occurrences
*	the original hand in a MS cited

주요 참고문헌

Barnes, W. E. *Kings.* The Cambridge Bible. Cambridge: Cambridge University Press, 1908. **Benzinger, I.** *Die Bücher der Könige erklärt.* KHCAT 9. Freiburg i. B., Leipzig & Tübingen: J. C. B. Mohr(Paul Siebeck), 1899. **van den Born, A.** *Koningen uit de grondtekst vertaald en uitgelegd.* BOT IV/2. Roermond-Maaseik: J. J. Romen, 1958. **Burney, C. F.** *Notes on the Hebrew Text of the Book of Kings, with an Introduction and Appendix.* Oxford: Clarendon Press, 1903. **Farrar, F. W.** *The First Book of Kings.* ExB. New York: Funk & Wagnalls, 1893. **Fichtner, J.** *Das Erste Buch der Könige.* BotAT 12/1. Stuttgart: Calwer Verlag, 1964. **van Gelderen, C.** *De Boeken van Koningen,* 3 vols. KV. Kampen: J. H. Kok, 1936-37. **Gray, J.** *I and II Kings, a Commentary.* OTL. Philadelphia-London: Westminster, 1964; 2nd ed. 1970. **Gressmann, H.** *Die älteste Geschichtsschreibung und Prophetie Israels(von Samuel bis Amos und Hosea) übersetzt, erklärt und von Einleitungen versehen.* Göttingen: Vandenhoeck & Ruprecht, 1921. ______. *Die Schriften des Alten Testament in Auswahl,* II, 2. Göttingen: Vandenhoeck & Ruprecht, 1910-15; 2nd ed., 1911-25. **Kittel, R.** *Die Bücher der Könige.* HKAT. Göttingen: Vandenhoeck und Ruprecht, 1900. **Klostermann, A.** *Die Bücher Samuelis und der Könige.* KKAT. Nördlingen: Beck, 1887. **Long, B. O.** *1 Kings, with an Introduction to Historical Literature.* FOTL IX. Grand Rapids: Eerdmans, 1984. **Mauchline, J.** "I and II Kings," *PCB.* London: T. Nelson, 1962. **Montgomery, J. A., and Gehman, H. S.** *A Critical and Exegetical Commentary on the Books of Kings.* ICC. Edinburgh: T. & T. Clark, 1951. **Noth, M.** *Könige*(1. Teilband). BKAT IX/1. Neukirchen-Vluyn: Neukirchener Verlag, 1968. **Rehm, M.** *Die Bücher der Könige.* EchB, AT. Würzburg: Echter Verlag, 1954. **Robinson, J.** "The First Book of Kings," *The Cambridge Bible Commentary.* Cambridge: Cambridge University Press, 1972. **Sanda, A.** *Die Bücher der Könige.* EHAT. 2 vols. Münster i. W.: Aschendorff, 1911-12. **Schlögl, P. N.** *Die Bücher der Könige (etc.) übersetzt und erklärt.* KAT I, 3, 2. Vienna: Mayer, 1911. **Skinner, J.** *I and II Kings.* CenB. London & Edinburgh: T. C. & E. C. Jack, 1893; rev. ed., 1904. **Snaith, N. H.** "The First and Second Books of Kings, Introduction and Exegesis," *IB* III. New York-Nashville: Abingdon, 1954. **Thenius, O.** *Die Bücher der Könige erklärt.*

KHCAT. Leipzig: S. Hirzl, 1873. **Trinquet, J.** (with E. Osty). "Premier et deuxième Livre des Rois," *La Bible.* Paris: Editions Rencontre, 1970. **Ubach, B.** *I i II dels Reis.* La Biblia(Montserrat), VI. Viena: Monestir de Montserrat, 1957. **de Vaux, O. P., R.** *Les Livres des Rois.* La Bible de Jérusalem. Paris: Editions de Cerf, 1949; 2nd ed., 1958. **Würthwein, E.** *Das Erste Buch der Könige übersetzt und erklärt.* ATD 11/1. Göttingen: Vandenhoeck & Ruprecht, 1977.

Special Studies

Barrick, W. B. "On the 'Removal of the "High-places,"' in 1-2 Kings." *Bib* 55(1974) 257-59. **Döller, J.** *Geographische und ethnographische Studien zum III. und IV. Buche der Könige.* Theologische Studien der Leo-Gesellschaft, 9. Vienna: Mayer, 1904. **Ehrlich, A. B.** *Randglossen zur hebräischen Bibel, textkritisches, sprachliches und sachliches.* Vol. 7, *Könige.* Leipzig: J. C. Hinrichs, 1914. **Jenni, E.** "Zwei Jahrzehnte Forschung and den Büchern Josua bis Könige." *TRu* n.F. 27(1961) 1-34, 97-146.

열왕기상

서론

열왕기상의 세계

사무엘하와 열왕기상의 구분, 그리고 열왕기상과 열왕기하의 구분은 매우 인위적이다. 열왕기상 1-2장은 일반적으로 왕위 계승사라고 알려진 사무엘하 20장에서 나누어진 자료에 대한 결론임이 분명하다. 열왕기상의 처음 두 장은 고대 편집자에 의해서 앞의 자료들로부터 나누어졌다. 그 편집자는 다루기에 용이한 길이의 성구 두루마리의 분량으로 성경을 나누었을 것이다. 또한 이 열왕기상의 처음 두 장은 계속해서 이어지는 장들의 중요한 주제가 되는 솔로몬에 대해서(두 장은 또한 다윗에 대해서도 이야기하고 있음) 이야기하고 있기 때문에 열왕기에 편입시켰을 것이다. 열왕기상 22장과 열왕기하 1장의 구분도 역시 매우 불합리한 나눔이다. 열왕기하 1장은 열왕기상 17-19장 그리고 21장의 주요 등장 인물인 엘리야에 대한 이야기를 계속하고 있기 때문이다. 또한 열왕기상 22:50에서 여호사밧의 죽음에 대해 읽은 뒤 열왕기하 3장에서 전쟁터로 나아가는 그를 만나게 되는 것은 얼마나 이상스러운 것인가! 독자는 열왕기상의 이야기가 마치 미술 작품의 토르소(머리와 팔, 다리가 없이 몸통만 남아 있는 부조-역자주)와 같이 완성되지 않은 작품으로 남겨진 것을 느끼게 된다. 그러나 다행히도 이어지는 "책"인 열왕기하에서 그 내용을 읽을 수 있다. 단순히 예전용으로 나누어진 열왕기하는 고대로부터 모든 성경에서 열왕기상 다음에 놓여져 있다.

지정학적 · 문화적 정황

참고문헌

Aharoni, Y. *The Land of the Bible; a Historical Geography.* Philadelphia: Westminster, 1967. ______ **and Avi-Yonah, M.** *The Macmillan Bible Atlas.* New York-London, 1968. **Baly, D.** *The Geography of the Bible*, rev. ed. New York: Harper, 1974. ______ **and Tushingham, A. D.** *Atlas of the Biblical World.* New York:

World, 1971. **Kenyon, K. M.** *Archaeology of the Holy Land.* New York: Praeger, 1960. **Noth, M.** *Die Welt des Alten Testaments*, 4th ed. Berlin: Töpelmann, 1962. **Smith, G. A.** *The Historical Geography of the Holy Land.* 4th ed. New York-London, 1894. **Wright, G. E.** *Biblical Archaeology*, rev. ed. Philadelphia: Westminster, 1962.

많은 성경 주석류는 독자가 성경 이야기의 배경이 되는 지정학적 배경과 역사적 배경에 매우 익숙해 있는 것으로 가정하고 바로 본문과 그 구성에 관한 기술을 시작한다. 그러나 구약에 매우 정통해 있다고 하는 학생들마저도 단지 열왕기상의 사건들이 일어난 장소와 시간 등에 대해서만 알고 있는 것이 우리의 현 실정일 것이다. 더욱이 성경은 신앙의 초보자들과 평신도들도 대하고 읽는다. 따라서 이러한 초보자들을 위해서 성경의 한 본문이 어떻게 적절한 장소와 시간 속에서 존속해 올 수 있었는지를 알려 주는 일정한 안내가 필요한 것이다.

본 주석서는 "열왕기상의 세계"에 관하여 매우 본질적이며 필요한 정보를 언급함으로써 시작할 것이다. 무엇보다도 그러한 세계는 지형학적으로 묘사되어 있고 문화적으로 한정되어 있다. 열왕기상을 한 장 한 장 읽어 나가는 독자들은 어디에서 그 사건들이 일어났으며, 어떠한 문화적 여건들이 그러한 사건을 낳게 되었는지에 대해서 그들이 알고 있는 모든 것을 다시금 회상해야 할 필요가 있다. 먼저 대부분의 이야기들은 남 유다의 관점에서 이야기되고 있다는 것과 유다의 땅과 왕국에 특별한 의미가 주어지는 사건들에 관심을 두고 있음을 아는 것이 중요하다. 다윗에 의해서 불과 수십 년 전에 정복된 예루살렘은 열왕기상에서 이스라엘의 유일하고 위대한 수도로 등장한다. 따라서 예루살렘은 1장에서 11장에 걸쳐, 그리고 12장에서도 나타난다. 12장에서 상세히 언급되는 남북 이스라엘의 대 분열은 모든 면에서 극적인 전환을 가져온다. 12장 이후에는 예루살렘에 대한 언급이 거의 없다. 신명기 사관에 입각한 편집자는 르호보암, 아비얌, 아사 그리고 여호사밧과 같은 남 왕조에 대한 그의 관심을 현저히 줄이고, 대신에 북 이스라엘의 디르사, 사마리아와 같은 여러 도시들을 상대적으로 더 중요하게 언급한다.

이전에 여부스 족속이 거주했던 지역이었던 예루살렘은 베냐민(사울의 지파)과 유다 사이의 정확한 부족적 경계에 위치하고 있었다. 남쪽으로 5마일 떨어진 곳에는 다윗의 출생지인 베들레헴이 있다. 예루살렘은 또한 먼 남북 양 방향으로 향하고 있는 네게브 사막으로부터 수십 마일 떨어진 길멜 지역과 이스르엘 계곡에 이르기까지 북에서 남에 이르는 주요 산등성이의 경사지에 놓여 있다. 히브리 전 왕조기 동안 예루살렘 성곽은 성전을 위해서 북쪽으로 확장한, 기드론 골짜기와 직접 인접한 남동쪽의 오펠(Ohpel) 언덕을 차지하고 있었다. 사무엘하는 이 도시가 매우 견고한 요새였다고 전하고 있다. 솔로몬은 그의 늘어나는 복잡한 통치 영역을 행정적으로 관할하기 위해서 이 성벽을 증축하고 왕궁을 건축했다.

예루살렘은 그 주변의 지역과 더불어 열왕기상 1-11장에서 일어나는 대부분의 사건들의 공간적 배경이 되는 곳이다. 시므이는 유다의 바깥 경계가 되는 가드로 도망간다(2:40). 솔로몬은 예배하고 하나님의 계시를 받기 위해서 예루살렘의 북쪽으로 몇 마일 떨어져 있는 기브온으로 간다(3:4-9). 유다와 베냐민 족속의 언덕 지역은 식물이 거의 없는 울퉁불퉁한 바위 산으로 되어 있다. 4장은 유다 밖의 솔로몬의 통치 영역이 어떻게 열두 지역으로 정확하게 나뉘었는지를 말해 주고 있다. 이러한 묘사는 지형, 기후 그리고 문화적 특성들의 광범위한 전경을 잘 보여 주고 있는 것이다. 한 사람이 갈릴리에 이르는 북쪽으로, 평야(Shephelah)와 해안 평지에 이르는 서쪽으로, 혹은 요단 협곡과 요단 동편의 고지대에 이르는 동쪽으로 여행할 때 볼 수 있는 매우 다양한 양상인 것이다. 이러한 다양성은 자연적인 것에서만 보이는 것이 아니다. 다양한 국적과 인종들이 솔로몬의 통치에서 나타난다. 솔로몬에 의해서 강화되고 있는 다윗의 정복 전쟁의 결과는 수많은 가나안 원주민들을 흡수했고, 이전의 도시 국가 거주민들은 그의 왕국을 이루는 구성원으로 통합되었다. 비록 그들의 사회적 지위는 이스라엘 민족보다는 못했고, 여호와에 대한 충성은 고작 명목상에 불과했을지라도, 그들은 이스라엘의 통합 왕국의 당당한 시민들(적어도 국민의 일원으로서)이었다.

그러나 열왕기상은 또한 팔레스타인 외부의 나라들에 대해서도 관심을 가지고 기술하고 있다. 히람의 백향목들과 아합의 아내가 온 페니키아(베니게)의 두로(오늘날 레바논), 솔로몬이 금과 희귀한 보석을 얻기 위해 사람들을 보낸 남부 아라비아와 아프리카의 혼(Horn), 솔로몬의 통치에 반기를 들고 대항한 첫 번째 속국들인 에돔과 암몬, 그리고 무엇보다도 솔로몬이 의지하고 아내를 취한 애굽 등과 같은 외부의 나라들에 관해서 기술하고 있다. 이러한 수많은 나라들에 이르는 길은 때때로 사막을 통과하는 길이 있었으나, 점차로 바다 길이 교통의 중요한 방법으로 등장하게 되었다. 남쪽의 바다는 아라비아와 아프리카로, 서쪽의 바다는 애굽, 페니키아(베니게), 그리고 멀리는 다시스까지 연결해 주었다. 다른 무엇보다도 바다는 이렇게 막힌 땅과 언덕으로 고립된 왕국을 위대한 선진 문명권에 다가설 수 있도록 해주었다. 따라서 제2철기(열왕기상하의 시기)의 시작으로부터 남겨진 고고학적 유물들이 이스라엘 경계 밖에서 만들어진 특이하고 귀한 세공물들의 거래와 수입의 흔적을 보여 주는 것은 그리 놀라운 일이 아니다.

12-22장의 내러티브들은 주로 예루살렘에서 분리된 북 왕국의 성소와 수도에서 일어난 일들을 기술하고 있다. 많은 사건들이 한때 번창했던 라헬 족속들(베냐민, 에브라임, 므낫세)의 조상 지역에서, 그리고 특별히 새로운 왕조의 새로운 거주지인 사마리아에서 발생한다. 다윗의 수도가 되기 전에 예루살렘은 여부스 족속이 머물던 도시였다. 그러나 사마리아는 전혀 새로운 수도인 것이다(16:24). 고립된 언덕 위에 높게 건축된 사마리아는 약탈 떼인 강도들과 그 땅으로 통하는 주요한 도로망을 통과하는 왕들의 행진으로부터 반쯤 숨겨진 지역에 위치하고 있으면서 주변의 비옥한 지역을 모두 관할하고 있는 곳이었다.

사마리아가 어디에 위치하고 있는지, 어떻게 사마리아를 포로로 잡았는지를 – 특별히 시리아가 – 알고 있는 사람들이 있다(그레코-로만 이름인 시리아는 셈족어로는 "아람"이다). 고대 아람 제국은 상부 유프라테스(마리) 혹은 오론테스(Orontes)의 계곡(하맛; 참조. 에블라)에 걸쳐 그 나라의 수도를 가지고 있었다. 그러나 성경 시대에 이르러 다메섹은 독립 지역이 되었다. 이 지역은 레바논 반대 지역의 산들과 동부 사막 사이에 위치하고 있었다. 또한 이 지역은 이스라엘의 이스르엘 계곡과 서쪽으로 사마리아의 중앙에 위치한 산들, 그리고 남쪽으로 길르앗의 도시들을 통괄할 수 있는 전략적 요충지였다. 앞으로 다가올 악한 침입자인 시리아의 북 이스라엘을 향한 심각한 위협을 기술하면서 열왕기상은 끝을 맺는다.

정치적 정황

참고문헌

역사

Bright, J. *A History of Israel.* Philadelphia: Westminster, 1959. **Hayes, J. H.,** and **Miller, J. M., eds.** *Israelite and Judaean History.* Philadelphia: Westminster, 1977. **Herrmann, S.** *Geschichte Israels in alttestamentlicher Zeit.* Munich: Kaiser, 1973. ET, *A History of Israel in Old Testament Times.* Philadelphia: Fortress, 1975. **Malamat, A.** "The Aramaeans." In *Peoples of Old Testament Times,* J. Wiseman, ed., pp. 134-55. Oxford: Clarendon, 1973. **Noth, M.** *Geschichte Israels,* 2nd ed. Göttingen: Vandenhoeck & Ruprecht, 1956. ET, *The History of Israel*, 2nd ed. New York: Harper, 1960. ______. *Ueberlieferungsgeschichte des Pentateuch*. Stuttgart: Kohlhammer, 1948. ET by B. W. Anderson, *A History of Pentateuchal Traditions*. Englewood Cliffs, N.J.: Prentice-Hall, 1972. **Unger, M. F.** *Israel and the Aramaeans of Damascus*. London: J. Clarke, 1957.

연대기

Albright, W. F. "The Chronology of the Divided Monarchy of Israel." *BASOR* 100(1945) 16-22. **Anderson, K. T.** "Die chronologie der Könige von Israel und Juda." *ST* 23(1969) 64-114. **Begrich, J.** *Die Chronologie der Könige von Israel und Juda*. Tübingen: Mohr, 1929. **De Vries, S. J.** "Chronology of the OT." *IDB* I(1962) 580-99. ______. "Chronology, OT." *IDBSup*(1976) 161-66. **Freedman, D. N., and Cross, F. M.** "Old Testament Chronology." *The Bible and the Ancient Near East*(Albright Fs). Garden City, N.Y.: 1961. **Goldschmied, L.** "Zur Chronologie der Königsbücher." *ZDMG* 54(1900) 17-36. **Kamphausen, A.** *Die Chronologie der hebräischen Könige, Eine geschichtliche Untersuchung*. Bonn: Max Cohen & Sohn(Fr. Cohen), 1883. **Kleber, A. M.** "The Chronology of 3 and 4 Kings and 2 Paralipomenon." *Bib* 2(1921) 3-29, 170-205. **Lewy, J.** *Die Chronologie der Könige von Israel und Juda*. Giessen: Alfred Töpelmann, 1927. **Morawe, G.** "Studien zum Aufbau der Neubabylonischen Chroniken in ihrer Beziehung zu den Chronologischen Notizen der Königsbücher." *EvT* 26(1966) 308-20. **Mowinckel, S.** "Die Chronologie der israelitischen und jüdischen Könige." *AcOr* 9(1931) 161-277. **Schedl, C.** "Textkritische Bemerkungen zu den synchronismen der Könige von Israel und Juda." *VT* 12(1962) 88-119. ______. "Worte und Jahre. Zehnerverschreibungen und Mitregentschaften." *Bib* 46(1965) 454-59. **Thiele, E. R.** "A Comparison of the Chronological Data of Israel and Judah." *VT* 4(1954) 185-95. ______. "Coregencies and Overlapping Reigns among the Hebrew Kings." *JBL* 93(1974) 174-200. ______. *The Mysterious Numbers of the Hebrew Kings*, rev. ed. Grand Rapids: Eerdmans, 1965. ______. "The Synchronisms of the Hebrew Kings—A Reevaluation." *AUSS* 1(1963) 121-38; 2(1964) 120-36. **Thilo, M.** *Die Chronologie des Alten Testaments*. Barmen: Hugo Klein, 1917. **Wifall, Jr., W. R.** "The Chronology of the Divided Monarchy of Israel." *ZAW* 80(1960) 319-37.

앞서 이야기한 민족과 장소들에 대한 사실과 더불어 열왕기상 기간 동안에 있었던 주요한 정치적 세력들에 대한 개략적인 설명과 이해가 또한 필요하다. 어느 누구도 고대 근동 역사의 중요한 사실들에 대한 고려 없이는 이스라엘과 그 역사를 잘 이해할 수 없다. 즉 솔로몬에서 아합까지(주전 969-852년)의 기간은 근동의 긴 평화 기간의 마지막 시기에 해당한다. 18-19왕조(주전 15-13세기)에 이르기까지 애굽은 북쪽의 강력한 히타이트 제국과 대치하면서 팔레스타인과 시리아 대부분 지역의 주도권을 장악하고 있었다. 유럽-아시아계 힉소스 애굽 왕조(주전 18-16세기에 애굽을 통치함)는 동쪽으로부터 팔레스타인을 침공하여 심각하게 위협한 마지막 세력이었다. 청동기 말기(주전 약 1200년경)는 팔레스타인 지역에서의 외세의 영향과 통치권이 잠시 단절된 시기였다. 요단 동부의 세력이 왕성한 왕국들(에돔, 모압, 암몬, 시리아)과 같이 히브리 민족의 부족적 동맹은 자연스럽게 발전할 수 있었다. 히브리인들은 애굽의 후원이 중단된 상태의 곤경에 처해 있으면서 다윗의 통치 아래 들어올 때까지 도시 국가 형태로서 서로 경쟁하는 관계로 남아 있었다. 블레셋 족속과, 에게 해(Aegean)와 남부 해안 지역의 거주자들로부터 새롭게 등장한 자들은 히브리 민족에게 또 다른 문제들이었다. 그러나 그들은 결국 모두 다윗에 의해서 복속되고 말았고, 열왕기에서는 어떠한 종류의 위협으로도 등장하지 않는다. 애굽인들에 의한 하나의 심각한 침공은 르호보암 시기(왕상 14:25-26)에 애굽 왕 시삭에 의해서 이루어졌다. 시삭의 침공은 그의 침략을 받은 도시들에 매우 심각한 피해를 주었지만, 시삭은 그의 성공적인 전쟁의 결과들을 공고히 하지 못했고 아시아적 제국을 건설하지도 못했다.

따라서 시리아인(아람인)들이 실질적인 위협의 요인으로 등장할 때까지 히브리 왕국은 그들 자신의 정치적·민족적 제도들을 발전시킬 수 있는 온전한 자유를 누릴 수 있었다. 이러한 상황은 외국과의 동맹 관계를 완전히 무시했다는 것을 의미하는 것은 아니다. 이것은 외세와 정략적 결속을 맺었던 솔로몬 시대의 정치를 보면 알 수 있다. 다윗의 위대한 업적은 첫째로 사울 왕국을 파멸로 이끌었던 외세의 위협을 제거했다는 것이고(삼상 31장), 둘째로 모든 히브리 족속들을 중앙 집권화와 더불어 영구 통치권화했다는 것이며, 셋째로 자신의 왕국을 다스리기 위한 기본적인 관료 체계를 세웠다는 것이다(삼하 8:15-18). 팔레스타인에 대한 제국의 영향력이 사라진 시기에 다윗 왕국의 이스라엘은 블레셋, 모압, 소바, 다메섹, 하맛, 에돔(삼하 8:1-14) 그리고 암몬(10장) 등에 대한 격렬한 정복 전쟁을 벌여 솔로몬이 물려받을 광대한 영토를 만들었다. 행정적인 면에서 다윗이 행한 가장 치명적인 실수는 합법적인 왕위 승계 문제였다. 다윗의 때늦은 후계자 지목은 아도니야로 하여금 다윗의 왕위 찬탈을 시도하게 하는 결과를 낳았다(왕상 1장). 왕위 계승에 관한 기사가 모든 면에서 역사적으로 정확한지 그렇지 않은지는 분명하지 않지만, 솔로몬은 예루살렘 안에서 모든 일을 주관할 수 있는 영향력 있는 자들의 지지를 받고 있었음이 분명하다.

여러 면에서 솔로몬의 왕권은 이스라엘 사회에서 대대로 전해 내려오는 전례의 원리들을 범했다. 솔로몬은 사울이나 다윗이 했던 것처럼 부족적 자치권이나 권위 있는 개인의 인기에 편승한 선택을 위해서 나름대로 어떤 노력을 기울인 흔적이 보이지 않는다. 솔로몬은 그의 형 아도니야가 했던 것과 같이 무력으로 왕국을 얻었다. 한 가지 아도니야와 다른 것은 솔로몬은 아버지 다윗의 때늦은 지지를 받았다는 것이다. 솔로몬이 전통적인 종족의 경계를 완전히 무시하는 방법으로 팔레스타인 영역의 행정 구역을 재편한 것은 하나도 놀랄 일이 아니다. 그는 또한 그의 조상들이 매우 싫어하거나 거부했던 외부의 세력들과 동맹을 맺었다. 그는 애굽 문화가 세속적인 일들은 물론이고 종교적 사안들에서도 주도적인 영향을 끼치도록 허용했다. 또한 페니키아(베니게)나 남부 아라비아 왕국들의 문화적인 유형들에 대해서도 본질적으로 야웨주의에 대한 조상들의 생각과 어떠한 양립 가능성이 있는지 고려해 보지 않고 용인했다. 성경 역사가들은 솔로몬의 여호와를 위한 성전 건축 기사를 그의 경건성과 함께 기술했다. 또한 같은 역사 기술가들은 성전에 계셔서 경배를 받으시는 살아 계신 주보다 성전을 더 신뢰한 유다를 하나님께서 심판하신 표지로서 성전의 파괴를 기술하고 있다(왕하 25장). 또한 솔로몬은 그의 방탕한 삶(5:2-8, 영역본 4:22-28b)과 자아 도취적인 면(11:1-8)이 있는 삶을 살았음에도 불구하고 "지혜로운" 사람의 대명사로서 존경받고 있다.

"이스라엘 연합 왕국이 하나의 단일 왕조 아래서 단일한 통합체로서 존속했더라면, 동부 지중해 연안 일대 전역에 대한 지배권을 계속 유지했을 수도 있을 것인가?"라고 묻는 것은 그다지 사려 깊은 생각이 아니다. 성경은 분열 왕국의 발생 요인에 대해서 매우 빈약한 기술을 전하고 있다. 그러나 11-12장은 주전 931-930년에 북 이스라엘과 남 유다라고 하는 분열 왕국을 낳은 원인의 본질적인 요인들에 대해 우리가 이해하기에 충분할 정도로 필요한 정보를 제공해 주고 있다. 현대 역사가의 입장에서 보면 다음과 같은 이유로 이러한 분열은 불가피한 것이었다. 첫째로, 사회·경제적인 깊은 불만의 골이 있었고, 비유다 계열의 히브리인들에 대한 매우 심한 적개심이 있었다. 이러한 사회적인 불안의 요인들은 지파 간에 유지되었던 전통적인 평등과 자유가 강제 노역과 과도한 세금으로 인해 완전히 와해됨으로써 발생하게 되었다. 강제 노역과 과도한 세금은 사치와 향락에 빠진 솔로몬의 욕망을 채우기 위해 실행된 걸치레의 실속 없는 정책들이었다. 그러나 더욱 근본적인 남북 분열의 원인은 다윗과 솔로몬이 한때 팔레스타인 북부 지역에서 주도적인 역할을 감당했던 지파들(특별히 중앙 고지대의 융성한 선두 지파들이었던 므낫세, 에브라임 그리고 베냐민)의 지위를 제국을 구성하는 하나의 보조적이고 부수적인 것으로 좌천시킨 것에 대한 상당히 오래 지속된 적개심이었다. 이스라엘의 민족적 서사시인 오경 내러티브의 어느 곳에 유다가 주도적인 역할을 감당할 것이라고 기술되어 있는가? 일부 학자들이 생각하는 바와 같이 아브라함과 이삭은 한때 남부의 강력한 족장들이었을 것이고, 아들 요셉(므낫세와 에브라임의 아버지)을 낳았던 족장 야곱에 관한 기록이 바로 유다의 역할에 대해서 기록하고 있다. 야곱의 아들 요셉은 여러 지파적 구조의 견지에서 보아 후손의 번성을 약속한 족장의 언약을 이루어 낸 사람으로 기억되는 사람이다. 북부 지역의 반감은 다른 어느 지역보다 극렬했다. 다윗이 베냐민 지파의 영웅 사울 왕의 후손들을 다루는 방법(참조. 삼하 6, 9, 19장)과 특별히 솔로몬이 북부 지역의 강력한 헌신자였던 시므이(왕상 2:36-46)를 숙청해 버린 것 등에 대해서 북부 지역의 백성들은 심한 반감을 가졌기 때문이다. 이러한 상황은 솔로몬의 강력한 왕권보다 좀더 느슨한 정권이 들어서면 언제든지 혁명으로 화할 내면화된 갈등의 아픔을 남겼던 것이다.

마침내 분열의 조짐이 시작되었고, 그 시기가 왔을 때 그간에 쌓여 왔던 상호간에 좋지 않은 감정이 폭발했으며, 작은 무력적 충돌들이 발생했다. 결국 이러한 충돌들은 남북이 영원히 나뉘게 되는 분열을 낳았던 것이다. 연합이 깨지며 낳게 된 이러한 분열은 이스라엘이 이제는 결코 세계 열강의 대열에 낄 수 없는 구조적인 한계를 가지게 되었다는 부정적인 결과를 초래하게 되었다. 상호간의 동맹 체제는 혹시 가능하다 하더라도 그것 가지고는 열강에 영향을 끼칠 수 있는 효과적인 연합은 결코 이루어 낼 수 없었던 것이다. 종교적인 측면에서 볼 때도 이러한 분열은 열두 지파 동맹이 산산이 깨진 것을 의미했다. 이제 "이상적인" 이스라엘에 맞지 않는 요소들을 벗어내는 과정(기독교와 유대주의의 분열이 있기까지 수 세기 동안 계속해서)이 시작된 것이다. 이러한 분열은 이전의 이스라엘인 유다의 진영에는 생존의 기회를 주었다. 그러나 다른 한쪽인 북 왕국은 외세의 침공에 굴복하게 되는 결과를 낳게 되었다(주전 723-22년).

이 책의 "주석" 부분에서 열왕들 개인에 대해서 할 수 있는 한 자세히 언급할 것이다. 따라서 여기서는 그 열왕들이 역사적으로 맞게 될 결과적인 운명에 대해서 약간 언급하며 각각의 왕조에 대해서 간략하게 서술하는 것으로 충분하리라 생각한다.

북 왕국은 보존되어야 할 이스라엘의 가장 소중한 전통들을 간직하고 있는, 한때 융성했던 지파들을 하나로 통합해 나갔다. 그러나 사울 왕가와의 연합의 표징은 찾아볼 수 없다. 사울은 불명예스러운 죽음을 맞아 야웨로부터 버림받은 사람으로 인식되었기 때문이다. 여로보암 외에는 그 어느 누구도 북 이스라엘의 왕이 될 수 없었다. 여로보암은 솔로몬 왕에 대항해서 반역의 기치를 높였던 북쪽의 유일한 사람으로 알려졌기 때문에 다른 반대의 이유가 없었다(11:26-27). 여로보암은 장수했지만, 그의 아들 나답은 왕위를 얻자마자 죽임을 당했다. 이러한 길고 짧은 통치의 양상은 바아사와 엘라, 아합과 그의 두 아들인 아하시야와 요람에게도 이어졌다. 시므리, 오므리, 디브니 그리고 열왕기하에 기록된 여러 사람들에 의해서 다음 세기 동안 계속 거듭되는 반란들이 있었다. 북 이스라엘에는 바아사, 오므리 그리고 아합과 같은 매우 강력한 왕들이 있었다. 왕의 권위를 가지고 승계자를 지명하는 고대의 원리가 여러 열왕들의 등락에 어떤 중요한 영향력을 끼칠 수 있었는지 숙고해 볼 수 있을 것이다. 그러나 그러한 영향권은 북 이스라엘에서는 생각과는 달리 매우 보잘것없는 것이었다. 따라서 북 이스라엘의 왕들은 경쟁 관계에 있었던 남 유다의 왕들에 비해서 왕조적 견고성도 없었고, 상대적으로 매우 전제적이고 독재적인 경향을 보였다.

그러므로 북 왕국은 방향성도 없었고 국가적 운명에 대한 자각도 보이지 않았음을 쉽게 알 수 있다. 북 이스라엘에서의 바알주의 침투의 치명적인 영향은 이스라엘이 자기 정체성이나 언약적 부름에 대해서 깨어 있는 의식을 거의 가지고 있지 않았음을 단적으로 보여 주는 것이다. 여러 면에서 발견되는 외부 종교와의 접촉의 표지들과 더불어 북 이스라엘 사람들의 생활은 본질적으로 세속적인 것으로 바뀌었다.

그런 반면, 남 유다 왕국에서는 이상화된 다윗의 상으로 요약할 수 있는 국가적 정체성의 면모를 보여 주었다. 모든 유다의 왕들은 다윗 왕의 식솔 후계자라는 의식을 가지고 다윗의 이미지를 영구히 전하려는 목적을 공유하고 있었다. 남 유다의 백성들이 이러한 동일한 이상을 공유하고 있었다는 사실을 생각한다면 왜 그들이 다윗 왕조에 대항해서 반란을 시도하지 않았는지를 쉽게 이해할 수 있을 것이다. 열왕기하는 바알주의자이며 아합의 딸인 아달랴가 모든 것을 없애 버리려고 했으나 완전히는 성공하지 못했음을 전하고 있다(11장). 종종 유다 왕들이 시해되는 경우가 발생하는 것은 다윗의 계보에서 선택된 좀더 충성스러운 인물로 대치하려는 목적을 가지고 있었다(왕하 12:20-21; 14:19-21; 21:23-24). 신명기 사가(아래서 좀더 상세히 언급될 것이지만, 신명기 사가는 열왕기상하와 여호수아, 사사기 그리고 사무엘상하를 모으고 편집한 사람임)의 판결에 의하면, 히스기야와 요시아 단지 두 명의 남 유다 왕만이 그들의 선조인 다윗의 행적을 온전히 좇아 살았다고 말하고 있다(18:3; 22:2). 남 유다의 이러한 단일 왕조는 다윗(주전 약 1000년경)으로부터 시드기야(주전 약 586년경)까지 약 400년 이상 되는 기간 동안 존속했다. 따라서 시편들과 예언서들이 이러한 남 유다 왕조를 "영원한 왕조"라고 말한 것은 그리 놀랄 일이 아니다!

또한 열왕기의 독자들은 북 이스라엘이 남 유다보다 외국 문물의 침투에 좀더 개방적으로 노출되었다는 것을 알 필요가 있다. 이전에 살펴본 지형학적인 개관은 이러한 현상에 대한 납득할 만한 설명을 제공해 준다. 북 이스라엘은 북으로 페니키아, 동으로 시리아와 암몬으로 둘러싸여 있었다. 반면에 남 유다는 동부 산맥의 측면으로 모압, 에돔 그리고 아랍을 끼고 있었고, 광야를 지나 시내(Sinai)에 이르는 남서쪽으로는 애굽에 접해 있었다. 시삭의 침공(주전 926-925년) 시기를 제하고는 애굽은 유다에 위협적인 존재보다는 우호적인 동맹 관계를 유지했다. 또한 유다가 아랍과 분쟁을 했다는 기록을 찾아볼 수 없으며, 에돔과도 더 이상의 국경 분쟁을 가지지 않았음을 성경은 말하고 있다(왕하 14:7). 동부의 몇몇 속국들이 어느 정도의 독립을 얻기 위해 문제를 일으켰지만 위협적인 공격은 되지 못했다. 페니키아(베니게)의 경우는 다윗과 솔로몬이 히람과 맺은 우호적인 결속을 아합이 그 왕의 딸인 이세벨과 결혼을 함으로써 더욱 공고히 하였다(왕상 16:31). 심각한 문제를 야기한 것은 시리아였는데, 처음에는 바아사의 시기에 그리고 후에는 아합과 그의 아들들의 시기에 문제를 야기했다. 열왕기상 20장과 22장, 그리고 열왕기하 1-10장과 13장은 이러한 충돌의 배경에 대해서 잘 말해 주고 있다. 벤하닷 2세의 암살자 하사엘은 하나님의 용인 아래 북 이스라엘의 권좌를 노리며 날뛸 수 있었는데(참조. 왕하 13:3), 심지어 그는 예루살렘에도 위협적인 존재가 되었다(12:17-18). 이러한 정황은 유프라테스 동부의 강국인 앗시리아가 아직은 상대적으로 약해서 이 기간 동안 호전적이지 못했기 때문에 발생했다. 그러나 때가 되어 앗시리아가 강국이 되고 시리아가 약하게 되었을 때, 두 남북 왕국들은 다시 한 번 상대적으로 강성해질 수 있었다. 이러한 이야기는 열왕기상의 범위를 넘어서는 부분이다. 열왕기상은 솔로몬 왕국의 전성기에 솔로몬의 반항적인 속국이었던 시리아와의 관계로부터 시작하여 상대적으로 아직은 덜 오만한 상태에 있던 벤하닷에 맞대항하는 아합과 그의 아들들까지의 역사를 기술함으로써 끝난다. 이 때는 아직 아합의 가문에 대한 예후의 심판의 바람이 불기 전이며 하사엘이 벤하닷을 암살하기 바로 직전의 상황인 것이다.

히브리 열왕들의 겹치는 통치 기간에 대한 복잡한 문제는 열왕기상 14:21을 다루는 "주석" 부분에서 "히브리 열왕들의 연대기"라는 특별한 단락으로 다루어질 것이다.

종교적 정황

참고문헌

Albright, W. F. *From the Stone Age to Christianity*. Baltimore: Johns Hopkins Press, 1946. ______. *Archaeology and the Religion of Israel*. Baltimore: Johns Hopkins Press, 1956. **Cross, F. M.** *Canaanite Myth and Hebrew Epic*. Cambridge: Harvard University Press, 1973. **Fohrer, G.** *Geschichte der israelitischen Religion*. Berlin: de Gruyter, 1969. ET by D. E. Green, *History and Israelite Religion*. Nashville: Abingdon, 1972. **Harrelson, W.** *From Fertility Cult to Worship*. Garden City, N.Y.: Doubleday, 1969. **Jepsen, A.** *Nabi: sozialogische Studien zur alttestamentliche Literatur und Religionsgeschichte*. Munich: Beck, 1934. **Kraus, H. J.** *Gottesdienst in Israel*, 2nd ed. Munich: Kaiser, 1962. ET by G. Buswell, *Worship in Israel: a Cultic History of the Old Testament*. Oxford: Blackwell, 1966. **Lindblom, J.** *Prophecy in Ancient Israel*. Philadelphia-London: Muhlenberg Press, 1962. **von Rad, G.** *Die Botschaft der Propheten*. Munich-Hamburg: 1967. ET by D. Stalker, *The Message of the Prophets*. New York: Harper, 1962. ______. *Die Theologie des Alten Testaments*, II. Munich: Kaiser, 1960. ET by D. Stalker, *Old Testament Theology*, II. New York: Harper, 1965. **Vriezen, T. C.** *De godsdienst van Israel*. Zeist Arnhem: W. de Haan, 1963. ET by H. Hoskins, *The Religion of Ancient Israel*. Philadelphia: Westminster, 1963.

열왕기상은 하나의 단순한 역사책도 종교책도 아니디. 히브리 사람들의 종교는 유대주의와 기독교를 낳은 위대한 우주적 믿음을 만든 원천이었다. 이러한 사실을 열왕기상이 말하고 있는 역사적인 사건들을 통하여 알게 되지 못한다면, 그 이야기들에 대해서 그렇게 관심을 가질 필요가 없을 것이다.

이 책의 주요 부분들은 예루살렘 성전 건축을 위해 물품을 예비하는 것과 성전의 건축과 장식, 그리고 봉헌을 기술하고 있는 장들로 구성되어 있다(5-8장). 앞으로 논증해 나갈 것이지만, 솔로몬은 페니키아(베니게)의 양식을 즐겨 따랐으며, 이미 존재하던 여부스 족속의 성소 구조를 새 성전의 구조에 혼합시켰다. 그러나 이러한 사실들이 솔로몬의 성전이 이스라엘의 참 하나님이신 야웨를 경배하는 지고한 성소로서 건축되었다고 하는 의미를 희석시키는 것은 아니다. 성전 건축은 다음과 같은 매우 중요한 의미를 낳았다. 성전이 건축되기 전까지 야웨는 그분이 나타나는 곳 어디에서나 자신을 경배하도록 하셨다. 그분은 억압된 속박의 상태가 아닌 지파를 두루 다니시는 하나님이었다. 오경, 여호수아, 사사기 그리고 사무엘서가 우리에게 전해 주는 것처럼, 야웨는 사막에서 그들을 만나셨고, 산 위에서 그들에게 말씀하셨으며, 그들이 새롭게 진을 치는 곳으로 그들과 함께 이동하셨다. 다윗조차도 감히 시온에 야웨의 영원한 거처를 건축하지는 못했다(삼하 7장). 성전이 건축되기 전에는 하나님의 임재를 나타내는 거룩한 곳으로서 다윗이 법궤를 안치한 성막이라는 곳이 있었음이 분명하다. 이 성막 이상의 것을 만들지 않았다는 것은 다윗이 지파적 전통을 존중했다는 것을 보여 주는 것이다. 그러나 다윗이 성전 건축을 예비했다는 것은 다른 한편으로 솔로몬이 성전을 건축하게 되어 있는 것을 예견하는 행동이었다.

왕국이 견고해지고 제국이 안정되었을 때, 예루살렘은 통치의 영광과 권위를 나타내기 위한 여러 가지 화려한 구경거리들로 채워져 갔다. 솔로몬은 이때 궁극적으로는 매우 위험스러운 일을 초래하게 될 성전 건축을 추진했다. 성전은 이스라엘의 모든 국민들에게 지상의 신 중의 신인 야웨의 웅대한 처소로 인식되었고, 더불어 이스라엘의 정치적 독립을 상징하는 상징물이 되었다. 솔로몬은 지상에 거주하는 신에 대한 근동의 이데올로기를 받아들여 자신을 신의 권한 대행자로서 그분을 섬기는 자로 생각했다. 그렇기 때문에 신의 거주지인 성전에 대한 근동의 개념을 가지게 되었던 것이다.

솔로몬이 지은 성전은 주전 586년 느부갓네살에 의해서 파괴될 때까지 존속했다. 위대한 편집가였던 신명기 사가는 느브갓네살의 시대에 살면서 여러 사건들에 대해 세련된 탈고 작업을 거쳐 열왕기상을 최종적으로 편집했다. 그의 생존시 솔로몬 성전은 여전히 존속했기 때문에(일부 학자들은 성전이 파괴되었다 하더라도 적어도 생생한 기억을 가지고 있었을 것이라고 본다), 신명기 사가는 성전의 면모에 대해서 확실히 증언할 수 있었을 것이다. 그는 매우 자랑스럽게 솔로몬의 업적을 전하고 있다. 또한 그는 산당들을 장려하거나 억압한 왕들을 비난하거나 칭찬하는 기법을 사용하면서 야웨의 성전과 경쟁적인 관계에 있었던 산당들을 인정하지 않았다. 그러나 문제는 전부는 아니지만 이들 크고 작은 산당들은 이미 솔로몬 시기에도 오랫동안 섬겨지고 있었다는 사실이다. 분명히 솔로몬과 그 후계자들은 예루살렘 안과 밖에서 이루어지고 있었던 수많은 산당에서의 경배들을 용인했다. 따라서 문제는 이 산당들 중에 적어도 어느 정도나 합법적인 야웨 경배를 하고 있지 않았느냐는 데 있는 것이다.

솔로몬 성전보다는 산당들과 관련하여 세 가지 특별한 문제가 있다. 첫째로는 예루살렘 근교에 있었던 명백한 이교 산당들의 지위에 대한 문제이며(참조. 11:7-8), 둘째로는 3:3-4; 12:32 등과 같은 구절들에 나타나는 바모트(twmb; RSV, "높은 장소들")는 무엇을 나타내는 것인가이며, 셋째로는 좋지 않은 영향력을 끼치기는 했지만, 매우 오래된 역사를 가지고 있는 야웨를 경배하기 위한 산당들로 설립된 단과 벧엘에 세워졌던 황금소의 제단과 같은 예전적 장소들에 대한 합법성 문제다 (12:28-30).

신명기 사가는 이러한 제단들을 비난한다. 그러나 독자는 예루살렘 밖으로부터 유입되는 외국의 예전들에 대해서 관용하는 솔로몬이 범한 잘못의 심각성을 묘사하고 있는 11:5-6, 9-13에서 오히려 상대적으로 미온적인 태도를 보이는 신명기 사가의 모습을 보면서 매우 놀라게 될 것이다. 이러한 현상들에 대한 종합적인 논의는 "주석"에서 다루게 될 것이다. 솔로몬은 신명기 사가가 북 이스라엘 왕국의 왕들에 대해서 내리는 강한 징계적 판단보다는 남 유다의 왕들에 대한 동정으로 인해서 발생하는 다소 누그러진 판결의 혜택을 받고 있는 것이다. 북 이스라엘 왕들에 대해서는 종종 그가 내리는 판결에 대한 구체적인 근거를 말하지 않고 다만 "느밧(Nebat)의 아들 여로보암의 죄의 길로 행했다"고만 말하기도 한다.

솔로몬은 외국에서 데려온 여러 아내들을 위해서 수많은 이름 모를 신들을 위한 산당들을 세운다. 많은 이방 신들의 이름들 중에 우리는 11장에서 아스다롯과 밀곰이라고 하는 신들의 이름을 대하게 된다(8절). 솔로몬의 아내들은 왕족이거나 최소한 귀족의 반열에 속한 상류층이었다. 따라서 이러한 외국 상류층의 여인들로 하여금 솔로몬의 후궁에 대한 매력을 가지게 하려는 실제적인 목적으로 그들의 백성들에 대해서 정치적으로 우호적인 배려가 있었던 것이다. 외국의 신을 섬기는 제단을 세운다는 것은 그 후궁들과 그녀들의 민족에 대한 최대한의 편의를 제공하는 것이며 존경의 의미를 나타내는 것이었다. 바로의 딸(3:1; 9:24; 11:1)의 경우에 양국의 관계는 대등한 관계이거나 약간은 솔로몬 측에서 애굽에 대해 복종적인 관계를 가졌지만, 다른 대부분의 외국 부인들의 경우는 조공을 바치는 속국들로부터 온 것이거나 팔레스타인 내부나 외부의 봉신국들에서 왔다. 후자의 경우에 솔로몬은 이스라엘의 하나님의 존전에 겸비하게 참여하면서 기다리는 열국의 상징적인 모습을 만들어 내기 위해 야웨 성전 가까이에 외국 신들의 이미지들을 세우도록 의도했을 것이다. 이러한 설명은 신명기 사가의 기록의 내용과 거의 맞지 않는 것이라 할지라도, 역사적인 사실에 있어서는 아마도 더 근접한 설명이 될 것이다. 솔로몬에게는 야웨가 하나의 민족적 신 이상이 아니었으며, 여러 백성들의 신들 위에 잠시 주도권을 행사하는 신이었음을 말하는 것이다. 이러한 현상은 명백한 우상 숭배는 아니었지만, "다른 어떤 신들을 내 앞에" 두지 말 것을 명한 계명을 명백히 어긴 것이었다(출 20:3).

이후에 주석을 하면서 바모트(במות)가 야웨에게인지 아니면 다른 이방 신들에게 바쳐진 단순한 지방 산당이었는지를 밝힐 것이다. 이 용어는 중립적이다. 이미 밝힌 바와 같이 신명기 사가는 이 산당에 대해서 매우 비판적이다. 신명기 사가는 아마도 단순히 그 자신의 시대적인 관점에서 산당을 정죄했을지도 모른다. 한때 야웨를 위한 산당이었던 바모트(במות)가 신명기 사가 당시에는 우상 숭배와 절충주의로 오염되었기 때문일 것이다. 또한 신명기 사가는 여러 종류의 다른 모든 지방 산당에 대한 예루살렘 성전의 유일하고 배타적인 우위의 합법성을 주장하면서 그가 기술해 가는 모든 신명기 사관에 입각한 저술들의 이데올로기적인 관점에 서서 산당들을 배척하게 된다(신 12:10-14; 참조. 왕하 23장). 우리는 유다 자손의 합법성을 옹호하는 자들은 그들의 권력으로 모든 것을 할 수 있었음을 쉽게 알 수 있다. 신명기가 쓰이기 오래 전부터 그들은 예루살렘 성전에서의 제사를 독려했다. 하지만 다른 지방, 특별히 국경을 지나는 지역의 산당, 즉 중앙 이스라엘 족속 지파들의 조상들 지역에 있었던 벧엘과 더 북쪽에 있는 산당들에서 제사 드리는 것은 불신임하고 평가절하하곤 했다.

마지막으로 여로보암의 황금 송아지(12:28-29)에 대해서 몇 가지 언급하고자 한다. 몇몇 학자들은 이 기사 자료를 장식품이나 상징적인 묘사 혹은 특별한 종류의 예선적 도구로서의 역할을 하는 것으로 말하지만, 다른 한편으로 학자들은 그 기사들이 야웨 자신의 실제 형상을 만든 것으로서 우상을 만들지 말라는 계명(출

20:4)을 직접 범한 것을 나타내는 것으로 본다. 그러나 야웨 형상에 대해서 어떠한 구절도 없는 것과 신명기 사가의 관점을 고려해 볼 때 첫 번째 견해가 더 타당한 것이라 여겨진다. "송아지들"(좀더 정확히는 황소들)은 그 모습이 장신구와 같은 단순한 형상에 불과할지라도, 지극히 위험스럽고 따라서는 안 되는 풍요의 제사 이데올로기를 전했다. 한 마리의 황소는 단지 욕망에 가득 찬 다산과 풍요만을 상징할 뿐이었다. 그러나 이것은 고대 근동 전역을 통하여 적극적으로 신성시된 매우 강력한 힘의 원천이었다. 따라서 신화들, 예전들 그리고 바알의 형상들인 아세라와 아스다롯 등은 특별히 가나안과 페니키아(베니게)의 주도적인 풍요의 신들로 표현되었다. 나중에 호세아의 바알주의에 대한 논박은 유행하는 풍요주의 이데올로기가 어느 정도로 편만하게 되었는지를(주전 8세기 중반) 보여 주는 것이다. 엘리야의 초기 이야기들도 마찬가지로 이러한 현상들을 잘 보여 준다.

시내 산의 온전한 영적 신인 야웨가 벧엘에 세워진 그의 성전에 황금소의 형상을 용인했다는 사실은 광범위하게 퍼진 절충주의가 어떻게 그렇게나 이른 시기에 편만하게 되었는지를 보여 주는 단적인 원인을 말해 주는 것이다. 솔로몬이 그의 성전에 있는 것과 비슷한 어느 형상도 용인하지 않았다는 것은 그의 업적이다. 그러나 이스라엘 백성들의 종교적 이데올로기는 여전히 남쪽과 북쪽 모두에서 혼돈의 상태였다. 열왕들의 행적들은 그러한 현상에 영향을 주기도 했고, 또한 그러한 현상의 영향을 받기도 했다.

선지자는 열왕기상 시기에 새롭게 종교적으로 매우 강력한 영향을 주기 시작한 사람이었다. 이러한 선지자에 대해서 두 가지를 언급하고자 한다. 첫째로, 오늘날 알려진 형태로서의 선지자의 역할은 유프라테스의 서부 전역에 걸쳐서 행해졌던 매우 익숙한 현상이었다. 특별히 마리(Mari)는 선지자와 관련된 수많은 자료가 발견된 곳으로 유명하다. 둘째로, 가나안 정복과 정착의 시기에 주로 이스라엘 백성들을 돕는 역할을 했던 히브리 선지자는 분열 왕국의 시기, 특별히 위기의 시기에는 더욱 빈번하게 활동하였다. 마리는 상부 유프라테스 유역에 위치한 한때 매우 융성했던 도시 국가였는데, 이 곳에서 주전 2000년경의 무수한 유물들이 발굴되었다. 성경학자들은 성경의 선지자들과 어형론적으로 유사한 근동의 이름들을 연구해 왔다. 특별히 성경 학자들은 계시의 수납자들로서 활동했으며, 왕들이 중요한 정치적 결단을 내리기 위해서 초청했던 근동의 다양한 사람들에 대해서 더 많은 관심을 가졌다. 마리의 선지자는 유일신 개념을 제외하고는 예전적 의식을 강하게 지지해 주는 역할뿐만 아니라 무아지경의 현상에 이르기까지 모든 면에서 성경의 선지자들과 그 특성들을 공유하고 있다. 그러나 다음과 같은 사실들은 둘 사이의 차이점을 말해 준다. 성경의 선지자들은 황홀경에서 그들의 예언을 말한 자들도 있지만 그렇지 않은 자들도 있고, 정치적인 자들도 있지만 그렇지 않은 자들도 있으며, 성소와 관련된 자들도 있지만 그렇지 않은 자들도 있다. 그렇지만 모든 성경의 선지자들은 그들이 유일신인 야웨를 전적으로 의지하고 있음을 주장한다.

위기의 시기에 엘리야는 바알에게 맞서는 자로, 엘리사는 예후 자손들(Jehuites)의 가문과 침략자 시리아(아람) 사람들에게 대항하는 자로서 등장했다. 아모스와 호세아는 1세대 "기록" 선지자들로서 앗시리아의 공격적인 위협이 시작되었을 때 예언을 하기 시작한 사람들이다. 영적으로 충만한 선지자들은 격동적이고 골치 아픈 사건들을 해석하여 야웨의 백성들을 위한 그분의 뜻을 알려 주는 역할을 한 것이다. 백성들은 선지자들과 하나님이 보내신 사람들의 말씀에 전혀 놀라서는 안 되었다. 그들은 모든 열왕들의 치세 동안에 하나님의 영이 가지고 계신 의도를 알려 주기 위해서 매우 적절한 시간에 사건들을 해석해 주는 자들이었기 때문이다. 일반 세속적인 현상으로 보면 히브리 백성들의 민족주의는 망할 운명이었다. 그러나 성경적 예언자들은 미래에 대한 소망의 약속을 말해 주었다. 나단 선지자는 열왕기상의 첫 번째 장면을, 그리고 미가야는 열왕기상의 마지막을 주관하고 있다. 따라서 열왕기상은 선지자적인 특성을 매우 현저하게 보이는 예언적인 책이다. 이스라엘 왕들의 이야기를 전하면서 열왕기상은 백성들을 지도하고 심판이 되었든 구원이 되었든 자신의 목적에 따라 인도하신 하나님에 대해서 가장 명백하게 이야기하고 있는 책이다.

신학적 증언으로서의 거룩한 역사

역사에 대한 성경적 이해

참고문헌

Baly, D. *God and History in the Old Testament.* New York: Harper, 1976. **De Vries, S. J.** "History as Responsible Dialogue with God," *The Achievements of Biblical Religion,* pp. 289-372. Washington: University Press of America, 1983. ______.

Yesterday, Today and Tomorrow: Time and History in the Old Testament. Grand Rapids: Eerdmans, and London: SPCK, 1975. **Galling, K.** *Die Erwählungstraditionen Israels.* Giessen: Töpelmann, 1928. **von Rad, G.** "A History of Yahwism and of the Sacral Institutions of Israel in Outline," *Old Testament Theology,* I, pp. 3-102. New York: Harper, 1962. **Rowley, H. H.** *The Biblical Doctrine of Election.* London: Lutterworth, 1950. **Vriezen, T. C.** *Die Erwählung Israels nach dem Alten Testament.* ATANT 24. Zürich: Zwingli Verlag, 1953.

오직 인간만이 역사를 가질 수 있다. 인간만이 원인과 결과를 추적할 수 있고, 세워진 목표와 목적을 완수하고자 하는 노력을 할 수 있기 때문이다. 그러나 모든 문화가 역사를 해석하고 그 의미를 기록할 수 있는 것은 아니다. 어떤 문화권은 고대에 남겨진 질그릇 조각들이 말하고 있는 역사 이상의 것을 남기지 못한 반면에, 또 다른 문화권은 기념비를 세우고 피라미드를 세웠다. 문자의 발명과 보존 가능한 물질들 위에 이들의 기록들을 보전하게 되면서, 역사의 지속성의 의미가 발전하기 시작했다. 그럼에도 불구하고 민속요들조차도 더 이상 보존하지 못하고 인간의 기억들은 많은 고대 도시들에서 잊혀졌다. 어떤 사건은 역사에 대한 첫 번째 기록 해석이 시작되었던 문자의 발명 뒤까지(약 주전 3000년경) 오랫동안 지속되었다. 우리가 알고 있는 고전적 문명권은 그러한 역사 기록과 해석을 가지고 있었다. 그러나 많은 사람들이 히브리인들의 역사가 기록된 최초의 역사였다는 것을 알게 된다면 매우 놀랄 것이다.

이러한 주장을 뒷받침해 주는 분명한 근거들이 제시될 것이다. 그러나 그 의미를 맛보게 하기 위해서 이 주석서를 사용하는 자들에게 먼저 역사의 성경적 이해에 대한 개략적인 설명을 할 필요가 있다. 일단 이러한 설명을 듣고 나면 왜 히브리인들이 진정한 의미에서 역사적 기술을 최초로 남긴 자들이었는지를 이해할 수 있게 될 것이다.

첫째로, 비성경적인 주변의 문화들, 즉 이집트, 메소포타미아, 소아시아, 그리스 그리고 나머지 나라들에서 역사와 관련성이 없는 것들을 주목해 보라. 우리는 신화적인 것과 비신화적인 문화들을 정확히 구분해야만 한다. 전자는 인간의 정신이 기억할 수 있을 만큼 거슬러 올라간 시기에도 존재하지만, 후자는 신화에 대한 일반적인 믿음이 상실되기 시작한 그리스로부터 시작되었다. 신화적 지성은 한 작은 인간이 그의 순례적 인생을 통해서 만나게 되는 경험적인 현상의 복잡한 사건들을 설명하기 위해서 다양한 환상적 이야기들을 만들어 낸다. 일반적으로 예전과 결부된 신화는 본질적으로 신들에 대한 거룩한 이야기다. 이 신들은 경배와 아부적 복종을 요구하는 이성적이지 않은 무력을 시위하는 실체들이다. 많은 신화들은 다양한 신들의 탄생에 대해서 말하고 있고, 그 중 어떤 것들은 인간과 인간의 문화의 기원에 대해서 이야기하고 있다. 신화의 내용을 들으면서 경외감에 사로잡힌 청자는 그 이야기의 내용을 나누게 되고 그 신화의 내용에 감정 이입을 하며 심취하게 된다. 따라서 고대의 이집트 경배자들은 오리시스가 어떻게 죽고 다시 죽음으로부터 살아났는지를 들으면서 죽음을 이긴 오리시스의 능력을 나누어 받기를 바라고 기대하며 자신들을 그와 동일시하게 된다. 신화를 신봉하는 자는 우리가 역사라고 하는 현상을 경험하면서 목적을 찾지도 않고 변화의 힘을 이해하려고 하지도 않는다. 미래는 (현재 역시도) 신화가 발생된 초기의 과거에 연결되어 있고, 거기에 뿌리를 두고 있다. 현재 존재하고 미래에 있게 될 모든 것은 이미 과거에 있었던 이상적이고 완벽한 존재의 희미한 구현에 지나지 않는다.

그리스의 황금 시기(약 주전 14세기경)에 많은 지성인들은 자기들 나라의 고대 신화를 믿지 않았다. 이러한 현상을 낳게 된 데는 몇 가지 원인이 있었다. 사회적·정치적 격동의 시기에 제사장들은 물질로 인한 타락으로 인해서 백성들의 존경을 잃었다. 탈레스 이후로 계속된 위대한 철학자들은 신화의 허구성과 함께 이성의 법칙을 가르쳤다. 무엇보다도 가장 중요한 요인은 그리스를 정복하려고 위협하는 페르시아와의 사이에 오랫동안 지속되고 힘들었던 분쟁이었다. 알렉산더 대왕의 아시아 내륙 깊숙이 펼쳐진 정복을 포함한, 이어지는 감격적인 승리들은 이야기와 노래가 되어 민중들 사이에 회자되었다. 결국 이 사건들은 위대한 "역사가들"인 투키디데스, 헤로도투스 그리고 크세노폰 등에게 영감을 주었다. 성경적 역사들과 비교해 볼 때 이들의 역사는 사실적인 것과 그렇지 못한 것들 사이의 비판적인 분별에서 상대적으로 부족한 면이 있다는 비평을 받아야만 한다. 그러나 대체적으로 그 역사가들의 기록들은 괄목할 만한 문화적 성취를 보여 준다. 문제는 그들의 글에는 운동과 목적이라고 하는 면에서의 의미를 가지고 있지 못하다는 것이다. 그 역사는 신들을 제외한 순수한 세속적 역사로서 어느 정도 사건의 기록에 대해서 질서 있는 기록을 가지고 있다. 많은 현대의 역사가들은 본질적으로 동일한 역사 모델을 가지고 있다. 그것은 단순히 일어난 사건들의 기록이지 목적론적인 의미성을 가지고 있지는 않다. 나라 산의 선생들과 정치적 행위들은 닭장에 갇혀 있는 닭들의 싸움과 다를 바가 없고, 나뭇가지에서 다투는 원숭이들의 행위와 같은 의미 없는 것들이다.

신화적 문화권에서의 미신이 했던 것과 동일하게 세속적인 비신화적 문화는 역사의 의미를 축소시켰다. 전자는 모든 것을 신들에게 귀속시켰고, 후자는 모든 것을 인간에게 귀속시켰다.

고대 근동의 문화적 국면에서 이스라엘의 신성의 개념은 두 가지 면에서 결정적으로 다른 면모를 가지고 있다. 이러한 차이점들은 왜 이스라엘이 그 주변의 나라들과는 다르게 역사를 그처럼 중요하게 다루었는지를 설명해 주는 요인이 된다. 첫째로 이스라엘 사람들은 초월적인 유일신을 믿었고, 둘째로는 그들 유일신의 권위 있는 인격성을 믿었다.

먼저 유일신관의 요소에 대해서 몇 가지 언급할 필요가 있다. 이스라엘은 점차적으로 하나의 부족적이며 민족적인 신의 개념으로부터 벗어나기 시작했다. 공식적인 야웨주의는 변절과 혼합주의와 대항해서 긴 시간 동안 힘든 싸움을 벌여 왔다. 이러한 모든 과정을 지나고 나서 이스라엘만이 유일신인 하나님을 믿게 되었다. 이것은 이집트, 우가릿 그리고 메소포타미아 등의 신화에서 발견할 수 있는 여러 하늘의 만신들 중에서 제일 뛰어난 신이라는 것을 의미하는 것은 아니다. 유일신의 개념은 오로지 신화적 이데올로기의 독소를 완전히 걸러낸 성경에서만 발견된다(창 1:26; 3:22; 11:7; 시 82:1). 정통 이스라엘 백성들은 더 이상 신화적 다신론에 유혹되지 않았기 때문에 그 말의 형태나 유비를 사용하는 데 있어서 안전했다. 다신교는 모든 역동적인 힘과 비이성적인 권력이 신성시되는 체계이기 때문에 신화를 동반한다. 그러한 힘들과 권력들은 지구상의 자연과 인간의 삶 속에 그리고 하늘에 존재하기 때문에, 다신교는 어디에나 존재하는 것이다. 반면에 유일신관은 모든 존재하는 것들의 본질적인 근원으로서 나뉠 수도 없고 우주에 포함될 수도 없는 하나의 신성 속에 모든 초자연적인 권력을 모은다.

다음으로 인격성의 요소에 대해서 말하고자 한다. 다양한 고대 신화들 또한 그들의 신성들을 인격화한다. 이러한 것은 초자연적인 실체와 의사소통하기 위한 기재로서 인간의 삶을 유비적으로 적용하면서 발생하게 되었다. 각각의 신들과 여신들은 인간 행태의 어느 한 국면을 풍자적으로 희화한 것에 불과하다. 이것은 태양, 바람, 죽음, 선생, 병역, 풍요 등에 각각 남신과 여신이 있다는 것을 의미하는 것이다. 신화에서 사용될 때 신성의 "인격화"라는 것은 특별한 신성의 영역을 닮은 인간적인 어떤 것을 풍자하는 것이다. 풍자한다는 것은 권위적인 인격성을 과감하게 삭감하는 것이다. 특별히 현대인들은 인간의 인격성의 풍부함과 다양함을 잘 알고 있다. 제대로 교육을 받았다면 우리 또한 개별 인간 존재의 인간적인 속성을 줄이려고 하는 끊이지 않는 열망이 있다는 것을 알 것이다. 바로 이러한 것이 고대 신화 작가들이 그들의 신들에 대해서 행했던 작업들이다. 이스라엘이 성취한 놀라운 성과는 하나님을 유일하고, 온전하고, 완전하고, 주권적인 인격체로서 접근한 매우 탁월한 그들의 신학이었다. 모든 것을 주재하는 주라 묘사될지라도 그 중에 이스라엘 신의 인격성은 그 어느 것보다도 탁월하다. 그분은 희화화되고, 곡해되고, 희석화되는 것을 거부하셨다. 또한 그분은 물건처럼 취급되며 사용되는 것과 조종되는 것을 원치 않으셨다. 그분은 그 자신의 어느 한 면이 전체와 같이 여겨지는 것을 허락하지 않으셨다.

이러한 것이 바로 "나는 질투의 하나님이다"(אל קנא – 엘 카나; 출 20:5)라고 말한 야웨 스스로 내리신 정의의 의미인 것이다. 몇몇 구약의 구절들에서 "질투하는" 이라는 단어는 "열성적인"이라는 말로 번역되었다. 그러나 어느 것이든 이 말은 이스라엘의 하나님께서 그의 백성들에게 요구하시는 것과 동일한 열정적인 관심과 절대적인 헌신을 하신다는 것을 의미하는 것이다. 야웨는 온전히 헌신되고 전념하는 하나님이시다. 그분은 그의 백성들에 의해서 부분으로 취급되는 것을 원치 않으신다. 전부이지 않으면 아무것도 아닌 것이다. 따라서 이스라엘은 유일한 하나님과 그 하나님의 온전성에 전적으로 헌신하는 것이다.

이러한 모든 것들은 필연적으로 선택과 언약의 개념을 만들어 내게 되었다는 것을 의미한다. 야웨는 선택하시고, 그의 택자들로 하여금 다시 야웨 자신을 선택하도록 초청하신다. 그분은 이스라엘 백성들이 그분의 백성이 되겠다고 하는 조건하에 그들의 하나님이 될 것을 말하는 언약을 그 택한 백성들과 맺으신다. 그들이 지키기로 약속한 율법들은 이러한 언약을 지키는 수단으로서뿐만 아니라 더욱 풍요로운 잠재적 인간의 삶을 현실화시키기 위한 것이었다.

우리는 이제 이러한 사실이 역사와 역사적 사료를 기록하는 것과 어떠한 관련성이 있는지를 물어야 한다. 이러한 물음을 통해 우리는 같은 문화권 내에 있었던 다른 나라들과 비교해 보았을 때 이스라엘이 가진 매우 두드러진 독특성을 발견하게 될 것이다. 신성이 인간의 역사에 들어왔다는 것을 믿는다는 점에서는 이스라엘은 주변의 나라들과 다른 것이 아무것도 없다. 몇몇 학자들은 신성이 인간 역사에 개입한 것을 이스라엘 역사의 독특성으로 주장한다. 그러나 우리는 바빌로니아와 히타이트 사람들도 그들의 전쟁과 그 밖의 다른 역사적 사건들 속에서 그들 신들의 결정론적인 임재를 분명히 언급하고 있음을 알고 있다. 이스라엘의 독특성은 단순히 그들이 자신들을 신화적인 언어보다 역사적인 언어로 정의하고 있다는 사실에 있는 것이 아니다. 메소포타미아 신화에서 수메르와 바빌로니아 사람들은 그들의 인격성이 원시적인 사람에게로부터 직접적으로 생겨났다고 생각한다. 그 원시적인 사람들은 그들의 창조 신화에 따르면 신들의 땅을 경작하고 그 신들의 신전을 만들기 위한 단일한 목적으로 만들어진 피조물들이다. 이집트 신화에서 사람은 단순히 신들이 만든 세계의 일부분일 뿐이다. 또한 그 신화에서 세계는 본질적으로 이집트를 의미할 뿐이다. 따라서 이 사람들은 자신들이 누구이며 무엇이었는지를 규정해주는, 그들이 경외심을 가지는 창조된 땅에 그들 자신이 속한 것으로 보았다. 그러나 이스라엘은 그렇지 않았다. 그들은 자신들이 한때 백성들과 땅을 소유하지 못했던 시기가 있었음을 기억했다. 그들의 떠돌이 조상이었던 아브라함은 창조된 아담이 아니었다. 그는 약속의 땅을 찾아서 그의 땅과 친척, 가족을 떠났다. 그의 자손들은 야웨가 그들을 애굽의 속박에서 이끌어 낸 역사적인 위대한 날까지 한 민족을 이루지 못했다. 신명기 25:6은 히브리인들이 애굽의 노예 생활을 할 때 이미 민족을 이루었다고 단순하게 기술하고 있지만, 그들은 출애굽하여 홍해를 건너기 전까지 엄밀한 의미에서의 민족을 이루지는 못했다. 출애굽기를 읽어 보면 억압된 히브리인들은 모두 진정한 역사적 자아 의식성 같은 것을 가지지 못하고 역사와 민족성을 포기했다. 그러한 히브리인들로 하여금 민족을 이루고 나라를 이루게 한 것은 바로 역사적인 시간에 일어난 야웨의 전능하신 행동이었다.

신적인 선택의 요구를 알고 있고 그 언약의 성취에 헌신한 이 민족은 야웨의 땅에서 야웨의 백성으로 살기 위해 노력하면서 족장 언약의 성취를 이루어 나갔다. 그러나 성경의 역사 기술은 이스라엘 백성들이 온전히 그 약속의 축복을 누리지는 못했다고 말하고 있다. 그들이 자신들의 모든 의무를 완전히 수행하지 못했기 때문이다. 계속되는 실족과 타락으로 인해서 약속의 땅과 번성한 후손을 온전히 소유하게 되리라는 약속은 종말론적 이상으로만 남겨진 채 성취되지 않았다. 이스라엘 백성들 중에 많은 사람들이 값싼 길을 선택했고, 이 민족적 선택과 야웨의 언약에 대한 헌신을 이스라엘의 행동과는 무관하게 전적으로 주어진 것으로만 이해했다. 바로 이러한 행동들이 야웨의 질투하는 인격성을 자극하는 것들이었다. 그러므로 축복과 함께 징벌이 내려졌다. 그렇지만 야웨의 목적을 진정으로 대변하는 자들이 일어나 그들로 하여금 그 약속의 궁극적인 실현을 이루도록 촉구했다.

이러한 것들이 이스라엘에게 역사 의식을 주었다. 이스라엘은 기억할 만한 역사적 사건 속에서 한 민족으로 형성되었으며, 역동적인 상호 인격주의 속에서 역사의 하나님과 관련되었다. 잦은 실패 속에서 이스라엘은 완전을 위해 몸부림치는 노력의 중요성을 배우게 되었다. 또한 질투의 하나님은 신뢰할 만하고 사랑하며 용서하시는 하나님이며(출 20:6), 잘못에 빠지는 그의 백성에게 두 번째, 세 번째, 네 번째 기회를 주시는 분임을 깨닫게 되었다. 여기에 아주 기본적인 종말론이 있으며 신학적인 역사가 있는 것이다. 상급의 전망과 실패의 가능성을 가지고 노력하는 곳만이 진정한 역사가 발생하는 곳이다.

기술된 성경적 역사 문헌에 대한 신학적 증언

참고문헌

Alonso Diaz, J. "La retribución divina en el libro de las Reyes o una teología de la Historia," *XXVI Semana Biblica Española*(Madrid 1965) **I. Hölscher, G.** *Die Anfänge der hebräischen Geschichtsschreibung.* Sitzungsberichte der Akademie, Heidelberg, Philos.-hist. Klasse 1941/42. Heidelberg: C. Winter, 1942. **von Rad, G.** "Die deuteronomistische Geschichtstheologie in den Königsbüchern." *Deuteronomium-Studien,* Teil B. FRLANT, n.F. 40(Göttingen: Vandenhoeck & Ruprecht, 2nd ed., 1948), 52-64= *Gesammelte Studien zum AT*(Theologische Bücherei, 8: Munich: C. Kaiser, 1958), 189-204. ET, *Studies in Deuteronomy,* tr. by D. Stalker. SBT 9. London: S.C.M. Press, 1953. **Rendtorff, R.** "Beobachtungen zur altisraelitischen Geschichtsschreibung anhand der Geschichte vom Aufstieg Davids." *Probleme biblischer Theologie. Gerhard von Rad zum 70. Geburtstag.* Munich: Chr. Kaiser Verlag, 1971. **Wolff, H. W.** "Das Kerygma des deuteronomistischen Geschichtswerks." *ZAW* 73(1961) 171-86.

우리는 진정한 의미에서 최초의 역사적 기술은 그리스의 역사들이 아니라 바로 구약이라고 진술해 왔다. 이러한 사실은 일반적으로 인식된 믿을 만한 역사적 기술의 범주들과 구약의 기술을 비교해 보면 알 수 있다. 이것은 현대의 책에서 말하는 학문적 "역사"를 말하는 것이 아니라 일반적인 역사 기술을 말하는 것이다. 그러한 일반 역사 기술은 일반적인 역사성의 기준에 이르지 못하는 임의의 자료들을 결합한 것이다. 여기에는 교화를 위하거나 설명을 위한, 혹은 심지어 유희를 위한 자료들이 포함되기도 한다. 그러나 자료가 역사 기술로서 인정받기 위해서는 일반적으로 다음과 같은 네 가지 범주를 충족시켜야 한다. 첫째로, 그 역사 기술은 믿을 만한 자료들로부터 그 정보를 얻어야 하며, 그 정보들을 매우 분별력 있게 다루어야 한다. 둘째로, 내용의 처음부터 끝까지 유기적인 발전이 있어야 한다. 셋째로, 합리적인 방법으로 인과적인 상호작용을 보여 주어야만 한다. 넷째로, 관련된 사람들에 대한 본질적으로 믿을 만한 인물 묘사가 있어야 한다.

열왕기상은 그러한 역사 기술적 자료, 즉 신명기적 역사의 한 부분이다. 열왕기상은 바로 전 책에 포함되었어야 할 왕위 계승 내러티브의 결론 부분을 포함하고 있다. 마틴 노트(Martin Noth)는 *Überlieferungsgeschichtliche Studien*(1943)과 Die *Überlieferungsgeschichtliche des Pentateuchs*(1948)에서 학자들이 일반적으로 수용하는 다음과 같은 이론을 언급했다. 그에 따르면, 신명기 사가는 신명기와 관련된 고대의 신성한 그룹의 한 사람으로서 여호수아로부터(서론과 결론의 구조를 보면 아마도 신명기까지 포함하는) 열왕기하까지 믿을 만한 역사적 자료를 편찬한 사람이다. 열왕기상 8장의 솔로몬의 기도와 특별히 열왕기하 17장의 그 자신의 간곡한 충고의 말을 기술하는 부분에서 신명기 사가는 그 자신의 문체와 신학을 우리에게 분명히 보여 준다. 그러나 그는 대부분 역사를 통하여 야웨의 길을 가르치려는 목적을 가지고 일반적으로 연대기 순으로 고대 자료들을 재배열하는 단순한 편집자로서의 역할만을 했다.

신명기적 역사에 대해서는 다음 항에서 좀더 다루게 될 것이다. 여기서 다루게 될 토론은 다음과 같은 두 가지 사항이다. 첫째로 신명기 사가는 믿을 만한 역사 기술적 범주들을 모두 충족시키고 있다는 것과, 둘째로 모든 유용한 이론에 따르면 신명기 사가의 기록은 희랍의 역사보다 훨씬 먼저 있었던 사건들이라는 것이다. 연대기에 관해서는 아마도 이전 편집본들이 있었겠지만, 최종 편집은 열왕기하 25:27에 따르면 주전 약 550년경인 늦은 포로기에 이루어졌을 것이다. 기술 방법을 보면, 신명기 사가는 변별력 있게 자료들을 사용한다. 그는 마지막에 야웨의 인내하심을 기술하면서 계속 반복되는 타락으로 점철된 이스라엘의 비극적인 역사를 기술하고 있다. 그는 원인과 결과를 보여 주기 위해서 매우 사려 깊게 자신의 자료들을 재배열하고 있다. 그는 또한 자신이 기록한 사건들과 관련이 없는 실재한 많은 사람들에 대해서도 우리에게 알려 준다.

신학적인 견해의 명백한 삽입과 지료에시의 과장과 조직화의 영향을 지적하면서 역사에서 하나님의 역할을 용인하지 않는 역사가는 괜히 트집을 잡는 사람이다. 신명기 사가의 기록이 분명히 오류를 포함하고 있다고 할지라도, 그는 매우 효과적으로 믿을 만한 역사를 쓴 것이라는 사실에는 동의해야 할 것이다. 우리 자신의 연구를 통해서 그 오류들과 과장된 사실들을 앞으로 우리가 다루어 나가는 데 도움이 되길 바란다. 그러나 신명기 사가의 기록이 신명기 사가가 기록하고 해석한 의미 있는 역사적인 사건이라는 것을 보지 못한다면 우리는 소경이나 다름이 없다. 그가 기록한 것은 결과적으로 이스라엘 백성들을 영화롭게 하는 것이 아니라, 오히려 그들을 정죄한다는 점에서 믿을 만하며 가치 있는 자료들이다. 열왕기상에서는 오직 야웨만이 성결하게 나온다. 따라서 열왕기상은 매우 높은 신학적 의미를 지닌 글이다. 그러면서도 열왕기상은 역사에 근거하고 역사에 귀속된 사람들의 의미 있는 이야기를 말하고 있기 때문에 역사인 것이다.

비교적 짧은 역사 기술 자료들이 신명기적 역사서에 들어 있다. 이 자료들은 매우 고차원적인 역사 기술 방법론을 보여 주는 것으로서 다음과 같은 세 가지 이야기에 대해서 언급하고자 한다. 첫째로 사무엘상 16장에서 사무엘하 5장까지 다윗에 대한 역사와, 둘째로 사무엘하 9장에서 열왕기상 2장까지의 왕위 계승 내러티브이며, 셋째로 열왕기하 9-10장의 예후에 대한 역사다. 나는 나의 책 *Prophet against Prophet*(102-103, 122)에서 예후의 역사에 대해서 분석했다. 왕위 계승 자료는 그 기록 기법과 현실성에서 잘 쓰인 글로 인정받는 기사다. 저자가 자신이 쓰고 있는 글의 자료에 대해서 언급하고 있지 않다 하더라도(그는 증인으로서 보고한다), 그는 처음부터 끝까지 내용을 매우 유기적으로 연결하고 있음을 보여 준다. 그는 여러 가지 일화들을 원인과 결과에 강조를 두면서 엮어 간다. 무엇보다도 그는 자신의 등장 인물들을 솔직하고 현실적으로 묘사하고 있다. 또한 이 자료는 선전적인 목적을 가지고 있음이 분명하다(왕권의 정당성에 있어서 다윗의 첫째와 둘째 아들보다 솔로몬이 더 명분이 있음을 보여 주는 것임). 더욱이 이러한 견해를 돕기 위해 사무엘하 11:27에는 "다윗의 소위가 여호와 보시기에 악하였더라"고 하는 매우 민감한 신학적 견해가 들어 있는 글귀가 삽입되어 있다. 이러한 숨겨진 요소들은 초월적인 차원을 더해 주면서도 그 기술의 역사성을 하나도 제거하지 않기 때문에, 우리는 역사와 정치적 선전 그리고 신학을 동시에 보게 되는 것이다. 그러면 기록된 연대는 언제인가? 실질적으로 모두 동의하는 것은 주전 970-931년경인 솔로몬 통치기다. 이것은 신명기 사가의 시기보다 몇 세기 이른 때다. 이것은 신명기 사가의 절망적이고 위기감이 있는 시기에 기록된 자료들이 아니라 한창 번성했던 이스라엘 국가가 청년기일 때의 자료들임을 말하는 것이다. 그 자료는 신명기 사가의 기록에서와 같이 인간은 목적이 있는 역사적 노력을 하고, 하나님은 모든 인간의 계획들을 감시하면서 심판자로서 그리고 구원자로서 행하심을 보여 준다.

이러한 사실들은 독자가 열왕기상과 같은 책을 읽을 때 막연히 내러티브를 좇아

한다든지 단지 역사적 사실을 발견하기를 원하는 마음 이상을 가져야 함을 말해 주는 것이다. 우리는 모두 성경을 기록한 사람들이 가졌던 동일한 흥미와 관심을 가지고 성경을 읽어야 한다는 것을 알아야 한다. 열왕기상(다른 역사 기술 모음집도 마찬가지임)은 역사적 사건 속에서 야웨의 자기 계시를 증언하고자 하는 사람들에 의해서 쓰여졌다. 배우들은 무대에서 자신들에게 주의 집중하기를 요구하는 사람들이 아니다. 감독이 무대 설정을 주관하고 무대 곁에서 배우들을 격려하는 것이다. 히브리인들의 사고에서 역사 무대의 배우들은 꼭두각시들이 아니다. 그들은 위대한 연출자이면서 동시에 감독자인 분에게 순종할 때 매우 영향력 있는 드라마를 만들 수 있고 그 감독의 의도를 수행해 나갈 수 있는 그러한 존재들이었다. 그 연극이 좋지 않은 것은 감독의 가르침과 목적에 따라 반응한 것이 아니라 그들 자신의 의지에 따라 방황했기 때문인 것이다.

역사와 열왕기상에 대해서 한 가지 더 말해야 할 것이 있다. 기독교인들은 일반적으로 여호수아로부터 열왕기하까지의 글들에 대해서 "역사적"인 책들이라고 말하는 반면에, 유대인들은 "전기 선지서들"이라고 말한다. 기독교인들은 열왕기상을 읽을 때 "전기 선지서"라는 명칭을 유념하고 있어야 한다. 열왕기상을 "선지자적인" 책이라고 부르는 것이 열왕기상에 대한 선지자적인 저작권 개념을 적용하는 것은 아니다. 그것은 열왕기상이 선지자의 영성을 가지고 있으며, 고전적인 선지자주의의 본질적 개념인 역사를 통해서 이스라엘과 함께 하시는 하나님의 방법을 표현하고 있다는 것을 말하는 것이다. 대예언 모음집(이사야, 예레미야, 에스겔 그리고 12 소선지서)에 대해서 잘 알고 있는 정통한 사람들은 이스라엘의 선지자들은 신화를 말하는 자들도 철학자들도 아니었음을 알 것이다. 오히려 그들은 매우 실제적이었으며 위험의 시기에 그 백성을 향한 야웨의 요구를 목자적인 마음을 가지고 선포한 자들이었음은 알 것이다. 또한 이스라엘의 선지자들은 역사는 하나의 위대한 삶의 무대이며, 그들의 역할을 감당하도록 부름 받은 야웨의 언약 백성들이 야웨의 길을 버림으로써 모든 것을 파괴하는 위험에 처해 있음을 알고 있었다. 열왕기상은 위대한 선지자들이 나오기 오래 전의 사건들을 기록하고 있다(선지자들의 시기가 주전 약 750년에서 300년까지의 시기라고 한다면, 열왕기상은 주전 약 970년에서 852년까지의 사건들에 대해서 기록하고 있음). 열왕기상에는 주요한 대변인이면서 해석자인 선지자들에 대해서, 그리고 삶과 죽음에 대한 하나님과 이스라엘 사이에 이루어진 진지한 대화들에 대해서 기술되어 있다.

참고문헌

De Vries, S. J. "The Anthropomorphism of God." In *The Achievements of Biblical Religion*, 78-104. Washington: University Press of America, 1983. ______. "Miracle and Wonder in the Old Testament," *idem*, 326-34. ______. *Prophet against Prophet*, 100-12. Grand Rapids: Eerdmans, 1978. **Gunkel, H.** *What Remains of the Old Testament and Other Essays*. New York: Macmillan, 1928. **Hayes, J. H.**, ed. *Old Testament From Criticism*. San Antonio: Trinity University Press, 1979. **Rogerson, J.** *The Supernatural in the Old Testament*. Guildford-London: Lutterworth, 1976. **Terrien, S.** *The Elusive Presence: Toward a New Biblical Theology*. New York: Harper, 1978.

성경적 역사 기술의 역사성에 대한 충분히 폭넓은 토론을 위해서 그 기원과 목적에 대해서는 이미 많은 논의를 해 왔다. 우리는 "사실성"(historicity)과 "역사성"(historicality)을 주의 깊게 구분해야만 한다. 전자는 실제 사건과 정확한 보고와 관계가 있는 반면, 후자는 역사적 존재로서의 자의식과 관련된 말이다. 이미 논의된 대로 왕위 계승사와 신명기적 역사는 역사성으로 가득 차 있다. 그것들은 실제 역사적 사건과 관련되어 있으며 초자연적인 관점에서 해석하고 있다. 따라서 이러한 자료들은 역사 속에서 이스라엘에 대한 하나님의 뜻을 증거하는 기록으로 받아들여지도록 의도된 것이었다. 그 자료들은 이러한 신학적인 진리를 표현하기 위해 초자연적인 언어를 필요로 하지는 않는다. 그러나 신명기 사가의 작품과 같은 방대한 편집 모음집에는 고도의 상상력이 배어 있으며 직접적인 초자연적 방법으로 신학적 진실을 표현하는 매우 오래된 자료들을 포함하고 있다. 우리는 서로 상반되는 두 가지 잘못에 대해 알고 있어야 한다. 첫째는 현대 이성의 자연주의와 충돌하는 자료를 거부하는 것이며, 둘째는 성경적 하나님이 항상 이러한 방식으로 일하신다고 주장하면서 오직 문자적으로 자료를 해석하는 것이다.

우리는 먼저 성경이 무엇을 의미해야만 하는지에 대한 규칙을 정하는 것보다 성경이 말하도록 의도된 바를 성경이 말할 수 있도록 해야 하는 것을 배워야만 한다. 하나님의 진리가 실세적으로 근거된 역사 기술로서 우리에게 실현될 수 있나면, 우리는 함께 그 성취에 놀라워하며 감격하도록 하자! 또한 그 진리가 초자연적인 힘의 상징들로 가득한 상상력이 풍부하고 교훈적인 내러티브로 다가온다면, 그 내러티브가 우리를 가르치려고 하는 교훈에 대해 겸손히 물으면서 감격하도록 하자! 열왕기상에는 그러한 이야기들이 있다. 그 이야기들은 순전한 역사 기술적 설명과는 다르게 우리의 삶을 위한 본보기적인 목적이 있다는 것을 이해할 때에만 우리는 그 이야기들을 바르게 읽을 수 있는 것이다.

20세기에 괄목할 만하게 발전한 구약 주석학의 한 원리는 양식 비평이다. 양식 비평은 학자들로 하여금 각각 분리된 단락을 (더 큰 편집체로 혼합되는 경우가 있다 할지라도) 개별적인 단위로서 다룰 수 있도록 해주었다는 점에서 그 중요성이 있다. 또한 양식 비평은 각 단락의 문학적 장르(문학적 형태), 삶의 정황 그리고 기능을 분별하도록 하는 목적과 더불어 각 단락의 구조에 관심을 가지도록 했다. 독자가 열왕기상 17-22장 그리고 열왕기하를 읽어 나갈 때 이러한 사항들에 관심을 가지는 것은 매우 중요한 일이다. 의도적인 목적을 가지고 신명기 사가는 이 장들을 여기에 배열한 것이다. 그 장들은 아합의 사악함에 관한 신명기 사가의 빈약한 이전의 보고를 보여 주고 있다. 열왕기상 16:29-34은 신명기 사가가 사용 가능한 공식적인 기록들을 가지고 전체적으로 기술한 것이다. 이 본문에 기록된 내용의 역사적 사실성에 관해서는 어떠한 회의적인 관점도 없다. 그러나 17-22장에는 선지자 학교에서 기원된 것으로 영적인 메시지를 전달하며, 한 모범이 되는 선지자가 무엇을 할 수 있는지를 보여 주도록 의도된 기록이다. 그 기록들은 문자적으로 역사적인 기록들로 받아들여지도록 의도되지 않았다. 그러므로 역사적 정확성이라는 기준을 가지고 판단한다면 잘못 접근하는 것이다. 그 본문들은 앞에서 이미 언급한 연대기적 기록들보다는(예를 들어, 왕상 16:29-34) 신학적 반성과 영적 시사성이라는 관점에서 보면 훨씬 더 풍부한 내용을 가지고 있음이 분명하다. 그 본문들의 목적은 사람들에게 진실과 거짓, 바른 정치와 사악한 정치, 경건한 종교와 위선적 종교 사이를 구분하는 방법을 가르쳐 주는 데 있다. 그 본문들은 우리에게 영적으로 덧입힌 "하나님의 사람들"의 놀라운 행위들을 보여 주고 있기 때문에, 우리는 그 본문들에 대한 적절한 장르를 찾아야만 한다. 나는 나의 책 *Prophet against Prophet* (52-92)에서 "선지자적 전설"이라는 용어를 주장했다. "전설"이라는 말이 공상이나 비현실과 같은 말로 쉽게 오해될 수 있기 때문에 이 주석에서는 "선지자 이야기"라는 용어를 사용할 것이다.

성경에 기록된 모든 내용은 신적으로 계시되고 완전한 사실성을 가지고 있기 때문에 문자적으로 다루어져야 한다고 생각할 수도 있다. 이러한 생각은 예언적 이야기들뿐만 아니라 다른 내러티브 종류에도 적용될 수 있을 것이다. 그러나 잠시 생각해 보면 이러한 가정은 옳지 않다는 것을 알 수 있다. 예를 들어 예수의 비유들은 확실히 꾸며낸 허구의 세계를 말하고 있다. 선한 사마리아인도, 탕자도, 회개한 세리도 모두 실재한 인물들이 아니다. 예수의 이야기는 교훈적이며 모범적인 신앙 생활을 위한 본보기임에 틀림없다. 누구든지 선한 사마리아인이나 탕자가 될 수 있다. 그러나 비유의 역사성이라고 부르는 것은 각각의 비유가 역사의 궁극적인 의미를 말하고 있음을 주장하는 것이다. 선지자들의 이야기도 마찬가지다. 어떠한 종류의 이야기나 전설(특별히 기독교 순교자들의 이야기들)도 비유와 마찬가지로 모든 사람들이 따라오도록 하기 위한 경건한 행실의 예들을 그리고 있다. 그것들의 기능은 순수하고 객관적인 사건을 기록하기 위한 것이라기보다는 가르침과 영감을 주는 데 있는 것이다.

우리는 예언적 이야기들이 (다른 이야기들에서보다 좀더) 놀라운 초자연적인 면에 그 강조점을 두고 있다는 것을 알게 될 것이다. 이러한 것은 예수의 비유들에서 보이는 강조와는 다른 것이다. 예언들은 하나님의 영으로 그 묘사가 가득하기 때문이다. 어떤 사람이 하나님의 영을 가지고 있다는 것을 보이기 위해 예언은 하나님이 선지자의 요구에 응답하시는 것이나(왕상 18:38에서처럼) 선지자 자신이 기사를 행하는 것을 묘사하고 있다(왕하 6:1-7에서처럼). 염두에 두어야 할 중요한 사실은 이러한 이야기들의 목적은 하나님이 하신 일(역사적으로 특별한 장소와 시간에)을 기록하는 것은 곧 하나님이 **할 수 있는** 것(모든 시간과 장소의 전 역사를 통해서)을 선포하는 것과 다를 바가 없다는 것이다. 따라서 선지자들의 글은 단순히 그 이야기들이 무엇을 말하는가를 위해서가 아니라 그 이야기들이 가르치고자 하는 것을 위해서 연구되어야 한다. 그 이야기들은 상상력이 풍부한 기법으로 기록되었지만 그 내면에는 심오한 신학적 가르침이 있다.

일반적으로 초자연적인 내러티브의 기능은 성경 전역에서 발견되는 수많은 신성에 대한 명칭과 묘사들과의 매우 밀접한 관련성 속에서 연구되어야만 한다. 야웨는 거룩하고, 의로우며, 전능하고, 그의 백성들에게 매우 깊은 관심을 가지고 있으며, 그의 언약에 있어서 신실한 열심을 가지고 계신다. 이러한 묘사적 호칭들이 기도와 예전에서 인용될 때 그 단어들이 가지는 경외감을 이끌어 내는 힘을 점차적으로 상실하게 된다. 그러나 신현의 영광 속에서 야웨의 오심에 대해 실제적으로 이야기하는 내러티브는 "거룩, 거룩, 거룩"을 수십 번 반복하는 것보다 훨씬 더 강력하게 회중의 상상력에 영향을 줄 수 있을 것이다. 이스라엘의 대적을 심판하기 위해 등장하는 야웨에 관한 내러티브는 그 이야기를 듣는 사람들에게 "그분은 거룩하시다!"라고 예전적으로 소리치는 것보다 하나님의 의를 좀더 분명히 증거하는 것이 될 수 있다. 더 이상의 예증이 필요 없을 것이다. 말하고자 하는 요점은, 내러티브는 예전적 찬양의 단순한 말들보다 하나님의 위엄을 전달하는 데 훨씬 더 효과적인 언어적 양식이라는 것이다. 그러므로 우리는 열왕기상과 다른 어느 성경에서 발견되는 선지자들의 이야기를 더 귀중하게 여길 수도 있는 것이다. 누군가가 하나님을 보기를 원한다면, 그는 먼저 열왕기상에서 그 하나님을 볼 수도 있다. 바로 여기에 역사를 주관하는 하나님, 언약의 하나님이 보인다. 열왕기상에서는 하나님이 존재하시는 단 하나의 단일한 사건이 아니라, 그분의 백성들이 심판을 받거나 혹은 구원을 받는, 계속적으로 반복하여 발생하는 하나의 본보기가 되는 장면들이 그려지고 있다.

성경의 특별한 장르들이 무엇을 의도하는지를 깨닫기 위해서 성경 주석 학자들로 하여금 특별한 형식을 통해 하나님이 말하시고자 하는 바를 듣도록 해보자. 역사에 대해서 특별한 애착을 가지고 있는 사람들은 열왕기상에서 풍부한 역사를 만나게 될 것이다. 그러나 열왕기상에 있는 역사들은 단순한 역사 기술 자료는 아니다. 이스라엘 사람들이 선지자 운동의 순수한 문자적 역사를 기록하려고 했다면 그렇게 했을 수도 있다. 그러한 역사 기술을 위한 모든 도구들을 가지고 있었다. 이스라엘은 역사가 무엇을 의미했으며, 역사 기술 문헌을 어떻게 써야 하는지에 대한 방법을 알고 있었다. 이스라엘의 역사는 우리에게 "실존했던" 엘리야, 엘리사 그리고 다른 사람들(선지자들의 전기)을 묘사하는 데 필요한 아주 적은 자료들을 주었을 것이다. 그러나 선지자들은 자신들이 개인으로서는 중요한 존재가 아니라는 것을 알고 있다. 오로지 하나님과 그분의 말씀 선포의 대상인 이스라엘 백성들이 중요한 것이다. 그러므로 소위 예언적 이야기들은 실제적으로 하나님에 관한 이야기다. 우리의 지적인 호기심에 도전하는 것 이상으로 그 이야기들은 우리에게 회개와 믿음의 반응을 요구한다.

역사 기술 자료로 여겨지든지 아니면 경건한 이야기로서 보이든지 열왕기상의 내용들은 그 자체가 하나님이 인간과 함께하시는 방식에 대한 증언이다. 열왕기상의 배경은 역사이며, 배우들은 왕들이고 선지자들이다. 막 이번에는 그의 배우들이 구원적 계시의 역사를 만들도록 격려하고 채근하는 역사의 주인이 있다. 주석 학자의 마음에 이렇게나 오래된 책을 연구하여 그 자신의 의미를 만들어 가는 데 있어서 이러한 신학적 진리는 그에게 제일 먼저 떠오르는 문제 의식이 되어야 하는 것이다. 그 이유는 그의 백성을 좀더 완벽한 백성이 되게 하고 그의 약속의 땅을 좀더 완벽하게 소유하도록 부르시는 하나님에 대한 믿음의 정황 밖에서 그 기록을 해석한다면, 그 주석 학자는 그 역사를 온전히 이해하지 못할 것이기 때문이다.

문학적 작품으로서의 열왕기상

열왕기상 해석사

참고문헌

Benzinger, I. *Jahvist und Elohist in den Königsbüchern.* BZAW II, 2. Berlin-Stuttgart-Leipzig: Töpelmann, 1921. **Bin-Nun, S. R.** "Formulas from Royal Records of Israel and Judah." *VT* 18(1968) 414-32. **Day, E.** "The Deuteronomic Judgments of the Kings of Judah." *JTS* 11(1910) 74-83. **Dietrich, W.** *Prophetie und Geschichte. Eine redaktionsgeschichtliche Untersuchung zum deuteronomistischen Geschichtswerk.* FRLANT 108. Göttingen: Vandenhoeck & Ruprecht, 1972. **Garbini, G.** "Le fonti citate nel 'Libro dei Re'(etc.)." *Hen* 3(1981) 26-46. **Haran, M.** "Problems in the Composition of the Former Prophets"(Heb). *Tarbiz* 37(1967-68) 1-14. **Hölscher, G.** "Das Buch der Könige, seine Quellen und seine Redaktion." *Eucharisterion Hermann Gunkel zum 60. Geburtstag.* FRLANT 36. Göttingen: Vandenhoeck & Ruprecht, 1927. **Jepsen, A.** *Die Quellen der Königsbuches.* Halle(Saale): M. Niemeyer, 1953. **Langlamet, F.** "Pour ou contre Salomon? La rédaction prosalomonienne de 1 Rois, I-II." *RB* 83(1976) 321-79, 481-529. **Liver, J.** "The Book of the Acts of Solomon." *Bib* 48(1967) 75-101. **Maly, E. H.** "1 and 2 Kings." *TBT* 18(1980) 295-302. **Montgomery, J. A.** "Archival Data in the Book of Kings." *JBL* 53(1934) 46-52. **Nelson, R. D.** *The Double Redaction of the Deuteronomistic History.* SOTSMS 18. Sheffield: Department of Biblical Studies, University of Sheffield, 1981. **Noth, M.** *Überlieferungsgeschichtliche Studien: Die sammelnden und bearbeitenden Geschichtswerke im Alten Testament,* 2nd ed. Tübingen: Mohr, 1957. ET of pp. 1-110, *The Deuteronomistic History.* SOTSMS 15. Sheffield: Department of Biblical Studies, University of Sheffield, 1981. **Porten, B.** "The Structure and Theme of the Solomon Narrative(I Kings 3-11)." *HUCA* 38(1967) 93-129. **Radday, Y. T.** "Chiasm in Kings." *LingBib* 31(1974) 52-67. **Smend, R.** "JE in den geschichtlichen Büchern des Alten Testament, herausgegeben von H. Holzinger." *ZAW* 39(1921) 204-15. **Veijola, T.** *Die ewige Dynastie. David und die Entstehung seiner Dynasie nach der deuteronomistischen Darstellung.* Annal. Acad. Sc. Fennicae, Ser. B, 193. Helsinki: Suomalainen Tiedeakatemia, 1975. **Vernès, M.** "De la place faite aux légendes locales par les livres historiques de la Bible(Juges, Samuel, Rois)." *Annuaire, École pratique des Hautes-Études – Sciences religieuses.* Paris 1897-98. **Walder, J. C.** "The Axiology of the Books of Kings." *JBR* 27(1959) 218-22. **Weippert, H.** "Die 'deuteronomistischen' Beurteilungen der Könige von Israel und Juda und das Problem der Redaktion der Königsbücher." *Bib* 53(1972) 301-39. **Wellhausen, J.** *Die Composition des Hexateuchs und der historischen Bücher des Alten Testaments.* Berlin: Georg Reimer, 1889; 4th ed., 1963.

함께 묶여지는 열왕기상하는 저자의 이름을 포함하고 있지 않다. 그렇지만 *Baba Bathra 15a*에서는 예레미야 52장이 열왕기하 24:18-25:30과 일치하기 때문에 선지자 예레미야가 썼다고 본다. 그러나 이러한 견해에 동의하지 않으면서, 전통적인 기독교 학자들은 한 포로기 저자를 주저 없이 받아들였다. 또한 그 포로기 저자는 다른 성경적 본문들(참조. 왕상 11:41; 14:29; 15:31), 즉 "솔로몬의 행장", "유다 왕 역대지략", "이스라엘 왕 역대지략" 등에 언급된 기록 자료들을 일반적으로 사용했으리라는 것에 동의한다.

자료 문헌과 관련해서 이렇게 알려진 참고 자료들은 열왕들의 역사에 대한 신뢰도를 더욱 높여 주는 것이다. 그러므로 열왕기상하의 완전한 역사적 사실성을 철저히 받아들이는 보수적인 학자들을 발견하게 되는 것은 그리 놀라운 일이 아니다. 그러나 19세기 말부터 20세기 초에 이르기까지 좀더 비평적인 견해가 넓은 층으로부터 학적인 관심을 받게 되었다. 이러한 결과는 주로 벨하우젠(Julius Wellhausen)과 성경 비평에서 그의 견해를 따르는 사람들에 의한 인상적인 학적 작업의 결과들을 통해서 나오게 되었다. 벨하우젠은 1889년에 매우 광범위하게 영향을 끼친 *Die Composition des Hexateuchs und der historischen Bücher des Alten Testaments*라는 책을 출판했다. 이 책의 전반부는 오경 내의 자료 전승에 대한 논쟁적인 주장을 담고 있기 때문에 매우 주의 깊게 연구해야 할 부분이다. 그는 이스라엘 종교사를 완전히 재구성했다. 그러나 많은 학자들은 이 책의 후반부도 관심을 가지고 연구하면서 상당한 영향을 받기도 한다. 바로 이 부분에서 열왕기를 다루고 있다. 벨하우젠의 영향으로 열왕기에 대한 모든 주석가들은 열왕기의 역사적 비사실성에 (때로는 그 비사실성에 열의를 가지는) 자신들의 문을 열게 되었다. 학자들은 초자연적인 이야기들을 합리적으로 분석하게 되었고, 열왕기의 구성에 있어서 비연속성의 근거가 되는 실제적 혹은 비실제적 표지들을 찾게 되었다.

학자들은 신명기적 편집자가 열왕기상하를 편집했을 때 그것을 매우 논리적으로 편집한 것인지에 대해서 일치된 견해를 보이고 있지 않다. 20세기 초에는 몇몇 저자들이 신명기적 자료 이전 자료 자체가 이미 편집적 결합체라는 것을 보여 주기 위해 노력했다. 그 이전 자료들이라는 것은 알려지지 않은 자료들이 아니고, 바로 오경 혹은 육경에 결합되었다고 이미 알려진 J와 E라는 근원적인 문학 자료들이다. 1921년에 두 가지 연구 결과가 출판되었다. 벤징어(I. Benzinger)는 *Jahvist und Elohist in den Königsbüchern*이라는 책을 썼고, 스멘트(R. Smend)는 "JE in den Geschichtlichen Büchern des Alten Testament"(*ZAW* 39[1921] 204-15)라는 소논문을 썼다. 비록 후자가 J^1과 J^2을 말한 곳에서 전자가 J와 E를 발견했다 하더라도 이들은 기본적으로 견해를 같이 한다. 1923년에는 횔셔(G. Hölscher)가 궁켈(Gunkel)을 위한 기념 출판집에 기고한 그의 소논문("Das Buch der Könige, seine Quellen und seine Redaktion", *Eucharisterion*, I, 158-213)에서 JE 자료 분석을 지지했다. 영향력 있는 학자인 아이스펠트(Otto Eissfeldt)는 그의 책 *Einleitung in das Alten Testament*(Tübingen: Mohr, 1934)에서 J와 E라는 자료로 엄밀하게 분리하는 시도에 대해서는 주의를 표명하면서 이면에 자료들이 놓여져 있음에 대해서 동의했다. 아이스펠트가 말하는 주의는 타당한 것이다. 날카로운 분리는 이루어질 수 없기 때문이다. 더욱이 자세히 보면 열왕기에서는 오경의 자료들이 발견되지 않는다. 열왕기의 본문들은 J, E와의 관련성과 오경의 자료적 연결성에 대해서 충분한 증거들을 가지고 있지 않다.

좀더 유용한 연구는 1943년에 *Überlieferungsgeschichtliche Studien*을 출판한 마틴 노트(Martin Noth)에 의해서 이루어졌다. 이 연구에서 노트는 신명기 사가의 글과 역대기 사가의 글을 함께 다루었다. 이 책은 대부분의 독자들이 관심을 가지게 된 최초의 글이었다. 노트는 일관된 단순성을 가진 그의 가설로 그 당시 학계를 놀라게 했다. 그는 이전의 그 어느 누구보다도 신명기 사가의 광범위한 자료를 다루었고, 그 신명기 사가의 편집자성에 대한 매우 위대한 활동성을 인정했다. 사실 "저자"와 "편집자"는 노트의 정의에 있어서는 동의어에 가깝다. 신명기 사가는 자료를 모으고, 편집하고, 재배열했으며, 또한 글을 구성하고 쓴 사람이기 때문이다. 신명기 사가의 작품은 신명기 구조의 형성과 더불어 신명기 서론으로부터 시작하고 있다. 그는 이어서는 여호수아, 사사기, 사무엘상하 그리고 열왕기상하에 이르기까지 모든 자료들을 조정하고 배열했다. 사무엘하 9-20장 그리고 열왕기상 1-2장의 왕위 계승 자료와 같은 수많은 자료들이 사용되었다. 그러나 이 편집자는 수많은 해석을 첨가하면서 열왕기상 8장의 솔로몬의 기도와 열왕기하 17장의 연설과 같은 자신의 긴 글을 만들어 넣기도 했다. 특별히 이렇게 만들어진 글들은 신명기적 재구성의 언어와 그 이데올로기의 관련성을 잘 보여 준다.

학자들은 노트의 방법에 큰 호응을 보낸다. 그러나 몇몇 학자들은 그가 너무 많은 개별 본문들을 신명기 사가의 작품으로 여기고 있다고 생각한다. 이스라엘의 마지막 비명(碑銘)과 같은 작품으로서 열왕기를 쓰면서 주전 550년에 살았던 한 사람의 편집가가 있었을 뿐이라고 하는 노트의 주장에 대해 다른 학자들은 만족해하지 않는다. 이 문제에 관해서 글을 쓴 대부분의 쟁쟁한 학자들은 신명기 사가의 의도에 대한 노트의 지나치게 어두운 평가에 불만을 토로한다. 대부분은 신명기 학파와 관련된 눈에 띄는 두 명의 편집자가 있었을 것이라고 주장한다. 이들은 대략 요시야 시대(약 주전 610년경)와 포로기 시기에 활동했을 것으로 여겨진다(참조. B. S. Childs, *Introduction to the Old Testament as Scripture*[Philadelphia: Fortress, 1979] 281-301). 주의 깊은 학자의 눈에는 이 학파의 활동은 상당히 더 이른 시기에 이루어졌을 것이라고 주장하는 증거가 보인다. 헬가 바이퍼트(Helga Weippert)는 그녀의 주목을 끄는 연구인 "Die 'deuteronomistischen' Beurteilungen der Könige", *Bib* 53[1972] 301-39에서 이 작품의 어떤 부분은 이미 주전 약 700년경인 히스기야 왕 시대에 정리된 것으로 말하고 있다. 또한 넬슨(R. D. Nelson)의 책, *The Double Redaction of the Deuteronomistic History*(Sheffield, 1981)를 보라.

노트의 작품은 2차 세계대전이 전운의 열기를 맹렬히 더해 가는 시기에 처음으로 출판되었다. 전쟁 뒤에 그의 책은 광범위하게 읽혀졌다. 다른 독일 학자 제프젠(A. Jepsen)의 글, *Die Quellen der Königsbuches*는 행운이 따르지 못했다. 이 책이 출판되었을 때(1953년) 그 출판이 이루어졌던 도시 할레(Halle)는 철의 장막에 굳게 닫혀 있어서 서방과의 의사소통이 어려웠다. 학자들이 제프젠의 왕들을 묘사하는 방법이 노트와 실제적으로 동일한 것이라고 말하는 것은 이제는 보편화되었다. 따라서 차일즈는 그의 책(*Introduction*) 285페이지에서 "노트의 기본적인 논제는 토론의 중심이 되었다…제프젠의 책도 이러한 새로운 학풍의 방향에 대한 또 다른 긍정을 보여 주는 것이다"라고 말했다. 그러나 사실 중요한 어떤 문제에서는 노트와 제프젠은 상호 반대의 경향을 보였다. 자료 면에서는 제프젠과 노트가 기본적으로 견해를 같이한다. 그러나 제프젠이 열왕기상 1-2장과 선지자 내러티브에 부가되는 다른 자료들을 구성하는 분리된 선지자 자료를 가정하는 것은 노트와 다른 점이다. 제프젠은 초기 제사장적 편집자, 신명기적 사가 그리고 포로기 편집자 등 세 가지 편집자를 주장한다.

선지자 내러티브에 대한 나의 책(*Prophet against Prophet*)에서 나는 하나의 분리된 선지자 자료가 존재함을 주장해 왔다. 나는 또한 신명기 사학파 내에 단일한 편집층 이상이 있음을 주장하는 견해에 동의하는 이유를 밝혔다. 이 문제에 대한 최근의 연구들은 너무 지나칠 정도로 많다. 특별히 디트리히(W. Dietrich)의 책 *Porphetie und Geschichte*, 베이졸라(T. Veijola)의 책 *Die ewige Dynastie* 등이 있고, 여기에 스멘트(R. Smend)의 소논문 "Das Wort Jahwes an Elia", *VT* 25(1975) 523-43이 있다. 아마도 성경 주석을 사용하는 사람들은 스멘트가 *BKAT*에 열왕기의 두 번째 부분을 출판할 때 이러한 방향을 지지하는 더 많은 주장을 볼 수 있을 것이다. 디트리히와 베이졸라는 괴팅엔(Göttingen)에서 스멘트의 제자들이었으며 둘 다 스멘트의 방법론을 따랐다. 자료를 연구하는 학자들에 의해서 연구되는 자료들은 점차적으로 여러 편집층 중의 하나로 분류되어 갔다. 이러한 과정을 통해 (제프젠의 방법에 따라) 점점 더 깊은 편집층이 만들어졌다. 이러한 방법은 리히터(Richter)와 베이졸라에 의해서 사무엘서와 열왕기에 적용되었다. 연구 결과의 전체적인 경향은 초기 지파 전승의 영역에 있었던 많은 부분이 더욱더 성전과 법정에 결부된 순수한 문학 활동의 산물로 바뀌어 가게 되었다. 나는 이러한 접근법은 기본적인 구전과 기록 단위들보다는 마지막 최종 편집물로부터 출발하는 잘못된 방법을 따르는 것이라고 비판한다. 이러한 방법은 우리로 하여금 한 본문의 원래의 구조, 배경과 의도 등에 직접적으로 접근하는 것을 막는 것이다. 바로 본문의 그러한 원래의 구조와 배경, 그리고 의도에 내재해 있는 인간의 언어를 통하여 하나님의 권위 있는 말씀을 인식하거나 받아들이는 실제 가능성을 보아야만 하는 것이다.

벨하우젠으로부터 거의 한 세기가 지난 뒤에야 비로소 순진한 초자연주의와 여기에 기술된 개척자 시기의 과장된 혹평 둘 다를 한쪽으로 제외시킬 수 있게 되었다. 열왕기가 제공해 주는 계시적 진리를 꽉 붙잡으면서 과학적으로 합리적인 정직성을 주장할 수도 있을 것이다. 벨하우젠의 문학적 방법론에 의해서 영향을 받은 20세기의 자료 연구는 열왕기의 이해를 위한 매우 가치 있는 통찰들을 내놓았다. 이제 우리의 세대는 이전의 논쟁을 통해서 매우 부요한 수확을 거두어들이기 시작했다. 이것은 열왕기상 1-2장의 개별적인 초기 단위를 발견하여 이러한 단위의 장르, 구조, 정황 그리고 의도 등을 발견함으로써, 또한 이러한 개별적인 단위들이 인간을 위해서 어떻게 그리고 어떠한 하나님의 초월적인 말씀들을 나타내고 있는지를 보여 주는 정도를 밝혀냄으로써 시작되었다.

오딜 쉬텍(Odil H. Steck)은 이러한 방법론의 요소들을 그의 책 *Überlieferung und Zeitgeschichte in den Elia-Erzählungen*(WMANT, 26, Neukirchen-Vluyn: Neukirchener Verlag, 1968)에서 매우 성공적으로 잘 적용했다. 나는 이러한 방법론을 *Prophet against Prophet*의 미가야 전승 분석에서 더 발전적으로 사용했으며, 이 방법은 본 주석서의 개별적인 본문들을 분석하는 데도 사용될 것이다. 또한 양식사와 전승사 비평을 철저하게 사용하여 열왕기상을 다룬 롱(B. O. Long)의 책을 보게 된 것도 큰 기쁨이다(*1 Kings, with an Introduction to Historical Literature*, FOTL IX, 1984).

신중한 독자들은 이러한 새로운 방법론이 지난 오랜 시간을 주도해 온 자료 분석의 긍정적인 결과들을 모두 폐기 처분하는 것은 아니라는 사실을 알게 될 것이다. 열왕기에 대한 보수적인 학자들의 글이나 진보적인 학자들의 글이 모두 이제까지 이러한 오래된 기록이 가지고 있는 계시의 역사를 풀기 위한 순수한 문학적 분석의 상관성을 보여 주거나 난관을 해결해 주지는 못했다. 그러나 우리는 항상 그 자료들이 무엇이었으며, 어떻게, 왜, 언제 쓰여졌는지, 그리고 어떻게, 왜, 언제 그것들이 하나의 커다란 편집체로 묶이게 되었는지에 대한 분명한 이해를 가질 필요가 있다. 성경에 특별하게 명명된 세 가지 자료 외에 다른 모든 자료 모음집들을 최종 편집자가 사용했음이 틀림없다는 데는 모든 학자들이 동의한다. 그러나 이러한 부가적인 자료들이 무엇이었는지에 대해서는 일치하는 견해가 거의 없다. 마찬가지로 모두가 마지막에 기록된 사건보다는 후세대인 포로기에 살았던 한 편집자가 모든 자료를 모아 하나의 단일한 책을 만들었다는 데도 동의한다. 화란의 칼빈주의자 알더스(G. C. Aalders)도 신명기 사가라는 이름은 거부해도 그러한 편집자에 대한 견해는 수용한다(*Oud-Testamentische Kanonick*[Kampen: J. H. Kok, 1952], 191-99). 사실 본문의 증거들은 알더스가 편집된 열왕기와 신명기 사이의 가까운 근접성을 받아들이지 못하도록 만드는 것은 아니라는 점을 보여 준다. 오히려 그가 거부하는 것은 신명기가 요시야 시기인 주전 약 622년에 편집되었다는 벨하우젠의 견해다. 어찌 되었든 오경의 책과 열왕기상하의 편집 사이에는 언어와 문체, 그리고 이데올로기에서 매우 분명하고 긍정적인 유사점들이 있다. 이러한 이해가 없으면 열왕기상하에 대한 문학적 분석에서의 긍정적인 진보를 이루어 내는 것은 불가능하다.

신명기 사가의 역사서 기술 방법

이제 신명기 사가가 역사를 기술하는 개략적인 방법을 서술하려고 한다. "신명기 사가"라는 말이나 상징적으로 Dtr을 사용하는 것은 실제적으로 신명기적 편집을 나았던 학파를 염두에 두고 있는 것이다. 그 학파는 뚜렷하게 구분되는 둘이나 그 이상의 계보를 가지고 있을 수 있다. 한마디로 Dtr이라는 상징을 사용하는 것은 다수의 편집에 대한 질문을 의도적으로 제외시키겠다는 것이다. 다수의 편집 과정을 묻는 것은 개별적인 본문들에 대한 석의를 위해서 그리 도움이 되지 못하기 때문이다. 어느 사건이든지 신명기 사학파의 모든 구성원들은 충분히 공감된 하나의 마음을 가지고 있었고, 대부분의 본문에서 다양한 문제를 풀기 위해 동일한 문체와 단어를 사용하려고 노력했다. Dtr은 주어진 본문에서 활동하는 신명기 사가다.

열왕기상이 이미 기록된 사건들보다 더 오래된 어떠한 사건도 포함하고 있지 않다는 것은 분명하다. 즉 한 보고자 혹은 해석자는 사건이 발생하고 난 바로 뒤나 수백 년 뒤에 존재할 수 있는 것이다. 발생한 사건 전에 보고자나 해석자가 있을 수는 없는 것이다. 열왕기상은 요시야 왕과 동시대의 한 사람에 의해서 구성되었고, 주전 약 550년경의 바벨론 포로기에 살았던 같은 학파의 한 사람에 의해서 교정되었다. 따라서 우리는 선별되고, 재조정되고, 최종 문학 형태로 다듬어진 열왕기상의 모든 재료들의 연대인 약 400년 간의 기간을 다루게 될 것이다. 즉 (두 번째) 신명기 사가의 작품보다 늦은 고립된 해설이나 주해 등의 주장들은 제외한다는 것을 의미한다(R. Nelson, *The Double Redaction of the Deuteronomistic History*를 보라!).

역사가 무엇인지 알기를 원하는 사람은 역사 기록이 어떻게 끝나고 있는지를 알아야만 한다는 것이 상식이다. 이러한 사실은 신명기적 역사, 특별히 열왕들의 역사에서 꼭 들어맞는 사실이다. 이것은 열왕기하가 열왕들의 역사에 대해 어떻게 끝맺음을 하고 있는지에 대한 세밀한 지식이 없이는 열왕기상을 연구할 수 없음을 말하는 것이다. 우리가 이미 알고 있듯이 그 이야기는 실패나 패망으로 끝난다. 먼저 북 왕국이 국가적인 재난을 맞게 되고(왕하 17장), 이어서 결국 남 왕국도 마찬가지의 운명을 맞이하게 된다(왕하 24-25장). 그러므로 신명기 사가는 솔로몬으로부터 아합에 이르기까지 마지막 심판을 마음에 담고 이야기(그가 가지고 있는 자료들이 이야기하도록 하며)를 전개시키고 있음이 분명하다. 북 왕조의 멸망의 주된 원인이었던 앗시리아인들은 아합 통치기의 끝에 삼시 등장한다. 반면에 왕들의 사악함은 북 왕조의 궁극적인 멸망을 초래할 정도로 심각한 것으로 기술되고 있다. 이러한 북 왕조 왕들의 악함으로 인한 재앙은 남 왕조의 멸망의 한 전조가 되기도 하는 것이다. 신명기 사가의 평가는 대개 왕들의 선한 행실에 그 긍정적인 관심이 주어진다. 유다의 멸망은 결국은 므낫세(왕하 23:26-27; 24:3-4) 왕에게 모든 잘못이 귀착되면서 유다 왕들의 악한 행실이 정죄되고 경시된다. 북 이스라엘 왕들에 대해서 열왕기는 거의 긍정적인 평가를 하지 않는다. 여로보암 이후로 그들은 모두 커다란 악에 빠졌다. 그러므로 북 이스라엘의 멸망은 공동으로 축적된 그들 자신의 죄과로 인한 것이었다. 아합과 그의 "집" 사람들은 하나님 앞에 가장 사악한 자들이었다. 예후의 피의 숙청은 그들의 악함에 대한 하나님의 직접적인 보응이었다(왕하 9-10장).

신명기 사가의 관점을 알게 된다면 잘 배열되어 있는 열왕기상의 사건 기술 자료들 속에 들어 있는 유형을 식별할 수 있을 것이다. 또한 반복적으로 삽입되어 있는 설명들의 목적을 이해할 수 있을 것이다. 아래의 본문들은 주로 편집된 것들이다. 첫째로, 열왕기상 3:8, 16; 14:1, 16:34과 21:1; 둘째로, 2:24; 6:1; 7:1; 11:41-43; 14:19-20, 21-22, 29-31; 15:1-5, 7, 8, 9-14, 23-24, 25-31; 15:33-16:6; 16:8-14, 15, 19-20, 23, 25-28, 29-33; 22:39-40, 41-46, 50, 51-53 등에서 보이는 다양한 연대기적 자료들로부터 온 부분과 해설들이 바로 편집된 것이다.

이제 신명기 사가의 책이 쓰여진 방법에 대해서 자세히 살펴보기로 하자. 열왕기상은 1-2장에 왕위 계승사의 마지막 부분을 기술함으로써 시작된다. 어떻게 솔로몬이 아도니야 대신에 왕이 되었는지 말해 주기 위해서다. 이미 2장에는 교화를 목적으로 기록된 신명기 사가의 도덕적으로 해석된 수많은 내용들이 들어 있다. 솔로몬의 왕위 계승사를 시작으로 이제 신명기 사가는 "솔로몬의 행장"(11:41)으로부터 얻은 자료를 사용하려는 계획을 실행할 수 있게 된다. 그 자료로부터 처음 얻게 되는 기록은 – 신명기 사가의 판단에는 그리 긍정적인 보고가 아닌 – 바로의 딸과 솔로몬의 약혼에 관한 기술이다(3:1). 그러나 신명기 사가는 또한 이러한 부정적인 보고의 흠을 덮을 자료를 가지게 된다. 그것은 다름아닌 이스라엘 백성들을 잘 다스리게 하기 위해서 야웨가 솔로몬에게 부와 명예와 더불어 준 "지혜롭고 총명한 마음"에 관한 신적인 합법화에 관한 이야기다(3:12-13). 신명기 사가는 "그 때까지 여호와의 이름을 위하여 전을 아직 건축하지 아니하였으므로"(3:2b)라는 구절로 솔로몬이 예루살렘 밖에 산당을 찾아 분향한 것에 대한 변명을 하면서, 솔로몬의 마음에 대해서 "솔로몬이 여호와를 사랑하고 그 부친 다윗의 법도를 행하되"(3:3a)라고 첫 번째로 진지한 평가를 한다. 신명기 사가는 이렇게 함으로써 자신의 이데올로기를 이 본문에 삽입하고 확장시킨다.

신명기 사가는 다음으로 이미 대중적으로 회람되고 있었으나 근본적으로 솔로몬에 관한 이야기는 아닌 3:16-28의 아이를 놓고 다투는 두 창부에 관한 감동적인 이야기를 넣는다. 이 이야기는 야웨가 그에게 허락하신 "지혜"를 보여 주기 위해서 사용되었다. 그는 판결에 대한 이 내러티브를 자신의 글의 전환을 위해 사용하는 접속사인 아즈(אָז, "그때")를 도입 부분에 쓰는 것(참조. Burney, *Notes*, 35)을 제외하고는 아무런 해석도 가미하지 않았다.

4장은 전적으로 솔로몬의 행장에서 얻어진 것으로 구성되어 있는데, 매우 늦은 시기(후기 신명기 사가적인 글)에 삽입된 것으로 여겨지는 많은 것들로 인해서 내용의 흐름이 매끄럽지 못하다. 신명기 사가는 5장에서 어떻게 솔로몬이 성전을 건축하기 위해 준비하는지를 말하면서 매우 광범위한 내용을 확장한다. 신명기 사가는 성전 건축을 위해서 목재를 제공하는 히람에 관한 내용을 담고 있는 15, 24-26절(영역본 1, 10-12절) 등 솔로몬 행장으로부터 얻은 많은 자료들을 사용한다. 16-23절(영역본 2-9절)에서 신명기 사가는 두 왕 사이의 긴 협상을 서술하는 창조적인 화자로서 자신의 능숙한 기술 기법을 보여 준다. 그는 26절(영역본 12절)에서 "여호와께서 그 말씀대로 솔로몬에게 지혜를 주신 고로"라는 말로 자신의 서술의 절정을 묘사한다.

이제 신명기 사가는 솔로몬의 가장 주목할 만한 행적인 성전과 왕궁 건축과 관련된 다양한 자료들을 솔로몬의 행장으로부터 가져와 삽입할 준비가 된 것이다. 그러나 신명기 사가는 먼저 성전 건축을 시작한 날짜를 말한다. 그 날짜는 매우 체계적인 숫자인데(12×4×10년), 이 숫자는 출애굽의 완벽한 완성과 성전 건축을 동일시하도록 상징적으로 설정된 것이다. 7:1에서 신명기 사가는 성전 건축의 기사와 7:2-13의 왕궁 건축의 기사를 연결하기 위해 전환적인 주해를 가미한다. 6장과 7장 모두 더 많은 삽입된 부분이 있을지라도, 6:11-13의 경고성 주의문과 더불어 위에서 언급한 부가물들은 모두 신명기 사가 자신의 글로 여겨진다.

8장에서 신명기 사가는 성전 봉헌을 위한 고대의 **거룩한 이야기**(*hieros logos*: 합법화 예진)를 사용한다. 이 곳에서 그의 삽입구들은 후대 사람들의 모든 해석들보다 훨씬 수적으로 많고 비중이 커 보인다. 어떤 신명기 사가의 첨가물들은 그들의 상황에 맞게 매우 잘 조합되었다. 14-66절의 장황한 솔로몬의 연설과 기도는 신명기 사가가 만든 긴 내용의 확장이다. 그러나 1절과 12절의 임시적 어휘인 아즈(אז)는 새로운 자료, 즉 언약궤를 가져오는 것과 솔로몬의 봉헌 찬양에 대한 기사에 대해 각각 신명기 사가의 서론으로서의 기능을 하고 있다. 또한 의식의 결론부에 해당하는 본래의 내러티브(62, 63b, 66abb절)는 신명기 사가에 의해서 다시 상당 부분의 내용이 확대된 것이다. 그러나 그는 이 주제를 솔로몬이 놀랍게도 기브온(9:1-5, 6-9은 포로기 편집자에 의해서 첨가된 것 같은 흔적을 가짐)에서 그의 두 번째 경고와 약속을 (현재 본문은 아마도 과도할 정도로 충분한!) 받기까지 기술하는 것을 끝내지 못한다.

9:21a, 22에 대한 신명기 사가 자신의 몇몇 주해와 주석을 제외하고는, 나머지 9장의 내용은 솔로몬 행장으로부터 편집되지 않은 무작위로 선택된 기록들로 구성되어 있다. 9:26에서 신명기 사가는 스바 여왕의 이야기를 확인되지 않은 주석 시리즈에 첨가하면서 새로운 자료들을 사용하기 시작한다. 후대의 수많은 해석들에 의해 확대되면서 이러한 주석들은 그 이야기와 함께 솔로몬의 지혜와 부요함을 극대화시키려는 목적을 온전히 감당하게 된다. 10장 끝에 가서야 신명기 사가의 솔로몬의 통치에 대한 이야기 보따리와 상상력이 풍부한 내러티브가 그 내용을 다하게 된다. 솔로몬을 찬양하기 위해 신명기 기자가 기술했던 모든 사항들을 방해하는 단 두 개의 간단한 기록만이 남게 된다(11:3a, 7). 이 두 개의 기록은 솔로몬의 수많은 부인들과 첩들, 그리고 그가 그모스와 몰렉을 위해서 산당을 지었던 사실을 언급하고 있다. 이 편집자는 먼저 그러한 일들이 솔로몬의 노령으로 인해서 발생한 것이라고 설명하며, 이어서 많은 외국의 부인들로 인한 결과라고 설명한다. 그러나 그러한 설명을 통해 솔로몬은 용서를 받지 못하고, 신명기 사가는 한 지파만 남기고 모든 지파를 빼앗겠다는 야웨의 엄중한 경고를 더한다.

죄는 죄를 지은 당사자 아니면 그의 후손들이 반드시 벌을 받아야만 한다는 것이 신명기 사가의 굳은 신념이다. 그는 솔로몬이 부와 명예, 그리고 당대의 평화를 누리며 죽었다는 것을 잘 알고 있다. 따라서 그에게는 솔로몬의 아들 르호보암의 통치 시기에 왕국이 분열되었다는 사실은 바로 솔로몬이 받은 징벌로서 이해된 것이다(11:12). 유격대 수장들인 에돔 사람 하닷(14-22절)과 다메섹의 르손(23-25절)에 관한 이야기들은 솔로몬을 곤경에 빠뜨리도록 하는 자연스럽게 발생한 사건들이라는 것을 암시하면서, 이는 바로 솔로몬에 대한 예비적인 징벌의 의미를 지닌 사건임을 나타낸다. 동시에 이 이야기들은 신명기 사가의 여로보암 역사를 소개하는 역할을 하고 있다(26-43절). 여로보암에 관한 이야기에는 실로 사람 선지자 아히야가 여로보암에게 상징적으로 왕국을 주는 기사가 포함되어 있다. 이 본문에 대한 신명기 사가의 해석은 열두 지파 중에 한 지파가 다윗과 맺은 언약으로 인해서 솔로몬의 아들에게 남겨지게 되었다는 데 그 강조점이 있는 것이다(32-33, 36절). 12:15에서 신명기 사가는 갑자기 르호보암의 거절에 관한 이야기를 거론하게 되는데, 이 사건은 바로 아히야의 예언을 정말로 성취하는 것이라는 해석과 더불어 서술되고 있다. 이스라엘 백성들에 대한 르호보암의 거절 이야기는 바로 신명기 사가의 역사를 보는 안목이 맞다는 것을 확실히 보여 주는 것이기도 하다.

다양한 자료들로부터 신명기 사가는 여로보암의 왕권 획득과 그의 종교적 개혁에 관해 기록하고 있다(12:25-32). 이러한 묘사는 여로보암 왕이 행했던 일들을 비난하는 기록을 담은 다른 선지자의 이야기와 결합된 것이다(13:1-32). 그 이야기는 벧엘 성소와 관련된 예언들로부터 기인된 것이다. 나의 책 *Prophet against Prophet*에서 밝혔듯이, 이 내러티브는 매우 오래되었고 신명기 사가에 의해서 본문에 소개되었다. 이 이야기는 후대의 요시야 왕이 벧엘 성소에 행했던 일(왕하 23:15-19)과 일치하는 매우 정확한 예언과 같이 여겨졌기 때문이다. 12:33에서 신명기 사가는 여로보암을 곧 발생하게 될 일을 위하여 벧엘 제단에 있게끔 기술한다(13:1b). 이윽고 13:2-3에서 여로보암은 유다로부터 온 한 선지자를 만나게 된다. 그 선지자는 원래 선지자 이야기에는 전혀 언급되고 있지 않지만 제단에 대해서 무너지라는 심한 저주의 말을 하고 요시야라는 이름을 언급한다. 신명기 사가는 전체적인 이야기와 주제적으로 연결되지는 않을지라도 제단이 갈라질 것을 예언하는, 그것도 즉시로 그렇게 될 것을 예언하는 선지자에 대해 묘사한다. 그러고 나서 신명기 사가는 지방 산당들에 대한 여로보암의 후원을 비난하는 자신의 뜻을 피력하며 더 이상의 지체나 거슬림이 없이 그 이야기를 매듭짓는다(32b-34절).

다음에 이어지는 문학적 단위는 왕세자인 여로보암의 아들의 죽음에 관한 이야기다. 배경이 되는 이야기는 실로 사람 아히야에 관한 다른 예언의 이야기다. 이 예언에서 선지자는 몰래 자신을 찾아온 여로보암의 아내에게 그 아들이 죽을 것을 예언했다. 그 아들의 죽음은 그 왕조의 종말을 말해 주는 상징적 표징이 되었다(14:13; 참조. 15:9). 신명기 사가에게 이러한 구도는 필연적인 것이었다. 그는 이 이야기의 본래의 내용을 바꾸지 않을 수 없었다. 신명기 사가는 1절에서 "그 때에"라는 도입구를 사용하면서 한시적이지만 앞으로 이어질 내용이 여로보암에게 다가오는 심판과 밀접한 관련을 가지고 있음을 그리고 있다. 그는 이야기가 여로보암의 아내가 도움을 요청하기까지 진행되도록 하면서, 7절에서 야웨가 다윗과 같이 행하지 않고 자신을 위해서 우상들을 만든 여로보암을 비난하시는 장면을 만들어 냈다. 아마도 신명기 사가는 유다의 동료로부터 10-11절의 어휘를 차용하고 있음이 분명하다. 그러나 그 용어들은 또한 그 자신의 감정의 표현을 나타낸 것이다. 특별히 15-16절은 신명기 사가와 그의 글에 대한 우리의 이해를 위해서 매우 중요한 구절들이다. 이 구절들은 신명기 사가가 계속해서 여러 북 왕조의 왕들을 "느밧의 아들 여로보암의 죄"로 정죄하는 이유가 무엇인지를 분명하게 보여 주기 때문이다. 아히야는 본래의 선지자 이야기에서 말하기를 그친 이후에도 오랫동안 존속한다. 하지만 신명기 사가는 다음과 같은 부가적인 말들의 출처 역시 그에게 돌린다.

> 여호와께서 이스라엘을 쳐서 물에서 흔들리는 갈대같이 되게 하시고 이스라엘을 그 열조에게 주신 이 좋은 땅에서 뽑아 저희를 하수 밖으로 흩으시리니 저희가 아세라 목상을 만들어 여호와를 진노케 하였음이니라 여호와께서 여로보암의 죄로 인하여 이스라엘을 버리시리니 이는 저도 범죄하고 이스라엘로 범죄케 하였음이니라 하니라(15-16절).

이것이 바로 분리된 두 왕국의 이야기를 말하려고 하는 신명기 사가의 의도다. 그러나 그는 이야기를 어떻게 전개시키고 있는가? 그는 열왕기하 17장에 기록된 대로 북 왕조의 종말에 이르기까지 계속적으로 기술해 가면서 매우 간단한 대조 역사 연표라는 전개 기법을 사용한다. 대조 역사 연표는 상대 왕국의 통치 연대 관점에서 계속 이어지는 통치의 시작을 나타내는 것이다. 이러한 기법으로 신명기 사가는 자신이 한 왕에 대해서 말하기를 원하는 모든 것을 기술하면서 상대적으로 동시대적인 왕들을 계속적으로 비교한다. 그러고 나서 계속해서 같은 방식으로 이어지는 왕들에 대한 서술을 이어간다. 많은 왕조의 역사가 길지 않기 때문에(특별히 북 왕조의 경우) 다른 왕조에 관한 기술로 넘어가기 전에 동일한 왕조의 몇 가지 이야기가 계속적으로 이어질 수도 있다. 신명기 사가는 비록 이전의 경우와 같이 많지는 않다 하더라도 계속적으로 적절한 해석을 곁들이면서 자신의 주제에 특별히 중요하다고 생각되는 크고 작은 자료들을 조합한다. 제일 눈에 띄는 단락의 단절은 열왕기상 17장으로부터 열왕기하 10, 13장에서 보인다. 이 곳에서 신명기 사가는 아합과 예후 가문 각각의 특별한 비행들을 보여 주면서 선지자들이 남긴 오래된 책들의 내용을 끼워 넣는다. 이러한 영감 있는 자료들을 언급한 뒤에 신명기 사가는 이스라엘이 멸망하기까지 유다와 이스라엘의 통치의 균형이 다소 불안정하기는 하지만 이전과 같은 방법으로 자신의 기술을 계속해 나간다.

일단 여로보암에 대한 기술이 끝난 다음에 신명기 사가는 유다 왕들의 계승에 대해서 계속된 3세대의 이야기를 한다. 3세대에 대한 기술은 간략한 것이 아니며 다음과 같은 세세한 진술을 한다. 즉 14:21-24, 29-31의 르호보암, 15:1-8의 아비얌, 15:9-24의 아사 왕들에 관한 기사다. 열왕기상은 마지막에 한 명의 유다 왕을 더 언급하게 될 것인데, 그는 바로 여호사밧 왕이다(22:41-51). 이 처음 세 명의 왕들과 마지막 한 명의 왕 사이에 신명기 사가는 여섯 명의 이어지는 이스라엘 왕들에 대한 기술을 하게 된다. 그들은 각각 15:25-32의 나답, 15:33-16:6의 바아사, 16:8, 14의 엘라, 16:15a, 20의 시므리, 16:23-27의 오므리, 16:29-31, 22:39-40의 아합에 관한 기사다.

신명기 사가는 14-16장에서 앞에서 전술한 14:1-18의 아히야 이야기를 제외하고는 신뢰할 만한 원 자료들을 거의 가지지 못한다. 그러나 그는 계속해서 "유다 왕 역대지략"(예를 들어, 14:29)과 "이스라엘 왕 역대지략"(예를 들어, 14:19)과 같은 참고 자료들을 언급한다. 그는 자신의 독자들이 이러한 자료들을 통하여 좀더 많은 정보를 얻기를 바라지만, 그 자신은 모든 면에서 이러한 자료들을 거의 사용하지 않았다. 우리는 14:25-26, 15:6, 7b 그리고 15:16에서 유다 사람의 책으로부터 가져온 것으로 여겨지는 세 가지 인지점을 찾을 수 있다. 그러나 지금까지 연구된 바로는 이스라엘 사람의 책에서는 어느 구절도 가져오지 않은 것 같다. 14:27-28과 15:15에서는 성전 문헌 보관소에서 기인된 자료들을 찾을 수 있다. 16:21-22, 24 그리고 34에서는 알려지지 않은 자료로부터 온 것이라 여겨지는 인지점들을 찾을 수 있다. 그렇다면 신명기 사가는 어떠한 자료에 의존해 있는 것인가? 그는 각각의 왕국의 공식적인 법정 기록으로부터 모아진 공시적(Synchronistic) 연대기에 의존하고 있음이 분명하다(참조. A. Jepsen, *Die Quellen des Königbuches*, 1953). 이 모음집은 이제는 폐허가 된 사마리아로부터 발견하여 보존한 자료들을 가지고 히스기야 왕 시대(주전 약 700년경)의 유다 서기관들이 만들었을 것이다. 이스라엘 사람의 왕국과 유다 사람의 왕국에 대한 개략적으로 유사한 관점들은 각각 신명기 사가에 의해서 그 자료들이 사용되기 전에 최소한의 편집 과정이 있었다는 것을 증명하는 것이다.

이러한 공시적 연대기들은 아합과 그 이후에까지 이르는 신명기 사가의 이야기 구조를 제공해 준다. 북쪽과 남쪽에 관한 기록들이 어떤 중요한 사안들에서는 차이점을 보인다 할지라도 일반적인 구조는 다음과 같다.

A. 도입 형식
  1. 통치의 시작 시기와 그 통치 기간
  2. 통치 장소
  3. 신학적 평가
B. 결말 형식
  1. 가장 주목할 만한 행적 언급
  2. 부가적인 자료에 대한 문헌
  3. 죽음과 장사지냄에 대한 기록

유다의 기록들 중에 한 가지 특이한 점은 왕의 어머니의 이름을 남기고 있다는 것이다. 이것은 중요한 의미를 가지고 있는데, 바로 이러한 기록이 그녀로 하여금 막강한 권력을 가진 게비라(גבירה), 즉 공식적인 황태후(예를 들어, 밧세바, 이세벨)로 만들어 주었기 때문이다. 또 다른 특성은 신학적 평가에서 남 왕국의 왕들은 일반적으로 어느 정도 인정을 받은 반면에, 북 왕국의 왕들은 단호한 징계를 받았다는 사실이다. 유다 왕들이 정죄를 받을 때는 그들이 어느 정도 우상에 대해 관용한다든지 부추길 때였다. 그러나 북쪽의 왕들에 대해서는 거의 이러한 종류의 징벌은 보이지 않는다(아합의 경우는 예외다; 참조. 16:30-33). 북 이스라엘 왕들은 "느밧의 아들 여로보암의 죄"에 참여했다고 하면서 뚜렷한 근거도 제공하지 않고 호되게 벌을 받는다. 이것은 단지 벧엘과 단, 그리고 다른 곳에서 야웨의 산당을 진압하지 않았다는 것을 의미하는 것일 수 있다.

이러한 사실들은 신명기 사가가 단순히 사건을 재진술하는 것이 아니라 자신이 바람직하다고 생각하는 이상적인 규범과 대화를 나누고 있다는 것을 명백하게 보여주는 것이다. 역사적 사실들은 스스로 변증할 수 있지만, 신명기 사가는 누군가가 그 사실을 자기가 원하는 방향과 달리 잘못 이해하지 않게 하기 위해서 사건들 스스로 변증하도록 놓아두지 않았을 것이다. 그러므로 우리는 신명기 사가의 "안경"을 통해 보이는 이스라엘 역사를 읽게 되는 것이다.

다음에 열거하는 사항들은 신명기 사가가 그의 신학적인 이상들에 대해서 명확한 설명을 하고 있는 열왕기상에 나타나고 있는 주요한 본문들이다.

1. 야웨가 선택하신 장소로서의 예루살렘: 11:13, 32, 36.
2. 지방 산당들에 있는 우상과 그에 대한 경배의 무효화 선언: 11:1-6, 9-13; 12:33; 13:2-5; 14:9; 15:12-15; 16:31-33; 21:26; 22:43, 46.
3. 행악자들에 대한 징벌: 8:33, 35, 46; 14:10-11; 15:30; 16:2-4, 7, 13, 19; 21:21-24.

4. 야웨의 선택과 이스라엘과의 언약: 6:13; 8:51-53.
5. 계시의 장소로서의 성전: 8:6, 10-11, 18-19, 43, 54-61, 65-66.
6. 예언의 성취로서 이루어진 행위들: 2:27; 12:15; 15:25-31; 16:8-14, 34b.
7. 다윗 왕조의 지속성: 2:2-4, 24; 3:5-8, 13-14; 5:2-5, 22(영역본 4:22-25; 5:7); 8:15-21, 24; 9:4-5; 11:12-13, 32-36, 38-39; 14:7-8; 15:4-5, 11.
8. 계명의 준수: 3:14; 6:12; 8:57-61; 9:4; 11:10-11, 38; 14:8; 15:3, 5, 11; 22:43.
9. 솔로몬의 지혜: 3:10-12, 5:11-12(영역본 4:31); 5:26(영역본 5:12); 11:41.

여기에 나열된 목록들을 주의 깊게 따라 읽어 보면 신명기 사가가 말하고 있는 일반적으로 알려져 있는 개념, 즉 솔로몬은 그의 위대한 지혜로 인해서 기억될 것이라고 하는 기본적인 원리(이미 잠언과 전도서 자체가 최고의 지혜자인 솔로몬의 작품으로 말하고 있음)가 얼마나 무너지기 쉬운 것인지를 알게 될 것이다. 신명기 사가의 어떤 자료들은 이러한 사실을 주요 주제로 만들기에 충분하다. 그러나 솔로몬의 지혜를 강조하는 본문들은 종종 어느 정도 과장되었을 뿐만 아니라 시기적으로 늦은 시기의 것이라고 간주된다(예를 들어, 5:9-14[영역본 4:29-34]). 신명기 사가는 위에서 언급한 개념을 11:41의 솔로몬에 관한 연대기적 기록에서 반복하여 말한다. 그는 또한 이것을 5:26(영역본 5:12)의 그의 평가에서 언급한다. 그러나 다른 어디에서보다도 주로 3:10-12에 나타나는 그의 권위의 합법화 이야기에서 기본적인 원리를 이루고 있다.

실제로 솔로몬은 매우 어리석은 사람으로 불리는 것이 마땅할지 모른다. 수많은 아내들로 하여금 우상 숭배를 하도록 허용했고, 더 나아가 그 아내들로 인하여 자신도 그 우상 숭배에 빠졌기 때문이다(11:1-13). 그러나 그가 어리석은 자로 묘사되지 않는 데는 세 가지 그럴듯한 이유가 있다. 첫째로, 솔로몬은 다윗의 아들이었다. 둘째로, 그는 야웨가 직접 지혜로운 자라고 선포하셨던 인물이었다. 셋째로, 그는 성전을 건축한 인물이었다. 신명기 사가가 자신의 마음에 아비얌(15:1-8), 아사(15:9-15) 그리고 여호사밧(22:41-43)의 어리석은 행동들을 용서해 주는 것과 심지어 다윗조차도 죄 없는 사람이 아니었다는 사실을 발견했더라면, 그는 솔로몬을 바깥 정죄의 어두움에 내버려 두지 않고 "열조와 함께 잠들게" 할 수 있었을 것이다. 또한 우리는 신명기 사가의 칭송을 받은 것은 솔로몬이 아니라 그 배후에 있는 다윗이라는 사실에 주목해야 한다.

다윗 왕조의 계속성에 대한 신명기 사가의 언급이 너무나 중심적이고 지속적이기 때문에 주의 깊은 독자는 이것이 그의 주요 주제라는 사실을 의심할 수 없을 것이다. 이 주제는 새로운 왕에게 베풀어지는 야웨의 호의에 대한 기본적인 원리로서 계속적으로 언급되며, 또한 야웨의 율법에 대한 복종을 요구할 때 지속적으로 인용된다. 특별히 야웨가 솔로몬에게 준 각각의 계시에서 이 주제를 언급하는 세 가지 경우, 즉 기브온 적법화 이야기(3:5-14), 신명기 사가의 두 번째 기브온에서와 같은 계시(9:4-5) 그리고 마지막에 기록된 솔로몬의 우상 숭배에 대한 야웨의 심한 꾸중과 질책(11:11-13) 등은 매우 인상적이다. 그러나 이러한 모든 본문들과 더불어 신명기 사가의 이야기에 대한 이 주제의 가장 효과적인 혼합은 1-2장에 등장하는 왕위 계승 내러티브의 도입 본문이다. 다윗의 임종을 묘사하는 배경 내러티브로서 1장과 2장을 나누는 부분에서 신명기 사가는 그 자신의 주제어들을 첨가한다. 왕위 계승 내러티브는 죽어 가는 다윗으로 하여금 솔로몬을 그의 곁으로 불러 그로 하여금 요압과 시므이를 철저히 처단할 것을 촉구하기 위한 것이었을 수 있다. 기민하고, 총명하고, 통찰력이 있다는 의미의 "너는 지혜 있는 사람이다"라는 말로 다윗은 암시를 주었다(2:9). 그러나 신명기 사가는 "현명한"이라는 단어를 그 자신의 독특한 종교적 의미를 부여하여 본문의 내용을 확장한다(3-4절).

> 네 하나님 여호와의 명을 지켜 그 길로 행하여 그 법률과 계명과 율례와 증거를 모세의 율법에 기록된 대로 지키라 그리하면 네가 무릇 무엇을 하든지 어디로 가든지 형통할지라 여호와께서 내 일에 대하여 말씀하시기를 만일 네 자손이 그 길을 삼가 마음을 다하고 성품을 다하여 진실히 내 앞에서 행하면 이스라엘 왕위에 오를 사람이 네게서 끊어지지 아니하리라 하신 말씀을 확실히 이루게 하시리라.

다윗 왕조의 궁극적인 생존의 위협과 더불어 독립 국가로서의 유다의 종말을 향해 기록하면서, 신명기 사가는 이 위대한 왕족의 계보가 곧 끊어질 것을 두려워하는 충분한 이유를 가지고 있었다. 물론 북 왕국은 정도를 벗어났기 때문에 일찍이 닥친 멸망의 운명을 받아야만 했다. 그러나 그것이 가르쳐 준 교훈은 매우 아픈 것이었다. 이제 다윗 왕가도 재난의 벼랑 끝에 몰려 있는 것이다. 이러한 운명을 가져다 준 까닭은 계명을 지키는 데 온전한 헌신을 이루어 내지 못한 것이었다. 결론적으로 말하자면, 그 약속은 조건적이어서 그 조건을 이루지 못하면 아무것도 아닌 것이 되고 마는 것이었다.

참고문헌

Garbini, G., "Le fonti citate nel 'Libro dei Re'(etc.)." *Hen* 3(1981) 26-46. **Liver, J.** "The Book of the Acts of Solomon." *Bib* 48(1967) 75-101. **Montgomery, J. A.** "Archival Data in the Book of Kings." *JBL* 53(1934) 46-52. **Porten, B.** "The Structure and Theme of the Solomon Narrative(I Kings 3-11)." *HUCA* 38(1967) 93-128. **Vernès, M.** "De la place faite aux légendes locales par les livres historiques de la Bible(Juges, Samuel, Rois)." *Annuaire, École Pratique des Hautes-Études—Sciences religieuses.* Paris, 1897-98.

열왕기상에 기록된 대부분의 개별적인 항목들은 직접적으로 사실적인 기본 원리를 가지고 있는 동시에 역사적 평가 이상의 해석을 요구한다. 그러나 여기저기에서 좀더 상상력이 풍부한 자료들을 만나게 되기 때문에 그 자료들 중의 일부는 문자적 사실성보다는 좀더 고차원적인 역사성(역사적 사건에 관한)을 가지고 있다는 것을 증명해야 할 것이다. 신명기 사가는 아마도 이러한 차이점에 대한 인식을 가지고 있지 않았을지도 모른다. 그러나 현대 독자인 우리에게는 이러한 분별력이 중요하다. 우리는 그것의 진정한 증언을 알기 원하기 때문이다. 우리는 역사가 어떻게 증언을 만드는지에 대한 단순한 체계를 알기 원하는 것이 아니다. "신학적 증언으로서의 거룩한 역사"를 다룬 2부에 대한 모든 것을 염두에 두면서 신명기 사가가 이용할 수 있었던 자료들을 분석할 것이다. 그 자료들은 (a) 문자적 보고들과 (b) 상상력이 풍부한 해석들로 나누어질 것이다.

문자적 보고들

여기에는 왕위 계승 내러티브, 주석을 겸한 솔로몬의 행장, 하닷, 르손 그리고 여로보암의 역사들, 르호보암의 거절에 대한 내러티브, 이스라엘과 유다 왕들의 역대지략, 여로보암의 종교적 혁신들에 대한 보고와 불평들, 성전 보관 문헌들, 아사의 동맹에 관한 내러티브, 오므리의 반역 내러티브, 오므리에 대항한 디브니, 사마리아, 여리고 그리고 여호사밧의 해상 모험과 관련된 언급들 그리고 마지막으로 각각의 통치 기간의 시작과 끝에 기술된 다양한 연대기적 형식들이 있다.

위에서 언급된 대부분의 자료들은 공식적인 기록들로부터 단순히 보고 쓴 것들이다. 원 자료 진술들을 다루고 있다는 것을 확신하기 위해서 우리는 조심스럽게 본문 비평과 자료 비평 분석을 한 적이 있다. 따라서 이제 우리는 연구하려는 사건에 대한 원래의 관찰 혹은 보고로부터 그 본문이 신뢰할 만하게 기록되었는지를 물을 필요가 없다. 그러므로 이 자료는 역사가에게 매우 가치 있는 것이며, 그것이 심하게 나뉘어져 있거나 흩어져 있지 않다면 더욱더 가치 있는 자료가 되는 것이다. 이렇게 의미 있는 사료들이지만, 우리 시대의 역사 접근법이 선호하는 광범위한 역사 재구성에서 이러한 자료의 사용을 허용하기 위한 충분한 상호 연결이나 만족할 만큼 충분한 해석은 없는 것이다. 이러한 사실은 사건의 조각화된 보고를 신뢰할 만한 역사로 바꾸어 주면서 필요한 상호 연결과 해석을 제공해 준 신명기 사가에 의한 편집화 과정이 아주 정교하게 이루어졌다는 사실을 받아들이게 한다.

이 목록에 있는 한두 가지 자료들에 관해서는 몇 마디 설명이 필요하다. 첫째로, 왕위 계승 내러티브(일부 학자들은 역사라고 부름)가 있다. 열왕기상 1-2장은 단지 결론만 기술하고 있기 때문에 그 기사의 처음부터 전체 주제가 무엇이었는지를 묻게 된다. 이 본문은 상상력이 풍부하고 해석적인 것은 아닌가? 많은 사람들이 생각하듯이 선전 문구는 아닌가? 여기에 대한 대답은 이 본문의 구조에 매우 확연한 고도의 기술 기법이 들어 있다는 것이다. 그럼에도 불구하고 이 본문은 매우 권위 있고 믿을 만한 역사 기술 문헌이라는 것을 강조해야 한다. 독자는 저자가 주로 수많은 담론들을 통해서 그의 이야기를 전하고 있다는 것과 그러한 담론들은 원래 전래된 문자적 사본으로서는 결코 받아들여질 수 없다는 것을 알게 될 것이다. 마찬가지로 배경이 되는 사건들은 보고된 대로 정말 일어났던 일들이다. 좀더 많은 것이 "주석"에서 이야기될 것이다. 그러나 이러한 목록에 그러한 사건의 목록들을 놓는 것은 아무런 문제가 되지 않는다.

비슷한 문제가 12장에 등장하는 르호보암의 거절 내러티브와 관련해서 일어난다. 구조는 매우 노련한 솜씨로 잘 고안되었다. 유능한 담화자들은 전형적이지 않은 담론을 사용한다. 이것은 보고된 대로 정말 발생한 사건인가? 이에 대한 대답은 가능한 저작권과 이 사료의 기능에 대한 주의 깊은 고려에서 찾아야만 한다. "주석" 부분에서 주장할 것이지만, 이 보고는 르호보암 왕의 공격적인 태도에 대해서 예루살렘 거민들에게 주어진 실제적인 보고였다. 이 보고는 왕이 거절한 "원로회"에 의해서 만들어진 것이었나.

주의 깊게 분석을 해보면 기록된 항목들은 각각 특별한 모양으로 다듬어진 나름대로의 차원을 가지고 있음을 알 수 있을 것이다. 독자는 자신의 역사적 평가를 내리는 데 있어서 이러한 설명을 받아들여야만 한다. 그럼에도 불구하고 이렇게 특별하게 고안된 모습을 통하여 독자가 바라는 관점과 해석을 정확히 제공하고 있음이 종종 드러날 것이다.

상상력이 풍부한 해석들

두 번째 범주에 속하는 열왕기상의 자료들은 다음과 같은 것들이다: 기브온에서의 신적 합법화 이야기(3장, 이 이야기는 9장에서 신명기 사가에 의해 모방됨), 능욕당한 창부에 대한 일화, 성전 봉헌을 위한 **거룩한 이야기**(*hieros logos*), 시바 여왕의 이야기, 11장과 14장에 등장하는 아히야에 대한 두 가지 이야기, 르호보암의 군사 행동을 저지시킨 예언, 벧엘 출신 선지자 이야기, 아합과 엘리야를 묘사하고 있는 17-22장의 선지자 이야기들의 모음 등이다.

"선지자 이야기"라는 장르에 대한 광범위한 논의는 17-22장을 위해서 특별히 준비된 서론으로서 다루어질 것이다. 우리가 논의해야 할 목록에 들어 있는 개별적인 사안들은 "주석" 부분에서 보일 때마다 개별적으로 분석할 것이다. 어떤 독자들은 기브온 이야기와 시바 여왕의 이야기가 "이야기들"로서 혹은 "전설들"로서 여겨지는 것을 보며 적지 않게 놀랄지도 모른다. 그러나 "이야기"라는 것은 모범이 되는 미덕을 보여 주는 어느 특별한 "영웅"의 묘사에 적용되기에 충분한 꽤 넓은 장르다. 기브온 이야기는 꽤나 오래된 이야기다. 그 이야기는 솔로몬 왕을 야웨가 인정한 왕, 즉 모범이 되는 왕에게 요구되는 지혜, 부, 명예 등 특별한 능력들을 수여받은 왕임을 예전적으로 나타내기 위해서 창작되었음이(아마도 처음에는 구전으로) 틀림없다. 시바 여왕의 이야기는 이와 같은 초점과 의도를 더 많이 가지고 있다. 솔로몬의 잠언적 지혜는 그가 가진 가장 두드러진 장점이며, 부와 명예도 역시 그 특징으로 묘사되었다. 이러한 두 내러티브를 이야기라고 부르는 것은 그 주된 목적이 은사와 미덕을 예증하기 위한 것임을 의미하는 것이기 때문이다. 그 은사와 미덕은 그 "영웅"에게 있어서 야웨의 영을 가지고 있다는 것을 보여 주는 표지로서 요구되는 것들이다. 이 이야기들이 역사적인 요소들을 포함하고 있는지 그렇지 않은지는 부차적인 문제다. 이 두 이야기에서 역사적인 기본적 근거는 매우 가능성이 높은 것이다. 솔로몬은 그의 통치의 매우 이른 시기에 야웨로부터 꿈의 계시를 받기 위해 성발 기브온으로 갔으며, 시바 여왕은 솔로몬을 찾아 방문했다. 그러니 그 신적인 존재와 인간 인격체들이 말했던 것은 각각의 이야기가 처음 전래되었던 이야기와 같은 자유로운 창작물임에 틀림없다.

능욕당한 창부에 대한 일화는 즐겨 읽혀지는 이야기다. 이 이야기도 역시 거의 확실하게 역사적으로 실제 발생한 일에 그 근거를 두고 있을 수 있다. 그러나 그 대화는 작가의 자유로운 창작이다. 독자는 이 일화가 시간과 장소는 언급하지 않고 다만 상황만을 언급하고 있음에 주목해야 한다. 왕의 이름은 밝혀지고 있지 않으며, 그 이야기는 다른 어느 곳에서 발생했을 수도 있다(이 일화가 인도 민속에서 발생한 것이라고 주장하는 그레스만〈Gressmann〉의 글을 보라). 신명기 사가는 솔로몬이 바로 그 왕이라고 생각한다. 솔로몬에 관한 이야기처럼 이 일화는 위에서 언급된 두 이야기와 똑같은 방법으로, 즉 독특한 방식으로 이 왕의 모범이 되는 지혜를 예증하는 역할을 한다.

성전 봉헌을 위한 **거룩한 이야기**(*hieros logos*)에서는(8장) 한층 높은 사실성이 기대된다. 생존해 있는 수많은 사람들이 증언한 사건을 기술하고 있고, 무엇보다도 사실성이 없으면 진행될 수 없었던 예식을 상술하고 있기 때문이다. 예전의 절정에 관한 보고에는 다음과 같은 특별히 개인적인 해석의 요소가 있다. 그 보고에는 제사장으로 하여금 서 있지 못하게 하고 왕으로 하여금 얼굴을 돌리도록 한 "야웨의 영광이 성전을 가득 채웠다"라는 내용이 있다(11, 14절). 여기서 독자는 온전히 증명되지 않은 영적인 증언을 만나게 된다. 이것은 역사적인 탐구에 의해서 확증될 수 있었던 외적인 사건은 아니었지만, 계시에 대한 증언을 위해 필요한 것이었다.

마지막으로 12:21-24에 있는 예언에 관하여 한마디 언급할 필요가 있다. 이 본문은 르호보암이 이제 막 분리된 북쪽 지파들을 회복하기 위해서 큰 군대를 일으켰지만, 스마야라는 "하나님의 사람"이 르호보암에게 야웨가 그의 군사적 행동을 원치 않으신다고 말했기 때문에 북쪽 지파를 회복하려는 그의 군사적 행동을 실행하지 못했다고 말하고 있다. 여기에도 역시 스마야의 신탁(다소 정확히게 필사된)에 관한 사실을 포함하여 역사적인 요소가 존재한다. 이 본문에 기록된 내용을 엄밀하게 보면 역사적인 내용이 아닌 부분은 "저희가 여호와의 말씀을 듣고 그 말씀을 좇아 돌아갔더라"는 결론 부분이다. 이 신탁은 아마도 르호보암으로 하여금 그가 처음 가졌던 마음을 가지고 자신이 정말로 원하는 것을 하라는 뜻으로 르호보암을 채근한 것인지 모른다. 그러나 그의 용기 없음으로 인한 두려움 때문에 그렇게 하지 못했다. 달리 말하면, 이 본문은 완성되지 않고 왜곡된 형태 속에 존재하는 진리를 보고하는 선전 문구인 것이다.

이러한 마지막 예는 다시 한 번 우리에게 사실성(historicity)은 다양한 차원으로 존재한다는 것을 보여 준다. 그러나 모든 본문은 예외 없이 순전한 사실성, 즉 이스라엘의 역사에 내재되어 있는 야웨의 목적에 대한 관심을 가지고 있다. 일반적인 유다 사람들의 생각 그리고 더욱이 신명기 사가의 전반적인 관점에서 보면, 르호보암이 여로보암을 공격하지 않는 것은 야웨의 뜻이었다. 마지막 분석에서 한 특정한 본문이 가지고 있는 문학적 사실성 이상의 중요한 의미라고 할 수 있는 것은 바로 초월적인 목적에 대한 신학적 증언이라는 부분이다.

후기 신명기 사가적 확대

신명기 사가에 의해서 한 번 완성된 열왕기상은 신성불가침적으로 그대로 놓아두지 않았다. 다양한 해석가들과 주석가들에 의해서 계속적으로 소량의 첨가물들이 더해졌다. 이 본문의 최종본 형성에 기여한 그들의 첨가 자료들에 대해서는 많은 고려를 하지 않을 것이다. 이 본문이 가지고 있는 본질적인 가치 때문이다. 그러나 성경은 결정적인 작업이 마무리된 뒤에도 상당 기간 동안 그 내용 면에서 역동적인 성장의 힘을 가지고 있었다는 사실을 주지해야 한다. 이 본문에 대한 주석가들과 해석가들은 하나의 명백한 목적을 가지고 있었다. 그것은 바로 자신들의 세대에 맞는 책을 만들려고 하는 것이었다. 이러한 목적을 이루기 위해서 그들이 사용한 방법은 새로운 정보를 더해서 가르치거나 아니면 이데올로기적인 주장을 넣어서 독자들의 견해를 형성해 나가는 것이었다.

위에서 언급된 본문들을 두 가지로 나뉜 목록으로 만들면 다음과 같다. 첫 번째 목록에 있는 자료들은 상대적으로 이른 것들(어떤 것들은 신명기 사가보다 이른 것들이다)인 반면에, 두 번째 목록은 상대적으로 늦은 자료들이다.

1. 교훈적인 자료들: 2:12b; 3:2, 4aβ 7:18a, 19, 22a; 8:1aβ, 2b, 6aβ, 11aβ 9:13b, 16-17a; 12:2-3aα, 17, 29; 13:1b, 18b; 18:3b-4, 10-11, 13-14; 20:14a, 43aβbα; 22:4bd.
2. 이데올로기적인 자료들: 4:19bβ-20, 5:4-5(영역본 4:24-25), 9-14(영역본 4:29-34); 6:7, 18-19, 21abα, 22, 27, 29-30, 32-35; 7:48-50; 8:3b, 4aβb, 6aβb, 7a, 10b, 44-53, 64; 9:6-9; 10:21b, 23-25, 27; 11:33a; 14:1aβb, 15-16, 22b-24; 16:7; 17:20; 18:30b; 21:23; 22:28b.

이외에도 MT과 LXX은 방대한 수를 헤아리는 각각의 특색 있는 주해들을 가지고 있다. 그러나 이러한 부분들은 본문의 원 자료 부분으로 고려할 가치가 없는 것들이다.

열왕기상의 원문 복원

유용한 자료들

참고문헌

Allen L. C. "Further Thoughts on an Old Recension of Reigns in Paralipomena." With R. W. Klein, "Supplements in the Paralipomena: a Rejoinder." *HTR* 61(1968) 483-95. **Barthélemy, D.** "Les problèmes textuels de 2 Sam 11.2 – 1 Rois 2.11 reconsiderés à la lumiere de certaines critiques des 'Devanciers d'Aquila'." SBLSCS 2(1972). **Gehman, H. S.** "The Old Ethiopic Version of I Kings and its Affinities." *JBL* 50(1931) 81-114. **Jellicoe, S.** *The Septuagint and Modern Study.* Oxford: Clarendon, 1968. **Klein, R. W.** *Textual Criticism of the Old Testament from the Septuagint to Qumran.* Philadelphia: Fortress, 1974. **Lemke, W. E.** *Synoptic Studies in the Chronicler's History.* Diss., Harvard University, 1964. **Muraoka, T.** "The Greek Texts of Samuel-Kings: Incomplete Translations or Recensional Activity?" SBLSCS 2(1972). **Pietersma, A., and Cox, C.** *De Septuaginta. Studies in honour of John William Wevers on his sixty-fifth birthday.* Mississauga, Ont.: Benben, 1984. **Rahlfs, A.** *Luciens Rezension der Königsbücher.* Septuaginta-Studien, 3. Göttingen: Vandenhoeck & Ruprecht, 1911. ______. Studien zu den Königsbüchern. Septuaginta-Studien, 1. Göttingen: Vandenhoeck & Ruprecht, 1904. **Rudolph, W.** "Zum Text der Königsbücher." *ZAW* 69(1951) 201-16. **Swete, H. B.** *An Introduction to the Old Testament in Greek.* Rev. by R. R. Ottley. Cambridge: University Press, 1914. **Thackeray, H. St. J.** "The Greek Translators of the Four Books of Kings." *JTS* 8(1907) 262-78. ______. *The Septuagint and Jewish Worship, A Study in Origins.* London: H. Milford(for the British Academy), 1921. **Ulrich, E. C., Jr.** *The Qumran Text of Samuel and Josephus.* HSM 19. Missoula: Scholars Press, 1978. **Vannutelli, P.** *Libri synoptici Veteris Testamenti seu librorum Regum et Chronicorum loci paralleli,* 2 vols. Rome: Pontifical Biblical Institute, 1931-34. **Walters, P.** *The Text of the Septuagint: its Corruptions and their Emendation,* ed. by D. W. Gooding. Cambridge: University Press, 1973. **Wevers, J. W.** "A Study in the Textual History of Codex Vaticanus in the Book of Kings." *ZAW* 70(1952) 178-89.

다른 구약 WBC 시리즈와 마찬가지로 이 주석은 히브리 원문에 대한 번역을 하고 있다. "원문주해"라는 부분에서 관련된 정보에 대한 일련의 상징적인 요소들을 사용하고 있다. 이 주석을 주의 깊게 읽는 사람들은 누구든지 이 책이 풍부한 "원문주해"를 사용하고 있음을 쉽게 발견하게 될 것이다. 또한 RSV와 NEB 같은 표준 역본과 이 주석의 사역을 비교해 보면, 히브리어에 대한 제한적 수정의 범위를 넘어서는 원문의 의미에 더욱 근접한 단어들과 구절들을 발견하게 될 것이다. 이것은 저자가 히브리어 외에도 고대 언어들의 다양한 독법들에 대해서 일상적인 수준 이상의 좀더 심도 있는 연구의 노력을 기울인 결과다. 나는 MT을 지지하거나 LXX을 지지하는 기존의 이론을 그대로 따르지 않았다. 각각의 개별적인 본문은 가장 중요한 본문의 증언이 무엇을 말하려고 하는지를 밝히기 위해서 상세히 분석된 후에 해석되었다. 이렇게 해서 얻게 된 번역은 증언의 무게를 사려 깊게 분석하고 재정리한 히브리어 원문을 잘 반영하고 있는 것이다.

열왕기상의 번역은 특별히 어려웠다. 가장 중요한 고대 역본인 LXX이 다양한 교정본에서 매우 다른 독법들을 제공하고 있기 때문이다. 또한 역대기의 병행 구절들이 기록된 사건들에 대해서 나름대로의 해석을 하고 있기 때문이다. 때때로 역대기는 열왕기의 단어를 자구대로 옮겨 쓰기도 한다. 그러나 대부분의 경우는 어떤 단어들과 구절들을 빠뜨리기도 하고, 매우 자유롭게 열왕기를 의역하거나 전부를 생략하는 경우가 있다.

"원문주해"에서 사용된 장치는 다른 대부분의 주석들에서 발견되는 것과 비교해 볼 때 그 온전성의 정도에서 더 완전한 것이다. 이것이 바로 다른 번역들과 비교했을 때 장점이 되는 요인이다. 또한 이 주석에 사용된 본문 비평 장치는 그 완전성에서 *Biblia Hebraica*의 비평 장치보다 나은 면이 있으며, 특별한 역본들과 교정본들을 인용할 때는 선별에서 매우 신중을 기했다. 독자들이 이 주석을 읽으면 알게 되겠지만, 대부분의 경우 G^B(바티칸 사본)와 G^L(칠십인경의 루시안 교정본)과 더불어 MT(맛소라 본문)이 인용되었다. 또한 MT과 Par(*Paralipomenon*, 동일한 칠십인경의 수정본)에 있는 역대기의 본문도 빈번하게 사용했다. 그리고 때때로 다른 역본들도 인용되었다. 앞으로 설명될 것이지만, 이러한 상대적인 선택은 다양한 역본들이 MT나 LXX에 일반적으로 의존해 있기 때문에 정당화될 수 있다. 이러한 작업을 하는 실제적인 이유는 전문가가 아닌 모든 사람들에게는 자신들이 스스로 해석하고, 이해하고, 적용할 수 있는 본문의 "원문주해"가 필요하기 때문이다. 이와 같은 주석에서 독자에게 방대하고 분석되지 않은 수많은 본문에 대한 정보를 제공한다는 것은 그리 필요치 않은 일이다. 저자는 다만 수록된 내용이 대부분의 경우 옳은 것으로 증명되기를 바랄 뿐이다. 어느 경우에도 "원문주해"는 독자로 하여금 그 주해에 대한 현명한 결정을 하도록 도우며 그 번역이 정당함을 말해 줄 것이다.

이제 열왕기상의 원문에 대한 고대 증언들을 연구해 보도록 하자. 다음과 같은 학자들이 제공해 주고 있는 정보들이 여기에 요약되어 있다: Montgomery-Gemann, *A Critical and Exegetical Commentary on the Book of Kings*(1951), 8-24; J. Gray, *I and II Kings, A Commentary*(1970), 43-55 그리고 특별히 H. B. Swete, *An Introduction to the Old Testament in Greek*(1914) 등이다. 다른 무엇보다도 히브리 성경의 표준 텍스트인 MT이 있다. 이 텍스트의 좀더 이른 인쇄는 벤 납달리(Ben Naphtali)의 교정본으로부터 만들어졌다. 그러나 3판 이후로 *Biblia Hebraica*는 특별히 1008년 혹은 1009년경의 유명한 페트로폴리타누스(Petropolitanus: L) 사본에 기록된 벤 아셰르(Ben Asher)의 교정본을 따르고 있다. 현재 진행 중인 히브리 대학 성경 프로젝트는 8세기로부터 손상된 알렙(Aleppo) 사본을 다시 만들어 내고 있다. 이것은 현존하는 가장 오래된 사해의 쿰란에서 발견된 사본들과 약 800-1000년의 차이를 두고 있는 것이다. 다행히도 이 공동체가 남겨 놓은 수백 개의 성경 사본들은 그 연대가 주전 4세기에서 주후 1세기에 이르는 것들이다. 히브리 왕들에 관한 기록은 얼마 되지 않는 분량(5QK와 6QK)만이 남아 있을 뿐이다. 이 쿰란 사본에는 다양한 독법들에 관한 견해는 거의 없지만, 일반적으로 최초의 맛소라 텍스트를 지지해 주고 있는 열왕기상 1, 3, 12, 22장의 단지 몇 구절만이 보존되고 있을 뿐이다. 그럼에도 불구하고 많은 양이 풍부하게 보존된 사본들에 대한 연구는 특별히 이사야 사본들(주전 2세기의 1QIsa[a] 주후 1세기의 IQIsa[b]), 학자들에게 주후 세대 비로 이전, 즉 주전 몇 세기 동안의 텍스트 보존 상태의 경향을 보여 준다. 좀 오래된 이사야 사본은 칠십인경(LXX) 텍스트에 가까운 경향을 보이면서 상대적으로 자유로운 변조를 보인다. 반면에 좀 후대의 사본은 우리가 가지고 있는 MT의 내용과 같은 실제 필사본이다. 달리 말하면, 성경 텍스트는 주후 시대가 시작되기 전에는 다소 매우 유동적이었다. 그러나 그 이후에는 매우 엄격하게 고정되었다. 우리는 어떠한 역사적인 요인들이 이러한 변화를 낳게 했는지 알 수 없다(아마도 주후 66-70년에 있었던 로마 전쟁이 이와 관련이 있을 수 있다). 그러나 이제는 귀한 사본을 남겨 준 맛소라 학자들의 업적 이전의 시간차에 관해서 그리 많은 관심을 가지고 있지 않음을 알고 있다. 주전 1세기 이후로 히브리 성경에 들어온 변화들은 상대적으로 사소한 것들이라서 성경 전체를 놓고 볼 때 그리 중요한 것들이 아니다.

헬라어 역본들은 셉투아진트(Septuagint, LXX), 테오도션(Theodotion, Θ), 아퀼라(A) 그리고 심마쿠스(Σ)가 있다. 헬라어 성경들은 소중하게 보존되고 폭넓게 배포되었다. 특별히 기독교인들 사이에 보존되고 배포되었으나 모든 헬라어 성경이 그러한 것은 아니었다. 언급된 역본들 중에 오늘날 단지 조각들로 보존되어 있는 뒤의 세 가지 역본은 주후 2-3세기에 유대인들과 유대 개종자들에 의해서 만들어졌다. 이들 역본들은 비전문가들에 의해서는 거의 사용되지 않는다. 고대의 변이들이 거의 제거된 당시에 사용된 히브리 텍스트가 있었는데, 위에 언급된 세 가지 역본들은 이 히브리 텍스트에 대한 문자적 수정을 거쳐 LXX을 수정하기 위해 특별히 제작된 역본들이기 때문이다. LXX을 다루는 것은 어렵다. LXX은 초기 기독교인들의 구약이었다. 그러나 그것은 주전 250년경부터 유대인들 사이에 사용되어 왔다. 이 역본은 아리스테아스의 묵시적 서신을 따라 기록되었기 때문에, 거의 모든 구약성경이 프톨레마이오스 통치기의 알렉산드리아에서 살았던 유대인들에 의해서 번역되었다고 보아도 된다. 이 역본은 동시대에 유대 공동체의 계몽과 교화, 그리고 희랍 철학자들과 문학가들과의 교류를 위한 목적을 가지고 있었다. 알렉산드리아에서 번역된 모든 헬라어 구약성경이 동일한 문체와 번역 기술을 보여 주는 것은 아니다. 그러므로 개인들로 구성된 단체가 (아리스테아스의 글에 등장하는 전설적인 72명을 상정하는 것은 필요치 않을지라도) 다양한 시기에 번역했음을 알 수 있다. 더욱이 어떤 책들은 알렉산드리아의 고대 헬라어(OG)와 완전히 일치하지 않는 텍스트를 말하기도 한다. 또한 다니엘에 대한 테오도션적인 텍스트와 사사기에 대한 알렉산드리아 사본(A) 내에 분명한 복합 텍스트도 있다. 그리고 바티칸 사본(B)의 열왕의 통치기를 나타내는 부분(사무엘상하, 열왕기상하)에서는 완전히 다른 번역 기술이 사용되기도 했다. 이러한 모든 것들은 앞으로 다루게 될 문제들이다.

주후 처음 몇 세기 동안 LXX은 교회의 구약으로서의 역할을 감당했다. 또한 로마 교회가 라틴어 벌게이트를 만들어 낸 뒤에도 동방 교회에서는 계속 구약으로 사용되었으며, 교회적으로나 신학적으로 그 나름대로의 역할을 감당했다. 따라서 상당히 많은 숫자의 LXX 전체나 일부분이 남아 있는 것은 당연한 것이다. 이 남겨진 것들은 대부분 주후 1000년경이나 그 후대에 쓰여진 소문자체 사본 조각들이다. 이들 중 단지 얼마 안 되는 것들이 주후 4세기 이후에 쓰여진 언셜자체(주후 3-8세기에 헬라어와 라틴어의 필사〈筆寫〉에 쓰인 대문자보다 둥근 맛이 있는 옛 자체 – 역자주)이다. 이들 소문자체 사본들은 열등한 텍스트들을 가지고 있는 반면에, 언셜자체 사본들은 나은 텍스트를 가지고 있다고 가정하는 것은 그리 바람직한 비평적 안목이 아니다. 어떤 경우에는 소문자체 사본이 언설자체 사본이 거의 잃어버린 바른 독법을 실제적으로 가지고 있을 수 있다. 또한 다른 한편으로 언설자체가 실수와 자신들의 특별한 번역 전통에서 기인한 까다로운 독법들을 포함하고 있음을 보게 된다. 물론 G^B은 가장 오래된 것이면서 가장 일관성 있는 역본이다. 그러나 이 역본은 번역자에게 셀 수 없는 문제점들을 안겨 준다. 5세기 역본인 G^A과 G^S은 원본을 수정하는 데 있어서 일관된 원리를 보여 주지 않는다. 이제 L사본이나 늦은 중세 사본들에서 보이는 것과 같이 더 오래된 헬라어라는 이유로 단순히 읽어 온 LXX에 기초해서 MT을 수정하는 것이 얼마나 사본학에 대해서 잘 모르는 순진한 일인지를 이해할 수 있을 것이다. 이것은 사본의 연대에 관한 문제가 아니라 본문 전승에 관한 문제인 것이다. 만약 MT이 어떤 경우에 원 히브리어를 보존하고 있다면, 우리는 그 독법을 LXX이나 바티칸 사본보다 5-6세기 정도 늦은 L사본과 같은 사본들에서 얻어도 되는 것이다.

히브리 성경의 쿰란 사본들과 병행을 이루는 초기 대문자 LXX의 조각들이 분명히 존재한다. 헬라어로 쓰여진 소선지서들의 조각들이 쿰란에서 발견되었다. 그러나 그 남겨진 조각들은 쿰란에서 사용된 LXX 텍스트의 성격에 대해서 알려 주는 것이 거의 없다. 사람들은 주전 150년경의 것인 존 라일랜드 파피루스(John Rylands Papyrus) 458과 또 다른 수많은 이른 시기의 파피루스를 거론한다. 그러나 LXX의 내부적인 발전에 관한 어떤 중요한 의미를 얻게 된다면, 이러한 것들은 더 이상의 연구에 유용한 자료들이 되지 못한다. 할 수만 있다면 실제로 만들어진 것으로 알고 있는 OG의 교정본들이나 수정본들에 대한 지식으로부터 LXX의 내부적인 발전에 관한 유용한 정보들을 얻어내야만 한다. 지금까지 가장 잘 알려진 것은 유명한 오리겐의 사본(G^O)이다. 약 240년경에 오리겐은 *Hexapla*라는 자신의 본문 비평을 만든다. 이것은 구약의 본문을 수정된 LXX과 그 뒤의 A, O, Σ 그리고 여러 개의 다른 헬라어 역본들(Quinta, Sexta, Septima)을 병행 구절 난에 비교하여 제시한 것이다. 이 작업에서 우리는 표준화된 히브리 성경에 강하게 영향을 준 흔적들을 볼 수 있다. 이를 통해서 오리겐은 우리가 알고 있는 기독교 시대 이전에 통용되었던 사본들은 어떤 것도 전혀 영향을 받지 않고 독립적으로 보존된 것이 없다는 것을 알게 된다. 그가 자문을 구했던 유대 랍비들은 그에게 다른 어떤 것도 보여 줄 수 없었거나 보여 주지 않았다. 그는 이것만이 바로 하나님의 말씀이었다는 그들의 주장을 의심 없이 받아들였다. 따라서 그가 사용한 번역된 히브리어는 본질적으로 MT이라 할 수 있다. 오리겐이 사용한 LXX은 그 내용과 순서에서 MT의 것과 너무

자주 달랐기 때문에 그에게 많은 문제를 안겨주었다. 그러나 그는 MT과 비교하면서 MT에 더하기와 빼기를 보여 주는 본문 비평 표시들을 사용해서 그 문제들을 풀었다. 공간을 채워 넣어야 하는 곳에서 그가 따랐던 것은 독창성이 없이 히브리어에 가깝게 번역한 헬라어 번역가의 작품인 테오도션(Theodotion, Θ)이었다. 이 방법의 결과는 G^0이 우리로 하여금 오리겐이 사용하고 있었던 히브리어를 넘어서는 어느 것도 얻지 못하도록 했다는 것이다. 이러한 현상은 A, Θ 그리고 Σ가 때때로 초기 MT 텍스트인 듯이 보이는 것을 제공해 주지만 이 역본들에서도 역시 동일한 결과를 낳았다.

다음으로 LXX 루시안의 텍스트다. 안디옥의 집사 루시안(주후 312년)은 비잔틴 교회에서 사용할 목적으로 이 개정판을 냈다. 그것은 고전 작품의 부흥에 의한 영향으로 박학한 어휘와 정제된 문체를 보여 준다. 이 루시안 텍스트는 오리겐의 *Hexaplar* 텍스트의 영향을 받았다. 그러나 루시안은 바티칸 사본에서 알려진 것같이 OG에 근접한 헬라어 원형을 계속해서 필사했다. 이 오래된 텍스트는 기독교 이전의 것인 듯한데 확실히 오리겐 이전의 것이다. LXX 비평을 위한 이 사본의 가치는 곧바로 인지될 수 있다. 이 텍스트가 인용될 때 학자들은 "초기 루시안의 개정판"이라고 부른다. 그러나 루시안의 최종 텍스트는 단지 이 개정판을 단순히 다듬은 것이라는 점을 염두에 둔다면, 좀더 간략한 명칭으로 "루시안"이라고 명명하는 것이 타당하다. 루시안 텍스트를 증언해 주는 성경 외적인 인용들을 가지고 G^L과 루시안 텍스트를 포함하고 있는 MSS의 계보를 동일시하는 것은 주로 다음과 같은 두 명의 셉투아진트 대가의 연구 덕분이다: 폴 드 라가르데(Paul de Lagarde, *Librorum Vetus Testamentum canonicorum pars prior*, 1883)와 알프레드 랄프스(Alfred Rahlfs, *Septuaginta-Studien*, Heft 3, 1911). 요세푸스와 신약성경은 G^L과 밀접한 관련이 있는 LXX 텍스트를 읽는다. 그리고 루시안 텍스트의 히브리어 어휘는 쿰란의 제4동굴에서 발견된 조각들과 정확하게 일치한다. 이것은 역대기의 MT이 종종 루시안 텍스트의 히브리어 어휘와 비슷한 열왕기를 따르고 있다는 것을 보여 줄 수 있는 연구에 다시금 강한 동기 부여를 해 왔다. 이는 열왕기 학자에게 역대기의 병행구에 주목하도록 하는 충분한 이유를 부여해 주고 있는 것이다.

존 태커레이(H. St. John Thackeray)는 그의 책 *The Septuagint and Jewish Worship*과 이어지는 연구에서 1-4통치기에 있는 G^B은 다른 두 번역자의 작품이라는 것을 논증했나. 태커레이는 이것을 "비교화석인" 단락들, 즉 2통치기(=사무엘하) 11:2－3통치기(=열왕기상) 2:11, 22:1－4통치기(=열왕기하) 25:30을 수정하려는 첫 번째 번역가의 의도치 않은 작업에서 발생한 것으로 해석했다. 따라서 사이에 끼어든 부분을 수정한 사람은 두 번째 번역자였다. 각 번역자는 각각의 독특한 문체와 어휘를 가지고 있다. 매우 두드러진 현상은 두 번째 번역가는 훨씬 많은 헤브라이어풍들을 사용했고 지속적으로 MT을 지지하고 있다는 것이다. 바르텔레미(D. Barthélemy)는 그의 책 *Les Devanciers d'Aquila*(VTSup., 10, Leiden, 1963)에서 이러한 사실을 팔레스타인에서 있었던 기독교 이전 히브리 텍스트의 특징을 나타내는 증거로 사용했다. 사무엘-열왕기에 존재하는 태커레이의 두 번째 "번역가"를 위한 자료에 사용된 이 기독교 이전 히브리 텍스트는 헬라어로 번역되었다. 바로 이 점에서 우리는 OG, G^L, G^O과 더불어 나란히 존재하는 네 번째 개정판 혹은 교정판을 인식할 수 있는 것이다. 바르텔레미는 이 텍스트에 *Kaige* 교정본이라는 이름을 붙였다. 히브리 관용구 베감(וגם)이 나타날 때마다 이 교정본은 헬라어 *Kaίγε*를 사용하기 때문이다. 다른 학자들은 *Kaige*를 식별해 냄으로써 문자적으로 수정된 목록을 확장해 나갈 수 있었다. 아직까지 언급된 부분들이 어떠한 이유로 이러한 *Kaige* 교정 표시를 보이고 있는지는 모른다. 그러나 그것들은 어떤 독특한 텍스트 유형(쿰란의 이전 선지자들의 텍스트에서 보이는)을 보여 주는 것이지, 개별적인 번역자의 특이성은 아니라는 것을 알 수 있다.

구약성경에 대한 다른 어떤 고대 역본들도 LXX을 수정한 OG만큼 오래된 것은 없다. 그러나 성경을 연구하는 학도는 그 다른 역본들을 알아야만 한다. 그들 각각은 MT이나 혹은 LXX 교정본 중의 하나를 지지해 주고 있기 때문이다. 비셈족 역본들은 다음과 같은 것들이 있다: 최초의 루시안 역본과 매우 유사한 헬라어 텍스트로부터 유래한 고대 라틴어 역본(OL), 히브리어에서 직접 번역되었지만 LXX과 다른 세 역본들(A, Θ, Σ)로부터 영향을 받은 벌게이트(Vg) 그리고 LXX으로부터 번역된 아르메니아(Armenian, A^{rm}) 역본이 있다. 또한 셈족 역본들은 다음과 같다: LXX으로부터 유래된 콥틱(Coptic, K) 역본, G^O로부터 나온 아라빅(Arabic, A) 역본, OG LXX으로부터 유래된 에티오픽(Ethiopic, E) 역본, 헬라어의 영향과 더불어 히브리어에서 유래된 시리악 페쉬타(the Syriac Peshitta, Syr) 역본, G^O를 번역한 것이며 오리겐 텍스트에 대해서 현존하는 가장 좋은 증언인 시이로 헥사플리(the Syro-Hexaplar, Syr^h), 마지막으로 히브리어를 수정한 것이며 MT을 강하게 지원하고 있는 탈굼(the Targum, Tg) 역본 등이 있다. 이미 언급했듯이 "원문주해"에서 가끔 때에 따라 이러한 2차 역본들을 인용할 것이다. 이러한 2차 역본들은 그들이 동의하지 않을 것 같은 역본들과 일치하거나 그들이 지지할 것 같은 역본에 반대되는 독법들이 있는 경우에 매우 유용하다. 그것들은 다음과 같은 경우들이다: E가 MT이나 혹은 OG에 반대하는 후기 헬라어 교정본에 일치할 경우, OL이 MT을 지지하는 G^L 혹은 다른 헬라어 교정본들 중의 하나와 불일치하는 경우, Tg이 헬라어 역본을 지지하는 MT에 불일치하는 경우 등이다.

문제와 방법론들

참고문헌

Debus, J. *Die Sünde Jerobeams. Studien zur Darstellung Jerobeams und der Geschichte des Nordreichs in der deuteronomistische Geschichtsschreibung.* FRLANT 93. Göttingen: Vandenhoeck & Ruprecht, 1967. **Gooding, D. W.** "Pedantic Timetabling in the 3rd Book of Reigns." *VT* 15(1965) 155-66. ______. "Problems of Text and Midrash in the Third Book of Reigns." *Textus* 7(1969) 1-29. ______. *Relics of Ancient Exegesis. A Study of the Miscellanies in 3 Reigns 2.* SOTSMS 4. Cambridge: University Press, 1976. ______. "The Septuagint's Rival Versions of Jeroboam's Rise to Power." *VT* 17(1967) 173-89. ______. "The Shimei Duplicate and its Satellite Miscellanies in 3 Reigns II." *JSS* 13(1968) 76-92. ______. "Temple Specifications: A Dispute in Logical Arrangement Between the MT and the LXX." *VT* 17(1967) 143-72. **Gordon, R. P.** "The Second Septuagint Account of Jeroboam: History or Midrash?" *VT* 25(1975) 368-93. **Hänel, J.** "Die Zusätze der Septuaginta in Reg. 2.35a-o und 46a-l," *ZAW* 47(1929) 76-79. **Montgomery, J. A.** "A Study in Comparison of the Texts of Kings and Chronicles," *JBL* 50(1931) 115-16. ______. "The Supplement at the End of 3 Kingdoms 2(I Reg 2)." *ZAW* 50(1932) 124-29. **Rehm, M.** *Textkritische Untersuchungen zu den Parallelstellen der Samuel-Königsbücher und der Chronik.* ATAbh XIII, 3. Münster i. W.: Aschendorff, 1937. **Shenkel, J. D.** *Chronology and Recensional Development in the Greek Text of Kings.* HSM, 1. Cambridge: Harvard University Press, 1968. **Sheppard, H. W.** "Variants in the Consonantal Text of G. 1 in the Books of Samuel and Kings." *JTS* 22(1921) 36-37. **Stade, B.** "Der Text des Berichtes über Salomos Bauten von 1 Kö. 5-7." *ZAW* 3(1883) 129-77. **Wevers, J. W.** "Double Readings in the Books of Kings." *JBL* 65(1946) 307-10. ______. "A Study in Hebrew Variants in the Book of Kings." *ZAW* 61(1945/48) 43-76.

열왕기상과 구약성경의 다른 부분들은 히브리어로 쓰여졌기 때문에 영어 번역을 위해서 MT을 따르는 것은 자연스럽고 정당하다는 생각을 가질지 모른다. 그러나 MT은 다른 역본들의 변형들을 삭제한 평준화한 텍스트다. 따라서 가능한 원문 복원을 위해서는 LXX과 다른 고대 역본들을 규칙적으로 참고해야만 한다. 열왕기상은 놀랍도록 매끄러운 히브리어로 표현되었다. 열왕기상의 주된 문제들은 맛소라 학자들이 고도의 기능적인 용어들의 원래의 의미를 잊어버린 것 같은 경우와 그들에게 익숙한, 그러나 옳지 않은 어떠한 것을 대치하는 경우의 본문들에서 나타난다. 성전과 관련된 부분 외에서는 그러한 경우가 거의 드물다. 내러티브는 소위 *cruces interpretum*이라는 짜증이 날 정도로 자주 발생하는 텍스트 장애물로 인해 방해를 받지 않고 내용이 전개되고 있다. 그러나 주의 깊은 번역가는 번역에 있어서 어려움을 느끼게 된다. 그는 많은 본문에서 히브리어를 지지해 줄 다른 헬라어 혹은 라틴 텍스트 등 다른 어떤 것들을 읽기 때문이다. 맛소라 학자들이 이전에 있었던 어려움들을 제거해 버린 것이 종종 드러난다. 따라서 불가피하게 지속적으로 다른 역본들을 읽는 데 관심을 두면서 MT과 LXX 사이의 균형을 유지해야 한다. LXX이 MT에 가깝게 일치할 때, 이제는 더 이상 그 텍스트가 안전한 것이라는 증거로서 받아들일 수 없다. 그것은 오히려 반대의 경우일 수 있다. 후기 LXX의 교정본들이 히브리어를 지지하는 반면, 흔히 OG LXX은 자연스럽고 알기 쉽게 풀어 썼기 때문이다. 다시 말하면 시간이 지나면서 더욱 근접한 일치를 가져온 것이다. 그러므로 OG이 의미를 갖는 곳에서는 MT에 비해 우월한 것으로서 신중하게 고려되어야 한다.

만약 LXX을 따라간다면, 특별한 이유가 아니고는 G^0의 독법을 취해서는 안 된다. G^0는 결국 MT이 되는 자료를 철저하게 평준화한 헬라어 텍스트를 제공하고 있기 때문이다(세 가지 유대 헬라어 역본들의 경우에도 마찬가지다). 마찬가지로 *Kaige*도 다듬어진 히브리어 텍스트를 따르는 경향이 있다(그것을 인식할 수 있다면 볼 수 있을 것이다). 그러므로 *Kaige*는 독립적인 증거를 거의 제공해 주지 못한다. 그러나 G^L은 비록 수정된 히브리어 역본에 의해서 영향을 받았을지라도 최초의 루시안 독법들에서 기독교 이전의 헬라어를 확실히 보여 준다. G^L이 의미가 있는 반면에 OG이 없고 MT이 많이 의심스러울 때는 G^L은 믿을 만한 역본이 된다. 열왕기상을 번역하는 데 있어서 번역자는 종종 정확하게 이러한 경우를 만나게 된다. 우리는 소문자체 사본들을 지지하는 바티칸 사본인 G^B을 열왕기상의 가장 오래되고 완성도가 높은 사본으로 받아들이며 따른다. 태커레이의 도표는 2:12을 OG와 같이

21장 끝에 놓게 하고, 나머지 부분을(1:1-2:11) *Kaige*로서 부를 수 있도록 해준다. B사본에서 *Kaige*를 만나는 곳에서 가장 좋은 해결책은 MSS boc_2e_2에 주로 보전된 G^L로 바꾸어야만 하는 것이다. G^L이 원 헬라어와 G^B의 *Kaige*보다 원 히브리어를 제공하는 훨씬 좋은 위치에 있기 때문이다.

OG이 잘 보존되어 판독될 수 있는 부분조차도 당연히 MT의 본문보다 더 우월한 독법을 주지 못한다는 것은 두말할 필요가 없다. B사본은 여러 가지 내부적인 헬라어 변조와 수많은 독법들을 보여 준다. 이 독법들 속에는 (1) 그 히브리어 단어가 MT의 단어보다 열등했을 수도 있거나 (2) 그 번역자(들)는 MT과 비교해 보았을 때 히브리어 수정 작업에서 다소 열등한 작업을 했던 것이다. G^B과 G^L은 눈에 보이는 실수들을 했다. 대부분 성전과 관련된 부분에서 기술적인 용어들은 이해될 수 없을 정도다.

열왕기상의 번역자는 이 구약성경에 히브리 병행 텍스트, 즉 역대기의 병행 구절들이 있다는 것을 늘 염두에 두고 있어야 한다. 역대기를 공부하는 사람들은 이 후기 역사 기술적 자료는 순서와 본문의 내용을 종종 다소 자유롭게 기술하면서 그 내용을 자기 방식으로 서술해 가고 있음을 알게 된다. 그럼에도 불구하고 역대기는 열왕기의 초기 헬라어 번역의 기초가 되는 자료에 매우 근접한 고대 팔레스타인 히브리 텍스트를 따르고 있음을 보여 주고 있다. 역대기(*Par*)의 LXX 텍스트는 종종 더 근접한 면이 있다. 역대기처럼 열왕기의 MT에 맞게 평준화되지 않았기 때문이다.

열왕기상(그리고 열왕기하)의 신중한 독자는 다음과 같은 점들을 인식하고 염두에 두고 있어야 할 것이다. LXX은 MT과 동등하지 않은 상당히 많은 첨가된 부분이 있다는 것과 그 순서가 종종 MT의 것과 다르다는 것이다. 몇몇 LXX을 연구하는 학자들이 LXX의 다른 부분들은 선호되어야 하는 것들이라고 주장하지만, 구딩(D. W. Gooding)과 같은 학자들은 이 차이점들은 바로 LXX의 열등함을 결정적으로 증명해 주는 것들이라고 혹평한다(특별히 그의 책 *Relics of Ancient Exegesis*를 보라). 열왕기상에는 네 가지 기다란 LXX적 성격을 띤 첨가된 부분들이 있다. $2:35^{a-o}$는 솔로몬에 관해서 여러 가지 정황으로부터 선택된 우연히 모아진 진술들의 모음이다. $2:46^{a-l}$도 마찬가지다. 이러한 것들은 정상적인 텍스트 전승에서 벗어난 자료들로부터 무작위로 인위적으로 성경 본문들을 포함시키려고 했던 후기 편집자의 시도를 잘 보여 주는 것들이나. 너욱이 $12:24^{a-z}$에는 여로보암과 르호보암에 관한 자료들을 가지고 만들어진 의도적으로 대비시킨 이야기가 있다. $16:28^{a-h}$에는 MT과 많은 LXX MSS(G^B을 포함해서)들이 22:41-51에 나타내고 있는 여호사밧 자료들이 있다. 구딩은 이 마지막 첨가는 MT의 전체 연대기 체계를 개정하려는 LXX의 잘못된 노력으로 빚어진 것임을 말하고 있다.

학자들은 이러한 첨가물들을 "잡동사니"라고 말한다. 이러한 첨가물들은 원 히브리어 텍스트를 나타낸다고 볼 수 없기 때문에 이 주석에서는 번역되지 않았다. 동일한 이유로 LXX적인 대부분의 변형들은 분명하게 의도적이며 부차적이기 때문에 사용되지 않았다. 헬라어 번역자들은 마치 바로의 딸이 예루살렘에 거처를 삼은 것같이 그러한 것들을 넣기를 원했으며, 또한 솔로몬의 수많은 결혼들에 대한 공격적인 말들을 제하기를 원했고, 그러한 것을 넣음으로써 좀더 논리적으로 성전에 대한 묘사를 이해하기를 원했던 것이다. 여기에 어려운 독법 선호(*lectio difficilior*)의 규칙이 지배적으로 적용된다. 어려운 히브리어 텍스트가 그 어려움을 제거하고 부드럽게 한 텍스트보다 선호되어야 할 모든 이유를 다 가지고 있기 때문이다. 물론 종종 그와 반대의 관계도 사실이기 때문에 헬라어 역본의 주장을 주의 깊게 고려해야만 한다. 우리는 또한 여러 곳에서 나타나는 더 짧은 헬라어 텍스트가 확대된 히브리어 텍스트보다 우선할 가치가 없는 것인지를 신중히 생각해 보아야 한다.

아래의 도표는 독자가 다양한 번역들을 병행 구절로 위치시키는 일에 도움을 줄 것이다. G은 부르크-맥린 캠브리지 편집본(the Brooke-McLean Cambridge edition)에서 인용된 것이며, Ra는 슈투트가르트에서 출판된 랄프스(Rahlfs)의 더 작은 편집본을 나타낸다(약어표를 보라).

열왕기상의 병행 본문들=3통치기

Eng.*	MT	G	Ra**	Misc.
	1:1-2:8	1:1-2:8		
	2:9-10	2:9-10		2:35^{l-o}
	11-29a	11-29a		
	om	29bα		
	29b-35	29bβ-35		
	om	35^{a-o}		
	36-42a	36-42		
	42b	om		
	43-46	43-36		
	om	46^{a-l}		
	3:1	4:31	5:14^{a}	2:35$^{c\alpha}$
	2-8ba	3:2-8b		
	8bβ	om		
	9-22aα	9-22a		
	22aβ	om		
	22b-28	22b-28		
	4:1	4:1		2:46^{l}
	2-6a	2-6aα		2:46^{h}
	om	6aβbα		2:46^{h}
	6b	6bβ		2:46^{h}
	7-13	7-13a		
	13baא	om		
	13bαבβ-16	13b-16		
	17	19		
	18	17		
	19	18		
	20	0m		
4:21	5:1	10:30		2:46^{a,g}
4:22-23	5:2-3	4:22-23	5:2-3	2:46^{b,f,k}
24	4	24	4	2:46^{e}
25	5	om		2:46$^{f,g\alpha}$
26	6	10:29a	10:26^{a}	2:46$^{g\beta}$
27-28	7-8	4:20-21	5:1	
29-30	9-10	25-26	9-10	2:35^{a-b}
31-34	11-14	27-30	11-14	
5:1-14	15-28	5:1-14	15-28	
15	29	15	29	2:35^{d}
16	30	16	30	2:35^{h}
17-18a	31-32a	6:2-3	6:1^{ab}	
18b	32b	5:17	5:32	
	6:1	6:1		
	2-3	6-7	6:2-3^{a}	
	4-10	9-15	4-10	
	11-13	om		
	14	8	3^{b}	

Eng.	MT	G	Ra	Misc.
	15-17	16-18a	15-17	
	18	om		
	19	18b	19	
	20a	19	20a	
	20b	20a	20b	
	21a	om		
	21b	20b	21	
	22a	21	22	
	22b	om		
	23-31a	22-30a	23-31	
	31b-33a	om	32-33a	
	33b-36	31-34a	33b-36	
	om	34b	36[a]	
	37-38a	4-5	1[cd]	
	38b	om		2:35[cβ]
	7:1a	7:38		
	1b	50		
	2-7a	39-44		
	7b	om		
	8-12a	45-49		
	12b	om		
	13-14	1-2		
	15	3		2:35[cγ]
	16-18a	4-6a		
	18bα	om		
	18bβ	6b		
	19	8		
	20a	9a		
	20bα	om		
	20bβ	9b		
	21	7		
	22	om		
	23abα	10		2:35[cα]
	23bβ	om		
	24a	11		2:35[eβ]
	24b	om		
	25	13		
	26	12		
	27-30a	14-17a		
	30bα	17b		2:35[eγ]
	30bβ-32aα	om		
	32aβ-35	18-21		
	36-45bα	22-31a		
	om	31bα		
	45bβ	31bβ		
	46	33		
	47	32		
	48-51	34-37		
	om	8:1aα		
	8:1aα	1aβ		
	1aβ	om		
	1b	1b		

Eng.	MT	G	Ra	Misc.
	2aα,b	om		
	2aβ	2		
	3a	om		
	3b	3		
	4aα,bβ	om		
	4aβbα	4		
	5-8a	5-8		
	8b	om		
	9-11	9-11		
	12-13	53a		
	14-41a	14-41		
	41b-42a	om		
	42b-49a	42-29		
	49b	om		
	50-66	50-53, 54-66		
	9:1-9	9:1-9bα		
	10-14	10-14		
				15-25 G^{A}
	15	10:23a	$22^{a\alpha}$	$2{:}35^{iak}$
	16-17aα	4:32-33	$5{:}14^{b}$	
	17aβb	10:23bα	$10{:}22^{a\beta}$	$2{:}35^{i\beta}$
	18aα	om		$2{:}35^{i\gamma}$
	18aβb	om		$2{:}46^{d}$
	19aα	om		
	19aβ-22	10:23bβ-25	$22^{a\gamma c}$	
	23	om		$2{:}35^{h}$
	24	9:9bβ	9^{b}	$2{:}35^{f}$
	25	om		$2{:}35^{g}$
	26-28	26-28		
	10:1-22	10:1-22		
	23-25	26-28	23-25	
	26	29	26	$2{:}46^{i}$
	27-29	31-33	27-29	
	11:1aα	11:1aαא		
	1aβb-2	1aβb-2		
	3a	1aαב		
	3b	om		
	4aα	3a	4aa	
	4aβ	4	4b	
	4b	3b, 10b	4aβ	
	5a	6		
	5b	om		
	6	8		
	7a, bβ	5a, bβ		
	7ba	om		
	8	7		
	9-10	9-10a		
	11-14a	11-14a		
	14b	14bβב		
	15-22b	15-22bα		
	om	22bβ		
	23-25aα	14bαβא		

Eng.	MT	G	Ra	Misc.
	25aβb	25aβb		
	26aα	26		$12:24^{b}$
	26aβb	om		
	27	27		$2:35^{f}$
	28	28		
	29-31	29-31		$12:24^{o}$
	32-38	32-38		
	39	om		
	40	40		$12:24^{o}$
	41-42	41-42		
	43	43a, bβב		$12:24^{a\alpha}$
	12:1	12:1		$12:24^{n\beta}$
	2	11:43baβא		
	3a	om		
	3b-20	12:3-20		$12:24^{p-u}$
	21-24	21:24		$12:24^{x-z}$
	om	24^{a-z}		
	25-33	25-33		
	13:1-26a	13:1-26		
	26b-27	om		
	28-34	28-34		
	14:1-2	om		$12:24^{g}$
	3-7a	om		$12:24^{h-la}$
	7b-9	om		
	10-11	om		$12:24^{m\alpha}$
	12	om		$12:24^{l\beta}$
	13	om		$12:24^{m\beta}$
	14-16	om		
	17	om		$12:24^{m\gamma}$
	18-20	om		
	21-22a	14:21-22a		$12:24^{a\beta}$
	22b-31	22b-31		
	15:1-5bα	15:1-5		
	5bβ-6	om		
	7-31	7-31		
	32	om		
	33-34	33-34		
	16:1-6	16:1-6bα		
	om	6bβ		
	7	7		
	8aα	om		
	8aβb-10aα	8-10a		
	10aβ	om		
	10b-11aα	10b-11		
	11aβb-12a	om		
	12b-14	12-14		
	15aα	om		
	15aβ-21	15-21		
	22aα	om		
	22aβ-28	22-28		
	om	28^{a-h}		
	29-34	29-34		

Eng.	MT	G	Ra	Misc.
	17:1-21	17:1-21		
	22	om		
	23-24	23-24		
	18:1-29a	18:1-29		
	29b	om		
	30a	30		
	30b	om		
18:31-33a	31-33	31-33		
33b	34a	34a		
34	34b	34b		
	35-43	35-43bα		
	om	43bβ-44aα		
	44-46	44aβ-46		
	19:1-21	19:1-21		
	20:1aα	21:1aαא		
	om	1aαB		
	1aβ-20aα	1aβ-20aαא		
	om	20aαב		
	20aβ-43	20aβ-43		
	21:1aα	om		
	1aβ-2	20:1-2bβא		
	om	2bβב		
	3-4aα	3-4a		
	4aβ	om		
	4b-10aα	4b-10		
	10aβ-13aαא	om		
	13aαב-15aαא	13-15a		
	15aαב	om		
	15aβ-16a	15b-16a		
	om	16bα		
	16b-19	16bβ-19bβא		
	om	19bβב		
	20	20abα		
	om	20bβ		
	21-27	21-27bα		
	om	27bβ		
	28-29a	28-29a		
	29bα	om		
	29bβ	29b		
	22:1-28a	22:1-28		
	28b	om		
	29-35a	29-35a		
	om	35bα		
	35b-41	35bβ-41		
	42	42		16:28^{a}
22:43-45	43-46	43-46		16:28^{b-c}
46-49	47-50	om		16:28^{d-g}
50	51	51		16:28^{h}
51-53	52-54	52-54bα		
	om	54bβא		
	2 Kgs 1:1	54bβב		

개정판(2003)에 대한 부록

1. 증보 참고문헌

Ackerman, S. "The Queen Mother and the Cult in Ancient Israel." *Journal of Biblical Literature* 112(1993) 385-401. **Addinall, P.** "The Bible and History." *Expository Times* 102(1990-91) 328-32. **AhDaDituv, S.** "King Solomon's Designation for Kingship in Biblical Historiography." In *Texts, Temples and Traditions: A Tribute to Menahem Haran*. Ed. M. V. Fox et al. Winona Lake, IN: Eisenbrauns, 1996. 1-10. **Albertz, R.** "An End to the Confusion? Why the Old Testament Cannot Be a Hellenistic Book!" In *Did Moses Speak Attic*? Ed. L. Grabbe. 36-76. ______. "Exodus: Liberation History against Charter Myth." In *Religious Identity and the Invention of Tradition: Papers Read at a NOSTER Conference in Soesterberg, January 4-6, 1999*. Ed. J. W. van Henten and A. Houtepen. Assen: van Gorcum, 2001. 129-43. ______. "In Search of the Deuteronomists: A First Solution to a Historical Riddle." In *The Future of the Deuteronomistic History*. Ed. T. Römer. 1-17. **Aletti, J.-N.** "Le judgment de Salomon, I R 3,16-28." In *Toute la Sagesse du Monde: Homage à Maurice Gilbert*. Ed. F. Mies. Brussels: Lessius, 1999. 13-37. **Alvarez Barredo, M.** *Las Narraciones sobre Élias y Eliseo de los Reyes: Formación y Teologia*. Murcia: Espigas, 1996. ______. "Valaración deuteronomistica de la praxis cultural del comienzo de la Monarquia." *Cahargiensia* 10(1994) 1-17. **Anbar, M.** "'L'aire à l'entrée de la porte de Samarie(1 R xxii 10)." *VT* 50(2000) 121-23. ______. "Un 'mot en vedette' et une 'vbvreprise' introduisant une promesse conditionelle de l'éternité de la dynastie davidique." *VT* 44(1994) 1-9. **Andersen, K. T.** "Noch einmal: Die Chronologie der Könige von Israel und Juda." *Scandinavian Journal of the Old Testament* 1(1989) 1-45. **Ash, P. S.** "Solomon's? District? List." *Journal for the Study of the Old Testament* 67(1995) 67-86. **Auld, A. G.** "The Deuteronomists and the Former Prophets, or What Makes the Former Prophets Deuteronomists?" In *Those Elusive Deuteronomists*. Ed. L. S. Schearing and S. L. McKenzie. 116-26. ______. "The Former Prophets(Joshua, Judges, 1-2 Samuel, 1-2 Kings)." In *The Hebrew Bible: An Introduction to Critical Issues*. Ed. S. L. McKenzie and M. P. Graham. Louisville: Westminister/John Knox, 1998. 53-68. ______.

"History – Interpretation – Theology: Issues in Biblical Religion." In *In search of True Wisdom: Essays in Old Testament Interpretation in Honour of Ronald E. Clements.* Ed. E. Ball. JSOTSup 300. Sheffield: Sheffield Academic Press, 1999. 22-36. ______. "Salomo und die Deuteronomisten – eine Zukuftsvision?" *TZ* 48(1992) 343-55. ______. "Solomon at Gibeon: History Glimpsed." *EI* 24(1993) 1-7.

Bächli, O. "Vehinderung von Kriegen: Ein Beitrag zur Prophetie vom Alten Testament." *TZ* 52(1996) 289-98. **Ball, E.,** ed. *In Search of True Wisdom: Essays in Old Testament Interpretation in Honour of Ronald E. Clements.* JSOTSup 300. Sheffield: Sheffield Academic Press, 1999. **Barrick, W. B.** "Genealogical Notes on the 'House of David' and the 'House of Zadok'." *Journal for the Study of the Old Testament* 96(2001) 29-58. ______. "On the Meaning of בית־ה/במות and בתי־הבמות and the Composition of the Kings History." *Journal of Biblical Literature* 115(1996) 621-42. **Barstad, H. M.** "Deuteronomists, Persians, Greeks and the Dating of the Israelite Tradition." In *Did Moses Speak Attic?* Ed. L. L. Grabbe. 44-77. ______. "History and the Hebrew Bible." In *Can a 'History of Israel' Be Written?* Ed. L. L. Grabbe. 37-64. **Bastelmus, R.** "Sachverhalt und Zeitbezug: Programmatischexegetische Anwendung einer noetischen Theorems auf 1 Kön 1." In *Sachverhalt und Zeitbezug: Semitistische und alttestamentliche Studien: Adolf Denz zum 65. Geburtstag.* Ed. R. Bastelmus and N. Nebes. Wiesbaden: Harrassowitz, 2001. 1-20. **Beck, M.** *Elia und die Monolatrie: Ein Beitrag zur Religionsgeschichtliche Rüchfrage nach dem vorschriftprophetischen Jahwe-Glauben.* BZAW 291. Berlin; New York: de Gruyter, 1999. **Becker, U.** "Die Reichsteilung nach 1 Reg 12." *ZAW* 112(2000) 210-29. **Becking, B.** "The Hellenistic Period and Ancient Israel...." In *Did Moses Speak Attic?* Ed. L. L. Grabbe. 78-90. **Begg, C. T.** "Martin Noth: Notes on a Life and Work." In *History of Israel's Traditions.* Ed. S. L. McKenzie and M. P. Graham. 18-30. ______. "This Thing I Cannot Do(1 Kgs 20,9)." *Journal for the Study of the Old Testament* 2(1989) 23-27. **Berlyn, P. J.** "Checkmate: The King Is Dead." *Jewish Bible Quarterly* 22(1994) 151-62. ______. "Divided They Stand: The United Monarchy Split in Twain." *Jewish Biblical Quarterly* 27(1999) 211-21. **Beuken, W. A. M.** "No Wise King without a Wise Woman(1 Kings iii 16-20)." *OTS* 25(1989) 2-10. **Bietenhard, S. K.** *Der Königs General: Die Heerführungstraditionen in der Vorstaatlichen und frühen staatlichen Zeit* *und die Joabgestalt 2 Sam 2-20, 1 Kön 1-2.* Freiburg: Universitätsverlag; Göttingen: Vandenhoeck & Ruprecht, 1998. **Bijl, J.** "On the Capacity of Solomon's 'molten sea'." *VT* 48(1998) 304-14. **Blum, E.** "Die Lüge der Propheten." In *Mincha: Festgabe für Rolf Rendtorff zum 75. Gebürtstag.* Neukirchen-Vluyn: Neukirchener Verlag, 2000. 27-46. ______. "Ein Anfang der Geschichtsschreibung? Anmerkungen zur sog: Thronfolgegeschichte und zum Umgang mit Geschichte im alten Israel." In *Die sogenannte Thronnachfolgeschichte Davids: Neue Einsichten und Nachfragen.* Ed. A. de Pury and T. Römer. 4-37. **Boer, R.** *Jameson and Jeroboam.* SBL Semeia Studies. Atlanta: Scholars Press, 1996. **Boshoff, W.** "Jeroboam ben Nabat in the Deuteronomistic History: Recovering the Northern Kingdom from the Deuteronomistic Historians against the Background of Recent South African History." In *Past, Present, Future: The Deuteronomists and the Prophets.* Ed. J. C. de Moor and H. F. van Rooy. OTS 44. Leiden; Boston: Brill, 2000. 19-35. **Brindle, W. A.** "The Causes of the Division of Israel's Kingdom." *Bibliotheca sacra* 141(1984) 223-33. **Brodie, T. L.** "The Accusing and Stoning of Naboth(1 Kgs 21:8-13) as One Component of the Stephen Text(Acts 6:9-14)." *CBQ* 45(1983) 417-23. **Brueggemann, W.** *1 & 2 Kings.* Smyth & Helwys Bible Commentary. Macon, GA: Smyth & Helwys, 2000. ______. *Ichabod toward Home: The Journey of God's Glory.* Grand Rapids: Eerdmans, 2002. **Buck, A. B., et al.,** eds. *Fortunate the Eyes That See: Essays in Honor of David Noel Freedman in Celebration of his Seventieth Birthday.* Grand Rapids: Eerdmans, 1995. **Buis, P.** *Le Livre de Rois.* Paris: Gabalda, 1997. **Burger, J. A.** "Omri van Israel: 'n poging tot historiese rekunstruksie." *Acta Theologica* 17(1997) 1-25.

Campbell, A. F. "Martin Noth and the Deuteronomistic History." In *History of Israel's Traditions.* Ed. S. L. McKenzie and M. P. Graham. 31-62. ______ and **M. A. O'Brien.** *Unfolding the Deuteronomistic History: Origins, Upgrades, Present Text.* Minneapolis: Fortress, 2000. **Carr, D. M.** *From D to Q: A Study of Early Jewish Interpretations of Solomon's Dream at Gibeon.* Atlanta: Scholars Press, 1991. **Carreira, J. N.** "Charisma und Institution: Zur Verfassung des Königtums in Israel und Juda." In *Prophetie und geschichtliche Wirklichkeit in alten Israel: Festschrift für Siegfried Herrmann zum 65. Geburtstag.* Ed. R. Liwak and S. Wagner. Berlin; Cologne: Kohlhammer, 1991. 39-51. **Carroll, R.** "Madonna of Silences: Clio and the Bible." In *Can a 'History of Israel' Be*

Written? Ed. L. L. Grabbe. 84-103. **Carvalho, J. C.** "Que grandeza a da monarchia davids-salomónica?" *Ho Theológos* 20(1999) 338-50. **Case, R.** "Rehoboam: A Study of Failed Leadership." *Presbyterion* 14(1988) 55-77. **Chavales, M.** "Recent Studies in the Study of Israelite Historiography." *JETS* 38(1995) 161-69. **Clements, R. E.** "Solomon and the Origin of Wisdom in Israel." *Perspectives in Religious Studies* 15(1988) 23-35. **Cogan, M.** "'Because in Him Alone Was Found Some Devotion to the Lord'(1 Kings 14:13) -Towards the Development of Interpretations." In *Teshurah li-Shenur'el.* Ed. Z. Talshir, S. Yono, and D. Swain. Jerusalem: Bialik 2001. 269-72. **Coggins, R.** "Disputed Questions in Biblical Studies: 1. History and Story in the Old Testament." *Expository Times* 112(2001) 257-60. ______. "What Does 'Deuteronomistic' Mean?" In *Those Elusive Deuteronomists.* Ed. L. S. Schearing and S. L. McKenzie. 22-35. **Cohen, S. J. D.** "Solomon and the Daughter of Pharaoh: Intermarriage, Conversion, and the Impurity of Women." *Journal of the Ancient Near East* 16-17(1984-85) 23-37. **Cohen, U.** "Historical Parallels in 1 Kings." *BMik* 34(1989-90) 162-65. ______. "Repetition as a Means of Expression in 1 Kings 18." *BMik* 35(1989-90) 80-82. **Cohn, R.** "Literary Technique in the Jeroboam Narrative." *ZAW* 97(1985) 23-35. **Cohn, R. L.** "Convention and Creativity in the Book of Kings: The Case of the Dying Monarch." *CBQ* 47(1985) 603-16. **Conroy, C.** "Hiel between Ahab and Elijah-Elisha: 1 Kings 16,34 in Its Immediate Literary Context." *Bib* 77(1996) 210-18. **Cortese, E.** "C'è una redaziene 'nomistica' nell'opera deuteronomitica." *Liber Annuus Studii Biblici Fransiscani* 45(1995) 45-68. ______. *Deuteronomistic* Work. Studia Biblicum Franciscanian Analecta 47. Jerusalem: Franciscan Printing Press, 1999. **Coulot, C.** "L'investiture d'Élisé par Élie(1 R 19, 19-21)." *Revue des sciences religieuses* 57(1983) 81-92. **Crocker, P. T.** "King Solomon: History, Tradition, and Archaeology." *Buried History* 29(1993) 36-45. **Crüsemann, F.** *Elia-die Entdeckung der Einheit Gottes: Eine Lektüre der Erzählungen über Elia und seine Zeit(1 Kön 17-2 Kön 2).* Gütersloh: Kaiser, 1997. ______. "Elias e o surgimento do monoteiśmono antogo Israel." *Fragmento de Cultura* 11(2001) 779-90.

Dafni, E. G. "*rwj vqr* und falsche Prophetie in 1 Reg 22." *ZAW* 112(2000) 365-85. **Davies, G. I.** "*'Urwôt* in 1 Kings 5:6(evv, 4:26) and the Assyrian Horse Lists." *JSS* 34(1989) 25-38. **Davies, P. B.** "The Future of 'Biblical History'." In *Auguries: Jubilee*

Volume. Ed. D. A. Clines and Stephen B. Moore. JSOTSup 269. Sheffield: Sheffield Academic Press, 1998. 126-41. ______. "Whose History? Whose Israel? Whose Bible? Biblical Histories, Ancient and Modern." In *Can a 'History of Israel' Be Written?* Ed. L. L. Grabbe. 104-22. **Davies, P. I.** "Method and Madness: Some Remarks on Doing History with the Bible." *Journal of Biblical Literature* 114(1995) 699-705. **Deboys, D. G.** "1 Kings—A 'New Criterion' Reconsidered." *VT* 41(1991) 210-12. **De Goedt, M.** "Elijah in the Book of Kings." *Service Internationale de Documentation Judéo-chrétienne* 17(1984) 13-18. **Deijl, A. R. van der.** "De functie van het thema 'oorlog' in het Boek Koningen." *Amsterdamse Cahier voor Exegese en Bijbelse Theologie* 15(1966) 42-59. **Delcor, M.** "La reine de Saba et Salomon: Quelques aspects del'origine de la légende et de sa formation, principalement dans le monde juif et éthiopien, à partir des textes bibliques." In *Tradició í Traducció de la Parola Miscelània Guia Camps*. Ed. F. Raurell et al. Montserrat: Biblical Association of Catalonia, 307-24. **Deurloo, K. A.** "The King's Wisdom in Judgment: Narration as Example(1 Kings iii)." *OTS* 25(1989) 11-21. **Dever, W. G.** "Cultural Continuity, Ethnicity in the Archaeological Record, and the Question of Israelite Origins." *EI* 24(1993) 22-23. ______. "The Identity of Early Israel: A Rejoinder to Keith Whitelam." *Journal for the Study of the Old Testament* 72(1996) 3-24. ______. "Save Us from Postmodern Malarky." *Biblical Archaeology Review* 26(2000) 28-35, 68. **De Vries, S. J.** "The Three Comparisons in 1 Kings xxii 4b and Its Parallel and 2 Kings iii 7b." *VT* 39(1989) 283-306. **Dietrich, W.** "The 'Ban' in the Age of the Early Kings." In *Origins of the Ancient Israelite States*. Ed. J. A. Emerton. 196-210. ______. "Das Ende der Thronnachfolgegeschichte." In *Die sogenannte Thronfolgegeschichte Davids*. Ed. A. de Pury and T. Römer. 38-69. ______. "Prophetie im deuteronomistischen Geschichtswerk." In *The Future of Deuteronomistic History*. Ed. T. Römer. 47-65. ______. "Martin Noth and the Future of the Deuteronomistic History." In *History of Israel's Traditions*. Ed. S. L. McKenzie and M. P. Graham. 153-75. ______. "Niedergang und Neuanfang: Der Haltung der Schlussredaktion der Deuteronomistischen Geschichtswerkes zu den wichtigen Fragen unsere Zeit." In *The Crisis of Israelite Religion: Transformation of Religious Tradition in Exilic and Post-exilic Times*. Ed. B. Becking and M. C. J. Korpel. OTS 42. Leiden: Brill, 1999. 12-84. ______. *Von David zu den Deuteronomium: Studien zu den Geschichtsüberlieferung des Alten Testaments*. BWANT 156. Stuttgart: Kohlhammer, 2002. **Dion, P. E.**

"The Horned Prophet(1 Kings xxii 11)." *VT* 49(1999) 259-61. **Dirksen, P. B.** "Some Remarks in Connection with the Peshitta of Kings." *OTS* 25(1989) 22-28. **Donner, H.** "Israel und Tyrus im Zeitalter Davids und Salomos: Zur gegenzeitigen Abhängigkeit von Innen- und Aussenpolitik." *Journal of Northwest Semitic Languages* 10(1982) 43-52. **Dorp, J. van.** "Als Josefat nach Samarien kam(I Kön 22, 2b)." *Dielheimer Blätter* 26(1989-90) 93-101. **Dumbrell, W. J.** "What Are You Doing Here? Elijah at Horeb." *Crux* 22(1986) 12-19. **Duval, D.** "Salomon sage ou habile? Dans le texte massorétique dans le Septante(1 R 2,12-11,42 et 3 R 2,12-11,43)" *Revue des sciences religieuses* 66(1992) 213-32.

Edelman, D. V. "Solomon's Adversaries Hadad, Rezon and Jeroboam." In *Pitcher Is Broken.* Ed. S. W. Holloway and L. K. Handy. 66-91. **Elgavish, D.** "Objective of Baasha's War against Asa." *Studies in Historical Geography and Biblical Historiography: Presented to Zecharia Kallai.* Ed. G. Galil and M. Weinfeld. VTSup 81. Leiden: Brill, 2000. 141-49. **Emerton, J. A.**, ed. *Congress Volume Leuven 1989.* VTSup 42. Leiden: Brill, 1991. ______, ed. *Congress Volume Oslo 1998.* VTSup 80. Leiden: Brill, 2000. ______, ed. *The Origins of the Ancient Israelite States: Congress Volume Cambridge, 1995.* VTSup 66. Leiden: Brill, 1997. **Enders, J.** *Temple, Monarchy and Word of God.* Wilmington, DE: Glazier, 1988.

Fain, J. L. "The Story of Elijah Retold." *Stulos Theological Journal* 3(1995) 33-45. **Finkelstein, I.** "The Beginning of the State in Israel and Judah." *EI* 26(1999) 132-41. **Fontaine, C.** "The Bearing of Wisdom on the Shape of 2 Samuel 11-1 Kings 3." *Journal for the Study of the Old Testament* 34(1986) 63-72. **Fowler, D. L.** "History and Chronology in the Old Testament." In *Second Temple Studies: 2. Temple and Community in the Persian Period.* Ed. T. C. Eskenazi and K. L. Richards. Sheffield: Sheffield Academic Press. 1994. 232-54. **Fretheim, T. E.** *Deuteronomistic History.* Nashville: Abingdon, 1983. **Freud, Y.** "The Marriage and the Dowry." *Jewish Bible Quarterly* 23(1995) 248-51. **Frick, F. S.** "Cui Bono? —History in the Service of Political Nationalism: The Deuteronomistic History as Political Propaganda." *Semeia* 66 (1994) 79-92. ______. "Social Science Methods and Theories of Significance to the Study of the Israelite Monarchy: A Critical Review Essay." *Semeia* 37(1986) 9-52.

Friedman, R. E. "The Deuteronomistic School." In *Fortunate the Eyes That See*. Ed. A. B. Buck et al. 70-80. **Frisch, A.** "The Exodus Motif in 1 Kings 1-14." *Journal for the Study of the Old Testament* 87(2000) 3-21. ______. "Jeroboam and the Division of the Kingdom: Mapping Contrasting Biblical Accounts." *Journal of the Ancient Near Eastern Society of Columbia University* 27(2000) 15-29. ______. "Midrashic Derivations of Solomon's Name in the Book of Kings." *BMik* 160(1999) 84-96. ______. "Shemaiah the Prophet versus King Rehoboam: Two Opposed Interpretations of the Schism(I Kings xii 21-24)." *VT* 38(1988) 466-68. ______. "*w ʿnytm*(1 Kgs 12:7): An Ambiguity and Its Function in the Context." *ZAW* 103(1991) 415-18. **Fritz, V.** *Das erste Buch der Könige*. Zürcher Bibelkommentare, AT. Zürich: TVZ, 1996. ______. "Monarchy and Re-Urbanization: A New Look at Solomon's Kingdom." In *Origins of the Ancient Israelite States*. Ed. J. A. Emerton. 187-75. **Frolov, S.** "'Days of Shiloh' in the Kingdom of Israel." *Bib* 76(1995) 210-18. **Fuchs, S.** "Illuminations: Solomon – The King without a Prophet." *Bible Review* 3(1987) 46-47.

Galil, G. "The Message of the Book of Kings in Relation to Deuteronomy and Jeremiah." *Bibliotheca sacra* 158(2001) 406-14. **Galpaz, P.** "The Egyptian Model for Jeroboam's Administration." *BMik* 46(2001) 219-26. ______. "The Reign of Jeroboam and the Extent of Egyptian Influence." *BN* 58(1991) 13-19. **Gangloff, F.** "In Search of 'Ancient Israel'/'Palestine'? New Prospects(1970's to the Present)." *Near Eastern School of Theology Theological Review* 19(1998) 3-28. **Garsiel, M.** "Puns upon Names as a Literary Device in 1 Kings 1-2." *Bib* 72(1991) 379-86. **Gelander, S.** "Judea and Israel: Two Kingdoms Two Religions." *BMik* 45(2000) 110 20. **Gelinas, M. M.** "United Monarchy – Divided Monarchy: Fact or Fiction?" In *Pitcher Is Broken*. Ed. S. W. Holloway and L. K. Handy. 227-37. **Gilad, D. A.** "The Deuteronomic Critique of Solomon: A Response to Marvin A. Sweeney." *Journal of Biblical Literature* 116(1997) 700-703. **Gilead, C.** "Each under His Vine and under His Fig Tree." *BMik* 29(1983 -84) 114-16. **Girond, J.-C.** "De Carmel à l'Horeb." *Lumière et Vie* 42(1992) 65-70. **Gonzalez Lamadrid, A.** "Historia Deuteronomistica." In *Historia, Narrativa, Apocalíptica*. Ed. J. M. Sanchez Caro. Estella: EVD, 2000. 17-216. **Görg, M.** "Ein 'Machtzeichen' Davids 1 Könige xi 26." *VT* 35(1985) 363-68. ______. "Elihoref – oder: Ein Name, der keiner war?" *BN* 89(1997) 5-11. ______. "Jachin und Boas: Namen und

Funktion der beiden Tempelsäulen." In *Aegyptica-Biblica: Notizen und Beiträge zu den Beziehungen zwischen Ägypten un Israel.* Wiesbaden: Harrassowitz, 1991. 79-97. **Gosse, B.** "La reconstruction de Jericho en 1 Rois 16,34 dans le cadre de la rédaction des livres historiques." *Scandinavian Journal of the Old Testament* 7(1993) 152-55. ______. "La Sagesse et l'Intelligence de Salomon en 1 Rois 5,9." *BN* 65(1992) 12-14. **Gottwald, N. K.** "The Participation of Free Agrarians in the Introduction of Monarchy to Ancient Israel: An Application of H. A. Landsberger's Framework for the Analysis of Peasant Movements." *Semeia* 37(1986) 77-106. **Grabbe, L. L.** "Are Historians of Ancient Palestine Fellow Creatures—or Different Animals?" In *Can a History of 'Ancient Israel' Be Written?* Ed. L. L. Grabbe. 19-36. ______. "Hat die Bibel doch Recht? A Review of T. L. Thompson's *The Bible as History.*" *Journal for the Study of the Old Testament* 14(2000) 117-390. ______. "Jewish Historiography and Scripture in the Hellenistic Period." In *Did Moses Speak Attic?* Ed. L. L. Grabbe. 129-55. ______, ed. *Can a 'History of Israel' Be Written?* JSOTSup 245. Sheffield: Sheffield Academic Press, 1997. ______, ed. *Did Moses Speak Attic? Jewish Historiography and Scripture in the Hellenistic Period.* JSOTSup 317. Sheffield: Sheffield Academic Press, 2001. **Green, A. R.** "Regnal Formulas in te Hebrew and Greek Texts of the Books of Kings." *JNES* 42(1983) 167-80. **Greenspoon, L.,** and **O. Munnich,** eds. *IOSCS VIII Congress Volume: Paris 1992.* SBLSCS 41. Atlanta: Scholars Press, 1995. **Guest, P. D.** "The Historical Approach in Crisis? Fact, Fiction and Current Debate in Odl Testament Study." *Scripture Bulletin* 27(1997) 42-54. **Gupta, R. C.** "The 'Molten Sea' and the Value of π." *Jewish Bible Quarterly* 19(1990-91) 127-35.

Halpern, B. "The Construction of the Davidic State: An Exercise in Historiography." In *Origins of the Ancient Israelite States.* Ed. J. A. Emerton. 44-75. ______. "Erasing History: The Minimalist Assault on Ancient Israel." *Bible Review* 11(1995) 26-35, 47. ______. *The First Historians: The Hebrew Bible and History.* San Francisco: Harper & Row, 1988. ______. "The State of Israelite History." In *Reconsidering Israel and Judah: Recent Studies on the Deuteronomistic History.* Ed. G. N. Knoppers and J. G. McConville. Winona Lake, IN: Eisenbrauns, 2000. 540-65. **Hamilton, J. M.** "Caught in the Nets of Prophecy? The Death of King Ahab and the Character of God." *CBQ* 56(1994) 649-63. **Handy, L. K.** "On the Dating and Dates of Solomon's Reign." In

Age of Solomon. Ed. L. K. Handy. 154-66. ______, ed. *The Age of Solomon: Scholarship at the Turn of the Millenium.* Leiden: Brill, 1997. **Haran, M.** "Between Royal Annals and Literary Sources: The Books of the Chronicles of the Kings of Judah and Israel – What Were They?" *EI* 26(1999) 45-48. **Hayes, J. H.** "On Reconstruction Israelite History." *Journal for the Study of the Old Testament* 39(1987) 5-9. ______ **and P. K. Hooker.** *A New Chronology for the Kings of Israel and Judah and Its Implications for Biblical History and Literature.* Atlanta: John Knox, 1988. **Hendel, R. S.** "King David Loves Bathsheba." *Bible Review* 17(2001) 6. ______. "Of Doubt, Gadflies and Minimalists." *Bible Review* 17(2001) 8. **Hernandez, A. M.** *Las glossas marginales de Vetus Latina en las biblias vulgatas españoles: 1-2 Reyes.* Madrid: Instituto de filología bíblica y de oriente antiguo, 1992. **Herr, D. D.** "Variations of a Pattern: 1 Kings 19." *Journal of Biblical Literature* 104(1985) 292-94. ______. "Welcher war die Sünde Jeroboams? Erwägungen zu 1 Kön 12:26-33." *BN* 74(1994) 57-65. ______. "Der wahre Prophet bezeugt seine Botschaft mit dem Tod: Ein Versuch zu 1 Kön 13." *BN* 41(1997) 69-72. **Herr, L. G.** "Polysemy of *Rûah* in 1 Kings 22:19-25." In *To Understand the Scriptures: Essays in Honor of William H. Shea.* Ed. David Merley. Berrien Springs: Andrews University Archaeological Museum, 1997. 29-31. **Herrmann, S.** "'Realunion' und 'charismatisches Königtum': Zu zwei offenen Fragen der Verfassungen in Juda und Israel." *EI* 24(1993) 97-103. **Hill, S. B.** "The Local Hero in Palestine in Comparative Perspective." In *Elijah and Elisha in Socioliterary Perspective.* Ed. R. B. Coote. Atlanta: Scholars Press, 1992. 37-73. **Hirth, V.** "'Der Geist' in 1 Reg 22." *ZAW* 101(1989) 113-14. **Hoftijzer, J.** "Philological-Grammatical Notes on 1 Kings xi 14." *OTS* 25(1989) 29-37. **Holder, J.** "The Presuppositions, Accusations, and Threats of 1 Kings 14:1-18." *Journal of Biblical Literature* 107(1988) 27-38. **Hollenbeck, G. M.** "The Dimensions and Capacity of the 'Molten Sea' in 1 Kgs 7,23.26." *Bib* 81(2000) 391-92. ______. "The Value of Pi and the Circumference of the 'Molten Sea' in 3 Kingdoms 7,10." *RB* 79(1998) 409-12. **Holloway, S. W.,** and **L. K. Handy,** eds. *The Pitcher Is Broken: Memorial Essays for Gösta Ahlström.* JSOTSup 190. Sheffield: Sheffield Academic Press, 1995. **Holt, E. K.** "'...Urged by His Wife Jezebel': A Literary Reading of 1 Kgs 18 in Context." *Scandinavian Journal of the Old Testament* 9(1995) 83-96. **Höpfken, P.** "Einige Aspekte des Textes 'Elia am Horeb' – 1 Könige 19." *BZ* 42(1998) 71-80. **Hopkins, D. C.** "The Weight of the Bronze Could

Not Be Calculated: Solomon and Economic Reconstruction." In *Age of Solomon*. Ed. L. K. Handy. 300-11. **Hoppe, L. J.** "Solomon's Prayer(1 Kings 8)." *TBT* 39(2001) 132-37. **Hughes, J.** *Secrets of the Times: Myth and History in Biblical Chronology*. JSOT-Sup 66. Sheffield: Sheffield Academic Press, 1990. **Hulst, A. van.** "Beyond Dividing Thinking: Solomon's Judgment and the Wisdom-Traditions of Women." *Louvain Studies* 19(1994) 99-117. **Hurowitz, V. A.** "Solomon's Golden Vessels(1 Kings 7:48-50) and the Cult of the First Temple." In *Pomegranates and Golden Bells: Studies in Biblical, Jewish, and Near Eastern Ritual, Law and Literature in Honor of Jocob Milgrom*. Ed. D. P. Wright et al. Winona Lake, IN: Eisenbrauns, 1995. 151-64.

Ishida, T. "The Succession of Solomon—Problems about History and Historiography." *Seisho-Gaku Ronshu* 19(1985) 5-45. **It, K.** "A Structure and Function Study of 1 Kings 17." *Kobe-Jogakuin Daigaku Ronshu* 31(1984) 33-49.

Jackson, H. "Elijah's Sleeping Baal." *Bib* 79(1998) 413. **Jobling, D.** "'Forced Labor', Solomon's Golden Age and the Question of Literary Representation." *Semeia* 54(1991) 57-76. ______. "The Value of Solomon's Age for the Biblical Reader." In *Age of Solomon*. Ed. L. K. Handy. 470-92. **Jones, G. H.** *1 and 2 Kings*. 2 vols. New Century Bible Commentary. Grand Rapids: Eerdmans, 1984. **Jonker, L. C.** "*hyh mwšl*: An Exegetical Note on the Use of the Participle Active in 1 Kings 5:1(MT)." *Journal of Northwest Semitic Languages* 14(1988) 135-41.

Kaiser, O. "Das Verhältnis der Erzählung von König David zum sogenannten Deuteronomistischen Geschichtswerk: Am Beispiel von 1 Kön 1 und 2. Ein Gespräch mit John Van Seters." In *Studien zur Literaturgeschichte des Alten Testaments*. Würzburg: Echter, 2000. 134-64. **Kallai, Z.** "Biblical Historiography and Literary History: A Programmatic Survey." *VT* 49(1999) 338-50. **Kapelrud, A. S.** "Two Great Rulers and Their Temple Buildings." In *Text and Theologie: Studies in Honour of Prof. Dr. Theol. Magne Saebø*. Oslo: Verbum, 1994. 135-42. **Keinänen, J.** *Traditions in Collision: A literary and Redaction-Critical Study on the Elijah Narratives in 1 Kings 17-19*. Helsinki: Finnish Exegetical Society; Göttingen: Vandenhoeck & Ruprecht, 2001. **Keulen, P. S. F. van.** "The Background of 3 Kgdms 2:46c." *Journal of Northwest*

Semitic Languages 24(1998) 91-110. ______. "A Touch of Chronicles: The Provenance of 3 Reigns 10:26-26a." *Congress Volume Oslo 1998.* Ed. J. A. Emerton. 44-61. **Keys, G.** "The So-called Succession Narrative: A Reappraisal of Rost's Approach to Theme in II Samuel 9-20 and I Kings 1-2." *Irish Biblical Studies* 10(1988) 40-55. **Kitchen, K. A.** "How Do We Know When Solomon Ruled?" *Biblical Archaeology Review* 27 (2001) 32-37, 58. ______. "Sheba and Arabia." In *Age of Solomon.* Ed. L. K. Handy. 127-53. ______. "Where Did Solomon's Gold Go?" *Biblical Archaeology Review* 15(1989) 30. **Kiuchi, N.** "Elijah's Self-Offering: 1 Kings 17,21." *Bib* 75(1994) 74-79. **Knaue, E. A.** "Le Roi est Mort, Vive le Roi! A Biblical Argument for the Historicity of Solomon." In *Age of Solomon.* Ed. L. K. Handy. 81-95. **Knauf, E. A.** "'L'historiographie Deuteronomiste'(DTRG) existe-t-elle?" In *Israel construit son histoire.* Ed. A. de Pury et al. 409-508. **Knoppers, G. N.** "The Historical Study of the Monarchy: Developments and Detours." In *The Face of Old Testament Studies: A Survey of Contemporary Approaches.* Ed. D. W. Baker and B. T. Arnold. Grand Rapids: Baker, 1999. 207-35. ______. "Is There a Future for the Deuteronomistic History?" In *The Future of the Deuteronomistic History.* Ed. T. Römer. 119-34. ______. "Prayer and Propaganda: Solomon's Dedication of the Temple and the Deuteronomist's Program." *CBQ* 57(1995) 229-54. ______. "Rethinking the Relationship between Deuteronomy and the Deuteronomistic History: The Case of Kings." *CBQ* 63(2001) 393-415. ______. "Sex, Religion, and Politics: The Deuteronomist on Intermarriage." *Hebrew Annual Review* 14(1994) 121-41. ______. "'There Was None Like Him': Incomparability in the Books of Kings." *CBQ* 54(1992) 411-31. ______. *Two Nations under God.* Vol. 1, *The Deuteronomistic History of Solomon and the Dual Monarchies.* Atlanta: Scholars Press, 1994. ______. "The Vanishing Solomon: The Disappearance of the United Monarchy from Recent Histories of Ancient Israel." *Journal of Biblical Literature* 116 (1997) 19-44. **Koch, K.** "The Language of Prophecy: Thoughts on the Macrosyntax of the *debar YHWH* and Its Semantic Implications in the Deuteronomistic History." In *Problems in Biblical Theology: Essays in Honor of Rolf Knierim.* Ed. H. Sun et al. Grand Rapids: Eerdmans, 1997. 210-21. **Körner, R.** "Märchenmotive bei König Salomo (I Kön 1-11)." *BN* 62(1992) 25-31. **Koster, M.** "The Historicity of the Bible: Its Relevance and Its Limitations in the Light of Near Eastern Archaeology—From Catalyst to Cataclysm." In *Past, Present, Future: The Deuteronomistic History and the Prophets.*

Ed. J. C. de Moor and H. F. van Rooy. OTS 44. Leiden: Boston: Brill, 2000. 120-47. **Kuan, J. K.** "Three Kingdoms 5:1 and Israelite-Tyrian Relations during the Reign of Solomon." *Journal for the Study of the Old Testament* 46(1990) 31-46. ______. "Was Omri a Phoenician?" In *History and Interpretation: Essays in Honour of John H. Hayes.* Ed. M. P. Graham et al. JSOTSup 173. Sheffield: Sheffield Academic Press, 1993. 231-44.

Lasine, S. "The Riddle of Solomon's Judgment and the Riddle of Human Nature in the Hebrew Bible." *Journal for the Study of the Old Testament* 45(1989) 61-86. ______. "Solomon, Daniel and the Detective Story and the Social Functions of a Literary Genius." *Hebrew Annual Review* 11(1987) 247-66. ______. "Solomon and the Wizard of OZ: Power and Invisibility in a Verbal Palace." In *Age of Solomon.* Ed. L. K. Handy. 375-91. ______. "The Ups and Downs of Monarchical Justice: Solomon and Jehoram in an Intertextual World." *Journal for the Study of the Old Testament* 59(1993) 37-53. **Lefebre, P.** "Salamon et Bacchus." In *IOSCS, Congress VII, Leuven 1989.* Ed. C. E. Cox. Atlanta: Scholars, 1989. 313-23. ______. "Le troisième livre des Règnes." In *Autour des livres de la Septante.* Ed. M. d'Hammonville et al. Paris: Cerf, 1995, 81-122. **Leibowitz, E.,** and **G. Leibowitz.** "Solomon's Judgment." *BMik* 35 (1989-90) 242-44. **Lemaire, A.** "Achab, l'exil d'Élie et les Arabes." In *Prophètes et rois: Bible et Proches-Orient.* Ed. A. Lemaire. Paris: Cerf, 2001. 133-34. ______. "Hadad l'Édomite ou Hadad l'Araméen." *BN* 43(1988) 14-18. ______. "Les premiers rois araméens dans la tradition bibliques." In *The World of the Arameans: Biblical Studies in Honour of Paul-Eugène Dion.* Ed. P M. Daviau et al. 3 vols. JSOTSup 324. Sheffield: Sheffield Academic Press, 2001. 113-43. ______. "The Tel Dan Stela and a Piece of Royal Historiography." *Journal for the Study of the Old Testament* 81(1998) 3-14. ______. "Vers l'histoire de la Rédaction des Livres des Rois." *ZAW* 98(1986) 221-86. ______. "Wisdom in Solomonic Historiography." In *Wisdom in Ancient Israel: Essays in Honour of J. A. Emerton.* Ed. J. Day, R. P. Gordon, and H. G. M. Williamson. Cambridge: Cambridge UP, 1995. 106-18. **Lemche, N. P.** "The Crisis of the Israelite State – A Copenhagen Perspective on the Emergence of Critical Historical Studies of Ancient Israel in Recent Times." *Scandinavian Journal of the Old Testament* 12(1998) 44-63. ______. "From Patronage Society to Patronage Society." In *Origins of* *the Ancient Israelite States.* Ed. J. A. Emerton. 106-20. ______. "Ideology and the History of Ancient Israel." *Scandinavian Journal of the Old Testament* 14(2000) 165-93. ______. "Is It Still Possible to Write a History of Ancient Israel?" *Scandinavian Journal of the Old Testament* 8(1994) 165-90. **Levin, C.** "Erkenntnis Gottes durch Elia." *TZ* 48(1992) 39-42. **Levine, N.** "Twice as Much of Your Spirit: Pattern, Parallel and Paranomasia in the Miracles of Elijah and Elisha." *Journal for the Study of the Old Testament* 85(1999) 25-46. **Linville, J. B.** *Israel and the Book of Kings: The Past as a Project of Social Identity.* JSOTSup 251. Sheffield: Sheffield Academic Press, 1997. **Lohfink, N. F.** "Was There a Deuteronomistic Movement?" In *Those Elusive Deuteronomists.* Ed. L. S. Schearing and S. L. McKenzie. 36-66. **Long, B. O.** "Historical Narrative and the Fictionalizing Imagination." *VT* 35(1985) 405-16. **Long, V. P.** "Historiography of the Old Testament." In *The Face of Old Testament Studies: A Survey of Contemporary Approaches.* Ed. J. W. Baker and B. T. Arnold. Grand Rapids: Baker, 1999. 145-75. **Luciani, F.** "L'interpetazione di 1 Re 13,11-31 nel Targum di Jonathan." *Aevum* 71(1997) 3-10. **Luke, K.** "The Queen of Sheba(1 Kg 10:1-13)." *Indian Theological Studies* 23(1986) 248-72. **Luria, B. Z.** "Gezer—*šilluhDaDím* for Pharaoh's Daughter." *BMik* 28(1982) 103-6.

Mailer, A. S. "Elijah's Recovery from Depression." *Dor le Dor* 17(1988-89) 34-36. **Malamat, A.** *Das davidische und salomonische Königreich und seine Beziehungen zu Ägypten und Syrien: Zur Entstehung eines Grossreichs.* Vienna: Vienna Österreichische Akademie der Wissenschaften, 1983. ______. "Naaman, the Ammonite Princess, King Solomon's Wife." *RB* 106(1999) 35-40. ______. "Organs of Statecraft in the Israelite Monarchy." *Dor le Dor* 17(1985) 215-22. **Marcos, N. F.** *Scribes & Translators: Septuagint and Old Latin in the Books of Kings.* VTSup 54. Leiden: Brill, 1994. ______. "The Vetus Latina of 1-2 Kings and the Hebrew." In *Congress Volume Paris 1992.* VTSup 62. Leiden: Brill, 1995. 153-63. **Martin-Achard, R.** "La Vigne de Naboth(1 Rois 21) d'apres des Études Récents." *Études théologiques et religieuses* 66(1991) 1-16. **Marx, A.** "De Shéshak: À propos de 1 Rois xiv 25-26." *VT* 99(1999) 186-90. ______. "Mais pourquoi donc Elie a-t-il tué les prophète de Baal(1 Rois 18,40)?" *Revue d'Histoire et de Philosophie Religieuses* 78(1998) 15-42. **Masson, M.** *Élie ou l'appel du silence.* Paris: Cerf, 1992. ______. "Rois et prophète dans le cycle d'Élie." In *Prophètes et rois: Bible et Proche-orient*. Ed. A. Lemaire. Paris: Cerf, 2001. 119-31. **Mayes, A. D. H.** "De l'idéologie deutéronomiste à la théologie de l'ancien Testament." In *Israel construit son histoire*. Ed. A. de Pury et al. 477-508. ______. "Deuteronomistic Ideology and the Theology of the Old Testament." *Journal for the Study of the Old Testament* 82(1999) 57-82. **Mayhue, R. L.** "False Prophets and the Deceiving Spirit." *The Master's Seminary Journal* 4(1993) 135-63. **McConville, J. G.** "1 Kings viii 46-53 and the Deuteronomic Hope." *VT* 42(1992) 67-79. ______. "Narrative and Meaning in the Book of Kings." *Bib* 70(1989) 31-49. ______. "The Old Testament Historical Books in Modern Scholarship." *Themelios* 22(3, 1997) 3-13. **McDonough, S. M.** "'And David was old, advanced in years': 2 Samuel xxiv 18-25, 1 Kings 1, and Genesis xxiii-xxiv." *VT* 49(1999) 128-31. **McFall, L.** "Has the Chronology of the Hebrew Kings Been Finally Settled?" *Themelios* 17(1991) 6-11. ______. "Some Missing Coregencies in Thiele's Chronology." *AUSS* 30(1992) 35-58. ______. "A Translation Guide to the Chronological Data in Kings and Chronicles." *Bibliotheca sacra* 148(1991) 3-45. **McKenzie, S. L.** "1 Kings 8: A Sample Study into the Texts of Kings Used by the Chronicler and Translated by the Old Greek." *Bulletin of the International Organization for Septuagint and Cognate Studies* 19(1986) 15-34. ______. *King David: A Biography*. New York; Oxford: Oxford UP, 2000. ______. "The Book of Kings in the Deuteronomistic History." In *History of Israel's Traditions*. Ed. S. L. McKenzie and M. P. Graham. 281-307. ______. "The Prophetic History and the Redaction of Kings." *Hebrew Annual Review* 9(1985) 203-20. ______. "The So-called Succession Narrative in the Deuteronomistic History." In *Die sogennante Thronnachfolge Davids*. Ed. A. de Pury and T. Römer. 123-35. ______. *The Trouble with Kings: The Composition of the Book of Kings in the Deuteronomistic History*. VTSup 42, Leiden: Brill, 1991. ______ and **M. P. Graham**, eds. *The History of Israel's Traditions*. JSOTSup 182. Sheffield: Sheffield Academic Press, 1994. ______ and **T. Römer**, eds. *Rethinking the Foundations: Historiography in the Ancient World and in the Bible: Essays in Honor of John Van Seters*. BZAW 294. Berlin: de Gruyter, 2000. **Mead, J. K.** "Kings and Prophets, Donkeys and Lions: Dramatic Shape and Deuteronomistic Rhetoric in 1 Kings xiii." *VT* 99(1999) 191-205. **Meinhold, A.** "Mose und Elia am Gottesberg und am Ende des Prophetencanons." *Leqach* 2(2002) 22-38. **Meyers, C. L.** "Jachin and Boat in Religious and Political Perspective." *CBQ* 45(1983)

167-78. **Michniewicz, W.** "Israel's Origins Theories." *Collectanea Theologica Warsaw* 48(1998) 5-22. **Millard, A.** "King Solomon in His Ancient Context." In *Age of Solomon.* Ed. L. K. Handy. 30-53. ______. "King Solomon's Shields." In *Scripture and Other Artifacts.* Louisville: Westminster/John Knox, 1994. 286-95. **Miller, J. M.** "In Defense of Writing a History of Israel." *Journal for the Study of the Old Testament* 39(1987) 53-57. ______. "New Directions in the Study of Israelite History." *Nederduitse Gereformeerde Teologiese Tydskryf* 30(1989) 152-60. ______. "Separating the Solomon of History from the Solomon of Legend." In *Age of Solomon.* Ed. L. K. Handy. 1-24. ______ and **J. H. Hayes.** *A History of Ancient Israel and Judah.* Philadelphia: Westminster, 1986. **Miscall, P. D.** "Elijah, Ahab and Jehu: A Prophecy Fulfilled." *Prooftexts: A Journal of Jewish Literary History* 9(1989) 73-83. **Moberly, R. W. L.** "Solomon-Job: Davine Wisdom in Human Life." *Where Shall Wisdom Be Found? Within the Bible, the Church and the Contemporary World.* Ed. S. C. Barton. Edinburgh: T. & T. Clark, 1999. 3-17. **Mommer, P.** "Das Verhältnis von Situation, Tradition und Redaktion an Beispiel von 1 Kön 12." In *Altes Testament Forschung und Wirken.* Ed. P. Mommer and W. Thiel. 47-64. ______ and **W. Thiel,** eds. *Altes Testament Forschung und Wirken: Festschrift für Henning Graf Reventlow.* Frankfurt am Main: Lang, 1994. **Mulder, M. J.** "Exegetische Bemerkungen zum Tempelgebäude 1 Kön 6:5-10." *Journal of Northwest Semitic Languages* 10(1982) 83-92. ______. *1 Kings.* Vol. 1, *1 Kings 1-11.* Leuven: Peeters, 1998. ______. "1 Koningen 8:31 en 32." *Journal of Northwest Semitic Languages* 16(1990) 107-14. ______. "Solomon's Temple and THWH's Exclusivity." *OTS* 25(1989) 49-62. **Mullen, E. T., Jr.** *Narrative History and Ethnic Boundaries: The Deuteronomistic Historian and the Creation of Israelite National Identity.* Atlanta: Scholars Press, 1993. ______ "The Sins of Jeroboam: A Redactional Assessment." *CBQ* 49(1987) 212-32.

Na'aman, N. "The Construction of Royal Inscriptions for a Re-evaluation of the Books of Kings as Historical Source." *Journal for the Study of the Old Testament* 82(1999) 3-17. ______. "'Cow Town or Royal Capital': Evidence from Iron Age Jerusalem." *Biblical Archaeology Review* 23(1997) 43-47, 67. ______. "The District System of Israel in the Time of the United Monarchy." *Zion* 48(1983) 1-20. ______. "Historiography, the Fashioning of the Collective Memory, and the Establishment of

Historical Consciousness in Israel in the Late Monarchical Period." *Zion* 60(1995) 449-72. ______. "On the Antiquity of the Regnal Years in the Books of Kings." *TZ* 55(1999) 44-46. ______. "Shishak's Campaign to Palestine as Reflected by the Epigraphic, Biblical and Archaeological Evidence." *Zion* 63(1998) 247-76. ______. "Sources and Composition in the History of Solomon." In *Age of Solomon*. Ed. L. K. Handy. 57-80. **Naor, M.** "Elements of King Solomon's Image(The Other Side of the Coin)." *BMik* 36(1990-91) 111-18. **Nelson, R. D.** "The Anatomy of the Book of Kings." *Journal for the Study of the Old Testament* 40(1988) 39-48. ______. "The Role of the Priesthood in the Deuteronomistic History." In *Congress Volume Leuven 1989*. Ed. J. A. Emerton. 132-47. **Newing, E. G.** "Rhetorical Art of the Deuteronomist: Lampooning Solomon in 1 Kings." *Old Testament Essays* 7(1994) 247-60. **Nicol, G. G.** "The Death of Joab and the Accession of Solomon: Some Observations on the Narrative of 1 Kings 1-2." *Scandinavian Journal of the Old Testament* 7(1992) 134-51. ______. "What are you doing here, Elijah?" *Heythrop Journal* 28(1987) 192-94. **Nielsen, F. A. J.** *The Tragedy in History: Herodotus and the Deuteronomistic History*. JSOTSup 251. Sheffield: Sheffield Academic Press, 1997. **Niemann, H. M.** "The Socio-Political Shadow Cast by the Biblical Solomon." In *Age of Solomon*. Ed. L. K. Handy. 252-99. **Nier, H.** "Some Aspects of Working with the Textual Sources." In *Can a 'History of Ancient Israel' Be Written?* Ed. L. L. Grabbe. 156-65. **Noël, D.** *Les origines d'Israel*. Cahiers Evangile 99. Paris: Cerf, 1997. **Noort, E.** "Omgaan met koningen: Tendenzen in de exegetische literatuur." *Gereformeerde Theologisch Tijdschrift* 88(1988) 66-81. **Noquet, D.** "Une manifestation 'politique' ancienne de Yhwh: 1 R 18,17-46 réinterprété." *Transeuphratène* 22(2001) 169-84. **Norin, S.** "Respons zu Lemche, 'Ist es noch möglich die Geschichte des Alten Israels zu schreiben?'" *Scandinavian Journal of the Old Testament* 8(1994) 191-97. ______. "Valoracion deuteronomistica de la praxis cultural del comienzo de la Monarquia." *Carthagiensia* 10(1994) 1-17.

Oblath, M. D. "Of Pharaohs and Kings—Whence the Exodus?" *Journal for the Study of the Old Testament* 87(2000) 23-42. **O'Brien, M. A.** "The 'Deuteronomistic History' as a Story of Israel's Leaders." *Australian Biblical Review* 37(1989) 14-34. **O'Connor, W.** "War and Rebel Chants in the Former Prophets." In *Fortunate the Eyes That See*. Ed. A. B. Buck et al. 322-37. **Oded, P.** "The History of Biblical Israel—History or

Myth?" *BMik* 47(2001) 25-32. **Oeming, M.** "Naboth, der Jesreeliter: Untersuchungen zu der theologischen Motiven der Überlieferungsgeschichte von 1 Reg 21." *ZAW* 98(1986) 363-82. **O'Kennedy, D. F.** "Solomon's Prayer(1 Ki 8:22-53) from a Historical Perspective." *Old Testament Essays* 9(1996) 224-36. **Olivier, H.** "A Tale of Two Cities: Reconsidering Alt's Hypothesis of Two Capitals for the Northern Kingdom." *Nederduits Gereformeerde Teologiese Tydskrif* 28(1987) 2-19. **Olivier, J. P. J.** "The Historical Understanding of the Old Testament: The Perspective of Historical Geography." *Old Testament Essays* 7(1994) 139-47. ______. "In Search of a Capital for the Northern Kingdom." *Journal of Northwest Semitic Languages* 11(1983) 117-32. **Olley, J. W.** "Yhwh and His Zealous Prophet: The Presentation of Elijah in 1 and 2 Kings." *Journal for the Study of the Old Testament* 80(1998) 25-51. **Otto, S.** *Jehu, Elia und Elisa: Die Erzählung von der Jehu-Revolution und die Komposition der Elia-Elisa Erzählungen.* BWANT 152. Stuttgart: Kohlhammer, 2001. **Overholt, T. W.** "Elijah and Elisha in the Context of Judges." In *Prophets and Paradigms: Essays in Honor of Gene M. Tucker.* Ed. S. B. Reid. JSOTSup 229. Sheffield: Sheffield Academic Press, 1996. 94-111. ______. "Feeding the Widow, Raising the Daed: What Counts as Cultural Exegesis?" In *Text and Experience, Towards a Cultural Exegesis of the Bible.* Ed. D. Smith-Christopher. Sheffield: Sheffield Academic Press, 1995. 104-21.

Parker, K. I. "Repetition as a Structuring Device in 1 Kings 1-11." *Journal for the Study of the Old Testament* 42(1988) 19-27. ______. "Solomon as a Philosopher King? The Nexus of Law and Wisdom in 1 Kings 1-11." *Journal for the Study of the Old Testament* 53(1992) 75-91. **Parker, S. B.** "Did the Authors of the Books of Kings Make Use of Royal Inscriptions?" *VT* 50(2000) 357-78. ______. "KTU 1.16m, the Myth of the Absent God and 1 Kings 18." *UF* 21(1989) 283-96. **Parnas, M.** "So She Wrote Letters in Ahab's Name and Sealed Them with His Seal." *BMik* 29(1983-84) 154-57. **Payne, D. F.** "The Elijah Cycle and Its Place in Kings." *Irish Biblical Studies* 8(1986) 109-14. **Peterca, V.** "Ein midraschartiges Auslegungsbeispiel zugunsten Salomos, 1 Kön 8, 12-13 – 3 Reg. 8,53a." *BZ* 31(1987) 43-44. **Pienaar, D. N.** "Aram and Israel during the Reigns of Omri and Ahab Reconsidered." *Journal of Semitics* 6(1994) 34 45. ______. "Military Aspects of 1 Kings 20." In *Origins of the Ancient Israelite States.* Ed. J. A. Emerton. 141-47. **Polak, F. H.** "The Septuagint Account of

Solomon's Reign: Revision and Ancient Recension." *Congress Volume Oslo 1998*. Ed. J. A. Emerton. 139-64. **Provan, I. W.** "The End of (Israel's) History? K. W. Whitelam's *The Invention of Ancient Israel*." *JSS* 42(1997) 283-300. ______. *1 and 2 Kings*. NIBC. Peabody: Hendrickson, 1995. ______. *1 and 2 Kings*. Sheffield: Sheffield Academic Press, 1997. ______. "Ideologies, Literary and Critical: Reflections on Recent Writing on the History of Israel." *Journal of Biblical Literature* 114(1995) 585-606. ______. "On 'Seeing the Trees While Missing the Forest': The Wisdom of Characters and Readers in 2 Samuel and 1 Kings." In *In Search of True Wisdom*. Ed. E. Ball. 153-73. ______. "Why Barzillai of Gilead(1 Kings 2:7)? Narrative Art and the Hermeneutics of Suspicion in 1 Kings 1-2." *Tyndale Bulletin* 46(1995) 103-16. **Pury, A. de,** and **T. Römer,** eds. *Die sogenannte Thronnachfolgeschichte Davids: Neue Einsichten und Nachfragen*. Freiburg: Universitätsverlag; Göttingen: Vandenhoeck & Ruprecht, 2000. ______, **T. Römer,** and **J.-D. Macchi,** eds. *Israël construit son histoire: L'historiographie deutéronomiste à la lumière de recherches récentes*. Le Monde de la Bible 34. Geneva: labor et Fides, 1996. **Pyper, H. S.** "Judging the Wisdom of Solomon: The Two-Way Effect of Intertextuality." *Journal for the Study of the Old Testament* 59(1993) 25-36.

Reid, G. H. "Minimalism and Biblical History." *Bibliotheca sacra* 155(1998) 394-410. **Reis, P. T.** "Vindicating God: Another Look at 1 Kings xiii." *VT* 44(1994) 376-86. **Rendsburg, G. A.** "The Guilty Party in 1 Kings iii." *VT* 48(1998) 534-41. ______. "The Mock of Baal in 1 Kings 18:27." *CBQ* 50(1988) 414-17. **Renteria, T. H.** "The Elijah/Elisha Stories: A Socio-cultural Analysis of Prophets and People in Ninth Century B.C.E. Israel." In *Elijah and Elisha in Socioliterary Perspective*. Ed. R. B. Coote. Semeia Studies. Atlanta: Scholars Press, 1992. 75-126. **Reviv, H.** "History and Historiography during the Time of the Division of the Kingdom: Toward and Understanding of the Term *'Edah* in 1 Kings 12:20." *Zion* 50(1985) 59-63. **Rice, G.** *1 Kings: Nations under God*. Grand Rapids: Eerdmans 1990. **Roberts, K. L.** "God, Prophet, and King: Eating and Drinking on the Mountain in First Kings 18:41." *CBQ* 62(2000) 632-44. **Robinson, B. P.** "Elijah at Horeb, 1 Kings 19:1-18: A Coherent Narrative." *RB* 98(1991) 513-36. **Rofé, A.** "Naboth's Vineyard: The Source of the Story and Its Tendenz." *BMik* 33(1987-88) 432-46. **Römer, T.** "Du Temple au Livre: L'idéologie de la centralization dans l'historiographie deutéronomiste." In *Rethinking the Foundations*. Ed. S. L. McKenzie and T. Römer. 207-25. ______. "L'école deuteronomiste et la formation de la Bible hébraique." In *Future of Deuteronomistic History*. Ed. T. Römer. 179-93. ______. "Israel et son historie d'apres l'historiographie deuteronomist." *Études Religieuses* 61(1986) 1-19. ______. "Transformation et influences dans l'historiographie juive de la fin du viiie s. av. notre ère jusque à l'époque perse." *Transeuphratène* 13(1997) 47-63. ______. "Transformations in Deuteronomistic and Biblical Historiography: On 'Book-Finding' and Other Literary Strategies." *ZAW* 109(1997) 1-12. ______, ed. *The Future of the Deuteronomistic History*. BETL 147. Leuven: Leuven UP; Peeters, 2000. ______ and **Pury, A. de.** "L'historiographie deutéronomiste (HD): Histoire du débat." In *Israel construit son histoire*. Ed. A. de Pury et al. 9-120. **Rose, M.** "Idéologie deuteronomiste et theologie de la Ancien Testament." In *Israel construit son histoire*. Ed. A. de Pury et al. 445-76. **Rosel, H. N.** "The Books of the Former Prophets—Their Formation and Their Function." *BMik* 544-55(1998) 245-55. ______. "Does a Comprehensive 'Leitmotiv' Exist in the Deuterononmistic History?" In *The Future of the Deuteronomistic History*. Ed. T. Römer. 195-211. **Rouillard, H.** "Royauté céleste et royauté terreste en 1 R 22." In *Le Trône de Dieu*. Tübingen: Mohr-Siebeck, 1994. 100-107. **Ruderman, A.** "King Solomon's Golden Wealth." *Jewish Bible Quarterly* 19(1990-91) 136-38. **Rüterswörden, U.** *Die Beamten der israelitischen Königzeit: Eine Studie zu Sar und vergleichbaren Begriffen*. BWANT 117. Stuttgart: Kohlhammer, 1985.

Sacon, K. K. "A Study of Literary Structure of te Succession Narrative." In *Studies in the Period of David and Solomon and Other Essays*. Ed. T. Ishida. Tokyo: Yamakawa-Shuppansha, 1982. 27-54. **Särkiö, P.** *Die Weisheit und Macht Salomos in der Israelitischen Historiographie: Eine traditions- und redaktionskritische Untersuchung über I Kön 3-5 und 9-11*. Göttingen: Vandenhoeck & Ruprecht, 1994. **Sarna, N. M.** "Naboth's Vineyard Revisited(1 Kings 21)." *Tehillah le-Moshe: Biblical and Judaic Studies in Honor of Moshe Greenberg*. Ed. M. Cogan, B. L. Eichler, and J. H. Tigay. Winona Lake, IN: Eisenbrauns, 1997. 119-26. **Schearing, L. S.**, and **S. L. McKenzie**, eds. *Those Elusive Deuteronomists: The Phenomenon of Pan-Deuteronomism*. JSOTSup 268. Sheffield: Sheffield Academic Press, 1999. **Schenker, A.** "Un cas de critique narrative au service de la critique textuelle(1 Rois 11,43-12,2-3, 20)." *Bib* 77(1996) 219-26. ______. "Corvée ou ressources de Salomon? TM 1 Rois 9,15-23 et LXX 3 Règnes 10,23-25." *Revue des sciences religieuses* 73(1999) 150-63. ______. "Jéreboam et la division de royaume dans la Septante ancienne: LXX 1 R 1,24a-z, TM 11-12; 14 et l'histoire deutéronomiste." In *Israel construit son histoire*. Ed. A. de Pury et al. 193-236. ______. *Septante et texte massorétique dans l'histoire la plus ancienne du texte de 1 Rois 2-14*. Paris: Gabalda, 2000. ______. "Die zwei Erzählungen von Joabs Tod(1 Kön 2:28-34) in Massoretischen Text und in der LXX." In *Congress Volume Oslo 1998*. Ed. J. A. Emerton. 27-35. **Schipper, B. U.** "Salomo und die Pharaonentrocher – Zum historischen Kern von 1 Kön 7,8." *BN* 102(2000) 84-94. **Schmoldt, H.** "Elijas Begegnung mit Jahwä(1 Kön 19,9-14)." *BN* 43(1988) 19-26. ______. "Elijas Botschaft an Ahab: Überlegungen zum Werdegang von 1 Kön 21." *BN* 28(1985) 39-52. ______. "Zwei 'Wiederaufnahmen' in 1 Reg 17." *ZAW* 97(1985) 423-26. **Schnepf, D. H.** "Genista raetam: De loco refectionis Heliae prophetae." *Dielheimer Blätter* 29(1998) 187-88. **Schniedewind, W.** "History and Interpretation: The Religion of Ahab and Manasseh in the Book of Kings." *CBQ* 55(1993) 649-61. ______. "The Problem with Kings: Recent Study of the Deuteronomistic History." *Recherches de science religieuse* 22(1996) 22-27. ______. "Textual Criticism and Theological Interpretation: The Pro-Temple Tendenz in the Greek Text of Samuel-Kings." *HTR* 87(1994) 107-16. ______ and **D. Sivan.** "The Elijah and Elisha Narratives: A Test Case for the Northern Dialect of Hebrew." *JQR* 87(1997) 303-37. **Schulte, H.** "The End of the Omride Dynasty: Social-Ethical Observations on the Subject of Power and Violence." *Semeia* 66(1994) 133-48. **Seow, C. L.** "The Syro-Palestinian Context of Solomon's Dream." *HTR* 77(1984) 141-52. **Shanks, H.** "The Biblical Minimalists." *Bible Review* 13(1997) 32-39, 50-52. ______. "Face to Face: Biblical Minimalists Meet Their Challengers." *Biblical Archaeology Review* 23(4, 1997) 26-42, 66. ______. "King David: Serial Murderer." *Bible Review* 16(2000) 34-37, 53-54. **Shaw, C. S.** "The Sins of Rehoboam: The Purpose of 3 Kingdoms 12:24a-z." *Journal for the Study of the Old Testament* 73(1997) 43-54. **Shemesh, A. O.** "Reviving the children by Eliyahu and Elisha: Medical Treatment or Miracles?(I Kings 17,8-17; II Kings 4,1-18)." *BMik* 46(2001) 248-60. **Sicre, J. L.** "La investigación sobre la historia deuteronomistica desde Martin Noth a nuestros dias." *EstBib* 54(1996) 327-48. **Siebert-Hommes, J.**

"The Widow of Zarephath and the Great Woman of Shunem: A Comparative Analysis of Two Stories." In *On Reading Prophetic Texts: Gender, Gender Specific and Related Studies in Memory of Fokkelien van Dijk-Hemmes.* Ed. B. Becking and M. Dykstra. Leiden: Brill, 1996. 231-50. **Skov, K. W.** "Hvor historisk trovaerdigt er Det gamle Testament." *Nemalah* 14(1995) 90-95. **Smelik, K. A. D.** *1 Koningen. 2 Koningen.* Belichting van het bijbelboek. s'Hertogenbosch: KBS; Brugge: Tabor, 1994. ______. "The Use and Misuse of the Hebrew Bible as a Historical Source." In *The Rediscovery of the Hebrew Bible.* Ed. J. W. Dyk et al. Maasstricht: Shaker, 1999. 121-39. ______ and **H.-J. van Soest.** "Bronverwijzingen in het boek Koningen: De Compositie van het boek Koningen(4)." *Amsterdamse Cahier voor Exegese en Bijbelse Theologie* 15(1996) 26-41. ______. "Openingformules in het Boek Koningen: De compositie van het beek Koningen(2)." *Amsterdamse Cahiers voor Exegese en Bijbelse Theologie* 12(1993) 62-86. ______. Overlijdenteksten in het boek Koningen(3)." *Amsterdamse Cahiers voor Exegese en Bijbelse Theologie* 13(1994) 56-71. **Soards, M. L., Jr.** "Elijah and the Lord's Word: A Study of 1 Kings 17:17-24." *Studia Biblica et Theologica* 13(1983) 39-50. **Spanier, K.** "The Queen Mother in the Judaean Royal Court: Maaca h—A Case Study." In *A Feminist Companion to Samuel and Kings.* Ed. A. Brenner. Sheffield: Sheffield Academic Press, 1994. 186-95. **Spencer, J. L.** "Priestly Families(or Factions) in Samuel and Kings." In *Pitcher Is Broken.* Ed. S. W. Holloway and L. K. Handy. 387-400. **Spina, F. A.** "In But Not of the World: The Confluence of Wisdom and Torah in the Solomon Story(1 Kings 1-11)." *Asbury Theological Journal* 56(2001) 17-30. **Spottorno, M. V.** "Josephus' Text for 1-2 Kings." In *IOSCS VIII Congress Volume: Paris 1992.* Ed. L. Greenspoon and O. Munnich. 145-52. **Stanley, C. D.** "The Significance of Romans 11:3-4 for the Text History of the LXX Book of Kingdoms." *Journal of Biblical Literature* 112(1993) 43-54. **Stern, P. D.** "The *hDaDerem* in 1 Kgs 20,42 as an Exegetical Problem." *Bib* 71(1990) 43-47. **Stiassny, M. J.** "Élie dans la Tradition Rabbinique." *Le Monde de la Bible* 58(1989) 36-37. **Stiff, H.-J.** "Die sechste und siebsteFürbitte des Tempelweihegebets(1 Kön 8:44-51) in der Diskussion um das Deuteronomistischen Geschichtswerk." *Journal of Northwest Semitic Languages* 24(1998) 193-216. **Stipp, H.-J.** "Ahabs Busse und die Komposition des deuteronomistischen Geschichtswerks." *Bib* 76(1995) 471-97. ______. "Traditionsgeschichtsliche Beobachtungen zu den Kriegererzählungen der Königsbücher." *RB* 104(1997) 481-511.

______. "Vier Gestaltungen einer Totenverweckungserzählung." *Bib* 80(1999) 43-77. **Stoebe, H. J.** "Die Thronnachfolge Salomon: Überlegungen und Fragen." In *Vielseitigkeit des Alten Testaments: Festschrift für Georg Sauer zum 70. Geburtstag.* Ed. J. A. Loader and H. V. Keiweler. Frankfurt am Main: Lang, 1999. 63-79. **Stone, K.** *Sex, Honor, and Power in the Deuteronomistic History: A Narratological and Anthropological Analysis.* JSOTSup 234. Sheffield: Sheffield Academic Press, 1996. 640-46. **Strand, K. A.** "Thiele's Biblical Chronology as a Corrective for Extra-Biblical Dates." *AUSS* 34(1996) 295-317. **Strange, J.** "The Idea of Afterlife in Ancient Israel: Some Remarks on the Iconography in Solomon's Temple." *PEQ* 117(1985) 35-40. **Sweeney, M. A.** "The Critique of Solomon in the Josianic Edition of the Deuteronomistic History." *Journal of Biblical Literature* 114(1995) 607-22.

Talshir, Z. *The Alternative Story of the Division of the Kingdoms: 3 Kingdoms 12:24a-2.* Jerusalem: Simon, 1993. ______. "The Image of the Edition of Kings Reflected in the Septuagint." *Tarbiz* 59(1989-90) 249-302. ______. "Is the Alternate Tradition of the Division of the Kingdom(3 Kgdms 12:24a-z) Non-Deuteronomistic?" In *Septuagint, Scrolls and Cognate Writings.* SBLSCS 33. Atlanta: Scholars Press, 1992. 599-621. ______. "Literary Design – A criterion for Originality? A Case Study: 3 Kgdms 12:24a-2; 1 K 11-14." In *Les double transmission du texte biblique: Études d'histoire du texte offertes en homage à Adrian Schenker.* Ed. Y. Goldman and C. Uehlinger. OBO 179. Freiburg: Éditions Universitaires; Göttingen: Vandenhoeck & Ruprecht, 2001. 41-57. ______. "The Reign of Solomon in the Making: Pseudo-connections between 3 Kingdoms and Chronicles." *VT* 50(2000) 233-49. ______. "Towards the Structure of the Book of Kings: Formulaic Synchronization and Story Synchronism." In *Texts, Temples and Traditions, A Tribute to Menahem Haran.* Ed. M. V. Fox et al. Winona Lake, IN: Eisenbrauns, 1996. 73-87. **Talstra, E.** *Solomon's Prayer: Synchrony and Diachrony in the composition of I Kings 8.14-61.* Kampen: Kok-Pharos, 1993. **Taylor, B. A.** *The Lucianic Manuscripts of 1 Reigns.* Harvard Semitic Monographs 50. Atlanta: Scholars Press, 1992. **Thiel, W.** "Der Totesrechts prozess Nabots in I Kön 21." In *Recht und Ethos im Alten Testament – Gestalt und Wirkung: Festschrift für Horst Seebass zum 65. Gebürtstag.* Ed. S. Beyerlin et al. Neukirchen-Vluyn: Neukirchener Verlag, 1999. 78-81. ______. "Deuteronomistische

Redaktionsarbeit in den Elia-Erzählungen." In *IOSOT VII Congress Volume, Leuven 1989*. Ed. J. A. Emerton. Leiden: Brill, 1989. 148-71. ______. "Historiography of Ancient Palestine and Early Jewish Historiography: W. G. Dever and the Not So New Bibliography." In *Origins of the Ancient Israelite States*. Ed. J. A. Emerton. 26-43. ______. "Lester Grabbe and Historiography: An Apologia." *Scandinavian Journal of the Old Testament* 14(2000) 140-61. ______. "Martin Noth and the History of Israel." In *History of Israel's Traditions*. Ed. S. L. McKenzie and M. P. Graham. 81-90. ______. "Mendelssohns 'Elias' und der biblische Elia." In *Altes Testament Forschung und Wirken*. Ed. P. Mommer and W. Thiel. 337-53. **Thompson, T. L.** "Gösta Ahlström's History of Palestine." In *Pitcher Is Broken*. Ed. S. W. Holloway and L. K. Handy. 420-34. ______. "Neo-Albrightean School in History and Biblical Scholarship." *Journal of Biblical Literature* 114(1995) 683-98. **Todd, J. A.** "The Pre-Deuteronomistic Elijah Cycle." In *Elijah and Elisha in Socioliteray Perspective*. Ed. R. B. Coote. Semeia Studies. Atlanta: Scholars Press, 1992. 1-35. **Tomes, R.** "'Our Holy and Beautiful House': When and Why Was 1 Kings 6-8 Written?" *Journal for the Study of the Old Testament* 70(1996) 33-50. **Toorn, K. van der.** "The Exodus as Charter Myth." In *Religious Identity and the Invention of Traditions*. Ed. J. W. van Henten and A. Houtepen. Assen: Van Gorcum, 2001. 113-27. **Trebolle Barerra, J.** "Critica textuel de 1 Re 22,35: Aportacion de une nueve lectura de la Vetus Latina." *Seferad* 52(1992) 235-43. ______. "La primitiva confession de fe yahvistica(1 Re 11,36-37): De la critica textual a la teologia biblica." *Salamanticenses* 31(1984) 181-205. ______. "The Text-Critical Use of the Septuagint in the Books of Kings." In *IOSCS, Congress VII, Leuven 1989*. Ed. C. E. Cox. Atlanta: Scholars, 1989. 285-99. **Trible, P.** "Exegesis for Storytellers and Other Strangers." *Journal of Biblical Literature* 114(1995) 3-19. **Tzmudi, Y.** "Problems in the Narrative of the Separations of the Kingdom in Israel." *BMik* 39(1994) 1-17.

Ussishkin, D. "Jezreel, Samaria and Megiddo: Royal Centres of Omri and Ahab." In *Origins of the Ancient Israelite States*. Ed. J. A. Emerton. 351-64.

Van Seters, J. "The Court History and DTRH: Conflicting Perspectives on the House of David." In *Rethinking the Foundations*. Ed. S. L. McKenzie and T. Römer. 70-93.

______. "The Deuteronomistic History: Can It Avoid Death by Redaction?" In *The Future of the Deuteronomistic History.* Ed. T. Römer. 213-22. ______. "On Reading the Story of the Man of God from Judah in 1 Kings 13." In *The Labour of Reading: Desire, Alienation, and Biblical Interpretation: Essays in Honor of Robert C. Cully.* Ed. F. C. Blank et al. Atlanta: Scholars Press, 1999. 225-34. ______. "Solomon's Temple: Fact and Ideology in Biblical and Near Eastern Historiography." *CBQ* 59(1996) 621-42. **Van Winkle, D. W.** "1 Kings xii 25-xiii 34: Jeroboam's Cultic Innovation and the Man of God from Judah." *VT* 46(1996) 101-14. ______. "1 Kings xiii: True and False Prophecy." *VT* 39(1989) 31-42. ______. "1 Kings 20-22 and True and False Prophecy." In *Congress Volume Leuven 1989.* Ed. J. A. Emerton. 9-23. **Van Wolde, E.** "Who Guides Whom? Embeddedness and Perspective in Biblical Hebrew and in 1 Kings 3:16-28." *Journal of Biblical Literature* 114(1995) 623-42. **Veerkamp, T.** "'Eine Stimme verschwebenden Schweigens'(1 Kön 19,12)." *Texte und Kontexte* 22(1999) 121-22. **Veijola, T.** "Martin Noth's *Überlieferungsgeschichtliche Studien* and Old Testament Theology." In *History of Israel's Traditions.* Ed. S. L. McKenzie and M. P. Graham. 101-27. **Vermeylen, J.** "L'école deuteronomiste aurait-elle imaginé un premier canon de écritures?" In *The Future of the Deuteronomistic History.* Ed. T. Römer. 223-40. **Viviano, P. A.** "Glory Lost: The Reign of Solomon in the Deuteronomistic History." In *Age of Solomon.* Ed. L. K. Handy. 336-47. **Volgger, D.** *Verbindliche Tora am einzigen Tempel: Zu Motiv und Construktion der Komposition von 1.2 Kön.* St. Ottilien: EOS Verlag, 1998. **Vordran, J.** "Elijahs Dialog mit Jahwes Wort und Stimme(1 Kön 19,9b-18)." *Bib* 77(1996) 417-24.

Wächli, S. *Der weise König Salomo: Eine Studie zu den Erzählungen von der Weisheit Salomos in ihrem alttestamentlichen und altorientalischen Kontext.* BWANT 141. Stuttgart: Kohlhammer, 1999. **Wagner, S.** "Elia am Horeb: Methodologische und theologische Uberlegungen zu 1 Reg 19." In *Prophetie und geschichtliche Wirklichkeit in alten Israel.* Ed. R. Liwak and S. Wagner. Stuttgart: Kohlhammer, 1991. 415-24. **Wallace, H. N.** "The Oracles against the Israelite Dynasties in 1 and 2 Kings." *Bib* 67(1986) 21-40. **Walsh, J. T.** "The Characterization of Solomon in First Kings 1-5." *CBQ* 57(1995) 471-93. ______. "The Contexts of 1 Kings xiii." *VT* 39(1989) 355-70. ______. *I Kings.* Berit Olam: Studies in Hebrew Narrative and Poetry. Collegeville,

MN: Liturgical Press, 1996. ______. "Methods and Meanings: Multiple Studies of 1 Kings 21." *Journal of Biblical Literature* 111(1992) 191-211. ______. "Symmetry and the Sin of Solomon." *Shofar* 12(1993) 11-27. **Walter, D. M.** "The Use of Sources in the Peshitta of Kings." In *The Peshitta as a Translation: Papers Read at the II Peshitta Symposium Held at Leiden 19-21 August 1993.* Ed. P. B. Dirksen and A. van der Kooy. Leiden: Brill, 1995. 187-204. **Weidhass, H.** *Wörter und Sachen aus I Regum 6 und II Chronik 2.* Waltrop: Spenner, 2001. **Weippert, H.** "Ahab el campeador? Redaktionsgeschichtliche Untersuchungen zu 1 Kön 22." *Bib* 69(1988) 457-79. ______. "Das deuteronomistische Geschichtswerk." *TRu* 50(1985) 213-49. ______. "Geschichten und Geschichte: Verheissung und Erfüllung im deuteronomistischen Geschichtswerk." In *IOSOT VII Congress Volume, Leuven 1989.* Ed. J. A. Emerton. Leiden: Brill, 1989. 116-31. **Wendland, E. R.** "Elijah and Elisha: Sorcerers or Witch Doctors?" *Bible Translator* 43(1992) 213-23. **Wénin, A.** "Le roi, la femme et la sagesse: Une lecture de 1 Rois 3,16-28." *Revue Theologique à Louvain* 29(1998) 29-45. **White, M.** *The Elijah Legends and Jehu's Coup.* BJS 311. Atlanta: Scholars Press, 1997. ______. "Naboth's Vineyard and Jehu's Coup: The Legitimation of a Dynastic Extermination." *VT* 44(1994) 66-76. **Whitelam, K. W.** "Prophetic Conflict in Israelite History: Taking Sides with William G. Dever." *Journal for the Study of the Old Testament* 72(1996) 25-44. ______. "The Symbols of Power: Aspects of Royal Propaganda in the United Monarchy." *BA* 49(1986) 166-73. **Whybray, R. N.** "What Do We Know about Ancient Israel?" *Expository Times* 108(1966) 71-74. **Williams, D. S.** "Once Again: The Structure of the Narrative of Solomon's Reign." *Journal for the Study of the Old Testament* 86(1999) 49-66. ______. *Studies in the Syntax of the Peshitta of 1 Kings.* Leiden: Brill, 2001. **Willmes, B.** "Eine folgenreiche Begegnung(1 Reg 19,19-21)." *BN* 60(1991) 59-93. **Wilson, R. R.** "The Former Prophets: Reading the Books of Kings." In *Old Testament Interpretation, Past, Present, and Future.* Ed. J. L. Mays et al. Nashville: Abingdon, 1995. 83-96. ______. "Unity and Diversity in the Book of Kings." In *"A Wise and Discerning Mind": Essays in Honor of Burke O. Long.* Ed. S. M. Olyan and R. C. Culley. Providence: Brown Judaic Studies, 2000. 1-20. ______. "Who Was the Deuteronomist?(Who Was Not the Deuteronomist?): Reflections on Pan-deuteronomism." In *Those Elusive Deuteronomists.* Ed. L. S. Schearing and S. L. McKenzie. 67-82. **Wiseman, D. J.** *1 and 2 Kings: An Introduction.* Tyndale Old

Testament Commentaries 90. Downers Grove, IL: InterVarsity Press, 1992. **Wit, B. de.** "Voorwerpen in de tempel: Een begleidend motief in het boek Koningen." *Amsterdamse Cahiers voor Exegese en Bijbelse Theologie* 12(1993) 87-105. **Wolff-Steger, A.** "Gegen den Ausverkauf des Landes." *Texte und Kontexte* 21(1998) 5-13. **Würthwein, E.** "Tradition und theologische Redaktion in 1 Reg 17-18." In *Studien zum Deuteronomischen Geschichtswerk.* BZAW 227. Berlin: New York: de Gruyter, 1994. 102-17.

Young, I. "The 'Northernisms' of the Israelite Narratives in Kings." *Zeitschrift für Althebräistik* 8(1995) 63-70.

Zapff, B. "'Ein Prophet stand auf wie Feuer...'(sir 48,1): Zur Redaktionsgeschichte und Theologie des Opferwettstreits auf dem Karmel in 1 Kön 18,19-40." In *Ich bewirke das Heil des Unheil...: Festschrift für Lothar Ruppert zum 65. Geburtstag.* Ed. F. Dietrich and B. Willmes. Würzburg: Echter, 1998. 527-51. **Zevit, Z.** "Deuteronomic Historiography in 1 Kings 12-2 Kings 17 and the Reinvestiture of the Israelian Cult." *Journal for the Study of the Old Testament* 32(1985) 57-73.

2. 신뢰할 만한 역사적 정보 자료로서의 구약에 관한 "포스트모던적" 부정에 대한 비판

1985년 이 주석서가 최초로 출판된 이후 열왕기상하의 성경적 책에 대한 관심이 지대하게 확대되어 왔다. 그러나 어느 것도 본 주석서를 시대에 뒤떨어지게 하거나 대치할 만하게 이야기된 것이나 이루어진 것이 없었다. 이 기간 동안에 일어난 가장 급진적인 제안들에 대한 간략한 토론과 더불어 계속된 보충적인 참고문헌에 의해서도 내용의 큰 변화를 꾀할 수는 없었다. 다만 한 가지, 나는 정말로 "해체주의자들"의 급진주의에 대해서는 내다보지 못했다. 해체주의자들의 출판물들은 이번에 방대하게 확대된 나의 보충 참고문헌들의 대부분을 차지하고 있다. 그러나 이 주석서의 초판을 산 사람들이 환불을 받을 필요는 없다. 이 서론의 38-44페이지에서 나는 이미 역사적 근거 위에서 성경을 다루는 사람이 부딪히게 될 본질적인 물음들에 대해서 다루었다. 여기에서처럼 거기에서도 나의 주장은, 성경은 신과 인간이 직면하는 장소로서 역사에 뿌리를 내리고 있고 역사와 깊게 관련되어 있다 할지라도 그 무엇보다도 신학적인 문서라는 것이다.

첫째로, 오늘날 수정주의자들이 성경적 자료들의 비신뢰성에 대해서 주장하는 모든 것이 다양한 견해를 피력하는 저술의 소용돌이 이전에 이미 알려졌다는 사실을 주목해야만 한다. 다만 새롭게 발견되는 것들을 합리적으로 바르게 해석하는 문제만이 기본적으로 남아 있는 것이다. 이 문제에 관해서 전체적인 토론을 여기서 다시 되풀이해서 말하는 것은 적절하지 않다. 모든 저자들에게 공정하기 위해서, 이 주석의 예견되는 사용자들이 알기를 원하는 것보다는 각 개인의 작품에 대한 분석과 평가로 좀더 광범위하게 들어가 연구하는 것이 필요할 것이다. 성경적 사실성(historicity)에 관한 현재의 논쟁에 입문하고 그 문제에 통달하는 방법을 세워 가는데 몇 가지 안내 지침이 필요한 사람들은 다음과 같은 학자들의 작품에 대한 증보 참고문헌 목록을 잘 살펴보는 것이 유익할 것이다: 알버츠(Albertz), 바르쉬타트(Barstad), 벡킹(Becking), 차발레스(Chavales), 코긴스(Coggins), 데이비스(Davies), 데버(Dever), 프리쯔(Fritz), 겔리나스(Gelinas), 고트발트(Gottwald), 그레이비(Grabbe), 게스트(Guest), 할페른(Halpern), 헤이스(Hayes), 헨델(Hendel), 이쉬다(Ishida), 카이저(Kaiser), 크나우에(Knaue), 크놉퍼스(Knoppers), 코스터(Koster), 렘케(Lemche), 롱(Long), 밀러(Miller), 나오르(Naor), 노엘(Noel), 노린(Norin), 외밍(Oeming), 프로반(Provan), 라이트(Reid), 쉬니데빈트(Schniedewind), 샹크스(Shanks), 톰슨(Thomson), 반 제터스(Van Seters) 그리고 와이틀람(Whitelam) 등이다. 이외에도 포함되어야 할 사람들이 더 있지만, 위에 언급된 이러한 목록은 호기심이 많은 독자들에게 좋은 출발점을 제공해 줄 것이다. 그래도 남겨진 커다란 틈새는 오늘의 열왕기서를 낳은 문학적 발전의 한 측면 혹은 다른 측면에 관한 심포지움들과 세미나들에 대한 명칭들로 채워질 것이다.

성경적 연대기는 많은 사람들에게 수수께끼로 남아 있다. 그러나 특별히 다음과 같은 연구들은 세밀히 살펴볼 가치가 있는 것들이다. 헤이스(Hayes)와 후커(Hooker)의 *New Chronology for the Kings*(1988), 휴게스(J. Hughes)의 *Secrets of the Times*(1990), 그리고 맥폴(McFall)과 쉬트란트(Strand)의 씰레(Thiele)의 연대기를 새롭게 개정한 변론 등이다. 이러한 글들은 이 주석서 414-417페이지에 수록된 요약 진술을 지지해 주고 있으며, *IDB*, I의 580-99페이지에 있는 나의 긴 글인 "구약의 연대기"(나중에 *IDBSup*에서 나의 글 "연대기, 구약"이란 제목으로 다시 언급했음)의 토대가 되고 있는 글들이다. 나는 연대기에 관한 이러한 체계가 여기저기 조금 조정할 부분들이 있기는 하지만, 아직까지는 본질적으로 옳은 것이라고 확신하고 있다. 나의 글 "The Three Comparisons"(*VT* 39[1989] 283-306)는 유다의 여호람 왕의 등극 일자에 관한 MT, G^B 그리고 G^L의 불일치에 대해서 가능한 기원을 설명하는 방법인데, 이러한 연대기를 위한 부가적인 확증을 보여 주고 있다. 여호람 왕의 등극 일자는 이러한 본문의 증거에서 많은 다른 독법에 영향을 미쳐 왔다.

내가 *IDBSup*(p. 161)에서 언급한 것은 구약 연대기에 대한 상세한 토론뿐만 아니라 성경적 기록으로부터 얻은 정보와 성경 외적인 자료들로부터 파생된 새로운 정보를 조정하려는 모든 노력과 관계된 것이다. "과학적인 지성은 끊임없이 새로운 이해를 추구한다. 따라서 모든 체계는 변경이 불가피한 것이다…다음과 같은 세 가지 특별한 의무감들에 대한 반응은 집중적이고 넓은 범위의 토론을 이끌어 낸다. (1) 역사적인 증거로서의 성경으로부터 본문의 연대를 평가한다. (2) 평가된 자료를 의미 있고 종합적인 구조로 조합한다. (3) 성경 외적인 텍스트들로부터 얻은 새로운 정보를 사용한다. 성경 외적인 텍스트들 자체는 성경에 의해서 제공된 정보 해석에 대한 조정 장치로서 그 의미와 신뢰성 그리고 적용성 등을 위해 평가되어야만 한다." 성경적 자료들을 평가할 때 성경 외적인 자료들로부터 시작하지 않는다. 그리고 성경이 성경 외적 자료를 판단하도록 한다. 이와 같은 진술은 우리가 듣고 있는 급진적인 수정주의자들이 해 오고 있는 주장인 것이다. 그것은 성경이 어느 면에서 신적이기 때문에 주어진 텍스트에 있는 정보들이 잘못되었고, 관련이 없고, 적용성이 없는 때임에도 불구하고 모든 상황에서 동일하게 진리이어야만 한다고 주장하는 것만큼이나 잘못된 것이다. 모든 가능한 해법은 양 방향 모든 쪽으로 탐구되어야만 한다. 우리는 성경의 기록을 개방해야 하며, 주장된 발견들을 위해서도 그렇게 해야 한다. 무엇보다도 우리는 성경의 연구되지 않은 부분에 숨어 있는 진정한 보석들에 대해서 눈을 감고 있지 않도록 해야 한다!

내가 항상 감사하는 스승이자 미국의 진정한 구약학 대가인 밀렌버그(James Muilenburg)는 부주의하고 무분별한 열심자들에 의해서 이루어지는 새로운 비평 방법을 추종하는 늘어나는 사람들의 숫자에 관한 나와의 개인적인 대화에서 다음과 같은 우려 섞인 마음을 표현했다. "한편으로 그들은 성경적 개념들, 주제들 그리고 양식들 사이의 유사성들을 보는 것을 주장하며, 다른 한편으로는 성경 외적인 자료들에서 병행 구절들을 상정하며 주장한다. 그러나 성경 텍스트들의 차별적이고, 독특하고, 심지어는 뛰어난 면들에는 눈이 어두운 채로 있다. 보통의 비평학자들은 모든 곳에서 유사점을 본다고 주장한다. 그러나 진정한 비평가들은 오로지 성경의 독특성에 눈을 뜬 사람들로서, 그들은 어느 것이 독특하고 특별한지 그리고 어느 곳에서도 진정한 유사점들이 발견되지 않는다는 것을 볼 수 있는 사람들이다." 이러한 통찰력 있는 관찰은 오늘날 구약의 역사 기술의 평가에 적용된 모든 종류의 과학적이고 유사 과학적인 방법론의 사용과 해석과 관련해서, 그리고 성경 일반과 관련해서 그 적용 가능성이 남아 있는 것이다.

급진적인 수정주의자들은 아직도 신학적으로 깨어 있지 못한 암흑 중에 있는 사람들을 자극했다는 점에서 어느 정도 정당하게 평가되어야 한다는 사실이 인정되어야만 한다. 암흑 중에 있는 사람들은 성경의 이야기가 전형적인 신문의 기사에서 보는 것같이 항상 모든 면에서 진실한 것이라고 순진하게 가정하고 믿는 사람들이다. 그러한 기독교인들은 그들의 습관과 미신적 신앙에 따르기 때문에 실제적으로 이러한 주장과 별 이해 관계를 가지지 않을 것이다. 이에 비하면 현대인, 유대인 대학살 후대 그리고 시온주의 유대인들은 역사적인 의미에서 구약은 본질적으로 진실한 것이라는 주장에 개인적인 이해 관계를 가지고 있음을 본능적으로 느끼는 것이 틀림없다. 이러한 관심은 쉽게 이해될 수 있다. 유대 민족에게 성경적 이야기들은 그들의 땅과 그들의 백성들에 관한 **그들의** 이야기이기 때문이다. 그것은 보수적인 기독교인들이 가지는 것과 같은 단순한 이데올로기적이거나 유사 집단의 일은 아닌 것이다. 그것은 기원, 정체성 그리고 유대인들의 운명 등 그들이 누구인지에 관해 깊이 개인적으로 가지게 되는 느낌인 것이다. 이러한 사실은 초보적인 고고학뿐만 아니라 전문적인 고고학이 이스라엘에서 그렇게나 인기 있게 된 이유가 되는 것이다.

이러한 현상은 이해할 만하며, 심지어는 바람직한 일로 칭찬할 만하다. 그러나 여기에는 고고학의 도구를 가지고 **무엇인가를 증명하려고 하는** 유혹을 부추기는 면이 있다. 기독교 고고학자들이 거의 독점적이었고 팔레스타인으로 알려진 땅에서 방해받지 않고 다녔던 이른 시기에는, 그들도 무엇인가를 증명하려고 하는 동기 부여를 받는 경향이 있었다. 그동안 성지 고고학을 위해 대부분의 재정적인 지원을 제공한 것은 교회들과 신학교들이었지 않은가? 그들과 그들의 후원자들은 그들이 투자한 돈에 걸맞는 눈에 보이는 무엇인가를 원했다. 이러한 것은 종종 고고학자들이 어디를 발굴할 것인지와 있을 법한 그들 보고의 결과들을 결정했던 것이다.

튜빙엔 고고학 연구소의 갈링(Kurt Galling)은 고고학으로 유명한 올브라이트(William F. Albright)와 함께 그들이 헤브론에서 일하며 교제했을 때 겪었던 한 개인적인 일화를 들려준 적이 있었다. 갈링은 그 당시 올브라이트가 자신들의 발굴단이 아브라함과 그의 가족이 묻혔던 곳의 증거를 가지고 있다고 주장하는 뉴스를 내보냈을 때 매우 놀라고 분개했다고 말했다. 사실 이 뉴스가 나갔을 때는 주전 2000

년대가 족장들이 헤브론에 묻혔다는 전승과 **모순되지 않을 수 있**다는 것 이상의 다른 아무런 증거를 가지고 있지 않았던 시기였기 때문이다. 엉성한 발굴과 편파적인 기록들은 서글픈 일일 뿐만 아니라 범죄 행위와 다를 바가 없는 것이다! 오늘날 세계에는 과학적 연구와 출판, 그리고 정치학 분야에서 과학적이라고 선전하고 있는 수많은 광고를 볼 수 있다. 현대 이스라엘의 고고학자들은 고고학적 연구의 진보가 불충분한 방법론들과 성급한 주장들에 의해서 방해받는 것에 대해 매우 우려하며 조심하고 있다. 그들은 유대 민족의 기원에 관해서 성경이 옳다는 것을 증명하기 위해 이스라엘 나라에서 고고학을 사용하는 경향성에 대해 단호히 거부해야만 한다는 것을 누구보다도 잘 알고 있다. 오늘날 고고학적 유적지들은 이전에 발굴되었던 팔레스타인과 고대 근동의 유적지들처럼 잡초들과 야생 동물들에게 남겨지지 않았다. 그 장소들은 신학적으로 재건축되었고, 국립 공원들로 바뀌었다. 일단 고고학적 장소들이 이렇게 취급되면 그렇게나 많이 긴급하게 필요한 세금을 거두어들이는, 관광국에 의해서 만들어진 공식적인 주장들과는 다른 실제적인 증거에 대한 견해를 말하는 것은 어려운 일이다.

이러한 경고는 냉철하고 유능한 학자들이 지난 10-20여 년 동안 이루어 온 극단적인 주장들을 부분적으로 정당하게 만들어 준다. 어떤 사람들은 왜 다윗과 솔로몬이 성경에 나타나는 묘사 외에는 결코 실재하지 않았다고 하면서 성경적 기록이 보여 주는 것과 전혀 다른 그러한 가능성을 생각하게 되었는가? 이러한 이론의 토대 위에서는 모세도 역시 부인되어야 하고, 결국에는 나사렛 예수까지도 부인되어야 하는 것이다.

불과 얼마 전까지만 해도 예수를 신화의 영역에 머물게 하는 것이 믿을 만한 일이었던 때가 있었다. 그러나 이제는 가장 급진적인 현대 신약 학자들마저도 예수에 대해서 이러한 평가를 내리려고 하는 시도가 너무 많아서 더 이상 그렇게 할 필요가 없다는 것을 알고 있다. 예수의 지상 존재의 확실한 증거가 실제적으로는 아무것도 없기 때문이다. 모세도 다윗도 솔로몬도 마찬가지다. 그러나 이데올로기적인 구약과 신약의 기록들은 이러한 인물들이 존재한 것으로 판단하고 있는 것이다. 그러한 기록들 배후의 전승들은 매우 희박하다 할지라도, 이러한 인물들의 역사적 존재성을 변호하는 것보다 실제 역사로부터 이러한 인물들을 제거하기 위해서는 훨씬 더 많은 설명이 필요하게 될 것이다. 그들에 관한 뿌리 깊고 지울 수 없는 전승들을 설명할 충분한 근기들이 있기 때문이다.

솔로몬에 관하여 최근에 관심을 모았던 토론은 문제가 되는 것이 무엇인지 잘 보여 줄 수 있을 것이다. 그 왕은 너무나 많은 부인들과 후첩들, 너무나 많은 금과 은, 그리고 무엇보다도 너무나 뛰어난 지혜와 인기를 가지고 있어서 믿을 수 없다는 점이 지적되어 왔다. 이러한 사실을 바탕으로 성급히 내려진 주장은 전승이 선전을 목적으로 심하게 조작되어 왔다는 것이다.

이러한 냉소적인 사고에 따라서, 과학적 지성은 열왕기상 안에 있는 솔로몬에 대해서 이야기된 많은 혹은 대부분의 구절들을 의심해 볼 것이다. 쉽게 연대들이 잘못되었다는 것을 볼지도 모른다. 특이한 것은 솔로몬과 그의 아버지 다윗 모두 동일하게 40년 구조로 통치했다고 성경이 말하고 있는 것이다. 이러한 사실이 바로 가장 먼저 많이 의심 받는 사항이다. 이러한 묘사는 필연적으로 귀결되는 신명기 사관적인 기록이다. 그러므로 그들의 실제 통치 기간은 모르는 채로 남겨져야만 한다. 그러나 신명기 사관적 이데올로기가 이러한 구조의 원리로 놓여 있다는 결론은 그 자체가 과학적이고 역사적인 사실이다. 그것은 다윗과 솔로몬에 관하여 언급된 다른 수많은 것들에 대한 설명을 돕고 있다는 점에서 본질적이고도 중요한 것이다. 이러한 문제들을 다룸에 있어서 어려움을 가지게 될 유일한 사람들은 바로 성경적 문자주의자들이다. 그러나 이러한 문자주의자들이 다윗과 솔로몬이 정말로 존재했었다는 것을 믿지 않는 것을 정당화하는 지경에 이르도록 놓아두어서는 안 되는 것이다.

사실 우리는 절대 유일신과 야웨에 대한 변함없는 충성 등에 대한 편집적 이미지를 수정할, 의존할 만한 고고학적 발견들을 아무것도 가지고 있지 않다. 예를 들어, 최근에 비명(碑銘)적 증거가 발견되었는데 그 속에서 야웨는 그의 배우자인 아세라(Asherah)와 함께 언급되고 있다. 우리는 성경에서 우가릿 자료에서 신적인 어머니로서 알려진, 그리고 주로 야웨의 주된 대적자로서 알려진 아세라에 대해서 듣고 있다. 그러나 이러한 정통적인 이미지는 새로 일어나는 히브리적 신앙의 규범적인 것이라기보다는 후대에 교정된 것으로 여겨지고 있다. 우리는 이러한 사실을 엘레판티 파피루스가 발견된 이후 오래 전부터 알고 있었다. 이 파피루스는 야웨의 여성 배우자를 언급하고 있는데, 이 배우자는 예루살렘으로부터 아주 멀리 떨어진 유대의 왕실 군대 식민시에서 경배되지 않았을까 여겨지고 있다.

고등하고 진정한 야웨주의는 이스라엘의 위대한 선지자들로부터 처음 출현되었고 이러한 획기적인 약진을 낳은 모든 것은 예언적이거나 혼합적인 것이었다고 주상하는 비평가들의 견해가 결국 맞는 것으로 드러난다. 중요한 것은 과학적인 발견들이 실제적으로 성경의 주장을 위협하지 않는다는 것이다. 그들이 발견한 사실들은 사실성(historicity)에 대한 현대의 세속적 기준의 모든 면을 충족시키지는 못할 수도 있다. 그러나 그 발견들은 성경적 종교의 본질을 유지하면서 성경을 그 역사성에서 증명되고 진정한 좀더 선명한 빛 속에 놓아두게 해줄 것이다.

성경적 비평주의와 석의에 필요한 모든 원리를 잘 배우고 준비한 사람들은 구약의 역사 기술 문헌을 해석하는 데 필요한 안내 지침들을 얻기 위해 포스트모던 학자들에게 의존할 필요가 없다. 수 세기 전에 성경 전승의 보관자들 중에 어떤 사람들은 인본주의적 학문의 주장들에 대한 그들의 이해를 적용하기 시작했다. 그들은 고대 문화의 문법과 수사적 규칙들을 성경에 적용해야만 한다는 것을 배웠다. 이러한 것은 더 이상 어리석은 알레고리나 경건주의적 단견에 빠지지 않게 해주었다. 르네상스 기간의 인문주의자들과 개혁주의자들은 성경의 각 단락들과 관련된 가까운 그리고 좀더 넓은 정황 속에서 광범위하고 총체적인 방법으로 이해되어야 할 필요가 있음을 가르쳤다. 계몽주의는 성경을 문학으로서, 그것도 위대한 문학으로서 이해하기 위한 첫 번째 원리들을 소개해 나갔다. 역사적일 뿐만 아니라 문학적인 질문들이 성경 텍스트에 적용되었다. 그러고 나서 구약에 있는 예언적이고 예전적이며 잠언적인 문헌의 많은 부분이 시적인 양식과 문체로 이루어졌음이 발견되었다. 결국 자료 분석이 나타나게 되었다. 19세기에는 성경 문헌이 다른 문화들로부터 온 매우 다양한 전승의 형식을 보이고 있음과 그 발전 과정이 각각의 개별적인 성경 책들 속에서 뿐만 아니라 같은 혹은 다른 장르의 책들 속에서도 발견된다는 것을 이해하게 되었다. 팔레스타인과 근동의 고고학이 성경 텍스트를 확증하면서 – 그러나 때로는 도전하고 수정하면서 – 점점 더 왕성하게 된 것은 이러한 모든 것을 알아 가는 과정 중에 이루어진 일이었다.

이러한 이야기를 할 때 우리는 교권주의자들의 심한 저항과, 더 나아가 정죄함까지 있다는 사실을 더불어 언급해야만 한다. 오늘날의 수많은 경건한 사람들은 그러한 사실을 거부하고 현재 상태로 남아 있기를 원한다. 결론적으로 성경의 역사 기술적 기록을 대할 때 경건하면서 동시에 진정으로 과학적인 입장을 취하는 것은 쉬운 일도, 일상적인 일도 혹은 자동적으로 되는 일도 아니라는 것이다. 전통적인 분위기 속에서 성장한 사람들에게 이러한 태도는 하나의 성취이고 모험으로서 이루어지는 것이다. 그러나 그것은 믿을 만한 역사적인 이해물로서 성경이 가지는 유용성을 무효화시키는 위협에 대비하여 준비되는 좀더 나은 태도임을 보여 주는 것이 될 수 있는 것이다.

이것이 내가 나 자신을 자리매김하는 위치다. 그리고 이것이 왜 우리가 성경의 정경적 텍스트 이면에 놓여 있는 것을 정말로 알 수 없다고 주장하는 것이 불합리한 것이라고 말하는 이유이기도 하다. 그러한 주장은 구약에 관하여 일반적으로 이루어질 수 있다. 그리고 특별히 소위 역사적 책들과 본문들에 관하여 적용될 수 있다. 그러나 그것은 사실이 아닌 것이다. 현대 주석학의 잘 다듬어진 도구들을 가지고 성실하게 연구하는 사람들은 구약의 역사 기술적 문헌들이 주로 공상적이고 선전용적인 것이라는, 도에 지나치는 주장을 믿지 않을 것이다. 예를 들어, 그들은 솔로몬 왕조 설립에 관한 기록 보관소의 자료와 신명기 사관적 역사의 종합적인 편집물 속에 내재하는 전체 역사의 평가와 이데올로기적인 설명 사이의 차이를 이해할 수 있다는 것을 믿는다. 주석을 위한 이 서론 부분에서 나는 사실성(historicity)과 역사성(historicality)의 차이를 주장하기 위해 많은 노력을 했다. 문헌 보관소의 기록은 사실성에 있어서 좀더 높은 수준을 가진 것으로 보일 것이다. 반면에 위대한 신명기 사관적 역사는 가능한 한 가장 높은 정도의 역사성을 보여 준다. 신명기 사관적 역사는 그 목적과 과정, 그리고 지향점의 관점에서 볼 때 하나님과 함께하는 이스라엘의 역사의 의미를 보여 주려는 데 주된 관심이 있기 때문이다.

또한 역사적인 비평가로서 잘 훈련된 성경 신학자들은 새로운 통찰과 이미 알려진 것을 통합할 수 있는 가장 좋은 위치에 있는 이들이다. 그들은 모두 고고학을 포함하여 계속되는 역사적 연구로부터 가장 많은 유익함을 얻을 수 있는 사람들인 것이다. 그리고 그들은 이러한 과정에서 그들의 방향성을 잃지 않으며 그들의 길을 잃지도 않는 사람들임에 틀림없을 것이다.

Ⅰ. 왕위 계승 내러티브에 대한 결론(1-2장)

1. 솔로몬이 왕이 되다(1:1-53)

참고문헌

Ackroyd, P. R. "The Succession Narrative(so-called)." *Int* 35(1981) 383-96. **Ball, E.** "The Co-regency of David and Solomon(1 Kings I)." *VT* 27(1977) 268-79. **Bar-Ephrat, S.** "Literary Modes and Methods in the Biblical Narrative." *Immanuel* 8(1978) 19-31. **Brueggemann, W.** "David and his Theologian." *CBQ* 30(1968) 156-81. ______. "On Trust and Freedom. A Study of Faith in the Succession Narrative." *Int* 36(1972) 3-19. ______. "Life and Death in Tenth Century Israel." *JAAR* 40(1972) 96-109. **Delekat, L.** "Tendenz und Theologie der David-Salomo-Erzählung." *Das ferne und nahe Wort*(L. Rost Fs). BZAW 105. Berlin: Töpelmann, 1967. **Flanagan, J. W.** "Court History or Succession Document? A Study of 2 Samuel 9-20 and 1 Kings 1-2." *JBL* 91(1972) 172-81. **Fokkelman, J. P.** *Narrative Art and Poetry in the Books of Samuel. A Full Interpretation Based on Stylistic and Structural Analyses.* Vol. I, *King David(II Sam. 9-20 and I Kings 1-2)*. StSemNed. Assen: van Gorcum, 1981(on 1 Kgs 1-2, 345-410). **Gunn, D. L.** "David and the Gift of the Kingdom(2 Sam. 2-4, 9-10, 1 Kgs. 1-2)." *Sem* 3(1975) 14-45. **Long, B. O.** "A Darkness Between Brothers." *JSOT* 19(1981) 79-94. **McCarter, Jr., P. K.** "'Plots, True or False': The Succession Narrative as Court Apologetic." *Int* 35(1981) 355-67. **Mettinger, T. N. D.** *King and Messiah. The Civil and Sacral Legitimation of the Israelite Kings.* Lund: C. W. K. Gleerup, 1976(on 1 Kgs 1:5-31, 119-24). **von Rad, G.** "Das judäische Königsritual." *TLZ* 72(1947) 211-16. **Rost, L.** *Die Überlieferung von der Thronnachfolge Davids.* BWANT, III 6. Stuttgart: W. Kohlhammer, 1926. **Smith, M.** "The So-called 'Biography of David' in the Books of Samuel and Kings." *HTR* 44(1951) 167-69. **Veijola, T.** *Die ewige Dynastie. David und die Entstehung seiner Dynastie nach der deuteronomistischen Darstellung.* Helsinki 1975(on 1 Kgs 1-2, 16-26). **Waterman, L.** "Some Historical and Literary Consequences of Probable Displacement in I Kings 1-2." *JAOS*

60(1940) 383-90. **Wharton, J. A.** "A Plausible Tale: Story and Theology in II Samuel 9-20, I Kings 1-2." *Int* 35(1981) 341-54. **Whybray, R. N.** *The Succession Narrative. A Study of II Samuel 9-20: I Kings 1 and 2.* SBT II, 9. Naperville-London: A. R. Allenson, 1968. **Würthwein, E.** *Die Erzählung von der Thronfolge Davids-theologische oder politische Geschichtsschreibung?* ThS 115. Zurich: Theologischer Verlag, 1977. **Zalewski, S.** "The Struggle Between Adonijah and Solomon over the Kingdom"(Heb.). *BMik* 63(1975) 490-510.

본 문

1 다윗 왕이 나이 많아 늙으니 이불을 덮어도 따뜻하지 아니한지라

2 그 신복들이 왕께 고하되 우리 주 왕을 위하여 젊은 처녀 하나를 구하여 저로 왕을 모셔 봉양하고 왕의 품에 누워 우리 주 왕으로 따뜻하시게 하리이다 하고

3 이스라엘 사방 경내에 아리따운 동녀를 구하다가 수넴 여자 아비삭을 얻어 왕께 데려왔으니

4 이 동녀는 심히 아리따운 자라 저가 왕을 봉양하며 수종하였으나 왕이 더불어 동침하지 아니하였더라

5 때에 학깃의 아들 아도니야가 스스로 높여서 이르기를 내가 왕이 되리라 하고 자기를 위하여 병거와 기병과 전배 오십 인을 예비하니

6 저는 압살롬의 다음에 난 자요 체용이 심히 준수한 자라 그 부친이 네가 어찌하여 그리하였느냐 하는 말로 한 번도 저를 섭섭하게 한 일이 없었더라

7 아도니야가 스루야의 아들 요압과 제사장 아비아달과 모의하니 저희가 좇아 도우나

8 제사장 사독과 여호야다의 아들 브나야와 선지자 나단과 시므이와 레이와 다윗에게 속한 용사들은 아도니야와 같이 하지 아니하였더라

9 아도니야가 에느로겔 근방 소헬렛 돌 곁에서 양과 소와 살찐 송아지를 잡고 왕자 곧 자기의 모

1 Now King David had become[a] old, well advanced in years, so that even when they covered him with blankets he could not get warm.

2 So his servants said,[a] "Let us seek out[b] for [c]the king[c] a pure young woman to attend the king,[d] lie [e]in his bosom,[e] and warm[f] the king."

3 Then they looked for a beautiful young woman throughout [a]all Israel[a] and found Abishag, a Shunemite, and brought her to the king.

4 Now the young woman was extremely beautiful[a] and became his bedfellow, waiting on his desires, but the king had no intercourse with her.

5 Now Adonijah[a] son of Haggith[b] took airs, saying, "I want to be king"; so he prepared for himself chariots and horsemen, with fifty men to run before him.

6 But his father had never chided[a] him, saying: "Why did you do this?"[b] What is more, he was exceedingly good-looking; she had borne him after Absalom was born.

7 His confidants were Joab son of Zeruiah and Abiathar the priest, and they [a]supported Adonijah.[a]

8 But Zadok the priest and Benaiah son of Jehoiada and Nathan the prophet and Shimei and Rei, and the warriors who were associated with David, were not with[a] Adonijah.

9 So Adonijah sacrificed [a]oxen and sheep[a] at the sliding stone[b] which is near Rogel spring,[c] having

든 동생과 왕의 신복 유다 모든 사람을 다 청하였
으나
10 선지자 나단과 브나야와 용사들과 자기 동생
솔로몬은 청하지 아니하였더라
11 나단이 솔로몬의 모친 밧세바에게 고하여 가
로되 학깃의 아들 아도니야가 왕이 됨을 듣지 못
하였나이까 우리 주 다윗은 알지 못하시나이다

12 이제 나로 당신의 생명과 당신의 아들 솔로몬
의 생명 구원할 계교 베풀기를 허락하소서
13 당신은 다윗 왕 앞에 들어가서 고하기를 내 주
왕이여 전에 왕이 계집종에게 맹세하여 이르시기
를 네 아들 솔로몬이 정녕 나를 이어 왕이 되어
내 위에 앉으리라 하지 아니하셨나이까 그런데 아
도니야가 무슨 연고로 왕이 되었나이까 하소서
14 당신이 거기서 왕과 말씀할 때에 나도 이어
들어가서 당신의 말씀을 증거하리이다
15 밧세바가 이에 침실에 들어가 왕에게 이르니
왕이 심히 늙었으므로 수넴 여자 아비삭이 시종
하였더라

16 밧세바가 몸을 굽혀 왕께 절하니 왕이 이르되
어찜이냐
17 저가 왕께 대답하되 내 주여 왕이 전에 왕의
하나님 여호와를 가리켜 계집종에게 맹세하시기
를 네 아들 솔로몬이 정녕 나를 이어 왕이 되어
내 위에 앉으리라 하셨거늘
18 이제 아도니야가 왕이 되었어도 내 주 왕은
알지 못하시나이다
19 저가 수소와 살진 송아지와 양을 많이 잡고
왕의 모든 아들과 제사장 아비아달과 군대 장관
요압을 청하였으나 왕의 종 솔로몬은 청치 아니
하였나이다
20 내 주 왕이여 온 이스라엘이 왕에게 다 주목
하고 누가 내 주 왕을 이어 그 위에 앉을 것을 반
포하시기를 기다리나이다
21 그렇지 아니하면 내 주 왕께서 그 열조와 함
께 잘 때에 나와 내 아들 솔로몬은 죄인이 되리이
다
22 밧세바가 왕과 말씀할 때에 선지자 나단이 들

invited all[d] his brothers [e]the king's sons[e] and[f] the
Judahites who were [g]royal officials:[g]
10 but Nathan the prophet and Benaiah and the
warriors and Solomon[a] he did not invite.
11 Then Nathan said[a] to Bathsheba Solomon's
mother, "Haven't you heard that Adonijah Hag-
gith's son reigns, while our lord David is una-
ware of it?
12 So now come,[a] let me offer you counsel to
save your life and the life of your son.[b]
13 Go enter in to King David and say to him,
'Did you not, my lord king, swear[a] to your maid-
servant as follows: "Surely [b]Solomon your son[b]
shall reign after me, and he shall sit on my
throne?" So why does Adonijah reign?'
14 While[a] you are still there speaking with the
king, I will follow[b] and confirm your words."
15 So Bathsheba entered in to the king in the
bedchamber. Now the king was very old, and
Abishag the Shunemite was ministering to the
king.
16 And Bathsheba bowed to show homage to the
king. And the king said,[a] "What is it?"
17 And she[a] said,[b] "My lord,[c] you swore by[d]
your god to your maidservant, 'Surely [e]Solomon
your son[e] shall[f] reign after me, and he shall sit
on my throne.'
18 But now, behold, Adonijah reigns, and you,[a]
my lord the king, do not know about it!
19 And he has sacrificed [a]sheep and oxen[a] and
has invited all the king's sons and Abiathar the
priest and Joab, general of the army, [b]but Solo-
mon your servant[c] he has not invited.[b]
20 [a]As for you, my lord king,[a] the eyes of all
Israel[b] are on you to tell them who shall sit on
the throne of my lord the king after him;
21 and it may be that when my lord the king
sleeps with his fathers I will be – with [a]my son
Solomon[a] – reckoned as guilty."
22 And behold, while she was still speaking

어온지라
23 혹이 왕께 고하여 가로되 선지자 나단이 여기
있나이다 하니 저가 왕 앞에 들어와서 얼굴을 땅
에 대어 왕께 절하고

24 가로되 내 주 왕께서 이르시기를 아도니야가
나를 이어 왕이 되어 내 위에 앉으리라 하셨나이
까
25 저가 오늘 내려가서 수소와 살진 송아지와 양
을 많이 잡고 왕의 모든 아들과 군대장관들과 제
사장 아비아달을 청하였는데 저희가 아도니야 앞
에서 먹고 마시며 아도니야 왕 만세를 불렀나이
다

26 그러나 왕의 종 나와 제사장 사독과 여호야다
의 아들 브나야와 왕의 종 솔로몬은 청치 아니하
였사오니
27 이것이 내 주 왕의 하신 일이니이까 그런데
왕께서 내 주 왕을 이어 그 위에 앉을 자를 종에
게 알게 하지 아니하셨나이다

28 다윗 왕이 명하여 가로되 밧세바를 내 앞으로
부르라 하매 저가 왕의 앞으로 들어와 그 앞에 서
는지라
29 왕이 가로되 내 생명을 모든 환난에서 구원하
신 여호와의 사심을 가리켜 맹세하노라

30 내가 이전에 이스라엘 하나님 여호와를 가리
켜 네게 맹세하여 이르기를 네 아들 솔로몬이 정
녕 나를 이어 왕이 되고 나를 대신하여 내 위에
앉으리라 하였으니 내가 오늘날 그대로 행하리라
31 밧세바가 얼굴을 땅에 대어 절하며 내 주 다
윗 왕은 만세수를 하옵소서 하니라

32 다윗 왕이 가로되 제사장 사독과 선지자 나단
과 여호야다의 아들 브나야를 내 앞으로 부르라
하니 저희가 왕 앞에 이른지라
33 왕이 저희에게 이르되 너희는 너희 주의 신복
들을 데리고 내 아들 솔로몬을 나의 노새에 태우
고 기혼으로 인도하여 내려가고

with the king, Nathan the prophet entered.
23 And they told the king, "Here is Nathan the
prophet." And he entered into [a]the king's[a] pre-
sence and prostrated himself on his face to the
king, all the way to the ground.
24 And Nathan[a] said, "My lord king, you must
have said, 'Adonijah shall reign after me, and he
shall sit on my throne,'
25 for he has gone down today and sacrificed
[a]oxen and sheep[a] in great number, and has invi-
ted all the king's sons and [b]the commanders of
the army[b] and Abiathar the priest, and behold,
these are eating and drinking before him, and
they say, 'Long live King Adonijah!'
26 But me—even me, your servant—and Zadok
the priest and Benaiah son of Jehoiada and Solo-
mon your son[a] he has not invited.
27 Has this business actually proceeded from my
lord the king, while you have not told your ser-
vants[a] who is to sit on the throne of my lord the
king after him?"
28 Then David[a] responded by saying, "Call me
Bathsheba," [b]and she came into the king's pre-
sence and stood before him.[b]
29 And the king took an oath and said, "By the
life of Yahweh, who has redeemed my life from
every adversity,
30 even as I swore to you by Yahweh the God
of Israel, saying, 'Surely Solomon your son shall
reign after me, and he shall sit on my throne in
my place,' thus shall I do this day!"
31 And Bathsheba bowed face to the ground,
doing homage to the king and saying, "May [a]my
lord King David[a] live forever!"
32 And the king[a] said, "Call me Zadok the pri-
est, Nathan the prophet, and Benaiah son of Je-
hoiada"; and they came into the king's presence.
33 And the king said to them, "Take with you
the servants of your lords[a] and mount [b]my son
Solomon[b] on the mule that belongs to me and

34 거기서 제사장 사독과 선지자 나단은 저에게
기름을 부어 이스라엘 왕을 삼고 너희는 양각을
불며 솔로몬 왕 만세를 부르고

35 저를 따라 올라오라 저가 와서 내 위에 앉아
나를 대신하여 왕이 되리라 내가 저를 세워 이스
라엘과 유다의 주권자가 되게 하기로 작정하였느
니라
36 여호야다의 아들 브나야가 왕께 대답하여 가
로되 아멘 내 주 왕의 하나님 여호와께서도 이렇
게 말씀하시기를 원하오며
37 또 여호와께서 내 주 왕과 함께 계심같이 솔
로몬과 함께 계셔서 그 위를 내 주 다윗 왕의 위
보다 더 크게 하시기를 원하나이다 하니라
38 제사장 사독과 선지자 나단과 여호야다의 아
들 브나야와 그렛 사람과 블렛 사람이 내려가서
솔로몬을 다윗 왕의 노새에 태우고 인도하여 기
혼으로 가서

39 제사장 사독이 성막 가운데서 기름 뿔을 가져
다가 솔로몬에게 기름을 부으니 이에 양각을 불
고 모든 백성이 솔로몬 왕 만세를 부르니라

40 모든 백성이 왕을 따라 올라와서 피리를 불며
크게 즐거워하므로 땅이 저희 소리로 인하여 갈
라질 듯하니

41 아도니야와 저와 함께 한 손들이 먹기를 마칠
때에 다 듣은지라 요압이 양각 소리를 듣고 가로
되 성중에서 소리가 어찌하여 요란하뇨

42 말할 때에 제사장 아비아달의 아들 요나단이
오는지라 아도니야가 가로되 들어오라 너는 용사
라 아름다운 소식을 가져오는도다

43 요나단이 아도니야에게 대답하여 가로되 과연
우리 주 다윗 왕이 솔로몬으로 왕을 삼으셨나이다
44 왕께서 제사장 사독과 선지자 나단과 여호야
다의 아들 브나야와 그렛 사람과 블렛 사람을 솔

bring him down to Gihon;
34 and let Zadok the priest, with Nathan the
prophet, anoint[a] him there as king over Israel;[b]
then you shall blow on the ram's horn and say,
'Long live King Solomon!'
35 [a]So shall he sit on my throne and[b] reign in
my place; and him[c] do I appoint as leader [d]over
Israel."[d]

36 And Benaiah son of Jehoiada responded to
the king and said, "Amen. May the god[a] of my
lord the king [b]confirm it![b]
37 As Yahweh has been with my lord,[a] so [b]may
he be[b] with Solomon and make his throne even
greater than the throne of my lord King David!"
38 So Zadok the priest went down, with Nathan
the prophet, Benaiah son of Jehoiada, and the
Cherethites and Pelethites, and they mounted
Solomon on King David's mule, and [a]brought
him[a] to Gihon.
39 And Zadok the priest took a horn of oil from
the Tent and anointed Solomon; then they blew
the ram's horn and all the people said, "Long live
King Solomon!"
40 And all the people came up after him; [a]and
[b]the people[b] were [c]playing on pipes[c] and rejoicing
with loud merriment,[a] so that the land resound-
ed[d] with their noise.
41 Now Adonijah heard it, [a]and all his guests,[a]
just as they finished eating; and when Joab
heard the sound of the ram's horn[b] he said,
[c]"Why this noise of the city in tumult?"[c]
42 While he was yet speaking, behold, Jonathan
son of Abiathar the priest![a] And Adonijah said,
"Enter, for a worthy man are you, the bringer of
good news!"
43 And Jonathan gave response and said,[a] "No,
our lord King David has made Solomon king
44 and has sent[a] with him Zadok the priest,
Nathan the prophet, Benaiah son of Jehoiada,

로몬과 함께 보내셨는데 저희 무리가 왕의 노새
에 솔로몬을 태워다가
45 제사장 사독과 선지자 나단이 기혼에서 기름
을 부어 왕을 삼고 무리가 그 곳에서 올라오며 즐
거워하므로 성중이 진동하였나니 당신들에게 들
린 소리가 이것이라
46 솔로몬이 나라 위에 앉았고
47 또 왕의 신복들이 와서 우리 주 다윗 왕에게
축복하여 이르기를 왕의 하나님이 솔로몬의 이름
을 왕의 이름보다 아름답게 하시고 그 위를 왕의
위보다 크게 하시기를 원하나이다 하매 왕이 침
상에서 몸을 굽히고
48 이르시기를 이스라엘의 하나님 여호와를 찬송
하리로다 여호와께서 오늘날 내 위에 앉을 자를
주사 나로 목도하게 하셨도다 하셨나이다 하니
49 아도니야와 함께 한 손들이 다 놀라 일어나
각기 갈 길로 간지라
50 아도니야도 솔로몬을 두려워하여 일어나 가서
제단 뿔을 잡으니
51 혹이 솔로몬에게 고하여 가로되 아도니야가
솔로몬 왕을 두려워하여 지금 제단 뿔을 잡고 말
하기를 솔로몬 왕이 오늘날 칼로 자기 종을 죽이
지 않겠다고 내게 맹세하기를 원한다 하나이다
52 솔로몬이 가로되 저가 만일 선한 사람이 될진
대 그 머리카락 하나라도 땅에 떨어지지 아니하
려니와 저의 가운데 악한 것이 보이면 죽으리라
하고
53 사람을 보내어 저를 제단에서 이끌어 내리니
저가 와서 솔로몬 왕께 절하매 솔로몬이 이르기
를 네 집으로 가라 하였더라

and the Cherethites and Pelethites, and they have
mounted him on the king's mule.
45 And Zadok the priest and Nathan the prophet
have anointed[a] him;[b] and they [c]have come up[c]
from there rejoicing, [d]so that the city is in tu-
mult.[d] This Is the noise[e] you have heard.
46 So Solomon sits on the royal throne.
47 And when the king's servants came in to
bless our lord King David,[a] saying, 'May [b]your
God[b] do even better for Solomon's fame than for
your own, and may he exalt his throne over
your throne,' then the king did homage in bed.[c]
48 What is more, the king responded to this by
saying, 'Blessed be Yahweh the God of Israel for
providing today[a] —while my own eyes behold it
—one who may sit on my throne!"
49 Then, trembling, all the guests who were
with Adonijah [a]rose up[a] and departed, each going
his own way.
50 Now Adonijah, being fearful of[a] Solomon,
rose and went[b] to grasp the horns of the altar.[c]
51 And it was reported to Solomon as follows:
"Behold, Adonijah is afraid of King Solomon;
and behold,[a] he has laid hold on the horns of the
altar, saying, 'Let[b] Solomon first swear to me not
to kill his servant with the sword!'"
52 And Solomon said, "If he behaves as a
gentleman, not one of [a]his hairs[a] will fall to the
ground, but if evil is found in him he shall die."
53 Then Solomon[a] sent and brought him down
from the altar; and he entered and did homage
to Solomon.[b] And Solomon said to him, "Go to
your house."

원문주해

1.a. G^L은 "매우"라는 뜻의 스포드라(*σφόδρα*)를 더함.
2.a. G^B. MT과 G^L은 이 말들을 왕에게 한다.

2.b. 아마도 G^B. 제테사토산(ζητησάτωσαν, "그들이 찾도록 하라!", 참조. G^L 라베토산 〈λαβέτωσαν, "그들로 하여금 데려오게 했다"〉)에 의해서 지지를 받는 MT의 예바크슈(יבקשו, "그들이 찾다")는 "우리가 찾자"라는, 원래 네바카스(נבקש)로부터 기인된 3절에 의해 훼손되었다.

2.c-c. 한 신복의 입의 말을 유지하게 하는 MT의 "나의 주"를 생략하면서, 다른 사람들에게 말을 전하는 형식의 G^B. G^L은 소유대명사 없이 "주"를 첨가한다.

2.d. 4절에 의해서 영향을 받았고, MT과 G^B(여기에 헤브라이화하는 *Kaige*)는 "그리고 그의 아내가 되었다"를 첨가했다.

2.e-e. G^L의 엔 토 콜포(ἐν τῷ κόλπῳ)는 글자 그대로 해석된 숙어로 "품에"라는 뜻이다. MT의 "너의 품에" 혹은 G^B의 "그와 함께"에서처럼 소유격 대명사의 생략은 이 장면에서 명백하게 보이는 성적인 왕성함을 약화시키려고 노력한 흔적이다.

2.f. c-c의 주해를 보라. 여기서 G^L은 다시 "그 왕" 앞에 "나의 주"를 생략하는 것을 따르고 있다.

3.a-a. G^L의 "전 이스라엘에서"라는 의미의 엔 판티 이스라엘(ἐν πάντι Ἰσραήλ)이 MT과 G^B(*Kaige*)이 전형적인 어법에 따라 "이스라엘이 통치하는 전 지역에서"라는 어구로 읽는 것보다 더 적절한 것이다.

4.a. "외관상은"이라고 한 MT과 G^B은 설명적이다.

5.a. 그 이름이 등장하는 여기와 다른 어느 곳에서나 G^L은 "오르니아(Ornia)"(달렌〈ד〉이 레쉬〈ר〉로. G^B(*Kaige*)은 MT의 어구를 쓰고 있다.

5.b. G^L은 익숙한 부계의 형식을 따라 구분하여 "다윗"이라고 함. 모계를 통한 구별 형식은 거의 보존되고 있지 않으나, 다윗의 아내들 사이의 경쟁 관계를 강조하려는 의도로 표현된 본문은 의미가 있다.

6.a. "꾸짖다"라는 뜻을 가진 MT의 아차브(עצב)는 G^L에서 에피티마오(ἐπιτιμάω, "나무라다, 꾸짖다")로 적절하게 잘 번역되었다. G^B이 "학대하다", "심하게 다루다"라는 뜻을 가진 아페콜뤼센(ἀπεκώλυσεν)으로 표현한 것은 본문의 히브리어를 아차드(עצד)로 읽은 것이다. 이것은 매우 이른 시기의 오류일 것이다. 포로기 이전 가나안 자료에서는 ב와 ד이 거의 같이 나타나기 때문이다.

6.b. G^B에는 직접 목적어와 비교 구문이 없다(MT의 뜻과 매우 근접하게 번역한 G^L과 비교해 보라). 그러나 "이러한"이라는 말은 디아 티 수 에포이에사스(δὶα τί σὺ ἐποίησας, "네가 행농했느냐?")라는 헬라어 구문에 암시되어 있는 말이다.

7.a-a. "함께 부담하다"라는 뜻을 가진 G^L의 안티람라논토(ἀντιλαμράνοντο)는 MT의 단어를 숙어적으로 만든 것일 수 있다. MT은 G^B(*Kaige*)에 의해서 문자적으로 번역되었다.

8.a. "함께"라는 뜻을 가진 G^L의 메타(μετὰ)는 MT의 임(עִם)에 대한 문지적인 번역이다.

9.a-a. 두 동물(*βόασ καὶ πρόβατα*－보아스 카이 프로바타, "소들"과 "양들")을 나타내고 있는 G^L은 MT과 G^B(*Kaige*)에서 세 가지 동물("양들과 소들과 살진 송아지들", MT은 촌 우바카르 우메리〈צאן ובקר ומריא〉, G^B은 프로바타 카이 모스쿠스 카이 하르나스〈*πρόβατα καὶ μόσχους καὶ ἄρνας*〉)를 포함하기 위해서 확대되었다. 이러한 형식이 나타날 때마다 동물들을 다르게 나열한 목록에 다양한 증거들이 주어진다.

9.b. G^B은 "돌"을 나타내는 히브리어 에벤(אבן)을 "불"을 의미하는 에쉬(אש)로 훼손시켰다. 다음을 보라. Burney, *Notes* xx.

9.c. G^B은 생략함.

9.d. MT과 G^L. G^B의 생략은 버니(Burney)에 따르면 훼손된 것이다. Burney, *Notes* xx.

9.e-e. MT과 G^L. G^B은 생략함.

9.f. G^{BL}. MT의 "모든"은 후대의 첨가이며 이상화된 것이다.

9.g-g. MT과 G^B. G^L은 히브리어 아브데이 함멜레크(עבדי המלך)가 전문적인 칭호이며 자체로 완전하다는 사실을 간과하고, "다윗"이라는 적당한 이름을 더함으로써 설명적인 성격을 보이고 있다.

10.a. G^L은 단지 적정한 이름만을 가지고 있다. MT과 G^B(*Kaige*)은 설명적인 "그의 형제"라는 어구를 더했다. 이는 마치 9절의 "모든 그의 형제들" 중에 솔로몬을 포함하지 않은 의도된 모욕을 강조하려는 듯한 것이다.

11.a. MT과 G^B. G^L은 "그리고 왔다"라는 동사문을 보여 주고 있는데, 이는 좀더 행동적인 면을 낳게 하려는 의도로 사용된 효과적인 문체적 장치지만 그 원전성은 의심스럽다.

12.a. 행동(참조. 창 12:1)을 야기하는 명령법인 히브리어 레키(לכי)는 G^B의 문자적인 번역에서는 "이리로 오시오"(*Kaige*)라는 뜻의 듀로(*δεύρο*)로, G^L의 숙어적 번역에서는 "제발!"이라는 데(*δή*)가 되었다.

12.b. G^L 그리고 G^B을 가지고 있는 MT의 "당신의 아들" 전과 후의 교차적인 위치에서는 "솔로몬"이 설명적인 것으로 나타난다.

13.a. G^L의 "야웨 하나님에 의해서"는 설명적이기 때문에 MT과 G^B이 더 낫다.

13.b-b. 순서를 바꾸는 MT과 G^{BL}. 이 경우는 12.b.의 주해의 것과 같지 않다. 약속의 형식이 초반부에서 강조적으로 솔로몬으로 이름짓는 것이 요구되기 때문이다.

14.a. G^L은 MT과 G^B에서 읽는 "그리고 보라"는 어구를 생략한다. MT과 G^B은 고전 히브리어 문체의 원형적인 것을 확대한 것이다.

14.b. 설명적인 "당신을"이라는 어구를 첨가한 MT과 G^L보다 G^B이 우선시되어야 한다.

16.a. "그녀에게"라는 설명 어구를 첨가한 G^L보다 MT과 G^B이 우선시되어야 한다.

17.a. MT과 G^B은 G^L에서 "밧세바"로 설명된 단순 대명사를 가지고 있다.

17.b. MT의 설명적인 "그에게"보다는 G^{BL}이 우선시되어야 한다.

17.c. MT과 G^B. G^L에는 "오, 왕이시여!"라는 어구가 첨가되었다.

17.d. 왕(1:47)에게 드리는 공손한 말씨로서 이 자료에서는 G^B의 "당신의 하나님"이 규칙적인 유형이다. 그러므로 MT과 G^L의 "야웨"라는 어구의 첨가는 만연체적이다.

17.e-e. 12절부터 반복되는 MT의 문체는 G^{BL}의 역순의 어구보다는 선호될 만한 가치가 있다.

17.f. MT과 G^B. 익숙한 왕실 형식의 이런 전형적인 승계선 전에 일반적으로 G^L과 같이 "그"를 첨가하여 읽는다. G^B의 생략은 헬라적 문체화다.

18.a. G^{BL}의 "그리고 당신"이라는 의미의 카이 수(*καὶ σύ*)는 새로운 주어로서 다윗에게 관심을 집중시킨다. MT의 "그리고 이제"라는 의미의 베아타(ועתה)는 먼저 나온 베아타(ועתה)로부터 기인된 오류다. 참조. *HOTTP*, 290.

19.a-a. G^L은 두 가지 희생제 동물을 언급하고 있는 반면, MT과 G^B은 각각 세 가지로 확대하고 있다. 9절에 대한 "원문주해"를 보라.

19.b-b. G^L은 이 어구를 생략했지만, MT과 G^B은 "그러나 솔로몬 당신의 종을 초대하지 않았다"가 문맥의 원활한 의미를 위해서 요청된다.

19.c. 참조. 26절.

20.a-a. G^L은 28절의 내용에 상응하는 "그리고 이러한 일이 나의 주 왕을 통해서 일어났는지 모릅니다. 때문에…"라는 어구를 보충한다.

20.b. MT과 G^B. G^L은 "백성들."

21.a-a. 여기서는 "나의 아들 솔로몬"이라고 한 MT의 어구가 "솔로몬 나의 아들"이라고 한 G^{BL}의 어구보다 나은 것이다. 예견되는 피의 숙청이라는 정황 속에서는 어머니와 아들의 관계가 좀더 자연스러운 연결이기 때문이다.

23.a-a. MT과 G^B. G^L의 부가적인 "다윗"은 설명적이다.

24.a. MT과 G^B. G^L의 수(*σύ*)=아타(אתה)는 이름 나탄(נתן)의 원문 변조일 수 있다. 여기에서 나단이 새로운 화자로서 이름에 의해 소개되는 것은 일반적으로 좋은 문체다.

25.a-a. G^L의 두 가지 희생 동물은 MT과 G^B의 세 가지보다 우선시되어야 한다.

25.b-b. MT과 G^B의 "군대의 장군들"은 G^L의 "요압 장군"보다 좀더 어려운 독법을 구성하고 있다. 후자는 이전에 언급된 아도니야 측의 유일한 군대 고위 장교이기 때문이다. 참조. *HOTTP*, 291.

26.a. G^L. MT과 G^B(*Kaige*)은 19절로부터 "당신의 종"으로 표준화했다. 그러나 13, 17절의 "아들"을 참고하라.

27.a. MT, 전반적이며 사적인 회의 구성원에 관련된 것. 단수로서 G^{BL}은 나단이 자신 홀로 말하고 있음을 상정하고 있다.

28.a. G^{BL}. MT의 "다윗 왕"은 이 정황에서는 만연체적이다.

28.b-b. G^B은 가장 자연스러운 문체를 가졌다. "왕의 존전에"라는 어구의 뜻은 방 전체

에 세력이 미치기 때문이다. 그러므로 우리의 번역은 MT과 반대이고 "왕의 존전에"라는 어구로 두 번 반복된다. G^L은 "그리고 그녀는 들어갔다. 그리고 왕의 존전에 섰다"라는 어구를 가지고 있다.

31.a-a. MT과 G^B. G^L은 "왕 나의 주 다윗"이라는 어색한 어구를 가지고 있다(변조?).

32.a. G^L. MT과 G^B은 설명적인 어구 "다윗"을 첨가함.

33.a. MT의 복수형은 난해해서 설명을 요구한다. 따라서 G^{BL}은 단수를 사용함.

33.b-b. 솔로몬의 신원에 대해서 강조하지 않는 것이 의도적인 것 같기 때문에 본 주석에서는 MT과 G^L의 "솔로몬 나의 아들"보다는 G^B과 같이 읽는 것을 우선시하여 따른다.

34.a. MT과 G^B의 단수는 주석학적 관점에서 보면 맞는 것이다. 단지 제사장만이 기름붓는 의식을 시행할 수 있기 때문이다. G^B의 복수형은 이 번역자가 히브리 율법에 대해서 잘 모르고 있음을 보여 주는 것이다. 그는 이 두 주요 제의 관직자들이 이러한 성례전의 기능을 수행할 수 있다고 보고 있기 때문이다.

34.b. MT과 G^B. "이스라엘"은 제의적 연합 그리고 연합 왕국에 대한 이름이기 때문에 매우 적절하다. G^L의 "그리고 유다"라는 어구의 첨가는 포로기 이후의 주석이다.

35.a. G^B. MT과 G^L은 만연체적 어구인 "그리고 너희는 올라갈 것이다"를 첨가하고 있다.

35.b. G^B이 MT과 G^L보다 우선시되어야 한다. 후자가 "그리고 그가"라는 강조적인 주격 대명사로 시작하는 것은 부적절한 이유가 되기 때문이다.

35.c. MT과 G^L은 강조를 위해서 맨 앞에 대명사 목적어를 바르게 놓았다. G^B은 아마도 베아톤(ואתן) 대신에 베아니(ואני)로 읽은 원본의 훼손일 것이다.

35.d-d. 34절과 주된 증거들이 "그리고 유다"를 일관되지 않게(MT과 G^B은 뒤에, G^L은 앞에) 첨가하고 있다는 사실로부터 편집자의 추측.

36.a. G^B은 다윗에게 전하는 직접적인 이야기 속에서 다윗의 하나님을 말하지 않는다. 참조. 17절. G^L은 알기 쉽게 혼합하여 쓴 반면에, MT은 "야웨"를 더하고 있다.

36.b-b. G^{BL}. MT은 "그것을 말한다", Mss와 Syr은 "그것을 하라"고 함.

37.a. G^{BL}. "그 왕"을 첨가한 MT은 만연체적이다.

37.b-b. "그가 있을 것이다"라는 Q의 이흐예(יִהְיֶה, G^L의 에스타이〈ἔσται〉도 같음, 직설법)보다 "그가 있게 하소서"라는 K의 예히(יְהִי, G^B의 에이에〈εἴη〉도 동일함, 기원법)의 독법이 좋다. 간접명령법 혹은 기원법의 경건한 소망이 브나야의 말에 자연스럽다. 그러나 서기관들은 그들의 Q에 대한 지적과 함께 직설법을 말한다. 이것은 야웨가 솔로몬과 함께하지 않을 수도 있다는 생각에 반대하는 것이다.

38.a-a. G^B의 아페가곤(ἀπήγαγον, "그들이 데리고 갔다")에 의해서 지지받고 있는 "그리고 그들이 그를 데리고 갔다"라는 뜻의 MT의 히브리어 히필형 봐요리쿠(ויולכו)는, 실제로 솔로몬에게 기름붓는 장면에 인도하는 의미에 잘 맞는다. 이는 G^L("그들이 갔다"

라는 에포류온토〈ἐπορεύοντο〉)에 반대되는 것으로 "그를"이라는 뜻의 에토(אתו)를 "그를 따라"라는 아하리오(אחריו)로 변조한 것으로 보아 G^L은 히브리어를 칼형으로 읽는다.

40.a-a. G^L은 MT과 G^B이 구전 전승에 함께 있었던 것을 말하면서 그 둘의 독법을 혼합한다.

40.b-b. MT은 아마도 옳을 것이다. "모든 백성들"이라는 구문으로 시작한 첫 구절은 전술한 내러티브 진행을 결론짓기 때문이다. G^B은 문체를 위해서 새로운 주어를 생략한 반면에, G^L과 OL은 "모든 백성들"을 반복한다.

40.c-c. MT의 "피리를 불며"라는 뜻의 메할렐림 바할리림(מְחַלְּלִים בַּחֲלִלִים)은 히브리어를 메홀렐림 바므호로트(מְחֹלְלִים בִּמְחֹלוֹת)로 읽어 "춤을 추며 빙빙 돌다"라는 뜻을 가진 G^B보다 그 기쁨과 즐거움의 정도에서 다소 덜한 장면이다.

40.d. G^L의 독법(에코〈ἠχῶ〉로부터 파생된 "울리다"라는 뜻의 에케센〈ἤχησεν〉)의 히브리어 티타케(תִּתָּקַע)가 더 믿을 만하다. G^B이 따르고 있는 MT은 놀랄 만한 봐티바카(וַתִּבָּקַע)를 사용하고 있다. 원형은 지진이 일어날 때와 같은 현상인 "쪼개진다"라는 의미를 가진다.

41.a-a. 가장 단순한 텍스트를 가지고 있는 G^B. MT은 "그리고 그와 함께 있었던 손님들"이라는 구를 가진다. 가장 단순한 텍스트를 가지고 있는 G^L. MT은 "그리고 그와 함께 있었던 손님들"이라는 구를 가진다. G^L은 "그리고 그와 함께 먹고 마시는 모든 사람들"로 의역한다.

41.b. MT과 G^B. G^L의 "소음"은 바로 전 구절의 동사 에케인(ἠχεῖν)의 영향을 받았을 수 있다. 참조. 45절.

41.c-c. MT과 G^B. G^L의 "왜 큰 소음의 소리를 외치는가?"는 서로 다른 문장을 합한 것이다.

42.a. G^L은 매우 극적인 힘을 가진 문체인 동사가 없는 히브리어 텍스트를 따른다. MT과 G^B(*Kaige*)은 "들어갔다"라는 동사를 현학적으로 사용한다.

43.a. G^B. MT과 G^L은 설명적인 "아도니야에게"를 첨가한다.

44.a. G^L. MT과 G^B은 설명적으로 주어 "그 왕"을 첨가한다.

45.a. MT과 G^B은 복수 형태(G^L은 39절과 함께 단수 형태를 지속적으로 사용함)를 사용하면서 원래의 텍스트를 따른다. 이러한 작은 부정확함이 이 어린 제사장의 상기된 보고를 전체적으로 자연스럽게 해주기 때문이다. 이것은 저자의 숙련된 화법에서 간과되지 않아야 할 부분이다.

45.b. G^{BL}. MT의 "왕으로서"는 설명적이다.

45.c-c. MT과 G^B. G^L이 대명사 목적어 "그를"을 첨가하는 것은 봐야알루(וַיַּעֲלוּ, "그리고 그들이 올라갔다")의 마지막 와우(ו)를 대명접미사로 읽기 때문이거나 혹은 더 그럴듯하게는 그 판본에 부가적인 와우(ו)를 가졌기 때문이다. 물론 그 동사는 칼형보다는 히

필형으로 보아야 한다.

45.d-d. 생생한 표현을 가진 MT과 G^B은 G^L보다 더 원본적이다. 40절의 "땅"을 유지하고 있는 G^L은 "외침"이라는 뜻을 가진 명사 크라우게(κραυγή)를 가진 명사절에 종속된다. 이 크라우게(κραυγή)는 "소란 속에 있는"이라는 의미를 가진 히브리어 동사 훔(הוּם)으로부터 파생될 수 없는 단어다.

45.e. MT과 G^B. G^L은 "소음의 소리"라는 어구로 그(루시안)의 애매한 텍스트에서 의미가 통하게 하기 위해 노력한다.

47.a. MT과 G^B. "그리고 그들이 개인적으로 왔고 말했다"라는 어구를 첨가한 G^L은 설명적이다.

47.b-b. MT, 왕에게 드리는 말씀에 있어서 우선권을 가질 가치가 있는 어법. 소유대명사가 없는 G^B의 "하나님"을 보라. G^L 퀴리오스(κύριος)=Yahweh.

47.c. MT과 G^B은 숙어적으로 "그 침대"라는 어구를 가지고 있다. G^L은 설명적인 대명접미사를 첨가한다.

48.a. MT은 해결과 드러남의 날로서 그 날을 표시한다. G^{BL}은 "나의 후손으로부터"라는 설명적인 어구로 오히려 말하는 사람의 관점을 손상시키고 있다.

49.a-a. MT과 G^L. 좋은 히브리어 문체는 종종 "일어나다"라는 의미의 히브리어 동사 쿰(קוּם)을 행동의 동사들 전에 끼워 넣는다. G^B은 생략한다.

50.a. MT과 G^B. G^L은 "왕 솔로몬". 우리는 50-53절이 지속적으로 적절한 이름만을 가지고 있다는 것을 주목해야 한다. 이는 여전히 중심 무대를 차지하고 있는 형제들의 경쟁이 여기에 있다는 사실에 대한 화자의 인지와 감응을 보여 주는 것이다. 솔로몬이 그의 재판관적 역량을 보여 주는 행동에서 "왕 솔로몬"이 규칙적으로 사용된 2:17-25과 반대다.

50.b. MT과 G^B. 2:29로부터 G^L은 "야웨의 장막으로"라는 그(루시안)의 설명적인 첨가부분을 그리고 있다.

50.c. G^L은 51절로부터 단어들을 첨가한다(다른 구문들을 섞음).

51.a. MT과 G^L은 이중의 "보십시오"라는 좋은 독법을 따르고 있다(G^B은 두 번째 것이 빠졌다). 두 번 반복이 좋은 이유는 두 번째 절이 첫 번째가 지시하는 절정의 현상을 지적하기 때문이다.

51.b. G^{BL}. MT의 "왕 솔로몬"은 본 단락에서 이렇다 할 근거가 없다(위를 보라).

52.a-a. MT과 G^B. G^L의 "그의 머리의 머리털"은 설명적이다.

53.a. G^L. MT과 G^B의 "왕 솔로몬". 위를 보라.

53.b. G^{BL}. MT은 "왕"을 첨가한다.

양식/구조/배경

왕위 계승 내러티브, 삽화 13: 솔로몬 측이 쿠데타에 성공하다.

I. 위험스러운 상황: 세월의 흐름에 따른 다윗의 쇠약
  A. 서론적 설명부: 다윗의 육체적 퇴화, 1:1
  B. 민간 요법: 아비삭
    1. 계획, 2절
    2. 찾음, 3절
    3. 시행된 아비삭의 시중과 부정적인 결과, 4절

II. 좌절된 아도니야의 쿠데타
  A. 도발: 왕위 찬탈을 위한 아도니야의 행보
    1. 서론적 설명부: 음모
      a. 아도니야의 기질, 5-6절
      b. 정적의 당파들, 7-8절
    2. 아도니야의 왕위 승계 축제, 9-10절
  B. 나단의 예방적 대책
    1. 장면 1: 인위적으로 확실히 하기
      a. 밧세바에게 책략을 간언함, 11-14절
      b. 다윗에게 밧세바가 탄원함
        (1) 왕에게 나아감, 15-16절
        (2) 밧세바의 탄원
          (a) 회상된 약속, 17절
          (b) 아도니야의 쿠데타를 알림, 18-19절
          (c) 왕이 이행해야 할 책임을 상기시킴, 20-21절
      c. 다윗에게 나단이 탄원함
        (1) 왕에게 나아감, 22-23절
        (2) 나단의 탄원
          (a) 아도니야의 쿠데타를 보고함, 24-26절
          (b) 왕의 의중을 물음, 27절
    2. 장면 2: 다윗이 솔로몬의 왕위 승계를 명령함
      a. 확인된 약속

(1) 다윗이 밧세바를 부름, 28절
(2) 다윗이 솔로몬을 즉시 왕으로 세울 것을 약속함, 29-30절
(3) 밧세바의 감응, 31절
b. 다윗이 신하들에게 지시함
(1) 왕의 부름들, 32절
(2) 기름부음과 왕위 승계를 명함, 33-35절
(3) 브나야의 찬사어린 확언, 36-37절
c. 성취: 기름부음과 솔로몬을 환호함, 38-40절
3. 장면 3: 아도니야의 왕위 승계를 무효화함
a. 축제를 벌이던 자들이 소식을 들음, 41-42절
b. 솔로몬 왕위 승계에 대한 보고, 43-46절
c. 다윗의 승인 보고
(1) 왕의 신복들이 다윗과 더불어 솔로몬을 축복함, 47절
(2) 다윗이 솔로몬으로 인하여 야웨를 찬송함, 48절
C. 아도니야 측의 해산, 49절
III. 아도니야가 회유를 받아들임
A. 성전으로 도주한 아도니야, 50절
B. 장면 4: 솔로몬이 자비를 베풂
1. 보고와 지켜야 할 지침, 51-52절
2. 소환되고 방면된 아도니야, 53절

위에서 언급된 개요를 주의 깊게 들여다보면 본문의 구조가 자료적인 내용과 더불어 대화적인 기능을 가지고 있음을 독자들은 보게 될 것이다. 이야기가 **어떻게(How)** 전해지느냐는 **무엇이(What)** 전해지느냐 만큼이나 중요할 수 있다. 1장의 개요는 의도적으로 계획된 기능적인 면이 있다. 따라서 여러 부차적인 논제들의 단순한 논리적 배열은 아닌 것이다. 이 개요는 화자(narrator)의 생각 속에 존재하고 있었던 계획을 재현시키려는 목적이 있는 것이다. 화자는 어떤 요소들을 정확히 선택해서 그가 의도했던 강력한 효과를 전달하기 위해 매우 솜씨 있게 효과적인 방법으로 배열했기 때문이다.

열왕기상 1-2장은 매우 어려운 부분이어서 시무엘하 9-20장의 연속이라는 것 외에는 충분하게 논의될 수 없었다. 이 부분은 왕위 계승 내러티브의 절정이며 결론

부분이다(상세한 설명을 위해서는 서론을 보라). 한때 사무엘서와 열왕기는 하나의 연속적으로 이어지는 자료였음에 틀림없다. 그러나 후대의 편집자는 다윗 왕의 역사를 하나로 포함시키기 위해서 사무엘하 21-24장에 주로 늦은 연대기의 다양한 자료들을 끼워 넣었다. 그 편집자는 또한 열왕기상하를 각각 나뉜 책으로서 떼어냈고, 열왕기상 1-2장을 솔로몬의 역사에 대한 서론으로서 기능하도록 편집했다. 따라서 오늘날 독자는 이러한 잘못된 분리 배열로 인한 영향을 분별해 내야만 하고, 열왕기상 1-2장을 그 본래적인 의미, 즉 다윗-솔로몬 이야기에 대한 대단원의 결말로서 읽어야만 한다.

이 주석의 일반적인 진행 절차는 텍스트를 단락별로 다루는 것이다. 그러나 왕위 계승 내러티브와 같은 좀 긴 자료를 다룰 때는 삽화(揷話)별로 다루는 것이 좋다. 각각의 삽화들은 나름대로 고유한 주제와 구조를 가지고 있기 때문이다. 왕위 계승 자료에 들어 있는 14개의 삽화들은 다음과 같다.

(1) 므비보셋을 향한 다윗의 친절, 삼하 9장
(2) 암몬-시리아 족속과의 전쟁(I), 삼하 10장
(3) 밧세바에 대한 다윗의 죄와 그 결과, 삼하 11:1-12:25
(4) 암몬-시리아 족속과의 전쟁(II), 삼하 12:26-31
(5) 암논의 죄와 압살롬의 복수, 삼하 13장
(6) 압살롬의 회복과 그 결과, 삼하 14:1-15:6
(7) 압살롬의 모반과 다윗의 피신, 삼하 15:7-16:14
(8) 후새의 모략이 추격으로부터 다윗을 구하다, 삼하 16:15-17:23
(9) 에브라임 산지에서의 전투, 삼하 17:24-18:7
(10) 압살롬의 죽음과 그 결과, 삼하 18:8-19:9ab(영역본 8ab절)
(11) 다윗의 환궁과 세바의 모반, 삼하 19:9b(영역본 8b절)-20:3
(12) 진압된 세바의 모반, 삼하 20:4-22
(13) 솔로몬 측이 쿠데타에 성공하다, 열상 1:1-53
(14) 솔로몬이 그의 왕권을 세우다, 열상 2:1-46a
요약적 결론, 왕상 2:46b

사무엘서와 열왕기에 있는 자료가 오경의 두 가지 이른 자료들인 J와 E로 나뉘어야만 한다는 후기 벨하우젠 학파의 주장을 해체시켜 버린 뛰어난 독일 학자는 바로 레온하르트 로스트(Leonhard Rost, *Die Überlieferung von der Thronnachfolge Davids*, 1926)다. 로스트는 사무엘하 9-20장과 열왕기상 1-2장이 솔로몬이 다윗의 다른 아들들 위에 그 아버지의 후계자로서 합법적으로 선택되었음을 선포하기 위한 선전문이었음을 매우 설득력 있게 주장했다. 대다수의 학자들은 이 학설을 받아들였고, 그들 중 몇 명은 로스트의 견해를 확증해 주는 중요한 연구물들을 내놓았나(예를 들어, R. N. Whybray, *The Succession Narrative*, 1968). 때때로 좀 다른 견해들이 나오기는 했지만, 일반적으로 그 영향은 오래 지속되지는 못했다. 우리는 또한 티모 베이졸라(Timo Veijola)의 주목할 만한 연구를 언급해야 할 것이다. 그는 *Die Ewige Dynastie*(1975)에서 로스트의 종합적인 결론을 해체시켰고, 오히려 열왕기상 1-2장의 다음과 같은 상당히 많은 부분을 신명기 사가의 작품으로 귀속시켰다: 1:35-37, 46-48(30절에서의 확대와 더불어), 2:1-2, 4aαb, 5-9, 24, 26b-27, 31b-33, 37b, 44-45(42a절과 43a절의 확대와 더불어). 베이졸라는 디트리히(W. Dietrich, *Prophetie und Geschichte*)의 방법론을 따르고 있는데, 나는 나의 책 *Prophet against Prophet* 129-30에서 디트리히의 방법론을 날카롭게 비판했다. 베이졸라는 사무엘상 16장에서 열왕기상 2장까지의 다윗 이야기 속에 있는 가장 이른 초기 문학적 층위들을 분석해 내기 위해서 편집 비평 가정들을 사용한다. 그러나 그는 기본적인 단위들의 구조를 무시함으로써 독립된 단위로서든지 초기의 결합체로서든지 그것들의 기능과 목적들을 보지 못하게 된다. 그는 내러티브 요소들을 소개하는 데 있어서 긴장과 극적인 효과를 만들어 내는 왕위 계승 자료에 대한 기법을 거의 인식하지 못한다. 그는 왕위를 놓고 벌이는 다양한 사람들의 경쟁을 해소해 나가는 이 자료의 방법에서 보이는 미묘한 아이러니의 상당한 부분을 놓치고 있는 것이다. 다윗 통치에 대한 단순화된 이미지를 손상시키는 것 같은 이러한 모든 것들은 신명기 사가의 기법으로 여겨진다. 물론 신명기 사가는 이 특별한 자료에 대한 본래의 창조적인 저자로서 받아들여지기에는 너무 많이 늦은 시기의 사람이다. 우리는 이제 35-37절과 46-48절을 필요로 하는 열왕기상 1장을 언급할 수 있다. 이 장은 신명기 사가적인 편집과 같은 것에 대한 증거가 전혀 없는 하나의 절대적인 단일체다.

열왕기상 1장이 무엇인지를 제대로 평가하기 위해서는 저자의 보기 드문 기법과 그 효과성에 대한 온전한 이해가 필요하다. 저자는 왕위 계승 내러티브의 상반부에서 보이는 것처럼 서술과 대화를 교대로 섞어서 사용한다. 그가 시작하는 서론적 설명부(1, 5-8절)와 결론적 대단원(9-10, 38-40, 49절)에서 주로 서술을 사용한다는 것은 흥미롭다. 서론부와 결론부는 실제적으로 대화의 부분에서 계속될 주요한 행동을 위해 서론적으로 예비하거나 결론적으로 풀어내기 위한 요소들이다. 즉 화자는 행동을 경쟁적인 상대들 사이나 그들 속에서 말을 주고받는 대화에서 본질적으로 일어나는 일로서 보게 된다. 열왕기상의 저자는 그러한 행동이 일어나는 효과적인 일련의 연결된 장면들(11-27, 28-37, 41-48, 51-53절)을 만들어 내는 데 아주 탁월하다. 그러한 장면들은 아마도 셰익스피어의 작품들에 나오는 것들에 비견될 만하다. 배우는 무대에 등장하여 자신의 역할을 담당하고, 다른 등장 인물을 위해서 무대를 떠난다. 따라서 첫 번째 장면에서 나단이 먼저 밧세바에게 말한다. 그러고 나서 그녀는 다윗에게 말하기 위해서 그의 침실에 들어가고, 이어서 나단도 다윗의 침실에 들어가 밧세바의 탄원을 확증한다. 장면 2도 비슷하다. 장면 3은 더 단순하며, 장면 4는 가장 단순하다.

이 저자에게 또 다른 주목할 만한 기법은 회상과 예상(미래를 잠시 내다보는 것)에서 보이는 균형감이다. 왕이 많이 노쇠했고 아비삭이 시중들어 주는 것을 묘사하고 있는 15절에서 회상의 요소를 인지할 수 있다. 이것은 1-4절의 내용을 잊어버린 독자에게 회상시켜 주기 위함도 아니고 밧세바가 그러한 것을 모르고 있었음을 말하고자 함도 아니다. 1-4절에 언급된, 다윗이 위험스러울 정도로 쇠약해졌다는 것을 회상시키는 것이다. 다른 회상의 장면은 27절에 있는 "이것이 내 주 왕의 하신 일이니이까"라는 나단의 질문이다. 실제 역사적인 관점에서 나단은 이 질문에 대한 대답을 궁금해 했을 것이다. 이론적으로는 다윗이 은밀하게 아도니야를 지적했을 수도 있다. 그러나 나단은 실제적으로는 독자가 앞에 있는 이야기를 읽지 않았다 하더라도 같은 질문을 던질 그 독자를 염두에 두고 이야기하고 있는 것이다.

더 중요한 회상의 경우는 다윗으로 하여금 솔로몬을 자신의 후계자로 지명할 것을 서약한 사실(13, 17절; 참조. 30절)을 회상하도록 한 밧세바의 (그리고 나단의) 이야기에서 발견된다. 나단은 이것을 질문으로서 단순하게 표현하는 반면에, 밧세바는 모든 것을 확실히 알고 있는 위치에서 하나의 분명한 사실로서 왕에게 아뢴다. 이루어지지 않는 서약에 대한 증언이 되는 진술 자료는 이 장 전체의 명확한 주제가 된다. 이 진술만이 다윗으로 하여금 자신의 나태함(1-4절)에서 벗어나 필요 적절한 행동(28-40절)을 취하도록 하는 유일하게 효과적인 동인이 되기 때문이다. 이미 왕위 계승 내러티브에 익숙해져 있는 사람은 이 주제가 전체 자료의 중심이 된다는 것을 알게 된다. 이 주제는 이미 밧세바와 통간의 죄를 저지르고 솔로몬이 태어나는 이야기에 나타난 것이고, 이어서 다윗의 행악에 대한 야웨의 징벌의 실행으로서 재난의 연속을 계속해서 보여 주게 된다. 학자들은 이 자료의 어디에도 다윗이 분명하게 이러한 서약을 하지 않았다는 사실을 지적한다. 이러한 사실은 (베이졸라와 같은) 몇몇 학자들로 하여금 1장에서 서약에 관한 구절을 2차적인 첨가 자료로 여겨 제거하도록 한다. 이러한 사실을 마음에 두고 있는 사람들에게 해줄 유일하게 적절한 대답은 이 서약의 구절이 없는 1장은 알맹이가 없는 맥빠진 내용이 된다는 것이다. 아마도 지자는 시약 맺음을 이야기하는 것을 소홀이 여겨 간과했을 것이다. 모든 기법을 동원해 자신의 이야기를 서술하고 있지만, 그 역시 실수가 있는 인간이지 않겠는가? 그러나 좀더 그럴듯한 것은 아마도 저자는 독자가 그 서약을 추측하는 것을 기대했을지도 모른다는 것이다. 왜 모든 것을 직접적으로 서술해야만 하는가? 이러한 경우 만약 나단과 밧세바와 다윗 모두가 다윗이 그러한 서약을 했다는 것을 분명히 알고 있었다면, 그 서약의 행위가 먼저 있었다는 것을 굳이 다시 나타낼 필요가 없는 것이다.

이 장에서 인식할 수 있는 주된 앞일에 대한 예견의 예는 50-53절에 있는 솔로몬과 아도니야에 관한 간략한 이야기다. 이것은 2:13-25에 대한 효과적인 예시가 되는 것이다. 앞으로 등장하게 될 주요 주제를 설정함에 있어서 충분한 요소가 되는 것이다. 그것은 쿠데타는 실패했고, 성전으로 도피한 절망 가운데 있는 아도니야를 보여 준다. 저자는 이것을 나타냄으로써 죄에 대한 아도니야의 고백을 보여 주고자 한 것이다. 솔로몬은 (1) 아도니야를 제단으로부터 불러들이고, (2) 그의 행위에 대해 용서를 해주는 모습 등을 통해 자신이 왕이 됨을 보여 준다. 그러므로 1장은 아도니야는 범죄자이고 솔로몬은 왕이라는 진술로 끝을 맺게 된다.

다양한 주석가들은 저자가 솔로몬의 왕위 승계라는 절정이 되는 삽화를 묘사하는 데 있어서 특별하게 사용된 방법에 주의를 집중하도록 한다. 이것은 38-40절에서 확실히 감격이 넘치는 언어("땅이 저희로 인하여 진동하니"〈RSV, 땅이 갈라질 듯하니〉, 40절)로 묘사된다. 그러나 이미 일어난 일의 중요성은 아도니야의 손님들에 대해서 전해진 요나단의 메시지에서 상호간에 이루어진 의사소통 속에 내재되어 있다. 일어난 일에 대한 정확한 의미는 어떻게 왕의 신복들이 다윗과 더불어 솔로몬을 축복했는지(47절)와 어떻게 다윗이 솔로몬으로 인하여 야웨를 찬송했는지(48절)에 대한 전달자의 보고에 표현되어 있다. 이러한 모든 것을 통하여 독자는 아도니야와 그의 축하객들이 축제의 절정의 순간에(41절) 보고자의 소식을 들으면서 가지게 된 아도니야의 지난한 감정을 놓칠 수 없게 된다.

마지막으로 저자는 이야기에서 중심이 되는 사람의 입에 자신의 감정을 이입함으로써 그가 전하고자 하는 바를 세부적이고도 효과적으로 전하고 있다. 31절의 밧세바의 감응, 36-37절의 브나야의 반응 그리고 42-48절의 요나단의 입에 주어진 이전에 언급된 두 가지 보고 같은 것들을 의도적인 해석으로 보아야 하는 것이다. 이러한 자료들이 바로 베이졸라와 같은 학자들의 비판과 같은 혹평이 처음으로 실행된 본문들이다. 그러나 이들 본문들은 왕위 계승 내러티브에 있는 본래적인 요소들로서 가지고 있는 의미가 후대에 첨가된 주석들로서 가지는 것보다는 훨씬 문맥에 잘 어울리는 것으로 보인다. 다윗이 마침내 그의 서약을 인식하게 되고 그것을 "오늘날" 이룰 것이라고 약속할 때(29-30절), 밧세바는 "다윗 왕은 만세수를 하옵소서!"라고 응답한다. 이것은 다윗 왕이 실제로 계속해서 살라는 것은 아니며 그의 말의 효용성이 지속되기를 바라는 것으로서, 이로 인해서 솔로몬이 실제로 왕이 되게 하려는 것이었다. 이러한 반응의 양식은 이어지는 다음과 같은 구절들에서도 지속된다. 브나야는 야웨가 다윗의 말을 확증하기를 바라는 바(36절)를 처음으로 표현했으며, 이어서 야웨가 다윗보다 솔로몬의 왕위를 더 위대하게 축복하리라(37절)는 어느 정도 역설적인 의미를 담은 말을 언급한다. 분명히 이것은 법정적인 효과가 있는 말이었다. 요나단의 보고에 의하면 다윗이 세워진 후계자를 볼 정도로 충분히 오랫동안 살게 하신 하나님께 감사하는 기도 바로 전에, 모든 왕의 신복들이 47절에 다윗보다 영화로운 솔로몬의 왕위의 영원성을 묘사하는 동일한 감정을 표현했기 때문이다. 왕위 승계 화자(narrator)가 실제로 왕위를 차지할 형의 자리에 솔로몬을 올려놓은 것을 합법화하기 위해 그의 역사를 기록한 것인지, 아니면 솔로몬과 그 일파가 다른 사람에게 정당하게 주어진 왕권을 성급하게 탈취한 과정을 보여 주기 위해 비난하는 듯이 쓴 것인지에 대해서는 수많은 종류의 찬, 반의 주장들이 있었다. 위에서 언급된 구절들이 원본이고 그것을 부인할 합당한 이유가 없다면, 위의 두 가지 경우 중 저자가 어느 것을 의도했는지는 분명하게 잘 알 수 있을 것이다. 밧세바와 왕의 신복 브나야, 그리고 다윗조차도 모두 저자 자신을 대변해서 말하고 있다.

1장에서 긴장을 야기하는 주된 요소는 다윗이 위기의 순간에 솔로몬의 왕위에 오르는 것을 지지해 줄 수 있는 충분한 권력을 발휘할 수 있었느냐는 것이다. 세 가지의 주요 부분이 있는데 그 중 둘은 짧고 하나는 상당히 길다. 도입부의 4절은 우리가 다음과 같은 위험한 상황에 관해서 알 필요가 있음을 말해 주고 있다. 다윗은 목전의 아름다운 미인에게조차도 반응하지 못할 정도로 약해져 있었다. 우리가 보았듯이 끝의 네 절은 2장의 기초 사역을 놓는 것으로서 앞을 내다보는 예기적인 면이 있다. 가운데의 긴 부분에서 저자는 아도니야와 그를 지지하거나 반대하는 자들에 대하여 알아야 할 필요가 있음을 말해 주는 여섯 절 정도를 쓰고 있다. 이 중간 부분의 끝에 있는 한 절(49절)은 아도니야 측의 모든 사람들이 해산하여 도주한 것을 말해 준다. 긴 중앙 부분은 우리가 식별해야 할 세 가지의 흥미를 끄는 장면들을 포함하고 있다. 여기에는 (1) 11-27절의 행동을 개시하는 다윗, (2) 28-40절의 솔로몬의 왕위 승계를 위한 명령이 수행됨, (3) 41-48절의 일어난 소식에 의해서 망쳐지는 아도니야의 축제 등이 포함된다.

주석

[1]-[4] 몇몇 주석가들은 이 절들이 15a절에서 반복되는 것을 보고 후기에 확대된 것이라고 주장한다. 그러나 이러한 주장은 회상이라는 의미 있는 요소를 인지하지 못한 것이다(위를 보라). 이 구절들의 기능은 임박한 위험이 실제적으로 왜 사랑받는 아들과 그 어머니에게 닥치게 되는 것인지, 그리고 왜 아도니야와 그의 추종자들이 그렇게나 담대하게 왕위를 차지하려고 움직였는지를 알게 해주는 데 있다. 왕위 계승 내러티브를 공부하는 학생들은 이 구절들이 다윗의 인격에 대해서 일관성 있는 어떤 역사적 묘사를 하고 있음을 볼 수 있다. 왜냐하면 다윗은 암논(삼하 13장)과 압살롬(삼하 14-15장)을 다루는 데 있어서 우유부단하고 결단성이 없었는데, 이제는 아노니야와 솔로몬 사이를 단호하게 결정해 나가고 있기 때문이다. 이 구절들은 나이든 사람의 쇠약함을 묘사하는 구절이 이 등장 인물의 결점을 다소 과장하고 있음을 보여 준다. 그러나 우리는 이면에 놓여 있는 이데올로기적인 요소를 염두에 두고 있어야 한다. 즉 그것은 왕위 승계의 기본으로서 왕위에 대한 장자 상속권의 유효성에 관한, 선례가 없는 이스라엘 왕 제도의 새로운 경험을 말하는 이데올로기적인 요소다.

"다윗 왕이 나이 많아 늙으니": 5절에서처럼 첫 번째 주제와 함께 이 명사절은 "서론적 설명부", 즉 본질적 사실들에 대한 진술로서의 역할을 하면서 따라 나오는 동사절의 결과를 위한 초반부에 적절하게 놓였다. G와 M이 "다윗" 혹은 "솔로몬"이 원래의 등장 인물인 곳에 (혹은 반대로) "왕"을 반복적으로 넣는다 할지라도, 위의 명사절은 여기에 필요한 부분이다. 본문에 언급된 왕으로서의 역할을 담당하는 것은 다윗의 능력이 되기 때문이다. "늙은"이라는 말은 상대적이기 때문에, 화자는 "그는 나이가 많았다"라는 설명과 "아무리 많은 이불(카싸〈כסה, '덮다〉'라는 동사로 인해서 베가딤〈בגדים〉이라는 히브리어는 '외투'나 '예복'이 아니고 '이불'이 더 적절하다)로도 그를 따뜻하게 할 수 없었다"라는 삽화적인 묘사에 의해 다윗이 처한 상황을 분명히 명시하고 있다. 이러한 점들은 하맘(חמם – 동사 피엘형)이 왕이 아직 남자임을 보여 주기 위한 증거로서 성적인 열정을 자극하여 정력을 높이기 위한 것일 수 있다는 견해를 지지해 주지 않는다(이러한 것은 왕이 성적인 능력이 없어지면 더 이상 통치할 수 없기 때문에 원기 왕성한 처녀와 함께 잠을 자면 왕의 성적인 능력이 회복되어 그 통치를 계속할 수 있다는, 당시 널리 퍼져 있던 원시적인 믿음에 근거하고 있었던 생각이다 참조. J. Gray, *Kings*, 77). 이것은 아마도 노화에서 기인된 동맥경화로 인한 증세임에 틀림없음이 충분히 검토되었다.

"그 신복들이": 구약에 널리 쓰였고 다른 셈족 언어들에서도 같은 어근을 가지고 있는 일반적인 에베드(עבד)는 "노예"로부터 "관리장"에 이르기까지 광범위한 의미를 가지고 있다. 여기에서는 통치권에서 일을 하는 권력이 주어진 사람들을 언급하는 것이 틀림없다. "고하되." G^B은 일관되고 바르게 3인칭으로 나타나는 다윗의 대변인(즉 아마도 다윗의 동의 없이도 그를 대신하는)으로서 신복들을 나타낸다. MT과 G^L은 그들이 다윗에게 "젊은 처녀"인 나아라 베툴라(נערה בתולה)를 소개하는 것으로 만들기 위해서 텍스트를 변경했다(3절의 "아리따운 동녀"를 참조하라). 구약 학자들은 오랫동안 베툴라(בתולה)의 의미가 기본적으로 결혼하지 않은 어떤 여인을 이야기하는 것이며, 중요한 본문인 이사야 7:14에는 "처녀"로서의 의미가 나타나지 않는다고 생각해 왔다. 하지만 처녀의 의미는 나타나며(창 24:16; 참조. 신 22:14-20), 이 절에서도 사실상 동의어인 나아라(נערה)와 함께 쓰임으로써 처녀의 의미가 가능하다. 왕은 자신의 사랑을 나누는 상대로서 지금까지 어느 남자에 의해서 결혼의 대상이 되었다든지 혹은 순결을 빼앗겼다든지 하는 여자는 받아들이지 않을 수 있었음이 분명하다.

"구하다가"(문자적으로는 "그러고 나서 그들이 찾았다"): 아마도 에스더 2:1-18과 같은 종류의 대회가 있었을 것이다. 관리들이 선택을 했던 것 같다. "이스라엘 사방 경내에": MT과 G^B의 좀더 장황한 텍스트 대신에 G^L의 독법을 택함(여기서 G^B은 *Kaige*이며 초기 MT을 충실하게 따른다). "이스라엘"은 비록 뒤에 이스라엘과 유다로 나뉘기는 하지만, 여기서는 유다를 포함하는 것이다(다윗 자신의 지파인 유다는 이 중요한 일에서 분명히 제외되지 않는다). "아비삭": 이 곳과 다른 곳에서 이 이야기의 발전상 어원적으로 어떤 중요한 상징적 의미를 가지고 있지 않다. 이 이름은 전형적으로 히브리어적이며 이 시기의 종교적 상황에 매우 적절한 것이다(신현의 요소를 가지고 있는 "아버지"〈אב – 아브〉). "수넴 여자": 이는 동쪽 이스르엘 계곡에 있는 도시로부터 온 여인을 말한다(참조. 수 19:18, 삼하 28:4, 왕하 4:8). 구전 전승은 그녀를 아름답게 꾸며 아가 6:13에서는 "술람미 여인"으로 비슷하게 수정한다. "그와 잠자리를 같이 하는 사람": 쏘케네트(סכנת)는 싸칸(סכן)의 여성, 분사, 능동형으로 욥기 15:3에 의하면 "도움이 되도록 수종들다"라는 의미를 가지고 있다. 그러나 이 본문에서 번역은 2절과 4절의 마시막 내용인 "왕이 더불어 동침하지 아니하였더라"는 내용에 비추어 특별한 뉘앙스를 조화시켰다. 아비삭은 다윗과 함께 잠을 자는 의무를 이행하는 것과 더불어 여성 시종이 되었음을 알 수 있다(M. J. Mulder, *VT* 22[1972] 43-54). 일부다처제와 첩의 제도를 허용하는 문화에서 이러한 조처는 놀랄 만한 일이 아니라 당연한 일이었다. "왕이 더불어 동침하지 아니하였더라"(문자적으로는 "그러나 왕은 그녀와 성적인 관계를 가지지는 않았다"): "동침하지 아니하였더라"는 문자적으로 성교에 대한 일반적인 성경적 완곡어법이다. 왕이 성적으로 미혹되지 않았다는 것은(이것이 아비삭을 데리고 온 실제적인 목적인지 그렇지 않은지는 모를지라도), 그가 육체적으로 쇠약해졌음을 증거하는 결론적인 말이다.

5-10 "아도니야": 이 이름은 1-2장에 일관되지 못하게 흩어져 있다. 그는 다윗의 네 번째 아들로서(삼하 3:4) 생존해 있는 가장 나이가 많은 아들이었다(삼하 13:28과 18:15은 각각 암논과 압살롬의 죽음을 기록하고 있다. 하지만 길르압의 죽음은 언급하고 있지 않다). "학깃의 아들": 11절에서 나단이 밧세바에게 말할 때도 같은 말이 언급된다. 5절의 이 어구는 11절의 수정본이 아니다. 그러나 MT과 G^B의 신뢰할 만한 사본(G^L의 "다윗의 아들"은 표준화된 것이다)에서는 6절의 3인칭 단수 동사처럼("그녀가 그를 낳았다") 이 어구를 요구한다. "내가 왕이 되리라": MT이 에믈로크(אמלך)에서 온전한 권고법 형식을 보전하고 있지 못함에도 불구하고 상황은 권고법적인 힘을 필요로 한다. 어느 경우라도 단순한 미래 서술형인 "나는 왕이 될 것이다"(RSV)는 부적절하다. 아도니야는 왕이 되리라는 것을 확신할 수 없었고, 왕이 되기를 원한다면 결정적인 행동을 취해야 한다는 것을 알고 있었기 때문이다. 독립 인칭대명사(אני – 아니)는 이러한 해석을 지지해 준다.

"병거와 기병": 레케브(רכב)는 집합적인 "병거"이며 파라쉼(פרשים)은 병거를 모는 사람들이거나 "기사들" 혹은 "마부들"이다. 병거는 중기 청동기 시대의 힉소스에 의해 이미 고대 근동에 알려졌다. 그러나 언덕에 사는 이스라엘 사람들에게는 병거가 거의 소용이 없었다. 다윗이 병거를 요긴한 무기로 생각하지 않았다는 사무엘하 8:4에 나오는 신명기 사가의 진술은 전적으로 신뢰할 만한 것이 아닐 수 있다. 그러나 아도니야는 그 병거들이 얼마나 유용한 것인지 어느 정도 알고 있었고, 이제 그의 쿠데타를 뒷받침하기 위해 그 병거들에 의지하고 있는 것이다. "전배 오십인"(문자적으로는 "호위병 오십 명"): 본질적으로 친위대 숫자는 그의 전체 병력과 균형을 이룬 것이다. "한 번도 저를 섭섭하게 한 일이 없었더라"(문자적으로는 "결코 꾸짖은 적이 없다"): G^B의 "슬프게 하다"는 히브리어 아차브(עצב)를 아차르(עצר - 가나안 문서에 있는 경우와 매우 유사한 것이거나 혹은 잘못 읽은 독법을 따르고 있는 MT과 G^L의 기초가 되고 있는 텍스트일 수 있다)로 잘못 읽은 데서 기인한 것이다. 이러한 차이점은 주석학적으로 중요하다. MT과 G^L은 다윗이 부모로서의 훈육의 역할을 경시했던 반면에, G^B은 다윗이 아도니야를 결코 잘못 훈육하지 않았다고 말하고 있기 때문이다. "더욱이"(וגם - 베감): 이는 화자가 강조의 정점에서 사용하는 특징적인 어구다(47절과 48절의 히브리어 원문을 보라). "채용이 심히 준수한 자라"(문자적으로는 "뛰어나게 빼어난 외모"): 사무엘하 14:25의 압살롬에 대한 묘사와 닮은 이 표현은 독자로 하여금 반역적인 아들이 제멋대로 하는 행위를 생각나게 한다. 이스라엘 사람들은 육체적인 아름다움을 찬양했다. 그 육체적인 아름다움은 순전히 육체적인 것으로부터 나온 아름다움이 아니라, 그 아름다움을 소유한 사람은 선하든 악하든 일상적이지 않은 행위들을 하도록 하는 야웨의 영이 임재하고 있는 상징자로 여겼기 때문이다. "그녀가 압살롬 다음에…낳았다": 이 여인은 압살롬의 어머니 마아가를 의미하는 것이 아니다. 마아가는 아도니야의 어머니가 아니기 때문이다. 먼 조상은 학깃임에 틀림없다.

"스루야의 아들 요압": 아비새와 그의 죽은 동생 아사헬과 함께 한 다윗의 사촌. 요압은 종종 그의 잔인한 폭력적 행동으로 다윗을 위한 일들을 선취해 나갔다(삼하 3:27; 18:15; 20:10). 그는 또한 필요한 경우 속임수를 사용하는 데 있어서도 매우 능숙했다(삼하 14:1-24; 20:8-10). 아도니야가 이러한 요압을 그의 모사들의 머리로서 얻게 되었다는 것은 이스라엘의 전체 군대를 얻은 것이나 마찬가지였다(삼하 20:23; 참조. 왕상 1:19). 이것은 브나야가 지휘하는 왕실 경비대보다 더 강력한 힘이 되는 것이었다. "제사장 아비아달": 아히멜렉의 아들, 놉의 제사장으로서, 아비아달은 다윗이 어려움을 겪기 시작할 때부터 그를 섬겼다(참조. 삼상 22:20-23). 그러나 다윗이 총애하는 사람이 된 사독과는 오랜 동안 경쟁자였다(참조. 삼하 20:25). 이러한 사태가 아비아달로 하여금 이제 아도니야와 요압의 세력에 가담하도록 했던 것이다. "제사장 사독": 내러티브 자료는 이 사람이 예루살렘에 있는 여부스 산당의 오랜 제사장이었다는 논제를 타당하게 해준다(참조. H. H. Rowley, *JBL* 58[1939] 113-41; G. Ch. Macholz, *DBAT* 10[1975] 18-20). 그와 그의 자손들에게 미래의 이스라엘의 대제사장 직분이 주어졌다. "여호야다의 아들 브나야": 사무엘하 20:23; 23:20-23을 보라. "선지자 나단": 사무엘하 7:2을 보라(참조. 12:1). 나단이 언급되는 모든 곳에서 그의 역할은 카리스마가 있는 선지자적인 것보다는 좀 더 정치적이고 제도적인 것으로 나타난다. 그러나 그는 초월적인 목적을 위한 이름으로 정치를 감독하기 위해 행동한다. "시므이와 레이": 후원자와 명칭의 부족 때문에 학자들은 본문이 "다윗(혹은 "그 왕")의 친구(רע – 라아) 시므이"가 훼손되었을 것으로 추측한다. 그러나 이러한 주장은 지지를 받지 못하고 있다(2:36-46의 베냐민 사람 시므이는 의도되지 않았다). 왕의 친구의 관직을 언급하는 것은 4:5을 보라. "다윗에게 속한 용사들": 참조. 사무엘하 23:8-39.

"양과 소와 살진 송아지를 잡고"(문자적으로는 "소들과 양들을 잡고"): 더 단순한 G^L의 텍스트를 읽은 것이다. 이 장의 더 많은 구절들에서 MT과 역본들이 계속 일치하고 있지 않다. 이것은 이와 같은 친숙한 형태의 전승에서 일반적인 현상이다. "돌"(אבן הזחלת – 에벤 하조헬레트, 문자적으로는 "지계석"): 이는 때때로 자할(זחל)의 어원적 의미인 "독사", "벌레"로부터 "독사의 돌"을 의미하는 것으로 설명되곤 했었다. 좀더 그럴듯한 설명은 돌들이 와디로 굴러 떨어진 장소를 가리킨다는 것이다(Gray, *Kings*: 로겔 샘 근처, 산사태가 일어난 지역의 이름인 아랍어 *Az-zahweileh*를 인용한 M. Noth, *Könige*, 18). "에느로겔"(문자적으로는 "로겔 샘"): 여호수아 15:7, 18:16, 사무엘하 17:17에 언급된 거룩한 장소로 오늘날은 기드론 계곡에 있는 비르 아이엽(Bir Ayyub)이다. "그의 모든 형제": G^B은 솔로몬이 포함되지 않았기 때문에 "모든"이라는 말을 빼버린다. "왕자 곧 자기의 모든 동생": 왕실의 무리 중에서 가장 높은 층, 즉 유다 "왕실 관료들"인 아브데이 함멜레크(עבדי המלך)보다 더 높은 사람들. "솔로몬": MT과 G^B보다 우선권이 있는 G^L을 따른다. MT과 G^B은 설명적이기 때문이다.

11-14 "솔로몬의 모친 밧세바": 사무엘하 11:3에서는 그녀의 아버지와 남편을 언급했다. 여기서도 솔로몬과의 관계를 말해 주기 때문에 중요하다. 솔로몬으로 인하여 그녀는 높여지든지 아니면 낮추어질 것이다(참조. 21절). "아도니야가 왕이 됨": 뒤에 키(כי) 목적절(that)을 가지는 완료형 동사와 함께 쓰이는 명사 주어는 일의 상태를 언급하면서 아도니야의 정체성을 강조한다(Gray, 88는 이와 반대다). "이제": G^L은 밧세바가 실제적으로 나단의 편으로 향하도록 요구되는 듯한, 흔치 않은 양상을 나타내는 것을 피하기 위해 "제발"이라는 단어로 대체한다. 그러나 즉시로 요청되는 긍정적인 행동을 제안하기 위해서 그로 하여금 이러한 관용구를 선택하도록 하는 것이 바로 왕위 계승 이야기 화자의 기법이다. "당신의 아들": M,

G^{BL}에서의 솔로몬의 다른 지위를 나타내는 적절한 이름은 해설적인 (그러나 매우 필요치 않은) 첨가물이라는 것을 표시한다. "계집종"(אמה – 아마): 이는 문자적으로 여성 노예를 말한다. 그러나 충성을 다짐하는 말을 고함에 있어서 자신의 자아의식을 없애는 용어로서 "남성 노예", "남자 종"인 에베드(עבד)처럼 쓰였다(참조. A. Jepsen, *VT* 8[1895] 293-97). "확실히"를 나타내는 키(כי)는 종종 직접적인 담론을 소개하는 데 사용될지라도, 여기서는 또 다른 직접적인 담론의 표시인 "말하기 위해"라는 레모르(לאמר)를 사용한다. 이것은 오히려 확신적으로 단언하는 말로 읽혀진다. 이 모든 것은 여기에서 어색하지 않고 자연스럽다. 밧세바는 다윗의 이전 약속의 특징적인 본질을 회상하려고 의도하기 때문이다.

"왕이 되어…앉으리라": 이것은 하나의 전통적인 쌍을 이루는 구로서, 열왕기상의 처음 두 장에서 거의 한 세트의 형식으로 계속적으로 반복된다. 그레이는 자신의 책에서 나단은 밧세바가 나이든 다윗 왕에게 스스로 만든 자신의 제안을 이야기하기를 원했을 것이라고 말한다(Gray, 88). 그 제안은 비록 다윗 자신이 결코 약속을 하지 않았을지라도 그러한 서약을 한 것으로 생각하도록 하는 것이었다. 그러한 미묘한 심리학적 과정은 화자의 순진한 기교를 넘어서는 것임에 틀림없다. 그러나 이야기의 대부분은 역사적 나단과 밧세바에게 동기 부여를 가능하게 했을 것이다. "…할 때에": G^{L}의 단순한 형식은 MT과 G^{B}의 좀더 온전한 형식으로 일반화되었다. "당신의 말씀을 증거하리이다": 밀레티 에트 떼바라이크(מלאתי את-דבריך)라는 말은 야브네 얌(Yabneh-Yam) 법률 소송에 있는 기술적인 법정적 말과 동일시된다(V. Sasson, *BASOR* 232[1978] 56-65).

15-21 "침실에"(החדרה – 하하드라): G^{B}에서 특징적인 *Kaige*와 동등한 타메이온(*Ταμεῖον*)을 보면서, 우리는 *Kaige* 번역자가 G^{L}보다 원본으로부터 한시적으로 더 멀리 떨어져 있다는 것을 볼 수 있다. 그의 번역에서 "창고"를 의미하는 단어는 만족할 만한 의미가 되지 못하기 때문이다. 히브리어가 중앙 왕실 밖에 놓여 있는 안쪽 방의 종류를 의미할 수는 있다 할지라도, "침실"을 나타내는 G^{L}의 코이토나(*κοιτῶνα*)가 요청된다. "저가 왕께 대답하되"(문자적으로는 "그리고 그녀가 대답했다"): MT은 "그에게", "너의 하나님"이라는 불필요한 설명적 말을 첨가했다. G^{B}도 마찬가지다. 다윗의 하나님은 밧세바의 하나님이 아닐 수 있다는 생각의 영향을 받아 MT과 G^{L}은 "야웨"를 첨가했다. "정녕 왕이 되어…앉으리라": 참조. 13절. 저자는 단지 미묘한 변화만 줄 뿐 이전 이야기의 어법을 반복한다. "왕의 종 솔로몬은 청치 아니하였나이다": 이제 처음으로 10절에 서술된 사실이 밧세바의 생각에 영향

을 끼치게 되었다. 나단이 26절에서 이 말을 반복함에 있어서 "당신의 아들 솔로몬"(G^{L})이라는 어법이 선호된다. 나단은 밧세바의 스스로를 낮추고 감추려는 의도로 사용된 용어를 피하려 했을 것이며, MT과 G^{B}은 19절에서 명백하게 이 용어를 조화시키고 있기 때문이다.

"온 이스라엘이 왕에게 다 주목하고"(문자적으로는 "온 이스라엘 백성의 눈이 당신에게 있다"): 문자만을 놓고 판단해 보면 이 표현은 전형적인 헤브라이적 말이다. 이 말로 인하여 다윗은 자신의 우유부단함을 깨닫고 실행으로 옮기는 긍정적인 자극을 받게 된다. 다윗은 이스라엘에서 이전에 볼 수 없었던 최고의 전제적 권위를 가지고 있었다. 그러한 전제적 권위에 있어서 정치적 후계자 지명은 전통적으로 신적인 지명과 환호 속에서 이루어지는 백성들의 전적인 찬성에 의존하고 있었다(삼하 5:1-3에 보고된 다윗 자신의 왕위 등극도 마찬가지임). "반포하시기를"(להם להגיד - 레학기드 라헴, 문자적으로는 "그들에게 말하기 위해"): 35절을 보라. "열조와 함께 잘 때에": 요압은 죽었다(מת - 메트)고 말하고 다윗의 죽음은 "열조와 함께 잔다"는 형식이 적용된 열왕기상 11:21의 하닷의 말을 보면, 이 어귀는 오로지 왕실 사람에게만 적용되었음을 알 수 있다. 그리고 나의 책 *Prophet against Prophet* 97-99에서 보였듯이 "열조와 함께 잔다"는 어귀는 평화롭고 존귀하게 죽은 경우에만 해당되는 것이다. "나와 내 아들 솔로몬은 함께 있을 것이다"("함께 있을 것이다"가 개역 성경에는 없음): 단수 동사가 종종 복합 주어 앞에 올 수는 있을지라도(GKC § 145^{g}), 이러한 유형은 무엇보다도 솔로몬의 안전에 당연히 의존하고 있는 자신의 안전에 대한 밧세바의 명백한 우려를 잘 표현한 것이다. "죄인이 되리이다"(חטאים - 하타임): "과녁을 빗나가다"(참조. S. J. De Vries, "Sin, Sinners", *IDB* IV, 361-76)라는 기본적인 의미를 가진 하타(חטא)의 원형이 여기서는 "잘못된 측에 서 있는 것"이라는 관계적이고 정치적인 의미를 가지고 있다. 이것은 상황이 피할 수 없는 거짓 고소와 정죄로 향하고 있음을 밧세바가 올바르게 본 것이다.

22-27 장면 1을 마감하고 있는 다윗에 대한 나단의 이야기는 이 이야기의 절정을 이룬다. "얼굴을 땅에 대어 왕께 절하고": 이는 문자적으로 "그리고 그는 땅을 향하여 그의 코를 굽히면서 왕에게 절했다"라는 일상적이지 않은 히브리어 어법을 숙어적으로 만든 것이다. "내 주 왕께서 이르시기를…하셨나이다"(אתה אמרת - 아타 아마르타): 이 구문은 질문으로 읽을 수 있다(RSV). 그러나 다음과 같은 것을 고려해 볼 때 반어적인 과장법으로 다루는 것이 더 낫다. 첫째로, 왕이 상세한 사항을 자신에게 알려 줄 필요가 있었음을 나단이 느낀다는 것은, 그가 사실은 다윗이

아도니야의 대관식을 명령했음을 믿지 않는다는 것을 보여 주는 것이다. 둘째로, 이는 27절의 배경이 되는 나단의 질문으로도 알 수 있다. "아도니야 왕 만세": 나단은 이전의 보고에 없었던 이 말을 왕으로 하여금 행동으로 옮기게 하려고 첨가한 것이다(이것의 내재된 이데올로기를 위해서는 다음의 글을 참조하라. P. A. H. de Boer, "Vive le roi", *VT* 5[1955] 225-31). 화자는 34절의 솔로몬을 지명하는 말로 다윗이 아도니야의 축제의 환호성을 반대하고 있음을 나타낸다. "이것이 하신 일이니이까? (문자적으로는 이 일이 정말로…기인된 일입니까?"): "만약", "혹은"의 의미를 가진 도입부를 나타내는 히브리어 임(עִם)은 나단이 벌써 믿지 않고 있음을 암시하는 가정적인 개념을 가지고 있는 것을 나타내면서 이어지는 질문을 단축시킨다. "당신의 종들"(개역 성경에서는 "종"): MT은 전반적이며 사적인 회의 구성원들을 바르게 포함하고 있는 반면에, LXX은 나단이 자신만을 이야기하는 것으로 생각하여 이 구문을 단수로 잘못 교정했다.

28-31 "다윗": LXX에 의해 선호되는 것으로서 칭호 없는 고유한 이름은 화자의 다음과 같은 사실에 대한 민감성을 보여 준다. 즉 그 왕은 장면 2에서는 밧세바의 남편으로서 역할을 하다가, 이번 장면의 두 번째 부분에서는 현재 그가 가지고 있는 최고의 정치적 권위자로서 자신을 나타내어 표현하기 위해 "그 왕"이라는 칭호로 바로 전환된다. "저가…서는지라": 밧세바는 이제 더 이상 탄원자가 아니기 때문에, 이제 16절에서와 같이 그에게 절을 하지는 않는다. 다만 그의 의향을 듣기 위해서 기다린다. "왕이…맹세하노라": 다윗이 밧세바에게 서약을 한 것은 복잡한 구문을 가지고 있다(참조. *GKC* § 149). 첫째는 증인으로서 야웨에게 호소하는 것이며(29b절), 다음은 다윗의 이전 서약을 인용하는 비교절(30a절), 그리고 마지막으로 다윗의 현재 서약의 내용(30b절)이다. 마지막은 조건문의 실제 조건절이다. 이 조건문에는 귀결절("그가 그렇게 이행했고 나에게도 그러했다!")이 생략되어 있다. 이전의 서약은 다윗이 단지 요약의 형식으로 그 내용을 인용했기 때문에 구문이 이러한 형태를 따라 엄격히 구성되지는 않았다.

"여호와의 사심을 가리켜": 문자적으로는 "야웨의 사심으로". 구약성경의 규범적인 이 호소문을 사용하는 것은 헌신된 유일신사로서의 다윗의 모습을 보여 주는 것이다. 다신론자는 존재하는 모든 신들에게 호소했을 것이기 때문이다. "내 생명을 모든 환난에서 구원하신 여호와": 친숙한 신명기 사가적 단어인 파다(פדה)는 포로를 구속해 주고 노예를 풀어 주는 것을 가리킨다. 다윗은 이 단어를 사무엘하 4:9에 나오는 동일한 단어들과 연관시키고 있는 것이다. 사무엘상 14:45; 사무엘하 7:23

(Dtr)을 참조하라(*THAT* II, 390-406의 J. J. Stamm의 글을 보라). "분명히": 13절을 보라. "오늘날 그대로 행하리라": 시간을 정확히 언급하여 표기하는 것은 강조적인 용법이다. 참조. *YTT* 223. "밧세바가…절하며": 참조. 23절. "나의 주 다윗 왕이시여 만세수를 하소서!": 밧세바는 다윗이 영원한 생명을 누리며 살기를 바라는 마음을 표현한 것이 아니라, 다윗의 생명의 힘(권력)이 그의 후손에게서도 지속되기를 바라는 것을 표현한 것이다.

32-37 "너희 주의 신복들": LXX에서 분명하게 "주"라고 단순화시킨 것에 반해서, MT은 이 구문의 특이함 때문에 원래의 문구를 유지하고 있다. 다윗은 모든 상위 관직들, 즉 그의 모든 왕실 측근들의 가신들을 언급하고 있는 것이다. "태우고": 33, 38, 44절에 나오는 라카브(רכב)의 히필형(능동사역형)의 뜻은 "올라타도록 하다"라는 일반적인 번역보다는 "태우도록 하다"라는 사역의 의미가 더 낫다. 참조. R. de Langhe, "Betekenis van het Hebreeuwse werkwoord bkr", *Handelingen van het XVIIIe Vlaamse Filologencongres*(1949) 89-96. "나의 노새": 특별히 영예롭게 구별된 동물이다(참조. 삼하 13:29). 아마도 잡종 교배를 반대하는 히브리 법(레 19:19)이 오로지 드물고, 값비싸고, 수입된 동물들만이 왕의 말로 사용될 수 있도록 허락했을 것이기 때문이다. 다윗 개인의 말(혹은 암말)에 솔로몬이 탔다는 것은 다윗이 실제적으로 자신의 모든 권한을 솔로몬에게 이양했음을 극적으로 눈에 보이도록 증거하기 위한 의도를 보여 주는 것이다. "기혼": 유럽인들에게 "성모 마리아의 샘"으로 알려진 오늘날의 아인 움 아드-다라이(*Ain Umm ad-Daraj*)는 성전 터 가까이 있는 기드론 계곡에 위치해 있다(나중에 히스기야는 그 곳에 실로암 터널을 팠다. 왕하 20:20). 따라서 아도니야의 로겔보다는 훨씬 도시와 가까운 곳이다. 다시 말하지만, 샘은 신성한 장소와 동일시되고 있다.

"제사장 사독과 선지자 나단은 저에게 기름을 부어": 본문에서는 첫 단수 동사가 복합 주어를 받고 있을지라도(위의 21절을 보라), 본 주석의 번역은 39절의 단순한 진술을 반영하고 있으며 다음과 같은 중요한 차이를 말하고 있다. 비록 나단이 왕권 배후에 존재하는 실세였지만, 기름을 붓는 것은 제사장의 몫이었다. 45절의 이전 텍스트에 따른 요나단의 보고에 사용된 복수 동사는 이미 발생한 일(아래를 보라)에 대해서 어느 정도 수정된 이야기지만 매우 납득이 갈 만한 것이다. 메팅거(Tryggve N. D. Mettinger)는 그의 책, *King and Messiah, The Civil and Sacral Legitimation of thc Israelite Kings*(Lund: Gleerup[1976] 185-232)에서 기름부음은 기름부음을 받는 사람에게 의식의 시행자의 약속을 상징화하는 계약적인 의식이라는 것을 다소 편견을 가지고 주장했다. 이러한 해석은 매우 제한적이다. 한 제의의 다양한 개념들이 왜 동시적인 상태를 의미할 수 없겠는가? 기름부음에 대한 다양한 자료에서 있을 수 있는 혼돈과 절충주의에 대한 용인을 하지 않기 때문에, 메팅거는 솔로몬은 백성들에 의해서 처음 기름부음을 받았고, 다음에 제사장 사독 그리고 마지막으로 하나님에 의해 기름부음을 받은 것이라는 가설을 세웠다. 그는 기름부음이 아도니야가 아닌 오로지 솔로몬만을 위해서 언급되었다는 본문의 뚜렷한 사실에 대해서는 설명을 하고 있지 않다.

"양각을 불며": 이러한 일상적인 히브리적 관습이 솔로몬을 위해서는 언급되었으나(참조. 39절), 아도니야를 위해서는 그 행위의 은밀성을 유지하기 위해서 사용되지 않았다. "내가…주권자가 되게 하기로 작정하였느니라": 히브리어 나기드(נגיד)는 이전에 사울(삼상 10:1)과 다윗(삼하 7:8)에 의해서 받아들여졌던 관직을 나타내는 것이다. "왕"이라는 히브리어 멜렉(מלך)을 의도적으로 피하고 있다. 나기드가 어원적으로 "말하다", "설명하다"라는 나가드(נגד)와 관련되어 있다 하더라도, 그 기원은 확실치 않다. 메팅거는 위에서 언급된 그의 책(158-62)에서 20절의 "말하다"라는 뜻의 동사 학기드(הגיד)가 솔로몬의 형식적인 지명을 나타내는 "지도자"의 의미인 나기드(נגיד)에 대한 참고 구절이라고 주장했다. 그러나 그는 사무엘상하의 "주권자"에 해당하는 히브리어 나기드(נגיד)에 대한 모든 구절을 후기 솔로몬적인 신학화 작업으로서 동일시해야만 하는 부담이 있다. 이것은 베이졸라의 *Die ewige Dynastie*에 의존하고 있는 잘못된 견해다. "이스라엘 위에": M과 G(RSV도 같음)가 "그리고 유다"라는 어구를 첨가한다 할지라도, G^L이 그 순서를 바꾸었다는 사실은 유다에 대한 구절이 첨가되었음을 말하는 견해를 지원하는 듯하다. 그러나 이렇게 남, 북을 나누는 것은 통합 왕국의 정황에서는 어느 사건에나 별 의미가 없는 것이다.

"내 주 왕의 하나님 여호와께서도…하시기를 원하오며": 17절의 밧세바와 같이 브나야는 비록 그 신이 야웨를 의미하는 것이 분명하다 할지라도 그 신의 이름을 부르는 것을 삼가고 있다. 이것은 왕에게 말을 전할 때 사용하는 독특한 어법이었음에 들림없나(참조. 47절). "이것을 확증하나": LXX의 피스토사이(πιστῶσαι)가 MT의 해석일지라도, 요마르(יאמר)가 이전의 베요마르(ויאמר)로부터 기인된 서기관의 실수로 삽입되었을 개연성이 있는 것이다. 신이 왕의 지명을 확증하기를 바라는 브나야의 바람은 (그의 의도에서) 솔로몬이 다윗보다 더 위대한 왕이 되는 것에서 완성될 것이다(37절).

38-40 장면 2의 내러티브 대단원의 결말. "그렛 사람과 블렛 사람": 그들의 장관인(삼하 20:23) 브나야에 대한 언급 때문에, 다윗의 경호원은 아도니야의 세력에 내항해서 보호해 줄 솔로몬 개인의 특별한 호위대와 동일시되고 있지 않다. 이름늘은 집합적 단수이며, 아마도 다윗의 용병 군대(참조. 삼하 18:2, 가드 사람 잇대=가드인)에 속해 있던 블레셋 사람들과 그레데 사람들을 가리키는 것일 것이다. "기름 뿔": 이 번역은 히브리어에 의해서 지적되는 명확한 의미를 표현하지 못했다. 뿔은 이 기름부음의 목적을 위해서 특별하게 보존된 것이다. 그러한 사용은 과거나 현재가 아닌 미래에 있게 되는 것이다. 사용된 기름은 감람나무로부터 얻은 가장 순수한 것이었고, 이는 사울(삼상 10:1)과 다윗(예견적으로, 삼상 16:1, 13)의 서임식에서도 역시 사용되었다. "성막": 이것은 바로 다윗이 법궤를 위해서 만든 구별된 장막이었다(삼하 6:17). 열왕기상 2:28-30에 의하면 이 성막은 바로 야웨의 성소였다.

"모든 백성", 39-40절: 일반 백성들에 대한 매우 기술적인 표시다. 이 백성들은 전체 백성들을 의미하지는 않는다. 최소한 아도니야 측의 사람들은 제외된 것이기 때문이다. 메팅거(*King and Messiah*, 119-24)는 이 사람들을 솔로몬 서임식을 확증하는 공적인 권력에 의해 동원된 대중적 모임에 관한 구절로 해석했다. 그러나 본문의 화자의 묘사는 하나의 자발적인 모임이었음을 보여 준다. "피리를 불며": 히브리어 독법이 헬라어 단어와 단지 그 발성법에서만 다르고 헬라어의 개념이 매우 적절하다 할지라도, 커다란 소음이 발생(40, 41, 45절)했음에 대해서 텍스트가 지적하고 있는 구절 때문에 본문의 히브리어의 뜻을 따르는 것이 더 좋다. "땅이…갈라질": MT과 G^B(*Kaige*)에 의해서 입증된 "갈라졌다"는 의미의 바카(בקע)는, 이것이 만약 원래의 단어라고 한다면(RSV도 마찬가지) 매우 상식적이지 않은 상징을 나타내고 있는 것이다. 따라서 "울리다"라는 뜻의 원형 타카(תקע)로부터 G^L의 단어를 취하는 것이 더 좋다.

41-49 이 단락에서 여호야다의 아들 요나단은 앞의 단락에서 이야기되지 않은 상세한 사항들을 특별히 47-48절에 더하고 있다. "먹기를 마칠 때에": 최초의 독립 대명사를 가진 히브리 부대상황을 나타내는 절의 번역. "요압이 듣고": 제시부로서 의도된 전술한 내용과 더불어 이 구절은 상응하는 이야기를 시작한다(참조. E. Sutcliffe, S. J., "Simultaneity in Hebrew", *JSS* 3[1958] 80-81). "말할 때에 보라! 요나단…"(개역 성경에시는 "보라 요나단"이 없다): 동시싱의 효과직인 표현. 요압은 아도니야의 쿠데타 뒤에 있는 대규모의 군사적인 힘을 대표적으로 나타낸다. 그러

나 요나단의 보고는 매우 효과적으로 그의 힘을 무력화시킨다. "제사장 아비아달의 아들 요나단": 사무엘하 15-17장에서처럼 전달자의 역할을 완성하는 것임. 그는 아도니야의 대관식 축제에 충분히 초대 받을 수 있는 고위 관직자였다. 그러나 아마도 그는 솔로몬의 측근들의 동정을 살피기 위해 일부러 남겨졌을 것이다. "용사"(איש חיל – 이쉬 하일, 문자적으로는 "유덕한 자"): 높은 사회적 지위 중의 하나. 앞에 언급된 KB를 참조하라. "아름다운 소식을 가져오는도다"(וטוב תבשר – 베토브 테바쉐르): 문자적으로는 "네가 전하는 것이 좋다". 참조. 삼무엘하 18:19. "(그에게) 기름을 부어": G^L의 단수에도 불구하고, 39절에서도 단수, 45절에서 처음 나오는 봐이므쉐후(וימשחו)는 확실히 복수 주어를 표시한다. 요나단의 보고는 요약되어 있고 아마도 다른 증언에 기초하고 있다(두 구절에서의 복수가 불가능하다고 주장하는 B. Stade, *ZAW* 3[1883] 186-87의 주장과는 반대다). "당신들에게 들린 소리가 이것이라": 설명적인 요약. "솔로몬이 나라 위에 앉았고": 단락 전체의 결론.

"또 왕의 신복들이 와서": 비록 몇몇 학자들(베이졸라)에 의해서 편집된 나중의 생각으로 의심받고 있는 구문이지만, 이 구절은 거절할 수 없는 확증을 제시하기 위해 요나단의 입에 넣어 둔 화자의 방책이다. 요나단이 47-48절에서 무엇이 보고되는지 알았으리라는 것은 당연한 것이다. 왕과 요나단을 에워싼 떠들썩했던 소동은 눈치채지 못하게 그 소용돌이에 함께 있을 수 있기에 충분할 정도로 컸기 때문이다. 강조적 절정을 소개하는 어구 "그리고 또한"을 의미하는 베감(וגם)에 대해서는 6절을 보라. "우리의 주 다윗 왕에게 축복하여": 저주와 마찬가지로 축복은 한 번 선포되면 거두어들일 수 없는 효과를 일으키는 능력을 가지고 있다(참조. J. Pedersen, *Israel, Its Life and Culture*, I[1926] 182-212). 이 특별한 축복은 분명히 받는 이보다는 다른 사람, 이 경우에는 솔로몬이 혜택을 받도록 계획된 것이다. 솔로몬은 그의 통치에서 다윗보다 더 위대하게 될 것이다. "왕이 침상에서 몸을 굽히고"(문자적으로는 "왕이 침대에서 경의를 표했다"): 정관사와 함께 쓰인 히브리어 하미스카브(המשכב, "그 침상")는 다윗의 특별한 침대를 가리키는 것으로서 본 사역(私譯)의 숙어적 영어에서 가장 잘 번역된 것이다. G^L의 "그의 침대"는 G^B의 헤브라이화한 *Kaige* 내신에 OG를 살 나타낸 것일 수 있나. 그럼에도 불구하고 G^L의 "그의 침대"는 이론적으로 좀더 본래의 히브리어에 대한 문자적 번역이라기보다는 헬라어 숙어적 표준에 맞춘 것이다. 다윗은 침대 밖으로 나올 수 없을 정도로 그렇게 유약해졌나. 그러나 그의 약함과 쇠약해졌음에도 불구하고, 그는 솔로몬이 진정 왕이라는 사실을 선포함으로써 백성들의 "축복"을 확증한다.

"왕이…이르시기를": 다윗은 마지막 말을 하며, 그렇지 않았으면 초월적인 무엇인가를 놓칠 뻔한 매우 중요한 언급을 한다. 다윗 역시 축복을 한다. 그러나 그의 "축복"은 실제적으로는 이제 더 이상 무엇을 할 만한 힘이 없는 자신에게 무엇인가를 더하신 하나님께 드리는 감사다. "오늘날…주사": 전체 내러티브의 효과적인 요약으로서 지금까지 모두 어떠한 일들이 일어났는지를 말하는, 시간을 지정하는 진술을 겸하고 있다(참조. *YTT*, 224). "나로 목도하게 하셨도다": 야웨가 다윗의 후계자를 세우시려고 하는 의도를 다윗이 눈으로 보고 증거할 수 있도록 여전히 살아 있다는 의미다. "내 위에 앉을 자": 다윗이 보좌에 앉을 자를 본다는 것은 엄밀하게 말해서 솔로몬이 아도니야를 이기고 왕위에 오른 것(밧세바의 관심어린 바람)을 의미하는 것이 아니다. 이는 다윗의 보좌를 얻은 자가 외부의 침입자가 아니라, 안전하게 다윗의 아들들 중의 하나라는 것을 의미하는 말이다. 본문의 내러티브는 다윗이 살아 있는 동안에 솔로몬이 합법적으로 왕권을 얻었다는 것을 분명히 말하고 있다. 비록 쇠약해지고 이야기의 배후로 사라지지만, 다윗은 왕위로부터 퇴위하지 않고 여전히 솔로몬과 함께 왕권을 누렸다. 참조. E. Ball, *VT* 27(1977) 268-79. 발(Ball)은 그의 글에서 이렇게 왕권을 공유하는 양식은 이집트의 유형에 토대를 두고 있는 것이라고 주장했다. 그리고 이러한 것은 솔로몬의 왕실에서 두드러진 양식이 되었다(발의 견해에 의하면, 이러한 것은 씰레〈E. Thiele〉의 주장〈아래의 연대기를 보라〉과 다윗이 살아 있는 동안에는 솔로몬이 통치하지 않았다는 베이졸라〈Veijola〉의 논지를 뒷받침해 주는 것이다).

50-53 아도니야를 따르는 무리는 흩어졌고(49절), 그는 홀로 남겨졌다. 그러나 그는 재빠르게 축제의 장소를 떠나 성소로 도망친다. "제단 뿔을 잡으니": 2:28로부터 빌려온 설명적인 첨가로서 더해진 G^L을 따르지 않으면서, 우리는 첫 번째 독자들이 이미 알고 있는 제단은 전술한 "성막"에 속한 것(39절)이라는 점을 뒷받침하기 위해 마지막에 언급된 구절이 가진 내용의 도움을 받아야만 한다. 2:30에 따르면 제단은 성막 안에 있었음이 틀림없다. 즉결 심판으로부터 보호받기 위해 성소에서의 피난처를 찾는 것은 고대 세계에서 널리 시행된 것이다. 너무나 많아서 로마인들은 그러한 제도를 폐기해야만 했다(Tacitus, *Annals* III, lx-lxiii). 이스라엘 성소에서 제단은 네 귀퉁이에 돌출부 혹은 "나팔"을 세웠다. 희생제의 피로 문혀지는(출 27:2; 겔 43:20) 제단에 도피자를 위한 용이한 지점을 두었다. 이 곳에 들어와 거룩한 성례와 관련된 물건과 직접 육체적인 접촉을 가짐으로써 신의 즉각적인 시전 집중을 요청하는 것이었다. 그러나 이러한 행동은 정말로 무죄한 자(혹은 상

대적으로 무죄한 자)를 위해서 마련된 것이었다. 그러므로 아도니야 혹은 요압이 제단 뿔을 잡았다는 것은, 그렇지 않았으면 유용하고 혹은 필요하기까지 한 제도의 의미를 남용한 것이었다. 따라서 성소를 경외하기 위해 솔로몬이 여기서 혹은 요압에게 양심의 가책을 느끼지 않은 것은 당연한 것이다.

"솔로몬 왕": 솔로몬의 신복들의 말에서 적절하게 사용된 온전한 칭호는 51b절과 53a절에 끼어들었다. 이 두 절에 나타나는 칭호는 LXX에서 일관성이 없게 표시된 것을 미루어 판단해 보면 의심스러운 것이다. 일반적으로 "솔로몬" 혹은 "그 왕"이라는 칭호만으로 충분한 2장에서는 좀더 공식적인 "솔로몬 왕"으로 19, 45절에서 상세하게 나타난다. "솔로몬 왕이 오늘날 칼로 자기 종을 죽이지 않겠다고 내게 맹세하기를 원한다": 아도니야는 여전히 자신이 흥정할 만한 힘을 가지고 있는 것으로 생각하고 있다. 이것은 2:13-18의 내용에 대해서 계획적으로 예견 가능하도록 만든 것이다. "자기 종": 아도니야는 솔로몬에게 종속된 처지임을 알고 있는 것이다. "선한 사람이 될진대"(문자적으로는 "충성스럽게 행동하다"): 히브리어 벤 하일(בן חיל)은 종종 고위층에 있는 사람보다는 전사(예를 들어, 신 3:18; 삼상 18:17)에게 적용된 특징이 있다. 이것을 위해서는 42절의 "충성된 자"라고 한 이쉬 하일(איש חיל)의 숙어를 보라. 솔로몬이 전쟁에서의 용맹함이라는 의미를 여기서 사용해야 하는 정황이 되지 못하기 때문에, 본 번역에서는 군인들이 전형적으로 보여주는 존경과 충성의 의미를 강조했다. "저의 가운데 악한 것이 보이면": 가장 적절한 해석은 솔로몬이 반역과 불충성을 말하고 있는 것으로 보는 것이다. 이를 위해서는 죽음이 그 영원한 죄 값이 된다는 것을 말하는 것이다. "네 집으로 가라": 2:36-38의 내용과 비슷하게 솔로몬은 아도니야의 움직임에 대해서 제한을 두지 않았기 때문에, 이 명령은 가택 연금이 아닌 방면으로 해석되어야만 한다.

해설

이제 독자는 본 장이 말하려고 하는 핵심이 무엇인지 알기를 원할 것이다. 여러 지체로 구성된 인간의 몸은 단순히 그 모든 지체의 숫자적인 조합 이상의 의미를 가지고 있듯이, 마찬가지로 하나의 성경 본문은 그 장이 포함하고 있는 모든 단어들이나 구절들 이상의 무엇이 그 속에 있는 것이다. 그러므로 몇몇 단어들이나 구절들에만 주목해서는 안 될 것이다. 우리는 모든 단어들 속에서 그 본문이 전하고자 하는 **말씀**을 물어야만 한다.

주석학자, 특별히 기독교 주석학자는 최초의 저자라 할지라도 그가 서술하는 이야기들이 모두 영감된 것은 아니라는 것과 그 저자가 이야기하려고 하는 것을 위한 배경 혹은 의사소통의 구조를 포함하고 있었으리라는 것을 인지해야만 할 필요가 있다. 이러한 것을 인지하는 것은 후기의 기독교 학자들에게 더더욱 필요한 것인데, 그들은 그 저자가 보고하는 것과 그 저자가 말하려고 의도하는 것을 모두 기독교인들의 기준에 따라 판단해야만 하기 때문이다.

이러한 차이점이 일반적으로 좀더 인지된다면, 증거된 본문에 대해서 훨씬 덜 의심하게 될 것이고 본문의 의미를 떠난 특이한 설교도 훨씬 덜하게 될 것이다. 첫째로 비규범적인 요소들, 즉 우리의 영적인 찬양이나 영적인 성장을 위한 노력을 위해 의도되지 않은 요소들을 구별하고 규범적인 적용을 위한 후보 목록에서 제외시켜야 한다. 그러면 열왕기상에서 가장 두드러진 비규범적인 요소들은 무엇인지 살펴보도록 하자. 먼저 계시로부터 온 것이 아닌 문화로부터 온 요소들이 있다. 즉 왕들이 그들의 특별한 신에게 직접 청구할 수 있는 권리를 가진다(17, 36, 47절)는 개념, 숨겨진 제의성이 제단의 남겨진 희생 제물과 물에 있다는 개념 그리고 정력을 새롭게 하는 힘이 활발한 성적 행위에 있다는 개념 등이다. 또한 왕위 계승 이야기를 전개하는 화자가 온전히는 받아들이지 못할지라도 적어도 부당하다고 할 수는 없는 사회적이고 윤리적인 관습들이 있다. 여기에는 일부다처제, 후첩 제도, 다윗이 밧세바에게 그의 약속을 이행하지 않는 과정에서 했을 수도 있는 가능한 속임수 혹은 반대로 나단과 밧세바가 다윗에게 했을 수도 있는 가능한 속임수 등이다. 마지막으로 이 이야기에서 보이는 비규범적인 정치적 관행들, 특별히 전제적 권력의 냉소적인 압수와 무자비한 사역 등을 지적해야 한다. 역사가들이나 성경 신학자들이 자주 지적하듯이 아도니야의 쿠데타와 솔로몬의 역쿠데타는 이스라엘의 전통적인 개념과 매우 동떨어진 양상을 나타낸다. 부족 시기에는 왕 제도가 없었고(삿 8:23), 정치적 권력 체계는 변형된 민주제이거나 제한된 전제제도였다. 개별적인 지도자들은 일시적인 구원 사역을 이루기 위해서 신적인 영에 사로잡힌 은사자들이었다. 사울과 그의 뒤를 이은 다윗은 역사가들이 필요하다고 판단하는 적절한 단계들을 거쳤다. 그러나 솔로몬의 경우에는 권력을 얻기 위해 얄팍한 책략을 쓰는 모습을 볼 수 있다. 일단 권력을 잡은 뒤 솔로몬이 절대 권력을 지향해야만 하는 것은 불가피한 일이었다. 이러한 그의 이미지는 기독교인들(그리고 유대인들)에게는 비규범적이다. 그것은 사회적 상호작용에 대한 성경 자체의 기준을 범한 것이었다.

사건 자체에 대한 이러한 적절하게 부정적인 가치 판단의 불가피성을 차치하더라도, 성경 텍스트가 결정적으로 무엇을 고려하고 있는지를 알아내기 위해 성경 텍스트 자체에 주의를 집중할 필요가 있다. 여기서 화자의 기법은 역사의 과정을 따르고 있다. 모든 개개의 역사적인 사건들이 동등한 중요도와 가치를 가지는 것은 아니다. 그러나 그 각각의 사건들은 중요도의 순서에 따라 배열되어야만 한다(미국인들은 아마도 그들 목록의 최상위에 독립선언을 놓을 것이다). 역사적 아도니야와 역사적 솔로몬 사이에 실제적으로 발생했던 분쟁에서, 어떤 것은 다가올 사건을 예비했던 일들이고 다른 것들은 그 영향으로 인해서 발생한 것들이다. 이러한 사건들은 화자가 그리고자 하는 그림의 모든 부분이었다. 그러나 그것들 모두가 그림의 중심적인 주제들은 아니었다. 우리가 다루고자 하는 구체적인 경우에 중심을 차지하고 있는 것은 아도니야의 쿠데타가 아니라 솔로몬의 역쿠데타였다. 아도니야의 쿠데타는 솔로몬의 왕위 승계를 촉진한 것 외에는 달리 지속되는 결과를 가지지 못했다. 왕위 승계 역사가는 이러한 것을 이해하고 그것을 표현하기 위해서 기술적으로 그의 개요를 그려 나가고 있는 것이다. 신학적인 용어로 표현하기를 원한다면, 솔로몬의 승계는 하나님의 계시(즉 하나님의 목적)를 포함했던 것이라고 말할 수 있다. 그러나 다가올 세대들을 위한 하늘의 계시의 사건을 보존하기 위해서는 왕위 계승 역사가의 말로 표현된 증언이 요구된다.

이러한 것을 마음에 깊이 새기지 않는다면, 우리는 본문을 도덕화하거나 김빠진 감상주의에 쉽게 빠져들게 할 것이다. 1-4절로부터 다윗의 주관적인 도덕적 판단 외에 무엇을 얻을 수 있는가? 5-10절에서 남성의 허영심 혹은 자존심과 탐욕, 그리고 당파 경쟁심에 대한 정죄 외에 무엇을 얻을 수 있는가? 11-31절에서 지혜로운 전략을 구상하는 것 혹은 여성을 조종하는 남성의 힘, 그리고 남자에게 영향을 끼치는 여성의 보상적인 힘에 대한 효과적인 예증을 얻게 된다. 그러나 이 모든 구절들은 솔로몬의 대관식이라는 중심 사건을 위한 화자의 예비적인 준비다. 이것은 세 번에 걸쳐서 이야기되고 있는데, 첫째로 다윗의 지시(32-35절), 둘째로 38-40절의 직접적인 이야기, 마지막으로 아도니야와 그의 손님들에게 전한 요나단의 보고(41-48절) 등에서다. 이야기는 아도니야를 처분하기 위해 몇 절을 더 첨가한다. 그러나 우리는 이제 본문의 화자가 무엇을 말하려고 하는지를 정확히 알고 있다. 그는 솔로몬이 왕이 되었음을 말하고 있는 것이다.

그러나 화자가 이야기 속의 중심 인물들의 입으로 전해지는 해석적인 이야기들을 놓는 이미 언급된 기술이 없었다면, 우리는 아마도 순전한 세속사인 외적인 정치적 사건 외에 더 아는 바가 거의 없을지도 모른다. 만약 거룩한 텍스트가 현대인을 위한 계시가 된다면, 그것은 초월적인 진리가 나타난다는 점에서일 것이다. 31절에서 밧세바는 솔로몬에게 약속한 바를 오늘 이루겠다는 다윗의 약속을 들으면서 "내 주 다윗 왕은 만세수를 하옵소서!"라고 말한다. 36절에서는 브나야가 다윗의 명령에 대해 "아멘! 내 주 왕의 하나님께서도 이렇게 말씀하시기를 원하옵나이다"라고 응답한다. 그러고 나서 37절에서 "여호와께서 내 주 왕과 함께 계심같이 솔로몬과 함께 계셔서 그 위를 내 주 다윗 왕의 위보다 더 크게 하시기를 원하나이다"라는 반어적인 소망을 더한다. 47절에서 백성들은 "왕의 하나님이 솔로몬의 이름을 왕의 이름보다 아름답게 하시고 그 위를 왕의 위보다 크게 하시기를 원하나이다"라고 말한다. 그러고 나서 48절에서 왕은 자신이 "내 위에 앉을 자를 주사 하나님 여호와를 찬송하리로라 여호와께서 나로 목도하게 하셨도다"라고 응답한다. 밧세바는 다윗 왕조의 영원한 지속을 예견하며 기원한다. 브나야는 (1) 야웨가 다윗이 말한 것을 확증하기를 혹은 결정을 변개할 다른 어떠한 영향력이 없게 되기를, (2) 야웨가 솔로몬이 다윗 위에 창대하게 하시기를 기원하며 선언한다. 백성들은 그들의 역설적인 "축복" 속에서 이러한 기류를 지지한다. 그리고 다윗은 그의 통치를 지속할 후계자를 주신 야웨를 찬양한다.

왕위 계승 역사가의 중심적인 진리는 야웨가 아도니야를 꺾고 솔로몬을 세우는 일을 했다는 것이다. 그의 역사에서 등장 인물들의 말에서 진술되고 다윗의 말에서 정점에 이르게 된 이러한 진실은 초월적이 되고 장래의 세대들을 위한 증언을 가져오면서 현재의 당면한 임시성을 넘어서게 된다. 이 저자 자신은 그의 빛이 어느 정도까지 비추기로 예정되어 있는지 알지 못한다. 그는 다윗으로부터 솔로몬으로 연결되는 한 세대만을 생각하고 있다. 그러나 신명기 사가는 그 연결은 하나의 연결고리를 이루었고, 왕국의 마지막까지 내려가는 수많은 "다윗들"이 있었다는 것을 알고 있었다. 더욱이 오늘날 기독교 독자들은 그 연결 고리는 분출되는 메시아적 이데올로기로서 수 세기 동안 지속되면서 여전히 길어지게 되어 있었고, 결국에는 다윗보다 의롭고 솔로몬보다 지혜로운 다윗의 위에 앉을 사람에게까지 연속된다는 것을 알고 있는 것이다.

2. 솔로몬이 그의 경쟁자들을 죽이다(2:1-46)

참고문헌

Gooding, D. W. "The Shimei Duplicate and Its Satellite Miscellanies in 3 Reigns II." *JSS* 13(1968) 76-92. **Rehm, M.** "Die Beamtenliste der Septuaginta in 1 Kon 2, 46h." FzB 1. *Festschrift für J. Ziegler*. Würzburg: Echter Verlag, 1972. **Trebolle, J.** "Testamento y muerte de David." *RB* 87(1980) 87-103. **Yaron, R.** "A Ramessid Parallel to 1 K ii 33, 44-45." *VT* 8(1958) 423-33. **Zalewski, S.** "The Character of Adonijah"(Heb.). *BMik* 57(1974) 229-55.

본 문

1 다윗이 죽을 날이 임박하매 그 아들 솔로몬에게 명하여 가로되

1 When David's days to die drew near he charged[a] Solomon his son[b] as follows:

2 내가 이제 세상 모든 사람의 가는 길로 가게 되었노니 너는 힘써 대장부가 되고

2 "I am going the way of all the earth; so be strong and act as becomes a man[a]

3 네 하나님 여호와의 명을 지켜 그 길로 행하여 그 법률과 계명과 율례와 증거를 모세의 율법에 기록된 대로 지키라 그리하면 네가 무릇 무엇을 하든지 어디로 가든지 형통할지라

3 and keep the charge of[a] [b]your god,[b] walking [c]in his paths,[c] [d]keeping his statutes, his commandments, his ordinances, and his testimonies,[d] [e]as written[e] in the law of Moses, so that you may prosper in all[f] that you do and in all to which [g]you turn your attention;[g]

4 여호와께서 내 일에 대하여 말씀하시기를 만일 네 자손이 그 길을 삼가 마음을 다하고 성품을 다하여 진실히 내 앞에서 행하면 이스라엘 왕위에 오를 사람이 네게서 끊어지지 아니하리라 하신 말씀을 확실히 이루게 하시리라

4 so that Yahweh may establish his word[a] which he spoke [b]concerning me,[b] saying, 'If your sons guard their way,[c] walking before me in fidelity with all their heart [d]and with all their soul,[d] no one of your sons shall be cut off from upon the throne of Israel.

5 스루야의 아들 요압이 내게 행한 일 곧 이스라엘 군대의 두 장관 넬의 아들 아브넬과 예델의 아들 아마사에게 행한 일을 네가 알거니와 저가 저희를 죽여 태평 시대에 전쟁의 피를 흘리고 전쟁의 피로 자기의 허리에 띤 띠와 발에 신은 신에 묻혔으니

5 [a]So now,[a] you know what Joab son of Zeruiah did to me; that is, what he did to the two commanders of Israel's armies, Abner son of Ner and Amasa son of Yether:[b] he murdered them, avenging[c] the blood of war in peacetime [d]and putting innocent blood[d] on the girdle of my[e] loins and on my[e] sandals which are on my[e] feet.

6 네 지혜대로 행하여 그 백발로 평안히 음부에 내려가지 못하게 하라

7 마땅히 길르앗 바실래의 아들들에게 은총을 베풀어 저희로 네 상에서 먹는 자 중에 참예하게 하라 내가 네 형 압살롬의 낯을 피하여 도망할 때에 저희가 내게 나아왔었느니라

8 바후림 베냐민 사람 게라의 아들 시므이가 너와 함께 있나니 저는 내가 마하나임으로 갈 때에 독한 말로 나를 저주하였느니라 그러나 저가 요단에 내려와서 나를 영접하기로 내가 여호와를 가리켜 맹세하여 이르기를 내가 칼로 너를 죽이지 아니하리라 하였노라

9 그러나 저를 무죄한 자로 여기지 말지어다 너는 지혜 있는 사람인즉 저에게 행할 일을 알지니 그 백발의 피를 흘려 저로 음부에 내려가게 하라

10 다윗이 그 열조와 함께 누워 자서 다윗 성에 장사되니

11 다윗이 이스라엘 왕이 된 지 사십 년이라 헤브론에서 칠 년을 치리하였고 예루살렘에서 삼십삼 년을 치리하였더라

12 솔로몬이 그 아비 다윗의 위에 앉으니 그 나라가 심히 견고하니라

13 학깃의 아들 아도니야가 솔로몬의 모친 밧세바에게 나아온지라 밧세바가 이르되 네가 화평한 목적으로 왔느뇨 대답하되 화평한 목적이니이다

14 또 가로되 내가 말씀할 일이 있나이다 밧세바가 가로되 말하라

15 저가 가로되 당신도 아시는 바여니와 이 왕위는 내 것이었고 온 이스라엘은 다 얼굴을 내게로 향하여 왕을 삼으려 하였는데 그 왕위가 돌이켜 내 아우의 것이 되었음은 여호와께로 말미암음이니이다

16 이제 내가 한 가지 소원을 당신에게 구하오니 내 얼굴을 괄시하지 마옵소서 밧세바가 가로되 말하라

17 가로되 청컨대 솔로몬 왕에게 말씀하여 저로 수넴 여자 아비삭을 내게 주어 아내를 삼게 하소

6 So act according to your wisdom and do not[a] let his gray hairs go down in peace to Sheol.

7 And with the sons of Barzillai the Gileadite practice loyalty, letting them be among those who eat at your table, for thus did they welcome me when I was fleeing from [a]your brother Absalom.[a]

8 And [a]behold, with you[a] is Shimei son of Gera, Benjaminite from Bahurim: now he cursed me with a potent curse on the day when I was marching to Mahanaim, but he did come down to meet me at the Jordan, so that I swore to him by Yahweh, saying, 'I won't kill you with the sword,'

9 [a]But as for you,[a] do not leave him guiltless, for a wise man are you: and you know what you should do to him, bringing his gray hairs with blood down to Sheol."

10 So David slept with his fathers. And he was buried in the city of David.

11 Now the years when David reigned over Israel were forty years: in Hebron he reigned seven years and in Jerusalem [a]he reigned[a] thirty-three years.

12 Thus Solomon sat on his father David's throne and his dominion was firmly established.

13 But Adonijah [a]son of Haggith[a] came to Bathsheba, Solomon's mother.[b] And she said,[c] "Do you come in peace?" He said, "In peace."

14 [a]Then he said,[a] "I have a matter that concerns you," and she[b] said,[c] "Speak."

15 So he said,[a] "You know that the kingship was mine, and it was to me that all Israel turned their faces to make me king. But the kingship has turned away and become my brother's, for through Yahweh it has become his.

16 But now, a single[a] request I ask of you: don't turn away my[b] face." And she[c] said, "Speak."

17 So he[a] said,[b] "Please speak to Solomon the king, for he will not turn away your[c] face,[d] that

서 왕이 당신의 얼굴을 괄시치 아니하리이다

he give me Abishag the Shunemite as wife."

18 밧세바가 가로되 좋다 내가 너를 위하여 왕께 말하리라

18 And Bathsheba said, "Good, I will speak on your behalf to the king."

19 밧세바가 이에 아도니야를 위하여 말하려고 솔로몬 왕에게 이르니 왕이 일어나 영접하여 절한 후에 다시 위에 앉고 그 모친을 위하여 자리를 베풀게 하고 그 우편에 앉게 하는지라

19 So Bathsheba went to King solomon to speak to him on Adonijah's behalf. And the king[a] arose to meet her and did homage to her.[b] Then he returned to his throne and had a chair placed for the king's mother, so that she might sit at his right side.

20 밧세바가 이르되 내가 한 가지 작은 일로 왕께 구하오니 내 얼굴을 괄시하지 마소서 왕이 대답하되 내 어머니여 구하시옵소서 내가 어머니의 얼굴을 괄시하지 아니하리이다

20 Then she said,[a] "A single request I am asking of you: don't turn away my[b] face." And the king said to her, "Ask, my mother, for I will not turn away [c]your face."[c]

21 가로되 청컨대 수넴 여자 아비삭을 아도니야에게 주어 아내를 삼게 하소서

21 And she said, "Let Abishag the Shunemite be given to Adonijah your brother as wife."

22 솔로몬 왕이 그 모친에게 대답하여 가로되 어찌하여 아도니야를 위하여 수넴 여자 아비삭을 구하시나이까 저는 나의 형이오니 저를 위하여 왕위도 구하옵소서 저뿐 아니라 제사장 아비아달과 스루야의 아들 요압도 위하여 구하옵소서 하고

22 And the king[a] answered and said to his mother, "And why are you asking just Abishag[b] for Adonijah?[c] Just as well ask the kingship for him – because he is my elder brother – both for him and for Abiathar the priest and Joab son of Zeruiah!"[d]

23 여호와를 가리켜 맹세하여 가로되 아도니야가 이런 말을 하였은즉 그 생명을 잃지 아니하면 하나님은 내게 벌 위에 벌을 내리심이 마땅하니이다

23 And King Solomon swore by Yahweh, saying, "May God do so to me and more, if at the risk of his life Adonijah has not broached this matter!

24 나를 세워 내 부친 다윗의 위에 오르게 하시고 허락하신 말씀대로 나를 위하여 집을 세우신 여호와의 사심을 가리켜 맹세하노니 아도니야는 오늘날 죽임을 당하리라 하고

24 So now, by Yahweh's life – who established me and set me on the throne of David my father and made me a house," as he[a] said,[b] "today shall Adonijah be put to death!"

25 여호야다의 아들 브나야를 보내매 저가 아도니야를 쳐서 죽였더라

25 So the king[a] sent an order with Benaiah son of Jehoiada, and he fell on him[b] and he died.[cd]

26 왕이 제사장 아비아달에게 이르되 네 고향 아나돗으로 가라 너는 마땅히 죽을 자로되 네가 내 부친 다윗 앞에서 주 여호와의 궤를 메었고 또 내 부친이 모든 환난을 받을 때에 너도 환난을 받았은즉 내가 오늘날 너를 죽이지 아니하노라 하고

26 And to Abiathar the priest the king[a] said, "To Anathoth! Go to your fields,[b] for you are marked for death![c] And [d]on this day[d] I will not kill you, only because you bore the ark of Yahweh[e] before[f] my father, and because you suffered through all that my father suffered."

27 아비아달을 쫓아내어 여호와의 제사장 직분을 파면하니 여호와께서 실로에서 엘리의 집에 대하여 하신 말씀을 응하게 함이더라

27 Thus did Solomon exile Abiathar from acting as Yahweh's priest, fulfilling Yahweh's word which he spoke against the house of Eli in Shiloh.

28 그 소문이 요압에게 들리매 저가 여호와의 장막으로 도망하여 단 뿔을 잡으니 이는 저가 다윗을 떠나 압살롬을 좇지 아니하였으나 아도니야를 좇았음이더라

28 Now the news came to Joab[a] – for Joab had been affiliated with Adonijah and had not been affiliated with Solomon[b] – and Joab fled to Yahweh's tent and grasped the horns of the altar.

29 혹이 솔로몬 왕에게 고하되 요압이 여호와의 장막으로 도망하여 단 곁에 있나이다 솔로몬이 여호야다의 아들 브나야를 보내며 가로되 너는 가서 저를 치라

29 And it was reported to Solomon[a] that he[b] had fled to Yahweh's tent, "and behold, he is [c]beside the altar."[c] [d]So Solomon sent to Joab saying, "What is the matter with you, that you have fled to the altar?" And Joab said, "It was because I feared you that I have fled to Yahweh."[d] Then Solomon[e] sent Benaiah son of Jehoiada saying, "Go fall[f] upon him."[g]

30 브나야가 여호와의 장막에 이르러 저에게 이르되 왕께서 나오라 하시느니라 저가 대답하되 아니라 내가 여기서 죽겠노라 브나야가 돌아가서 왕께 고하여 가로되 요압이 이리이리 내게 대답하더이다

30 And Benaiah[a] went to Yahweh's tent and said to him, "Thus says the king, 'Come out!'" But he[b] said, "No,[c] but I will die here." And Benaiah[d] returned word to the king saying, "Thus spoke Joab and thus did he answer me."

31 왕이 이르되 저의 말과 같이 하여 저를 죽여 묻으라 요압이 까닭없이 흘린 피를 나와 내 부친의 집에서 네가 제하리라

31 So the king said to him,[a] "Do as he said: fall upon him and bury him, and remove today[b] the innocent blood which Joab[c] shed from me and my father's house;

32 여호와께서 요압의 피를 그 머리로 돌려 보내실 것은 저가 자기보다 의롭고 선한 두 사람을 쳤음이니 곧 이스라엘 군대 장관 넬의 아들 아브넬과 유다 군대 장관 예델의 아들 아마사를 칼로 죽였음이라 이 일을 내 부친 다윗은 알지 못하셨나니

32 and may Yahweh return his bloodguilt[a] on his own head, since he fell upon two men more righteous and excellent than himself, murdering them with the sword, while my father David was unaware of it[b] – even Abner son of Ner, general of Israel's army, and Amasa son of Yether, general of Judah's army.

33 저희의 피는 영영히 요압의 머리와 그 자손의 머리로 돌아갈지라도 다윗과 그 자손과 그 집과 그 위에는 여호와께로 말미암은 평강이 영원히 있으리라

33 So their blood will return on Joab's head and on the head of his posterity forever, but for David and his posterity, and his house and his throne, [a]there will be[a] peace forever from Yahweh."

34 여호야다의 아들 브나야가 곧 올라가서 저를 쳐 죽이매 저가 거친 땅에 있는 자기의 집에 매장되니라

34 Then Benaiah[a] fell upon[b] him[c] [d]and killed him,[d] and he was buried[e] in his house[f] in the country.

35 왕이 이에 여호야다의 아들 브나야로 요압을 대신하여 군대 장관을 삼고 또 제사장 사독으로 아비아달을 대신하게 하니라

35 And the king[a] appointed Benaiah son of Jehoiada in his[b] place in charge of the army;[c] and Zadok the priest the king[d] appointed[e] in place of Abiathar.

36 왕이 보내어 시므이를 불러서 이르되 너는 예루살렘에서 너를 위하여 집을 짓고 거기서 살고 어디든지 나가지 말라

37 너는 분명히 알라 네가 나가서 기드론 시내를 건너는 날에는 정녕 죽임을 당하리니 네 피가 네 머리로 돌아가리라

38 시므이가 왕께 대답하되 이 말씀이 좋사오니 내 주 왕의 말씀대로 종이 그리하겠나이다 하고 이에 날이 오래도록 예루살렘에 머무니라

39 삼 년 후에 시므이의 두 종이 가드 왕 마아가의 아들 아기스에게로 도망하여 간지라 혹이 시므이에게 고하여 가로되 당신의 종이 가드에 있나이다

40 시므이가 그 종을 찾으려고 일어나 그 나귀에 안장을 지우고 가드로 가서 아기스에게 나아가 그 종을 가드에서 데려왔더니

41 시므이가 예루살렘에서부터 가드에 갔다가 돌아온 일을 혹이 솔로몬에게 고한지라

42 왕이 사람을 보내어 시므이를 불러서 이르되 내가 너로 여호와를 가리켜 맹세하게 하고 경계하여 이르기를 너는 분명히 알라 네가 밖으로 나가서 어디든지 가는 날에는 죽임을 당하리라 하지 아니하였느냐 너도 내게 말하기를 내가 들은 말씀이 좋으니이다 하였거늘

43 네가 어찌하여 여호와를 가리켜 한 맹세와 내가 네게 이른 명령을 지키지 아니하였느냐

44 왕이 또 시므이에게 이르되 네가 무릇 네 마음의 아는 모든 악 곧 내 부친에게 행한 바를 네가 스스로 아나니 여호와께서 네 악을 네 머리로 돌려보내시리라

45 그러나 솔로몬 왕은 복을 받고 다윗의 위는 영원히 여호와 앞에서 견고히 서리라 하고

46 여호야다의 아들 브나야에게 명하매 저가 나가서 시므이를 쳐서 죽게 한지라 이에 나라가 솔로몬

36 Then the king[a] sent and summoned Shimei[b] and said to him, "Build for yourself a house in Jerusalem and dwell there, and do not go out from there hither or thither.

37 And it will be on the day when you do go out, if you so much as cross the wadi Kidron, know assuredly that you will certainly die; your blood will be on your own head."[a]

38 And Shimei said to the king, "Your terms are good; as[a] my lord the king has said, so shall his servant do." So Shimei dwelt in Jerusalem for [b]many days.[b]

39 But it happened after three years that two of Shimei's slaves fled to Achish son of Maacah,[a] king of Gath. And they told Shimei as follows: "Behold, your slaves are in Gath."

40 Then Shimei arose, saddled his ass, and went [a]toward Gath, to Achish,[a] looking for his slaves; Shimei went[b] and brought back his slaves from Gath.

41 And [a]it was reported[a] to Solomon that Shimei had traveled from Jerusalem to Gath and [b]had returned.[b]

42 So the king sent and summoned Shimei and said to him, "Did I not adjure you by Yahweh and admonish you as follows: 'On the day when you go out[a] and travel hither and thither, know assuredly that you will certainly die'; [b]and did you not say to me, 'Your terms are good; I obey'?[b]

43 So why[a] do you disobey Yahweh's oath, and my command with which I charged you?"

44 Then the king said to Shimei, "You know all the[a] evil — at least your heart acknowledges it — that you did to David my father, so Yahweh has returned your evil on your head.

45 But King Solomon is blessed, and the throne of David will be established before Yahweh forever!"

46 And the king[a] ordered Benaiah son of Jehoiada, and he went out and fell upon him, [b]and he[c] died.[b]

의 손에 견고하여지니라

[d]Thus was the kingdom made secure in Solomon's hand.[d]

원문주해

1.a. MT과 G^L. 이것은 "대답했다"(치봐〈צִוָּה〉를 아나〈עָנָה〉로 읽음)라고 한 G^B의 원문 변조보다 더 나은 의미를 만든다.

1.b. MT과 G^B. "그의 죽음 전에"라는 설명적 어구로서의 G^L. (또한 몇몇 히브리 자료들도 그렇다).

2.a. MT과 G^B. G^L은 "강한 남자"라는 강화된 설명적인 어구를 첨가한다. 이러한 해석은 다양한 히브리어 숙어를 재현한 것이지만, 원 히브리어의 미묘한 의미를 구분하여 살리는 데서는 실패한 것이다.

3.a. MT은 "야웨"를 첨가한다.

3.b-b. MT과 G^L의 "이스라엘의 그 하나님"보다는 G^B의 "너의 하나님"이 더 나은 표현이다. MT과 G^L의 일탈은 G^B의 원전성을 지지해 준다.

3.c-c. MT과 G^B. G^L의 "그의 앞에서"라는 어구의 대체는 이 주목할 만한 본문의 신명기 용어와는 거의 조화되지 않는 일반적인 숙어다.

3.d-d. MT. 그러나 이러한 동의어가 나타나는 다양한 순서를 고려할 때, G^{BL} 위에 이러한 것을 추천하기는 어렵다.

3.e-e. MT과 G^L. "기록되어 있는 그것"이라는 G^B은 설명적이다.

3.f. MT과 G^L. G^B의 생략은 쉽게 풀어 쓴 것이다.

3.g-g. MT과 G^L. G^B은 이 텍스트의 심한 모호성을 발견한다. 그래서 "내가 너에게 명령한다"라는 어구를 보충한다.

4.a. MT과 G^B. G^L의 복수형은 마음에 다윗에게 주어진 다양한 계시들을 가지고 있는 것을 나타낸다.

4.b-b. MT과 G^L. 결국 다윗보다는 다른 사람들에 대한 구절의 관점에서 보면, G^B은 생략에서 어떠한 경향적인 의도가 있을 수도 있다.

4.c. MT과 G^B. G^L의 복수형은 그 아들들의 숫자가 복수인 데서 기인한 것이다.

4.d-d. MT과 G^L. 단순히 가운데 글자를 빠뜨리고 잘못 쓰는 기법으로 인해 G^B은 이러한 어구들을 빠뜨렸다. MT과 G^B은 인용문으로서 뒤따르는 구절을 소개하기 위함인 것처럼 "말하면서"라는 어구를 첨가한다.

5.a-a. G^L의 독법은 "그리고 정말 네가"라는 MT, G^B보다 나은 것이다. 여기에서 본래적인 왕위 계승 내러티브에 있는 결론적인 부분이 시작되기 때문이다. 이 왕위 계승 내러티브의 원형적인 구조는 3-4절의 신명기 사가의 자료 유입으로 인해서 방해를 받으며 분

산되었다.

5.b. MT과 G^B 두 사본의 이스라엘 두 장군 중의 하나와 아마사를 동일시하는 것은 G^L의 번역가가 여기에 교정적인 "유다의 장군"을 첨가한 것을 적절한 것으로 여기지 않는 것이다.

5.c. "복수하다"라는 뜻을 가진 G^L의 엑세디케센(*ἐξεδίκησεν*)은 "그가 복수했다"라는 원 히브리어 봐이콤(וַיִּקֹּם)을 읽은 것이다. MT과 G^B은 다윗 자신이 복수하는 것을 찾는 것보다는 자신에게 복수를 요구하여 청에 응하는 요압을 긍정하기를 원하는 것이다. 그러므로 "놓아두다", "...의 탓으로 돌리다"라는 뜻의 히브리어 봐야셈(וַיָּשֶׂם), 헬라어 에탁센(*ἔταξεν*)을 쓰고 있다.

5.d-d. *OL*과 Gothic의 지지를 받는 G^L은 "무죄한 피"에 동의하며 이를 유지하고 있다. 이 "무죄한 피"라는 어구는 MT에서 이전 구절의 영향으로 인하여 "전쟁의 피"로 바뀌었다. G^B은 이 어구를 가운데 글자를 빼먹고 쓰는 오류로 인해서 생략하고 있을지라도, 대부분의 헬라어 사본들의 증거는 이 구절을 읽고 있다.

5.e, e, e. "그의"라고 쓰고 있는 MT과 G^B과는 달리, "나의"를 쓰고 있는 G^L이 옳은 것이다. 다윗은 요압 자신이 피를 묻히는 것에 대해서 불평어린 말을 하는 것이 아니라, 요압이 다윗 자신의 이름과 권위를 피로 더럽히는 행위를 자행하여 다윗에게 살인죄를 가져다 준 것에 대해서 말하고 있는 것이기 때문이다. 이는 요압 자신의 죽음만이 속죄할 수 있는 것이다. 참조. *HOTTP*, 292.

6.a. MT과 G^L. "아니다"라는 헬라어 우(*οὐ*)를 G^B은 "당신"이라는 수(*σύ*)로 읽었다. 참조. Burney, xxi.

7.a-a. G^L. MT과 G^B에는 "압살롬 너의 형"으로 되어 있다. 솔로몬에게 주는 말로서 형제 관계의 신분 확인을 나타내는 말이 이름보다 앞서 나오는 것이 더 좋은 표현이다.

8.a-a. "그리고 게라의 아들 시므이"라는 G^L의 표현은 새로운 단락의 서론으로서 갑작스런 반전을 나타낸다. 그러나 G^L은 원본의 훼손일 수 있다. 본문은 "그리고 주목하라, 너와 함께…"라는 어구를 가진 MT, G^B을 필요로 한다.

9.a-a. "그래서 이제"라는 뜻의 베아타(וְעַתָּה)라는 어구를 가진 MT은 상황으로부터 결과로의 일반적인 전환을 나타낸다. 그러나 이것은 G^L의 "당신"을 뜻하는 수(*σύ*=אַתָּה) 라는 단어를 잘못 들음에서 기인한 실수다. 6절에서와 같이 G^B은 "아니다"라고 읽는 우(οὐ)에 대한 시각적 오류를 범한 것이다(Burney, xxi).

11.a-a. 히브리어 문체의 특성의 관점에서 G^B은 생략하고 있다.

13.a-a. 여기서부터 22장에 이르기까지 G^B은 대부분 *Kaige*를 빼버리고 다시 OG를 따른다. 이전보다 더 두드러진 면은 인정된 헬라어 문체에 대한 선호성이다. 그것은 모계를 따르는 이름을 생략한다. 아도니야가 이전에 이러한 이름으로 소개된 적이 있기 때문일 것이다(1:5). 그러나 MT과 G^L은 원본적이다. 저자의 문체는 일부러 그 두 왕자의 어머니

들을 대조시키고 있기 때문이다.

13.b. MT. G^{BL}에는 "그리고 그녀에게 절을 했다"라는 어구가 첨가되어 있다. 이는 본문이 말하고 있는 것보다 뻔뻔스러운 아도니야를 좀더 겸손한 요청자로 만들어 주는 것이다. 참조. *HOTTP*, 292.

13.c. MT과 G^{B}. G^{L}은 설명적인 어구 "그에게"를 첨가했다.

14.a-a. 문체적인 이유로 G^{B}은 생략한다. 그러나 MT과 G^{L}은 "그리고 그가 말했다"라는 어구를 반복하여 대화 사이에 잠깐 쉴 것을 제안한다.

14.b. MT과 G^{B}. G^{L}은 설명적 어구인 "밧세바"를 가진다.

14.c. MT. G^{BL}은 설명적인 어구 "그에게"를 가진다.

15.a. MT. G^{BL}은 설명적인 어구 "그녀에게"를 가진다.

16.a. MT과 G^{B}. G^{L}은 해설적인 어구 "작은"을 가진다. 참조. 20절.

16.b. MT. G^{BL}은 "너의". 번역자들은 히브리어 숙어를 인식하고 있지 못하다. "주석"을 보라.

16.c. MT. G^{BL}은 설명적인 어구 "밧세바"를 첨가한다.

17.a. MT과 G^{B}. G^{L}은 설명적 어구인 "아도니야"를 첨가한다.

17.b. MT. G^{BL}은 설명적인 어구 "그녀에게"를 첨가한다.

17.c. MT과 G^{L}. G^{B}은 "그의". 16절을 보라.

17.d. MT과 G^{L}. G^{B}은 일관성 있는, 그러나 해설적인 "당신으로부터"라는 어구를 첨가한다.

19.a. MT과 G^{B}. G^{L}은 이전 구절에 의해서 영향을 받아 "솔로몬"을 첨가한다.

19.b. MT의 봐이쉬타후 라흐(וַיִּשְׁתַּחוּ לָהּ, "그가 그녀에게 절했다")는 솔로몬의 일생의 관습으로 지속된 것으로서 완전히 이해할 만하다. 그러나 G^{BL}은 왕실의 지위에 걸맞는 경외감을 제거하고 그 동사를 "입 맞추었다"로 바꾸었다.

20.a. MT. G^{BL}은 설명적인 어구 "그에게"를 첨가한다.

20.b. MT. G^{BL}은 "당신의". 참조. 16절에 관한 것.

20.c-c. MT. G^{BL}은 "당신을".

22.a. MT은 "왕 솔로몬". G^{BL}은 "솔로몬 왕". 요소들의 위치 변동은 이름이 원본이 아님을 보여 주는 것 같다.

22.b. G^{BL}. MT은 설명적인 "수넴 여인"을 첨가한다.

22.c. MT과 G^{B}. G^{L}은 설명적인 어구 "아내로서"를 첨가한다.

22.d. MT. G^{BL}은 "군대 장관"이라는 어구인 호 아르키스트라테고스(ὁ ἀρχιστράτηγος)=사르 하차바(שַׂר הַצָּבָא)와 "동료"라는 헤타이로즈(ἑταιρος)=레아(רֵעַ)의 이중 설명적인 어구를 가지고 있다. 참조. Burney, xxx; *HOTTP*, 293.

24.a. MT. G^{BL}은 "야웨"라는 어구를 첨가한다. 이는 설명적이거나 혹은 23-24절에서

두 번 먼저 발생한 영향일 수 있다.

24.b. MT과 G^{B}. G^{L}은 설명적인 어구 "나에게"를 첨가한다.

25.a. MT은 "왕 솔로몬". G^{BL}은 "솔로몬 왕". 22절을 보라.

25.b. MT과 G^{B}. G^{L}은 설명적인 어구 "아도니야"를 첨가한다.

25.c. MT. G^{BL}의 "아도니야가 죽었다"라는 구절은 설명적이다.

25.d. MT. G^{BL}은 설명적인 어구 "그 날에"를 첨가한다.

26.a. MT과 G^{B}. G^{L}은 "솔로몬"을 첨가한다.

26.b. MT, G^{B}. G^{L}은 솔로몬이 아비아달이 희생제를 드리는 제단에 접근하는 것을 제한하고 있고 앞으로는 그 자신의 땅에서만 살아야 한다고 한 점을 간과하고, "그리고 너의 집에"라는 어구를 첨가했다.

26.c. 문자적으로는 "너는 죽은 사람이다"라는 뜻이다.

26.d-d. MT. "그리고"를 생략하면서 G^{BL}은 이전의 위협에 부가하여 "이 날에는"이라는 어구를 첨가한다.

26.e. G^{L}. MT은 "주 야웨"라는 서기관들의 확장된 어구를 가지고 있다. 반면에 G^{B}은 그럴듯하지 않은 신명기적 어구인 "야웨의 언약"을 보존하고 있다.

26.f. G^{B}. MT과 G^{L}은 설명적인 "다윗"을 첨가한다.

28.a. MT. G^{BL}은 설명적인 어구 "스루야의 아들"을 첨가한다.

28.b. G^{L}, Syr, Syr^{h}, Vg. MT과 G^{B}은 "압살롬". "주석"을 보라.

29.a. G^{BL}. MT의 "왕 솔로몬"은 확장적이다.

29.b. G^{L}. MT과 G^{B}은 설명적인 어구 "요압"을 첨가한다.

29.c-c. MT. G^{BL}의 "그는 제단의 뿔을 움켜잡았다"라는 어구는 분명치 않은 히브리어를 위해서 1:51을 대치한 것이다.

29.d-d. G^{BL}. MT은 문장에서 인접한 단어, 절, 행 등이 비슷하게 끝남으로써 발생하는 필사상의 오류로 인해서 생략되었다. 참조 *HOTTP*, 294.

29.e. MT과 G^{B}. G^{L}은 "왕 솔로몬".

29.f. "그리고 치다"라고 읽는 G^{BL}에 대해서 MT은 문체가 너무 비약적인 것 같다.

29.g. MT. G^{BL}은 "그리고 그를 죽이다"라는 어구를 첨가한다(31b절의 영향으로). 참조. Burney, xxx.

30.a. MT. G^{BL}은 만연체적인 어구 "여호야다의 아들"이라는 어구를 가진다.

30.b. MT. G^{BL}은 설명적인 어구 "요압"을 첨가한다.

30.c. MT. G^{BL}의 "아니다. 내가 가지 않을 것이다"는 만연체적이다.

30.d. MT, G^{L}. G^{B}은 "여호야다의 아들이 전하는 말을 가져왔고, 아래와 같이 왕에게 말했나"라는 어구를 첨가한니(만연체적임).

31.a. MT. G^{BL}은 "가서 행하라".

31.b. G^{BL}. MT은 생략한다. 참조. *YTT*, 224.

31.c. MT과 G^{L}. G^{B}은 생략한다. 적절한 이름은 이러한 절정의 선포에서 매우 잘 맞는 것 같다.

32.a. MT. G^{BL}의 "그의 죄악의"라는 어구의 첨가는 만연체적이다.

32.b. MT, G^{L}. G^{B}의 "그들의 피"라는 어구는 설명적이다.

33.a-a. MT. G^{BL}에 의해서 비역사적인 것으로 인식된 확신을 표현하기 위해 맞는 직설법(יִהְיֶה-이흐예)으로 읽음. G^{BL}은 그들의 판본에서 간접 명령(יְהִי – 예히, "있을 것이다")을 표현하기 위한 선택을 제공해 준다.

34.a. G^{BL}. MT은 만연체적인 "여호야다의 아들"이라는 어구를 첨가한다.

34.b. G^{BL}. MT의 "그러고 나서 올라갔다"라는 어구는 요압이 지금 성막에 있다는 관점에서 만연체적이다.

34.c. G^{L}. 참조. MT. G^{B}은 "요압"이라는 설명적인 어구를 가진다.

34.d-d. G^{BL}. MT은 "그리고 그를 쳤고 그를 죽였다".

34.e. MT. G^{BL}은 "그리고 그들이 그를 묻었다".

34.f. MT과 G^{B}(어려운 독법 우선의 원칙). G^{L}의 "무덤"이라는 어구는 어떠한 사람을 자기의 집에 매장한다는 개념에서 어려움들을 피하게 해주는 것이다.

35.a. MT과 G^{B}. G^{L}은 "솔로몬"을 첨가한다.

35.b. MT과 G^{B}. G^{L}은 설명적인 어구 "요압의"를 첨가한다.

35.c. MT. G^{BL}은 만연체적으로 "그리고 왕국이 예루살렘에 세워졌다"라는 어구가 첨가되었다.

35.d. MT과 G^{B}. G^{L}은 "솔로몬"을 첨가한다.

35.e. MT과 G^{L}. G^{B}은 만연체적인 "대제사장으로서"라는 어구가 첨가되었다. 참조. Burney, xxx.

36.a. MT과 G^{B}. G^{L}은 "솔로몬"을 첨가한다.

36.b. MT과 G^{B}. G^{L}은 설명적 어구인 "게라의 아들"을 가지고 있다.

37.a. MT. G^{BL}은 42절로부터 "그리고 그 왕은 그 날에 그에게 엄명을 내렸다"라는 주해를 첨가한다.

38.a. MT. G^{BL}은 "무엇".

38.b-b. MT. G^{BL}의 "3년"은 39절에 비추어 볼 때 설명적이다. 참조. Burney, xxvi.

39.a. MT과 G^{L}. G^{B}은 "아메사(Amesa)".

40.a-a. MT, G^{B}. G^{L}은 "가드의 아기스 왕에게"라는 덜 다듬어진 어구로 대치했다.

40.b. MT, G^{B}. G^{L}은 설명적인 어구 "예루살렘 밖으로"를 첨가한다.

41.a-a. MT, G^{B}. G^{L}은 수동형을 피하면서 "그들이 보고했다"라는 어구로 대치한다.

41.b-b. MT. G^{BL}은 설명적인 어구 "그의 종들을 데리고 돌아왔다"로 대치한다.

42.a. MT. G^{BL}은 "예루살렘으로부터"라는 설명적인 어구를 첨가한다.

43.a. G^{L}은 카이 티 호티(καὶ τί ὅτι)=MT은 우마두아(וּמַדּוּעַ). G^{L}의 카이 눈 디아티(καὶ νῦν διάτι)는 "그래서 이제 왜?"라는 일반적이지 않은 히브리어 구문 베아타 무두아(וְעַתָּה מַדּוּעַ)를 따르고 있다.

44.a. MT, G^{L}. G^{B}은 설명적인 어구 "너의"를 가진다.

46.a. MT. G^{BL}은 "솔로몬"을 첨가한다.

46.b-b. G^{B}은 생략한다. MT의 남아 있는 증거들을 가진다.

46.c. MT, G^{B}. G^{L}은 설명적인 어구 "시므이"를 가진다.

46.d-d. MT. G은 생략한다.

양식/구조/배경

왕위 계승 내러티브, 삽화 14: 솔로몬이 그의 통치를 세우다

I. 솔로몬에게 주는 다윗의 마지막 명령

A. 해묵은 긴장을 풀기 위한 지침

전환: 강해질 것을 당부하는 말씀, 2:1-2a

[신명기 사가: 야웨의 율법을 지킬 것을 명함, 2b-4절]

1. 요압의 살인죄

a. 고소, 5절

b. 지침, 6절

2. 바실래의 아들들에게 베풀 은총, 7절

3. 시므이의 저주

a. 고소, 8절

b. 지침, 9절

B. 다윗의 죽음에 대한 보고, 10a절

[신명기 사가: 결론 형식, 10b-11절]

II. 솔로몬이 그의 대적들을 제거하다

A. 솔로몬이 아도니야와 아비아달을 숙청하다

전환: 솔로몬이 통치하다, 12a절

[확장, 12b]

1. 장면 1: 아도니야의 부당한 주청(奏請)

a. 밧세바에게 나아감, 13-14절

b. 밧세바에게 청원함
(1) 상황, 15절
(2) 아비삭을 요구함, 16-17절
c. 밧세바의 승낙, 18절
2. 장면 2: 솔로몬의 단호한 대처
a. 밧세바의 등장과 영접, 19절
b. 주청(奏請), 20-21절
c. 아도니야의 동기에 대한 솔로몬의 판단, 22절
d. 운명에 대한 이중 맹세
(1) 판결, 23절
(2) 숙청을 명함
(a) 솔로몬의 권위, 24aα절
[신명기 사가: 확장 24aβ절]
(b) 즉각적인 죽음을 예고함, 24b절
e. 사형을 집행함, 25절
3. 솔로몬이 아비아달을 해고하다
a. 추방을 선고함, 26a절
b. 사형 선고를 유보함, 26b절
[신명기 사가: 해석적인 설명, 27절]
B. 솔로몬이 요압을 숙청하다
1. 성소로 도주한 요압, 28절
2. 장면 3: 솔로몬이 요압의 말을 따라 행하다
a. 솔로몬이 요압의 숙청을 명하다, 29절
b. 요압이 성소에서 죽기를 선택하다, 30절
c. 솔로몬이 다시 숙청의 명령을 내리다
(1) 요압의 말에 따라 행할 것을 명함, 31a절
(2) 살인죄를 제거할 것을 명함, 31b절
(3) 이론적 근거:
(a) 신적인 징벌, 32절
(b) 세대를 이은 견고성, 33절
d. 브나야가 숙청을 시행하다, 34절

3. 솔로몬이 브나야와 사독을 지명하다, 35절

C. 솔로몬이 시므이를 숙청하다

1. 장면 4: 솔로몬이 시므이의 집행유예 기간을 설정하다

a. 예루살렘에 머물 것을 명령함, 36절

b. 죽음에 대한 경고, 37절

c. 시므이가 그 말을 받아들이다, 38a절

2. 솔로몬이 시므이의 위법을 징벌하다

a. 시므이가 그의 도망간 종을 쫓아가다

(1) 원인, 38b-39a절

(2) 가드로의 여행, 39b-40a절

(3) 요약 결론, 40b절

b. 장면 5: 솔로몬이 시므이에게 이유를 들려주다

(1) 솔로몬이 위법함을 듣다, 41절

(2) 솔로몬이 시므이가 집행유예를 범한 죄를 묻다

(a) 서약과 명령을 되새김, 42절

(b) 해명을 요구함, 43절

(3) 솔로몬이 시므이의 죽음에 대한 이론적 근거를 말하다

(a) 신적인 징벌, 44절

(b) 왕조의 번창, 45절

c. 숙청, 46a절

결론적 요약, 46b절

왕위 계승 내러티브와 이 삽화가 시므이에 대한 숙청의 보고와 "따라서 나라가 솔로몬의 손에서 견고해져 갔다"(46절)라는 결론적 요약으로 끝나는 것은 매우 당연한 귀결로 여겨진다. 열왕기상 1장은 그 자체로 완전한 의미를 가질 수 없다. 그리고 3장에는 2장의 연속성과 같은 역할을 하는 부분이 전혀 없다. 사무엘하 9장에서 시작되어 견고하게 연결된 삽화적 내러티브는 여기 2장에서 절정을 이루고 결론을 맺게 된다. 우리는 본 장에서 산만하게 흩어진 모든 결말들이 해결되고 결론을 이야기할 것을 기대하게 된다. 그러나 본 장 안에서의 확장적인 부분들의 원전성에 대한 심각한 의구심들은 몇몇 해석자들에게 어려움을 안겨 준다. 그들은 시므이와 관련된 부분(36-46a절)의 대부분이 나머지 이야기들보다 3년 뒤에 일어난 내용(39

절)이기 때문에 그 원전성을 의심한다. 그러나 누가 왕위 계승 내러티브가 실제로 언제 기록되었는지 말할 수 있겠는가? 더욱 심각한 문제를 일으키는 부분은 아도니야를 숙청하며, 더 나아가 아비아달과 요압에게조차 무슨 일이 일어났는지를 묘사하는 13-35절까지에 대한 의구심이다. 하지만 이 부분이 이렇게 묘사되어야 한다면, 모든 부분이 현재대로 진행되어야 한다. 아비아달을 숙청하는 기사(26-27절)를 묘사한 부분이 이전 상황에서부터 자연스럽게 흐르고 있기 때문이다(제일 먼저 그 남자의 이름이 나오고, 완료형 동사의 간접 목적어로서 이어 나오는 말, 즉 연사〈連辭〉에 이어 주어가 나온다). 그리고 요압과 관련된 구절들(28-35절)은 아비아달에 관한 부분에 대한 연사(連辭)로서, 즉 먼저 명사 주어, 완료 동사 그리고 전치사구로서 첨부되어 있어서 이 부분 역시 이전의 상황에 구문론적으로 의존하고 있다. 따라서 13-35절에는 뚜렷한 문학적 틈새들이 없는 것이며, 전체의 부분이 하나의 통합체로서 간주되어야만 하는 것이다. 그러나 12-46절을 1-11절에 붙여야만 한다는 여러 가지 반대 견해들이 있었다. 그들 중의 하나는 요압과 시므이는 솔로몬에게 주는 다윗의 지침에 들어 있었지만 아도니야와 아비아달은 없었다는 것이다. 다른 반대 견해는 바실래(7절)가 13-46절에는 언급되지 않았다는 것이다. 또한 "그리고 그의 통치가 견고하게 세워졌다"라는 12b절의 어구는 왕위 계승 자료의 실재적인 결론적 요약으로서의 역할을 하고 있는 것이라는 점이다(따라서 46b절은 뒤에 주해로서 설명된 것으로 본다). 마지막으로 마치 새로운 책이나 자료를 시작하듯이 G^L 계열의 많은 MSS이 12절에서처럼 "통치 III"이라는 머리말을 첨가하고 있다는 것을 주의해야 한다는 것이다.

만약 이러한 문체적인 특성들이 12-35절로부터 1-11절을, 그리고 36-46절로부터 12-35절을 분명하게 구분하고 있는 것이라면, 위에서 개진된 반대 견해들의 몇 가지는 중요한 점을 가정하고 있을 수도 있다. 그러나 본 가사는 한 사람에 의해서 쓰여졌음이 분명하다. 우리는 저자가 어떠한 목적을 의도하고 있는지를 보면서, 내용상 조화를 이루지 못하는 부분들은 저자의 기술 기법의 특성으로 돌려야만 한다. 언어학적 토대에서 본다면 12b절보다는 46b절이 더 원본적이라고 보아야만 한다. 12b절의 "통치권"이라는 말쿠트(מלכות)는 주로 매우 늦은 시기의 문헌(에스더, 역대기, 다니엘, 에스라, 느헤미야, 시편)에서 나타나는 반면에, "왕국"이라는 의미의 맘라카(ממלכה)는 포로기 전 문헌에서 광범위하게 입증되는 단어이기 때문이다. 루시안계 책의 머리말에 관해서 이것은 아무것도 입증해 주는 것이 없다. 우리는 당연히 이것에 대해서 G^B의 바로 이 본문에서 *Kaige* 텍스트로부터 OG로 되돌아간 전환과 이러한 것이 어떠한 관련이 있는 것인지 의문을 가지게 된다.

주요 본문 기술에서 2차적인 확장에 대한 이러한 부정은 그 텍스트가 완전한 통합체라는 것을 의미하는 것은 아니다. 놀랍게도 그러한 통합체의 모습을 보이는 것은 바로 1장이었다. 그러나 2장에서는 그렇지 않다. 2장에는 후기 편집자들이나 해석자들이 첨가한 다섯 곳이 있는데, 일반적으로 첨가된 부분이라는 것을 쉽게 알아볼 수 있다. 이 주석을 사용하는 사람은 구조 개요에서 보이는 정방형 괄호의 부분이 바로 그러한 첨가 부분임을 곧바로 볼 수 있을 것이다. 신명기 사가는 이 중 네 곳(2b-4, 10b-11, 24aβ 그리고 27절)을 첨가한 사람이며, 또한 12b절(위에 인용한 언어학적 증거는 12절의 연대를 후기 포로기로 보는 것을 좀더 가능한 것으로 여기기는 하지만)도 더한 사람일 것이다. 본 주석의 서론 부분에서 열왕기상 2:2-4은 신명기 사가가 자신의 특별한 이데올로기를 나타내기 위해 가장 두드러진 전략적 기법을 사용한 부분으로서 주의해서 읽어야 할 필요성이 있음을 강조한 바 있다. 이 부분은 그러한 목적을 위한 매우 적절한 곳이다. 다윗은 임종 직전에 있으며, 바로 그가 솔로몬에게 마지막으로 해야 할 일들을 위임하는 순간을 묘사하고 있기 때문이다(신명기 사가는 자신이 말하고자 하는 바를 전하기 위한 방편으로 고별 설교를 사용하는 데 있어서 매우 뛰어난 기교자다. 참조. 여호수아 - 수 23장; 사무엘 - 삼상 12장). 물론 율례와 계명들을 지키라는 신명기 사가의 명령은 다윗이 마음에 가지고 있는 복수심과는 거의 관계가 없는 것이다. 신명기 사가는 이미 사무엘하 5:4-5에서 다윗에 대한 연대기적인 요약을 기술한 적이 있음에도 불구하고, 열왕기상 2:10b-11에서 다시금 유사한 요약을 적절하게 기술하고 있다(각 본문의 단어 배열은 마치 서로 다른 편집자에 의한 것처럼 서로간에 어느 정도 다르다). 위에서 주장했듯이 12b절은 명백하게 늦은 연대기적 구절이다. 이 구절은 13-46절의 첨가적 부분을 제외하면서 왕위 계승 화자가 서론적 해설 부분으로서 의도했던 단락을 결론적 요약 부분으로 바꾸는 역할을 하고 있다. 24aβ절에서 신명기 사가는 다윗에 대한 약속은 단지 한 개인만을 위한 것이 아니라 전 왕조를 위한 것이었음을 강조하면서 사무엘하 7:13의 내용에 대한 강조적인 암시를 던져 주고 있다. 27절에서 신명기 사가는 솔로몬이 행한 아비아달 추방 사건은 사무엘상 3:11-14 예언의 성취임을 지적하면서 이어지는 본문에서 익숙하게 되는 하나의 관례를 보여 준다.

열왕기상 2장은 시작으로부터 마지막까지 구조가 매끄럽게 흐르고 있지 않고 도입부인 1-10절이 13-46절과 현저히 단절되어 있다는 점에서 열왕기상 1장과 매우 두드러지게 다르다. 물론 이 단절되어 있는 부분으로 인하여 많은 학자들은 후자의 모든 부분이나 많은 부분들이 후대의 2차적인 저자의 작품일 것이라는 잘못된 판단을 가지게 되었다. 두 부분이 같은 저자에 의해서 쓰여진 것이라고 가정한다면, 우리는 1-10a절이 왕위 계승 내러티브 내에서 구분되는 별개의 삽화로 보이는지에 대해서 물을 수 있다. 그 대답은 아니라는 것이다. 이러한 부분들은 공통적인 주제를 공유하고 있기 때문에 나뉜 별개의 삽화들이 아니다. 그 주제는 바로 문제의 소지가 있었던 사람들을 "현명하게" 처리함으로써 솔로몬의 통치의 안전을 도모한다는 것이었다. 이외에도 1-10절에는 어떤 내부적인 발전의 모습이 없다. 따라서 단독으로 설 수 없는 것이다. 더욱이 10a절(신명기 사가의 확장 부분이 아닌)의 다윗의 죽음에 대한 보고는 단지 이 한 부분에 대한 결론이다. 또한 12a절에 묘사된 솔로몬의 통치에 대한 진술은 13-46절 전체에 대한 서론적인 설명으로서 여겨져야만 한다.

1장처럼 같은 저자에 의해 2장도 쓰여졌음에 대해서 회의를 가질 수도 있는 사람은 누구나 이미 구분해 놓은 다섯 개의 분리된 장면들을 유심히 관찰해 보아야 할 것이다. 그 부분들은 모두 1장에서처럼 기능한다. 3인칭 화법이 서론 혹은 결론으로서의 역할을 하면서 사건을 앞으로 진행시킨다. 13-46절의 세 가지 주요 하부 단락들에서 아도니야 관련 하부 단락(13-27절)은 아도니야와 밧세바, 그리고 이어서 밧세바와 솔로몬의 관계를 보여 주기 위해 빠른 전개의 두 가지 장면이 있고, 요압과 관련된 하부 단락(28-34절)은 요압과 솔로몬 사이를 앞뒤로 오가는 메시지를 담은 복합 장면 하나만 가지고 있다. 마지막으로 시므이와 관련된 하부 단락(35-46절)은 초반부에 시므이와 협정을 맺는 솔로몬을 묘사하는 장면과, 이어서 마지막에 그의 협정 위반에 대한 솔로몬의 심판을 묘사하는 장면이 있다.

아도니야 관련 하부 단락이 1-9절에서 미리 예고되지 않았다는 사실로 인해서 어려워하거나 난처해 할 필요는 없다. 이것은 이미 1:49-53에 간접적으로 나타났기 때문이다(이와 같은 주제적인 요소들을 긴밀히 맞추어 나가는 화자의 기법을 간과하는 비평가들은 요압과 시므이에 관한 자료들처럼 1-9절에 미리 준비되지 않았기 때문에 2차적인 첨가물이라고 주장하면서 잘못된 견해를 가지기가 쉽다). 미리 예기(豫期)하는 것이란 이러한 구절들이 요압과 시므이에 관해서 하부 단락에 무엇이 나타날 것인가를 정확히 말해 주는 그러한 것이다. 다시 말하지만, 몇몇 비평가들은 각 사람에 대한 예기와 성취 사이의 불일치를 지적하기 때문에 본문에 대한 바른 견해를 가지지 못한다. 이들은 자유로운 화법이 왕위 계승 역사가의 두드러진 특징이라는 것을 간과하고 있는 것이다. 사무엘하("주석"을 보라)의 이야기에 따르면, 요압과 시므이는 각각 다윗에게 심하게 죄를 지었다. 성경 저자는 그들이 죄를 지은 행위를 바로 지금 그들을 숙청하기 위한 솔로몬의 공의(혹은 구실)의 근거로서 기술하는 데 있어서 매우 탁월하다.

1-9절은 그 내용 전체가 다윗 홀로 말하는 이야기이기 때문에 그 자체로는 하나의 장면을 이루지 못한다(비록 솔로몬이 청자로서 되어 있지만, 그는 말하지도 않고 어떤 것을 행하지도 않는다). 다윗의 이야기는 뒤따라 오는 이야기들의 서론으로서의 역할을 감당하고 있다. 그것은 전환적 어구인 "나는 세상의 모든 사람의 길로 갈 것이다"(즉 죽음의 순간)라는 말로 시작된다. 이어서 그가 죽은 뒤 솔로몬이 행해야 할 세 가지 분명한 지침들을 내려 주게 된다. 저자는 첫 번째 지시 사항(요압)과 세 번째(시므이)에 모욕감에 대한 불평을 첨가하여 토로한 반면에, 가운데 위치한 두 번째 지시 사항(바실래)에는 불평함이 없이 아무것도 더하지 않는 기법으로 자신의 글의 균형감을 보여 주고 있다. 바실래에 관한 명령은 이러한 구조적인 대립을 위해서만 사용된 것은 아니다. "성실한 충성"을 나타내는 헤쎄드(חסד)에 대한 구절은 요압의 "피"와 시므이의 "저주"에 대한 암묵적인 꾸짖음을 보여 주는 것이다. 저자는 다윗의 이야기가 끝난 뒤에 "다윗은 열조와 함께 잠들었다"라는 그의 간결한 보고를 기술함으로써 그 왕의 역사를 짤막하게 결론을 맺는다(왕위 계승 내러티브와 같이 길게 내재된 자료는 반드시 다윗의 죽음에 대한 진술로 끝나야만 한다는 고려가 없다면, 이러한 기법은 10b-11절에 있는 신명기 사가의 전형적인 표지로 여겨질 수도 있다. 신명기 사가는 자연스럽게 자신의 자료의 내용이 드러나도록 하며 그 자료를 자신의 일상적인 기술 기법 유형에서 확장해 나간다).

언급된 대로 12a절은 13-46절을 위한 전환적인 해설 부분이다. 이것은 새로운 도입부를 가리키는 전형적인 구문이라는 것을 인지해야만 한다. 이러한 새로운 도입부는 제일 먼저 주어가 나오고 이어서 완료 동사(하나의 명사절을 만들면서, 유성음화되지 않는 구문에서 아마도 능동 분사로서 의도된 것) 그리고 전치사구가 따라 나오는 형식을 가진다. 구문 전체가 13절과 이후의 절들을 위한 상황절로서 기능한다.

아도니야 관련 하부 단락에는 두 가지 별개의 장면들이 바로 이어 연속적으로 포함되어 있고, 23-24절의 솔로몬의 최종 선언과 25절에 숙청에 대한 보고가 첨가되어 있음을 알 수 있다. 이 두 장면 사이를 연결해 주는 것은 18절에 보고된 밧세바의 암묵적인 동의다. 월권 행위를 하는 황태후의 모습은 아도니야에게 주어진 기회를 바로 그의 운명의 몰락을 가져오게 하는 위험한 도구로서 나타난다. 우리는 이스라엘의 정당한 통치자가 될 수 있었다는 아도니야의 대담한 발언(15절)이 사실은 솔로몬이 예정된 진정한 통치자였고 그 통치자로서의 행위를 의도하는 솔로몬의 선언(24절)으로 인해 매우 효과적으로 상쇄되며 문맥의 균형을 이루고 있는 것을 주목해야 한다. 두 사람 모두 지나간 일들을 주도하신 야웨의 큰 경륜의 손을 인식하고 있다. 아도니야는 그러한 상황을 다시금 돌이키려고 노력하지만, 솔로몬은 자신에게 최대한 유리하도록 그 상황을 해석하여 적용시키고 있다.

이미 살펴본 대로 아비아달에 관한 두 구절은 아도니야 관련 하부 단락과 분리될 수 없게 부착되어 있다. "그리고 제사장 아비아달에게"(ולאביתר הכהן - 우레에비야타르 하코헨)라는 제일 먼저 나오는 간접목적어의 위치는 솔로몬의 이야기를 듣는 사람과 아도니야를 매우 현저하게 구분짓는다. 그러나 이어주는 말인 연사(連辭)는 결국 솔로몬의 말을 듣는 사람을 아도니야에게 연결해 준다. 35절에 나타난 솔로몬의 처분을 보면 아비아달에 대한 솔로몬의 처분은 이전 장면과 시간적으로 직접적인 연계성을 필요로 하지는 않는다. 즉 이 사건은 상당 기간 뒤에 일어난 일일 수도 있는 것이다. 그렇다면 화자로 하여금 아비아달의 경우를 자신의 이야기에 채택하게 한 까닭은 단지 아비아달이 아도니야의 실패한 쿠데타에 연루되었기 때문일 것이다. 그러나 다른 한편으로는 아비아달에 관한 이야기가 곧바로 일어나지 않았을 수도 있다는 것을 보여 주는 어떠한 근거도 없는 것이다. 26절에서 솔로몬이 아비아달에게 직접 이야기하는 것으로 보아, 아비아달은 아도니야와 함께 있지 않았다는 것이 분명하다. 그러나 그는 솔로몬의 총애를 잃은 상태에 있었기 때문에 솔로몬의 왕좌가 있는 존전에 서 있어서는 안 되는 처지였다. 분명히 화자는 솔로몬이 사독을 대제사장으로 삼는 것을 포함한 종교-정치적 토대를 세우기 위해서 잠정적인 적들을 숙청하는 모든 경우를 언급하기를 원하고 있는 것이다. 이를 위해서 화자는 세 가지 분명한 하부 단락들의 일치를 위한 자신의 구조를 유지하고 있다. 그러므로 아비아달의 자료는 여기에 기술되어야만 하는 것이다.

요압에 관한 하부 단락은 이어지는 하부 단락보다 몇 가지 면에서는 덜 복잡하고 또 다른 몇 가지 면에서는 더 복잡하다. 이것은 한 내러티브 보고로 시작되어 또 다른 내러티브 보고로 끝나는 것으로 구성된 단 하나의 장면(장면 3)을 가지고 있다. 이 요압 관련 하부 단락은 "이제 그 소식이 요압에게 전달되었다"라는 상황절에 의해서 시작된다. 이 상황절에는 제일 먼저 주어가 나오고, 이어서 완료 혹은 (원래적으로는) 분사 그리고 간접목적어가 따라 나온다. 요압이 어디에 있었는지를 말해 주는 어떠한 표시도 없다. 그러나 아도니야 관련 하부 단락에 시제적으로 직접 연결되는 것은 요압이 즉각 반응했던 상호간의 밀접성을 암시하는 것이다. 여기에는 몇 가지 난해함과 두드러지게 독특한 점이 있다. 요압이 단지 제단에서 나오지 않는다고 했기 때문에 솔로몬이 그의 숙청을 명령했어야 했는지(29절)에 대한 이유는 우리를 당혹케 한다.

저자는 다시금 3중 구조를 목적으로 하려는 것 같다. 여기에는 29절의 비결정적인 대화(전달자에 의해서 지속되는), 30a절의 좀 더한 비결정적인 대화(요압과 직접적인 접촉을 하고 있는 브나야) 그리고 마지막으로 30b-33절의 솔로몬의 결정적인 대화(브나야에게 직접적으로 이야기하고 있는 솔로몬) 등이 함께 들어 있다. 실제적으로 솔로몬은 두 가지의 명령을 주고 있는데, 두 번째 명령은 첫 번째 명령의 결과다. 솔로몬은 요압 자신의 말에 따라 시행한다는 다소 아이러니한 요소를 더하면서 요압의 숙청을 위한 명령을 되풀이한다. 이는 요압이 모든 상황으로부터 목숨을 건지기 위해서 더없이 좋은 성소에 들어가 제단에 호소를 하고 있었던 때로서 제단으로 피한 자에게 자비를 베풀지 않고 죽음에 이르게 한 것이었다. 제단에서 죽겠다고 한 것은 하나의 가정적인 가능성을 바라보며 호소한 것이었다. 솔로몬의 두 번째 명령은 죽음으로써 요압의 피는 그가 다윗의 가문에 들여왔던 "피"를 도말해야만 한다는 것이었다. 비록 어떤 면에서는 다윗이 일찍이 주었던 지침과 다르다 할지라도, 이어지는 근거는 아버지의 말씀에 대한 자신의 책임을 완성하려는 솔로몬을 나타내려는 의도가 있는 것이다. 그러나 그것은 또한 요압의 죽음의 정당성에 대한 화자의 해석을 나타내는 것이다. 요압은 그의 잔인함으로 인해 벌을 받아 마땅하다. 그러나 무엇보다도 중요한 사실은 "평화" 가운데 이루어지는 다윗 가문의 통치가 영원하기 위해서 살인죄를 깨끗이 일소할 필요가 있었던 것이다. 따라서 요압의 숙청 보고 바로 뒤에 브나야가 요압의 자리에, 그리고 사독이 아비아달의 자리에 임명되었음을 말하고 있는 것이다. 아비아달에 대한 구절은 26절을 되돌아보게 한다. 26절에서 그의 후계자에 대한 언급은 저자의 의도로부터 나온 단순한 첨가 부분을 확장한 것일 것이다.

시므이에 관한 마지막 하부 단락은 좀더 단순하다. 그러나 다른 두 하부 단락보다 더 복합적이다. 도입부의 장면 4와 마지막의 장면 5는 시므이의 위법에 관한 내러티브 보고를 둘러싸고 있다(38b-40절). 진정한 대화(dialogue)는 솔로몬이 시므이에 대한 규정을 정하고 시므이가 그 지시 사항들을 수락하는 장면 4에 있다. 장면 5에서 유일한 이야기(narration)는 솔로몬이 시므이를 소환하는 초반부에만 나온다. 솔로몬은 시므이가 명령을 지키지 못한 것에 대한 설명을 요구하는 질문을 하면서도(43절) 모든 것을 자신이 말하고 있기 때문에 이어서 무엇이 따라 나올 것인지 미리 생각하는 것은 잘못된 것일 수 있다. 시므이는 변명의 여지가 없으며, 왕 앞에서 두려움으로 할 말을 잃고 서 있음을 분명히 알 수 있다. 이때 시므이는 최소한 자신이 실제로는 기드론을 건너지 않았음을 변명했을 수도 있을 것이다. 그러나 화자는 어떠한 경우든 구구한 변명에는 그리 관심이 없다. 그 화자의 관심은 솔로몬의 마지막 말들에 있는 것이고, 다윗 왕가와 사울 왕을 내었던 베냐민 지파 사이에 있었던 잠정적인 경쟁 관계에 영향을 미치는 그 말들에 실제적인 관심이 있는 것이다. 솔로몬 왕이 시므이의 숙청에 대한 비난을 합리화하려고 서두를 때, 잠시 휴지기간을 주면서 44절은 다시금 솔로몬을 말하는 자로서 소개하고 있는 것을 주목해야 한다. 여기서 우리는 시므이가 자신의 집행유예를 범한 사실이 바로 솔로몬이 8-9절에서 아버지가 주었던 명령을 수행하는 유일한 구실이 되는 것이라는 점을 분명히 볼 수 있다. 요압이 제단으로 피신했기 때문에 죽임을 당한 것이 아니라 그가 다윗에게 가져온 "피" 때문이었던 것과 같이, 시므이는 자신의 노예를 따라갔기 때문에 죽은 것이 아니라 바로 다윗을 저주했기 때문에 죽게 되는 것이다. 32-33절과 같이 44-45절은 무엇인가 좀더 궁극적으로 중요한 것을 위한 수단적인 원인을 제공해 주고 있는 절인데, 그것은 바로 잘못 행하는 자에 대한 징벌을 말하고 있다. 이 경우 궁극적으로 중요한 것은 솔로몬에 대한 축복과 다윗 왕위의 영원한 견고성이다.

마지막으로 열왕기상 2장에서 고정된 형식 혹은 최소한 고정된 용례들의 표현에 대해서 생각해 보고자 한다. "나는 세상의 모든 사람의 길로 갈 것이다"라는 말은 물론 "나는 이제 곧 죽을 것이다"라는 뜻이다. 이러한 임종 유언의 형식은 (신 31장 혹은 삼상 12장에서는 쓰이지 않았다 할지라도) 신명기 사가에 의해서 여호수아 23:14에서 쓰였다. 아마도 왕위 계승 화자가 고대에 사용된 관용어법을 차용한 것이라고 여겨진다. 2-4절은 다음과 같은 전형적인 신명기적 어구들로 가득하다: 명령을 지키라. 그의 길로 행하라. 법규들과 계명들과 규례들 그리고 증언들을 지키라. 그러면 네가 하는 모든 일과 네가 관심을 가지는 모든 일에서 형통하게 되리라. 너의 길을 삼가라. 너의 온 마음과 영혼을 다해 신실하게 내 앞에서 행하라. 누구도 너를 해하지 못할 것이다(신명기에 관한 주석들을 보라). 16절과 5절에 나오는 "이제"는 (1) 상황에 대한 진술을 (2) 적절한 행동에 대한 진술에 연결하기 위해서 G^L에 빈번하게 나타난다(참조. *YTT*, 41-42). 온전한 서약의 형식은 23절에 나타나고(참조. 1:29-30), 전달자 형식(후대에 예언적 신탁을 소개하는 데 자유롭게 사용됨)은 30절에 나타난다. 본문의 화자는 "솔로몬 왕"(그는 다른 곳에서 "솔로몬" 혹은 "그 왕"이라고 불린다)이라는 공식적인 칭호를 이야기(사본학적으로 선호되는 독법에 따르면 단지 19, 23, 45절뿐임) 속의 정확한 부분에 적절하게 사용하는 데 매우 탁월하다. 이 이야기들에서 (1) 그는 매우 장엄한 분위기 속에 있거나 (2) 그 혹은 화자는 자신의 당당한 위치에서 매우 근엄하게 자신을 나타낸다. 마지막으로 어느 정도 다양하지만 일반적으로 간략하거나 정형적인 방법으로 브나야에 의한 사형 선고 집행이 보고된다(25, 34, 46a절).

주석

1-4 "다윗이 죽을 날": 히브리어 레(ל)와 함께 쓰인 부정사는 목적을 나타낸다("죽기 위해"). 히브리어에서는 정신적인 죽음은 흔히 서서히 일어나는 것이며, 이보다 먼저 병이 드는 것과 쇠약함이 한 사람의 생명을 마감하는 것을 규정하는 것이라고 본다. 다윗은 죽을 때 몇 살이었는가? 30세에 왕위에 올라 40년(아마도 구조적인 숫자일 수 있음)을 통치했으니 그 당시 그는 70세였을 것이다(삼하 5:4) -이렇게 보통 사람 이상의 기력을 가진 사람에게는 당연한 나이다. "힘써 대장부가 되고": 신명기 사가는 여기 자신의 긴 첨가문의 시작 부분에서 생생하고 오래된 관용어법을 다윗이 그의 아들에게 준 엄격한 규칙에 대한 적절한 서론으로서 차용하고 있다. "네 하나님 여호와의 명을 지켜"(משמרת···אלהיך··· -미쉬메레트···엘로헤이카): 이것은 주로 민수기, 느헤미야, 역대상하 등에 나타나며, "예전을 실행하라"는 의미를 가진 후대의 제의적 표현이었음이 입증되었다. 이 표현은 신명기 혹은 신명기적 문헌에서는 나타나지 않는다. 그러나 이러한 사실은 이 절반의 구절을 후대의 삽입구로 동일시하는 것을 보장해 주지는 못한다. 오히려 이 구문은 매우 오래된 전승 속에서 고정된 것으로 여겨져야만 하며, 신명기 사가가 이 곳에 이전의 다른 표현들과 같이 차용하여 사용한 것으로 보아야 한다.

"그 길로 행하여"="길들": 여기에서 보이는 용어는 2절의 "길"과 같은 것이 아니고 좁은 종교적-윤리적인 관점을 가진 것이다. 이 용어는 이어지는 일련의 훈계에서 정확하게 정의된다. "지켜": 목적을 나타내는 부정사. "법률과 계명과 율례와 증거": 이것들은 모두 법정적인 용어들이며 이스라엘 백성들을 야웨의 절대적인 권위 아래 두는 말들이다. 이러한 용어들은 신명기에서 동의어적으로 사용되며 매우 빈번하게 등장한다. 이 용어들의 의미는 "법"인 **토라**와 실제적으로 비슷하게 됨에 따라 그 원래적인 의미를 대부분 잃어버리게 되었다. 신명기 사가의 형식화가 후대의 서기관들과 편집자들에 의해서 정상화된 것인지를 검토하기 위해 헬라어 역본의 이면을 살펴보는 일은 불가능한 작업인 것이나. "모세의 율법에 기록된 대로": 히브리 율법에 대한 현대의 연구 결과는 이러한 법들이 역사적 모세에게로까지 소급될 수는 없는 것이라고 한다. 그럼에도 불구하고 모세는 이러한 법전의 원형적인 율법 수여자로서 존경을 받는다. 그러므로 신명기와 신명기 사가 당시에 "모세의 율법"이라는 용어는 수집된 모든 법률 자료를 유효화하는 힘이 있었던 것이다. 이것은 신명기 사가적 용어일지라도, 문자적 의미에서 그리고 완성되고 신성불가침적인 율법으로서 말라기 3:22(영역본 4:4); 다니엘 9:13; 에스라 3:2, 7:6; 느헤미야 8:1; 역대하 23:18, 30:16 등의 구절에서 나타난다. "네가…형통할지라": 알쉬트롬(G. Ahlström)은 사칼(שכל)이 전적으로 고통을 넘어서서 승리하는 것이라고 보았다(*Psalm 89, eine Liturgie aus dem Ritual des leidendes Königs*[1959] 21-26). 그러나 새보(Saebo)는 *THAT* II의 824-28페이지에 기고한 이 단어에 대한 글에서 알쉬트롬의 견해에 대해 반대 입장을 표명했다. "그 길을 삼가": 문자적으로 "네가 돌리는 곳."

"말씀을 확실히 이루게 하시리라": 문자적으로는 "그의 말씀을 서 있도록 한다". 히브리 사람들은 말(a word)을 야웨께서 그 말을 위해 준비해 둔 사건을 성취하시기까지 여러 세대에 걸쳐서 살아 있는 준(準)독립적인 실체로서 생각했다. 본 절에서 언급된 다윗에 대한 말은 열왕기상 8:25과 같이 신명기적 언어로 표현된 것이다. 이는 이 본문이 명백하게 의미하고 있는 사무엘하 7장에 있는 신명기 사관적으로 채색된 내러티브에 있는 용어(terminology)와는 다른 것이다. "네 자손이…행하면": 마지막에 나오는 약속과 함께 이러한 조건적인 진술은 언약적 형식(참조. 출 19:5-6)으로 정형화된 구문이다. "진실히"(אמת – 에메트): 원형 아멘(אמן)으로부터 이 용어는 지적이고 언어학적인 진실함 이상의 마음의 바른 태도를 포함한다. "마음을 다하고 성품을 다하여": 참조. 신명기 6:5(**쉐마**): 영(נפש – 네페쉬)이 사람의 실제적인 생명이라면, 마음은 사람의 도덕적이고 지적인 중심이다. "왕위에 오를 사람이 네게서 끊어지지 아니하리라": 다윗 왕가의 놀라운 지속적인 생존력이 역사적 사실로서 증명되는 것을 신명기 사가가 유다의 후대 역사에서 조명한 고전적인 예언 형식으로, 이러한 것은 이미 결과가 나온 사건으로부터 과거로 소급해서 말하는 예언(*vaticinium ex eventu*)의 형식인 것이다.

5-9 "그러므로 이제"(개역 성경에는 없다): MT은 "그리고 더욱이 네가"(이

는 G^B의 *Kaige* 카이 게 수⟨καί γε σύ⟩의 충실한 반영이다)라는 뜻의 베감 아타(וגם אתה)라는 표현을 쓰고 있는데, 이것은 의심스러운 구문이다. 같은 사람에 대한 이전의 이야기가 바로 따라 나오는 대명사, 즉 강조적으로 가장 먼저 나오는 대명사가 필요하지 않기 때문이다. 감(גם)은 후기 칠십인경적 첨가 구문이며, 아타(אתה)는 G^L이 읽은 아타(עתה)를 잘못 들은 것일 수 있다. 이것의 기능은 앞의 내용(이 경우는 2a절에 나오는 다윗의 관용적인 진술)으로부터 논리적 결론을 끌어내는 것이다. 다윗이 의미하는 것은 그 자신은 이제 더 이상 요압과 시므이를 다룰 수 없다는 것이다. "그러므로 이제" 솔로몬이 그것을 해야만 하는 것이다. "내게 행한 일…군대의 두 장관…에게 행한 일": 이스라엘의 공동체성에 비추어 볼 때 다윗이 책임을 지고 있는 사람들에게 행한 범죄들은 곧 다윗에게 행한 것이다. 그들이 고위 관리였다는 것은 계속적으로 대중의 목전에서 요압의 죄에 대한 징벌의 문제를 처리해야 하는 당위성을 가지고 있는 것이다. "넬의 아들 아브넬": 참조. 사무엘하 3:1-4:1. 사울의 장군. 요압과 그의 동생이 매복하여 아브넬을 습격하여 죽였을 때(3:27), 그는 다윗과 맺은 평화 조약을 결론짓게 하는 중요한 위치에 있었던 사람이었다. 이 사건으로 인해서 다윗은 오해를 벗기 위해 공적으로 백성들의 눈에 보이도록 슬픈 낯을 가장해야만 했다(3:31-39). 참조. S. J. De Vries, *YTT*, 92-93. "예델의 아들 아마사": 참조. 사무엘하 19:14(영역본 13); 20:4-13.

"저가 태평 시대에 전쟁의 피를 흘리고": 아브넬은 평화를 의논하기 위해 다윗의 안전한 통과를 보장하는 허락을 받고 헤브론에 있었다. 비록 늦게 요압의 뒤를 이은 수종자로 일찍이 압살롬과의 전쟁에서는 중립적이었을지라도, 아마사는 다윗과 함께 다윗의 군대에 있었다. "자기의 허리에 띤 띠와 발에 신은 신에 묻혔으니": 쿠박(V. Kubāč)은 *VT* 31(1981) 25-26에서 요압의 행위를 고의적이고 상징적인 것으로 간주했다. 그는 또한 *CTA* 3.ii에 있는 아낫(Anat)의 피의 제전을 승리자가 자신의 신발과 허리띠에 떨어진 희생자의 피를 제거해 줄 수 있는 것을 보여 주기 위해 인용했다. 신발은 이동과 여행하는 힘의 상징이며, 허리띠는 사람의 허리에 생명의 힘이 있는 것을 나타낸 것이다. "자기의 허리…발…신": 좀더 어려운 독법을 가진 G^L은 확실히 오래된 히브리어 독법을 보존하고 있다. 다윗은 요압의 범죄 행위가 자신을 죄인으로 만들었다고 불평하는 것이 분명하다(죄가 있는 다윗이 지속적으로 영화롭게 되는 개념에 반대하면서 후대의 경건한 유대인들은 요압 홀로 이 일에 책임이 있는 것으로 만들어 MT과 G^B의 독법을 낳았다).

"네 지혜대로 행하여": 참조. 9절, "너는 지혜 있는 사람인즉." 3장에 이르기까지 솔로몬에게 지혜가 주어지지 않았다는 사실에 반대하는 그러한 주석가들은 실수를 하는 것이다. 이러한 단순화된 독법은 다양한 문학적 자료들이 가진 차이점을 설명하지 못한다. 또한 "지혜"라는 뜻의 호크마(חכמה)와 "현명한"이라는 뜻의 하캄(חכם)은 여기에서는 기민하고, 총명하고, 궁극적인 수단을 실제적으로 채택하는 것을 의미한다. 솔로몬은 다윗이 몇 가지 이유로 인해서 실행할 수 없는 일들을 성취하는 방법들을 알아내야만 했다. "그 백발로 평안히 음부에 내려가지 못하게 하라": 히브리 사람들에 의해서 거의 비신화화된 셰올(Sheol)의 의미는 무덤이다. "평화"라는 뜻의 샬롬(שלום)은 종종 "조화", "복지"와 같은 의미를 가지고 있다. 그렇지만 여기서는 요압의 폭력적인 삶이 보응을 받지 않고 도말되어 평화 가운데 안정적인 상태가 되는 것을 의미한다. "길르앗 바실래의 아들들": 참조. 사무엘하 17:27-29; 19:31-40. 이 사람은 다윗이 압살롬을 피해 달아날 때 다윗을 관대하게 도와주었다. 다윗은 그에 대한 고마움으로 자신의 식탁에 항상 함께 할 것을 요청했지만, 그는 고령의 나이로 인하여 이 청을 수락하지 못했다. 다윗은 이제 요압과 시므이의 행위가 필연적으로 징벌을 받아야 하듯이, 바실래가 보여 준 "신실히 행한" 헤쎄드(חסד)의 은혜는 그대로 다시 되갚아져야만 한다고 말하고 있는 것이다. 그의 이름("아들"이라는 뜻의 아람어 בר와 함께 쓰임)은 그가 이스라엘과 시리아 사이의 불안정한 경계 지역에 살고 있는 이방인이었음을 보여 준다. 따라서 다윗이 바실래의 아들들이 자신의 식탁(=궁정)에서 영원히 함께 있을 것을 말하는 것은, 과거에 그가 보여 준 은혜에 대한 상급으로서 불안정한 그들의 지경에서 데려와 자신의 보호 아래 그들을 지켜 주고자 하는 바람에서 이루어진 일일 수 있다.

"바후림 베냐민 사람 게라의 아들 시므이": 참조. 사무엘하 16:5-14; 19:17-24(영역본 16-23절). 바후림은 예루살렘 바로 동쪽에 있다. 시므이의 저주로 인해서 다윗이 받은 명백한 모욕감과 다시금 다윗에게 돌아와 인사하는 시므이를 관대히 용서해 주는 다윗, 이 둘은 모두 요압의 동생 아비새의 격심한 분개를 낳게 하였다. 그러나 이러한 시므이에 대한 다윗의 관대한 처분에는 다음과 같은 실제적인 동기가 있었다. 첫째로 시므이 편에 있는 무장한 사람들의 막강한 군사력과, 둘째로 다윗이 어려움에서 생존하여 왕이 된다면 사울의 이전 후견자들의 도움이 필요할 것이라는 면을 생각한 다윗의 정략적인 면들이 있었던 것이다. "내가 여호와를 가리켜 맹세하여": 참조. 사무엘하 19:24(영역본 23절). "내가 칼로 너를 죽이지 아니하리라": 참조. 1:51. 이러한 형식의 말은 죽임이 다른 수단에 의해서 이루어질 수도 있고 혹은 다른 사람에 의해서 이루어질 수도 있다는 의미를 내포한 많은 책략을 동반한 언급이다. "그러나 너를 위해"(개역 성경에는 없음): 이러한 선호되는 독법(G^{L})은 다윗이 자신의 맹세로 인해서 실행하지 못했던 것을 솔로몬이 행하라는 것을 말하는 것이다. "피를 흘려": 시므이의 강력한 저주는 죽음의 권세를 가진 것이었다. 따라서 피의 보복을 받아야만 하는 것이다.

10-11 "다윗 성에 장사되니": 신명기 사가의 전형적인 관용구다. 참조. 열왕기상 11:43 등. 유다 왕들의 무덤들은 오펠(Ophel)의 남쪽 경사지에 있는 것으로 알려져 있다. 다윗은 오늘날 관광객들에게 소개되는 서부 언덕 부분의, 당시에는 사람이 살지 않았던 극남단이라는 전통적인 장소보다는 이 곳에 묻혔을 가능성이 더 크다. "다윗이 이스라엘 왕이 된 지": 헤브론에서 7년(이것은 이스라엘을 다스린 것이 아니라 단지 유다만을 다스린 것임)과 예루살렘에서 33년을 합하여 전 기간을 40년이라고 한 신명기 사가의 말과 사무엘하 5:4-5의 기간을 비교해보라. 사무엘하 5:4-5은 먼저 다윗이 왕위에 오를 때의 나이를 말해 주고, 다음에 그의 통치 기간을 말하고 있다. 유다를 7년 6개월 간 통치했고, 이스라엘과 유다 모두를 33년 간 통치했다고 말하고 있다(전 통치 기간은 40년 6개월이 되는 것임). 비록 두 가지 자료 모두 같은 연대기적 자료에서 기인된 것이라 할지라도, 사무엘서에 나오는 형식이 신명기 사가의 형식보다 좀더 정확하며 믿을 만한 것 같다. 신명기 사가는 이 통치 기간을 단정한 느낌이 드는 40년으로 만들었다. 그는 다윗이 왕좌에 오를 때 그의 나이를 말해 주는 날짜를 생략했던 것이다. 이러한 것은 서론 형식에서 일반적으로 쓰이는 방법이다.

12-18 "솔로몬이 앉으니": 주어가 제일 먼저 나오고, 완료 혹은 (원래) 분사가 따라 나오는 이러한 것은 앞에서 나온 신명기 사가적 표지를 나타내는 부분이 아니다(일반적인 형식에 관해서는 11:43b을 참조하라). 이는 오히려 새로운 본 단락에 대한 설명적 제시부인 것이다(위를 보라). "아도니야가 솔로몬의 모친 밧세바에게 나아온지라": 독자는 밧세바가 누구의 어머니인지 매우 잘 알고 있기 때문에, 이러한 설명은 솔로몬에 대한 이전 구절의 회상으로서 그리고 아도니야가 실제적으로 행하고 있는 일이 얼마나 위험스러운 일인가를 나타내는 표지로서 가장 잘 해석된 구문이다. "일"(דבר 디비르): 무엇보다도 강조를 위한 어구. 그녀와 관련이 있는 일이란 밧세바가 일을 결정해야만 하는 솔로몬에게 나아가는 특권을 가졌기 때문만이 아니라, 밧세바는 "황태후"(גבירה - 게비라)로서 왕궁의 모든 여자 중에서 그렇게 말할 수 있는 권한을 가졌기 때문이기도 하다.

"당신도 아시는 바": 5절에서처럼 이것은 주의와 경고를 포함한 사건을 알고 있는 지식을 의미한다. "이 왕위는 내 것이었고": 아도니야는 여전히 장자 상속권에 대한 확고한 권리를 가지고 있으며, 그가 왕권을 잡으려고 한 움직임의 정당성에 대해 전혀 아무런 염려도 하고 있지 않은 것이다. "온 이스라엘은 다 얼굴을 내게로 향하여": 호의를 보였음. 아래의 "나의 얼굴을 외면하다"를 보라. "그 왕위가 돌이켜 내 아우의 것이 되었음은 여호와께로 말미암음이니이다": 아도니야는 선과 악이 모두 야웨께 속했다고 보는 정통 야웨주의자다. 그러나 이러한 말이 그의 결과가 좋지 않은 앞날의 상황을 바꾸지는 못했다. 그는 자신이 진정한 이스라엘의 정당한 왕이었기 때문에 그의 왕권을 잃음에 대해 작은 위안을 얻을 가치가 있는 것이라는 말로 밧세바를 위협하기 시작한 것이다. "내 얼굴을 괄시하지 마옵소서": 이 단락 이곳저곳에서 나타난다. MT은 G의 이해가 부족한 구절 변형에 반대해서 적절치 않은 히브리어 관용구를 그대로 유지한다. 그 의미는 "내가 부끄럽고 분개함 속에 처하도록 하는 그러한 태도로 응답하지 마십시오"라는 말이다. "솔로몬 왕": 비록 그의 동생일지라도 그가 답변해야 할 왕으로서 솔로몬을 가리키는 것이다. "아비삭을 내게 주어 아내를 삼게 하소서": 아비삭은 다윗에게 아내도 첩도 아니었다. 따라서 다윗의 후궁 처첩들에 들지 않았다. 그러나 그녀가 다윗과 지냈던 이전의 친분과 그녀의 매우 아름다운 미모는 그녀로 하여금 특별한 지위를 누리게 했다. 우리는 솔로몬이 이러한 아비삭을 취하려고 했음을 미루어 알 수 있는데, 사실 그는 그의 아내로 그녀를 취했다. "좋다 내가 너를 위하여 왕께 말하리라": 이것은 화자의 또 다른 수수께끼 같은 기법을 나타내는 어구다. 이 구절은 밧세바의 좋은 의미로 보이는 듯한 승낙이 아도니야를 제거하려는 그녀의 계책을 가려 주도록 했을 것이라는 힌트를 주는 말이다(만약 밧세바가 아비삭을 질투했더라면, 그녀는 또한 아비삭을 곤경에 빠뜨리려고 의도했을 수도 있다).

19-25 "솔로몬 왕": 완전한 공식적 칭호를 사용한 것은 솔로몬이 이제 자신의 공식적인 통치 역량 가운데 행동할 것임을 암시해 준다. 어머니의 마음을 평안히 해 드리는 가운데 나누어진 친근한 대화에서 솔로몬은 갑자기 잠에서 깨어난 사자와 같이 벌떡 일어난다. "영접하여 절한 후에 다시 위에 앉고 그 모친을 위하여 자리를 베풀게 하고": 어머니와 매우 친밀한 가운데 자란 그의 이전의 삶을 통하여 길러진 존경과 애정을 보여 주는 표현이다. "내 어머니여": 왕의 어머니는 모든 처첩들의 여주인이며 왕의 유고 시 통치권을 행사하는 사람이다(참조. 이세벨). "그 우편에 앉게 하는지라": 이 자리에 대한 고대 세계 전역의 공통적인 관습은 존경과 위임된 권한의 자리로 여기는 것이었다(그러므로 그리스도가 아버지의 오른손을

언급하는 것은 결코 문자적으로 읽어서는 안 되는 것이다. 그것은 위임된 주된 권한의 위치를 누린다는 의미이기 때문이다). "그 모친에 대합하여 가로되 어찌하여 …구하시나이까?…구하옵소서": 이 구절은 의문문의 형식을 가지고 있을지라도 실제적으로는 조건절이다. 그 조건절은 제일 먼저 목적어, 다음에 분사 형태의 동사가 나온다. 그리고 이 조건절의 귀결절에는 같은 동사의 명령형이 있다. "저는 나의 형이오니 저를 위하여 왕위도 구하옵소서": 솔로몬 역시도 장자 상속권의 법칙에 의하면 아도니야가 모든 것을 소유해야만 한다는 것을 익히 알고 있는 것이다. 솔로몬은 이 문제에 대해서 매우 과민 반응을 보였다. 아비삭을 아도니야에게 넘겨 줄 때 백성들은 솔로몬이 자신의 권력에 대해서 확신을 가지지 못하고 있는 것이라는 표시로 여겨 자신이 통제할 수 없는 반란을 일으키게 될까 두려워하고 있는 것이다. "아비아달과 요압도 위하여": 비록 아비아달과 요압이 이 당시에는 잠잠히 처신하고 있었음에 틀림없지만, 그들은 솔로몬의 두려움을 실제적으로 현실화시킬 수 있는 사람들이었다.

"솔로몬 왕", 23절(개역 성경에는 없음): 다시금 온전한 공식적 칭호가 솔로몬이 왕으로서 자신의 온전한 능력을 행하는 바로 그 곳에서 발견된다. 23-24절에 나오는 것은 이중 맹세를 형성한다. 첫 번째 맹세는 아도니야가 정말 위험에 처해 있다는 것을 말하는 것이고, 두 번째는 더 나아가 바로 그의 죽음을 명하는 것이다. 이것은 솔로몬에게는 매우 엄숙한 순간이다. 그는 여기에서뿐만 아니라 필요하다면 어디에서도 숙청에 대한 명령을 내려야만 한다는 것을 깨닫는 순간이기 때문이다. 첫 번째 맹세는 완전한 문자적 형식을 가진다. "그래서 이제"(ועתה – 베아타)라는 어구(위를 참고하라)를 가진 두 번째 맹세는 야웨가 행한 은혜로운 일들을 구체적으로 나열하면서 야웨께 드리는 일상적인 호소를 만든다(참조. 1:29). 그러고 나서 맹세의 암시적 조건절로서 아도니야의 죽음을 포고한다. "나를 위하여 집을 세우신": 즉 "왕조" – 이는 오로지 신명기 사가의 관점에서만 의미 있는 것임. "오늘날": 이렇게 강조적으로 시간을 설정하는 것은 이 문제는 즉각적인 처리를 요구하는 중요한 문제라는 것을 말하는 것이다. "여호야다의 아들 브나야를(문자적으로는 '…의 손에 의해') 보내매": 우리는 이 어구를 "명령과 함께…브나야를 보냈다"라고 볼 수 있다. 그러나 히브리어는 그 명령을 죽음의 수단으로서, 그리고 브나야만이 그 명령의 수행자라는 사실을 나타낸다. "아도니야를 쳐서 죽였더라": 이 구절에 나타나는 때때로 결과적인 죽음을 암시하는 동사 파가(פגע)는 단순히 "죽이다"를 의미하는 것이 아니고, 죽음에 이르게 하는 그러한 형국의 상처를 의미한다.

26-27 "아나돗으로": 솔로몬의 갑작스런 말은 그의 분노를 극적으로 표현하고 있는 것이다. 아나돗은 예루살렘으로부터 북동쪽으로 3.5마일 떨어진 곳이며(Kefr Anata) 선지자 예레미야의 고향이다(렘 1:1). "네 고향으로 가라": 그의 먹을 것 등 생계를 유지하는 것은 이제 결코 성소로부터가 아니라 그의 땅으로부터 라는 뜻이다. "너는 마땅히 죽을 자로되": 문자적으로는 "죽음의 사람"(איש מות – 이쉬 무트). 솔로몬은 아비아달을 위협하는 그 이상의 일을 하고 있는 것이다. 비록 솔로몬이 사형 선고를 결과적으로 중지한 것이라 할지라도, 그는 공식적으로 사형 선고를 내리고 있는 것이다. "오늘날"(문자적으로는 "그리고 이 날에는"): 참조. *YTT*, 149. 이러한 구문은 사면조치를 내리는 일반적인 형태일 수 있다는 것을 명시하는 것이다. 그럼에도 불구하고 솔로몬이 한 걸음 양보한 결정은 집행유예였다. 만약 그가 아나돗을 떠나 예루살렘으로 돌아온다면 숙청하겠다고 아비아달을 위협하고 있는 것이다. "네가 여호와의 궤를 메었고…너도 환난을 받았은즉": 아비아달에 대한 솔로몬의 징벌 선고는 단순히 아도니야를 지지한 아비아달에 대한 솔로몬의 분개 때문만은 아니었다. 그의 아버지와 그 아버지의 집이 아비아달에게 입은 모든 은혜를 솔로몬으로 하여금 무시하도록 하기 위한 사독으로부터의 강한 압력이 있었음에 틀림없다. "아비아달을 쫓아내어 여호와의 제사장 직분을 파면하니": 효과적인 신명기 사가의 요약. 이는 최종적인 권위가 왕들 위에 제사장들에게 있는 것이 아니라, 제사장들 위에 왕들에게 있었음을 증명하는 구절이다. "여호와께서 실로에서 엘리의 집에 대하여 하신 말씀을 응하게 함이더라": 참조. 사무엘상 3:12-14(엘리로부터 아비아달의 아버지이며 놉의 제사장이었던 아히멜렉에 이르는 족보는 정확하게 기록되지 못했다. 그러나 신명기 사가는 아마도 이러한 계보가 맞는 것이라는 독립적인 전승을 가지고 있었거나 그러한 전승을 가정하고 있는 것이다).

28-35 솔로몬은 요압을 처리한다. "저(요압)가 다윗을 떠나 압살롬을 좇지 아니하였으나": MT과 G^B의 "압살롬"보다 G^L의 "솔로몬"을 택하는 것은 다소 무모하게 보일 수도 있다. G^B은 MT 원형을 독창성이 없이 재생한 *Kaige*가 전혀 아니기 때문이며, 또한 동사 나타(נטה)는 일반적으로 "돌아서다", "버리다"라는 의미이기 때문이다. 그러나 그 동사는 때때로 "지지하다"라는 뜻을 가지기도 한다. "버리다"라는 의미는 솔로몬에게 적당하지 않을지라도, "지지하다"라는 의미는 솔로몬에게 적당한 것이다. 몇몇 주석가들은 요압 일화는 2차적인 삽입(위의 설명을 보라)이라고 생각하는데, 어구를 첨가한 사람이 자연스럽게 이러한 설명적인 문장을 넣은 것이라고 보는 것이다. 그러나 우리는 여기에서 왕위 계승 화자의 잘 알려진 회상들

가운데 또 다른 것인 이 단락을 소개하는 내부적인 설명부를 볼 수 있다. 그리고 압살롬에 대한 구절은 매우 적절하지 않음이 분명하다. 화자가 요압의 동맹의 관점에서 압살롬과 아도니야를 비교하고자 했다면, 1:7에 아도니야와 압살롬을 함께 처음으로 언급한 곳에서 그렇게 했을 수도 있을 것이다. 압살롬에 대한 요압의 맹렬한 공격성(특별히 삼하 18:14-15을 보라)에 비추어 본다면, 현재 정황에서 그와 아도니야를 비교하는 것은 맞지 않는 것이다.

"여호와의 장막으로 도망하여 단 뿔을 잡으니": 참조. 1:50. 장막에 관한 구절은 브나야가 밖에 서서 요압에게 나오라고 명하는 장면을 위해서도 필요한 부분이다. "(그리고 보라! 그가 – 개역 성경에는 없음) 단 곁에 있나이다": 간접화법에 끼어든 부분적인 인용구다. MT은 요압이 실제적으로 단의 뿔을 잡고 있는 것이 아니라 단 곁에 있어 뿔을 잡으려고 하는 것으로 묘사했다(1:50의 영향으로 G^{BL}도 그렇게 묘사한다). "솔로몬이 보내며": 샬라흐(שלח)라는 동사는 말하는 사람을 위해서뿐만 아니라 그가 말하는 대로 전달하는 전달자를 고정적으로 내포하고 있다. "여호와의 장막으로 도망하여": 요압은 야웨가 자신의 성소와 분명히 동일시되고 있는 것으로 생각하는 것이다.

"가서 저를 치라": 요압이 솔로몬을 매우 두려워하고 있음은, 솔로몬에게 요압이 죽어 마땅하다는 것을 말해 준다. 1:49-53에 나타난 대로 그가 아도니야와 함께 있었기 때문이다. 여기서 용감한 요압이 두려워하고 있다는 것은 그가 두려워해야 할 마땅한 이유가 있다는 것을 말해 주는 것이다. 솔로몬은 숙청을 위한 긴급한 명령을 내려 브나야를 보낸다. 그러나 요압이 야웨의 장막에 숨어 있는 한 그 숙청의 명령은 시행될 수 없었다. "아니라 내가 여기서 죽겠노라": 요압은 분명히 솔로몬이 성전을 무력으로 침범하는 것을 원하지 않게 되기를 기대하고 있는 것이다. 또한 그의 말은 솔로몬이 죽음이라는 극단적인 방법을 사용하지 않기를 바라는 마음을 나타내고 있는 것이다. "저의 말과 같이 하여 저를 죽여 묻으라": 요압은 솔로몬의 결정을 잘못 읽은 것이다. 솔로몬은 요압의 말대로 행할 것이다. 그를 성소에서 죽이고 혐오스럽고 보기 싫은 적을 사람의 목전에서 제하기 위해 묻어 버린다. 참조. 34절. "(오늘 – 개역 성경에는 없음) 제하라": "오늘"이라는 뜻의 하욤(היום)과 이루어지는 명령과 호소는 전체적인 문단을 정리하며 간결하게 요약하는 효력이 있게 한다. 참조. *YTT*, 224(또한 24, 26, 37, 42절을 보라). "까닭없이 흘린 피", 31절; "살인죄", 32절; "피", 33절: 참조. 5절. 히브리어 담(דם)은 피를 흘리는 폭력을 묘사하기 위한 하나의 환유(換喩)다(실제적인 액체를 말하는 복수형 다밈〈דמים〉은 아니다). 그러므로 이는 모든 종류의 사회적 악(겔 22:2)을 상징하는 것이고 숨겨지는 것, 즉 침묵되는 것(창 4:10)을 거절하는 것이다. 요압을 숙청함으로써 솔로몬은 이제 "무죄한 피"를 다윗의 집으로부터 요압과 그의 후손에게 되돌릴 것이다(33절).

"그 머리로", 31-32절: 주전 12세기 중반에 이집트 왕 라암세스 4세를 위해 기록된 투린(Turin)의 법률적 파피루스는 이러한 구문을 하나의 정해진 형식으로 사용하고 있다: "그들(라암세스 3세에 대한 음모자들)이 행한 모든 것을 그들 자신의 머리에 돌아가게 하라. 나는 영원히 보호될 것이다"(R. Yaron, "A Ramessid Parallel to 1 K ii 33, 44-45", *VT* 8[1958] 432-33). "자기보다 의롭고 선한 두 사람": 암살자 요압에 대해서 각 사람의 도덕적인 면모에 대한 판단보다는 법정적 지위의 평가가 더 낫다는 것이다. 요압은 왕의 허락 없이 왕을 위해서 각 사람을 죽인 것이다. 5절에서는 아마사가 "이스라엘 군대"(참조. 삼하 19:13)의 공동 장관으로서 거명되고 있는 반면에, 32절에서는 유다의 군대 장관으로 바르게 언급되고 있다(삼하 20:4). "평강이 영원히 있으리라": MT의 예언(직설법 미래)은 G^{BL}의 소망보다 여기에 더 적절하다. "거친 땅에 있는 자기의 집에 매장되니라"(문자적으로는 "시골에 있는 그의 집에 묻혔다"): 집 무덤에 대한 구절은 해석하기가 어렵다(참조. G). 그러나 무덤이 요압의 집 근처에 붙어 있었을지도 모른다. "거친 땅": 대개 "광야"로 번역되는 히브리어 미드바르(מדבר)는 그 원형의 의미가 "광활한 지역"임을 보여 준다. 요압의 경우에 이 광활한 지역은 보리가 자라기에 충분히 비옥한 지역이었음에 틀림없다(삼하 14:30). "왕이 삼고": 대중적이고 민주적인 모든 것이 이제 사라지게 되었다. 용병 브나야가 요압을 대신하여 나라의 군대 장관이 되었고, 사독은 초기부터 심한 경쟁의 상징이었던 야웨의 제사장, 아마도 예루살렘의 이전 여부스 족속의 성소의 제사장으로 임명되었기 때문이다.

36-46a 이 단락에 LXX은 35절을 끼워 넣는다. 이것은 원본적이 아니며 주석학적으로 중요하지도 않다(서론을 보라). "시므이를 불러서": 솔로몬은 여전히 다윗의 맹세에 묶여 있는 듯한 느낌이다. 그러나 그는 (1) 그의 아버지의 당부를 이루어 드리고, 또한 동시에 (2) 베냐민 지파의 지속적인 위협을 무력화시키기 위해 시므이를 제거할 근거를 찾는다. 시므이가 베냐민 지파 지역(예루살렘의 바로 북쪽)을 충동질하게 되는 가능성을 원천적으로 막기 위해서 솔로몬은 그에게 도시 안에서 영원히 거주하도록 명령한 것이다. "거기서 살고 어디든지 나가지 말라": 샴(שם)은 대개 좀 떨어진 "거기에"라는 뜻을 가진 일정하게 정해진 장소를 말한다.

그러나 때때로 이사야 28:10에서와 같이 "여기"라는 가까운 곳을 가리키는 경우도 있다. 아네 봐아나(אנה ואנה)는 동작을 나타내는 동사와 함께 쓰여 정해져 있지 않은 장소를 나타내는 부사로서 모든 생각할 수 있는 목적지를 배제하는 구문이다. "그 날에는 정녕 죽임을 당하리니": 이 경고성이 있는 위협적인 형식에 대해서는 창세기 2:17을 보라. "네가 건너는 날에는": 연사(連辭)와 함께 쓰인 이 절은 제한적임을 의미하는 구절이다. 단지 기드론을 건너는 행위일지라도 이는 솔로몬이 금한 명령을 범한 시므이의 의도를 드러내어 줄 것이다. "기드론 시내": 우기 때를 제외하고는 말라 있는 곳. 기드론은 솔로몬의 예루살렘인 오펠(Ophel) 언덕의 바로 동쪽에 있다. 솔로몬은 이 곳을 상세하게 언급하고 있다. 이 곳이 시므이의 조상들의 고향인 바후림(감람산 동쪽 경사지)에 이르는 길이기 때문이다. 그러나 시므이는 이것을 나중에 자신이 가드 서쪽으로 여행하는 것을 허락하는 국경의 "이 곳이나 저 곳에서"를 위한 대용으로서 해석하고 있는 것 같다(39-41절). "이 말씀이 좋사오니": 시므이가 동의를 하나 어디에도 맹세에 대한 언급은 없다(42-43절).

"삼 년 후에": 22:1-2에 비추어 보면 이것은 "여러 날들"이라는 히브리어 야밈 라빔(ימים רבים)에 해당하는 말로서 대략적인 기간을 나타낸다. "시므이의 두 종이": 상세한 숫자는 구체적이고 세부적인 것을 말하는 특징을 보여 준다. 한 종을 위해서는 시므이가 움직이지 않았을 수도 있다. 그러나 종 둘은 시므이에게 중요한 일이 되는 것이다. 성경에 기술된 시기의 노예들은 일반적으로 전쟁 포로들이었다. 그러나 때때로 사람들이 경제적으로 심히 어려워져 자신들의 자녀들을 팔고 혹은 자신들이 팔려 노예들이 되는 경우도 있었다. "가드의 왕 마가의 아들 아기스": 이 사람은 사무엘상 27:2에 나오는 다윗의 봉건 영주인 블레셋의 주권자와 같은 사람임에 틀림없다. 가드의 위치는 확실치 않을지라도, 그 곳은 아마도 유대 고지대 바로 밑에 있는 세펠라(Shephelah)의 아세가(Azekah)로부터 구브린(Gubrin)에 이어지는 능선의 서쪽 편에 있었을 것이다. "시므이가 가드로 가서 그 종을 데려왔더니": 저자는 종들에게는 전혀 관심이 없고, 단지 그들을 데리고 온 일로 인하여 시므이에게 일어난 일에 관심이 집중되어 있다. 이러한 관점을 토대로 현 시점에서 불완전한 내러티브의 빌진에 의해서 만들어진 요약직인 결론이다.

"갔다가 돌아온 일": 솔로몬은 시므이가 돌아온 뒤까지 그가 한 일을 모르고 있었기 때문에 과거완료형이 여기에 적합하다. "내가 너로 여호와를 가리켜 맹세하게 하고 경계하여 이르기를…아니하였느냐?": 솔로몬은 자신이 시므이를 하나님과 자신에 대해서 지켜야 하는 이중적인 의무 아래 두었음을 말하고 있는 것이다(참조.

43절). "네가 어찌하여": 지적한 바와 같이 솔로몬의 물음("무슨 이유 때문에"라는 엄위한 의미를 나타내는 히브리어 마두아〈מדוע〉와 함께 쓰임)은 이유에 대한 설명을 요구하고 있는 것이다. 솔로몬이 시므이로 하여금 답변하기를 허락하지 않고 서둘러 심판하려고 하는 것은 결코 용서하지 않을 것임과, 어떠한 변명도 받아들여질 여지가 전혀 없음을 분명히 나타내는 것이다. "모든 악을 네가 스스로 아나니": 이것이 바로 시므이가 죽어야만 하는 이유인 것이다. 시므이를 처벌하기 위해 즉시 필요한 다른 증거들이 없기 때문에 솔로몬은 시므이 자신이 그 명령을 다시금 확인하도록 하는 것이다. "네 마음의 아는 모든 악"(문자적으로는 "최소한 너의 마음은 그것을 알고〈ידע〉 있다"): 시므이가 입술로 그 사실들을 부인한다 할지라도 그의 마음은 그것을 시인하리라는 것이다. "여호와께서 네 악을 네 머리로 돌려 보내시리라": 솔로몬이 설정한 제한을 범한 시므이가 저주를 받는 것을 볼 수 있을 것이라는 의미다. "그러나 솔로몬 왕은 복을 받고": 다시금 드문 공식적인 칭호가 나타난다. 이제 시므이는 심판을 받을 것이고, 어느 것도 1:47에 표현된 축복을 성취하는 데 장애가 될 것이 없다는 것이다. "다윗의 위는 영원히 여호와 앞에서 견고히 서리라": 히브리어 아드 올람(עד־עולם)의 의미는 "영원히"라기보다는 "시간 제한이 없이 언제까지나"라는 의미이기 때문에, 솔로몬은 신명기 사가가 알고 있는 400년 동안 지속된 왕조 기간을 말하고 있는 것이 아니고, 그에게 이어지는 다윗의 통치에 관한 본문의 내용을 찬양하고 있는 것이다. 그러나 신명기 사가는 다윗의 통치를 말하는 본문을 알고 있었고 그 본문을 후자의 의미, 즉 400년 간 지속된 왕조의 의미로 해석했을 것이다.

46b "나라가 솔로몬의 손에 견고하여지니라": "견고해지다"는 45절에 있는 "세워지다"(כון)와 같은 어근에서 나온 말이다. "솔로몬의 손에"=솔로몬의 권위 아래서: 즉 이제부터 솔로몬은 정국을 다스려 나갈 충분한 힘을 가지고 있다는 의미다. 이 구절은 왕위 계승 내러티브 전체에 대한 요약적인 결론이다. 어떻게 다윗의 한 어린 아들이 그의 형들 대신에 왕좌에 오르게 되었는지를 기록하기 위해서 다시 서술되고 있는 것이 왕위 계승 내러티브다. 이러한 요약은 여기에 분명히 필요한 것이다. 그러나 이 구문의 적절성은 그것의 원전성을 온전히 보장해 주지는 못한다. G^{BL} 텍스트는 이 구문을 가지고 있지 않기 때문이다. 이러한 문제는 LXX도 46절에 포함된 이문(異文)들의 다양한 정리를 대치하면서 마찬가지로 3:1을 생략하고 있다는 사실에 의해서 그 문제의 심각성이 경감된다(서론을 보라).

해설

성경 텍스트에서 현대적 적용을 위한 유용한 병행 구절들을 찾는 "해설" 부분은 먼저 우리가 닮아 가고 따라가야 할 것보다는 질책을 받을 만한 요소들을 찾아냄으로써 그 토대를 정리해야만 한다. 이 본문에는 오늘날 유대인들이나 기독교인들이 비난할 만한 많은 요소들이 있다. 첫째로, 다윗의 유언은 그 유언 뒤에도 오랫동안 생명력을 가지고 지속되는 "피", "충성" 그리고 "저주" 등을 암시하고 있는, 분명히 부정적인 폭력을 묘사하는 면이 있다는 것이다. 요압의 피, 바실래의 관대함 그리고 시므이의 저주는 현재까지 이르고 그 행위에 대해서 보상이 되어야만 한다는 것이다. 본래 요압이 다윗을 위해 일했다는 사실과 바실래가 다윗의 식사를 함께 나누는 손님이 되어 달라는 청을 거절했다는 사실, 그리고 다윗의 돌아옴을 제일 먼저 환영한 행동에 의해서 그의 저주가 용서된 사실들은 상황을 전혀 바꾸지 못한다. 이스라엘과 다른 문화들 속에서 특성이 되어 버린 이러한 힘에 의존된 숙명주의는 매우 위험스러울 수 있는 것이다. 현대 사회에 사는 우리는 좀더 자유롭고 인간의 상호작용에 대한 좀더 개인적인 이해를 가질 수 있음에 대해서 감사해야 한다.

다윗에 관해서 마지막으로 기록된 행위가 복수였다는 것을 읽으면서 우리는 분명히 당혹스러워할 것이다. 성경이나 성경 외적인 자료들에서 그려진 다윗의 상은 그를 미화시키기 위해 매우 추켜세워진 모습들이 있다. 그러나 1-9절은 그를 마음이 좁고 교활한 사람으로 묘사하고 있는 것이다. 그는 그의 아들에게 "지혜"를 말해주는 방법에서 그 지혜의 고상한 가치를 하락시키고 있다. 자신의 복수의 목적을 이루기 위해서 책략과 교묘함을 사용할 것을 충고하고 있기 때문이다. 다윗과 솔로몬에게서 긍정적인 것만큼이나 많은 부정적인 교훈들, 특별히 권력의 남용과 같은 것들을 배우게 된다.

솔로몬 측과 아도니야 측 사이에 벌어진 지속적인 정쟁의 장면은 소름이 끼칠 정도로 추하다. 13-25절에 나타난 아도니야의 교만, 욕망과 탐욕에 대한 묘사와 자신의 정적들을 숙청하기 위해 매우 빈약한 근거들을 사용하면서 솔로몬이 행한 전제주의적인 모습들은 모두 동일하게 서글픈 것들이다. 그는 또한 종교적으로도 입지를 세우며 일들을 그가 원하는 대로 처리해 나가는 방법도 알고 있었다. 따라서 이러한 솔로몬의 처분에 대한 효과적인 저항들이 있을 수 없었다. 더욱이 철저하게 질책을 받아야 하는 것은 이전 행위들에 대한 이 새로운 왕의 너무나도 뚜렷하게 보이는 감사할 줄 모르는 태도다. 아비아달은 확실히 다윗이 겪었던 모든 어려움을 함께 겪었던 사람이기 때문에 추방보다는 좋은 대접을 받아 마땅한 사람이었다. 무자비한 피의 사람 요압 또한 굴욕적인 죽음보다는 기념비를 받아 마땅한 사람이었다. 그는 광야에서 다윗과 함께 싸웠고, 사울의 계책으로부터 그를 구해 내려고 시도했으며(때로는 실수로), 외국을 정복하기 위해 그의 군대를 이끌었고, 압살롬을 데려오기 위해서 일을 했고, 후에는 반역의 압살롬을 처단했고, 아들 압살롬을 잃고 너무나 약해져서 절제하지 못하며 우는 다윗을 중지시켜 백성들의 마음을 다윗에게 머물게 했던 사람이지 않은가? 아마사의 경우에도 요압은 다윗의 왕국을 위해 자신의 위치에서 최선을 다해서 행동한 것이었다. 그런데 이제 솔로몬의 명에 따라 왕의 호위대장이었던 살인자의 손에 의해 영광스럽지 못한 죽음을 맞이한 것이다!

또한 시므이를 향한 솔로몬의 완벽하게 독단적이며 전제적인 행위를 볼 수 있다. 이것은 북쪽 지파들 사이에서 일어나는 불만을 억누르기 위한 욕망에 의해서 이루어진 일이었다. 하지만 결과적으로는 점증하는 북방 지파들의 분개에 불을 집히는 보이지 않는 부정적인 효과로 인해 르호보암 치하에 이르러서는 급기야 왕국의 분열을 낳게 되었다. 솔로몬의 태도에서 가장 좋지 못했던 면은, 하나님이 가장 큰 세력의 편에 혹은 옳은 결정을 내릴 수 있을 것이라 생각되는 매우 현명한 정치가들 편에 계실 것이라는 확신을 가졌을 수도 있었으리라는 것이다. 모든 사람들은 하나님이 자기 편에 있기를 바란다. 만약 하나님이 자기 편에 있지 않다고 생각되면, 그 하나님이 자기 편에 있다는 것을 확신하기 위해 모든 수단을 동원하게 되지 않는가!

이제 왜 몇몇 해석자들(특별히 M. Noth의 글 39-41페이지를 보라)이 왕위 계승 내러티브(혹은 최소한 왕상 1-2장)는 실제적으로 반(反)솔로몬적이라고 주장하는지 이해할 수 있을 것이다. 솔로몬이 영웅이 아니고 반(反)영웅이라고 주장하는 것은 매우 넓은 안목으로 그를 판단하는 것이다. 만약 누군가가 왕위 계승 내러티브가 반(反)솔로몬적이라고 주장하려고 한다면, 그는 2:12-46이 모두 혹은 부분적으로 후대의 첨가물이라는 것을 증명해야만 한다. 1장은 그에 대해 숨김없는 열정적 지지를 보내고 있기 때문이다. 그러나 우리는 후대의 첨가라는 사실보다는 2장은 한 문학적인 단위라는 것과 1:47-48의 열정적인 진술을 솔로몬 통치에 대한 찬사로서 보아야 함을 매우 설득력 있게 증명했다. 또한 '세계의 역사에서 가장 일찍이 쓰여진 문학적 자료인 이러한 자료가 솔로몬의 궁정에서 교육받고 활동한 누군가에 의해서가 아니면 어떻게 기록될 수 있었을까?'라는 생각이 드는 것이다. 그리고 더욱이 '표면적으로라도 그를 찬양하는 자료가 아니었다면 어떻게 보존될 수 있었을까?' 하는 좀더 심도 깊은 의문을 가지게 되는 것이다. 사실 왕위 계승 내러티브는 솔로몬의 승계를 합법화하는 자료다. 이 자료가 솔로몬에 대해서 아부적인 묘사들이라는 점을 나타내지 않고 있다는 것은 그가 살았던 시기의 저급한 영적 개념으로 피력된 솔로몬에 대한 고발 이상의 어떤 의미를 가지고 있는 것이다.

서론에서 역사가로서의 화자가 사용하는 다양한 기법에 대해서 말했다. 거기서 주목해야 할 한 가지 사항은 순수한 역사적 기술로서 왕위 계승 내러티브는 인간이 가지고 있는 실제적이고 신뢰할 만한 모습들을 보여 준다는 것이다. 왕위 계승 화자는 인간들의 결점 투성이인 행위들을 인식할 수 있고 즉시 다시 말할 수 있는 것이다. 그는 이러한 것을 다윗에게 적용했고, 이제는 솔로몬에게 하고 있는 것이다. 비록 이러한 것이 다윗과 솔로몬에 대한 우리 자신이 가지고 있는 존경심을 줄어들게 한다 할지라도, 이 이야기는 그들에 관해서 말하는 사람에 대한 우리의 경의를 높여 준다. 아마도 여기에 높은 신학적 근거들, 즉 야웨는 인간들의 기본적인 행위들을 통해서도 자신의 목적을 이루기 위해 일하신다는 것을 말하고 있는 것이다.

개념에 관한 역사를 연구하는 사람은 이 이야기를 필연적으로 영적인 성향을 가진 기록으로 읽을 것이다. 국가 최고 통치권자의 계승에 있어서 독재적인 권력을 움켜잡으면서 솔로몬과 그의 측근들은 모든 민주적 전통의 흔적들과 카리스마적 원리에 대한 의미 있는 헌신을 버렸다. 우리는 또한 장자 상속권을 확신하는 아도니야와 사적인 가족의 동의를 이용하는 솔로몬 사이에 어떤 도덕적인 차이나 거리감을 느끼지 못한다. 이 이야기는 어떤 신적인 계시에 대해서 동기를 부여하는 아무런 암시도 가지고 있지 않다. 야웨는 거론되나 오로지 그들이 하는 맹세를 인가받고 일을 이루기 위해 신용을 얻어내려는 목적으로 언급된다. 그러므로 하나님의 의는 전혀 실행되고 있지 않은 것이다. 하나님은 이스라엘의 운명을 인도하시지 않으며, 다만 드러난 권력 행위들에 대한 재가(裁可)를 위해서 단순하게 쓰임 받는 것이다. 이야기는 신적인 지명과 더불어 두 가지 전통적인 원리들의 두 번째 요소인 대중적인 환호와 갈채에 대한 약간의 암시를 가지고 있다. 사람들의 외침과 노래가 솔로몬의 왕위 즉위식을 뒤따른다. 그러나 이러한 요소는 솔로몬의 합법성에 대한 인상을 강화시켜 주려는 목적으로 내용이 확장되고 윤색된 것으로 주의 깊은 독자가 생각한다고 해서 비난받지는 않을 것이다.

이제부터는 통치자를 계승하는 데 있어서 장자 상속권의 법칙을 적용하는 유다 왕 제도는 결코 흔들리지 않는다. 입술로 하는 아첨조차도 카리스마적 지명의 개념에 영향을 주지 않게 될 것이다. 솔로몬은 자신이 이러한 은사를 받지 않았다는 것을 매우 잘 알고 있었다. 그러나 그와 그의 역사가는 그러한 은사를 그의 왕권 이데올로기를 세우기 위해 사용하는 방법을 발견하게 된 것이다. 다윗과 **그의 집**에 준 신적인 약속의 개념은 그들로 하여금 다윗이 개인적으로 소유했던 카리스마를 후대에 이어지도록 해주었고, 결국 다윗이 영원히 사는 효과를 낳았던 것이다(1:31)! 유다의 왕권은 하나의 단일한 카리스마적인 개인이 아니라 전체적인 "카리스마적인" 가문에서 나오게 되었다! 이것이 바로 솔로몬이 본 장의 마지막에서 한 말의 의미인 것이다(2:45): "그러나 솔로몬 왕은 복을 받고, 다윗의 위는 영원히 여호와 앞에서 견고히 서리라!"

역사적인 관점에서 보면 이제 이스라엘은 전환점인 교차로에 있는 것이다. 이 때로부터 반(半)민주적인 지파 통치로부터 (어느 정도 다윗의 행정으로 유지된) 전형적인 전제군주적 도시 국가로 바뀐 극적인 전환을 볼 수 있는 것이다. 행정 효과는 더 커졌지만, 자유는 줄어든 상황! 가장 심각한 질문은 이러한 독재적인 나라가 성경적 종교의 진정한 담지자가 될 수 있느냐는 것이다. 수 년, 수 세기 흐르는 세월의 기록만이 그 대답을 줄 수 있을 것이다. 우리가 지금 그 답을 알고 있듯이, 히브리 민족주의는 결국 파멸되었다. 앗시리아 사람들과 바벨론 사람들이 파괴하게 될 것이며, 그 왕조는 주전 2-1세기에 등장한 하스모니아 왕조 시기까지 결코 다시 나타나지 않을 것이다. 유대인들은 솔로몬과 같은 그러한 독재자 없이 살아야만 했다. 그러면 다윗과 그의 집에 한 약속은 무엇인가? 히브리 민족주의의 종언과 함께 그것은 쇠진해 버렸지만, 예수 그리스도 안에서 정말로 영성화되고 육화되었을 때 그것은 야웨 앞에 영원히 세워지게 된 것이다.

Ⅱ. 솔로몬의 통치 기사(3-11장)

1. 솔로몬의 통치권에 대한 신적인 합법성(3:1-15)

참고문헌

Albright, W. F. "The High Places in Ancient Palestine." VTSup 4(1957) 243-58. **Barrick, W. B.** "What Do We Really Know about 'High-places?'" *SEÅ* 45(1980) 50-57. **Fensham, F. C.** "Legal Aspects of the Dream of Solomon." *Fourth World Congress of Jewish Studies*, I. Jerusalem: World Union of Jewish Studies, 1967. **Fernandez, S. I.** "Geographica: 'El Gran Bamah' de Gabaón." *Miscellanea Biblica B. Ubach*. Montserrat, 1953. **Herrmann, S.** "Die Königsnovelle in Ägypten und Israel." *Wissenschaftliche Zeitschrift der Karl Marx-Universität* 3(1953-54) 51-62. **Kaufmann, Y.** "The Opening of the Stories on the Reign of Solomon." *Studies in the Bible, Presented to M. H. Segal*(Heb.). Jerusalem: Kiryath Sepher, 1964. **Malamat, A.** "Aspects of the Foreign Policies of David and Solomon." *JNES* 22(1963) 1-17. **Reymond, P.** "Le rêve de Salomon(1 Rois 3:4-15)." *Maqqél shâqédh. Hommage à W. Vischer*. Montpelier, 1960. **Zalevsky, S.** "The Revelation of God to Solomon in Gibeon"(Heb.). *Tarbiz* 42(1973) 215-58.

본 문

1 솔로몬이 애굽 왕 바로로 더불어 인연을 맺어 그 딸을 취하고 데려다가 다윗 성에 두고 자기의 궁과 여호와의 전과 예루살렘 주위의 성이 필역되기를 기다리니라

2 그 때까지 여호와의 이름을 위하여 전을 아직 건축하지 아니하였으므로 백성들이 산당에서 제사하며

3 솔로몬이 여호와를 사랑하고 그 부친 다윗의 법도를 행하되 오히려 산당에서 제사하며 분향하

1 And Solomon made a marriage alliance with Pharaoh king of Egypt by taking Pharaoh's daughter; and he brought her to the City of David until he could finish building his palace and[a] the temple of Yahweh,[b] and Jerusalem's encircling wall.[c]

2 However,[a] the people were sacrificing at the country shrines, for a temple for Yahweh's name[b] had not been built prior to those days.[c]

3 And Solomon loved Yahweh, walking in the statutes of David his father; however, at the

더라

country shrines he did sacrifice and burn in-
cense.

4 이에 왕이 제사하러 기브온으로 가니 거기는
산당이 큼이라 솔로몬이 그 단에 일천 번제를 드
렸더니

4 And the king[a] went to Gibeon to sacrifice
there – for it was [b]the leading country shrine;[b] a
thousand burnt offerings Solomon offered upon
[c]that altar.[c]

5 기브온에서 밤에 여호와께서 솔로몬의 꿈에 나
타나시니라 하나님이 이르시되 내가 네게 무엇을
줄꼬 너는 구하라

5 At Gibeon Yahweh appeared to Solomon in a
dream at night, and God[a] said, "Ask what I shall
give you."

6 솔로몬이 가로되 주의 종 내 아비 다윗이 성실
과 공의와 정직한 마음으로 주와 함께 주의 앞에
서 행하므로 주께서 저에게 큰 은혜를 베푸셨고
주께서 또 저를 위하여 이 큰 은혜를 예비하시고
오늘날과 같이 저의 위에 앉을 아들을 저에게 주
셨나이다

6 And Solomon said, "Thou hast performed with[a]
David my father great fidelity, just as he walked
before thee in faithfulness, righteousness, and up-
rightness of heart toward thee; and thou hast
observed on his behalf this great fidelity: to
appoint [b]for him a son[b] to sit on his throne, as
at present;

7 나의 하나님 여호와여 주께서 종으로 종의 아
비 다윗을 대신하여 왕이 되게 하셨사오나 종은
작은 아이라 출입할 줄을 알지 못하고

7 so now, O my God:[a] thou hast made thy ser-
vant rule in the place of David my father; but
I am just a young lad; I don't know [b]how to go
out or come in,[b]

8 주의 빼신 백성 가운데 있나이다 저희는 큰 백
성이라 수효가 많아서 셀 수도 없고 기록할 수도
없사오니

8 and thy servant is in the midst of thy people,
whom thou hast chosen, a people so great that
they cannot be numbered;[a]

9 누가 주의 이 많은 백성을 재판할 수 있사오리
이까 지혜로운 마음을 종에게 주사 주의 백성을
재판하여 선악을 분별하게 하옵소서

9 so give thy servant a [a]receptive heart for
judging[a] thy people,[b] discriminating between good
and evil, for who is able to judge this thy dif-
ficult people?"

10 솔로몬이 이것을 구하매 그 말씀이 주의 마음
에 맞은지라

10 And it was good in Yahweh's[a] eyes that Solo-
mon requested this thing.

11 이에 하나님이 저에게 이르시되 네가 이것을
구하도다 자기를 위하여 수도 구하지 아니하며
부도 구하지 아니하며 자기의 원수의 생명 멸하
기도 구하지 아니하고 오직 송사를 듣고 분별하
는 지혜를 구하였은즉

11 And God[a] said to him, "Because you reques-
ted[b] this thing and did not request for yourself
many days, and did not request for yourself riches,
and did not request the life of your enemies, but
requested for yourself [c]ability to discriminate in
perceiving justice,[c]

12 내가 네 말대로 하여 네게 지혜롭고 총명한
마음을 주노니 너의 전에도 너와 같은 자가 없었
거니와 너의 후에도 너와 같은 자가 일어남이 없
으리라

12 behold, I will act according to your word; [a]be-
hold, I give you a wise and understanding heart,
one like you[b] will not have been before you, nor
after you will any arise like you;

13 내가 또 너의 구하지 아니한 부와 영광도 네

13 but even what you did not request I give

게 주노니 네 평생에 열왕 중에 너와 같은 자가 없을 것이라
14 네가 만일 네 아비 다윗의 행함같이 내 길로 행하며 내 법도와 명령을 지키면 내가 또 네 날을 길게 하리라
15 솔로몬이 깨어 보니 꿈이더라 이에 예루살렘에 이르러 여호와의 언약궤 앞에 서서 번제와 수은제를 드리고 모든 신복을 위하여 잔치하였더라

you, both riches and honor, in which none will equal you[a] among kings;[b]
14 and if you walk in my paths, keeping my statutes and my commandments, as David your father walked, then I will lengthen your days."
15 Then Solomon awoke, and behold it was a dream! And he went[a] to Jerusalem and stood [b]before the ark of the covenant of Yahweh.[bc] And he offered burnt offerings and performed peace offerings, and made a feast[d] for all his servants.

원문주해

1.a. MT과 G^{L}. 경건심에서 G^{B}은 "그의 궁전"이라는 어구를 생략했다. "그의 궁전"이라는 어구의 언급이 야웨의 성전을 말하는 것보다 앞서지 않게 하기 위해서다.

1.b. 이 점을 강조하면서 G(2:35[c])는 "처음에는"이라는 어구를 첨가한다.

1.c. G(2:35[c])는 "그는 칠 년 만에 그것을 만들고 완성했다"라는 어구를 첨가한다.

2.a. MT. G^{L}은 직접적으로 2:46[l]에 연결하면서 "그러나"라는 어구를 생략한다. G^{B}은 "그러나 백성들은"이라는 어구를 생략한다.

2.b. MT과 G^{L}은 예견되는 신명기 사가의 용어를 보존하고 있다. G^{B}에서는 "야웨를 위하여"로 축약되었다.

2.c. MT. G^{BL}에서는 "지금까지"라는 어구로 바뀌어 다시 쓰였다.

4.a. MT은 양식 비평의 토대 위에서 볼 때 G^{L}의 "솔로몬"과 G^{B}의 생략보다는 우선시 된다.

4.b-b. MT은 야웨 성소의 합법화를 위해서 바마(בָּמָה)라는 용어를 주저하지 않고 사용한다. G^{BL}은 "높고 큰"이라는 용어를 보충함으로써 이 용어를 피한다.

4.c c. MT. G^{BL}은 "기브온에 있는 제단"이라는 독법을 위해서 5절 초반부로부터 빌려 온다.

5.a. 어려운 독법 우선의 법칙이 적용이 되는 MT의 엘로힘(אלהים)은 문학 비평의 이론에 근거해서 볼 때 G^{BL}의 퀴리오스(κύριος)=히브리어 "야웨"(יהוה)보다 우선적으로 선호된다.

6.a. 역대기는 MT과 G^{BL}의 "당신의 종"을 생략한다.

6.b-b. MT. G^{BL}의 "그의 아들"은 세련된 히브리어와 관련하여 문체적으로 개선된 것이다.

7a. MT과 G^{B}은 "야웨 나의 하나님". G^{L}은 "나의 하나님 야웨". 문학 자료 비평과 더불어 다양한 순서는 5절에서처럼 "나의 하나님"이라는 어구가 원본적임을 주장하는 것이다.

7.b-b. 문자적으로는 "가는 것 혹은 오는 것"(동명사적임). G^{BL}은 접속사 "와우(ו)의"를 "요드(י)의", 즉 대명접미사로 읽는다.

8.a. G^{B}도 그렇다. MT은 익숙한 병행구문인 "혹은 다수를 위해서 헤아려진"이란 구문을 첨가한다. G^{L}은 "다수를 위해서 혹은 헤아려진"이라고 쓴다.

9a-a. MT. 문자적으로는 "판단을 위해 듣는 마음"이라는 뜻이다. G^{B}은 이것을 "듣고 판단하는 마음"이라는 의미를 분명히 하기 위해 구조적으로 배치시키는 반면에, G^{L}은 "듣기 위한 지혜"라는 좀더 명시적인 구문으로 다듬는다.

9.b. MT. G^{BL}은 "의로운"이라는 설명적인 어구를 첨가한다.

10.a. MT의 "주"라는 의미를 가진 아도나이(אדני)는 분명히 서기관이 "야웨"를 대신하여 사용한 단어다. 이는 신명기 사가의 첨가에서 G^{BL}의 "주"라는 의미의 퀴리오스(κύρι-ος)에 의해서 지지된다.

11.a. MT의 엘로힘(אלהים)은 "주"라는 의미의 G^{BL}의 퀴리오스(κύριος)보다 원본적이다. 이는 "야웨"라는 단어로 주로 편집한 것에 대한 일반화라고 볼 수 있다. 5, 7절을 보라.

11.b. MT. "나로부터"라는 어구를 앞에 더한 것(G^{B})이나 "이러한 것을"이라는 어구를 뒤에 더한 것(G^{L})은 설명적이다.

11.c-c. 문자적으로는 "정의를 듣는 것(인지하는 것)을 이해하기 위해"라는 뜻임. 참조. 9절.

12.a. G, Syr, Tg의 단수는 MT의 복수보다 우선할 가치가 있는 독법이다. Vrs는 고전 히브리어 문체를 보여 준다.

12.b. G에는 생략되어 있는 MT의 관계대명사 아쉐르(אשר)는 비교 대상으로서 말을 받는 사람(솔모몬)보다는 "마음"이라는 뜻의 레브(לב)를 필요로 한다. 이 관계대명사는 아마도 13절의 관계대명사 아쉐르(אשר)의 영향으로 본문에 쓰인 것 같다.

13.a. "사람"(G, ἀνήρ)이라는 뜻의 히브리어 이쉬(איש)를 생략하고 있다. MT과 G에서는 다양한 순서로 나타난다.

13b. G^{B}(참조. G^{L}). MT은 "너의 모든 날들"이라는 어구를 14절의 영향 아래 첨가한다.

15.a. MT, G. 역대기는 "솔로몬은 기브온에 있는 지방 산당으로 갔다"라는 어구를 첨가한다.

15.b-b. MT. 이데올로기적인 이유로 인해서 G^{BL}은 "그 법궤 전에"라는 어구 앞에 "서 있는 제단을 마주보고"라는 어구를 첨가한다. 유대인들의 경건성에 비추어 보면 대제사장만이 법궤에 접근하는 것이 허용되었기 때문이다. "마주보고"라는 용어는 "얼굴에 따라서"라는 뜻의 카타 프로소폰(κατὰ πρόσωπον)이라는 말의 문자적인 번역이다.

15.c. MT의 아도나이(אדני)는 "야웨"(יהוה)를 대신하는 말로 서기관들이 변경한 것이다. 참조. 10절.

15.d. G^{BL}은 “자신과 그리고…을 위한 큰 잔치”라는 어구를 가진다.

양식/구조/배경

솔로몬 행장으로부터 발췌한 부분(1): 솔로몬의 이집트 여인과의 결혼, 3:1
[확장, 2]
법적인 합법화의 내러티브
[신명기 사가: 구조 해석, 3]
1. 하나님께 드리는 제사
    a. 때: 기브온에서의 정규적인 예배, 4aαb절
[확장, 4aβ절]
[신명기 사가의 서론, 5a절]
    b. 하나님의 이야기, 5b절
2. 솔로몬의 답변
    a. 다윗에 대한 하나님의 신실함을 회상함, 6aα절
[신명기 사가: 당연히 보상받을 만한 다윗의 공과(功過), 6aβ절; 하나님의 신실하심, 6b절]
    b. 명민한 마음을 요구함
        (1) 솔로몬이 왕으로 지명됨, 7a절
        (2) 자신의 미숙함, 7b절
[신명기 사가: 빼내신 수많은 백성들을 위한 책임, 8절]
        (3) 명민한 마음과 그 목적, 9a절
        (4) 동기: 통치에 대한 책임감으로부터 오는 부담, 9b절
[신명기 사가: 하나님의 승인, 10절]
3. 하나님의 반응
    a. 지혜롭고 총명한 마음을 약속하심, 11aα, 12b절
[신명기 사가: 요구에 응답하는 이유들, 11aβb, 12aα절; 전무후무한 솔로몬의 뛰어남, 12abβ절]
    b. 부와 명예를 약속하심, 13a절
[신명기 사가: 전무후무한 솔로몬의 뛰어남, 13b절; 장수에 대한 조건적 약속, 14절]

4. 솔로몬의 반응
   a. 꿈을 계시로서 이해함, 15a절
[신명기 사가: 예루살렘 성소로 돌아옴, 15bα절]
   b. 적절한 축하, 15bβ절

이 자료에 대한 신뢰할 만한 편집자로서 신명기 사가는 왕권에 대한 솔로몬의 승계에 대해서 계속되는 설명을 더해 나간다. 전승은 이 왕에 대한 두 가지 매우 특별한 면, 즉 그의 지혜와 부를 상기시킨다. 이 두 가지 특별한 면들은 솔로몬의 가장 위대한 업적인 성전 건축을 위한 긍정적인 효과를 위해 사용된다. 그러나 먼저 그가 어떻게 이러한 은사들을 얻었고 그의 나라를 다스렸는지를 말할 필요가 있다. 솔로몬의 지혜와 부에 관한 전승은 순전한 공상에서 나온 것이 아니다. 그는 행정에서도 지금까지 징수했던 것 이상의 공물과 세금을 조절하여 거두어들이기에 충분한 정말로 기민한 사람이었기 때문이다. 이러한 일들을 통해 자신의 나라의 국고를 엄청나게 부유하게 만들었던 것이다. 그럼에도 불구하고 열왕기상 1-2장을 지금 막 읽은 독자는 이어지는 장들에서 온화하고, 자애롭고, 경건한 통치자의 모습을 보며 적지 않게 놀랄 것이다. 이 사람이 왕위 다툼에서 그의 형을 제거하기 위해 용감한 두 전사와 경건한 한 제사장에 대해서 속이 좁은 피의 보복을 한, 소위 "지혜"(2:6, 9)를 사용한 바로 그 솔로몬과 동일한 사람이란 말인가? 신명기 사가는 아마도 이러한 질문을 인식하고 있었기 때문에 두 창부와 관련된 법률적 결정에 관한 유명한 일화와 함께 고대의 합법화 내러티브를 단단히 붙잡고 있는 것이다. 이러한 이야기들은 바로 (1) 솔로몬이 (부와 명예와 더불어) 진정한 지혜를 가졌고, (2) 그가 그 지혜를 어떻게 사용하는지 보여 주기 위한 것이다. 첫 번째 이야기는 상상력이 매우 풍부하다 할지라도 정말로 솔로몬에 관한 것이었다. 그러나 두 번째 이야기는 전혀 솔로몬에 관한 것이 아니었다.

우리는 열왕기상 3:4-15에 있는 내러티브를 하나의 합법화 이야기 혹은 전설로 명명한다. 서론에서 전설이 무엇인지 말했다. 전설은 어떠한 미덕들을 예시하고 다른 사람들에게 한 예를 보여 주기 위한 상상력이 있는 이야기다. 일반적으로 전설은 역사적인 요소들을 가질 수도 있고 그렇지 않을 수도 있다. 이것은 중요한 사항이 아니다. 전설은 역사적인 사실을 전하기 위해 의도된 것이 아니기 때문이다. 역사적인 요소들이 보인다면, 그것들은 부차적인 것이며 배경의 일부일 뿐이다. 이러한 것들은 예언들을 합법화하고 성소들을 거룩하게 하기 위해서 이야기되는 것이다. 이 주석의 적절한 부분에서 이러한 종류의 이야기들을 상세히 다룰 기회를 가지게 될 것이다. 본 단락은 또한 왕들에 관한 합법화 이야기들이 있다는 것을 보여준다. 지그프리트 헤르만(Siegfried Herrmann)은 고대 이집트에서의 승계 이야기들에 대한 그의 중요한 연구를 통해서 이 이야기들에 대한 우리의 이해를 풍성하게 해주었다(*Wissenschaftliche Zeitschrift* 3[1953-54] 51-62). 역사적으로 볼 때 솔로몬이 밤중에 계시를 찾고 받기 위해 기브온으로 갔다는 것은 매우 가능성이 있으며 사실 같은 개연성이 있는 이야기다. 그러나 이 이야기의 목적은 솔로몬의 지혜와 부와 명예는 인간으로부터 온 것이 아니고 하나님으로부터 온 것이라는 점을 보여주기 위한 것이다. 어떤 점에서는 이것은 솔로몬의 카리스마적 권한 부여에 대한 잃어버린 이야기다. 지혜와 부와 명예는 오히려 세속적이다. 그러나 이 특별한 왕이 소유했던 그 요소들의 풍부함은 그가 정말로 주님의 권한을 부여받은 사람이었다는 것을 스스로 보여 주는 증거로서 보여 주는 것이다.

열왕기상에는 신명기 사가가 자신의 자료를 그렇게나 많이 끼워 넣을 자리가 없다. 이것은 철저하게 종교적인 색채가 짙은 부분이다. 그러나 그 자료의 직접성과 단순성은 신명기 사가로 하여금 그 위에 확장적인 신학화 작업을 만들어 내게 했다. 신명기 사가의 작업은 주로 내용을 그가 즐겨 사용하는 닮아 가야 할 모범으로 조화롭게 도덕화시키는 부분에서 찾아볼 수 있다. 그러나 본 단락의 경우에는 본래의 기브온 내러티브는 신적 칭호인 "하나님"을 사용하는 반면에, 신명기 사가는 "야웨"라는 용어에 집착해 있음을 통해서도 알 수 있다. 2절은 늦은 고고학적 해석 부분이다. 따라서 3절은 신명기 사가의 첫 번째 삽입 부분이 되는 것이다. 솔로몬이 야웨를 사랑했다는 진술은 1절에 언급된 왕의 탐탁치 않은 결혼의 언급에 대한 교정제로서의 의미를 갖는 것이다. 기브온 이야기를 준비함에 있어서 신명기 사가는 다음으로 솔로몬이 실제적으로 지방 성소에서 경배했음을 알고 있다(이는 대개 신명기 사가의 심한 질책을 받는 그러한 예식이었다. 참조. 14:22-24). 2절의 것과 같은 늦은 해석은 4a절에서 나타난다. 2절은 솔로몬이 자신의 신실한 습관에 따라 기브온에서 경배하고 있었다고 말하는 이야기의 서론적인 해설 부분에 나오는 내용의 의미를 거스르는 것이다. 그러고 나서 내러티브가 하나님의 담화를 소개하기 전에 신명기 사가는 하나님이 나타나시는 신현이 일어나고 있음(5a절)에 대한 분명한 사실을 설명한다. 6절에서 다윗에 대한 하나님의 크신 은혜를 말하는 솔로몬의 언급은 신명기 사가로 하여금 다윗의 하나님에 대한 신실함과 그에 대한 하나님의 은혜로서 그에게 계승자를 주시는 것으로서 해설하게 한다. 솔로몬의 무능함에 대한 선언에 이어서 신명기 사가는 백성들에 관한 교정된 진술을 삽입한다(8절). 이 백성들은 9절에서 내러티브 자체가 심히 "어려운" 사람들이라고 불평하는 것을 예견하는 그러한 백성들이다. 이야기는 하나님의 응답에 대한 보고에 이어서 선개된다(11-13절). 그러나 신명기 사가는 세 가지 점, 즉 솔로몬의 침묵에 대한 도덕적 해석(11aβb절, 12aα절), 솔로몬의 전무후무하게 뛰어남에 대한 두 가지 언급(12abβ절, 13b절) 그리고 이 땅에서 장수함에 대한 야웨의 조건에 대한 진술(14절)을 넣는다. 이야기에서 마지막 대단원은 매우 간단하다(15절). 그러나 이 부분은 신명기 사가의 아래와 같은 조심어린 기술에 의해서 두 개로 나뉜다. 즉 솔로몬은 즉시 예루살렘으로 갔고 언약궤 앞에 섰다(15bα절). 따라서 솔로몬이 이 중요한 계시를 위해 기브온에서 감사제를 드리며 경배했다는 본래의 내러티브의 관점을 무효화시키고 있다.

신명기 사가의 확장적인 삽입구들 중에 마지막 부분은 우리의 심미적인 직관적 본능에 거의 호소하지 못한다. 신명기 사가가 기여한 한 가지는 자신의 자료에 대해서 그가 느끼는 분명한 경외감이다. 그는 원본을 없애 버리거나 다시 쓰거나 해서 자신의 새로운 역본을 만들지 않았다는 것이다. 단지 그는 그 자료에 대한 자신의 말을 덧붙였을 따름이다.

우리가 제안한 편집적 분석은 원래의 법률적 합법화 이야기를 단절시켜 분리할 수 있도록 해주었고, 그 구조적 분석은 또한 이러한 편집적 분석이 맞는 것임을 확인시켜 주었다. 다윗의 신실함(6aα절)과 그를 이어 솔로몬이 통치함(7절)에 대한 구절들의 본래적 구조 안에 의미 있는 자리가 있음을 볼 때, 그 구절들은 다윗에서 솔로몬으로 이어지는 승계에 대해서 이야기하고 있기 때문에 이러한 자료들이 신명기 사가의 것이라고 주장하는 비평가들의 실수를 피할 수 있을 것이다. 두 경우에 신명기 사가가 한 일은 그 자신의 적절한 해설을 더한 것이다(6aβb, 8절). 합법화 이야기 원본은 네 개의 하부 요소들로 구성되어 있다. 그것들은 각각 하나님, 솔로몬, 하나님, 솔로몬과 같이 교대적 구조 속에 등장하는, 주어가 다양한 형태다. (1) 하나님이 기다리는 솔로몬에게 나타나신다. (2) 솔로몬은 자신의 부족함을 인정하고 지혜와 총명한 마음을 요청한다. (3) 하나님은 이것과 더불어 부와 명예도 주신다. (4) 솔로몬은 감사제에서 계시 받음에 대해 축제를 벌인다. 한 단어도 헛되이 쓰이지 않은 구조의 간결성과 완벽함에 주목해야 한다. 태연하게 내러티브는 솔로몬이 예배를 드리기 위해서 기브온에 갔다고 말한다(미완료 와우 계속법의 동사는 새로운 내러티브의 도입부에서 일반적임). 기브온에서 솔로몬은 일상적이며 습관적으로 예배했다(반복과 계속을 나타내는 미완료 동사). MT에 따르면 그는 시작부터(뒤에는 규칙적으로 "솔로몬") "왕"으로 불리는데, 이는 전체 내러티브가 솔로몬의 왕권과 관련된 것을 생각한다면 보다 나은 독법이다. 그는 경건한 기대감을 가진 태도로 있는 동안 자신에게 무엇을 구하는지 말하라는 하나님의 음성을 듣는다("하나님"을 나타내는 엘로힘〈אלהים〉은 5, 7, 11절에 있는 보다 나은 독법에 의해서 증명된다). 솔로몬의 답변은 두 가지 요소를 포함한다. (1) 자신의 아버지 다윗이 했던 것처럼 통치하는 것이 어려움에 대한 고충과 (2) 그 백성들을 "판단하기 위한 이해력 있는 마음"을 위해서 요구하는 것이다.

이 합법화 이야기는 솔로몬의 통치 기간뿐만 아니라 그의 아들들의 이어지는 세대에 의해서도 소중하게 보존되었다. "솔로몬"이 꿈 속에서 요청했던 "지혜"는 그의 전제적 행정 체계를 주도해 나갈 하나의 도구적인 기술이었다. 그러나 시간이 지나면서 그의 지식은 백과사전같이 해박하고, 진리를 이해하는 데 있어서 누구도 필적할 수 없이 **매우 뛰어난** 지혜로운 사람이었다는 전승의 발전이 촉진되었다(12절; 5:9-14, 26[영역본 4:29-34, 5:12]; 10:1-10, 23에 있는 신명기 사가; 참조. 잠 1:1; 전 1:1). 따라서 솔로몬의 지혜는 결코 다시 볼 수 없는 "널리 알려진 유명한" 것이 되었다. 그의 부와 명예도 마찬가지였다. 이 이야기는 결국 신명기 사가에 의해서 2장의 미숙한 기회주의자와 4-11장에 나타나는 지혜롭고 경건한 통치자 사이의 틈을 이어주기 위한 목적으로 확장적인 수정을 통해서 사용되었다. 신명기 사가는 지나치게 솔로몬의 지혜에 대한 우호적인 묘사에 빠져 있어서 11장에서 이 왕의 배교적인 행위를 보고해야만 했을 때 그렇게 할 수가 없었다. 거기에서 신명기 사가는 솔로몬의 현명함이 중지된 것이 아니라, 그의 수많은 부인들이 그의 마음을 돌이키게 했다고 궁색하게 설명하고 있다. 이러한 정의(definition)에서 지혜는 마음의 태도와 감정과는 아무런 상관이 없는 것이다! 이 곳에서 우리는 종교의 초기 외적 객관화 작업을 분별할 수 있겠는가? 어느 경우에도 3장 이 곳에서 신명기 사가의 편집적 첨가와 불일치하지는 않는다. 3장의 합법화 이야기는 하나님의 은혜로운 계시를 솔로몬의 지혜의 원천으로 보고 있다. 그러나 신명기 사가의 손길을 거친 역본은 종교의 올바른 형식을 그 지혜의 실제적 원천으로 만들어 준다.

주석

1-3 "솔로몬이 인연을 맺어": 원형 하탄(חתן)은 결혼을 통하여 누군가와 친밀

한 관계를 가지거나 맺는 것을 의미한다. "애굽 왕 바로로 더불어": "바로"는 "왕"을 의미하는 애굽의 단어를 번역한 것이다. 그러나 본문의 화자는 이것을 하나의 이름으로 사용하고 있다. 그레이(J. Gray, 119)와 노트(M. Noth, 49)는 이 바로가 애굽의 21왕조 마지막 바로 전의 왕인 시아문(Siamun)이라고 주장한 몬테트(Nontet)와 말라마트(Malamat)의 견해를 매우 개연성이 있는 것으로 받아들인다. 이 시아문은 팔레스타인 해안 지역을 침입했던 것으로 알려져 있는 왕이기도 하다. "그 딸을 취하고": 이는 결혼을 의미할 수 있다. 왕의 딸은 공주와 여왕과 동일한 지위를 얻을 수 있기 때문이다. 일반적으로 이러한 결혼 제도는 강대국 애굽을 동맹으로 혹은 보호자로 삼으려는 주로 정치적인 목적에서 이루어진 것이라는 사실에 동의한다. "그 딸을 다윗 성에 두고": 솔로몬은 그녀의 존재를 숨기려 하지 않고, 그의 수도 성에서 온전히 예우하며 대중들이 그녀를 알도록 드러내었다. "다윗 성"이라는 이름은 다윗에 관하여 신명기 사가가 죽음을 알리는 공식적인 연대기가 있는 2:10에서 나온 말이다. 이 다윗 성이라는 말은 통일 왕국 시기에 일반적으로 통용되었던 말이었음에 틀림없다. 또한 이 도시는 다윗의 사람들이 얻은 것(삼하 5:6-9)이었기 때문에 실제적으로 다윗의 소유지였다는 역사적인 사실을 반영하는 것이다. "필역되기를"(문자적으로는 "그가 끝낼 수 있기까지"): 열거된 건축물들(왕궁, 성전, 성곽)은 애굽 여왕을 위해 따로 마련된 궁보다 우선권이 있었다. 그러나 우리에게는 알려지지 않은 연유로 인해 그녀를 위해서 결국은 성곽 밖에 거주지가 지어졌다(9:24). 거룩한 도시에 이방 여인이 실제적으로 거주했다는 개념에 대한 반대에 부딪힌 헬라어 번역가는 이것을 피하기 위해 텍스트를 재조정하는 노력을 기울였다(참조. D. W. Gooding, *Relics of Ancient Exegesis*, 9-12).

"그러나", 2절(개역 성경에는 없음): 이 어구는 G에서는 생략되었다. MT에 나타나는 이 용어의 난해한 면은 이것의 원전성을 보여 주는 실제적으로 개연성이 있는 증거가 되는 것이다. 이 단어는 이전 정황에 의해서 거의 요구되지 않는 예외적인 힘을 가지고 있다. 그러나 이 단어는 지역 산당들에서 행해진 예배에 관한 늦은 후기의 해석을 보여 주고 있다. 이 지역 산당들은 1절에 언급된 성전에 의해서 본절에서는 생략된 성전의 장소에 있었던 것들이다. "산당"(הבמות - 하바모트): 이 장소들에 대한 다양한 성경 저자들의 두 가지 양립되는 태도에 관해서는 서론을 보라. 전통적인 주석은 "뒤에"라는 어근의 의미로부터 "높은 장소"라는 번역의 의미를 발전시켜 왔다. 그러나 이들과 관련이 있는 본문에서는 이들 산당들이 언덕 위에 있는 곳이거나, 지방에 자리잡은 트인 공간의 성소들이거나, 혹은 우상 숭배나 헛된 경배를 하는 장면을 나타내는 것이라는 정의를 지지해 주고 있지 않다. 오히려 반대로 이 산당들은 시내(市內)나 도시들에 자리하고 있는 것들이었다. 그러나 일반적으로 예루살렘과 성전으로부터 떨어진 거리에 있었다(W. B. Barrick, *SEÅ* 45[1980] 50-57를 보라). 따라서 본 주석에서는 "지방 산당들"이라는 어구로 번역했다. "여호와의 이름을 위하여 전을": 이 특징적인 신명기적 어법은 2절이 비록 3절보다는 나중일지라도 신명기 사학파에서 나온 해설적인 어구라는 높은 개연성을 보여 준다. "그 때까지"(문자적으로는 "그 날들 전까지는"): 이 해설구에 대한 매우 늦은 연대기를 보여 주는 표지. 이 히브리어 표현은 오로지 열왕기하 18:4의 느후스단에 대한 구절에서 나타난다. 열왕기하 18:4에서 이 구절은 G(G^B=*Kaige*)에 의해서 지지를 받고 있으나, 여기에서 G^{BL}은 "지금까지"를 나타내는 히브리어로 읽음으로써 나름대로 그 판본들의 특성대로 기록하고 있다.

"솔로몬이 여호와를 사랑하고": "사랑하다"라는 의미의 히브리어 아하브(אהב)의 어근은 신명기에서 매우 두드러진 단어다(23번 나타남, 예를 들어 6:5, 10:12, 30:16, 20). 신성과 관련된 구절에서 이 단어는 단순한 애정보다는 도덕적인 관심과 헌신을 나타낸다. "그 부친 다윗의 법도": 이 어구가 의미하는 것은 신명기 사가가 2:2-4에 삽입한 구절에 있는 다윗이 솔로몬에게 준 야웨의 계명들이다. "…하되 오히려 산당에서 제사하며…": 신명기 사가는 이 구절을 받아들여만 한다. 그러나 기브온 이야기를 사용하려는 자신의 이데올로기에는 맞지 않는 내용이다. 그 전설이 기브온에서 일어났다는 바로 그 사실은 그 사건 자체와 실제적으로 동시대적인 매우 이른 시기의 글임을 보여 주는 것이다. 만약 그것이 늦은 시기에 기원된 것이라면, 이러한 요소는 결코 첨가되지 않았을 것이기 때문이다.

4-15 "왕이 제사하러 기브온으로 가니": 솔로몬은 예루살렘의 성막 성소(2:28, 30; 참조. 삼하 6:17)에서 경배하기보다는 북서쪽으로 7마일 가량 떨어진 기브온으로 갔다. 역대하 1:3-13의 병행 구절 본문이 이 단락을 예루살렘 도시 관할 지역 안으로 기브온을 가져오는 것으로 풀어쓰고 있는 것은 주목할 만하다(사실상 예루살렘의 도시 경계를 밖으로 확장하는 것으로 이러한 일이 이루어진 것으로 보는 견해도 있음). 기브온이라는 도시는 오늘날의 엘집(El-Jib)과 동일시되고 있다. 이는 이름의 어원적인 유사성을 통해서 뿐만 아니라, 프리차드(J. B. Pritchard)가 이 장소의 발굴에서 "기브온"을 말하는 듯한, GB'N이라는 마크가 찍힌 항아리 손잡이를 발견한 것을 통해서다(*BASOR* 160[1960] 2-6). 실제적으로 어떠한 성소도 이 장소에서 발견되지 않았다. 그러므로 성경 구절은 네비-삼윌(*Nebi-Samwil*)에 있는 가

까운 언덕 꼭대기의 성소를 말하고 있는 듯하다. "산당이 큼이라": 이것은 정말로 사실이었다. 그러나 내용의 확장은 일종의 변증적인 목적을 가지고 있다. 즉 솔로몬의 예배는 장소에 대한 특별하게 두드러진 탁월함에 의해서 정당화되고 있는 것이다. "그 단에 일천 번제": 이러한 커다란 과장법은 제단의 정체성을 강조하는 것과 같은 목적으로서의 역할을 한다. 이 거룩한 장소에 대한 정성스럽고 지속적인 장려를 통해서 솔로몬은 자신을 하나님으로부터 오는 계시를 받을 수 있는 위치에 있도록 하였다. 하나님의 임재는 성소를 거룩하게 하는 것이다.

"기브온에서": 문장의 첫 번째 위치는 강조를 나타내는 것으로서, 이러한 과도한 정체성 확인은 그 위치를 강조하고자 하는 신명기 사가의 의도를 도와주는 것이다. "밤에 여호와께서 꿈에 나타나시니라": 계시의 수단을 나타내는 것으로서 5절은 절정에 이르렀음을 의미한다. 그러나 신명기 사가는 현학적으로 이러한 것을 계시가 밤중에 일어났다는 것을 말하면서 일찍이 폭로한다. "하나님이 이르시되": "원문주해"를 보라. 오래된 기브온 전설은 오경의 부분과 많은 동시대의 자료들과 같이 "야웨" 대신에 "하나님"이란 뜻의 엘로힘(אלהים)을 사용한다. 이 구절에서 이 용어의 효과는 계시를 좀더 신비스럽게 보이도록 만드는 것이다. 언약의 하나님은 이름 없이 남겨졌기 때문이다. "내가 네게 무엇을 줄꼬": 이 문장에서 술부(述部)를 구성하는 관계사절을 소개하는 의문사는 명령법에 대한 대명사 목적어로서의 기능을 한다. 솔로몬의 요구는 그의 받음을 결정한다. 그리고 요구하지 않을 경우는 하나님께서도 억지로 주실 수가 없는 것이다. 이 경건한 정서는 전체 이야기의 주요 전제(前提), 즉 솔로몬이 요구하는 것은 무엇이나 요청할 수 있다는 것을 분명히 말해 주고 있는 것이다. 그러나 하나님이 그가 요구하지 않는 것까지 주시는 것은 그가 오로지 적절한 은사를 구했기 때문이다.

"주께서 저(나의 아버지 다윗)에게 큰 은혜를 베푸셨고": 헤쎄드 가돌(גדול חסד)은 하나님이 곤경으로부터 다윗을 구해 주셨고 그의 모든 필요를 공급해 주신 것 등 수많은 경우들을 가리킨다. "다윗이 성실(אמת)과 공의(צדקה)와 정직한 마음(ישרת לבב)으로 행하므로": 이것은 신뢰함, 존경함 그리고 바르게 행동함 등을 가리키는 말이다. 이러한 용어들은 신명기 사가가 야웨의 은혜(חסד)를 받기에 합당한 근거로 보는 것이다. "이 큰 은혜"란 신명기 사가에 따르면 기조가 되는 이야기에서 의도되었던 다윗을 향한 신의 은총이 아니라 바로 솔로몬을 지명할 때 야웨가 하셨던 일이다. "저의 위에 앉을 아들": LXX은 "그의 아들"이라는 어구를 더함으로써 이 구문을 좀더 구체화시켰다. "오늘날처럼"(כיום הזה - 카욤 하제)이라는 구문은 신명기 사가에 의해서 주로 "이제"라는 히브리어 아타(עתה) 대신에 쓰인다. "그래서 이제"(ועתה – 베아타, 개역 성경에는 없음): 이것은 2:5과 다른 곳에서처럼 상황의 진술로부터 적절한 행동의 선언에 이르는 결과적인 연결을 나타내는 어구다. "주께서 종으로 왕이 되게 하셨사오나": 사실상 이것은 위가 조건절이고 9절이 귀결절인 조건적 문장을 말해 준다. 하나님이 솔로몬을 통치자로 삼으셨다. 이제 그분이 솔로몬에게 다스리기에 필요한 것을 주실 것이다. "종은 작은 아이라"(נער קטן – 나아르 카톤): 이것은 소명 내러티브(참조. 렘 1:6)에서 부르심에 응답함을 주저하는 데 사용되는 요소다. 어린 아이에 대한 구절은 분명히 하나의 관습적인 것이거나 과장된 것이다. 통치한 지 40년 뒤에 솔로몬은 41세 된 늙은 아들이 있었다고 전해진다(11:42; 14:21). 그러므로 솔로몬의 승계 당시에 그는 이미 결혼을 한 성인이었음이 분명하다. "나는 어떻게 들어가고 나가는지 알지를 못합니다": 일상적인 업무 수행(참조. 삼상 18:16).

"종은…주의 빼신 백성 가운데 있나이다": 이것은 신명기 사가 신학의 중심인 선택 교리와 매우 분명히 연결해 주는 구문이다. 예를 들어 신명기 7:6-8, 신명기 사가의 "…가운데"라는 어구는 솔로몬의 개인적 선택을 한 백성으로서의 이스라엘의 선택에 종속시키는 것이다. "저희는 큰 백성이라 수효가 많아서 셀 수도 없고": 이것은 다윗과 솔로몬 시대(참조. 삼하 24:1-9), 그리고 신명기 사가의 시대에도 역시 사실이 아니었을 수 있다. 신명기 사가는 이것을 9절에 나오는 근원적인 전설의 "어려운 백성"에 대한 설명으로, 하나의 찬미적인 최상급으로서 의미하는 것이다.

"지혜로운 마음을 종에게 주사"(לב שמע – 레브 쇼메아, 문자적으로는 "듣는" 혹은 "경청하는 마음"): 히브리인들은 특별히 지적인 면이 두드러질 때 "마음"이라는 말로 우리가 정신이라고 부르는 것을 표현했다. 만약 그가 진정한 정의를 세우려면 그는 주의 깊어야 하고, 이해력이 빨라야 하고, 분별력이 있어야 한다. 메팅거(T. N. D. Mettinger)는 솔로몬의 "듣는 마음"은 "카리스마" 형태를 의미하는 것이 되었다고 주장했다(*King and Messiah*, 238-46). 브룬너(H. Brunner)는 그 이미지가 애굽적이라고 했다(*TLZ* 79[1954] 697-700). 이는 헤르만(S. Herrmann)과는 반대다("Steuerruder, Waage, Herz und Zunge in ägyptischen Bildreden", *Zeitschrift für ägyptische Sprache und Altertumswissenschaft*, 79[1954] 106-15). "주의 백성을 재판하여 선악을 분별하게 하옵소서": 이것은 분명히 악으로부터 선을, 거짓으로부터 진실을 구별하는 능력을 가리킨다. 즉 공의의 행정에서 필수적인 것이다. "누가 주의 이 많은 백성을(את־עמך הכבד הזה – 에트 아메카 하카베드 하제) 재판할 수 있사오리이까?": 다윗 통치 말기의 싸움과 논쟁으로 가득한 이스라엘의 시민 생활(참조. 삼하 15:1-4)뿐만 아니라 마찬가지로 불안정한 상태가 지속된 정치적 상황을 말하고 있다. 이러한 솔로몬의 기도는 그의 통치 말기까지 모든 외적인 반역의 모습을 진정시키는 수단들을 발견했다는 의미에서 분명히 응답된 것이었다.

"그 말씀이 주의 마음에 맞은지라": 신명기 사가는 야웨의 눈에 좋게 보인 확실한 것들을 상세히 설명하고 있다. "자기를 위하여 수도 구하지 아니하며 부도 구하지 아니하며 자기의 원수의 생명 멸하기도 구하지 아니하고": 비록 부(富)(עשר – 오쉐르)는 영예와 함께 13절의 중요한 부분으로 언급될지라도, 오래 사는 것과 보복하는 것은 언급되지 않았다. 따라서 신명기 사가가 원하지 않은 사안들에 대한 목록은 전설에 기록된 항목들과 완전히 부합하지는 않는다(14절의 "내가 너의 날들을 길게 할 것이다"라는 어구는 이러한 부족함을 보충하려고 하는 후대의 노력을 대표하는 것이다). "오직 송사를 듣고 분별하는 지혜를 구하였은즉": 부정적인 사항들을 따라 나오는 이러한 긍정적인 구절은 실제적으로 처음의 긍정적인 절을 다시 말하는 것이다. 신명기 사가는 9절의 "이해하는 마음"인 레브 쇼메아(לב שמע)를 11절의 "공의를 인지하는 데 있어서 분별하는 능력"이라는 하빈 리스모아 미쉬파트(הבין לשמע משפט)라는 좀더 복잡한 구문으로 풀어 설명하고 있다. "네게 지혜롭고 총명한 마음을 주노니"(לב חכם ונבון – 레브 하캄 베나본): "이해력 있는"이라는 히브리어 형용사 나본(נבון)은 9절에 있는 "분별하기 위해"라는 뜻을 가진 히브리어 레하빈(להבין)의 목적 부정사에 상응하는 것이다. 그러나 "지혜로운"이라는 형용사 하캄(חכם)을 만날 수는 없다. 비록 이 용어는 매우 광범위한 의미론상의 범위를 가지고 있을지라도, 여기서는 솔로몬이 기도했던 정의를 위한 법정적 행정력을 의미하는 것이다(참조. 비록 2장에서는 실제적인 의미일지라도 더욱 무시할 만한 것임). 현재 이 용어의 사용은 확실히 긍정적이다. 그리고 솔로몬의 위대한 지혜에 관한 전승을 위한 그 기원의 역사적인 지점을 형성한다(이 전승의 후기 발전에 관한 노트⟨Noth⟩와 스코트⟨Scott⟩의 분석에 대해서는 4장에서의 토론을 보라). "내가 부와 영광도 네게 주노니": 이러한 것들은 값없는 축복이며 요청되지 않은 은혜다. 솔로몬의 하나님은 그의 관대함에서 통제받지 않는 주권성이 있다. "…에 너와 같은 자가 없을 것이라": 신명기 사가는 하나님 자신이 주셨던 것 이상으로 솔로몬을 높이는 내용들을 첨가했을 것이다! "내 길로 행하며…내가 또 네 날을 길게 하리라": 신명기 사가의 의도에 관해서는 위에 언급된 내용을 보라. 이 땅에서의 장수를 말하는 긴 생명은 신명기 사학파가 야웨의 계명들을 충실하게 이행하는 자들에게 준 약속이다(출 20:12; 참조. 신 5:16).

"깨어 보니 꿈이더라": 즉 계시를 말한다. 그것은 확실히 효과적이고 실현되었다. "예루살렘에 이르러 여호와의 언약궤 앞에 서서": 이것은 신명기 사가의 특별한 어법이며 그의 이데올로기를 나타낸다. 법궤가 거기에 있었다(참조. 삼하 6:17). 그러나 솔로몬이 법궤 앞에 서 있다는 것은 후세대들에게는 감히 그럴 수 없는 당돌한 태도였음이 분명하다. 후세대들은 법궤 앞에 서는 것은 제사장적인 특권이라고 알고 있었기 때문이다. "번제": 불로 모든 것을 태워 드리는 것이다. "수은제": 제사를 드리는 사람이 제물의 일부를 먹을 수 있었던 상호간의 희생제다. "모든 신복을 위하여 잔치하였더라": 솔로몬을 기다렸던 모든 사람들이 그가 받은 축복을 함께 누리게 된 것을 상징화하는 기쁨의 잔치다.

해설

열왕기상 3:1-15의 모든 부분이 유대교와 기독교 신앙인들을 위한 본보기는 아니다. 이 단락은 고대 이스라엘의 문화 유산으로부터 기인된 요소들을 포함하고 있다. 이 자료에서 그 요소들의 기능은 내러티브 배경의 한 부분을 제공하고 있는 것이다.

우리는 1절에서 표현된 솔로몬의 정치적 실용주의를 눈여겨보아야 한다. 솔로몬의 행장으로부터 가져온 이 보고는 실제적으로 기록된 사건과 동시대적인 것이며 모든 것이 온전한 사실성을 말하고 있다. 여기에서 우리가 보는 솔로몬, 즉 정치적인 유익을 위한 교환으로 애굽 공주와 결혼하기를 원하는 솔로몬은 2장의 솔로몬과 확실히 유사하다. 어떤 사건에서건 그가 행한 것은 단순히 역사적 정보로서 기록된 것이며 모범이 되는 가치를 가지고 있지 않다. 비록 신명기 사가는 결국 솔로몬이 야웨를 사랑했고 그의 종교의 정통주의에 남아 있었다(3절)는 사실을 독자에게 확신시키는 것이 유용하다고 생각했을지라도, 본문은 우리가 보아 왔듯이 그러한 것을 찬양하거나 비난하지 않는다. 오늘날의 독자는 다윗의 규범 안에서의 솔로몬의 "사랑"과 그의 행함이 순전히 형식적인 것은 아니었는지, 혹은 솔로몬의 종교적 신실성이 완전히 외적인 것은 아니었는지 묻고 싶어한다. 본문에는 진정한 사랑과 내면의 진정한 헌신으로부터 나오지 않는 격식을 차리는 형식적인 경건성이 있기 때문이다.

또한 솔로몬이 하나님으로부터 계시를 이끌어 내려고 셀 수 없이 많은 제물을 드리기 위해 상당한 거리를 여행했다는 합법화 이야기 진술에 대해서도 비평적인 안목을 가져야만 한다. 근면함, 관대함 그리고 육체적인 불편함을 수용하는 것 등은 때때로 헌신에 대한 표지로서 간주될 때가 있다. 그러나 그러한 것들이 보일 때 그 예배자가 자신의 영광을 위해 단지 하나님을 이용하는 것은 아닌가 하는 의문을 억누를 수 없는 것이다. 하나님을 이용하는 것은 성경 종교의 경배자들에게 자연스러운 것이다. 신들이 성소에서 경배되고 그 신들로 하여금 경배자들을 위한 이로운 행동을 취하도록 하기 위해서 희생제가 드려지는 것은 모든 이교도들의 예배에서 매우 전형적인 모습이다. 이스라엘의 경건성에 있어서 야웨는 순전한 영이고 자유로운 인격적 존재시라는 것과, 그 야웨는 원하는 곳 어디에서나 그분의 백성들에게 나타나신다는 의식(意識)이 자라 감에도 불구하고, 이스라엘에는 쫓겨난 가나안 사람들로부터 얻게 된 지방 산당들이 있었다. 야웨는 자신을 속박하고 그분에 대한 경배를 지역적으로 한정하게 되는 상존하는 위험성과 더불어 이 산당들에서 경배되었다. 이러한 상황이 분명하게 나타난 곳이 바로 기브온이었다. 기브온은 정복된 백성들(수 9장)의 거주지로서 이스라엘 백성들이 이 곳의 산당을 취했던 것이다. 분명하게 야웨가 산당 종교로서 자리를 잡아 갔기 때문에, 오래 전부터 솔로몬이 예루살렘에 야웨를 위해 한 "집"을 지으려는 계획을 세우기 시작했다는 것은 그리 놀라운 일이 아닌 것이다.

본문의 내용에서 우리에게 비규범적인 부분은 솔로몬이 합법적으로 오래 사는 것과 복수를 요청했을 수도 있는 것을 암시하는 부분이다(11절). 2장에 따르면, 솔로몬은 이미 그의 적들 중 몇몇에 대한 복수를 했다. 물론 왕위 계승 사가는 이것을 하나님의 뜻으로 인해 이루어진 것이라고 해석했다. 그러나 신명기 사가는 비록 그러한 것을 요청할 수 있는 솔로몬의 권한을 인정한다 하더라도, 이러한 복수에 대한 합법성을 위해 하나님의 응답이 필요한 것으로 보류하고 있는 것이다. 또한 의심할 나위 없이 솔로몬은 "많은 날들"(오래 사는 것)을 요구할 권리를 가지고 있었다. 그리고 신명기 사가는 신실한 순종을 조건으로 14절에서 하나님께서 그에게 이러한 것을 약속하시는 것으로 묘사하고 있다. 신약성경은 기독교인들에게 복수하지 말 것을 가르치고 있다(롬 12:17-20). 기독교인들이 생명을 구하는 것과 "많은 날들"을 하나님의 선물로 여기는 것을 합법적인 것으로 말하고 있다. 그러나 질병과 재난에 의해서 생명이 짧아지는 것 또한 하나님의 미움을 받는다는 표지로서 여겨서는 안 된다고 말하고 있다. 또 다른 주목할 만한 일들은 솔로몬이 자신의 아버지 다윗처럼 행했다면(부모의 모범) 야웨의 율법들을 지키는 데 성공했으리라는 것과, 지상의 위대한 사람들을 지명하는 일(6절)과 같은 중요한 인간사의 일들에서 하나님이 개입하여 일하신다는 신명기 사가의 관점이다.

그러나 이러한 모든 것은 부수적인 것들이다. 본문의 가장 중요한 증언을 찾기 위해서 독자는 본래의 합법화 이야기의 구조를 주의 깊게 연구해야만 한다. 그 구조는 "하나님은 주시고 솔로몬은 반응하며, 하나님은 응답하시고 솔로몬은 경배한다"는 매우 극적인 단순성이다. 하나님이 무엇을 주고 계시며 어떻게 주고 계시는가? "내가 너에게 무엇을 주어야 할지 구하라." 하나님의 주심은 솔로몬의 구함에 대해 응답하는 것이다. 우리 자신이 사사로이 구하는 것 외에는 제한이 없는 것이다. 솔로몬은 하나님이 주시려고 하는 것 이상을 결코 구하지 않았다. 그러나 만약 하나님이 솔로몬에게 주시려고 한다면, 솔로몬은 구해야만 한다. 그리고 솔로몬은 그가 무엇을 구하는가에 의해서 시험을 받게 된다. 우리가 구하는 것은 우리가 어떠한 사람인지를 보여 준다. "이해하는 마음"을 구한 솔로몬의 요청은 하나님이 주실 수 있는 모든 것을 받을 준비가 되었다는 것을 보여 주는 것이었다.

우리가 여기서 보는 솔로몬에 대한 묘사는 2장의 복수심에 찬 기회주의자와 3:1의 정치적 실용주의자의 모습과는 판이하게 다르다. 만약 이러한 것이 역사적인 솔로몬은 합법화 이야기에 나타나는 솔로몬과 실제적으로 같지 않다는 것을 의미한다면 그러한 것이라고 받아들여야 한다. 이 이야기는 문자적인 사실이라기보다는 하나의 본보기다. 이것은 솔로몬이 역사적인 실재로서 그러했다는 것이 아니라, 그가 그러했어야만 했던 이상적인 솔로몬에 대해서 말하고 있는 것이다. 이 둘은 서로 조화롭지 못해 나뉜 것이 아니었다. 실제적인 모습과 이상적인 모습의 요소들은 모든 사람에게 동시에 존재하기 때문이다.

솔로몬이 하나님으로부터 두 가지 특별한 것을 기대했다는 것은 주목할 만한 일이다. (1) 하나님이 아버지 다윗에게 큰 은혜를 베풀었던 것처럼 이제 그 아들 솔로몬을 돌아보는 데 있어서도 관대하시리라는 것과, (2) 하나님이 솔로몬을 다윗의 자리에 통치자로 임명하셨기 때문에 이제 그분이 그 책임을 이행하는 데 필요한 모든 것을 주시리라는 것이다. 이러한 은사들이 하나님으로부터 올 것임을 알기 때문에, 솔로몬은 자신을 "나가고 들어오는 것"을 할 수 없는 단지 어린 아이로 말하고 있다. 그러면서 솔로몬은 하나님의 백성들이 "어렵기" 때문에 자신이 그들을 판결하는 왕으로서 의무를 이행할 때 선과 악을 구별할 수 있는 마음과 지혜를 열어 달라고 호소하는 것이다. 따라서 그 요구는 기적적인 것을 요청하는 것이 아니었다.

단지 어려운 상황들에 있는 사람들에게 지혜롭게 말해 줄 특별한 은사, 즉 백성들이 모든 상황에서 선과 악을 분별하며 그들로 하여금 항상 선한 것을 선택하도록 격려할 수 있는 그러한 은사를 구한 것이었다.

2. 왕의 현명한 판결(3:16-28)

참고문헌

Nestle, E. "Miscellen. –3. I Könige 3,22." *ZAW* 26(1906) 163-64. **Rupprecht, K.** "Eine vergessene Konjektur von A. Klostermann zu I Reg 3,27." *ZAW* 88(1976) 415-18.

본 문

16 때에 창기 두 계집이 왕에게 와서 그 앞에 서며

17 한 계집은 말하되 내 주여 나와 이 계집이 한 집에서 사는데 내가 저와 함께 집에 있으며 아이를 낳았더니

18 나의 해산한 지 삼 일에 이 계집도 해산하고 우리가 함께 있었고 우리 둘 외에는 집에 다른 사람이 없었나이다

19 그런데 밤에 저 계집이 그 아들 위에 누우므로 그 아들이 죽으니

20 저가 밤중에 일어나서 계집종 나의 잠든 사이에 내 아들을 내 곁에서 가져다가 자기의 품에 뉘이고 자기의 죽은 아들을 내 품에 뉘었나이다

21 미명에 내가 내 아들을 젖 먹이려고 일어나 본즉 죽었기로 내가 아침에 자세히 모니 내가 낳은 아들이 아니더이다 하매

22 다른 계집은 이르되 아니라 산 것은 내 아들이요 죽은 것은 네 아들이라 하고 이 계집은 이르되 아니라 죽은 것이 네 아들이요 산 것이 내 아들이라 하매 왕 앞에서 그와 같이 쟁론하는지라

23 왕이 가로되 이는 말하기를 산 것은 내 아들이요 죽은 것은 네 아들이라 하고 저는 말하기를 아니라 죽은 것이 네 아들이요 산 것이 내 아들이라 하는도다 하고

16 Then two harlotrous women approached[a] the king:[b] they stood before him:

17 and the first woman said, "Please, my lord, I and this woman are living in the same house, and I gave birth[a] in the house.

18 And it so happened that on the third day after my delivery this woman also gave birth. Now we were together,[a] without any stranger with us:[b] there were only we two in the house.

19 But this woman's son died one night when she lay upon him,

20 and she got up in the middle of the night, snatched my son from alongside me [a]while your maidservant was sleeping,[a] and laid him in her bosom, while her dead son she put in my bosom.

21 Then I got up in the morning to nurse my son and[a] he was dead: but[b] I took a good look at him in the morning, and behold he was not my son, the one whom I had borne!"

22 And the other woman said, "No, but my son is the living one, and her son is the dead one!"[a] Thus they spoke before the king:

23 and the king said, [a]"This one is[a] saying, 'This is my son, the living one, and your[b] son is the dead one,' while [c]this one is[c] saying, 'No, but [d]your son is the dead one and my son is the

	living one!'"[d]
24 또 가로되 칼을 내게로 가져오라 하니 칼을 왕의 앞으로 가져온지라	**24** So the king said, "Fetch me[a] a sword." And they brought a sword before the king.
25 왕이 이르되 산 아들을 둘에 나눠 반은 이에게 주고 반은 저에게 주라	**25** Then the king said, "Sever the live baby into two parts and give a half to one[a] and a half to the other."[bc]
26 그 산 아들의 어미 되는 계집이 그 아들을 위하여 마음이 불붙는 것 같아서 왕께 아뢰어 가로되 청컨대 내 주여 산 아들을 저에게 주시고 아무쪼록 죽이지 마옵소서 하되 한 계집은 말하기를 내 것도 되게 말고 네 것도 되게 말고 나누게 하라 하는지라	**26** And the woman whose son was the living one spoke to the king, for her maternal emotions were stirred on behalf of her son, and she said, "Please, my lord, let them give her the baby,[a] but by no means kill him," while the other was saying, "Let him be neither mine nor yours;[b] sever him!"[c]
27 왕이 대답하여 가로되 산 아들을 저 계집에게 주고 결코 죽이지 말라 저가 그 어미니라 하매	**27** And the king made response and said, "Give her[a] the baby,[b] and by no means kill him; she is his mother."
28 온 이스라엘이 왕의 심리하여 판결함을 듣고 왕을 두려워하였으니 이는 하나님의 지혜가 저의 속에 있어 판결함을 봄이더라	**28** And all Israel heard about the[a] judgment that the king had rendered; and they revered the king because they perceived that divine wisdom was in him for performing justice.

원문주해

16.a. MT, G^{BL}의 "나타났다"라는 뜻의 오프데산(ὤφθησαν)은 동작 동사를 위치 동사 바로 전으로 옮김으로써 분명하게 하는 것을 추구한다.

16.b. MT과 G^{B}. G^{L}은 이 익명의 이야기를 이스라엘의 왕에 대한 것으로 귀속시키기 위해 신명기 사가의 편집적 장치("주석"을 보라)보다 더 나아가 "솔로몬"이라는 어구를 첨가했다.

17.a. G^{L}. G^{B}의 "우리는 아이를 낳았다"와 MT의 "나는 그녀와 함께 아이를 낳았다"라는 표현은 앞일을 미리 예측하는 형태로 만든 것이다.

18.a. MT. G^{BL}은 "우리 자신들에 의해서"라는 설명적인 어구를 첨가하고 있다.

18.b. G^{BL}. MT은 이어 나오는 구절의 영향 아래 "그 집에서"라는 어구를 첨가한다.

20.a-a. MT은 무엇이 일어났는지에 대한 필수적인 이유를 제공하는 텍스트를 나타낸다.

21.a. G^{BL}. "그리고 보십시오"라는 어구의 MT은 그 어머니는 아침이 훤히 밝기까지는 그녀의 아이를 보지 않았다는 함축된 의미를 고려하지 않는다.

21.b. MT. "그리고 보십시오"라는 G^{BL}의 어구는 그 구절에서 뒤에 나오는 "그리고 보

십시오"라는 구절 전에 놓인 다소 불필요한 것이다.

22.a. G^B. MT과 G^L은 "그러나 이 사람이 '아니다. 너의 아들은 죽은 것이고 나의 아들은 살아 있는 것이다!'"라는 어구를 대화에 채워 넣었다.

23.a-a. MT. G^{BL}은 "그들에게, '네가…이다'"이다. Gr은 2인칭 연설문과 같은 문체다.

23.b. MT. G^{BL}은 "이 사람의".

23.c-c. MT. G^{BL}은 "당신은…이다".

23.d-d. MT. G^{BL}은 "나의 아들은 살아 있는 것이고 너의 아들은 죽은 것이다"라고 순서를 바꿈으로써 다시 만든다.

24.a. MT과 G^L, G^B은 생략함.

25.a. MT. G^{BL}의 "이 사람"은 예정된 사람을 지정함으로써 좀더 큰 극적 효과를 기한 것이다.

25.b. MT. G^{BL}은 "저 사람". 25.a.를 보라.

25.c. MT, G^B. G^L은 "그리고 그 죽은 아이를 똑같이 쪼개어 그 둘에게 나눈 것을 주어라"는 어구를 첨가하면서 이야기를 더 진행시킨다.

26.a. G^{BL}. MT의 "살아 있는 아이"는 설명적이다.

26.b. MT. MT은 그 여자의 말을 2인칭을 사용해서 상대 여자에게 직접적으로 표현한 어구를 가지고 있는 반면에, G^{BL}의 "그 여자의 것"이라는 어구는 3인칭을 사용해서 가해자를 객관적으로 말함으로써 묘사하고 있다.

26.c. MT과 G^L. G^B의 대명사 목적어를 생략한 것은 27절의 첫 번째 와우(ו)로부터 가운데 글자를 생략하는 사본적 오류다.

27.a. MT. G^{BL}은 대명사 목적어를 생략하고 "'그 아이를 그 여자에게 주어라'고 말한 사람에게"라는 설명적인 어구를 첨가했다.

27.b. G^{BL}. MT은 "살아 있는"이라는 어구를 첨가한다. 참조. 26절.

28.a. MT. G^{BL}은 "이"(설명적)라는 어구를 첨가함.

양식/구조/배경

예증이 되는 일화: 기만당하는 창부에 대한 판결

1. 분쟁
    a. 서론: 왕에게 나아옴, 16절
    b. 첫 번째 여인의 이야기
        (1) 상황: 두 아이가 태어남, 17-18절
        (2) 한 아이가 다른 아이와 바뀜
            (a) 부주의로 인한 죽음, 19절

(b) 무정한 도둑, 20절
(3) 일이 잘못된 것을 인식함, 21절
c. 두 번째 여인의 이야기, 22a절
2. 해결
a. 상황: 뚜렷하지 않은 증언, 22b-23절
b. 산 아이를 죽이려는 위협
(1) 왕의 명령
(a) 칼을 가져옴, 24절
(b) 산 아이를 나누려고 함, 25절
(2) 두 여인의 반응, 26절
c. 왕의 판결, 27절
결론: 이스라엘 백성들의 긍정적인 반응, 28절

임시적인 부사 아즈(אז)를 사용해서 이야기를 시작하는 것은 신명기 사가의 특징이다(서론을 보라). 이 이야기는 솔로몬에게 준 하나님의 지혜의 은사에 관한 내러티브와 그 은사를 받는 것을 보여 주는 일화를 직접적으로 연결해 주고 있다. 이 본문에서 LXX보다 분명히 나은 MT은 왕의 이름을 사용하고 있지 않다. 따라서 신명기 사가의 처음 연결 부사가 아니라면, 이 왕은 익명으로 남게 된다.

만약 이 일화가 실제적으로 솔로몬에 관한 것이었다면, 우리는 그의 인물됨에 대해서 매력적으로 인상적인 모습을 느끼게 될 것이다. 우리는 그가 자신의 권위를 행사함에 있어서 자애로운 사람이며, 자신의 이해에 있어서 통찰력이 있고 동정적인 사람이라는 것을 알 수 있을 것이다. 익명의 일화에 이스라엘적인 귀속 의식을 주기 위해 특별히 만들어진 28절의 결론은 "하나님의 지혜가 그에게 있었다"는 찬사적인 묘사로서 이 일화를 요약하고 있다. 이것은 신명기 사가가 이 일화를 솔로몬의 지혜를 보여 주기 위해 선택했을 때 그의 취지에 전적으로 맞았을 것이다. 또한 신명기 사가가 이 일화를 받았을 때 그 왕을 솔로몬과 완전히 동일화시키기 위해서 특별한 첨삭을 하지 않고 그 상태 그대로 놓아 두었다는 것은 놀라운 일이다.

이 일화의 정확한 어법은 이스라엘적일 수 있다. 그러나 이 이야기 자체는 국제적인 문화적 산물이다. 휴고 그레스만(Hugo Gressmann)은 다양한 민족의 민속에서 22개 이상의 기만당하는 어머니와 그녀의 위험에 빠진 아이에 대한 이야기를 분류했다. 이들 민속요는 그의 연구인 "Das salomonische Urteil", *Deutsche Rundschau*

130(1907) 211ff에 나타난다. 가장 놀라운 병행구의 모습을 보이는 것은 인도로부터 온 자타카(Jātaka) 이야기다. 그 이야기에 따르면 여자 마귀가 강둑에 버려진 아이를 제 것이라고 주장했고, 그 어머니 역시 그 아이를 달라고 요구할 때 신이 그 아이를 찢어 버리겠다고 위협했다. 그러나 그 어머니가 나뉜 반쪽을 받기를 거부했을 때, 그녀에게 그 아이를 주었다는 내용이다.

우리가 듣고 있는 일화와 관련시켜 보았을 때, 두 창부는 특정한 시기의 한 나라에 살았을 수도 있다. 다만 결론부가 그 나라를 이스라엘로 만들고 있다. 이러한 결론부에도 불구하고, 그 왕은 다른 어떤 사람일 수 있는 것이다. 상황은 인간 삶 자체에서 흔히 일어날 수 있는 그러한 일이다. 그러나 이 이야기가 그렇게나 놀라우리만치 일반적인 성격을 가졌음에도 불구하고, 이 일화는 모든 독자가 그 이야기와 동질화시킬 수밖에 없는 인간 정서를 묘사하는 데 있어서 감동적일 만큼 현실감이 있다. 여기에 묘사된 그 창부들은 어리석을 정도로 우스꽝스러운 사람들이 아니다. 그들은 가엽고 눈물겹다. 살아 있는 아이의 어머니는 하늘이 무너지는 박탈감 속에서 인간 영혼의 고양된 고결함, 즉 사랑하는 자식에 대해 자신을 내어주는 희생 정신을 보여 준다. 다른 창부는 인간 영혼이 저지를 수 있는 비열함을 전형적으로 보여 준다. 그녀는 미워하고, 미워하고, 미워하여 결국 헛된 것에 이르는 것 외에는 다른 아무것도 할 수 없는 것이다.

나는 이 이야기를 "기만당하는 창부에 대한 판결"이라고 불렀다. 그것은 비록 이야기에 두 창부가 나온다 하더라도 엄격히 말하면 두 창부에 관한 이야기가 아니다. 이 이야기는 아이를 도둑맞고 위험을 무릅쓰고 왕에게 호소하여 그 아들을 구하기 위하여 자신의 아이를 스스로 기꺼이 포기하겠다고 선언하는 창부에 관한 이야기다. 본문을 주의 깊게 읽는다면, 그 이야기의 구조적인 개요가 이러한 의도를 어떻게 나타내고 있는지 발견하게 될 것이다. 그 기본적인 구조는 (1) 분쟁과 (2) 해결로 이루어진 것으로 매우 놀라울 정도로 단순하다. 왕은 1부에서는 아무것도 하지 않는다. 다른 한편으로 두 번째 창부는 22a절에 있는 첫 번째 창부의 말에 반박하는 것 외에 아무것도 하지 않는다. 따라서 17-21절까지 말을 하는 사람은 첫 번째 창부다. 독자가 이 소송에 관하여 알 필요가 있는 것은 여기에 모두 언급되어 있다. 다만 문제는 이 여자가 진실을 말하고 있는가, 혹은 다른 여인이 아이를 움켜 빼앗아 갔기 때문에 그녀가 다른 여인의 아이를 훔쳐서 이 이야기를 꾸며내고 있는가 하는 것이다. 이것이 바로 독자(그리고 왕)에게 남겨진 문제일 뿐만 아니라 신상된 중심적인 문제다. 2부에서 무대의 중심을 잡고 있는 것은 왕이다. 그는 먼저 두 여자가 그에게 이야기하고 있는 것에서 진실을 알아낼 능력이 없다고 말하고 나서 그 살아 있는 아이를 둘로 나누도록 명령한다. 왕은 일부러 이 시험을 두 여인에게 제안하고 있는 것이 아니라는 사실을 주목해야 한다. 그 두 여인은 그가 농담을 하고 있거나 아니면 단순히 추상적인 가능성을 제시하고 있다고 생각했을 수도 있기 때문이다. 그러나 실상은 아니다. 그들은 긴급한 상황에 직면해 있음에 틀림없다. 그들은 왕이 그들 둘 다를 만족시키기 위해서 정말 그 아이를 죽일 것이라는 사실을 믿었음에 틀림없다. 오로지 이러한 긴박하고 급박한 상황에서만 진짜 아이의 어머니가 아이를 구원하기 위해 탄원하게 될 것이다. 그래서 칼을 가져왔고, 칼잡이는 왕의 명령을 이행하기 위해 움직인다. 바로 그때 두 번째 여인은 "아이를 나누라!"고 말하고 있는 반면, 진짜 어머니는 다른 여자에게 그 아이를 주라고 소리친다. 이제 왕은 답을 얻게 된다. 진짜 어머니가 가려진 것이다.

주석

16-22 "창기 두 계집": 이 묘사적인 타이틀, 즉 단수 혹은 복수 형태의 명사와 형용사는 구약에서 자주 등장한다. 완전한 설명을 하는 대신에 형용사만으로도 나타난다. 매춘이 경멸되고 죄악된 행위일지라도 몇몇 구약 본문은 매음하는 장소를 자연스럽게 보고하고 있다. 세속적이고 종교적인 매춘은 고대 근동에서 널리 퍼져 있었다. 도덕적이고 사회학적인 관점에서 보면 이러한 제도는 전혀 칭찬받을 만한 것이 아니다. 고대 매춘부들은 일반적으로 자신들의 부모들에 의해서 팔린 딸들로 노예들이었다. 그렇지 않으면 그들은 결혼할 기회를 전혀 가지지 못했거나, 아니면 남편들을 잃은 가난한 여인들이었다. 일반적으로 여성들은 결혼을 하고 남편의 집에 살며 아이들을 낳는 일을 하는 사람으로 생각된다. 낯선 사람들의 탐욕에 시중들면서 자신들의 생계를 유지해야만 했던 여인들과 사생아로 태어나 극빈자로 자라야만 했던 그녀들의 자녀들은 가엾고 불쌍한 사람들이었다. 이 이야기에서는 괴로움을 당하고 왕에게 나아갔던 여인뿐만 아니라 그녀를 괴롭게 한 상대자 둘 다가 이 가엾은 사람들에게 속하는 것이다. "그 앞에 서며": 그들은 그의 판결에 자신들을 맡기며 답을 기다리는 태도를 취한 것이다. 왕 앞에 엎드려 있다는 언급은 없다(참조. 1:16). 우리는 그들이 이러한 자세를 취하지 못하는 사회적 신분이었는지에 대해서는 아무런 결론을 내릴 수가 없다. 화자가 그러한 것을 중요하지 않은 사항으로 취급해서인지 언급을 생략하고 있기 때문이다. "내 주여!"(בי אדני - 비 아도니,

참조. 26절): 구약에서 14번 나타나는 이 인상적인 구문에 대한 가장 간단한 설명은 호니만(A. M. Honeyman, *JAOS*[1944] 81-82)으로부터 그레이(Gray, 129)와 몽고메리-게만(Montgomery-Gehman, 112)이 받아들인 견해다. 즉 비(בִּי)는 "기꺼이…하는"이라는 뜻을 가진 어근 아바(אבה)로부터 파생된 생략된 명령법이라는 것이다. 그러나 본문의 비는 여성 형태이고 성경에서는 항상 말을 받는 남성 "주" 혹은 "주=하나님"이다. 그러므로 KB³, 117은 쾰러와 마르티(L. Koehler and K. Marti [*ZAW* 36, 1916] 26-27, 246) 그리고 란드(I. Lande), *Formelhafte Wendungen der Umgangesprache im AT*(1949), 16를 따른다. 이들은 본문의 용어를 "나를 위해, 나의 주여!"(너무 불쾌해서 언급할 수 없는 무엇이 온다)라는 용어의 생략형으로 보고 있는 것이다.

"우리가 함께 있었고 우리 둘 외에는 집에 다른 사람이 없었나이다": 이것은 말하는 사람의 이야기를 위한 본질적인 증거로서 제기되는 것이다. 그 두 여자가 집에 함께 있었다는 것은 중요하다. 그렇지 않았더라면 그 첫 번째 여자 외에 어느 누구도 그 아이를 죽일 수 없었을 것이기 때문이다. 어떤 "낯선 사람", 즉 소송 의뢰인도 거기에 없었다는 것은 중요하다. 그때 그는 그 아이를 죽였을 수도 있었을 것이기 때문이다. "저 계집이 그 아들 위에 누우므로 그 아들이 죽으니": 비록 이러한 상황에서 아이가 울지 않았다는 것은 이상할지라도 여하튼 아이는 질식사한 것이 분명하다. 사건이야 어떻게 진행되었든, 첫 번째 여자는 논리적 추론에 의해서 이러한 진술을 하고 있는 것이다. 그 여자는 그것을 증언하기 위해 그날 밤에 깨어 있었던 것이 아니기 때문이다. "미명에 내가 일어나 본즉…내가 자세히 보니": "아침"이라는 뜻의 히브리어 보케르(בקר)는 첫 여명의 시간부터 죽은 아이를 살펴보기에 충분할 정도로 밝아진 어느 정도 늦은 순간까지를 모두 포함하기에 충분한, 매우 광범위한 시간을 나타낸다. 이야기는 점차 절정을 향해 나아간다. 첫째로 그녀의 아이가 죽었다. 다음으로 그 아이는 그녀의 아이가 아니었다! "내가 낳은 아들이 아니더이다": 어머니는 자신의 자식을 안다. 두 번째 여자는 첫 번째 여자가 어리석지 않으리라는 것을 잘 알고 있었기 때문에, 재판을 하는 사람이 자신의 부인(否認)을 믿을 것이고 여자의 아이를 자신에게 줄 것이라는 기대 속에서 악한 마음에 철면피함을 더했던 것이다. "아니라"(לֹא כִּי -로키): 두 번째 단어 위의 분리 악센트 때문에 네슬레(E. Nestle, *ZAW* 26[1906] 163-64])는 자음 텍스트의 불필요한 수정을 제안한다.

23-28 "왕이 가로되": 두 여자에게 하는 말이 아니고 자기 자신에게나 혹은 조

언을 주는 고문들에게 하는 말이다. 그러나 LXX은 23절에서 왕이 자신의 말을 여자들에게 직접 하는 것으로 말하고 있다. "이는 말하기를…라 하고 저는 말하기를…이라 하는도다": 마치 왕이 자신의 머리를 각각 다른 편을 바라보면서 말하는 것 같다. "(그들이) 칼을 왕의 앞으로 가져온지라": 이것은 칼잡이가 그 칼을 사용하는 것을 암시한다. 왕은 자신이 그 칼을 휘두를 것을 의도하지 않았기 때문이다(참조. 25절). "살아 있는 아이를 둘에 나눠…주라": 2인칭 복수로 말하는 것은 몇 명의 남자들이 실제적으로 그 아이를 쪼개는 일에 그리고 그것을 두 여자에게 건네주는 일에 관련되었을 것임을 암시한다. "그 아들을 위하여 마음이 불붙는 것 같아서": "뜨거워졌다", "흥분했다"라는 뜻의 동사 카마르(כמר)는 "피부"가 주어인 예레미야애가 5:10을 제외하고는 니팔 형태로만 나타난다. 이 동사는 항상 라하밈(רחמים)을 주어로 가진다(창 43:30; 호 11:8 그리고 이 구절에서). 라함(רחם)의 기본적인 의미는 "자궁"이고, 그 복수의 의미는 "모성애"다. "한 계집은 말하기를": 화자가 두 번째 여자의 역할을 종속시키기 위한 의도에 의해서 분사를 번역한 것이다. "내 것도 되게 말고 네 것도 되게 말고": MT은 두 번째 여자가 첫 번째 여자에게 말하는 것으로 묘사하고 있다. 그러나 "그 여자의 것도 아닌"이라는 G의 어구의 그 여자가 왕에게 직접 고하고 있다는 것을 증거하는 암시가 되는 것이다. "왕이 대답하여 가로되…라 하매": 루프레히트(E. Rupprecht, *ZAW* 88[1976] 415-18)는 봐야안 함멜레크 봐요메르(ויען המלך ויאמר)라는 구문에서 해석의 어려움을 보면서 본문에서 불필요한 수정을 제안한다. 아나(ענה)의 어근은 "그리고 말했다"라는 어구를 배제하는 경우와 같이 직접 구두로 말하는 것을 의미할 필요는 없는 것이다. 그러나 "응답하다"와 같은 기본적인 의미를 가지고 있다. 이 구문에서 두 개의 동사는 (1) 왕이 반응했고, (2) 그가 자신의 반응을 효과 있게 하기 위해서 말했기 때문에 모두 필요한 것이다. "산 아들을 저 계집에게 주고…저가 그 어미니라": 왕의 첫 번째 말은 명령이었다. 그의 두 번째 말은 실제적으로 두 여자 중에서 누가 진실을 말하고 있는지 구분하여 말하는 공식적인 선언이었다.

"온 이스라엘이 왕의 판결함을 듣고": 통치 영역의 정치적인 안정을 위해서는 모든 백성이 왕이 행한 일에 대해서 듣는 것이 필요하다. 만약 왕이 이러한 일을 자신의 가장 보잘것없는 백성들 중에 있는 두 사람을 위해서 한 것이라면, 그는 정말로 "모든 이스라엘"을 위해서 그러한 일을 할 사람이다. "왕을 두려워하였으니": 라오(ראו)의 영향 아래 원형 라아(ראה)에서 온 것처럼 철자가 잘못 쓰인 봐이르우(וירא)는 "두려움에 사로잡힌"이라는 의미를 가지고 있다. 따라서 "영화롭게 하다,

존경하다 그리고 경외하다"라는 뜻이 있는 것이다. "하나님의 지혜"(חכמת אלהים - 호크마트 엘로힘): 문자적으로 "하나님으로부터 혹은 하나님의 지혜"라는 뜻이다. 이러한 표현은 구약성경의 다른 곳에서는 나타나지 않는다. 그러나 성경에는 "지혜가 하나님으로부터 나온다"라는 개념이 있다(참조. 잠 8:22-31). 본문의 일화에서는 왕이 하나님 같은 자로 나타난다. 그는 하나님 같은 지혜와 두려움을 가지고 있기 때문이다. "판결함"("정의를 시행하기 위한"): 미쉬파트(משפט)는 심판받는 소송, 판단하는 행위 혹은 법정적인 이목을 받은 경우와 같은 법정적인 판결이다. 이 결론적 구절은 편집자인 신명기 사가가 기브온에서 하나님의 은사로서 받은 "선과 악을 분별하여 당신의 백성을 판단할 수 있는 이해하는 마음"(9절)을 어떻게 사용하고 있는지를 분명히 보여 주기 위한 것이다.

해설

이 이야기에서 두 어머니가 모두 창부였다는 사실은 중요하다. 이것은 첫째로 그 지혜로운 왕이 자기 백성들 중에 가장 비천한 자들을 위해서 어떻게 행하고 있는지를 보여 주는 것이기 때문이며, 둘째로 분쟁을 판결해 주기 위해 그 현장에 존재하는 사람이 없는 창부의 집은 이 내러티브의 중심적인 전제가 되기 때문이고, 셋째로 창부의 삶에 대해서 가지고 있는 일반적인 생각은 자기 희생적인 사랑과 무자비한 잔인성을 대조적으로 보여 주기 위한 배경을 형성하기 때문이다. 그렇지 않으면 이 이야기는 매춘에 대한 도덕화를 통한 교화를 이루어 내지 못한다. 이 이야기는 다른 여자의 아이를 훔치고, 왕에게 거짓말을 하고, 살아 있는 아이의 어머니가 아이를 가지지 못하도록 하고, 그 아이의 피를 흘리려고 하는 여자의 불쌍한 행동을 도덕적으로 정당화해 주는 것은 아니다. 또한 이 이야기는 힘이 없는 무죄한 사람을 즉석에서 처형하는 것에 대해 도덕적으로 정당화하는 것도 아니다(우리는 신짜 어머니가 아이를 포기하는 자신의 제안을 하지 않았다면, 왕이 실제로 처형을 했을 것인가에 대한 추측을 해서는 안 된다). 이것들은 모두 고대 사회로부터 온 실제적인 요소들이다. 의도되었을 수도 있는 어떤 비난이 이야기 자체 속에 암시를 남기고 있는 것이다.

전체 이야기에서 아주 중요한 주제는 진정한 어머니 상에 대한 것이다. "산 아들을 저 계집에게 주고 결코 죽이지 말라 저가 그 어미니라!" 왕에게 드리는 말을 할 때 첫 번째 여자는 그녀가 지니고 있는 특별한 두 가지의 슬픔을 나타낸다. 그녀는 아버지 없는 아이를 가지고 있다. 그러나 그녀는 그를 정말로 사랑한다는 것이다. 이야기 초반부에 그녀는 하나님의 알 수 없고 두려운 처사인 죽음으로 인해 그 아이를 빼앗겼다고 생각한다. 그 여자가 하나님의 뜻에 복종하면서 올 때, 그녀는 더욱 두렵고 놀라운 사실을 발견하게 된다. 그 죽은 아이가 자신의 아이가 아니라는 것이다! 그러면 그녀의 아이는 어디에 있는가? 다른 여자가 가지고 있다. 그리고 이제 그 여자가 그 살아 있는 아이가 자신의 아이라고 주장한다. 처음에 그 아이의 진짜 어머니는 하나님에게 빼앗겼다고 생각했다. 그러나 이제 그녀는 자신의 아이를 강탈당한 것을 안 것이다! 그녀는 자신의 아이를 죽인 자기의 게으름과 부주의함을 꾸짖는, 다른 여자가 퍼붓는 조롱을 들어야만 했다. 그러는 동안 줄곧 죽어 있었던 것은 그 여자의 아이였다. 어미가 죽은 아이를 버린다는 것은 정말 상상할 수 없이 나쁜 일이다. 그녀의 아이를 훔치고 이제 자신의 가슴에 그 아이를 재빨리 품고 있는 그러한 악한 여인과 함께 그녀가 같은 집에서 살아가야만 한다는 것은 상상하기 어려운 일이다. 그러한 사람에게 빼앗기느니 차라리 하나님이 데려가신 것이 낫지 않겠는가!

이 진짜 어머니는 이윽고 왕에게 호소를 했다. 그러나 그녀가 말한 모든 것은 다른 여자에 의해서 반박을 당했다. 왕은 누가 진실을 이야기하고 있는지 결정할 수 있을 것 같지 않다. 아이의 진짜 어머니는 왕이 칼을 가져오라고 하고 그녀의 사랑스러운 아이를 자르라고 명령하는 소리를 들었을 때 얼마나 놀랐을까! 자신의 실제 아이가 죽게 된 절체절명의 순간에 직면하면서, 그 어머니는 사악한 여자의 청을 들어줄 것을 호소했다. 이제 선택은 아이를 다시 찾으려는 모성애의 요구와 아이의 삶 자체를 살리려는 요구 사이에 있게 된 것이다!

따라서 진짜 어머니는 자신의 아이의 삶을 구하기 위해서, 즉 살게 하기 위해서 아이를 포기해야 하는 좀더 심한 고통을 기꺼이 감수해야만 하는 자신을 발견하게 된다. 여기에 바로 어버이 주일에 예배에 참석한 많은 어머니들을 위한 본질적인 의미가 있는 것이다. 그러나 이 이야기는 모든 종류의 인간관계를 위한 하나의 모범을 제공하고 있다는 것을 알아야만 한다. 만약 우리가 그것을 인식하지 못한다면, 우리는 이 이야기로부터 더 이상 큰 의미를 발견하지 못하고 스스로를 빈곤하게 만들 수 있다. 부모들과 아이들, 남편들과 아내들, 형제들과 자매들 상호간에 그리고 가까운 관계에 있는 어느 누구와의 상호 관계도 상대를 너무 자신에게 가까이 잡아둠으로써 다른 사람의 삶과 영적인 성장을 저해하는 위험을 낳을 수 있다는 교훈을 배워야만 한다. 비록 다양한 인간관계들이 중요할지라도, 이러한 관계들 속에 있는 각각의 인격의 생존과 그 본연의 모습이 항상 먼저 나올 수 있어야만 하는 것이다.

이 일화의 중심 주제는 지혜로운 왕에 관한 것임이 틀림없다. 결국 진짜 어머니를 드러나게 한 것은, 죽임에 대한 얼른 드러나지 않는 알 수 없는 그의 명령이었다. 이 명령의 비밀은 그의 "하나님 같은" 지혜를 위한 증거로서 결론(28절)에 이르러서야 밝혀진다. 그러나 이것은 현대 독자들에게는 거의 영적인 가치가 없는 것이다. 무엇보다도 우리는 이 왕을 모르며 그의 백성이 아니다. 이 왕의 역할은 인간의 내적인 동기에 대한 판단을 해야 하는 모든 사람들을 위한 하나의 예로서 간주할 때에만 우리에게 가치가 있는 것이다. 이러한 사람들은 목회자들, 선생들, 경찰관들, 법관들, 심리학자들일 것이다. 혹은 그들은 이러한 판단의 책임을 지고 있는 전문적이거나 비전문적인 사람들일 수도 있다. 우리 각자는 판단의 순간, 즉 누가 "진정한 어머니"인가라는 극적인 순간에 직면하게 될 때가 있을지도 모르는 것이다.

3. 솔로몬 제국의 행정 체계(4:1-5:14[영역본 4:1-34])

참고문헌

Aharoni, Y. "The Solomonic Districts." *Tel Aviv* 3(1976) 5-15. **Albright, W. F.** "The Administrative Divisions of Israel and Judah." *JPOS* 5(1925) 17-24. **Alt, A.** "Israels Gaue unter Salomo." *Alttestamentliche Studien für R. Kittel*. BWANT I, 13, 1913(=*Kleine Schriften zur Geschichte des Volkes Israel*, II[1953] 76-89). ______. "Die Weisheit Salomos." *TLZ* 76(1951) 134-44(=*Kleine Schriften* II 90-99). **Dougherty, R. P.** "Cuneiform Parallels to Solomon's Provisioning System." *AASOR* 5(1023-24) 23-65. **Malamat, A.** "Organs of Statecraft in the Israelite Monarchy." *BA* 28(1965) 34-65. **Mendelsohh, I.** "State Slavery in Ancient Palestine." *BASOR* 85(1942) 14-17. **Mettinger, T. N. D.** *Solomonic State Officials. A Study of the Civil Government Officials of the Israelite Monarchy*. ConB, OT ser. 8. Lund: Gleerup, 1971. **Noth, M.** "Die Bewährung von Salomos 'Göttlicher Weisheit.'" *VTSup* 3(1955)(=M. Noth and D. W. Thomas, eds., *Wisdom in Israel and the Ancient Near East*, H. H. Rowley Fs). **Pintore, F.** "I dodici intendenti di Salomone." *RSO* 45(1970) 177-207. **Redford, D. B.** "Studies in Relations between Palestine and Egypt during the First Millennium B.C. I. The Taxation System of Solomon." *Studies in the Ancient Palestinian World Presented to Prof. F. V. Winnett*. Toronto-Buffalo: University of Toronto Press, 1972. **Scott, R. B. Y.** "Solomon nad the Beginnings of Wisdom in Israel." *VTSup* 3(1955). **de Vaux, O.P., R.** "Titres et fontionnaires égyptienes à la cour de David et de Salomon." *RB* 48(1939) 394-405(=*Bible et Orient*. Paris: Editions Cerf[1967] 189-201). **Wright, G. E.** "The Provinces of Solomon(I Kings 4:7-19)." E. L. Sukenik Memorial Volume, *EI* 8(1967) 56-68.

본 문

1 솔로몬 왕이 온 이스라엘의 왕이 되었고
2 그의 신하들은 이러하니라 사독의 아들 아사리
아는 제사장이요
3 시사의 아들 엘리호렙과 아히야는 서기관이요

1 [a]And king Solomon became king over[b] Israel.
2 [a]and these were the high officials who served
him: Azariah son of Zadok: priest,[b]
3 Elihaph[ab] and Ahijah, sons of Shisha: secre-

아힐룻의 아들 여호사밧은 사관이요
4 여호야다의 아들 브나야는 군대 장관이요 사독
과 아비아달은 제사장이요
5 나단의 아들 아사리아는 관리장이요 나단의 아
들 사붓은 대신이니 왕의 벗이요

6 아히살은 궁내대신이요 압다의 아들 아도니람
은 감역관이더라

7 솔로몬이 또 온 이스라엘 위에 열두 관장을 두
매 그 사람들이 왕과 왕실을 위하여 식물을 예비
하되 각기 일 년에 한 달씩 식물을 예비하였으니

8 그 이름은 이러하니라 에브라임 산지에는 벤훌
이요
9 마가스와 사알빔과 벧세메스와 엘론벧하난에
는 벤데겔이요
10 아룹봇에는 벤헤셋이니 소고와 헤벨 온 땅을
저가 주관하였으며
11 돌 높은 땅 온 지방에는 벤아비나답이니 저는
솔로몬의 딸 다밧으로 아내를 삼았으며
12 다아낙과 므깃도와 이스르엘 아래 사르단 가
에 있는 벧스안 온 땅은 아힐룻의 아들 바아나가
맡았으니 벧스안에서부터 아벨므홀라에 이르고
욕느암 바깥까지 미쳤으며
13 길르앗 라못에는 벤게벨이니 저는 길르앗에
있는 므낫세의 아들 야일의 모든 촌을 주관하였
고 또 바산 아르곱 땅의 성벽과 놋빗장 있는 큰
성읍 육십을 주관하였으며

14 마하나임에는 잇도의 아들 아히나답이요
15 납달리에는 아히마아스니 저는 솔로몬의 딸
바스맛으로 아내를 삼았으며
16 아셀과 아롯에는 후새의 아들 바아나요

17 잇사갈에는 바루아의 아들 여호사밧이요
18 베냐민에는 엘라의 아들 시므이요
19 아모리 사람의 왕 시혼과 바산 왕 옥의 나라
길르앗 땅에는 우리의 아들 게벨이니 그 땅에서

taries, Jehoshaphat[a] son of Ahilud: herald,[c]
4 [a](and Benaiah son of Jehoiada: over the army[a]
and Zadok and Abiathar: priests),
5 (and) Azariah son of Nathan: over the dis-
trict prefects, (and) Zabud son of Nathan, a pri-
est:[a] the king's friend,
6 (and) Ahishar: over the palace property,
[a]Eliab son of Joab: over the army,[a] (and) Ado-
niram son of Abda: over the corvée.
7 And serving Solomon were (twelve) district
prefects[a] in charge of all Israel, [b]and they sup-
plied[b] the king and his establishment (a month
per year it was incumbent on each one[c] to make
provisions):
8 and these were their names: Ben-hur: (in)
Mount Ephraim,[a]
9 Ben-deqer: (in) Maqaz and Shaalbim and
Beth-shemesh and Elon[a] Beth-hanan,[b]
10 Ben-hesed: [a](in) Arubboth(his was Socoh
and all the land of Hepher),[a]
11 Ben-abinadab: [a]all the heights of Dor[a] (Tap-
hath, Solomon's daughter, became his wife),[b]
12 Baanah son of Ahilud: Taanach[a] and Megid-
do, and all of [b]Beth-shan which is adjacent to
Zarethan[b] below Jezreel, from Beth-shan to Abel
-meholah, to a point across from Jokmeam,[c]
13 Ben-geber: (in)[a] Ramoth-gilead [b](his were
the tent-camps of Jair son of Manasseh which
are in Gilead):[b] (his was the region of Argob,[c]
which is in Bashan, sixty large cities with wall
and bronze bar),[d]
14 Ahinadab son of Iddo:[a] Mahanaim,
15 Ahimaaz: (in) Naphtali (it was he who took
Basemath daughter of Solomon),[a]
16 Baanah son of Hushai: (in) Asher[a] and Bea-
loth,[b]
17 Jehoshaphat son of Paruah: (in) Issachar,[a]
18 Shimei[a] son of Elah: (in) Benjamin,[b]
19 (Geber[a] son of Uri in the land of Gilead,[b] the
land[c] of Sihon king of Heshbon[d] and Og king of

는 저 한 사람만 관장이 되었더라

Bashan), plus one district prefect[e] who was in the land

20 유다와 이스라엘의 인구가 바닷가의 모래같이 많게 되매 먹고 마시며 즐거워하였으며

20 of Judah.[ab] Now Judah and Israel were many, numerous as the sand that is alongside the sea, eating, drinking and rejoicing.

21 솔로몬이 하수에서부터 블레셋 사람의 땅에 이르기까지와 애굽 지경에 미치기까지의 모든 나라를 다스리므로 그 나라들이 공을 바쳐 솔로몬의 사는 동안에 섬겼더라

5:1(4:21) Now Solomon was reigning over all the kings[a] from the River to[b] the land of the Philistines, even as far as the border of Egypt, who brought tribute and served Solomon as long as he lived.

22 솔로몬의 일일분 식물은 가는 밀가루가 삼십 석이요 굵은 밀가루가 육십 석이요

2(22) Now this was Solomon's provision for one day: thirly cors of fine flour and sixty cors of meal;

23 살진 소가 열이요 초장의 소가 스물이요 양이 일백이며 그 외에 수사슴과 노루와 암사슴과 살진 새들이었더라

3(23) ten fattened cattle and twenty range-fed cattle and a hundred sheep, besides harts, gazelles, roebucks[a] and fattened fowl.[b]

24 솔로몬이 하수 이편을 딥사에서부터 가사까지 모두 다스리므로 하수 이편의 모든 왕이 다 관할한 바 되매 저가 사방에 둘린 민족과 평화가 있었으니

4(24) For he exercised dominion over all Eber-hanahar, [a]from Tipsah to Gaza, over all the kings of Eber-hanahar,[a] and he enjoyed peace on all the borders[b] surrounding him;

25 솔로몬의 사는 동안에 유다와 이스라엘이 단에서부터 브엘세바에 이르기 까지 각기 포도나무 아래와 무화과나무 아래서 안연히 살았더라

5(25) and Judah and Israel dwelt safely, every man beneath his vine and beneath his fig tree, from Dan to Beeraheba, as long as Solomon lived.

26 솔로몬의 병거의 말의 외양간이 사만이요 마병이 일만 이천이며

6(26) Also Solomon had forty[a] thousand stalls of horses for his chariots, with twelve thousand horsemen.

27 그 관장들은 각각 자기 달에 솔로몬 왕과 왕의 상에 참여하는 모든 자를 위하여 먹을 것을 예비하여 부족함이 없게 하였으며

7(27) So those[a] district prefects supplied the person of King Solomon and every guest at the table of the king,[b] each one for his month, neglecting nothing;

28 또 저희가 각기 직무를 따라 말과 준마에게 먹일 보리와 꼴을 그 말의 있는 곳으로 가져왔더라

8(28) and as for the barley and straw for the horses and chariot teams, they would each bring them to such a place as one would be at[a] according to one's assigned order.

29 하나님이 솔로몬에게 지혜와 총명을 심히 많이 주시고 또 넓은 마음을 주시되 바닷가의 모래같이 하시니

9(29) And God[a] gave Solomon wisdom, even exceedingly great understanding and broadness of mind, like the sand which is alongside the shore of the sea.

30 솔로몬의 지혜가 동양 모든 사람의 지혜와 애굽의 모든 지혜보다 뛰어난지라

10(30) And Solomon's wisdom exceeded the wisdom of all the eastern peoples, even all the wisdom[a] of Egypt.

31 저는 모든 사람보다 지혜로와서 예스라 사람 에단과 마홀의 아들 헤만과 갈골과 다르다보다 나으므로 그 이름이 사방 모든 나라에 들렸더라

11(31) And he was the wisest of all mankind, above Ethan the Ezrahite[a] and Heman and Calcol and Darda, choristers; [b]so that his fame spread to all the nations round about.[b]

32 저가 잠언 삼천을 말하였고 그 노래는 일천 다섯이며

12(32) And he[a] uttered three thousand proverbs, [b]and his songs were[b] [c]five and a thousand;[c]

33 저가 또 초목을 논하되 레바논 백향목으로부터 담에 나는 우슬초까지 하고 저가 또 짐승과 새와 기어 다니는 것과 물고기를 논한지라

13(33) And he spoke about the trees, from the cedar which is in Lebanon to the hyssop growing from the wall; and he spoke about beast and about bird, and reptiles and about fish.

34 모든 민족 중에서 솔로몬의 지혜의 소문을 들은 천하 모든 왕 중에서 그 지혜를 들으러 왔더라

14(34) And [a]they came from all the peoples[a] to listen to Solomon's wisdom, some from[b] every king on earth who might have heard about his wisdom.

원문주해

1.a. 1절에 관해서는 LXX 2:46[l]을 참조하라.

1.b. LXX에는 빠짐.

2.a. 2-6절에 관해서는 LXX 2:46[h]을 참조하라.

2.b. "그 제사장"이라는 뜻의 하코헨(הַכֹּהֵן)은 공식적인 목록에서 일상적으로 쓰이는 히브리어 용어다. 참조. 3절에 있는 "역사관 혹은 의전관"라는 뜻의 함마즈키르(הַמַּזְכִּיר). G^{BL}에서의 생략은 4절의 관점에서 교정한 것일 것이다.

3.a. 이 이름들 앞에 있는 "그리고"는 4-6절에서 보듯이 히브리어 판본의 연결하는 경향성을 더욱 확대해 준다.

3.b. 복원; "주석"을 보라. MT은 "엘리호렙". G^{B}은 "엘리앞". G^{L}은 "엘리압".

3.c. 참조. 위의 원문주해 2.b.

4.a-a. MT, G^{L}. G^{B}은 6절의 관점에서 생략한다.

5.a. MT. G^{BL}의 생략은 교정적이다. 참조. 2, 4절.

6.a-a. G^{L}. MT의 생략은 4절의 관점에서 볼 때 교정적이다. G^{B}은 원본 훼손. 참조. *HOTTP*, 296.

7.a. 히브리어 니차빔(נִצָּבִים)은 "감독자들"이라는 뜻이다. 참조. 5절과 5:7(영역본 4:27); 그러나 몇몇 사본들(MSS)은 "감독자들"을 네치빔(נְצִ[י]בִים)으로 읽는다. 참조. 19절.

7.b-b. MT. G^{BL}은 "공급하기 위해서"라는 문체적으로 개선된 면을 가지고 있다.

7.c. K는 "…하는 자 위에", "…하는 자에 따라"라는 뜻의 알 에하드(על אחד); Q는 "그 …하는 자"라는 뜻의 하에하드(האחד).

8.a. MT. G^{BL}은 "지역"을 첨가한다. 명부에 있는 것처럼(아래를 보라).

9.a. MT. G^{BL}은 "…하는 한"이라는 뜻의 헤오스(ἕως)를 첨가, 벧하난으로부터 엘론에 대한 한 가지 해석. 참조. *HOTTP*, 296.

9.b. MT. G^{BL}은 "지역"을 첨가한다.

10.a-a. MT, 대부분의 Gr.@ 사본들(MSS)에 의해서 지지받음. G^{B}와 G^{L}은 원본 훼손. 참조. Burney, 41.

11.a-a. MT. G^{BL}은 원본 훼손.

11.b. MT. G^{BL}은 "지역"을 첨가한다.

12.a. MT. G^{BL}은 원본 훼손.

12.b-b. MT. G^{BL}은 원본 훼손.

12.c. MT과 G^{L}. G^{B}은 "지역"을 첨가한다.

13.a. G^{BL}은 MT과 고대 역본들의 연결하는 성향을 거부하면서 생략한다.

13.b-b. MT. G^{BL}은 생략한다(가운데 글자를 빠뜨리고 잘못 쓴 것).

13.c. MT과 G^{L}. G^{B}은 원본 훼손.

13.d. MT과 G^{L}. G^{B}은 "지역"을 첨가한다.

14.a. MT. G^{BL}은 원본 훼손.

15.a. G^{BL}. MT은 "아내처럼"이라는 어구 첨가; G^{B}은 "지역"을 첨가.

16.a. MT. G^{BL}은 생략.

16.b. MT. G^{BL} corr. "지역"을 첨가.

17.a. MT. G^{B}, G^{L}는 "지역"을 첨가.

18.a. MT. G^{L}, G^{B}은 생략.

18.b. MT. G^{B}, G^{L}는 "지역"을 첨가.

19.a. MT. G^{BL}은 생략.

19.b. MT. G^{BL}은 "갓".

19.c. MT. G^{L}, G^{B}은 생략.

19.d. G^{BL}. MT은 "아모리 사람"이라는 좀더 친숙한 어구로 대치함.

19.e. MT, G^{B}, G^{L}의 "한 지역 관장으로서"라는 어구는 이 절의 마지막 부분의 해설에 의해서 만들어진 구문과 문제 있는 숫자화의 어색함을 완화시켜 준다.

20.a. MT 20절의 "유다"(G^{BL}에서는 19절의 끝에서 나타남)는 주해에서 본질적인 요소였다. 그러나 "이제 유다와 이스라엘의 인구는 많았다" 등과 같은 부가적인 주해가 직접적인 병행구에서 첨가될 때 하나의 "유다"가 생략되었다.

20.b. MT, G^{B}. G^{L}은 "지역"이라는 어구를 첨가한다.

5:1(4:21).=LXX 2:46[b,f,k], 10:30. 참조. Gooding, 22.

1.a. 역대기와 G 10:30(그렇지 않으면 2:46[f]). MT에 나타나는 "왕국들"은 이 절의 나머지에 나타나는 인격적인 등장인물과 일치되지 않는다.

1.b. C와 G 10:30. MT은 "…까지"를 생략한다(가운데 글자를 빠뜨리고 잘못 쓴 것).

2(4:22).=LXX 2:46[a]. 참조. Gooding, 73.

3(4:23)a. MT. G^{BL}은 생략, 아마도 히브리어에 익숙지 않기 때문인 듯함.

3.b. MT, G^{B}. G^{L}은 "(동물들에게) 마초를 먹이는 것"이라는 어구를 첨가한다.

4(4:24).=LXX 2:46[f,g]. 참조. Gooding, 27.

4.a-a. MT. G^{BL}은 생략(인접해 있는 두 단어나 절의 유사한 끝으로 인해서 발생하는 필사상의 오류).

4.b. MT의 미콜 아바라이오(מכל עבריו)는 이어서 나오는 "주변의"라는 뜻을 가진 미싸비브(מסביב)로부터 멤(מ)을 끌어온 G^{BL}에 의해서 지지를 받는다.

6(4:26).=LXX 2:46[i], 10:29a; 참조. Gooding, 46; *HOTTP*, 297.

6.a. G^{B} 10:29a에서는 "4". 남아 있는 증거들은 "40".

7(4:27).a. 히브리어 하엘레(הָאֵלֶּה)=G^{L}의 후토이(*οὗτοι*). G^{B}은 원본 훼손.

7.b. G^{BL}. G^{BL}은 MT의 "왕 솔로몬"이라는 목적 없는 반복을 피한다.

8(4:28).a. "…이다"라는 뜻의 동사 이흐예(יִהְיֶה)는 비한정 주어와 함께, 그러나 관장과 관련되어 있으며 강한 의미를 가진다. G^{BL}은 "그 왕"을 첨가한다.

9(4:29).=LXX 2:35[a]. 참조. Gooding, 34.

9.a. MT. G^{BL}은 "주"라는 뜻의 퀴리오스(*κύριος*). 참조. 4:5, 11.

10(4:30).a. MT. G^{BL}은 "현명한 사람".

11(4:31).a. MT, G^{L}. G^{B}은 원본 훼손.

11.b-b. MT. G^{BL}은 생략.

12(4:32).a. MT과 G^{L}. G^{B}의 "솔로몬"은 설명적이다.

12.b-b. 불완전한 철자가 점이 찍히지 않은 텍스트에서 영구화된 것으로 보는 견해보다는 복수가 따라 나오는 어려운 MT의 독법, 즉 봐예히 쉬로(וַיְהִי שִׁירוֹ)가 문체적인 숙어를 보존하고 있다고 보는 것이 좀더 개연성이 있는 견해다.

12.c-c. MT(G^{BL}은 "오천")이 이 본문의 문체적인 특성의 관점에서 볼 때 더 적절하다.

14(4:34).a-a. MT. G^{BL}은 "모든 백성들이 왔다"라는 문구로 문체적인 변화를 가져왔다.

14.b. "…로부터"라는 히브리어 메에트(מֵאֵת)는 이전 진술을 설명한다. 참조. Burney, 52; *HOTTP*, 297. G^{B}은 "그리고 …로부터". G^{L}은 "그리고 그들이 …로부터 선물을 가져왔다"(문체적인 변형들).

양식/구조/배경

솔로몬의 행장으로부터 발췌한 부분(2): 고위 관직자들의 명단, 4:1-6
솔로몬의 행장으로부터 발췌한 부분(3): 솔로몬의 행정 관할 지역의 관장들 목록, 4:7-19a
[확장, 19b, 20절]
솔로몬의 행장으로부터 발췌한 부분(4): 솔로몬 제국, 5:1(4:21)
솔로몬의 행장으로부터 발췌한 부분(5): 솔로몬의 식량 조달, 5:2-3, 6-8(4:22-23, 26-28)
[확장: 솔로몬의 이상적인 통치, 5:4-5(4:24-25)]
[확장: 찬사적인 해석, 5:9-14(4:29-34)]

열왕기상 4장은 역사성이 매우 높은 다양한 자료들로 구성되어 있다. 이 자료들은 솔로몬 왕국의 행정 체계에 대해서, 그리고 그의 영광과 지혜를 높이는 늦은 연대 즉 대부분 후기 신명기 사가적 확장 자료들에 관해서 말하고 있다. 신명기 사가는 우리가 인식할 수 있는 어떠한 자료도 첨가하지 않았다. 그는 자신이 가지고 있는 자료들이 그 자체로 내용을 전할 수 있도록 아무런 첨삭을 하지 않은 것이다. 5장에서도 동일하게 계속되는 대로 그는 솔로몬 행장을 자주 들여다보며 그 내용을 언급하게 된다. 본 장에서 그가 내용을 인용하는 부분은 솔로몬의 고위 관직자들의 이름, 솔로몬의 통치 구역, 그의 제국의 범위 그리고 그의 통치를 유지해 나가는데 공급되는 각종 음식과 자원들에 관한 것이다. 이 인용 부분들의 배열은 한 항목이 다음 것을 이어서 말해 준다는 사실 외에 달리 특별한 논리는 없다. 7-19절을 기록한 것처럼 같은 서기관이 5:2-3(4:22-23)과 5:6-8(4:26-28)에 기록했다는 것은 분명하다. 이것은 5:7(4:27; 몇몇 주석가들이 생각하는 것과 같이 잘못 놓인 것이 아니다)에 있는 "그 관장들은"이 7-19절보다 선행하는 어떤 부분도 가지고 있지 않다는 사실로 보아 명백한 것이다. 설명 가능한 가능성은 다양한 기록이 각기 다른 시기에, 그러나 같은 서기관에 의해서 기록되었다는 것이다. 혹은 다른 서기관에 의해서라면 그 자신의 기록을 만들기 전에 이전 항목에 대해서 읽었을 것이다.

네 부분의 발췌문을 살펴보기 전에 먼저 확장된 부분을 살펴보자. 20절로부터 빌려온 "유다의"라는 어구와 함께 쓰인 19절의 마지막 구문은 표준화시키는 주해다("주석"을 보라). 20절의 나머지 부분은 후대에 종말론적으로 이상화한 구문이다.

5:4-5(4:24-25)은 그 땅에 대한 매우 늦은 시기에 이루어진 목가적인 묘사다. 5:9-14(4:24-25)은 현명한 사람의 모범으로서 솔로몬의 이미지에 대한 찬사다. 5:13(4:33)은 그의 칭송을 축하하는 인기 있는 민요를 포함하고 있다. 우리는 첫 번째 세 가지 확장 부분에서 다음과 같은 사항들을 위한 목적을 인지할 수 있다. (1) 첫 번째 주해에서 이상적인 열둘의 숫자로 완성된 지사 관구 지역들의 목록은 그 땅에 거주하는 수많은 복된 사람들의 팽창주의적 이데올로기를 보여 준다. (2) 솔로몬 왕실을 위한 방대한 식량에 대한 언급은 싸움이나 빼앗김에 의해서 어려움을 겪지 않으며 그 많은 양의 식량을 필요로 하는 광활하게 넓은 왕국을 말해 주고 있는 것이다. 5:9-14(4:29-34)에는 솔로몬의 지혜가 보리와 밀짚에 대해서 이야기하는 것과 무슨 관련이 있는지에 대해서 분명한 논리가 없다. 그러나 전체적인 편집적 관점으로부터 그 안에 있는 하나의 목적을 분별해 낼 수 있다. 후기 신명기 사가적 편집자는 성전 건축을 위한 솔로몬의 준비를 묘사하는 새로운 단락 바로 전에 중심 주제가 솔로몬의 지혜인 1-4장을 마감하기 위해 앞에서 말한 솔로몬의 지혜 부분을 선택했던 것이다. 이 편집자는 솔로몬의 지혜를 약술하기 위해 자유로운 찬미의 찬사를 사용하고 있는 것이다(좀더 세부적인 토론을 위해서는 "해설"을 보라).

첫 번째 발췌문은 "솔로몬 왕이 온 이스라엘의 왕이 되었고"라는 구문으로 시작한다. 몇몇 주석가들은 솔로몬의 왕권 승계 보고에 외관상 연결되어 있는 이 구문에서 어려움을 발견한다. 가능한 한 가지 제안은 "그리고 솔로몬 왕은 왕으로서 인정되었다"라는 뜻으로 번역하는 것이다. 그러나 이러한 제안은 오히려 히브리어 문법의 법칙을 깨뜨리는 것이며, 자료 비평의 함축된 의미를 간과하는 것이다. 왕위 승계의 사실을 이러한 방법으로 보고하는 것 외에 어떤 방법이 솔로몬 행장의 기록 보관지를 위해서 더 자연스러운 방법이겠는가? 이 문장은 어찌 되었거나 2절보다 먼저 필요한 것이었다. 2절에는 "그의 사람인 누구"라는 의미를 가진 아쉐르 로(לו-אשר)가 있는데, 이 어구는 선행사로서 솔로몬의 이름이 요구된다. 전체 기록에는 솔로몬을 섬기는 고위 관직자들의 공식적인 명부를 구성하고 있다. 이것은 상당히 많은 부분이 원본의 형태를 가지고 있으나, 신명기 사가의 편집에 합해지기 전 문서 보관소에 있는 동안 몇 군데 첨가된 부분이 있다. 불필요한 와우(ו, "그리고")는 아마도 4절의 영향 아래 "아사리아", "사붓", "아히살" 그리고 "아도니람"의 이름 앞에 슬쩍 끼어든 것이다. 4절은 2절과 6절에서 언급된 두 관료를 중복하고 있다는 사실로부터 알 수 있는 교정된 부분이다. 그것은 아마도 다른 이른 시기의 사료집, 즉 사독과 아비아달을 위한 사무엘하 20:25과 브나야를 위한 열왕기상 2:35의 시기에서 왔을 것이다. 4절에 관한 것은 그렇다 하더라도, 이 명부는 사무엘하 8:16-18의 5개, 사무엘하 20:23-25의 6개와 달리 8개의 관직을 언급하고 있다. 이는 솔로몬의 행성부가 상대적으로 더 사려 깊게 효율적으로 나누어져 있나는 것을 보여준다. 4절과의 대조 그리고 후대의 관직에 있는 인사 세대를 보여 주는 증거(예를 들어, 사독의 아들 아사리아는 이제 제사장이다)들과 더불어, 이러한 관직 숫자의 차이는 이 명부가, 그리고 추측하기로는 7-18절의 명부 또한 솔로몬 통치의 늦은 시대의 상황을 반영하고 있다는 것을 보여 준다. 원래의 모든 이름들은 "엘리호렙과 아히야"를 제외하고는 단수다. 그리고 이 이름들은 동시대적인 것이 아니고 언급된 관직에 대한, 이어지는 연속적인 소유자들의 것으로 기록되었을 가능성이 있다. 원래적인 관직들 중에 네 가지는 앞에 "맡겨진" 혹은 "위에"라는 뜻을 가진 알(אל)과 함께 쓰였다(5-6절). 5b절에는 사람이 그의 업무와 함께 언급되고 나서 그의 관직이 언급된다. 마지막으로 우리는 이와 같은 목록에서는 사람의 이름이 먼저 나오고 다음에 관직이 나오고 있음을 알 수 있다. 반면에 보통의 내러티브 문체에서는 관직이 먼저 나오고 이름이 뒤따라 나온다(예를 들어, "왕 솔로몬").

두 번째 발췌문은 논의되는 관리를 확인하고 그의 책임을 규정하는 내러티브 보고 형식으로 시작된다. 그리고 나서 다양한 사람들이 책임을 지고 있는 관할 지역과 더불어 이름들이 열거된다. 관리들은 "지명된 사람들", 즉 "관장들"이라는 뜻의 니차빔(נצבים)으로 불린다(참조. 5절에 있는 그들의 일반적인 감독자의 이름). 이름이 먼저 나오고 그들이 감독하는 지경에 대한 실체가 규명되고 있다는 점에서 이전의 목록과 비슷한 점이 있다. 몇 가지 목록들은 "…안에"라는 뜻의 베(ב)를 첨가하지 않고 이름 다음에 즉시 지리적 묘사가 따라 나오도록 한다. 이러한 사실로부터 이 명부는 전기 신명기 사가적 서기관들의 관할 아래 있는 동안 이 전치사가 우연히 텍스트의 어느 지점에 들어오게 되었음을 분명히 알 수 있다(8, 9, 10, 13, 15, 16, 17 그리고 18절). 이러한 것은 10, 11, 13, 15절 그리고 19절의 해설적인 첨가 부분에서도 마찬가지로 적용되는 이유가 된다. 마지막 경우를 제외하고 모든 것이 관계된 사람에 관한 설명이라는 것을 알 수 있다. 19abα절은 이름, 아버지의 이름 그리고 지역으로 이루어진 다른 기록 사항들의 온전한 형식을 가지고 있다. "헤스본 왕 시혼과 바산 왕 옥"이라는 쌍을 이루는 구문은 상대적으로 늦은 연대를 표시해 준다. 길르앗과 관련된 구절은 확실히 2차적인 것이다. 길르앗(LXX "갓")은 13-14절에 이미 포함된 지역이기 때문이다. 그것은 아마도 12라는 숫자를 채우는 교정적인 첨가문이다. 이 주석가는 숫자 12를 7절에 있는 "모든 이스라엘"이라는 구절에 의해서 요구되는 것이라고 믿고 있는 것이다. 그 주석가는 또한 7절에 있는 "12"라는 숫자와 각 관장은 1년에 한 달씩 책임을 졌다는 진술을 기록한 사람이기도 하다. 앞서 언급했듯이 19bβ-20aα절에 있는 훨씬 후기의 주해는 "12"를 12지파 체계가 포함된 것으로 생각하면서 유다가 포함되는 것으로 다시 해석한다. 마지막으로 아버지의 이름이 포함되어 있지 않은 하나의 이름을 발견하게 된다(15절). 이것에 대한 설명은 6절의 아히살에 관한 것과 같이 모호하다. 반대의 경우는 8-11, 13절(또한 LXX의 18-19절)에 있는 이름이 없이 나타나는 5개의 아버지 이름이다. 알트(A. Alt)는 "Menschen ohne Namen", *Kleine Schriften* III(1959) 198-213에서 "벤"(Ben)이라는 철자를 가진 이름들은 우가릿 문헌에서 증명되듯이 이름이 없는 현직자들의 가능한 승계와 더불어 부모로부터 물려받은 관직들에 대한 호칭으로 이해되어야만 한다고 주장했다. 그러나 이러한 익명에 대한 설명은 솔로몬의 딸과 결혼한 것으로 알려진 "벤아비나답"의 경우(11절)에는 오히려 이상스러운 면이 없지 않다. 유일하게 설명 가능한 해석은, 지푸라기라도 움켜잡는 심정으로 다음과 같은 설명에 의지하는 것이다. 이 목록이 쓰인 종이가 찢어졌거나 파괴되었다는, 널리 받아들여지는 견해를 참고하는 것이다(참조. Noth, 59-61). 그 훼손된 부분은 바로 위쪽 오른편 구석이라는 것이다(그러나 이런 경우 12절에 있는 "바아나"는 왜 남아있는 것인가?).

21절은 솔로몬의 행장에서 가져온 단순한 보고인데, 이것은 "솔로몬의 사는 동안에"라는 어구로 보아 확실히 솔로몬이 죽은 뒤에 쓰여진 구절이다. "모든 왕"이라는 어구는 다소 과장적일지라도, 이러한 기록은 본질적으로 역사적이다. 이것은 이전이나 이어지는 문맥과 관련 없이 독립적이다.

5:2-3(4:22-23); 5:6 8(4:26 28)의 발췌문은 확대된 음식 식단표다. 그러나 본문의 서기관은 포함된 식량의 공급처를 설명해 준다. 솔로몬 식탁의 필요를 공급해 주는 책임을 맡은 지역 관장은 솔로몬의 말을 위한 사료를 공급할 책임도 가지고 있었기 때문에, 그는 그 말들을 위한 식단 역시 만든다. 앞서 언급했듯이 5:7의 "그 지역 관장들"이라는 어구는 본문의 서기관이 단지 7-19절을 기록만 했든지 아니면 읽기만 했음을 보여 준다. 그레이(Gray, 129-49)가 보여 주었듯이, 텍스트의 전반적인 재배열에 대한 정당한 근거는 아무것도 없다.

주석

1-6 "솔로몬의 신하들"("왕자들"이 아닌)인 사림(שרים)의 명부에서 다음과 같은 이름들은 주목해야 한다: 사독, 여호야다의 아들 브나야, 아비아달, 나단 그리고 요압은 1-2장에서 소개되었기 때문에 우리에게 친숙한 이름들이다. 이들은 본장에서는 분명히 이미 죽은 자들이다. 우리는 5:29(영역본 5:14)에서 그리고 12:18에서 단축형으로 언급되는 아도니람을 제외하고 다른 어떤 사람들에 대한 외부의 정보를 가지고 있지 않다. 다른 이름들 중에 아사리아, 아히야, 여호사밧 그리고 또 다른 아사리아는 일반적인 야웨와 관련된 이름들(Yahweh-names)이며, 당대에 널리 쓰인 전형적인 이름들이었다. 엘리합(MT에는 엘리호렙), 아힐룻, 아히살, 엘리압 그리고 아도니람 등의 이름들은 일반적인 히브리/셈어 양식에서 신의 이름을 받은 이름들이다. 이미 주지했듯이, 아히살은 아버지의 이름이 언급되지 않은 유일한 사람이다. 몇몇 주석가들은 이것을 그의 비천한 출신, 즉 노예 출신 혹은 다른 사회적 하류 계층의 신분 때문이라고 보았다. 그러나 이러한 견해는 순전히 추측에 불과한 것일 뿐이다. 관직에 한 아들을 두고 있는 사독, 관직에 두 아들을 두고 있는 나단 그리고 (놀랍게도) 군대 장관에 임명된 아들을 두고 있는 요압의 지속적인 영향력은 눈여겨보아야 한다. 외국의 영향은 아도니람의 아버지의 이름에서 그 가능성이 높은 개연성을 찾아볼 수 있다. 그의 이름은 압다(עבדא)인데, 이는 "종"이라는 뜻의 아바드(עבד)라는 단어의 페니키아적인 형태를 분명히 가지고 있는 것이다.

본 주석은 3a절에서 메팅거(Tryggve N. D. Mettinger, *Solomonic State Officials* [ConB 5. Lund 1971] 29-30)의 주도면밀한 연구 결과를 받아들였다. 그는 히브리어 "엘리호렙"은 헤브라이화된 애굽 사람의 이름을 비하하는 말이라고 주장했다. 이 헤브라이화된 애굽 사람의 이름에 있는 *ḥp*는 아피스(Apis)라는 신을 상징하는 것이다(참조. LXX의 번역은 레쉬〈ר〉에 대한 증거를 보여 주고 있지 못하다). 또한 메팅거는 "아히야"라는 이름이 여전히 다른 애굽 사람의 이름을 감추고 있는 것이 분명하다고 추측한다(그러나 그는 그것을 다시 복원하기 위해서 노력하지 않는다). 그 두 사람은 여전히 애굽 사람의 이름인 시사(Shisha)를 가지고 있는 다른 사람의 "아들들"이기 때문이다. "시사"는 "서기관"이라는 뜻의 애굽 말 *šš*을 헤브라이화인 것이다. 이것이 어떤 사람의 이름이었으리라는 것은 별로 그럴 것 같지 않은 면이 있다. 따라서 그 의미는 실제적으로 "서기관의 아들들", 즉 서기관 조합의 구성원들이라는 의미였을 것이다(참조. A. Cody, *RB* 72[1965] 381-93). 어느 경우든 애굽 말의 영향이 있었던 것은 매우 분명하다. 우리는 솔로몬이 그의 왕국을 통치할 때 애굽 장인의 도움을 얻고 있었다는 매우 귀중한 증거도 가지고 있다.

다음은 1-6절에 언급된 관직들에 대한 관찰이다. 제사장은 오늘날의 왕실을 위한 수석 목사와 같은 사람이다. 이 제사장은 목록에 기록된 모든 사람들에게 가장 영향력이 있는 사람이었다. 서기관(ספר)은 기록을 보관하고 서신(거명된 두 사람은 대를 이어 서기관의 역할을 수행했을 것이다)을 준비하는 사람이다. 의전관(המזכיר – 함마즈키르)은 공식적인 예전을 관장하는 관리다(참조. H. Graf Reventlow, *TZ* 15[1965] 161-75; H. J. Boecker, *TZ* 17[1961] 212-16). "군대 위에" 있는 사람은 대 장군 혹은 전쟁에 관한 서기관의 일종일 수 있다. "지역 관장들 위에" 있는 사람은 식량 공급 체계를 총괄적으로 관장하는 책임을 맡은 사람이다. "왕의 친구"(רעה המלך – 레에 함멜레크)는 왕의 가장 친밀한 간언자이며 나라의 서기관과 같은 사람이다(참조. A. Penna, *RBibIt* 14, 459-66; A. van Selms, *JNES* 16, 118-23). "왕궁 재산을 관리하는(על־הבית)" 사람은 시종(侍從) 장관이 아니다. "집"이라는 의미의 히브리어 바이트(בית)라는 단어에 대한 가장 광범위한 어의론적 참고 문헌의 관점에서 보면 땅과 건물들을 포함한 모든 왕실의 재산을 관리하고 보호하는 사람을 가리키는 말이다. 세금을 감독하는 사람(המס)은 세금 징수원의 머리가 되는 사람이다. 이 사람의 특별한 임무는 아래서 좀더 논의될 것이지만 강제 노역 체계를 지도하는 것이다.

7-20 지형적 목록이 아닌 관직들의 목록에 관한 주된 관심은 (위에서 보았듯이) 그 이름에 주어져야만 한다. 그들의 형태에 관해서 이미 언급된 것 외에, 아래에서는 그 이름들과 그 관련된 사람들에 관해서 언급할 것이다. "훌"은 히브리어일 수 있다(별 의미 없는 명사의 의미는 "흰색 천"이라는 뜻을 가지고 있다). 어떤 사람은 이 단어를 애굽어인 호러스(Horus)에 그 기원을 돌린다. 그러나 노트(Noth)는 아카디아어 "어린아이"로부터 그 기원을 찾는다. "데겔"은 히브리어일 수 있다. 그 원형은 아카디아어와 우가릿어에서 발견된다. 그러나 이 이름은 구약성경의 다른 곳에서는 전혀 발견되지 않는다. 친숙한 히브리어 명사 헤쎄드(חסד)와 동일시되는 "헤셋"은 구약성경의 어느 곳에서도 개인적인 이름으로는 증명되지 않는다. 그러나 팔미레네(Palmyrene)에서는 발견된다. "아비나답"은 고전적인 신의 이름을 받는 문체의 히브리어 이름이다. 사울의 아들 중 하나와 다윗의 아들 중 하나는 이러한 이름을 가진 사람들 가운데 하나다. 두 번째 언급된 사람은 본문의 부모가 되

는 사람일 가능성이 있다. "바아나"는 구약성경에서 잘 입증되는 이름이지만 그 의미와 출처는 확실하지 않다. "아힐룻"은 히브리적이며 신의 이름을 받는 이름이다. 이는 3절에 언급된 여호사밧의 아버지일 수 있다. "게벨"은 구약성경에서 오로지 이 곳과 19절에서만 나타난다. 이 이름은 비록 발음을 잘 알 수 없을지라도 분명히 "용사"를 의미하는 단어와 기원이 같은 동족의 단어임에 틀림이 없다. "아히나답"은 오직 이 곳에서만 보이는 이름으로 히브리어이며 신의 이름을 받는 것이다. "잇도"는 어느 정도 그 의미에서 불확실하나 스가랴의 할아버지가 가지고 있는 이름이다(슥 1:7). "아히마아스"는 히브리적이며 신의 이름을 받는 것이다. 그는 사무엘하 15:27에 언급된 사독의 아들과 같은 사람일 것이며, 아마도 너무나 잘 알려져서 이 목록에서는 아버지의 이름이 요구되지 않는다. "바아나": 12절에 기록된 이름과 같은 이름. 출처가 불확실한 "후새"는 또한 다윗의 "친구"의 이름이다(공식적인 관직; 위를 보라). "여호사밧"은 히브리어이며 신의 이름을 받는 이름으로 (이 목록에서 첫 번째는 야웨의 요소와 관련이 있음) 3절에서 나타나며 유다의 네 번째 왕이다. "바루아"는 구약성경의 다른 어느 곳에서도 발견되지 않으며 셈어적 어원을 가진다. LXX에서 빠진 "시므이"는 선호되는 베냐민 지파적 이름이다. 참조. 2장. "엘라"는 흔한 히브리어이며 일반적으로 셈족 이름이다. 그리고 구약성경에서 바아사(Baasha)의 아들의 이름으로서 나타난다. 두 여자의 이름인 "다밧"(11절)과 "바스맛"(15절)은 오래된 여성 어미 "th"를 가지고 있어서, 첨가된 부분이 대부분인 전체 명부의 연대를 상대적으로 이른 시기로 밝히는 데 도움을 준다. 이러한 고찰의 결론은 이름들은 모두 히브리어이거나 가나안어이며 그 이름이 사용된 시기와 적절히 적용된다는 점이다. 신의 이름을 받은 이름들이 주도적이지는 않다. 아비-, 아히-와 같은 유형은 최근 이스라엘의 과거의 지파 종교를 반영해 준다. 반면에 단수 야웨의 이름은 야웨 유일주의가 막 시작되고 있음을 보여 준다.

이제 지형적인 명칭을 살펴보자. 본서는 지명 색인이 아니고 성경 주석이기 때문에 성경 주석에 즉각적인 도움이 되는 그러한 사항에만 국한하려고 한다. 언급된 지명들에 관심이 있는 사람들은 아하로니와 아비요나(Y. Aharoni and M. Avi-yonah)의 *The Macmillan Bible Atlas*(New York-London: Macmillan, 1968), 73에서 간략한 안내를 얻을 수 있을 것이다. 그러나 좀더 나은 자료는 아하로니(Aharoni)의 *The Land of the Bible: A Historical Geography*(tr. A. F. Rainey, 2nd ed., Philadelphia: Westminster Press, 1979), 429-43다. 이 자료에서 우리는 이스라엘 연구 지도의 모눈에 나타난 상세한 위치와 함께 그 지역의 고대 이름, 현대 아랍 이름 그리고 현대 히브리어 이름들의 대조 목록을 발견할 수 있다. 언급된 지역들 중 다아낙, 므깃도, 베스안과 같은 몇몇 지역들은 발굴되었다. 그러한 작업의 중요성을 위해서는 고고학적인 보고와 요약들을 연구해야만 한다. 언급된 지역들 중 몇 곳은 기록된 성경 역사의 관점에서 볼 때 중요하다. 우리가 분명히 알아야 할 것이 있다. 우리가 다루고 있는 본문은 도시들이 요구된 모든 것을 설명하도록 그 도시들 자체를 명명하고 있음을 의미하는 것은 아니라는 것이다. 또한 우리가 여호수아 13-22장에 언급된 도시들과 같이 이러한 도시들이 경계를 가르고 있는 것을 분명히 알 수는 없다는 것이다. 이들 도시들과 관련해서 약간의 불확실성이 있다. 예를 들어 16절의 아셀과 베아롯이 의미하는 것은 무엇인가? 아셀은 한 지파를 나타낸다. 그러나 베아롯은 한 도시, 한 지역을 가리키는 것인가? 아니면 "높은 곳들에"를 의미하는 일상적이지 않은 부사의 결합을 나타내는 것인가?(Alström도 마찬가지다. G. W. Alström, *BASOR* 235, 79-80). MT은 난해하다. 그러나 G은 지형을 나타내는 이름들의 번역이 그리 좋지 못해서 원본을 복원하기가 심히도 어렵다. 지역 관청들은 어떤가? 우리는 그것들의 역할과 기능을 어떻게 이해할 것인가?

본서의 **참고문헌**의 광범위한 문헌들에서는 그것들에 관한 논의를 소개한 글들을 볼 수 있을 것이다. 그러나 많은 것들이 미해결된 상태다. 얼마나 많은 지역 관청들이 있었는가? 거의 대부분의 사람들이 열둘이라고 말한다. 그러나 우리는 원본의 명부에는 단지 11개만이 언급되었다는 메팅거(Mettinger, *Solomonic State Officials*, 121-24)의 견해에 동의한다(19절의 길르앗은 이른 시기의 주해에서, 그리고 20절의 유다는 늦은 시기의 주해에서 생겨난 것으로 봄). 만약 그 관청들이 열둘이었다는 것을 확신할 수 없다고 한다면, 고대 지파 경계를 대신하기 위해서 만들어졌다는 견해를 확실히 지원해 주지 못한다. 비록 요시아 시기부터일지라도 여호수아 13 22장에 언급되어 보존된 지파 경계들에 대한 묘사는 그 체계가 만들어진 것이 아니고 비공식적으로 이상화된 적용으로서 유지된 전통이었다는 것이 나은 견해이며, 이를 확신하도록 하기에 충분한 근거가 있다. 이러한 지역 관장들이 해야 할 본문에 언급된 유일한 기능은 식량을 충당하는 것이었다. 따라서 이러한 단편적인 정보를 바탕으로 솔로몬이 북방 전통들을 무시하고 소중히 보존된 과거의 모든 흔적들을 없애 버리려고 의도적으로 노력했다고 우리에게 강변하는 학자들의 자신감에 우리는 놀라지 않을 수 없다.

본문의 명부는 실제적인 경계들을 말하고 있지 않다. 그러나 그러한 학자들은 솔로몬이 구 지파 지역을 가로지르는 새로운 경계를 만들었다고 쉽사리 말한다. 일단 첫 번째에서 다섯 번째 지역 관청(할)까지 첫 시계 방향의 진행이 마쳐지면, 남아 있는 나머지 지역의 순서를 정함에 있어서 방향 감각이 거의 없어지게 된다. 유다는 빼고 구 가나안 시역을 포함해서 모든 이스라엘 시역이 포함되는 것을 의미하는 것이 분명하다. 왜 지역 관청들이 본문에 묘사된 대로 배열되었는지를 추측해 본다면, 그 이유는 이용 가능한 계절과 산물의 유형에 따른 것이라는 점이 다른 어떤 것보다도 적절한 관련이 있는 것이라고 말할 수 있다. 예를 들어, 이스르엘 계곡 중앙에 위치한 므깃도와 요르단 중앙에 있는 욕느암을 왜 결합시켰는가? 그리고 유다는 어떤가? 그의 거주민들로부터 아무것도 요구되지 않았다는 것은 그렇게 특권적이었는가? 우리는 이러한 질문들에 대해서 답변할 수 있는 어떠한 정보도 가지고 있지 않기 때문에 대답할 수 없다. 다만 우리는 솔로몬이 북에서는 공물을 받지 못했다고 생각할 수는 있다. 만약 그가 북으로부터 공물을 받았다면 그 곳에서 우리가 볼 수 있는 그러한 기록에 남겨졌을 불안정이 발생했을 것이기 때문이다. 우리는 솔로몬이 유다에서 양식을 공급하는 다른 체계를 가졌을 것이라고 추측한다. 우리는 얼마 전에 유다의 체계를 언급하지 않은 기록을 우연히 받았다.

비록 G^{BL}이 20절을 잃어버렸다 하더라도(2:46[a]에 혼합된 파편이 존재하지만), 그것은 19bβ절에 관계사 "…었던 사람"이 빠진 형태로, 그러나 "그 땅"에 "유다의"가 더해진 형태로 존재한다. 이 절의 1/4부분에 대한 이러한 우리의 주해를 바탕으로 한 인식은 분명히 정당하다. 이 절이 초두에 이름을 가지고 있지 않기 때문이다. MT은 "유다의"를 가지고 있지 않다. 이는 20절로부터 가운데 글자를 빠뜨리고 쓰는 필사상의 오류로 인한 것임에 틀림없다. 20절의 일상적이지 않은 순서인 "유다와 이스라엘"은 5:5(영역본 4:25)에 있는 동일한 순서에 의해서 지지된다. MT의 관계사는 19bβ절이 더 이상 논의되고 있는 지역 관할과 동일한 "유다에서"라는 어구를 가지고 있지 않았을 때이다. 그리고 그 의미는 여분으로서의 역할을 하는 이름이 없는 지역 관청이 있기 때문에 필요한 "그 땅"의 모든 지역을 포함하게 된다는 것이다. MT은 잘못이 있다. 그러나 이 해석에서 우리가 가지게 된 것은 유다도 역시 지역 관청을 가지고 있었다는, 꽤 늦은 시기에 잘 정리된 정보가 있다는 것이다. 이것이 의미하는 것은 유다는 분명히 지역 관청 체계에 참여했지만, 7절에서 이야기하는 "모든 이스라엘"에는 포함되지 않았다는 것이다. 이 용어는 철저하게 북방에 관한 것이었기 때문이다.

4:20; 5:1(4:21); 5:4-5(4:24-25) 창세기 족장들에 대한 약속은 (1) 땅의 소유와 (2) 번성한 백성에게 초점이 맞추어져 있다. 여기에 주석을 위해서 모아진

부분은 솔로몬의 통치를 이러한 약속에 대한 이상적인 성취로서 묘사한 절들이다. 솔로몬의 행장으로부터 발췌한 부분인 5:1(4:21)은 다음과 같은 두 가지 절대적인 진술을 통해서 솔로몬의 통치에 대한 그림을 어느 정도 이상화하고 있다. 첫째로, 시리아, 팔레스타인 그리고 시나이 반도(아마도 요단 건너편 지역), 즉 블레셋 사람들의 땅을 포함해서 북쪽에 있는 "강"(유프라테스)에서부터 아래로 엘 아리쉬(el-Arish) 천이 있는 "애굽의 경계"에 이르기까지 모든 지역에 있는 모든 왕들이 솔로몬의 통치 아래 있었다는 것이며, 둘째로 이들 왕들이 봉신국으로서 조공을 가져왔고 "그가 사는 동안"(참조. 5:5[4:25]) 솔로몬을 섬겼다고 기록하고 있다. 분명히 이러한 연합 왕국은 하나님이 아브라함에게 약속한 "그 땅"보다 훨씬 광대한 것이다. 그러나 후기의 성경적 전통은 자주 이러한 경계를 야웨의 백성들을 위한 이상적인 영토로서 묘사한다. 솔로몬 자신은 이러한 제국의 안전을 위해서 아무것도 한 것이 없다. 단지 그것을 그의 아버지 다윗에게로부터 온전히 물려받은 것뿐이다(삼하 8장을 보라).

5:4-5(4:24-25)의 후대의 확장 부분은 조금 다르지만 비슷한 것을 말함으로써 시작하며 다른 이상화 작업으로 넘어간다. 솔로몬이 "유프라테스 전역"을 통제했다고 말하고 있다(RSV: "유프라테스 서부 지역"). 이 지명은 유프라테스의 서부 지역으로부터 시리아-팔레스타인을 묘사하며, 실제적으로 페르시아 제국에 있는 이 지역에 대한 공식적인 이름이었다. 그러므로 이 구절은 매우 늦은 시기에 쓰여졌음이 분명하다. 디브사(Tipsah)는 유프라테스 상부 지역에 놓였고, 가자는 지중해 지역에 놓인 블레셋의 주요 도시였다. 이러한 지역 안에서 솔로몬은 완전한 평화를 누렸다고 전해진다. 그의 영토 경계에 있는 어느 누구도 감히 그를 공격하지 않았다. 따라서 "유다와 이스라엘이 안연히 살았다". 본 절과 4:20의 "유다"가 "이스라엘" 앞에 온다는 것은 매우 늦은 시기에 대한 또 다른 증거가 된다. 이와는 반대의 순서가 두 나라를 언급하는 이른 시기의 자료들에서 발견되기 때문이다(포로기 이후에는 "유다"가 더 앞선다. 귀환자들이 거의 대부분 유다 사람들이었기 때문이다). 4:20은 백성들의 행복한 상태에 관해서 두 가지 최상급을 사용한다. (1) 그들은 너무 많아서 셀 수가 없다. 그리고 (2) 그들은 단지 먹고, 마시고, 기뻐했다. 5:5(4:25)은 동일하게 두 가지 최상급을 가진다. (1) 나라 전체가 안정을 누렸다(단으로부터 브엘세바까지). 그리고 (2) 이러한 상태가 솔로몬이 사는 날까지 지속되었다. 먹고, 마시고, 즐거워했다는 묘사는 "모든 사람이 각기 포도나무 아래와 무화과나무 아래서 있었다"는 친숙한 어구보다는 오히려 완화된 듯한 표현이다. 이는 마치 개

인적이고, 조용하고, 삶의 단순한 필요들이 한 사람의 행복감을 지속시켜 주기에 충분하다는 것을 말하려는 듯하다.

5:2-3, 6-8(4:22-23, 26-28)에 언급된 솔로몬의 전체 왕실을 위한 하루 분의 식량에 대한 목록은 모든 종들과 5:7(4:27)에 언급된 손님들까지 모두 포함한 사람들을 위한 것이다. 그렇다면 그 분량은 믿을 만한 것이다. 그 상세한 언급의 사실성에 대해서는 의심할 이유가 없다. 한 석(cor)은 대개 마른 것을 잴 때 쓰였으며 한 호멜(homer)과 동일한 분량이다. 그것의 분량을 우리의 체계로 추정해 보면 서로 다르다. 그러나 스콧(R. B. Y. Scott)은 그것을 영국 도량형으로 6.3뷰셀(bushel: 약 32리터)이라고 했다(*PCB* § 34k). 과일과 채소에 대한 언급은 없다. 단지 식료품 저장소에 저장되어 있을 수 있는 음식의 종류(고운 가루와 음식)와 울타리에 갇혀 있거나 방목되어 있는 여러 동물들(살진 소, 목장의 소, 양, 수사슴, 노루, 암사슴, 살진 새)만이 언급되고 있다. 5:7(4:27)은 솔로몬 왕의 손님과 함께 그의 개인적으로 필요한 식량을 공급하는 것에 대해서 언급하고 있다. 그러고 나서 5:8(4:28)은 말들에게 먹이는 사료를 언급하고 있다. 우리는 5:6(4:26)을 5:3(4:23)에 대한 원래적인 연속으로 본다. 이는 5:7-8(4:27-28)이 지역 관장들의 책임에 관한 진술과 함께 이 식량 공급 목록을 마감하기 전에 솔로몬의 무수히 많은 양들에 관한 정보를 제공해 주는 구절이기 때문이다. 우리는 이미 이스라엘의 연합 왕국에서 말의 사용에 관한 주석을 한 적이 있다(1:5절에 관한 "주석"을 보라). 이 문제에 관해서는 압 토머스(Ap-Thomas)의 "All the King's Horses. A Study of the Term פרש", *Proclamation and Presence. OT Essays in Honor of G. H. Davies*(London: SCM Press, 1970) 135-51; 또한 S. Yeivin, *Tarbiz* 40(1970-71) 395-96를 보라. G^B은 다른 G MSS과 M과는 달리 "사천"으로 읽는다. 사만 외양간은 과도한 듯해 보인다. 그러나 본문에 주어진 마병의 숫자와 비교해 볼 때는 그렇지 않다(므깃도에서 발견된 외양간은 많지만, 이것들은 솔로몬의 시기보다는 늦은 시기의 것들이다). 이러한 외양간들은 라기쉬(Lachish), 게젤(Gezer), 므깃도(Megiddo), 하솔(Hazor)과 같은 주요 도시들에 있었을 것이다.

"이들 지역 관장들은": 5:7(4:27)에 관해서는 위를 보라. "각기 자기의 달에… 부족함이 없게": 이것은 4:7에서 논의된 주해를 위한 기반이 되는 구절이다. 7-19절의 내용으로부터 이 관장들은 일 년에 한 달씩을 말하는 12달 월력을 토대로 일했음을 알 수 있다. 아마도 그러한 방법으로 일을 했을 것이다. 그러나 5:7(4:27)은 그들이 한 번에 한 달씩, 담당하지 못하는 달이 없도록 하는 방법으로 일했음을 말하고 있다. 따라서 이러한 조정에 포함된 실제 달의 숫자는 이 절에서 추정될 수 없다. 말하고자 하는 요점은, 솔로몬과 그의 손님들은 부족함이 전혀 없었다는 것이다. "일을 담당하지 않는 달들" 동안에 각 관장들은 그가 담당하게 되는 달에 조달해야 할 물자를 모으기 위해 열심히 일을 했을 것이다. "보리와 밀꼴": 오히려 세련된 히브리어는 다양한 번역을 낳게 한다. 그러나 우리는 이 항목들이 한 곳에 있는 왕의 병참 담당 팀에 의해서 모아졌을 것이고, 이들이 마친 다음에는 예정된 계획에 의해 소집되는 또 다른 팀에 의해서 모아진 것을 의미한다고 생각한다. 이러한 견해는 병거들과 말들이 나라 전역에 걸쳐서 다양한 주요 지점에 산재하여 존재했다는 사실에 비추어 볼 때 더욱 타당한 견해다.

5:9-14(4:29-34) 솔로몬의 지혜에 대한 찬양은 3:12에서 이미 언급된 사실, 즉 하나님이 그에게 지혜를 주셨다는 것을 다시 반복함으로써 시작된다. 두 구문이 그 의미를 설명한다: "지혜와 총명을 심히 많이"(תבונה הרבה מאד – 테브나 하르베 메오드)와 "넓은 마음"(רחב לב – 로하브 레브). 이는 독자가 실제로 마음에 가지고 있는 것은 백과사전적인 지식이라는 것을 말해 준다. 이것은 5:13(4:33)에서 받아들여 표현한 널리 퍼진 민요가 의도했던 것, 5:11(4:31)의 "그 이름이 사방 모든 나라에 들렸다"는 것 그리고 5:14(4:34)의 그의 손님들이 "천하 모든 왕 중에서 그 지혜를 들으러"라는 구절이 의미하는 바로 그것이다. 5:9(4:29)의 바닷가의 모래의 비유와 20절을 비교해 보라. 다음에 솔로몬의 지혜는 5:10-11(4:30-31)의 다른 유명한 현자의 지혜와 비교된다. "동양 모든 사람의 지혜": 참조. 그의 세 위로자와 함께 한 욥. 그러나 "동양 사람들"이라는 뜻을 가진 본 절의 브네이 케뎀(קדם בני)은 저자의 세계의 반대 경계에 있는 애굽과 병행 구절로 놓인 것이 아니라면, 우가릿 문학에 나오는 상상의 사람(다니엘?)과 같은 사람들인 "나이든 사람들"이라는 어구로 번역될 수 있다. "애굽의 모든 지혜": 애굽은 그 지혜를 발전시키는 데 있어서 명성을 얻었다. 참조. *ANET* 405-24. "저는 모든 사람보다 지혜로워서": 최상급의 구문은 매우 흥미롭다. 문자적으로는 "그리고 그는 모든 인간 종족(האדם)으로부터 현명하다(동사)". "에단과…헤만과 갈골…다르다": 전통적인 그룹임, 참조. 역대상 2:6. "마홀의 아들들"(בני מחול – 베네이 마홀): 익명의 "마홀의 아들들"(RSV)보다 뛰어난. 에단은 시편 88:1; 89:1을 보면 성전에서 노래하는 사람들과 연관이 있기 때문이다. "모든 나라"(הגוים – 하고임): 참조. 5:14(4:34)의 "모든 민족"(העמים – 하아밈). 전자는 정치적인 용어인 반면에, 후자는 사회학적인 용어다. 그러나 이들 용어들은 후기 문학에서는 서로 교환적으로 사용된다.

"잠언 삼천": 본 절의 마샬(משל)은 "현명한 말" 혹은 "경구"라는 후기의 기교적인 의미를 가진다. 이러한 주장이 성경 잠언과의 친밀한 관계를 직접적으로 보여 주시는 않는다 하더라도, 이것은 분명히 그 잠언 뒤에 있는 전승을 반영하고 있음이 분명하다. "그 노래": 독법을 위해서는 "원문주해"를 보라. 아가가 다윗의 전통적인 영역에 속할지라도, 솔로몬은 그의 아가로 인해서 기억된다. "일천다섯": "일천보다 많다"(참조. "일천하루 밤")는 의미의 동양적인 방식의 어법(참조. K. Steuernagel, *ZAW* 30[1910] 70-71). 본서의 번역은 5:13(4:33)의 민요가 3행 그리고 2행 병행구로 이루어져 있음을 보여 준다. 첫 번째 것은 "나무들"과 관련된 것이고 (우리가 번역한 것보다 더 넓은 의미가 있다. 이 나무들에는 우슬초가 포함되어 있기 때문이다. 참조. 겔 15장에 있는 덩굴), 두 번째 것은 동물들에 관한 것이다. "…로부터 …까지"라는 구문은 일상적인 히브리어 어법이다. 이 양극단 안에 그 사이의 모든 것이 다 포함된다. 이 민요는 널이 애용된 것으로서 산문보다 확실히 더 오래된 양태다. "모든 민족 중에서 왔더라"(참조. G): 그 의미는 모든 백성으로부터 개인적으로 왔다는 것이다. 이것은 5:14b(4:34b)이 "지상의 모든 왕들로부터 몇몇이"를 의미한다는 것으로부터 설명된다. 따라서 공식적인 대사들임을 알 수 있다(참조. 10:23-25에 있는 병행구).

해설

본 장에 사용된 원 자료들과 후대의 확장된 부분 사이에는 현저한 대조를 보이고 있다. 전자는 자료가 희박하고, 실제적이고, 역사적 사실에 토대를 두고 있다. 후자는 과도히 부풀려져 있고, 감상적으로 고양되어 있고, 상상력이 풍부한 찬사로 이루어져 있다. 독자는 전자의 모음에서 신학적 증언들을 찾아내기가 매우 어렵다. 그러나 확장된 부분에서 사용된 상징들과 동일시하려고 하는 경향이 있다. 달리 말하자면, 강조하고자 한 것은 실제적이고 역사적인 솔로몬이 아니고 후대에 첨가된 이상화된 솔로몬일 수 있다.

솔로몬의 부와 번영이 그의 방대한 영토와 모든 백성들이 누렸던 목가적인 평화의 진술에 대한 필요 조건으로 전제된다 할지라도, 가장 두드러진 것은 그의 잠언적인 지혜라는 것을 관찰할 수 있다. 3장(신명기 사가의 12절 첨가에서조차)의 솔로몬의 지혜는 본질적으로 실용적인 반면에, 5:9-14(4:29-34)의 솔로몬의 지혜는 본질적으로 지적인 면이 있는 것임을 분명히 할 수 있다. 대조되는 면에 대한 다른 방법의 진술은 3장에서는 솔로몬이 이스라엘에 대해서 단순한 정의의 통치자인 반면에, 후기 첨가에서는 주변의 나라들에 대한 하나의 빛으로서 나타난다. 그러면 "지혜"라는 용어는 이러한 극단적으로 다른 면들을 어떻게 연결하고 있는 것인가? 혹은 그 두 가지 의미는 이렇게 훌륭한 왕의 정신적이며 영적인 용맹성 안에서 실제로 결합되어 있는 것인가?

자료 비평을 하지 않은 전통적인 주석은 이 마지막 질문에 대해서 자연스럽게 "그렇다"라고 말했다. 19세기 비평주의의 상대적인 경향은 모든 종류의 솔로몬의 지혜에 관한 구절들을 비역사적인 것으로 간주했다. 그러나 초기 이집트, 메소포타미아 그리고 우가릿의 광범위한 지혜 문헌의 발견은 방법론에서 자신들을 현대적이라고 보는 많은 학자들이 이스라엘의 지혜 전승을 가능한 한 고대의 시기로 연대를 정하도록 채근하고 있다. 이들 발견은 이스라엘에서 배움의 초기 부흥을 주도한 사람이 바로 솔로몬이라는 진술을 문자적으로 받아들이게 했다. 예를 들어, 게하르트 폰 라트(Gerhard von Rad)는 "솔로몬적 인본주의"(Solomonic humanism)라는 말을 했다. 그러나 최소한 지적인 지혜는 솔로몬 당대에는 포로기 전(前) 전체 기간을 통하여 단지 미미한 시작에 불과했다는 것을 받아들이는 많은 학자들이 있다.

첫 번째 견해를 받아들이는 매우 존경받는 학자들은 알트(Albrecht Alt)와 노트(Martin Noth)였다. 알트는 열왕기상 5:9-14(4:29-34)이 3:4-28의 편집되지 않은 역본과 함께 이미 솔로몬의 행장에 있었다고 주장했다(*TLZ* 76[1951] 134-44). 그의 제자 노트는 VTSup 3(1955)에서 같은 자료가 매우 이른 시기의 것이고, 연대기(annals)에서 취해졌으며, 대중적인 이야기였음과, 이 자료들은 현재는 잃어버렸지만 실제적으로 현자들 이야기의 문학적 모음집에 대한 공식적인 서론이었을 수 있다고 주장했다. 노트는 계속해서 매우 이른 시기의 자료들(왕상 2:6; 3:28 등)은 실용적인 지혜만을 이야기한다고 주장했다. 노트가 글을 쓴 그 해에 스코트(R. B. Y. Scott)는 노트의 견해와 반대인 매우 뛰어나고 설득력 있는 글을 출판했다(VTSup 3[1955]). 관심을 열왕기상 5:9-14(4:29-34); 10:1-10, 13, 23-25에 돌리면서, 스코트는 솔로몬에게 있는 지적인 지혜의 역사성을 인식하게 하는 점증하는 경향성을 반대하기 위해 노력했다. 그에 따르면, 위의 세 본문은 민속학적이며 4:20; 5:1, 4-5(4:21, 24-25)에 있는 최상급의 찬양의 유사한 표출들과 병행을 이룬다. 가장 좋은 비교는 에스더, 다니엘 1-4장 그리고 역대기에 보이는 미드라쉬적인 풍부함이다. 스코트는 이러한 판단을 상세한 언어적 분석에 근거하고 있다. 그 언어적 분석은 다음과 같은 자료를 나타낸다: 5:9(4:29)에 있는 "지혜"라는 뜻의 테부나(תבונה)는 잠언에는 자주 등장하지만 포로기 전의 자료들에서는 거의 보이지 않는 단어다. "넓은 마음"이라는 뜻의 베로하브 레브(ורחב לב)는 시편 119:32에서 나타닌다(잠언에서 레브〈לב〉는 일반적으로 "지혜, 총명"을 의미한다). 5:11(4:31)에 있는 "지혜롭다"라는 뜻의 동사 하캄(חכם)은 27번 나오지만 포로기 후의 본문에서는 어디에서나 등장한다. "에단, 헤만, 갈골 그리고 다르다"라는 이름들은 역대상 2:6, 시편 88:1에서 발견된다. 5:13(4:33)에 있는 "초목"의 복수는 늦은 시기의 연대를 나타내며 시적인 표현이다(참조. Burney, 52). 이러한 상세한 분석의 결과들은 5:9-14(4:29-34)이 포로기 후의 부분이라는 주장을 강하게 뒷받침해 준다. 그리고 이러한 견해는 4:20-5:4(4:20-24)에 있는 관련된 자료들의 상당히 늦은 연대기에 대한 언어학적 증거로 인해서 더더욱 강화된다. 스코트는 언급되는 본문이 분명히 후기 신명기 사가적인 문헌이라고 말한다. 이것은 MT과 LXX이 그 본문들을 다른 순서로 배열하고 있는 것을 설명해 줄 수도 있을 것이다(이것은 텍스트에 있는 그들의 위치는 LXX 번역의 시기에 이르기까지는 불안정하게 남아 있었던 것을 상정하는 것일 수도 있다). 어느 경우이든 스코트는 이러한 결론을 성경 학도에게 솔로몬의 지혜가 어떻게 수 세기를 걸쳐서 발전했는가를 보여 주는 데 사용한다. (1) 성공적인 통치자의 능력으로서의 지혜, 열왕기상 2:1-2, 5-9; 5:15-26(5:1-12). 이러한 구절들은 신명기 사가적 자료 이전의 것임이 분명하다. (2) 정의를 시행하는 옳고 그름을 분별하는 혜안으로서의 지혜, 열왕기상 3:4-15, 16-28. 신명기 사가의 첨가 부분들은 이 자료들 역시도 신명기 사가적 자료 이전의 것임을 보여 준다. (3) 지적인 뛰어남과 백과사전적인 지혜, 열왕기상 5:9-14(4:29-34); 10:1-10, 13, 23-25. 이것은 3:12-13에 있는 지혜, 부, 명예에 대한 약속의 늦은 시기의 상상력이 포함된 발전이다. 열왕기상 2:3-4; 3:6-14; 5:4-5(4:24-25); 6:12-13; 8:14-30, 46-61; 9:3-9에 있는 신명기 사가의 확대 부분들은 이러한 세 번째 개념에 대해서는 아무것도 모른다. 사실 신명기 사가는 그가 솔로몬에게와 같이 여로보암에게도 같은 약속을 주고 있는 사실에서 보이는 것처럼, 솔로몬을 하나의 모범적인 왕으로서 실제적으로 고려하고 있지 않다(서론을 보라). 스코트는 또한 신명기 17:14-20의 내용은 솔로몬과 같은 왕의 이미지에 관해서 매우 부정적이라는 것을 주목한다. 그러면 이러한 늦은 시기의 지혜의 상징으로 반영된 왕은 누구였는가? 스코트의 견해에 따르면, 그는 바로 히스기야였다. 히스기야와 이사야 시대는 국제적이고 지적인 지혜가 발흥되는 시기였다(참조. 잠 1:1; 25:1).

이러한 주장은 리버(J. Liver, *Bib* 48[1967] 84-85)의 심혈을 기울인 반박에도 불구하고 매우 설득력 있는 견해로 남아 있다. 결론적으로 전통은 솔로몬이 마땅히 받아야 할 평가 이상으로 그에게 우호적이라는 것이다. 그가 정말로 능력 있는 통치자였다는 것을 의심할 수는 없다. 또한 그는 아마도 공의로웠을 것이다. 지적인 지혜의 전승이 항상 생동감 있게 살아 있었던 애굽과 그가 친밀하게 접촉한 사실은, 우리로 하여금 그가 그의 궁정에서 "지혜로운 사람들"의 조합을 만들고 이들을 격려했을 것이라는 추측을 하도록 한다. 그러나 이른 시기의 텍스트들은 그렇게 이야기하지 않는다. 그리고 늦은 시기의 텍스트들은 그를 너무 이상화시켜서 우리에게 역사적 확실성을 주지 못한다.

그러면 우리는 어떠한 이미지를 선택할 것인가? 삼천 잠언과 주변 나라들로부터의 칭송으로 둘러싸인 한 위대한 왕에 대한 전통은 똑똑함과 세상적인 영화를 결합하는 것을 가치 있게 여기는 사람들에게 영감을 줄 것이다. 그러나 단순한 신앙 대중들을 위해서는 삶의 긴급한 실제성들을 위한 지혜를 소유하는 솔로몬의 역사적인 상이 더 크게 다가올 것이다. 결국 우리의 매일매일의 삶의 질을 향상시켜 주지 못하다면 무엇이 지혜의 유익이란 말인가?

4. 솔로몬 성전 건축을 위해 준비된 재료들 (5:15-32[영역본 5:1-18])

참고문헌

Offord, J. "Archaeological Notes on Jewish Antiquities. —53. How Cedars Were Transported." *PEFQS* 50(1918) 181-83.

본 문

1 솔로몬이 기름부음을 받고 그 부친을 이어 왕이 되었다 함을 두로 왕 히람이 듣고 그 신복을 솔로몬에게 보내었으니 이는 히람이 평일에 다윗을 사랑하였음이라

2 이에 솔로몬이 히람에게 기별하여 가로되

3 당신도 알거니와 내 부친 다윗이 사방의 전쟁으로 인하여 전을 건축하지 못하고 여호와께서 그 원수들을 그 발바닥 밑에 두시기를 기다렸나이다

4 이제 내 하나님 여호와께서 내게 사방의 태평을 주시매 대적도 없고 재앙도 없도다

5 여호와께서 내 부친 다윗에게 하신 말씀에 내가 너를 이어 네 위에 오르게 할 네 아들 그가 내 이름을 위하여 전을 건축하리라 하신 대로 내가 내 하나님 여호와의 이름을 위하여 전을 건축하려 하오니

6 당신은 영을 내려 나를 위하여 레바논에서 백향목을 베어내게 하소서 나의 종과 당신의 종이 함께할 것이요 또 내가 당신의 모든 말씀대로 당신의 종의 삯을 당신에게 붙이리이다 당신도 알거니와 우리 중에는 시돈 사람처럼 벌목을 잘하는 자가 없나이다

7 히람이 솔로몬의 말을 듣고 크게 기뻐하여 가로되 오늘날 여호와를 찬양할지로다 저가 다윗에

15 And Hiram king of Tyre sent his servants to[a] Solomon [b]when he heard that they had anointed him king[b] in the place of[c] his father, for Hiram had always been friends with David.

16(2) And Solomon sent to Hiram as follows:

17(3) "You know about David my father, that he was unable to build a temple to the name of Yahweh his[a] God on account of the warfare which surrounded him [b]until they should be put[b] under the soles of his feet.[c]

18(4) But now Yahweh my God has brought me quiet on every side, free from adversary and evil circumstance.[a]

19(5) So look, I am proposing to build a temple to the name of Yahweh my God, just as Yahweh[a] spoke to David my father: 'Your son whom I shall appoint to take your place on your throme, he shall build the temple to my name.'

20(6) So now, command that they cut me cedars[a] from Lebanon, and my servants will be with your servants, [b]and the wages of your servants[b] I will pay you, anything you say; for you know that none[c] among us knows how to cut timber like the Sidonians."

21(7) When Hiram heard Solomon's words he rejoiced greatly and said, "Blessed be Yahweh[a]

게 지혜로운 아들을 주사 그 많은 백성을 다스리게 하셨도다 하고
8 이에 솔로몬에게 기별하여 가로되 당신의 기별하신 말씀을 내가 듣고 내 백향목 재목과 잣나무 재목에 대하여는 당신의 바라시는 대로 할지라

9 내 종이 레바논에서 바다로 수운하겠고 내가 그것을 바다에서 떼로 엮어 당신이 지정하는 곳으로 보내고 거기서 그것을 풀리니 당신은 받으시고 나의 원을 이루어서 나의 궁정을 위하여 식물을 주소서 하고

10 솔로몬의 모든 원대로 백향목 재목과 잣나무 재목을 주매
11 솔로몬이 히람에게 그 궁정의 식물로 밀 이만 석과 맑은 기름 이십 석을 주고 해마다 그와 같이 주었더라

12 여호와께서 그 말씀대로 솔로몬에게 지혜를 주시므로 히람과 솔로몬이 친목하여 두 사람이 함께 약조를 맺었더라

13 이에 솔로몬 왕이 온 이스라엘에서 역군을 불러 일으키니 그 역군의 수가 삼만이라
14 솔로몬이 저희들을 한 달에 일만 인씩 번갈아 레바논으로 보내매 저희들이 한 달은 레바논에 있고 두 달은 집에 있으며 아도니람은 감독이 되었고

15 솔로몬에게 또 담군이 칠만 인이요 산에서 돌을 뜨는 자가 팔만 인이며

16 이외에 그 역사를 동독하는 관리가 삼천삼백 인이라 저희가 일하는 백성을 거느렸더라

17 이에 왕이 영을 내려 크고 귀한 돌을 떠다가 다듬어서 전의 기초석으로 놓게 하매

today,[b] who has appointed for David a wise son over this great people!"
22(8) And he[a] sent to Solomon as follows: "I have heard what you sent to me. I shall do all that you desire with regard to cedar and juniper timber.
23(9) My servants shall fetch them down[a] from Lebanon to the sea and I will make them into towrafts to go[b] to the place which you shall indicate[c] to me, and I will break them up there, and you shall take delivery. And you on your part shall carry out my desire in providing bread for my household."
24(10) And Hiram became Solomon's supplier of [a]cedar and juniper,[a] [b]so much as he desired.[b]
25(11) And Solomon supplied Hiram with twenty thousand cors of wheat as food[a] for his household [b]and twenty thousand baths[b] of pure oil. (Solomon would supply this much[c] for Hiram year by year.)
26(12) And Yahweh gave Solomon wisdom, as he had said to him. And there was peace between Hiram and Solomon; [a]and the two of them[a] made a treaty.
27(13) And the king[a] levied a corvée[b] from all Israel; the corvée came to thirty thousand men.
28(14) And he sent them to Lebanon in relays of ten thousand per month;[a] one month they would be in Lebanon, two months they would be home.[b] And Adoniram was in charge of the corvée.
29(15) And Solomon had seventy thousand (carriers)[a] burden-bearers, and eighty thousand stonecutters in the hills,
30(16) besides Solomon's supervising officers who were in charge of the labor, three thousand three[a] hundred were those who directed [b]those performing[b] the labor.
31(17) [a]The king gave orders[a] and they quarried out large stones, costly stones,[b] for laying the foundation of the temple with[c] dressed stones.

18 솔로몬의 건축자와 히람의 건축자와 그발 사람이 그 돌을 다듬고 전을 건축하기 위하여 재목과 돌들을 갖추니라

32(18) And Solomon's builders[a] and Hiram's builders[a] did the shaping [b]and gave them edges.[b] So did they prepare the timber and the stones[c] for building the temple.

원문주해

(MT 5:31-32a[영역본 17-18a절]=G 6:23; MT 32b[영역본 18b절]=G 5:17)

15(1).a. MT, G^{BL}은 그들의 뒤에 이어지는 생략을 쉽게 풀어써서 "기름붓다"라는 어구를 첨가한다.

15.b-b. G^{BL}은 생략한다. 헬라어 번역자들은 솔로몬에게 기름붓는다는 것이 이방 왕을 위해 매우 큰 영예가 되는 것으로 생각한다.

15.c. MT, G^{BL}의 "솔로몬"의 첨가는 설명적이다.

17(3).a. MT, 예를 들어 왕상 1:47에서 보이는 정중한 어법의 형태를 정확히 반영하고 있다. G^{BL}의 "나의"는 명백히 실수와 같이 보이는 것을 교정한 것이다.

17.b-b. G^{B}, 이는 "야웨께서 그들을 …에 둘 때까지"라는 MT과 G^{L}에서 보이는 신학화 경향을 피한 것이다.

17.c. QG. K는 "발"(단수).

18(4).a. MT과 G^{L}. "악한 죄"를 의미하는 G^{B}의 하마르테마 포네론(*ἁμάρτημα πονηρόν*)은 "환경"을 의미하는 히브리어 페가(פגע)를 "반역", "죄"를 의미하는 히브리어 파사(פשע)로 잘못 읽은 것이다.

19(5).a. MT. G^{B}은 "야웨 하나님". G^{L}은 "하나님".

20(6).a. MT. G^{BL}의 "나무들", "재목"은 이 절의 끝에 있는 "나무들"을 말하는 에침(עצים)을 일반화한 것이다.

20.b-b. MT과 G^{L}. G^{B}의 둘레이아스 수(*δουλείας σου*)=עבודתך, "당신의 용역". 원문 훼손.

20.c. MT과 G^{L}(문자적으로 번역해서 "누군가가 안다"라는 뜻의 아네르 에이도스⟨*ἀνήρ εἰδὼς*⟩). G^{B}의 "사적으로"라는 뜻의 이디오스(*ἰδίως*)는 숙어적이다.

21(7).a. MT. G^{B}은 "하나님". G^{L}은 "야웨, 이스라엘의 하나님".

21.b. MT과 G^{L}. G^{B}은 생략. 참조. *YTT*, 225.

22(8).a. G^{B}. MT, G^{L}의 "히람"은 설명적이다.

23(9).a. G^{BL}은 남성 복수 분사로 읽는다. MT은 가운데 글자를 빠뜨리고 쓰는 필사상의 오류로 인해서 민(מִן) 바로 앞에 멤(מ)을 생략한다.

23.b. G^{BL}. MT은 설명적인 어구 "바다로"를 첨가한다.

23.c. "당신이 보낼 것이다"(=헬. *ἀποστείλῃς*-아포스테일레스)라는 의미인 히브리

어 티쉘라흐(תשלח)는 필요한 정보를 제공하는 전달자를 보냄을 암시한다.

24(10).a-a. G^L. G^B의 "백향목"은 쉽게 풀어쓴 것인 듯하다. MT의 "백향목 통나무들과 잣나무 통나무들"은 만연체적인 설명이다.

24.b-b. G^L(=כְּחֶפְצוֹ). MT의 "그가 원했던 모든 것들"(כָּל חֶפְצוֹ)과 G^B의 "그리고 그가 원했던 모든 것들"(וְכָל־חֶפְצוֹ)은 모두 내용 확장적이다.

25(11).a. MT은 마아콜레트(מַאֲכֹלֶת) 대신에 마콜레트(מַכֹּלֶת)를 쓰는 철자법적인 특성이 있다. 헬라어 교정에서 보이는 원본 훼손은 이것이 이해되지 않았음을 보여 준다.

25.b-b. G^{BL}은 MT의 "이십 석"보다 좀더 합리적인 계량에 관한 독법이다. *HOTTP*, 298과는 반대다. MT은 바로 전의 "밀 이만 석"의 구문으로부터 중복 오사(誤寫)를 한 것이다. 헬라어 번역자들은 단순히 필사했을 것이고, 그들의 판본을 교정하려고 하지 않았을 것이다. 참조. 대하 2:10.

25.c. G^{BL}은 MT의 "따라서"라는 의미의 코(כה) 대신에 "이것과 같이"라는 의미를 가진 케코(כָּכֹה)라는 독법을 가진다.

26(12).a-a. MT. G^{BL}은 "그들 사이"(תחתיהם)라는 뜻의 훼손된 독법을 가지고 있다.

27(13).a. G^B. MT과 G^L은 "왕 솔로몬".

28(14).a. MT. MSS, G^{BL}은 문체적 개선으로서 "그리고"를 첨가한다. 참조. 9:20-22.

28.b. 추측된 가장 단순한 형태. 참조. MT의 "그의 가정에서". G^B의 "그들의 가정에서" 그리고 G^L의 "그들의 집에서" 등은 모두 설명적이거나 문체적 개선을 보인다.

29(15)=LXX 2:35[d]; 참조. 대하 2:1, 17.

29.a. 역대기는 생략함. "나르다"라는 뜻의 MT의 노세(נֹשֵׂא)는 이어 나오는 "짐을 나르는 사람들"이라는 뜻의 싸발(סַבָּל)에 대한 해설적인 주해다. 그 의미는 모호해졌다. 참조. G은 "짐을 지는 사람들"이라는 뜻의 아이론테스 아르신(αἴροντες ἄρσιν).

30(16).a. MT. 역대기, G^B은 "6". G^L은 "7".

30.b-b. G^B. MT과 G^L은 기술적인 용어를 설명하면서 "시행했던 사람들"이라는 어구를 첨가한다.

31(17). a-a. MT과 G^L. G^B은 생략함.

31.b. MT, G^L. G^B은 생략한다.

31.c. MT, G^L. G^B은 설명적 어구인 "그리고"를 첨가한다.

32(18).a-a. MT. G^{BL}의 휘오이(υἱοί)는 "…의 건축자들"이라는 뜻의 히브리어 보네이(בֹּנֵי)를 "…의 아들"이라는 뜻의 브네이(בְּנֵי)로 잘못 읽은 것이다.

32.b-b. 추측하기로는 봐야그비룸(ויגבלום, 테니우스〈Thenius〉), G의 "그리고 그들이 그것들을 던졌다"와 MT의 "그리고 그 그발 사람들이"라는 어구는 기술적인 용어를 이해하지 못했을 수도 있다.

32.c. MT. G^{BL}은 "3년"이라는 설명적 어구를 첨가한다.

양식/구조/배경

솔로몬의 행장으로부터 발췌한 부분(6): 솔로몬과 히람의 관계, 5:15, 24-25, 26b(영역본 5:1, 10-11, 12b)

[신명기 사가: 히람에게 주는 솔로몬의 메시지 16-20절(2-6절); 솔로몬에게 주는 히람의 메시지 21-23절(7-9절) 야웨가 지혜를 주다, 26a절(12a절)]

솔로몬의 행장으로부터 발췌한 부분(7): 성전 건축 자재를 공급하기 위한 솔로몬의 일하는 능력

1. 레바논 노역자, 27-28절(13-14절)
2. 지방의 채석 작업, 29-32a절(15-18a절)

결론적 요약, 32b절(18b절)

열왕기상 3:3-15에서 신명기 사가는 반복적으로 이면에 놓여 있는 텍스트의 흐름에 간섭한다. 여기에서도 그의 자료는 실제 분량에서 더 많다. 그러나 그것은 마치 16-23(2-9)절을 모두 연결하고 있는 것처럼 포함하면서, 26(12)절 초반부에 주어진 간단한 설명과 함께 매우 일관성 있고 응집력이 있다. 주석가들은 일반적으로 이 본문에 신명기 사가의 손길이 묻어 있다는 것, 그러나 그 신명기 사가의 자료의 범위를 구분하는 데 있어서 항상 정확하지는 않다는 것을 알고 있다. 성경 텍스트에 대한 주의 깊은 연구 없이 이 자료를 성공적으로 분리할 수는 없다. 다음은 신명기 사가의 특징적인 어법들이다: "여호와의 이름", 17, 19(3, 5)절에서 두 번, 특별히 성전과 관련된 구절에서; "여호와께서 내 부친 다윗에게 하신 말씀에", 19(5)절; "내가 너를 이어 네 위에 오르게 할 네 아들", 19(5)절; 그리고 "다윗에게 지혜로운 아들을 주사", 21(7)절("그를 왕으로 기름부었다"는 15(1)절과 반대); "그 많은 백성", 21(7)절(참조. 3:8); "여호와께서 솔로몬에게 지혜를 주신고로", 26(12)(참조. "지혜로운 아들", 7). 따라서 우리는 16-23(2-9), 26절의 많은 부분이 신명기 사가에게 귀속됨을 바로 알 수 있다. 그리고 히람과 이루어지는 솔로몬의 협상에 대한 내러티브는 연속적이고 응집력이 있는 구조를 가지고 있지만, 15-26(1-12)절의 모든 부분이 신명기 사가에게 귀속되는 것이 아니라는 것은 명백하다. 우리는 신명기 사가가 "보내다"라는 동사 샬라흐(שלח)를 15(1)절에서와는 다르게 사용하고 있음을 관찰함으로써 시작할 수 있다. 여기에서 그 동사는 "그의 종들"을 목적어로 가진다. 그러나 16, 22, 23(2, 8, 9)절의 신명기 사가의 용법에서는 목적어를 가지고 있지 않다. 15(1)절은 다윗에게 보내졌던 것처럼 대사들 혹은 협상자들이 솔

로몬에게 보내졌음을 의미한다. 어떠한 메시지도 언급되지 않았지만, 우리는 24-25(10-11)절과 26절을 통해서 알 수 있다. 24-25절은 협상이 타결되었음을 알려 주고, 26b(12b)절은 솔로몬과 히람이 이웃으로서 평화롭게 살 것을 동의하고 조약이 체결되었음을 알려 준다. 그러나 16, 22, 23(2, 8, 9)절에서는 사신을 보냈음이 언급되지 않고 단지 메시지만 언급된다. 이러한 특징과 더불어 16-20(2-6)절과 21-23(7-9)절을 비교해 보았을 때, 15(1)절이 히람에게 긴 이야기를 전해 주고 있지 않다는 관찰은 우리로 하여금 15(1)절은 신명기 사가의 작품이 아니라는 확신을 준다. 신명기 사가는 어떤 경우에도 자기 자신의 자료로부터 바로 시작하지 않는다. 24(10)절은 요약으로서 간주될 수 있다. 이 구절이 히람의 계속되는 이야기가 분명히 말해 주고 있는 것을 요약해 주고 있기 때문이다. 이 구절의 나탄(נתן) 분사형의 사용은 15(1)절의 아하브(אהב) 분사형의 사용과 병행을 이룬다. 이는 이 두 구절이 같은 자료에서 왔음을 보여 주는 것이다. 25(11)절에 주어진 특별한 세부 사항들은 원 자료를 말해 주는 것이며, 26b(12b)절의 외국 이방신 경배자와의 조약에 대한 보고는 신명기 사가의 자료에 있었던 것이 틀림없다. 이것은 그가 만들어 내려고 했던 세부적인 내용의 종류가 아니기 때문이다.

신명기 사가가 의식적으로 여기에서 발견되는 것과 같은 길고 정교한 내러티브를 만드는 것은 흔한 일이 아니다. 이 이야기는 창작되었음이 분명하다. 신명기 사가는 솔로몬 시기 훨씬 뒤에 살았기 때문이며, 이야기의 말 그대로 전달된 축자적 보고는 역사적 기록들에서는 보존되지 않았기 때문이다. 기본적인 구조는 단순하다: 솔로몬으로부터 히람에게 전해지는 메시지와 히람으로부터 솔로몬에게 전해지는 메시지다. 16-20(2-6)절에서 주된 단락 구분은 20(6)절에 있는 "그러니 이제"라는 베아타(ועתה)에서 이루어진다. 바로 여기에서 솔로몬의 청구가 이루어진다. 16(2)절의 "당신이 알고 있다"라는 구절은 성전을 건축하려는 다윗의 계획에 관한 상황을 히람에게 알려 주는 것이다. 그러나 18(4)절에 있는 "그러나 이제"라는 뜻의 히브리어 베아타(ועתה)는 상황보다는 매우 드문 용례인 시간을 나타내는 부사 베아타(ועתה)의 용법이다(이것은 다윗의 전쟁의 "그 때"로부터 솔로몬의 평화의 "이제"의 시기로 바뀌었음을 소개하는 것이다). "그러니 보시오! 나는…하려고 계획합니다", 임박한 행위를 나타내는 형식으로 다윗이 포기했어야만 했던 일(19[5]절)을 계속해 나가려고 하는 솔로몬의 계획을 단순히 말해 주고 있다. 21(7)절에서 신명기 사가는 야웨를 찬양하는 믿기지 않는 히람의 표현을 보고하고 있다. 그런 뒤에 22-23(8-9)절에서 그는 솔로몬에게 보내는 그의 메시지를 언급하고 있다. 그 내부적인 구조는 협상 과정에서 상대의 역할을 강조하는 대칭적 구조를 이루고 있다. 22(8)절은 강조를 위해서 히람의 "나는"을 제일 먼저 놓고 있다. 이것의 대칭 구조를 이루는 상대는 23(9)절에 나오는 두 번째의 "그리고 당신은"이다. 히람은 목재를 줄 것이고, 솔로몬은 식량을 줄 것이다. 이러한 외적인 구조 안에는 23(9)절의 첫 번째로 나오는 "그리고 당신은"에 대해서 맨 먼저 나오는 "나의 종들은"이 대조를 이루고 있다. 각각의 왕들의 종들은 그 왕들이 협의한 내용이 의미하는 것을 하게 될 것이다. 히람의 종들은 통나무들을 가져올 것이고, 솔로몬의 종들은 운반을 맡을 것이다. 히람의 말에 대해서 주의 깊은 독자는 신명기 사가의 진정한 관심을 알아낼 수 있을 것이다. 그것은 히람을 위한 식량의 보급보다는 솔로몬 성전을 위해 예정된 목재의 운송에 있는 것이다. 그 신명기 사가는 하나의 커다란 정치적 사건에는 별 관심이 없는 것이다. 단지 그 사건이 솔로몬과 그의 성전을 위해서 만들어 내는 직접적인 일들에만 관심이 있는 것이다. 이것이 바로 그가 솔로몬을 위해서 결론적인 말을 만들지 않는 까닭이기도 하다. 신명기 사가는 히람을 마치 솔로몬의 종과 봉신으로 만들기 위해 내러티브를 매우 탁월하게 엮어 나가고 있다.

5:1은 솔로몬의 행장으로부터 발췌한 부분이다. 그것은 24-25, 26b(10-11, 12b)절에서 계속되고 있다. 24(10)절에 있는 "주다"라는 뜻의 나탄(נתן)은 선행하는 "그리고 그것이 있을 것이다"라는 뜻의 봐예히(ויהי)로 인해서 분사로 읽어야만 한다. "그리고 히람은 솔로몬의 공급자가 되었다"라고 읽는 것은 매우 타당한 것 같다. 이 구절은 15(1)절에서 언급된 협상의 결과들을 말해 주고 있기 때문이다. 25(11)절은 맨 먼저 "그리고 솔로몬"이라는 구문을 가졌고, 이어서 "주다"라는 뜻의 나탄(נתן)의 완료 형태가 되어야만 하는 형식이 따라 나온다. 괄호에 있는 어구들은 "주다"라는 뜻의 동사 나탄(נתן)의 계속적인 의미를 가진 미완료를 가지고 있고 초기 주해로 구성되어 있다. "주다"라는 뜻의 원형 나탄(נתן)을 여전히 특징화시키면서 신명기 사가는 26a(12a)절의 다소 어리석은 주해를 첨가한다. 그는 그 구절의 틀을 완전히 간과하면서 야웨를 히람과 솔로몬에 대응시키려 하고 있기 때문이다.

27-32(13-18)절에서 신명기 사가는 6장에 있는 성전 건축 내러티브에 직접적으로 연결하고 있는 두 번째 솔로몬의 행장에서 발췌한 부분을 끼워 넣고 있다. 몇몇 주석가들은 27-28(13-14)절과 29-32(15-18)절을 분리된 표지로 보고 있다. 그러나 32(18)절 끝의 "제목들과 돌들"에 관한 구절은 두 부분에 대한 결론적 요약으로 말하고 있다. 27-28(13-14)절은 목재를 가져오는 것과 관련이 있으나, 이에 대한

예루살렘 행정의 직접적인 관심을 보고하고 있다. 그것은 모든 이스라엘 역군과 그 크기, 교대로 돌아가는 일꾼들의 구성 그리고 그것을 담당하는 사람에 대해서 보고하고 있다. 29-32a(15-18a)절은 돌을 자르는 것과 관련이 있다. 나르는 자들, 돌을 자르는 자들, 감독관들의 명부, 또한 왕(혹은 대표자들)이 어떤 돌들을 주문하는지와 채석장에서 이루어진 다듬기에 따른 과정 그리고 히람이 파송하고 솔로몬이 고용한 특별한 일꾼들이 일을 마치는 것 등을 묘사하고 있다.

주석

15-26(1-12) "두로 왕 히람": 기록된 이름은 주전 약 1200년경의 비블로스(Byblos) 왕이라고 밝혀진 "아히람"(Ahiram)에 대한 약자다. 형식은 신의 이름을 받은 꼴이며, 이스라엘 백성들 사이에서도 매우 대중적으로 널리 쓰이는(4:14-15를 보라) "나의 형제"라는 의미의 신적 별칭인 아히(אחי)를 포함하고 있다. 이 왕은 사무엘하 5:11에 따르면 다윗과 매우 우호적인 관계를 맺고 있었다. 두로는 대륙에 기조를 두고 있었지만, 또한 바다를 앞에 두고 있는 섬을 가지고 있었다. 이러한 지형학적인 위치는 주전 333년 알렉산더 대제의 시기에 이르기까지 전쟁의 위협으로부터 안전한 지역이 되게 해주었다. 이러한 전략상의 이점으로 인해서 두로는 9세기에 멀리 카르타고 식민지를 건설할 수 있는 기지가 되었다. 두로는 페르시아 시기에 이르는 늦은 시기까지 지중해 연안을 통치할 수 있었다. 또한 그 나라는 유다 정치에 대한 영향력이 지대해서 종종 선지자들의 꾸짖음의 대상이 되곤 했다. 비록 무역과 조약에 의해서일지라도 이스라엘의 해안 역시 항상 그 영향권에 들어 있었다. "솔로몬이 기름부음을 받고 그 부친에 이어 왕이 되었다 함을 듣고": 이 구문은 "그가 들었기 때문에"라는 어구로 말할 수 있다. 이러한 번역이 1장에서 가정된 대로 솔로몬이 잠시 다윗과 함께 공동으로 통치하는 시기를 가졌다는 가능한 이론의 효용성을 무색하게 하는 것은 아니다. 솔로몬은 외국 왕들에 의해서 인지될 정도로 충분히 실제적인 권력을 가지고 있었을 것이기 때문이다. "사랑하였음이라": 오헤브 하야(אהב היה, 문자적으로는 "친밀하였다")로 맨 먼저 분사와 함께 강조적으로 쓰였다. 사실 분사는 이 구절을 하나의 기술적인 표현으로 만들어 준다. 여기에서 원형은 사무엘상 18:1, 3의 "요나단이 [다윗]을 사랑하니라"는 변형된 표현에서처럼 분명히 정치적인 의미를 가지고 있다.

"솔로몬이…기별하여 가로되": 전달 수단은 히람에게 읽혀지는 서신이든지 혹은 전달자의 기억에 의지해서 다시 전해지는 구전적인 대화였을 것이다. 참조. 7-8절. "당신도 알거니와 내 부친 다윗이": 히람이 어떻게 알고 있는가? 실제적으로 다윗이 히람에게 많은 것들을 이야기한 것인가? 아니면 이것은 신명기 사가의 단순히 관례적인 표현인가? "사방의 전쟁으로 인하여…그 원수들을 그 발바닥 밑에 두시기를 기다렸나이다(המלחמה)": 비록 이 관계절의 주어가 단수일지라도, 그것은 집합적이거나 따라 나오는 두 복수 동사의 인칭화로 볼 수 있다. "대적(שטן)도 없고 재앙도 없도다": 이것은 솔로몬의 노년기의 상황을 말하는 것이 아니다. 참조. 11:14-25. "전을 건축하리라"(בית – 바이트): 일반적으로 "집"을 의미하는 이 단어는 열왕기상에서는 주로 예루살렘 성전을 가리키는 보편적인 이름이 되었다. 이것은 야웨, 혹은 신명기 사가가 기록하듯이 야웨의 이름이 왕이 그의 궁전에 거하듯이 그 곳에 거주하신다는 것을 암시한다. "여호와께서 내 부친 다윗에게…하신 대로": 정확한 단어의 인용은 아닐지라도, 이 구문은 사무엘하 7장에서 취한 정서를 느끼게 한다. "나의 종과 당신의 종이 함께 할 것이요 또 내가 당신의 모든 말씀대로 당신의 종의 삯을 당신에게 붙이리이다": 히람은 이 말에 대해서 아무런 응답을 주지 않았지만, 이스라엘 백성들이 최소한 목재와 관련된 일에 참여했음을 28(14)절을 통해서 알 수 있다. "당신도 알거니와": 히람이 어떻게 이스라엘의 노동자들이 그 기술이 부족하다는 것을 알겠는가? 이것은 겸손의 어법이며, 외국 땅에서 야웨의 성전을 위해 물자를 얻기 위한 신명기 사가의 근거를 반영하고 있는 것이다. "시돈 사람"(개역 성경에는 없음): 이는 분명히 페니키아(베니게) 사람들 중에 목재와 관련된 일에서 가장 명성이 있는 사람들일 것이다. 시돈은 베이루트(Beirut)를 향해 두로의 북방 1/3지점에 위치해 있으며, 정치적인 지역이 아니었다면 이 시기에는 두로로부터 독립한 상업 지역이었을 것이다.

"오늘날 여호와를 찬양할지로다": 이것은 조약과 전혀 관련이 없는 언어다. 그러나 이것은 축복 구문(참조. 삼상 25:32-33; 왕상 1:48)에 첨가된 "오늘"이라는 하욤(היום)이 들어 있는, 신명기 사가가 즐겨 사용하는 경건한 표현이다. 이것은 솔로몬 왕을 지명한 야웨의 행동보다는 이러한 표현으로 축복의 행동을 묘사하려는 것이다(참조. *YTT*, 225). 신명기 사가는 시바 여왕이 동일한 정서를 표현하는 것으로 기록하고 있는데, 솔로몬에게 주는 그녀의 표현에는 하욤(היום)이 없다. "그 많은 백성": 이는 이스라엘을 지칭하는 구절인데, 이것이 히람의 입에서 나왔다는 것은 생각할 수 없는 것이다. "당신의 바라시는 대로": 문자적으로는 "모든 당신의 바람"; 참조. 23-24(9-10)절. "떼로 엮어"(דברות – 도브로트, "뗏목들"): 참조. L.

Koehler, *TZ* 5(1949) 74-75. 히람은 뗏목들을 만들고, 운반하고, 지정한 곳에서 해체할 것을 약속했다. "나의 궁정을 위하여 식물을": 이것은 모든 종류의 음식과 더불어 빵을 만드는 데 필요한 재료들을 의미한다. 그리고 히람의 전체 궁중의 식량을 지원하는 것으로 의도된 말이다. "백향목 재목과 잣나무 재목": 24(10)절의 세분화된 목록에는 일반 종인 "재목"이 빠졌다. 반면에 22(8)절의 확장적인 말에는 "재목"이 (히브리어로 두 번) 적절히 사용되었다. 참조. 20(6)절에 있는 "백향목"을 위한 솔로몬의 매우 정중한 요청은 히람으로 하여금 솔로몬의 요구보다 더 많은 것을 주도록 하고 있다.

"히람에게 그 궁정의 식물로 밀 이만 석": "석"에 대해서는 2(4:22)절을 보라. 이 분량은 큰 가문을 위해서는 결코 지나친 것이 아니다. "식물"(מ[א]כלת – 마콜레트)은 공식적인 연대기로부터 발췌한 곳에서 적절한 신명기 사가의 "빵"보다는 덜 비유적이다. "맑은 기름 이십 석": 실체는 문자적으로 "빻은 기름"(שמן כתית – 쉐멘 카티트), 즉 정제 과정을 통해서 걸러진 기름이다. 본 주석의 번역은 MT의 "순수한 기름 이십 석"보다는 G를 따랐다. MT은 25aα절의 영향 아래 "밧"(약 5와 1/2갤런; 참조. *IDB* IV, 834)의 "콜"(cor, 석)로의 첫 원문 훼손, 또한 단위로서 좀더 합리적인 "콜"이라는 숫자로 수의 감소를 보여 준다. 이스라엘에는 풍부하고 절벽으로 둘러싸인 두로에는 거의 없는, 이러한 국내 상품의 판매는 사는 사람뿐만 아니라 파는 사람에게도 유익했다. "여호와께서 그 말씀대로": 참조. 3:12. 신명기 사가의 말은 전혀 관련이 없다. 그는 히람과 솔로몬의 주는 것 혹은 공급하는 것을 비교하기만 하면 되는 것이기 때문이다(위를 보라). "친목"(שלם – 샬롬): 비록 적대감이 없다는 것이 특별히 이 곳에서 이 단어의 일차적인 의미일지라도, 친절과 상호간에 잘 지낸다는 뜻이 포함되어 있다. "약조"(ברית – 베리트): 또한 "언약"을 의미하는 단어는 여기서는 일차적으로 정치적인 의미를 가진다.

27-32(13-18) "이에 솔로몬 왕이 온 이스라엘에서 역군을 불러일으키니": 마쓰(מס)라는 단어는 "짐"이라는 뜻이다. 그러나 이 단어는 또한 짐을 나르기 위해 일으켜진 노동력, 즉 특별한 업무 계획을 수행하는 것을 가리키기도 한다. 다른 다양한 사회에서처럼 솔로몬은 공공의 이익을 위해서 계획들을 수행하려고 주어진 기간 동안 작업을 하기 위해 이스라엘 자유 시민들에게 의무를 부과했다. "온 이스라엘에서": 9:15-23의 솔로몬의 통치 기간 중에 다른 과업을 수행했던 외국인들이 아닌 모든 이스라엘 사람들을 말한다. "솔로몬이 저희들을 레바논으로 보내매": 여기에 쓰인 "보냈다"라는 의미의 샬라흐(שלח)는 1절에 쓰인 용법과 같다. "아도니람": 참

조. 4:6. "담군": 싸발(סבל)이라는 단어 자체의 의미는 "짐을 나르는 자"다. 따라서 "나르는 자"라는 의미의 노세(נשא)는 불필요한 여분의 단어이며 하나의 해석적인 주해다. "동독하는 관리"(שרי הנצבים–사레이 하니차빔): 이들의 숫자가 직접적으로 삼천삼백이라고 주어졌는데, 이는 있을 수 없는 것 같은 숫자다.

"크고(אבנים גדלות–아바님 게돌로트), 귀한 돌(אבנים יקרות–아바님 예카로트)…그 돌을 다듬고(אבני גזית–아브네이 가지트)": 첫 번째 표현은 매우 큰 돌이 사용되었다는 것을 말하는 것이다. 이 돌들은 많은 사람들이 힘든 일을 해야 하고 땅에서 쉽게 발견할 수 없기 때문에 매우 비쌌다. 다듬은 돌들(אבני גזית–아브네이 가지트)은 아쉴라(*ashlar*, 잘라져 사각형의 모양을 한 돌)를 가리키는 말이다(첫 번째 단어가 연계형임을 주목해야 하는데, 이것은 형용사로서 쓰인 것이 아니고 분명한 명사로서 쓰인 것을 말하는 것이다). "전의 기초석으로 놓게 하매": 이러한 특별한 돌들은 석조 건축의 아래층에 놓였다. 아마도 위층은 블록이나 좀더 작은 돌들을 가지고 마무리지었을 것이다(6-7장을 보라). "다듬어서"(영역은 "gave them edges"): 끝부분을 똑바르고 각이 지도록 특별히 조심해야 할 것을 보여 주는 가장 바람직한 독법이다. 오늘날 볼 수 있는 성전의 기초는 인상적으로 각이 지지 않은 돌들인데, 이는 헤롯에 의해서 놓여진 것이다. 성전 자체는 파괴되었다. 기초석들을 제외하고는 남아 있는 것이 없다. 연대는 수 세기 빠른 시기일지라도, 그 성전은 헤롯 성전에 견줄 수 있는 기술적으로 특별한 관심을 기울여 건축되었음이 분명하다.

해설

솔로몬은 왕이 되었고(1장) 자신의 통치에 대해서 잠정적인 대적들을 제거하기 위해 강력한 수단을 택했다(2장). 그의 통치는 신적인 계시에 의해서 합법화되었고, 기만당하는 창부를 위한 그의 판결에서 실질적인 효용성을 발휘했다(3장). 그의 행정부의 조직은 그의 전무후무한 지혜의 발전적인 견해를 위한 견고한 기초를 후손에게 물려주었다(4장). 이러한 모든 것의 성취와 더불어, 그는 자신의 통치에서 초유의 과업인 예루살렘의 성전 건축을 제안할 준비를 갖추었다. 그리고 그가 계획한 대로 그 건축을 위해 목재와 돌을 모으면서 그는 자신의 계획을 실행에 옮겼다(5장). 이것이 바로 신명기 사가가 솔로몬 통치의 역사를 위해서 그의 자료를 배열하는 계획이다. 그가 보여 주는 경향은 분명하다. 모든 것이 솔로몬의 성전에 중심이 맞추어져 있다. 이것은 신명기 사가와 그의 세대가 솔로몬의 평가된 지혜보다 더 낫게 솔로몬을 기억했던 것이다.

물론 신명기 사가는 지속적으로 솔로몬의 행위보다는 다윗의 행위를 모범으로서 말하고자 한다. 그는 왜 더 의로운 아버지가 성전 건축의 특권을 누리지 못했는지를 설명해 주는 타당한 이유가 필요했다. 신명기 사가는 다윗은 그러한 수단들을 가지지 못했다는 단순히 역사적인 이유를 제공할 수는 없었다. 그는 또한 자신의 모든 작업에도 불구하고 사무엘하 7장에 주어진 설명에도 만족할 수가 없었다. 그 본문은 너무나도 분명하게 야웨는 최소한 다윗의 시기에는 성전을 원하지 않으심을 말하고 있기 때문이다. 물론 역사적인 솔로몬은 성전을 정말로 원했음이 분명한데, 이는 신명기 사가의 날에 여전히 서 있는 성전이 그것을 증명하고 있었다. 어떠한 역사적인 기록도 성전을 건축하고자 했던 솔로몬의 본래적인 이유가 무엇이었는지를 말해 주고 있지 않다. 그러나 신명기 사가는 히람에게 하는 솔로몬의 말에서 한 가지를 만들어 냈다. 계속적인 전쟁이 그로 하여금 성전 건축을 수행하지 못하도록 했다는 것이다. 솔로몬은 지속적인 평화 가운데 통치를 했기 때문에 성전 건축을 이루어 낼 수 있었다는 것이다(5:17-18; 영역본 3-4절). 우리는 비록 이 성전 건축을 위해서 무리를 했다 할지라도 이 건축에 대해서 경의를 표할 수는 있다. 그것이 다윗 혹은 잘 묘사된 솔로몬의 품위를 떨어뜨리지 않기 때문이며, 부분적으로는 사실에 기초해 있기 때문이다. 이것은 역대상 22:8-9의 다윗은 "피의 사람"이었기 때문에 성전 건축에 적합하지 않다는 의심쩍고 기계론적인 묘사보다는 훨씬 가치 있는 것이다. 정말로 죄가 없고 철저히 정결한 사람만이 하나님의 집을 위한 봉사를 할 수 있고 어떠한 모습이든 죄로 얼룩진 사람은 하나님의 사역으로부터 제외된다면, 그러한 고귀하고 절대적으로 필요한 일을 할 수 있는 사람은 정말 얼마 되지 않을 것이다.

성전은 오로지 이스라엘의 하나님에게만 바쳐졌다. 따라서 그것은 매우 특별한 것이었다. 그 당시 야웨가 경배되고 있었던 많은 산당들은 이전에는 그 땅에 살고 있었던 가나안 사람들과 아모리인들의 다양한 신들에게 바쳐졌기 때문이다. 이제 6-7장의 논의가 보여 줄 테지만, 예루살렘의 아주 이른 시기의 예배자들로부터 이 성전은 야웨의 실제적인 거처이고 그분의 궁전이며 보좌였다. 이러한 생각은 신명기 사가의 시기에 지배적이었던 야웨 신앙이 가졌던 하나의 미신이었다. 혹은 최소한 신명기 사가적 학파에게는 더 이상 존재하는 현상이 아니었다. 그들의 개념은 바벨론 포로 귀환기에 생존했던 야웨주의에 있어서 널리 퍼졌다. 성전이 어떻게 지어지게 되었는지를 설명하는 편집적인 설명에서 신명기 사가는 "야웨의 이름을 위한 성전"이라는 표현을 주의 깊게 사용한다. 이것은 야웨가 성전인 집에서 거주하시는 분으로 인식되는 위험한 신인동형동성론(神人同形同性論)을 피하게 해준다. 신이든 인간이든 모든 인격은 그들을 칭하는 이름들을 필요로 한다. 이름은 그것을 가지고 있는 사람의 생명과 같은 상징이다. 신명기 사가가 이해했던 대로 예루살렘 성전은 야웨의 이름이 거주했던 장소였다. 즉 그분이 불러지고 그분이 응답하셨던 그러한 특별히 거룩한 장소였다(참조. 8장).

우리는 지금까지 신명기 사가가 지혜롭게 솔로몬의 메시지와 히람의 메시지를 연결하되 후자가 전자에 전적으로 의존되도록 한 그의 기교를 보았다. 외국 사람들과 나라들에 대한 이러한 태도는 포로기 전과 포로기 후의 대부분의 시기에 널리 퍼졌던 매우 특징적인 이스라엘의 자기 이해였다. 이스라엘은 야웨의 성전을 위해서 가져오기 위한 귀중한 것들을 도처에서 찾는다. 그러나 주는 자와 받는 자 사이에는 동등함이 없다. 성전과 함께 있는 예루살렘은 스스로를 지구의 정중앙으로 이해하기 시작한다(겔 5:5). 모든 열방이 성전의 영광을 위해 이바지하도록 허락되는 우주적인 보편주의가 있다. 그러나 그 반대로 비교할 만한 것은 아무것도 없다. 이것은 영적인 제국주의라고 볼 수 있는가? 아마도 그럴 것이다. 그러나 이제 보편화된 문화들과 종교들 사이에 공동으로 가지고 있는 모든 것과 더불어 성경적 신앙의 신봉자들은 항상 예루살렘은 분명히 우선권을 가지고 있다고 보아야만 하는 것이다. 그것은 다른 어느 도시보다도 더 소중한 것을 가지고 있다. 비록 모든 종교와 신앙들이 진실과 아름다움을 가지고 있다 하더라도, 성경적 신앙은 다른 모든 믿음들을 이해하고 판단하는 모범으로서 남게 될 것이다.

5. 솔로몬 성전 건축(6:1-7:1)

참고문헌

Busink, T. A. *Der Tempel von Jerusalem von Salomo bis Herodes.* Studia Francisci Scholten memoriae dicta, 3. Leiden: Brill, 1970. **Chapman, W. J.** "Zum Ursprung der chronologischen Angabe I Reg. 6:1." *ZAW* 38(1935) 185-89. **Clements, R. E.** *God and Temple.* Oxford: Clarendon Press, 1965. **Gooding, D. W.** "Temple Specifications: A dispute in Logical Arrangement between the MT and the LXX." *VT* 17(1967) 143-72. ______. "An Impossible Shrine." *VT* 15(1965) 405-20. **Möhlenbrink, K.** *Der Tempel Salomos.* BWANT 4, 7. Stuttgart: Kohlhammer, 1932. **Myres, J. L.** "King Solomon's Temple and Other Buildings and Works of Art." *PEQ* 81(1948) 14-41. **Ouellette, J.** "The Basic Structure of the Solomonic Temple and Archaeological Research." Ed. J. Gutmann, *The Temple of Solomon: Archaeological Fact and Medieval Tradition in Christian, Islamic and Jewish Art.* Religion and the Arts, 3. Missoula, MT: Scholars Press/AAR-SBL, 1976. ______. "The Solomonic D^{e}BIR according to the Hebrew Text of I Kings 6." *JBL* 89(1970) 338-43. **Rowton, M. B.** "The Date of the Founding of Solomon's Temple." *BASOR* 119(1950) 20-22. **Rupprecht, K.** "Nachrichten von Erweiterung und Renovierung des Tempels in 1. Könige 6." *ZDPV* 88(1972) 38-52. ______. *Der Tempel von Jerusalem, Gründung Salomos oder jebusitisches Erbe?* BZAW 144. Berlin-New York: Walter de Gruyter, 1977. **Schmid, H.** "Jahwe und die Kulttraditionen von Jerusalem." *ZAW* 67(1955) 168-97. ______. "Der Tempelbau Salomos in religionsgeschichtlicher Sicht." *Archäologie und Altes Testament*(Galling Fs). Tübingen: Mohr, 1970. **Schreiner, J.** *Sion-Jerusalem, Jahwäs Königssitz.* SANT 7 (1963). **Schult, H.** "Der Debir im salomonischen Tempel." *ZDPV* 80(1964) 46-52. **Stolz, F.** *Strukturen und Figuren im Kult von Jerusalem.* BZAW 118(1970). **Vincent, H.** "La description du Temple de Salomon. Notes exégétiques sur I Rois VI." *RB* 16 (1907) 515-42. **Waterman, L.** "The Damaged 'Blueprints' of the Temple." *JNES* 2 (1943) 284-94. **Yeivin, S.** "Philological Notes. 10(3)"(Heb.). *Leš* 2(1967-68) 6-11.

본 문

1 이스라엘 자손이 애굽 땅에서 나온 지 사백팔십 년이요 솔로몬이 이스라엘 왕이 된 지 사 년 시브월 곧 이 월에 솔로몬이 여호와를 위하여 전 건축하기를 시작하였더라

6:1 It was in the four-hundred-eightieth[a] year since the Israelites had departed from[b] Egypt, in the fourth year, [c]second month,[c] of Solomon's reign over Israel, [d]that he built the temple.[d]

2 솔로몬 왕이 여호와를 위하여 건축한 전은 장이 육십 규빗이요 광이 이십 규빗이요 고가 삼십 규빗이며

2 Now the temple that the king[a] built for Yahweh: sixty[b] cubits was its length, twenty[c] its width, and thirty[d] cubits its height;

3 전의 성소 앞 낭실의 장은 전의 광과 같이 이십 규빗이요 그 광은 전 앞에서부터 십 규빗이며

3 and the porch before the nave:[a] twenty cubits was its length [b]extending from the temple's breadth;[b] ten cubits was its width in front of the temple.

4 전을 위하여 붙박이 교창을 내고

4 And he designed for the temple close latticed windows.

5 또 전의 벽 곧 성소와 지성소의 벽에 연접하여 돌아가며 다락들을 건축하되 다락마다 돌아가며 골방들을 만들었으니

5 And he constructed[a] alongside the wall a platform[b] encircling the walls of the temple, surrounding both the nave and the adytum(a holy of holies). [c]And he made encircling stories;[c]

6 하층 다락의 광은 다섯 규빗이요 중층 다락의 광은 여섯 규빗이요 제삼층 다락의 광은 일곱 규빗이라 전의 벽 바깥으로 돌아가며 턱을 내어 골방 들보들로 전의 벽에 박히지 않게 하였으며

6 the lowest story[a] was five cubits in breadth, the middle one was six [b]cubits in breadth,[b] and the third one was seven cubits in breadth, for he allowed offsets for the temple, surrounding the exterior,[c] to avoid having them joined to the walls of the temple.

7 이 전은 건축할 때에 돌을 뜨는 곳에서 치석하고 가져다가 건축하였으므로 건축하는 동안에 전 속에서는 방망이나 도끼나 모든 철 연장 소리가 들리지 아니하였으며

7 [a]As for the temple[a] during its construction: it was built of completely pre-prepared quarried stone, so that neither hammers nor [b]the hand-adze[bc] was heard in the temple during its construction.

8 중층 골방의 문은 전 오른편에 있는데 나사 모양 사닥다리로 말미암아 하층에서 중층에 오르고 중층에서 제삼층에 오르게 하였더라

8 And[a] the doorway to the lower[b] story was on[c] the south side of the temple, and by flights of stairs one would ascend to[d] the middle, and from the middle to[e] the third.[f]

9 전의 건축이 마치니라 그 전은 백향목 서까래와 널판으로 덮었고

9 And he constructed the temple and dressed it out by ceiling the temple with [a]cofferwork and rows of beams in[a] cedar.

10 또 온 전으로 돌아가며 고가 다섯 규빗 되는 다락방을 건축하되 백향목 들보로 전에 연접하게 하였더라

10 And he erected the platform[a] along[b] the entire temple to a height of five cubits, and supported the temple[c] with cedar beams.

11 여호와의 말씀이 솔로몬에게 임하여 가라사대

12 네가 이제 이 전을 건축하니 네가 만일 내 법도를 따르며 내 율례를 행하며 나의 모든 계명을 지켜 그대로 행하면 내가 네 아비 다윗에게 한 말을 네게 확실히 이룰 것이요

13 내가 또한 이스라엘 자손 가운데 거하며 내 백성 이스라엘을 버리지 아니하리라 하셨더라

14 솔로몬이 전 건축하기를 마치고

15 백향목 널판으로 전의 안 벽 곧 전 마루에서 천장까지의 벽에 입히고 또 잣나무 널판으로 전 마루를 놓고

16 또 전 뒤편에서부터 이십 규빗 되는 곳에 마루에서 천장까지 백향목 널판으로 가로막아 전의 내소 곧 지성소를 만들었으며

17 내소 앞에 있는 외소 곧 성소의 장이 사십 규빗이며

18 전 안에 입힌 백향목에는 박과 핀 꽃을 아로새겼고 모두 백향목이라 돌이 보이지 아니하며

19 여호와의 언약궤를 두기 위하여 전 안에 내소를 예비하였는데

20 그 내소의 속이 장이 이십 규빗이요 광이 이십 규빗이요 고가 이십 규빗이라 정금으로 입혔고 백향목 단에도 입혔더라

21 솔로몬이 정금으로 외소 안에 입히고 내소 앞에 금사슬로 건너지르고 내소를 금으로 입히고

22 온 전을 금으로 입히기를 마치고 내소에 속한 단의 전부를 금으로 입혔더라

11 And the word of Yahweh came to Solomon as follows:

12 "As for this temple which you are building, if you walk in my statutes and perform my ordinances, keeping all my commandments by walking according to them, then I will fulfill my word made with you, the one which I spoke to David your father;

13 and I will dwell amidst the Israelites and will not forsake my people Israel."

14 Thus did he[a] build the temple and dress it out.

15 And he constructed [a]the walls[a] of the temple with cedar boards; from the floor of the temple [b]up to the rafters[b] he covered[c] the interior with wood. And he covered the floor[d] of the temple with juniper boards.

16 And he constructed the twenty cubits [a]toward the rear[a] of the temple [b]with cedar boards,[b] from the floor to the rafters;[c] and he constructed[d] the interior as an adytum(a holy of holies),

17 [a]with forty cubits remaining in front of it.[a]

18 And the cedar for the temple's interior was carved in the form of gourds and flowerbowls; all was cedar, with no stone to be seen.

19 [a]The adytum[a] within the interior of the temple [b]he prepared[b] as a place to put the ark of Yahweh's covenant.

20 [a]And the face of the adytum,[a] twenty cubits long, twenty cubits wide, and twenty cubits high,[b] he covered with fine gold. And he constructed[c] an altar.[d]

21 And Solomon covered the temple's interior with fine gold and drew golden chains[a] across in front of the adytum, and covered it with gold.

22 And the entire temple he covered with gold, until all the temple was completed; and all the altar which belonged to the adytum he covered with gold.

23 내소 안에 감람목으로 두 그룹을 만들었는데 그 고가 각각 십 규빗이라
24 한 그룹의 이 날개는 다섯 규빗이요 저 날개도 다섯 규빗이니 이 날개 끝으로부터 저 날개 끝까지 십 규빗이며
25 다른 그룹도 십 규빗이니 그 두 그룹은 한 척수, 한 모양이요
26 이 그룹의 고가 십 규빗이요 저 그룹도 일반이라
27 솔로몬이 내소 가운데 그룹을 두었으니 그룹들의 날개가 폐었는데 이 그룹의 날개는 이 벽에 닿았고 저 그룹의 날개는 저 벽에 닿았으며 두 날개는 전의 중앙에서 서로 닿았더라
28 저가 금으로 그룹에 입혔더라
29 내외소 사면 벽에는 모두 그룹들과 종려와 핀 꽃 형상을 아로새겼고
30 내외 전 마루에는 금으로 입혔으며
31 내소에 들어가는 곳에는 감람목으로 문을 만들었는데 그 문 인방과 문설주는 벽의 오분지 일이요
32 감람목으로 만든 그 두 문짝에 그룹과 종려와 핀 꽃을 아로새기고 금으로 입히되 곧 그룹들과 종려에 금으로 입혔더라
33 또 외소의 문을 위하여 감람목으로 문설주를 만들었으니 곧 벽의 사분지 일이며
34 그 두 문짝은 잣나무라 이 문짝도 두 짝으로 접게 되었고 저 문짝도 두 짝으로 접게 되었으며
35 그 문짝에 그룹들과 종려와 핀 꽃을 아로새기고 금으로 입히되 그 새긴 데 맞게 하였고
36 또 다듬은 돌 세 켜와 백향목 두꺼운 판자 한 켜로 둘러 안뜰을 만들었더라

23 And he made in the adytum two cherubim.[a] Ten cubits was its height[b]
24 [a]and five cubits its wing – ten cubits between the tips of its wings.[a]
25 [a]Similar was the second cherub.[a] The same size and same design pertained to both:[b]
26 the[a] height of the first cherub was ten[b] cubits, so also the second cherub.
27 And he placed[a] the cherubim inside the interior sanctuary: and they spread out [b]their wings[b] so that the wing of the one touched the wall while the wing [c]of the second cherub[c] was touching the opposite wall, and their[d] wings inside the sanctuary were touching wing to wing.
28 And he covered the cherubim with gold.
29 All[a] the walls of the temple round about he carved with sculptured figures of cherubim,[b] inside[c] and outside,
30 and the floor of the temple he covered with gold, inside and outside.
31 And the entrance to the adytum he made as doors of oilwood, [a]the portal consisting of pentagonal posts.[a]
32 [a]And the two doors were of oilwood: and he carved on them figures of cherubim and palmtrees and flowerbowls: and he covered them with gold, and hammered out the gold into the cherubim and palmtrees.
33 And similarly did he make posts of oilwood for the entrance to the nave,[a] [b]a square corridor.[b]
34 And the two doors were of juniper: the two panels of[a] the first door [b]were hinged[b] and the two panels[c] of the second door were hinged.
35 He[a] carved cherubim and palmtrees and flowerbowls, and covered the engraving with goldplate.
36 And he constructed the inner court, using three courses of hewn stone with one course of cedar beams.[ab]

37 제사년 시브월에 여호와의 전 기초를 쌓았고

38 제십일년 불월 곧 팔 월에 그 설계와 식양대로 전이 다 필역되었으니 솔로몬이 전을 건축한 동안이 칠 년이었더라

7:1 솔로몬이 자기의 궁을 십삼 년 동안 건축하여 그 전부를 준공하니라

37 In the fourth year Yahweh's temple [a]was started,[a] in the month Ziv,[b]

38 and in the eleventh year, in the month Bul[a] (which is the eighth month), he had completed the temple in all its details and according to every specification. [b]So he was seven years in building it.[b]

7:1 But his own house Solomon was building for thirteen years, [a]completing his entire house.[a]

원문주해

6장에서 G은 MT의 11-13, 18, 21a, 22a, 31b-33a, 38b절을 생략한다. 그리고 텍스트를 재배열하여 영역본과 MT 자료가 연결되어 나타난다: 1, 6-7, 9-15, 8, 16-34, 4-5절.

1.a. MT과 G^{L}, 신명기 사가의 구조적 연대기를 보존하고 있다. 참조. S. J. De Vries, "Chronology, OT", *IDBSup*, 162. G^{BA}의 "40번째"는 수정적 연대기를 따르는 것이다.

1.b. G^{B}. MT과 G^{L}은 "…의 땅"이라는 만연체적 어구를 첨가한다.

1.c-c. G^{BL}. MT의 "두 번째 달인 시브월에"라는 어구는 37절로부터 나온 주해다.

1.d-d. MT과 G^{L}의 남아 있는 증거들. G^{B}은 생략하고 2절의 시작으로 대신한다.

2.a. G^{B}, 기록 보관인의 문체를 보관하고 있음("주석"을 보라). "왕 솔로몬"이라는 어구를 가진 MT과 G^{L}은 설명적이다.

2.b. MT. G^{BL}은 "40"이라는 어구를 가지고 있는데, 이는 17절로부터 영향을 받은 수정이다.

2.c. MT. G^{BL}은 "규빗"이라는 만연체적인 어구를 첨가한다.

2.d. MT. G^{BL}은 "이십오". 참조. *HOTTP*, 298.

3.a. G^{B}. MT의 "그 성전의"라는 첨가와 G^{L}의 "야웨의"라는 어구는 설명적이다.

3.b-b. MT. 문자적으로는 "성전 폭의 면을 따라", "성전의 폭(=…로부터 확장된)에 연결된"을 암시하는 생략. G^{B}은 "…의 면에 따라"(*κατὰ πρόσωπον τοῦ*–카타 프로소폰 투)라는 의미를 가진 첫 번째, 세 번째 알 프네이(על פני)의 문자적 수정으로 편집한 *Kaige*를 보여 준다. 그러나 그것은 "…을 향하여"(*εἰς*–에이스)라는 뜻을 가진 원래적인 알(על)을 보여 준다. 여기서 G^{L}의 에티(*ἔτι*)는 히브리어 알(על)을 "…에 반대해서"라는 뜻으로 읽은 것이다.

5.a. MT과 G^{L}. G^{B}의 카이 에도켄(*καὶ ἔδωκεν*)은 히브리어 봐이벤(ויבן)을 "그리고 그가 놓았다", "제공했다"라는 뜻의 봐이텐(ויתן)으로 잘못 읽은 것이다.

5.b. Q. K는 "침실". G^{BL}은 "성전 벽을 둘러싸는"이 생략됨(인접해 있는 단어들이나 구들 혹은 절들의 끝이 비슷해서 발생하게 되는 필사상의 오류).

5.c-c. MT. G^B은 생략(가운데 글자를 빠뜨리고 쓴 오류). G^L은 "성소와 지성소"라는 어구를 첨가함(같은 철자를 중복하여 필사하는 오류).

6.a. 5절에서처럼 QK. 여기서 Q의 단어는 다른 의미를 얻는다. G^{BL}은 플류라(πλευρὰ, 문자적으로 "갈비")=히브리어 첼라(צלע).

6.b-b. MT과 G^L. G^B은 생략(가운데 글자를 빠뜨리고 쓴 오류).

6.c. MT과 G^L. G^B은 "성전의"라는 설명적인 어구 첨가.

7.a-a. MT. 문자적으로 "그리고 그 성전"=G^B. G^L은 "그 성전을 위해"(ὅτι γαρ-호티 가르).

7.b-b. MT은 베하가르젠(וְהַגַּרְזֶן, 어려운 독법 선호). G은 관사 생략. G^B은 복수형.

7.c. G^L. MT은 "모든/어떤 철 연장"이라는 어구 첨가(주해로 인한 해석). G^B의 사본들은 세분화하는 "그리고/혹은"이라는 어구를 첨가한다.

8.a. G^{BL}, 뒤로 6절에 연결함. MT은 7절에 있는 2차 자료에 의해서 만들어진 앞뒤의 연결이 없는 구문에 따라서 생략함.

8.b. G^{BL}. MT은 "가운데". 참조. 6절.

8.c. G^L은 "…위에"라는 뜻의 에피(ἐπὶ)=알(עַל). MT은 "…을 향하여"라는 뜻의 엘(אֶל). G^B은 "…아래"라는 뜻의 휘포(ὑπο, 휘포카토텐〈ὑποκάτωθεν〉=미타하트〈מִתַּחַת〉로부터).

8.d. G^{BL} 에이스(εἰς)=엘(אֶל, "…을 향하여", "…에 반하여")이라는 MT의 알(עַל)은 이전의 "그들이 올라갔다"라는 뜻의 야알루(יַעֲלוּ)로부터 비롯된 시각적 오류다.

8.e. MT은 "…향하여"라는 뜻의 엘(אֶל). G^{BL} 에피(ἐπι)=알(עַל, "…에 반대해서 혹은 위에").

8.f. Syr의 사본들. MT과 G은 "그 삼십"(원문 훼손).

9.a-a. MT. G^{BL}은 생략.

10.a. Q. K는 "침실"(참조. 5절). G^{BL}, 투스 엔데스무스(τους ἐνδέσμους, "결합체"?). 참조. 5절 멜라드라(μέλαθρα, "솟은 지점들"?).

10.b. MT. G^{BL}=레(ל, "통하여": 이어 나오는 하야치아〈היצוע〉의 아인〈ע〉을 빠뜨리고 쓴 오류).

10.c. MT. 히브리어 하야치아(היצוע)를 "다락방들"로 읽는 G^{BL}은 이 곳(GL)과 이 절의 서두에서 "묶여 있는", "결합되어 있는"이라는 뜻의 엔데스무스(ἐνδέσμους)로 읽는다.

14.a. G^{BL}. MT은 "솔로몬"을 첨가한다.

15.a-a. G^{BL}. MT은 설명적인 어구 "내부에"를 첨가한다(מביתה-미바예타: 참조. 15b, 16절).

15.b-b. G^{BL}, 아드 코로트(עַד קוֹרוֹת)로 읽음. MT이 "벽에 이르기까지"라는 뜻의 아드

키로트(עַד־קִירוֹת, "천청의")라는 뜻을 가진 하씨푼(הַסִּפֻּן)을 더하는 것은 설명적이다. G^{BL}에 있는 이중어(*καὶ ἕως τῶν τοίχων*–카이 헤오스 톤 토이콘)는 MT을 읽는다. 참조. *HOTTP*, 304-5.

15.c. MT. G^{BL}은 원본 훼손.

15.d. MT. G^{BL}은 "그 내벽".

16.a-a. Q는 K의 철자를 현대화했다.

16.b-b. MT. G^{B}은 원본 훼손. G^{L}은 생략.

16.c. G^{BL}. MT은 "벽들". 참조. 15절.

16.d. MT. G^{BL}은 "만들었다". G^{B}와 더불어 설명적 해석인 "그것"을 나타내는 MT(참조. G^{L})의 로(לוֹ)는 생략되어야만 한다. 그것은 "내벽"(מבית–미바이트)을 동사의 목적어로 만들고 있다.

17.a-a. 아마도 원본적 구문인 "그리고 그것 앞에 40규빗이 있었다"라는 뜻의 베아르바임 바아마 하야 리프네이오(וארבעים באמה היה לפניו)는 MT에서 "그 집"이라는 뜻의 하바이트(הבית)와 "그것은 성전이다"라는 뜻의 후 하헤이칼(הוא ההיכל)과 같은 이어지는 해석들을 받아들이고 있다. 두 번째 해석인 그 성전은 G^{BL}에 반영되어 있는데, 이는 19절로부터 온 원래의 "지성소"(הדביר–하데비르)로 읽고 있다(참조. OL^{LG}, Vg). 18절에서는 빠져 있다.

19.a-a. 참조. 17절에 있는 G^{BL}에 관한 "원문주해". MT의 "그리고 한 지성소"는 원문 훼손.

19.b-b. MT. G^{BL}은 생략.

20.a-a. MT. G^{BL}은 생략(가운데 글자를 빠뜨리고 쓴 오류). 참조. 17-19절.

20.b. MT과 G^{BL}은 이어지는 접속사(連辭)로부터 빌려온 접미어 와우(ו)를 첨가.

20.c. G^{BL}. MT의 "입혔다"는 21절로부터 연유된 원본 훼손.

20.d. G^{BL}. MT은 "백향목으로/으로부터"라는 설명적인 어구를 첨가한다.

21.a. Q와 K는 다양한 철자법이 바른 형태들이다.

23.a. G^{B}. MT과 G^{L}은 "감람목의"라는 설명적인 어구를 첨가한다.

23.b. MT. G^{BL}은 원본 훼손.

24.a-a. G^{B}은 "그리고 그 두 번째"라는 뜻의 듀테론 데(*δεύτερον δέ*, וְהַשֵּׁנִית, 베하셰니트)의 설명적인 주해를 제외하고는 원본을 읽고 있다. G^{L}은 확장적인 MT과 G^{O}를 따른다.

25.a-a. G^{D}. G^{L}은 "그리고"를 첨가한다. MT의 "그리고 그 두 번째 그룹은 10규빗이었다"라는 구문은 설명적이다.

25.b. G^{BL}. MT은 설명적인 "그룹"을 첨가한다.

26.a. MT. G^{BL}의 "그리고 그"라는 어구는 설명적이다.

26.b. MT과 G^{L}. G^{B}은 생략함.

27.a. MT. G^{BL}은 "둘을"이라는 어구를 첨가하는데, 이는 26절의 하쉐니(השני)로부터 연유된 원문 훼손이다.

27.b-b. G^{BL}. MT의 "그룹의 그 날개들"은 만연체적인 구문이다.

27.c-c. MT과 G^{L}. G^{B}은 생략(가운데 글자를 빠뜨리고 쓴 오류).

27.d. MT과 G^{L}. G^{B}의 "그의/그것의"는 앞의 가운데 글자를 빠뜨리고 쓴 오류로 인해 앞의 것을 잘못 해석한 것이다.

29.a. G^{B}. MT과 G^{L}은 좀더 연결하는 구문을 만들어 주는 "그리고 모두"라는 어구를 가지고 있다.

29.b. G^{BL}. MT은 32절의 영향 아래 "그리고 종려나무들과 핀 꽃들을"이라는 어구를 첨가한다.

29.c. MT의 밀리프님(מִלִּפְנִים)은 원본 훼손. 참조. 30절의 리프니마(לִפְנִימָה).

31.a-a. G^{B}은 생략(33절로부터 가운데 글자를 빠뜨리고 쓴 오류). G^{L}은 "오각형의"라는 뜻의 하미쉬트(חֲמִישִׁית)를 "오겹으로 접힌"의 하무쇼트(חֲמוּשׁוֹת)로 읽으면서 부분적으로 MT을 수정한다. 참조. 33절.

32.a-33.a. G^{B}은 생략. G^{L}의 남은 증언들을 가진다.

33.b-b. G^{L}의 스토아이 테트라플로스(*στοαὶ τετραπλῶς*, G^{B}은 복수)와 MT(원본 훼손)은 아마도 원본의 אתיק רבעות를 읽은 것일 수 있다. 참조. 겔 42:5.

34.a. MT과 G^{L}. G^{B}의 "그리고"는 "문짝판들"과 "문" 사이의 속격(屬格)의 연결을 해체한다.

34.b-b. MT. G^{BL}의 "그리고 그들의 접힘들"이라는 뜻의 카이 스트로페이스 아우톤(*καὶ στροφεῖς αὐτῶν*)=히브리어 וגלילותם.

34.c. G^{BL}. MT의 "조각물들"은 35절로부터의 원본 훼손. 참조. *HOTTP*, 301.

35.a. G^{BL}. MT의 "그리고 그는"은 "조각하다"라는 의미의 동사 칼라(קלע) 때문에 34절과 연결 관계를 만든다.

36.a. "자르다"라는 의미를 가진 MT의 케루토트(כרתת)를 위해서 G^{BL}의 카테이그라스메네스(*κατειργασμένης*)=하라쉬트(חרשת, "조각하다"; 참조. 출 35:35). 이는 받아쓰기를 통한 하나의 가능한 원문 훼손, 그리고 "주변에"=싸비브(סביב)를 첨가한다.

36.b. MT. G^{BL}은 MT 7:12b(원본 훼손?)절과 닮은 단어들을 첨가한다. 참조. Burney, 83.

37.a-a. MT. G^{BL}은 "그가 시작했다(세웠다)".

37.b. MT. G^{BL}의 "니산"은 해석적이다.

38.a. MT. G^{BL}은 원문 훼손적 독법인 바아드(*βαάδ*, 참조. G^{mss} 바알〈*βαάλ*〉)를 가지고 있다.

38.b-b. MT. G^{BL}은 생략.=2:35$^{c\beta}$.

7:1.a-a. MT. G(v 50)은 MT 12절을 따른다.

양식/구조/배경

[신명기 사가: 성전 건축에 관한 연대기적 기록, 6:1]

솔로몬의 행장으로부터 발췌한 부분(8): 솔로몬의 성전(공식적 기록들로부터 얻은 보충 내용과 함께)

1. 외부 구조: 벽들, 기초, 보조 구조들, 지붕
    a. 성전과 입구, 2aα, 3aα절
        (1) 건축학적 기록들로부터 얻은 치수들, 2aβb, 3aβb절
    b. 창문들의 건축, 4절
    c. 다락방의 건축, 5a절
    d. 층들의 건축, 5b절
        (1) 건축학적 기록들로부터 얻은 치수와 기술적 사항들, 6, 8절

[확장: 이미 준비된 자료의 사용, 7절]

    e. 성전의 건축, 9절
        (1) 건축학적 기록들로부터 얻은 치수와 기술적 사항들, 10절

[신명기 사가: 야웨의 조건적 임재, 11-13절]

    f. 요약 결론, 14절

2. 내부 구조: 판벽널, 칸막이로 구획 나누기, 출입구들
    a. 벽들과 바닥 건축, 15절
    b. 지성소 건축, 16-17, 20aαאβ절
        (1) 건축학적 기록들로부터의 치수들, 20aαב절

[확장: 장식, 18절]

[확장: 지성소, 19절]

    c. 제단 건축, 20b, 21bβ절

[확장: 금사슬, 21abα절]

[확장: 전체적으로 사용된 금, 22절]

    d. 그룹 건축, 23-24a, 28절
        (1) 건축학적 기록들로부터의 치수들, 24b-26절

[확장: 그룹의 위치, 27절]

[확장: 성전의 장식, 29-30절]

e. 지성소 출입문 건축, 31절

[확장: 그 문들의 장식, 32절]

f. 성소 출입문 건축, 33절

(1) 건축학적 기록들로부터 얻은 기술적 세부 사항들, 34절

[확장: 그 문들의 장식, 35절]

3. 안쪽 뜰, 36절

솔로몬의 행장으로부터 발췌한 부분 (9): 건축 기간, 37-38절

[신명기 사가: 솔로몬 왕궁 건축에 대한 부기, 7:1]

여기에 나타난 내용들은 6장과 7장 모두와 관계가 있다. 그것들은 하나의 단일한 복합체를 형성한다. 이 자료의 문학적 구성은 성경 해석자들에게 오랫동안 난해한 문제였다. LXX은 단지 혼돈을 더하고 있는 반면에, 히브리어 텍스트는 어렵다. 헬라어 번역자들은 이 두 장에서 발견되는 많은 난해한 건축학적 용어들을 수정하는 데 있어서 최악의 실수들을 하고 있다. 텍스트의 어려움과 주된 문제에 대한 본래적인 관심은 (1) 문학적 구성과 (2) 이들 본문들 자체의 구조에 대한 광범위한 문헌 연구를 촉진해 왔다. 이러한 문헌 연구는 모형론에 많이 의존하고 있다는 것을 발견하게 될 것이다. 다시 말하자면 학자들은 (건축학적으로 뿐만 아니라 언어학적으로) 이들 문헌들의 개념들이 기초하고 있는 그리스, 이집트, 메소포타미아 그리고 페니키아의 유형들을 주시해 왔다. (랍비 전승은 그 나름대로의 특별한 설명들을 가지고 있다. 기독교적 개념들은 종종 중세적 개념들에 기초하고 있다). 성전 복합체에 대한 가장 광범위하고, 사려 깊고, 심혈을 기울인 분석은 부싱크(Th. A. Busink)의 *Der Tempel von Jerusalem*(1970)이다. 비록 부싱크가 히브리 텍스트에 대한 독창적인 수정을 제공하고 있지 않다 하더라도, 모형론적 질문들에 대한 그의 대답은 철저하다. 우리의 토론은 주로 이 부싱크의 논의에 의존하고 있다.

열왕기상 6-7장 텍스트에 관한 구절을 다룰 때 비평적 안목이 필요함은 두말할 나위가 없다. 먼저 신명기 사가의 작품과 다른 늦은 시기의 확장을 분별하여 차례로 나열하고 난 뒤에 남은 구절들은 원본이라고 생각하는 것이다. 이러한 종류의 문학적 분석을 할 때는 주제적인 문제와 내부적인 구조를 반드시 고려해야만 한다. LXX이 보여 주고 있는 다음과 같은 순서를 주의 깊게 보아야만 한다. 좀더 논리적인 순서를 만들어 보려는 바람직하지 못한 시도로 인하여 LXX은 히브리어 번역에

서 종종 심각한 혼돈을 보여 주고 있기 때문이다. 원문 이해에서 실패한 개념에 기초하고 있는 이러한 이상화된 재구성은 신뢰를 받을 수 없다. 일단 6:1과 7:1에 있는 신명기 사가의 연대기적 기록들이 고려에서 제외되고, 6:7, 11-13, 18-19, 21-22, 27, 29-30, 32-35; 7:18-19, 22, 48-50에 있는 후대의 확장된 부분들이 분별된다면, 다음과 같은 의미 있는 진행 과정이 나타난다.

A. 성전
  1. 외부 구조
  2. 내부 구조
  3. 안 뜰
B. 궁궐: 다섯 개의 건물
C. 건축 방법
D. 히람의 수공품
  1. 기둥들
  2. 저수지와 물 운반 차들
  3. 기구들(주조 과정에 대한 설명과 함께)

물론 이 순서는 임시적이거나 임의로 끌어낸 것이 아니며, 논리적이고 관계적이다.

위의 접근 방법은 본 텍스트가 하나의 의미 있는 구조를 가지고 있다는 것을 보여 준다. 몇몇 학자들은 묘사적인 부분에서 나타나는 일련의 긴 명사절들과 **와우**(ו) 계속 미완료로 시작되는 일련의 내러티브 문장들 사이의 변화에 특별히 주의를 기울이면서 구문 형태들을 연구함으로써 많은 것들이 이루어질 수 있음을 알고 있다. 마틴 노트(Martin Noth)는 그의 주석에서 본문은 7장에 사용된 것과 유사한 자료들을 가지고 성전 건축을 위한 건축학적 청사진에 대한 구전적인 보고로부터 유래된 것이라고 주장했다(L. Waterman, *JNES* 2[1943] 282-94를 보라). 그 형식은 그러한 자료에 분명히 잘 맞는 것이다. 어떠한 종류의 건축학적인 기록들이 사용되었으리라는 것을 인정한다. 그러나 이 내러티브 문자들은 일반적인 묘사들이 "씨줄과 날줄이 짜여진" 것처럼 잘 섞여 있어서 하나의 단순한 청사진이 포함된 것 이상이라는 점을 주목해야 한다.

문헌 분석자는 이 본문에 내재한 모든 의구심이 드는 자료층들을 철저히 연구하여 여러 저자가 사용한 특별한 용법을 드러냄으로써 구약 전체에 공통적인 어떤 단어와 표현을 찾으려고 한다. 6-7장 전체를 통하여 나타나는 공통적인 측량의 단위인 "규빗"이라는 아마(אמה)가 바로 그러한 용어다. 이는 다양한 형태들과 결합체를 이루고 있기도 하다.

열왕기상 6-7장에서 매우 두드러진 특징은 MT에서 바아마(באמה) 형태가 따르는 숫자를 말하고 있는 곳에 치수가 16번 나온다는 것이다. 접두어 베(ב)는 무시하고, 이것은 분명히 "규빗"을 의미하는 것이고 또한 그렇게 번역된다. 같은 본문에 25번 나오는 좀더 관례적인 אמה/אמהתים, אמה/אמות 어법에서 그 의미와 기능은 차이가 없는 것 같다. 다만 후자의 경우는 지속적으로 3-10까지의 숫자들을 위한 규범적인 변화(참조. C. Brockelmann, *Hebräische Syntax*, Neukirchen: Neukirchener Verlag[1956] §83a, 84a)를 따르고, 위의 10절의 바아마(באמה)가 결코 형태상 변하지 않는다는 사실은 예외다. 따라서 그것은 규범적인 관용어구의 완전한 독립을 보여 준다. 성경 주석들은 이러한 현상들과 그 문법들에 대해서 어떠한 주해도 하고 있지 않다. 그러나 이것은 고대 셈어적 관용어구와 관련이 있는 듯이 보인다. 조덴(W. von Soden)은 *Grundriss der akkadischen Grammatik* § 139[i]에서 이것을 아카디아어와 동일시했다. 이 책에 "9규빗"이라는 의미의 고대 아카디아어인 *tišē ina ammitim* 그리고 "한 규빗"이라는 의미의 중기 바빌로니아어인 *ina ammati*가 인용되어 있다. 크랠링(E. G. Kraeling)은 *The Brooklyn Museum Aramaic Papyri* (New Haven: Yale University Press, 1953) 173에서 아람 제국에서 동일한 어법이 있음을 보고한다. 측정 단위 앞의 전치사 *ina*는 "한 규빗(이라는 용어)에 있는 (숫자)"를 나타내는 초기의 어법을 나타낸다.

바아마(באמה) 형태는 성소에 관한 다른 두 건축학적 단락에서 아마/아모트(אמה/אמות) 관용구와 섞여 산발적으로 나타난다. 즉 출애굽기 26:2에서 두 번, 8절에서 두 번, 9, 18절; 36:9에서 두 번, 15절; 38:9, 11, 12; 에스겔 40:5, 21; 47:3에서 두 번. 이것은 또한 스가랴 5:2(에바)에서 두 번 나타나고, 열왕기상 11:23을 어구대로 수정한 역대하 4:2-3에서 나타난다. 그리고 사무엘하 23:21과 병행 구절인 역대상 11:23의 분명한 초기적 독법에서 나타난다. 사무엘하 23:21은 G에 의해서 지지되는 원문 훼손인 "다섯 규빗"이라는 뜻의 역대기의 하메스 바하마(באמה חמש)가 없다. 마지막으로 민수기 35:4-5에서 레위 족속의 성읍으로 지명된 "사방으로 일천 규빗"이라는 의미의 원래적인 엘레프 아마 싸비브(אלף אמה סביב)로부터 2차적인 재해석에서 "이천 규빗"(אלפים באמה - 알파임 바아마)을 추정하는 사면체의 조각으로 변형된 것을 관찰하는 것은 매우 유용하다.

이 문학적인 연구는 출애굽기 26-28장 사이에서 그리고 에스겔 40장과 이어 나오는 장들 사이에서 보이는 바아마(באמה)와 아마/아모트(אמה/אמות)에 대한 상세한 분석에 의해서 더욱 분명해질 것이다. 그러나 바아마(באמה) 관용어구는 히브리인들 사이에 관습적인 것이 되어 버렸다는 것을 보여 주는 충분한 근거가 있다. 문헌에서 그 용어의 연대를 결정하기는 어렵다. 역대기 기자는 그 용어가 나타나는 본문에서 자구적인 인용을 하는 곳 외에 그 용어를 피하고 있음이 분명하다. 그러나 그는 그 용어를 완전하게 이해하고 수용할 만한 변형된 표현으로 인식하고 있기도 하다. 그럼에도 불구하고, 이 용어는 좀더 세련된 아마/아모트(אמה/אמות)의 문체에 의해서 사라지지 않고 건실하게 남아 있다. 이 세련된 문체는 열왕기상 6-7장을 LXX 번역자가 일관되지 못하게 다룬 약점이기도 하지만, 여기에는 문자적인 수정을 좀더 규범적인 헬라어로 수정하려고 한 일반적인 목적을 가지고 있는 것이다.

열왕기상 6-7장에 있는 히브리어와 G^B과 G^L의 독법들을 비교해 보면, 우리는 MT에서 16번 나타나는 것에서 증명되는 것보다 바아마(באמה)의 좀더 광범위한 원래적 사용에 대한 증거를 발견하게 된다. 비록 수많은 본문에서 G이 다르게 혹은 종종 분명히 숫자의 경향이 있는 것으로 읽는다 할지라도, G은 지속적으로 페퀴스(πήχυς, R. Helbing, *Grammatik der Septuaginta, Lautund Wortlehre*[2nd ed., Göttingen: Vandenhoeck & Ruprecht, 1975] 44-45)를 아마(אמה)와 상응하는 것으로 쓰고 있다. 아마/아모트(אמה/אמות)의 관용어구가 번역되고 있는 곳이라면 어디서나 G이 페퀴스(πήχυς)의 복수형을 사용하고 있다는 것은 매우 특이하다. 이것은 주도적인 단어의 형태가 단수이건 복수이건 사실로 적용된다. 그러나 MT이 이 특별한 용어인 바아마(באמה)를 사용하는 곳에서는 주요한 LXX 교정본들의 하나 혹은 모두는 그것을 매우 비관용적 어구인 엔 페케이(ἐν πήχει)로 번역한다. MT이 아마/아모트(אמה/אמות)를 가지고 있을 때, G^B와 G^L은 그러한 경우에 히브리어 판본이 바아마(באמה)를 가지고 있었던 것을 보이면서 엔 페케이(ἐν πήχει)를 사용한다. 그 용어가 원본에 없었다면 헬라어는 이러한 세련되지 못한 문자주의를 제안하려고 하지 않기 때문이다. 헬라어 전승 안에서 보이는 지속적인 변화는 어려운 히브리어 판본에서 자유롭게 되고 좀더 우아한 헬라어 문체를 선호하게 되는 노력을 보여 주는 것이다. 이러한 관찰로 인해서 우리는 우리가 가지고 있는 바아마(באמה) 독법들의 목록에 몇 가지 본문들을 더할 수 있다. 헬라어 텍스트는 무엇이 원래적인 독법이있는지에 대해서 MT만큼 유용한 증거가 되기 때문이다.

이러한 논의는 이 난해한 장들에 대한 문학적 비평을 위해서 하나의 중요한 단서를 제공해 준다. 아마/아모트(אמה/אמות) 관용구와 바아마(באמה) 관용구 사이의 변형은 이 장들이 나오게 된 특정하고 중요한 자료들의 문체적 특성으로 보아야만 한다는 것이다.

바아마(באמה) 독법(히브리어와 헬라어)들에 대한 마지막 목록은 다음과 같은 구절들을 포함한다: 6:2(세 번), 3(두 번), 6(세 번), 10, 24(세 번째), 26, 7:23(세 번), 24, 27(세 번), 38. 6:2-6에 있는 와우(ו)-미완료 계속법("그리고 그가 만들었다…그리고 그가 세웠다…그리고 그가 만들었다…그가 제공했기 때문이다…")에 있는 동작 동사에 근거한 내러티브의 형식은 주로 치수와 관련된 일반적인 진술의 연속으로 채워지고 있다. 그리고 이러한 부분들이 바아마(באמה) 관용구를 가지고 있다. 우리가 추측하기로는, 화자(narrator)가 이러한 정보를 가지고 있는 건축학적 기록으로부터 자구적으로 여기에 인용하고 있다는 것이다. 10절도 역시 마찬가지다. 곧 돌아오기로 하고 잠시 15-17절을 넘어 24절(세 번째)과 26절에 쓰인 원래적인 바아마(באמה)를 보기로 하자. 여기에 바아마(באמה)가 나타나는 것은 같거나 혹은 유사한 건축학적 기록에 그 근거를 돌릴 수 있을 것이다. 화자는 여기에 23절과 24절에 있는 그룹에 관한 그 자신의 상세하지 못한 사항들을 채우기 위해 이 용어를 사용하고 있는 것이다(그러나 LXX은 MT 서기관 전통에서 보이는 확장적인 면과 현학적인 경향으로 인하여 반복적인 치수들을 생략하고 24-25절을 따른다). 바아마(באמה) 관용구가 다음에 나타날 때 그것은 "바다" 혹은 저수지(7:23 세 번, 24)를 위해, 물 운반차(7:27 세 번)를 위해 그리고 물두멍(7:38)을 위해서 사용된다. 다른 어떤 특별한 모양과 함께 이 모든 경우는 같은 혹은 비슷한 건축학적 기록들로부터 연유되었을 것이다.

아마/아모트(אמה/אמות)를 위해서 우리는 가능한 원본적 용어들을 6:16, 17, 20(3x), 23, 24(첫 번째, 두 번째), 7:2(3x), 10(2x), 15(2x), 16(2x), 19절에서 나열할 수 있다. 6:16-17, 20에서 나타나는 것은 모두 지성소(דביר-데비르)와 관련이 있으며, 그것들은 분리된 건축학적 기록으로부터 나오게 되었다는 가능성을 말해 주는 방법으로 내러티브 구조에 포함되었다. 같은 문체가 6:23-24a에서 지속된다. 여기서는 일차적인 화자가 기록한 글의 부분으로서 바아마(באמה)가 나타나는 것으로 만든다. 이는 특별히 "한 그룹의 높이는 10규빗이었다"(קומת הכרוב האחד עשר באמה-코마트 하케루브 하에하드 에세르 바아마)는 건축학적 기록과 독법으로부터 연유된, 26절의 정보를 반복하는 23절의 "그 높이가 10규빗"이라는 에세르 아모트 코마트(עשר אמות קומתו)에 비추어 보면 더 확실하다. 아마/아모트(אמה/

אמות) 구문은 7장에서 궁궐(2-12절)과 성전 앞의 기둥들(15-22절)을 세우는 솔로몬의 건축 행위와 관련된 부분에서 주로 나타난다. 이 부분에서 6장에서 발견된 동일한 내러티브 문체가 지속된다. 그러나 주도적인 일반 문장 구조에 쉽게 양보한다. 우리는 7:19은 제외하고 이러한 부분의 문체를 초기 저자의 것으로 생각한다. 7:19에 나타나는 그물 모양의 자리에 있는 장식으로서의 백합화 모양, 사슬 모양 그리고 석류에 관한 구절은 이 구절이 성전의 문에 서 있는 다른 한 쌍의 기둥들에 관한 2차적인 주해임을 나타내는 것이다(Busink).

요약: 우리는 "규빗"에 대한 연구를 토대로 다음과 같이 열왕기상 6-7장에 대한 자료 합성 역사에 관한 가설을 세울 수 있다. 신명기 사가의 손길은 6:1, 11-13; 7:1에서 직접적으로 볼 수 있는데, 그는 또한 솔로몬의 행장이라고 불리는 기록에서 다음과 같은 여섯 가지 다른 발췌 부분을 사용했다.

(1) 솔로몬의 성전, 6:2-36(나중의 주해인 7, 19, 21abα, 22, 27, 29-30, 32, 35절과 함께)
(2) 건축 시기, 6:37-38
(3) 솔로몬의 건축 계획, 7:2-8
(4) 건축 방법, 7:9-12
(5) 히람의 수공품, 7:13-51a(18a, 19, 22a, 48-50절의 주해와 함께)
(6) 다윗의 선물들을 보관함, 7:51b.

이러한 발췌문 전체를 통해서 보이는 두드러진 문체는 아마/아모트(אמה/אמות)의 문체다. 이것은 바아마(באמה) 관용구가 나타나는 건축학적인 기록들로부터 가져온 자구적인 인용들이다. 이러한 것들은 성전(6:2-3, 6, 10, 24b-26)에 관한 부분(1)과 거룩한 기구들(7:23-24, 27, 38)에 관한 화자의 정보를 확대하는 부분(5)임을 알 수 있다. 그러나 7:31, 32, 35에서 발견되는 네 가지 치수들은 언급되지 않았다. 모든 것이 구조를 설정하는 화자가 인용한 모양에 관한 세부 사항들에 속한 것이다. 아마(אמה)는 반 규빗(7:35)과 하나 그리고 반 규빗(7:31[2nd], 32) 사이의 길이를 위해 사용되었다. 바아마(באמה)는 7:31에 나타나며 "한 규빗"(RSV)으로 번역되었다. 그러나 그 근거는 없다. 바아마(באמה) 형식은 27절에 있는 바아마(באמה)로부터 가져온 단순한 서기관적 인용일 수 있다. 따라서 아마(אמה)가 원본적일 수 있다.

우리는 건축학적인 기록들을 자료로서 규명했다. 그것들에 관한 정보는 몇 개의 건축물들에 대한 내러티브 설명으로 사용되었다. 이러한 정보들은 솔로몬의 행장에 결합되었고, 시간이 지나서 신명기 사가는 그 자신의 설명을 위해 6:1과 7:1의 연대를 첨가하면서 이 자료들을 발췌한 것이다. 그리고 그는 6:11-13의 건축 내러티브의 중간에 매우 관련이 적은 훈계를 끼워 넣고 있다. 아마도 후기 신명기 사가의 기간에 오히려 많은 수의 설명적인 주해들이 첨가되었을 것이다. 그 대부분은 장식들과 금을 입히는 것과 관련된 부분들이다. 이는 이스라엘의 성전과 그 장식물들에 대한 개념이 시간의 본문과 함께 지속적으로 확장되었음을 보여 주는 것이다.

주석

1 신명기 사가가 성전 건축이 시작된 때를 가리키는 날짜를 특별히 장중한 분위기 속에서 말하고 있다. 열왕기상하에 나오는 모든 연대기적 표지에서 많은 날짜들과 연대들은 별다른 의미 없이 이야기된다. 그러나 다음과 같은 두 가지 요소는 본 절의 연대기를 특별히 놀라운 비범한 날짜로 만들고 있다. (1) 그 셈법이 출애굽, 즉 애굽으로부터의 출발이라는 관점을 가지고 있다. 마치 성전의 건축이 출애굽의 완성을 표시하는 듯하다. (2) 매우 높은 구조적 숫자인 480을 쓰고 있는데, 이는 4×12×10으로 표시될 수 있는 것이다. 각 숫자는 신명기 사가에게 상징적인 가치를 주고 있다. 성경 학도들은 이 텍스트를 가지고 오랫동안 씨름하며 연구를 해왔다. 이 연대는 출애굽의 연대를 주전 14세기로 말하고 있는 듯했기 때문이다. 그러나 이것을 문자적으로 적용하려고 하는 노력들은 대부분 포기되었다. 물론 신명기 사가가 의미했던 것에 대한 계속되는 관심은 남아 있다. 가장 만족할 만한 해결은 마틴 노트(Martin Noth)가 말했던 것에서 볼 수 있다(*Überlieferungsgeschichtliche Studien*, 2nd ed., 1957, 18-27; 참조. S. J. De Vries, "Chronology, OT", *IDBSup*, 162-65). 노트가 보여 준 대로 신명기 사가는 "소 사사들"을 위한 그의 자료에서 모두 76년을 발견했다. 그는 이스라엘이 죄를 지은 것(광야에서 40년 간 방황한 시간을 포함해서)을 회개해야만 했던 때를 위해서 모두 154년을 더 고안해 냈다. 그리고 그는 이스라엘이 승리와 평화를 누렸던 때를 위해 주로 40년 단위로 나누어진 249년을 더 고안해 냈다. 또한 차프만(W. J. Chapman, *ZAW* 38[1935] 185-89)과 로우톤(M. B. Rowton, *BASOR* 119[1950] 20-22)을 보라. "솔로몬이 이스라엘 왕이 된 지 사 년 시브월 곧 이 월"이라는 구문은 원본적 자료에서 가져왔을 것이다.

2-36 화자는 장부 기록 형태의 문체로 시작한다: "솔로몬 왕이 여호와를 위하

여 건축한 전은…전의 성소 앞 낭실"(1-2절). 그러나 그는 세부 사항들로 가득 채워진 내러티브 형식을 위해서 곧 이러한 형식을 사용하지 않는다. 성전은 백향목 지붕과 판벽으로 이루어진 내부, 그리고 잣나무 바닥과 더불어 돌로 지어졌다. 성전은 36절에 묘사된 넓은 안쪽 뜰의 중앙에 모든 것이 함께 서 있었다. 성전 밑의 바닥은 이전에 타작 마당으로 사용되었던 평평한 바위였다(삼하 24장). 이 장에 주어진 세부 사항 중 몇 가지는 분명하나 다른 것들은 그렇지 못하다. 예를 들어, 우리는 성전이 길고 세 개의 분리된 방으로 구성되어 있음을 안다(이것은 페니키아와 시리아의 양식에 토대를 두고 있는 것이다. 참조. Busink). 치수는 길이가 60규빗(1규빗=1.5피트)이며, 그 앞에 있는 돌출된 입구의 길이는 20규빗이었다. 또한 성전의 폭은 20규빗이며, 높이는 30규빗이었다. 따라서 오늘날을 기준으로 해서 본다면 그것은 그리 큰 것이 아니었다. 성전의 지붕은 아마도 평평했을 것이다. 바깥 주변에 지어진 구조는 보기 드문 모양으로 그 목적은 성소 자체의 외벽을 지지해 주는 것을 돕기 위한 것이었다. 이 구조는 또한 저장소로서의 역할도 했다. 내부에는 어떠한 가구도 없었다. 단지 제단만이 막혀진 지성소 앞에 서 있었다. 천장에는 대들보와 석가래들이 있었고, 천장 가까이에는 빛이 들어오는 것보다는 제단의 연기들을 밖으로 내보내려고 하는 들어간 모양의 수많은 작은 창문들이 있었다. 모든 것이 경외감을 자아내게 하는 어두우면서 신비스러운 구조였다. 지성소 안에는 야웨의 임재를 상징하는 두 개의 신비스러운 조각물인 그룹들이 있었다.

이 구절들은 우리에게 어느 정도 피할 수 없는 문제를 남기는 건축학적 용어인 크기를 나타내는 숫자를 포함하고 있다. 우리는 다른 고대 신전들이 가지고 있는 유비를 통해서 그 의미를 추측해야만 한다. 그러나 그 용어들은 때때로 공통적인 일상의 의미를 가지고 있는데, 이를 통해서 우리는 그 특별한 기교적 의미를 추측할 수 있을 것이다. 독자의 이해를 돕기 위해서 우리는 여기서 이 장의 위래적인 부분에서 사용된 건축학적 용어들의 목록을 이야기할 것이다. 그 용어의 의미를 알아낸 것은 대개 부징크(Busink)의 견해이지만, 그 용어들에 상응하는 바른 영어의 선택은 본 연구를 통해서 이루어진 것이다.

전(בית – 바이트): "집"에 대한 일상적인 용어. 낭실(אולם – 울람): 입구에 있는 지붕과 기둥이 있는 구조물. 성소(היכל – 헤이칼): 성전의 주요 부분의 내부. 창들(חלונים – 할로님): 깊숙이 들어간 지붕 근처의 높은 격자창. 다락(יציע – 야치아): 커다란 구역의 밖으로 지어진 높이 솟은 건축불. 지성소(דביר – 데비르): 야웨가 거주하셨던 인쪽 방(20×20×20 규빗). 골방(צלע – 첼라, 문자적으로는 "서까래"): 바깥 구조에 있는 세 층 중의 하나. 문(פתח – 페타흐): 성전의 앞과 옆에 있는 열린 문. 편(כתף – 카테프, 문자적으로는 "어깨"): 바깥 측면. 나사 모양 사닥다리(לולים – 룰림): 아마도 감긴 것이나 거꾸로 감긴 것. 서까래(גבים – 게빔): 그물 모양의 기둥과 더불어 깊숙이 놓인 재목들. 널판(שדרת – 쉐데로트): 그물 모양의 기둥들. 벽들(קירות – 키로트): 바깥쪽 혹은 안쪽. 마루(קרקע – 카르카). 벽(G קורות, M은 원본 훼손): 천장 재목들(무거운 목재들로 30피트 길이). 단(מזבח – 미즈베아흐): 금으로 덥힌 백향목으로 성전에서 유일한 물건. 그룹(כרובים – 케루빔): 날개를 가진 복합적인 신비스러운 생물. 문인방(איל – 아일): 지성소로 들어가는 출입구. 문설주(מזוזות – 메주조트): 모양이 있는 면을 가진 기둥. 문들(דלתות – 달토트): 출입구(페타)가 아닌 닫혀지는 문. 벽(G אתיק; M은 원문 훼손): 성전 입구에서 성소에 이르는 지나는 길. 문짝들(קלעים – 켈라임): 바깥 문의 접혀지는 부분들. 안뜰(החצר הפנימית – 헤하쩨르 하프니미트): 성전을 둘러싸고 있는 벽으로 싸인 열린 공간.

화자는 2-10절에서 성전, 문, 교창들, 다락방 그리고 문과 층계가 있는 층들에 대해서 말한다. 2, 3, 6절에서 그는 자신의 건축학적인 기록으로부터 가져온 치수들을 사용한다. 비록 왕이 솔로몬으로 여겨진다 할지라도, 선호되는 독법에 따르면 왕의 이름은 없다. 9절에서 히브리어는 봐이벤 에트 하바이트 봐예칼레후(ויבן את הבית ויכלהו)로 읽는다. 우리는 이것을 "그리고 그는 성전을 건축했고 그것을 …로 덮었다"로 번역한다. 이것은 그가 먼저 벽들과 층계들 등을 건축했고, 이어서 지붕을 만듦으로써 성전을 완성했다는 것을 의미하는 번역이다. 14절에서 히브리어는 봐이벤 셸로모 에트 하바이트 봐예칼레후(ויבן שלמה את הבית ויכלהו)로 거의 동일하게 읽는다. 이름은 원전적이 아닌 것으로서 빠졌고, 이 구절을 2-10절에 대한 요약적 정리로 이해하면서 "그리고 그는 성전을 건축했고 그것을 …로 덮었다"로 번역한다. 괴르크(M. Görg, *BN* 13[1980] 22-25)는 2절에 있는 "지붕"이라는 의미인 울람(אולם)에 해당하는 애굽어를 말했다. 오우에레트(J. Ouellette, *RB* 76[1969] 365-78)는 4절에 있는 "교창"이라는 의미인 할로네이(חלוני)라는 단어를 이 성전은 실제적으로 *bit ḫilāni*(기둥이 있고 열려진 공간의 주랑〈柱廊〉 현관을 가리키는 아카디아어)였다는 그의 추측을 정당화하는 근거로 보고 있다. 이 학자는 "다락방을 세우다"라는 뜻의 드라비다어(Dravidian)로부터 "격자 모양을 한"이라는 뜻의 4절의 아투밈(אטמים)을 끌어낸다(*BIJS* 2, 99-102). 마찬가지로 오우에레트는 5절의 "다락방"이라는 뜻의 야치아(יציע)와 5-6절에 있는 "층들"이라는 뜻의 첼라오트(צלעות)를 위해서 너무 곁길로 나간 경향이 있다(*JNES* 31[1972] 187-91). 길(M. Gil)은 *BMik* 50(1972) 279-301에서 8절에 있는 "나사 모양 사닥다리"라는 뜻인 룰림

(לולים)을 “통로”로 읽는다. 괴르크(M. Görg)는 *BN* 10(1979) 12-15에서 9절에 있는 “서까래와 널판”이라는 뜻의 게빔 우쉐데로트(גבים ושדרת)에 대한 새로운 의미를 찾기 위해 애굽어를 연구했다. 그는 “측면 건물들과 기둥들의 공간”이라는 뜻으로 번역했다(게빔〈גבים〉에 관해서는 P. de Lagarde, *Mittheilungen*, IV, 235를 참조하라). 이러한 제안들의 효용성에 대해서는 의구심이 있다. 이 제안들 중에 많은 것들이 팔레스타인에서 아주 멀리 떨어진 문화 지역에서 추론된 것이며, 이 제안들은 성전의 총체적인 이미지를 그리는 데 방해가 되기 때문이다. 성전의 총체적인 상은 성경에서 주는 모든 정보로부터 얻어져야만 한다(참조. Busink).

7절은 몇몇 학자들이 믿는 것처럼 신명기 사가적인 글은 아니지만 분명히 원본적 자료에는 속하지 않은 것이다. 이것은 층들을 언급하고 있는 구절들(6, 8절)을 나누고 있고, 문체와 개념상 원본적 자료와 다르다(그 의미에 관해서는 H. Schult, *ZDPV* 88[1972] 53-54를 보라). 마찬가지로 11-13절의 계명에 대한 솔로몬의 순종의 조건에 따라 야웨의 약속이 이스라엘 중에 있게 될 것이라는 신명기 사가의 첨가 부분은 문맥의 흐름을 방해하고 있다.

내러티브의 문체는 성전의 벽들, 바닥, 지성소 그리고 성소에 이르는 바깥 출입문들이 묘사되어 있는 15-34절에서 계속된다. 우리는 이 구절들에서 네 가지 특별히 값비싼 재료들에 대한 세부적인 묘사를 관찰할 수 있다: 벽을 위한 백향목, 마루와 문짝을 위한 잣나무, 출입문들과 그룹들을 위한 감람목 그리고 지성소, 제단과 그룹을 위한 금 등이다. 이제 저자는 지성소와 그룹 그리고 바깥문과 관련된 기술적인 세부 사항들의 치수를 위해서 자신의 건축학적인 기록들을 참고한다. 앞에서 논의된 바아마(באמה) 관용구에 대한 분석의 의미가 드러나는 곳은 바로 23-26, 28절이다. 비로소 이 구절들에서 한편으로 기본적인 건축 내러티브와, 다른 한편으로는 바아마(באמה)를 사용한 건축학적 기록으로 나누어진 전반적인 텍스트가 그 의미를 가지기 시작하기 때문이다. 그러나 주석가는 타협해야 하는 또 다른 장애를 가진다. 즉 조각된 장식들과 호화로운 금의 치장들에 대한 묘사가 나오는 이 본문에서 8번의 분명히 확장된 부분들에 관한 것이다. 이 확장적인 자료를 알아보는 중요한 언어학적 단서는 와우 계속 미완료 내러티브가 있는 곳에서 쓰인, 접속사 와우와 같이 쓰인 완료태의 반복적인 사용이다. 일단 이러한 자료를 제거하면 “황금 예루살렘”은 누군가의 상상력에 의한 지어낸 이야기라는 것이 드러날 것이다. 유대인들로 하여금 솔로몬의 성전이 전체적으로 황금으로 만들어졌다고 생각하도록 부추긴 것은 시간이 지난 뒤 즉 성전이 소실된 때였음이 분명하다.

화자는 성전 밖의 문에 대해 묘사하면서 그 바깥쪽에 무엇이 있는지, 즉 "안 뜰"에 대한 매우 간략한 묘사를 한다(위를 보라). 그 묘사는 큰 궁정(7:12)을 둘러싸고 있는 벽들에 대한 묘사와 매우 유사하다. 톰슨(H. C. Thomson, *PEQ* 92[1960] 57-63)은 이 모양을 시리아적인 것과 동일한 형태라고 하면서, 이것은 아마도 벽돌이나 작은 돌들의 지나친 하중을 견디기 위해 의도된 지진 저항 방지책이라고 말했다.

37-38, 7:1 솔로몬의 행장은 솔로몬 성전의 건축 작업의 처음과 끝을 위한 건축학적인 정보 자료다. "제사년 시브월에": 왕의 통치가 언급되지는 않았지만 알 수 있다. 신명기 사가는 동일한 정보를 1절에서 가져오고 있다. "시브"와 "불"이라는 용어는 각각 두 번째 달(4-5월)과 여덟 번째 달(10-11월)에 해당하는 가나안적인 이름이다. 따라서 7년 6개월이 이 공사를 위해서 소요된 것이다. 저자는 또한 모든 것들이 이 기간에 완성되었음을 강조해서 말하고 있다. 이것은 완전한 숫자인 7년에 비슷하게 맞는 것이다. 7:1의 신명기 사가의 보고는 7:2-8의 부분으로 간주되어서는 안 된다. 그 구절들은 8a절에 솔로몬의 집(궁궐)에 대한 묘사를 포함하고 있기 때문이다. 아마도 신명기 사가는 모든 가능한 관련된 주석을 하고 싶은 욕심이 있었던 것 같다. 7:1은 6장을 위해 필요한 것도 아니고, 7장을 위해 필요한 것도 아니기 때문이다.

해설

우리는 6장에 대한 서론과 해설에서 솔로몬의 성전 건축과 관련된 적절한 관찰을 해 왔다. 솔로몬은 야웨가 중앙 성소, 즉 거주할 "집"을 가질 수 없다는 조상들의 전통을 고의적으로 깨고 있었던 것이다. 진지하게 고려해 보면, 이것은 유일신적 특성에 대한 필요하고 논리적인 의미를 갖는 것이다. 그러나 성경 역사가들은 이러한 과정이 중앙 집권적인 군주제의 필연적인 결과일 수밖에 없다는 데 동의한다. 한 나라, 한 수도, 한 왕은 한 신을 위한 하나의 성전을 요구했던 것이다. 그 성전을 건축하는 데 있어서 솔로몬은 분명히 열왕기상이 말하고 있는 바로 그것을 실행했다: 성전에 대한 막대한 돈을 썼고, 가능한 한 모든 기술을 동원했던 것이다. 성전은 야웨의 영광을 말해 주었을 것이다. 그러나 동시에 성전은 또한 솔로몬에 대한 찬양을 낳았을 것임이 분명하다. 성전으로 인해서 예전을 돕는 모든 보조적인 사람들과 함께 제사장 조합과 정교한 희생제의 발전을 가져왔을 것이다. 유다의 왕들이 아닌 바로 이 제사장 그룹에게 히브리-유대 전통의 궁극적인 미래가 속하게 되었던 것이다.

성전의 건축과 관련하여 두 가지 특성이 특별한 의미가 있다. 성전은 결국 지어졌고 오펠(Ophel)의 벽 바깥, 즉 솔로몬의 예루살렘 외곽 광활한 장소에 세워졌다. 성전이 커다란 바위 벽 위에 지어졌다는 것은 야웨가 거기에 영원히 거하시는 것이고, 이는 다윗의 아들들에게 한 그분의 "언약"이 영원히 지속된다는 것을 의미하는 것이다. 어쨌든 이 벽들은 야웨가 결코 예루살렘을 떠나지 않으시리라는 것을 보증해 주는 것과 같다. 이러한 것들은 성전의 그러한 모습들을 바라보는 사람들로 하여금 하나님의 사자들이 계속적으로 요청했던 하나님의 계명에 대한 신실한 행함과 그분의 언약에 대한 진정으로 우러나는 충성보다는 야웨의 임재에 대한 외적인 상징을 더더욱 의지하게 만들었던 것이다. 어느 날 격앙된 예레미야가 "너희는 이것이 여호와의 전이라, 여호와의 전이라, 여호와의 전이라 하는 거짓말을 믿지 말라" (렘 7:4)고 외쳤던 것은 그리 놀라운 일이 아니다.

성전은 오늘날 "바위의 둥근 지붕"이라고 불리는 광활한 지역에 세워졌다. 성전은 대부분 당시의 이교 성소와 같이 도시의 중앙에 있지 않았다. 그 고고한 위치는 그 성전이 바쳐진 신의 독특함을 상징했다. 그리고 이 성전이 포로가 된 어느 백성들이 버린 신으로부터 얻어 다시 바쳐진 성전이 아니라는 사실은 야웨에게 헌신된 종교는 매우 새로운 것이라는 의미를 강조하는 것이었다. 주변의 많은 것들이 그 야웨 종교를 혼합하고 혼돈시키려고 반복적으로 노력했음에도 불구하고, 성경적 종교는 그렇게 새로운 것이고 혼합되지 않은 독특한 것이었다.

1977년에 콘라트 루프레흐트(Konrad Rupprecht)는 그의 하이델베르크 논문인 *Der Temple von Jerusalem, Gründung Salomos oder jebusitisches Erbe?*를 출판했다. 논의 중인 주제를 접기 전에 이 논문에 대해서 한마디 하고자 한다. 루프레흐트는 다윗의 통치기에 예루살렘에는 실제적인 성막이 없었고, 오히려 사무엘하 12:20에 언급된 여부스 성전이 있었다고 주장했다. 사무엘하 24장의 아라우나 전설은 이 여부스 성전을 재단장하기 전에 하나의 합법화 내러티브로서의 역할을 했다. 더 나아가 루프레흐트는 열왕기상에 기록된 솔로몬의 건축 작업과 관련된 모든 구절들은 2차적인 재해석들이라고 주장했다. 그는 또한 열왕기상 9:25의 "그리고 그가 그 성전을 완공했다"는 뜻의 베실람 에트 하바이트(ושלם את־הבית)는 솔로몬이 다윗이 야웨를 위해 얻은 기존의 성전을 실제적으로 재건축했고, 다시 모양을 만들었으며, 개조했다는 실제적인 역사를 반영하고 있다고 주장했다. 이 논지를 지원하기 위해

루프레흐트는 열왕기상 6장에서는 단지 1-3, 9a, 14, 37-38절만이 성전에 관하여 행해진 원래적인 작업과 관련된 것이고, 7절은 솔로몬 자신이 건축자로서 일하는 재건축 계획에 대한 단서라고 주장했다. 그는 또한 사무엘하 6장에서는 1-2절만이 원본적이고, 사무엘하 7장은 원본적인 구절이 전혀 없는 2차적인 재해석이고, 열왕기상 1:39, 2:28-30에 있는 "성막"에 대한 구절들은 실제 성전을 위한 상징적 명칭으로서의 어휘를 사용하는 것이라고 주장했다. 열왕기상 8:4은 후대의 제사장적인 주해다. 시편 132:3, 5은 성막이 아닌 성전과 관련된 구절이다. 그리고 역대하 3:1은 아라우나의 타작 마당과 성전을 동일시하는 권위 있는 역사적 전승을 다시 복원하는 것이다.

루프레흐트 논문에서 가장 큰 약점은 그의 부족한 본문 비평과 양식 비평 분석이다. 그는 성전 건축을 솔로몬에게 돌리는 데 있어서 부당하게 의심이 많다. 오펠(Ophel)에 있었음이 틀림없는 여부스 산당은 도시 성벽 밖의 성전이 세워진 동산과 같이 떨어지고 광활한 지역에 세워졌을 리가 없기 때문이다. 비록 한때 타작 마당이 특별한 계시적 행위를 보이는 장소였을지라도, 그것은 조직화된 희생적 예전을 위한 장소는 아니었다. 다윗이 존재하는 여부스 성전을 취하여 그 옆에 법궤를 위한 임시 장소로서 거룩히 구별된 성막을 세웠을 수는 있다. 성전이 세워진 동산 위에 아라우나의 타작 마당이 있었고, 다윗은 이 곳에서 본래 아라우나에게 속했던 자유롭게 서 있는 제단을 취했다. 그러나 팔레스타인 조상들에게보다는 페니키아 사람들에게 기초하고 있는 솔로몬 성전의 건축학적 설계는 솔로몬이 단지 재건축가가 아니라 예루살렘에 있는 야웨의 바로 그 성소의 진정한 건축가라는 것을 말해준다.

6. 솔로몬 왕궁 건축(7:2-12)

참고문헌

Görg, M. "Lexicalisches zur Beschreibung des salomonischen Palastbezirks(1 Kön 7,1-12)." *BN* 11(1980) 7-13. **Mulder, M. J.** "Einige Bemerkungen zur Beschreibung des Libanonwaldhauses in I Reg 7,2f." *ZAW* 88(1976) 99-105. **Ussishkin, D.** "King Salomon's Palaces." *BA* 36(1973) 78-105. **Vincent, H.** "Une antichambre du palais du Salomon. Note de critique textuelle sur I Rois 7,6." *RB* 14(1905) 258-65.

본 문

2 저가 레바논 나무로 궁을 지었으니 장이 일백 규빗이요 광이 오십 규빗이요 고가 삼십 규빗이라 백향목 기둥이 네 줄이요 기둥 위에 백향목 들보가 있으며

3 기둥 위에 있는 사십오 개 들보를 백향목으로 덮었는데 들보는 한 줄에 열다섯이요

4 또 창틀이 세 줄로 있는데 창과 창이 세 층으로 서로 대하였고

5 모든 문과 문설주를 다 큰 나무로 네모지게 만들었는데 창과 창이 세 층으로 서로 대하였으며

6 또 기둥을 세워 낭실을 지었으니 장이 오십 규빗이요 광이 삼십 규빗이며 또 기둥 앞에 한 낭실이 있고 또 그 앞에 기둥과 섬돌이 있으며

7 또 심판하기 위하여 보좌의 낭실 곧 재판하는 낭실을 짓고 온 마루를 백향목으로 덮었고

8 솔로몬의 거처할 궁은 그 낭실 뒤 다른 뜰에 있으니 그 공작이 일반이며 솔로몬이 또 그 장가든 바로의 딸을 위하여 집을 지었는데 이 낭실과 같더라

2 And he constructed the House of the Lebanon Forest, a hundred cubits in length and fifty cubits in width and [a]thirly cubits in height,[a] upon three[b] rows of cedar pillars, with cedar beams[c] atop the pillars,

3 covered[a] above [b]with cedar[b] atop [c]the chambers which were over the pillars,[c] forty-five, fifteen[d] per row,

4 with windowpanes[a] in three rows,[b] aperture over against aperture at three separate locations,

5 and all the doorways and doorposts[a] square, [b]at the opening[b] [c]and at the forefront,[c] aperture over against[d] aperture at three separate locations;

6 also the Hall of Pillars,[a] fifty[b] long and thirty[c] [d]in width,[d] with[e] a hall along their front and pillars with a balustrade along their front;[f]

7 also the Throne Hall where he would render judgment(the Hall of Judgment),[a] [b]covered with cedar from the floor to the rafters;[bc]

8 also his[a] own house where he resided, [b]in the other court outside the Hall,[b] similar to this same pattern in construction;[c] also the house[d] belonging to Pharaoh's daughter whom Solomon took in marriage, similar to his Hall.

9 이 집들은 안팎을 모두 귀하고 다듬은 돌로 지었으니 척수대로 톱으로 켠 것이라 그 기초석에서 처마까지와 외면에서 큰 뜰에 이르기까지 다 그러하니
10 그 기초석은 귀하고 큰 돌 곧 십 규빗 되는 돌과 여덟 규빗 되는 돌이라
11 그 위에는 척수대로 다듬은 귀한 돌도 있고 백향목도 있으며
12 또 큰 뜰 주위에는 다듬은 돌 세 켜와 백향목 두꺼운 판자 한 켜를 놓았으니 마치 여호와의 전 안뜰과 낭실에 놓은 것 같더라

9 All these were[a] costly stones,[b] sawn with a stonesaw inside [c]and out,[c] and used from the foundation up to the framework[d] as far as the great court.
10 It[a] was footed with precious stones, great stones, [b]stones of ten cubits and stones of eight cubits;[b]
11 also the elevation consisted of precious ones,[a] made to measure out of dressed stone, with cedar.
12 And[a] the great court on all sides had three courses of dressed stones with a row of cedar beams; [b]so also the inner court of Yahweh's temple and the nave of the temple.[b]

원문주해

7장에서 MT과 같은 G은 다음과 같은 순서에서 나타난다: 38, 50, 39-49, 1-6, 8-9, 7, 10-11, 13, 12, 14-37. G은 MT의 7b, 12b, 18ba, 20b, 22, 23bβ, 24b절을 생략한다.

2.a-a. MT. G^{BL}은 생략(가운데 글자를 빠뜨리고 쓴 오류).

2.b. G^{BL}. MT은 "네(4)".

2.c. "어깨들"이라는 뜻을 가진 G^{BL}의 오미아이(ὠμίαι=וכתפות)는 "백향목 들보"라는 뜻의 MT의 우크루토트(וכרתות)로부터의 원본 훼손.

3.a. MT. 참조. 7b절의 "가득한". G^{BL}의 "그리고 그는 지붕을 했다"는 히브리어 싸판(ספן)의 분사 수동태를 히브리어 완료태=부정과거로 읽은 것이다. 참조. 6:15.

3.b-b. MT. G^{BL}은 "그 집".

3.c-c. MT. G^{BL}은 같은 히브리어로 읽는다. 그러나 "그 기둥들의 켜(층)들"로 번역한다.

3.d. MT. G^{BL}은 생략(가운데 글자를 빠뜨리고 쓴 오류).

4.a. MT. "지붕 나무들"이라는 뜻을 가진 G^{BL}의 멜라드라(μέλαθρα)는 6:5에 있는 "다락방"이라는 뜻의 야치아(יציע)를 번역한 것이다.

4.b. MT. G^{BL}의 "셋"은 "지붕 나무들"을 뜻하는 멜라드라(μέλαθρα)를 변조한 것이다(가운데 글자를 빠뜨리고 쓴 오류).

5.a. "공간"이라는 뜻인 G^{BL}의 코라이(χῶραι=והמחזות). 참조. 5b절에 있는 두 번의 창문인 메헤자(מחזה). MT은 "그리고 그 문설주들"이라는 뜻의 베함메주조트(והמזוזות)라는 잘못된 단어를 가지고 있다. *HOTTP*, 302f를 보라.

5.b-b. MT. G^{BL}은 원문 훼손.

5.c-c. "그리고 앞에"라는 뜻의 MT의 우물(ומול). "그리고 떨어져서"라는 G^{BL}의 카이 아포(*καὶ ἀπό*)=ומעל(듣기 오류로 인한 원본 훼손).

5.d. "…쪽으로"라는 MT의 알(אל). G^{BL}은 "…위로 혹은 반대로"라는 알(על).

6.a. G^{BL}. MT은 "그가 만들었다"라는 어구 첨가.

6.b. G^{B}. MT과 G^{L}은 "규빗"을 첨가.

6.c. MT과 G^{L}. G^{B}은 "오십"(같은 철자를 중복하여 필사하는 오류).

6.d-d. MT. G^{BL}은 원문 훼손(착오로 글자를 두 번 쓴 것).

6.e. G^{BL}은 생략(가운데 글자를 빠뜨리고 쓴 오류).

6.f. MT. G^{BL}은 "그 낭실들"이라는 설명적 주해를 첨가.

7.a. G^{BL}. MT은 "그가 만들었다"라는 어구 첨가.

7.b-b. MT. G^{BL}은 생략.

7.c. Syr. "그 바닥"을 의미하는 MT의 하카르카(הקרקע)는 원문 훼손.

8.a. MT. G^{BL}은 "그들의".

8.b-b. MT. G^{BL}은 원문 훼손.

8.c. G^{BL}. MT은 "그것은 …이었다"라는 어구 첨가.

8.d. G^{BA}. MT은 "그가 만들었다"라는 어구 첨가. G^{L}은 "그리고 솔로몬은 집을 지었다".

9.a. MT. G^{BL}은 "…에서 밖으로"라는 어구 첨가.

9.b. G^{BL}. MT은 주해인 "치수에 따라 다듬은 돌로부터"를 뜻하는 케미도트 가지트(גזית כמדת, 참조. 11절)라는 어구 첨가.

9.c-c. MT. G^{BL}은 생략.

9.d. MT. G^{BL}은 "처마 언저리에 낸 배내기 장식들"이라는 뜻의 게이손(*γεισῶν*). MT과 G^{BL}은 "그리고 바깥쪽으로"라는 어구 첨가(가운데 글자를 빠뜨리고 쓴 오류). 참조. *HOTTP*, 303.

10.a. G^{BL}. MT의 "그리고 그것은"이라는 어구는 좀더 연결적인 문체를 만들기 위해서 노력한 것이다.

10.b-b. MT. G^{BL}은 쉽게 풀어쓴 것임.

11.a. G^{B}. MT과 G^{L}은 "돌들"이라는 설명적인 어구를 첨가.

12.a. MT. G^{BL}은 "…의/…로부터"(원문 훼손).

12.b-b. MT. G^{BL}은 생략. 참조. 6:36(Burney, 83). MT은 생략적이다. 문자적으로는 "야웨의 내부 성전과 성전의 성소에 해당하는 둘 다"라는 의미다.

양식/구조/배경

솔로몬의 행장으로부터 발췌한 부분(10): 솔로몬의 건축 계획

1. 레바논의 나무로 지은 집
    a. 그 치수들, 2aα절
    b. 기둥들과 재목들, 2aβb절
    c. 지붕에 있는 방들, 3절
    d. 창문들
        (1) 창문, 4절
        (2) 출입구, 5절
2. 기둥이 있는 낭실
    a. 그 치수들, 6a절
    b. 건축, 6b절
3. 보좌가 있는 낭실, 7절
4. 왕실 거주지, 8a절
5. 왕비의 거주지, 8b절

솔로몬의 행장으로부터 발췌한 부분(11): 건축 방법

1. 돌들의 준비, 9절
2. 돌들을 사용함, 10-11절
3. 궁궐 벽들을 건축함, 12절

이 부분에 대한 자료 비평에 관해서는 6장을 보라. 문체는 매우 상세히 서술한 묘사적이고 기술적인 건축학적 용어들이 들어 있다. 영어 번역본들(참조. RSV)은 그 단어들이 MT에 나타나는 대로 수정한다. 그러나 본 주석은 G^B을 의존하고 있다. 2절 초반부에 등장하는 "그리고 그가 건축했다"라는 뜻을 나타내는 봐이벤(ויבן)만이 원본적인 것으로서 2-8절에 언급된 각각의 구조들을 관할하는 것으로 인식하기 때문이다. 이러한 것은 MT이 비록 8b절에서는 이 동사를 가지고 있지만, 8a절에서는 이 동사를 가지고 있지 않다는 사실로 보아 확실시된다. 6절에서는 치수가 "규빗"이라는 관용구 없이 나타난다. 이것은 "폭이 2인치이며 넓이가 4인치인 판자"라는 것을 단순히 "2와 4"라고 표현하는 것과 같은 이치다.

주석

2-8 솔로몬의 다섯 개의 건축물. 언급된 유일한 건축 자재는 백향목이다. 비록

금은 다윗의 궁전과 바로의 딸의 궁전에서 어느 정도 사용되었음에 틀림없지만, 성전에서 사용된 금은 여기에 언급되지 않는다. 마지막 두 개의 건축물에는 특별한 이름이 주어지지 않았다. 그러나 처음 세 개의 건축물에는 각각 "레바논 나무로 만든 집", "기둥들의 낭실" 그리고 "보좌가 있는 낭실"(또는 "재판소"라고 알려짐)이라는 이름이 언급된다. 6장에서와 같이 고대 번역자들에게 매우 어려움을 주었고 현대 학자들의 새로운 제안들을 계속해서 나오게 하는 수많은 난해한 건축학적 용어들이 있다(참고문헌을 보라). 다음과 같이 상응하는 용어들이 있다.

줄(טור – 투르): 무거운 기둥, 15절의 다듬은 돌의 기둥인 아무드(עמוד)가 아니다. 골방(צלע – 첼라): 문자적으로는 "갈비". 레바논 나무로 만든 집의 이 층에 있는 칸막이 방. 참조. 6:6의 "골방". 기둥(עמוד – 아무드): 골방을 지지해 주는 격자로 만나는 것. 창틀(שקף – 솨쿠프): 성전에 있는 하룰림(חלולים)과 같은 것으로 빛을 들어오게 하는 것. 창(מחזה – 메헤자): 창틀 벽에 있는 구멍. 문(פתח – 페타흐): 문 벽에 있는 구멍. 문설주(מזוזה – 메주자): 문을 만드는 구조. 다 큰 나무(שקף – 쉐케프): 열려진 문의 안쪽. 앞(מול – 물): 열린 문으로 나가는. 낭실(אולם – 울람): 기둥으로 이루어진 방. 참조. 성전의 돌출된 입구. 섬돌(עב – 아브): 입구를 막는 것. 마루(קרקע – 카르카): 서까래들, Syr, Vg קורות MT은 "바닥", 7절. 다른 뜰(חצר האחרת – 하체르 하아헤레트): 다른 표현으로는 "뜰 뒤에".

9-12 영역에서 "모두" 앞에 나오는 것은 "이 모든 것들에 값비싼 돌들이 사용되었다"라고 다시 번역하지 않는다면 매우 모호하게 된다. 이렇게 번역하는 것이 바로 그 의미하는 바가 된다. 히브리인들 혹은 페니키아인들은 그들의 톱을 단단한 연마제로 다루는 방법을 발견했음이 분명하다. 망치나 끌을 가지고 만들 수 있는 것보다는 더 정교한 표면이 필요했기 때문이다. 물론 그리 단단하지 않은 천연 대리석이 사용되었음을 알아야 할 것이다. 이 구절들의 의도는 돌이 어떻게 다양한 구조물들에 사용되었는지를 묘사하기 위한 것이다. 돌들이 "크고", "넓은" 뜰이 있는 벽에 사용된 것과는 대조적으로 다양한 건물들(9-11절)에서는 그 사용법이 다르다. 무엇이 포함되었는지를 이해하기 위한 주요 단어는 9절에 있는 하테파호트(הטפחות)다. 괴르크(M. Görg)는 최근에 이것은 "지붕"에 해당하는 애굽이와 관련이 있다고 주장했다(*BN* 11[1980] 7-13). 그러나 우리는 그 의미가 "골격 구조"라고 보는 부징크(Busink, *Der Temple*, 229)와 드보(R. de Vaux, *Ancient Israel, Her Life and Culture*[1961] 316)의 견해를 전적으로 따른다. 이것은 다양한 기초층들 위의 (돌 혹은 나무) 머리 부분들과 뻗어 있는 부분들의 줄을 의미한다. "값비싼

돌들", "귀한 돌들", "큰 돌들"을 위해서는 5:17을 보라. 10규빗의 길이와 8규빗의 높이를 가진 돌들은 헤롯이 성전 자리에 사용했던 거대한 돌들을 볼 때 믿을 만한 크기의 돌들이다. "귀한 돌들"이라고 불리는 것들은 기초뿐만 아니라 (바닥에서 꼭대기로 올라가는) "솟은 부분"을 위해서도 사용되었다.

9절에서 단순하게 언급된 "큰 뜰"은 12절에서 직접적으로 묘사되었다(9절의 "큰 뜰에 이르기까지"〈עד החצר הגדולה – 아드 헤하체르 하게돌라〉는 난해하다. 아주 간편한 해결책은 LXX의 "큰 뜰 바깥쪽"이라고 읽는 것이다). 6:36에 묘사된 성전의 안 뜰처럼 이 큰 뜰은 다듬은 돌 세 켜와 백향목 판자들(כרתת – 케루토트)이 교대로 놓여졌다. 마지막 기록은 안뜰과의 유사성을 회상시키며, 이 방법은 또한 성전의 성소에도 적용되었다고 적고 있다. 만약 이 마지막 주장에 대한 텍스트가 맞는 것이라면("원문주해"를 보라), 우리는 그것이 실제적으로 이루어진 방법에 대해서 알 수 없는 혼돈에 싸이게 되는 것이다.

해설

솔로몬의 건축물들을 재건축하고 성전이 세워졌던 동산에 그 건물들의 배치도를 그리려는 모든 종류의 노력들이 있었다. 우리는 단지 만족할 만한 이해를 주는 설명을 하기 위해 노력할 수 있을 뿐이다. 그러한 것이 바로 부징크의 *Der Tempel*, 128-61에 있는 설명이라 할 수 있다. "레바논의 나무로 지은 집"은 성전보다는 훨씬 큰 것이었고, 큰 무리의 청중들 혹은 회집을 위한 공간으로서 사용되기 위해 지어진 것이었다. 그것은 한 줄에 15개씩 세 줄, 즉 모두 45개의 긴 백향목 기둥들로 이루어졌다. 그러므로 그것의 이름을 숲으로 비유하고 있는 것이다. 지붕은 아마도 바깥 층계들을 통해서 접근하도록 되어 있는 평평한 구조였다. 그리고 그것은 벽들이 기둥의 줄에 따라 정방형으로 세워졌을 "다락방"들을 가지고 있었다(Businik; 또한 M. J. Mulder, *ZAW* 88[1976] 99-105를 보라). 이 큰 낭실에 들어가는 입구는 짧은 측면들 각각에 있는 하나의 문과 긴 측면들 각각에 있는 두 개의 문이었다. 긴 측면의 문들 사이에는 창문들이 있었다. "기둥들의 낭실(공간)"에 대한 높이와 몇 개의 기둥들이 있었는지는 기록되지 않아 알 수 없다. 부징크는 "보좌가 있는 낭실"은 같은 건물이었다고 생각한다. 저자는 단순히 같은 건물에 대해서 두 가지 다른 이름들을 쓰고 있는 것이라고 보았다. 그것은 또한 전면에 기둥으로 된 돌출된 입구를 가지고 있었던 것으로 보인다. 그 입구는 경사로 혹은 처마와 같은 것을 가지고 있었을 것이며, 그 안쪽은 백향목 판자로 싸여 있었을 것이다. 솔로몬의 "집"과 그의 애굽 왕비의 "집"에 대해서는 단지 "이와 같은 건축법과 유사하게"라는 정보 외에는 아무것도 말하고 있지 않다. 우시쉬킨(D. Ussishkin)은 "King Solomon's Palaces", *BA* 36(1973) 78-105에서 부징크의 견해에 동의한다. 이 두 궁전은 전형적인 시리아 건축 양식인 *Bit-Ḥilāni*를 보여 준다는 것이다. 즉 기둥들이 지지하는 열린 공간 주변에 삼 면을 가진 방들이 있는 건축 양식인 것이다. 이것은 성경 텍스트의 구조와 매우 잘 맞는 것 같다. 8절에 따르면, 이것은 6-7절에서 묘사된 건물 혹은 건물들의 모양이었을 것이다.

마지막으로 이러한 세속적인 건축물들 위에 성전과 관련된 사항들에 대해서 간단히 언급하고자 한다. 성경과 역사 문헌들 그리고 최근의 고고학적 작업의 결과들에 비추어 판단해 보면, 후자의 일반 건축물들은 성전의 남쪽으로 그룹을 이루며 지어졌을 것이다. 솔로몬 자신의 궁궐은 자신의 식솔과 가신들을 포함한 대가족을 수용하기 위해 건물들 중에서 제일 크게 지어졌어야만 했을 것이다. 아마도 이 궁궐은 성전을 둘러싸고 있는 "안 뜰"로 곧장 향하게 되어 있는 문을 가지고 있었을 것이며, 8절에 언급된 "다른 뜰"로 들어가는 또 다른 문을 가지고 있었을 것이다. 바로의 딸을 위한 궁궐은 솔로몬의 궁궐에 바로 붙어 있었을 것이다. "안 뜰"의 남쪽과 두 궁궐의 동쪽에는 "큰 뜰"이 놓여 있었을 것이다. 그리고 그것은 "보좌가 있는 낭실"과 "레바논 나무로 지은 집"을 가지고 있었을 것이다.

바로 이것이 솔로몬 왕이 그의 나라의 부를 사용해서 지은 커다란 복합 궁궐이었다. 그는 야웨가 위대한 하나님이심과 자신이 위대한 왕임을 보여 주기 위해 가능한 모든 것을 다했다. 여기에서 보여 주는 것은 그의 지혜보다 훨씬 더 큰 그의 "부와 명예"인 것이다. 그가 소유한 것은 의심할 나위 없이 세속적 성공에 대한 종교적 경건성이었다.

7. 성전을 위한 히람의 헌물들(7:13-51a)

참고문헌

Albright, W. F. "Two Cressets from Marisa and the Pillars of Jachin and Boaz." *BASOR* 85(1942) 18-27. **van den Branden, A.** "I brucia-incenso Jaken e Bo'az." *BibOr* 4(1962) 47-52. **von Hummelauer, P. F.** "Salomons ehernes Meer(3 Kg 7,23-26 =2 Chr 4,2-5)." *BZ* 4(1906) 225-31. **Kornfeld, W.** "Der Symbolismus der Tempelsäule." *ZAW* 74(1962) 50-57. **May, H. G.** "The Two Pillars Before the Temple of Solomon(I K 7:15-22)." *BASOR* 88(1942) 19-27. **Schwally, F.** "Zur Quellenkritik der historischen Bücher. –II. I Kön. 7,41-45a." *ZAW* 12(1892) 157. **Scott, R. B. Y.** "The Pillars Jachin and Boaz." *JBL* 58(1939) 143-47. **Segré, A.** "Il mare fusile del tempio di Salomone." *RSO* 41(1966) 155. **Stade, B.** "Die Kesselwagen des salomonischen Tempels 1 Kö. 7,27-39." *ZAW* 21(1901) 145-90. **Vincent, L.-H.** "Les bassins roulants du Temple du Salomon(I K 7,27-39)." *Miscellanea Biblica B. Ubach*, Montserrat 1953. **Wright, G. E.** "Solomon's Temple Resurrected." *BA* 4(1941) 17-31. **Wylie, C. C.** "On King Solomon's Molten Sea." *BA* 12(1949) 86-90. **Yeivin, S.** "Jachin and Boaz." *PEQ* 91(1959) 6-22.

본 문

13 솔로몬 왕이 보내어 히람을 두로에서 데려오니

13 And King Solomon sent and fetched Hiram[a] from Tyre.

14 저는 납달리 지파 과부의 아들이요 그 아비는 두로 사람이니 놋 점장이라 이 히람은 모든 놋 일에 지혜와 총명과 재능이 구비한 자더니 솔로몬 왕에게 와서 그 모든 공작을 하니라

14 The son of a widow woman was he, from the tribe of Naphtali, though his father had been a Tyrian citizen, a craftsman in bronze. And he was full of skill, comprehension, and [a]knowhow in crafting[a] all kinds of work in bronze. So he came[b] to King Solomon and crafted all his work.[c]

15 저가 놋기둥 둘을 만들었으니 그 고는 각각 십 팔 규빗이라 각각 십이 규빗 되는 줄을 두를 만하며

15 And he cast[a] [b]the two pillars[b] [c]of bronze.[cd] Eighteen cubits was the height of [e]the pillar;[e] and a cord of twelve[f] cubits could encircle [g]it, and its thickness hollowed out was four fingers. Identical to it was the second.[g]

16 또 놋을 녹여 부어서 기둥 머리를 만들어 기둥 꼭대기에 두었으니 이 머리의 고도 다섯 규빗이요 저 머리의 고도 다섯 규빗이며

16 And two capitals he made to set on top of the pillars, castwork:[a] five cubits was the height of the one capital [b]and five cubits was the height of the second capital.[b]

17 기둥 꼭대기에 있는 머리를 위하여 바둑판 모양으로 얽은 그물과 사슬 모양의 땋은 것을 만들었으니 이 머리에 일곱이요 저 머리에 일곱이라

17 [a]Reticulations shaped like a net, festoons shaped like a chain, belonged to the capitals which were on top of the pillars,[a] seven[b] for the one capital and seven[b] for the second capital.

18 기둥을 이렇게 만들었고 또 두 줄 석류를 한 그물 위에 둘러 만들어서 기둥 꼭대기에 있는 머리에 두르게 하였고 다른 기둥 머리에도 그렇게 하였으며

18 [a]And he made the columns:[a] and[b] there were [c]two rows surrounding each reticulation made to cover the capital which was on top of the pomegranates:[c] and the same he made for the second capital.

19 낭실 기둥 꼭대기에 있는 머리의 네 규빗은 백합화 모양으로 만들었으며

19 And [a]the capitals which were[a] on top of the columns, styled as lilies, in[b] the porch, were four cubits.

20 이 두 기둥 머리에 있는 그물 곁 곧 그 머리의 공같이 둥근 곳으로 돌아가며 각기 석류 이백이 줄을 지었더라

20 And the capitals[a] were atop the two pillars: also upward with respect to the protuberance,[b] [c]which was distinct from the reticulation: and two hundred pomegranates were in surrounding rows upon[c] the second capital.

21 이 두 기둥을 전의 낭실 앞에 세우되 우편의 기둥을 세우고 그 이름을 야긴이라 하고 좌편의 기둥을 세우고 그 이름을 보아스라 하였으며

21 And he erected the pillars at the porch of the nave: he erected the first[a] pillar and called its name Yakin: he erected the second[b] pillar and called its name Boaz.[c]

22 그 두 기둥 꼭대기에 백합화 형상이 있더라 두 기둥의 공역이 마치니라

22 And the top of the columns was shaped like lilies. So the constructions of the pillars was completed.

23 또 바다를 부어 만들었으니 그 직경이 십 규빗이요 그 모양이 둥글며 그 고는 다섯 규빗이요 주위는 삼십 규빗 줄을 두를 만하며

23 And he made the reservoir,[a] ten cubits from one rim to the other rim, round on its exterior and five cubits in height: and a line[b] of thirty[c] cubits could encircle it [d]on the circumference.[d]

24 그 가장자리 아래에는 돌아가며 박이 있는데 매 규빗에 열 개씩 있어서 바다 주위에 둘렸으니 그 박은 바다를 부어 만들 때에 두 줄로 부어 만들었으며

24 And gourds were beneath the rim on the outside, encircling it for ten cubits, [a]enclosing[b] the reservoir[a] on the outside: [c]in two rows were the gourds, cast when it was cast.[c]

25 그 바다를 열두 소가 받쳤으니 셋은 북을 향하였고 셋은 서를 향하였고 셋은 남을 향하였고 셋은 동을 향하였으며 바다를 그 위에 놓았고 소의 뒤는 다 안으로 두었으며

25 [a]It stood upon twelve oxen,[a] three facing north, three facing west, three facing south, and three facing east: [b]and it was resting upon them from above, with all their hind parts inward.[b]

26 바다의 두께는 한 손 넓이만하고 그 가는 백 합화의 식양으로 잔 가와 같이 만들었으니 그 바다에는 이천 밧을 담겠더라

27 또 놋으로 받침 열을 만들었으니 매 받침의 장이 네 규빗이요 광이 네 규빗이요 고가 세 규빗이라

28 그 받침의 제도는 이러하니 사면 옆 변죽 가운데 판이 있고

29 변죽 가운데 판에는 사자와 소와 그룹들이 있고 또 변죽 위에는 놓는 자리가 있고 사자와 소 아래에는 화환 모양이 있으며

30 그 받침에 각각 네 놋바퀴와 놋축이 있고 받침 네 발 밑에는 어깨 같은 것이 있으며 그 어깨 같은 것은 물두멍 밑편에 부어 만들었고 화환은 각각 그 옆에 있으며

31 그 받침 위로 들이켜 고가 한 규빗 되게 내민 것이 있고 그 면은 직경 한 규빗 반 되게 반원형으로 우묵하며 그 나머지 면에는 아로새긴 것이 있으며 그 내민 판들은 네모지고 둥글지 아니하며

32 네 바퀴는 옆판 밑에 있고 바퀴 축은 받침에 연하였는데 바퀴의 고는 각각 한 규빗 반이며

33 그 바퀴의 제도는 병거 바퀴의 제도 같은데 그 축과 테와 살과 통이 다 부어 만든 것이며

34 받침 네 모퉁이에 어깨 같은 것 넷이 있는데 그 어깨는 받침과 연하였고

35 받침 위에 둥근 테두리가 있는데 고가 반 규빗이요 또 받침 위의 버팀대와 옆판들이 받침과

26 [a]And its thickness was a handbreadth,[a] and its rim was similar in style to the rim of a cup, a lily bloom. [b]It could contain two thousand baths.[b]

27 And he made the watercarts, ten of them, of bronze. Four[a] cubits was the length of each watercart, four cubits was its width, and three[b] cubits was its height.

28 Now this was the design of a watercart: They had framing pieces, and the framing pieces were between the crossrungs:

29 and upon the framing pieces that were between the crossrungs were lions, oxen,[a] and cherubim; and upon the crossrungs, identically above and below the lions and the oxen, were wreaths in hammered work.

30 And four in number were the bronze wheels belonging to each watercart, with bronze axletrees; also four in number were its cornerposts. They had shoulderpieces beneath the laver;[a] the cast shoulderpieces were each adjacent to a wreath.

31 And its opening was inside the crown, extending upward one cubit; and the latter's opening was round, of similar design for a cubit and a half, and also on its opening were carvings, although their framing pieces were square rather than round.

32 And there were four wheels underneath their own framing pieces,[a] with sockets for the wheels fixed to the watercart; and the height of each wheel was a cubit and a half,

33 the construction of the wheels being according to the design of a chariot wheel; their[a] sockets and their rims [b]and their spokes[b] and their hubs were all of cast metal.

34 And there were four shoulderpieces leading to the four cornerposts of each watercart, whose individual shoulderpiece extended from the watercart.

35 And in the top of the watercart, a half cubit tall, was an encircling band; also[a] atop the

연하였고

36 버팀대 판과 옆판에는 각각 빈 곳을 따라 그룹들과 사자와 종려 나무를 아로새겼고 또 그 사면으로 화환 모양이 있더라

37 이와 같이 받침 열을 만들었는데 그 부어 만든 법과 척수와 식양을 다 동일하게 하였더라

38 또 물두멍 열을 놋으로 만들었는데 물두멍마다 각각 사십 밧을 담게 하였으며 매 물두멍의 직경이 네 규빗이라 열 받침 위에 각각 물두멍이 하나씩이더라

39 그 받침 다섯은 전 우편에 두었고 다섯은 전 좌편에 두었고 전 우편 동남에는 그 바다를 두었더라

40 히람이 또 물두멍과 부삽과 대접들을 만들었더라 이와 같이 히람이 솔로몬 왕을 위하여 여호와의 전의 모든 일을 마쳤으니

41 곧 기둥 둘과 그 기둥 꼭대기의 공 같은 머리 둘과 또 기둥 꼭대기의 공 같은 머리를 가리우는 그물 둘과

42 또 그 그물들을 위하여 만든 바 매 그물에 두 줄씩으로 기둥 위의 공 같은 두 머리를 가리우게 한 사백 석류와

43 또 열 받침과 받침 위의 열 물두멍과

44 한 바다와 그 바다 아래 열두 소와

45 솥과 부삽과 대접들이라 히람이 솔로몬 왕을 위하여 여호와의 전에 이 모든 그릇을 빛난 놋으로 만드니라

watercart were its handles, with its framing pieces extending from it.

36 And he engraved upon the[a] panels of its handles and on[b] its framing pieces cherubim, lions,[c] and palmtrees, [d]adjusted to the amount of empty space, with wreaths surrounding them.[d]

37 Like this he made the watercarts, using the [a]same casting,[a] [b]same dimensions, and same design[b] for them all.

38 And he made ten bronze lavers, forty baths capacity to each laver; [a]each laver measured four cubits.[a] The ten watercarts had each one laver per individual watercart.

39 And he positioned the watercarts five [a]on the right side of the temple[a] and five on the left side of the temple. And the reservoir [b]he positioned[b] away from the right side of the temple, eastward but toward the south.

40 And Hiram made the pots,[a] the shovels, and the sprinkling vessels. So Hiram completed crafting all the handcraft which he had been commissioned to make for King Solomon for use in Yahweh's temple:

41 Pillars: two(and) bowls for the capitals[a] (and) bowls [b]which were[b] atop the pillars: two (and) the reticulations: two (for covering the two [c]bowls of the capitals[c] which were upon[d] the pillars)

42 (and)[a] the pomegrantes: four hundred for the two reticulations(two rows of pomegranates to each reticulation coveringthe two [b]bowls of the capitals[b] which were [c]upon each of[c] the pillars)

43 (and) the watercarts: ten (and) the lavers: ten(upon the watercarts)

44 (and) the reservoir: one[a] (and) the oxen: twelve (beneath the reservoir).

45 Now the pots and the shovels and the sprinkling vessels, with all the[a] utensils, which Hiram crafted for King Solomon for Yahweh's

	temple[b] out of polished[c] bronze.
46 왕이 요단 평지에서 숙곳과 사르단 사이의 차진 흙에 그것들을 부어 내었더라	**46** he[a] cast in the Jordan trough [b]in clay molds[b] between Succoth and Zarethan.
47 기구가 심히 많으므로 솔로몬이 다 달지 아니하고 두었으니 그 놋 중수를 능히 측량할 수 없었더라	**47** [a]But Solomon let all the utensils lie because of their very great abundance;[a] the weight of the bronze could not be determined.
48 솔로몬이 또 여호와의 전의 모든 기구를 만들었으니 곧 금단과 진설병의 금상과	**48** And Solomon[a] made[b] all the utensils which were[c] in Yahweh's[d] temple: the golden altar; also the table on which was placed the bread[e] of presence: gold;
49 내소 앞에 좌우로 다섯씩 둘 정금 등대며 또 금꽃과 등잔과 불집게며	**49** also the lampstands, [a]five on the left and five on the right,[a] in front of the adytum: pure gold; also the flower[b] and the lamps and the tongs: gold;[c]
50 또 정금 대접과 불집게와 주발과 숟가락과 불을 옮기는 그릇이며 또 내소 곧 지성소 문의 금돌쩌귀와 전 곧 외소 문의 금돌쩌귀더라	**50** also the basins and the snuffers and the bowls and the incense dishes and the firepans: pure gold;[a] also the doorfronts for the inner sanctuary (the holy of holies) and[b] the doors [c]of the nave:[c] gold.
51 솔로몬 왕이 여호와의 전을 위하여 만드는 모든 것을 마친지라 이에 솔로몬이 그 부친 다윗의 드린 물건 곧 은과 금과 기구들을 가져다가 여호와의 전 곳간에 두었더라	**51** So [a]the craftwork[a] which Solomon[b] made for Yahweh's temple was carried to completion.

원문주해

13.a. MT의 철자법은 헬라어 사본들(G MSS)에 의해서 지속적으로 확증된다: 역대기의 후람(חוּרָם, 그러나 참조. Par חירם)에 대해서 후람-아비(Huram-Abi) 등을 말하는 케이람(χειραμ), 케람(χηραμ). 역대기의 레후람 아비(לְחוּרָם אָבִי)는 원문 훼손. 참조. Par. 그러므로 그레이(J. Gray, i. I)는 후람 아비는 바로 이 장인의 이름이라고 추측하는 희박한 근거에 서 있는 것이다. 특별히 그것은 두 가지 분명한 신의 이름을 받는 요소를 포함하고 있기 때문이기도 하다: 아히(אחי, "나의 형제") – 람(רם, "큰") – 아키(אכי, "나의 아버지").

14.a-a. MT은 "만드는 지식"이라는 뜻의 하다아트 라아소트(הדעת לעשות). G[BL]은 "그리고 그가 기술적으로 만드는 방법을 안다".

14.b. MT. G[BL]의 "데려왔다"라는 구문은 히람이 예루살렘에 속한 지역에 있지 않았고 부름에 의해서만 왔다는 의미를 가진다.

14.c. MT. G^{BL}의 "그 일"이란 솔로몬은 구상하고, 히람은 단지 그대로 행하는 수행자였음을 암시한다.

15.a. G^{BL}은 MT의 "모양을 만들었다" 대신에 "녹여 만들었다", "주조했다"라는 의미의 코뉴오(χωνεύω)를 사용한다. 이 커다란 기둥들은 조각되어 만들어졌다고 보기보다는 모양을 만들어 주조한 것이다(참조. 46절). MT의 봐야차르(וַיָּצַר)는 "그리고 그가 주조했다"는 의미의 원본적인 봐야차크(ויצק)의 원본 훼손이다.

15.b-b. MT, G^{L}.

15.c-c. MT. G^{BL}은 생략.

15.d. MT. G^{BL}은 "그 성전의 낭실을 위해서"라는 어구 첨가.

15.e-e. G^{BL}. MT의 "그 하나/첫 번째 기둥"이라는 어구는 설명적이다.

15.f. MT. G^{BL}은 "14".

15.g-g. G^{BL}. MT의 "그 두 번째 기둥"이라는 어구는 설명적이다.

16.a. G^{B}. MT, G^{L}은 "놋의"라는 설명적인 어구를 첨가한다.

16.b-b. MT과 G^{L}. G^{B}은 생략(가운데 글자를 빠뜨리고 쓴 오류).

17.a-a. MT. G^{BL}은 난해한 히브리어를 이해하지 못하여 설명적인 대략적 구문, 즉 "그리고 그는 기둥들의 머리도 격자 모양과 같은 두 개의 그물을 만들었다"라는 어구를 쓰고 있다.

17.b. MT. G^{BL}의 "(그리고) 하나의 그물"은 원본 훼손적임(딕튀온〈δίκτυον〉=히브리어 שבכה; 참조. שבעה, "7").

18.a-a. MT. G^{BL}은 "그리고 꽃 줄 작업을 하다".

18.b. MT. G^{BL}은 생략.

18.c-c. MT. G^{BL}은 이해하지 못하는 것을 번역한다: "놋 공간들의 두 줄(?), 그물 작업, 그물 작업, 줄 위에 줄".

19.a-a. MT. G^{BL}은 생략.

19.b. MT. G^{BL}은 "…위에".

20.a. MT. G^{BL}의 멜라드론(μέλαθρον)은 MT의 7:4에 있는 "창틀"을 나타내는 솨쿠프(שקף), 6:5의 "침대"를 의미하는 야추아(יצוע)를 번역한 것이다.

20.b. MT. 문자적으로는 "배"(בטן). G^{BL}은 "갈비들"을 의미하는 플류론(πλευρῶν).

20.c-c. MT, G^{BL}은 생략.

21.a. G^{B}. MT과 G^{L}의 "오른쪽의"는 설명적이다.

21.b. G^{B}. MT과 G^{L}의 "왼쪽의"는 설명적이다.

21.c. MT. G^{B}은 듣는 과정에서 원본 훼손이 일어남. 참조. G^{L} MSS.

23.a. G^{BL}. MT의 "주조된 금속의". Burney, 90과는 반대다. G의 생략은 일반적으로 주장된 대로 보지 못하여 빠뜨린 것 같지는 않다. 이 부분에서 원본의 번역자는 그가 쉽게

풀어쓴 설명적 어구로 수정하고자 할 때도 단지 그러한 기교적인 용어들만을 생략하기 때문이다.

23.b. Q와 K는 철자적인 변형들.

23.c. MT. 역대기와 G^{BL}은 "33".

23.d-d. MT. G^{L}은 생략. G^{B}은 쉽게 풀어썼다.

24.a-a. MT과 G^{L}. G^{B}은 생략.

24.b. MT과 G^{B}. G^{L}은 "지지하는".

24.c-c. MT. G^{BL}은 생략.

25.a-a. MT. G^{BL}은 "그리고 물 담는 그릇 밑에 있는 열두 황소".

25.b-b. MT. G^{BL}은 절들의 순서를 바꿈.

26.a-a. MT. G^{BL}은 생략.

26.b-b. MT. G^{BL}은 "그리고 그것의 두께는 고대였다"(원문 훼손).

27.a. MT. G^{BL}은 "5".

27.b. MT. G^{BL}은 "6". 번역자들은 숫자들을 증대시키는 경향이 있다.

29.a. MT. G^{BL}은 "그리고 황소들".

30.a-32.a. MT. G^{BL}은 생략.

33.a. MT, G^{B}. G^{L}은 "그리고 그들의".

33.b-b. MT. G^{BL}은 생략.

35.a. MT. G^{BL}은 생략.

36.a. MT. G^{BL}은 설명적인 "4"를 첨가.

36.b. MT. G^{BL}은 생략.

36.c. MT. G^{BL}은 "그리고 사자들".

36.d-d. MT. G^{BL}은 원문 훼손.

37.a-a. MT. G^{BL}은 생략.

37.b-b. MT. G^{BL}은 "하나의 단일한 도안과 치수"(문체적).

38.a-a. MT. G^{BL}은 생략.

39.a-a. MT. G^{B}은 생략. 다른 모든 것들은 이 독법을 가진다.

39.b-b. MT과 G^{L}. G^{B}은 생략.

40.a. 역대기와 G. 참조. 45절. MT은 38절의 영향 아래 "물두멍들"의 의미인 하씨로트(הסירות)를 "기둥들" 혹은 "마루, 대"라는 뜻의 하키로트(הכירות)로 원문을 훼손함.

41.a. MT. G^{B}은 "그리고 그(G^{L}은 조각한) 기둥들의 꽃 줄들". 참조. 17절 MT, 신 22:12.

41.b-b. MT과 G^{L}. G^{B}은 생략.

41.c-c. MT. G^{BL}은 "그 조각들의 꽃 줄들".

41.d. G^{BL}. MT은 "…의 끝 위에"라는 뜻의 알 로쉬(על ראש).

42.a. MT과 G^{L}. G^{B}은 생략.

42.b-b. MT. G^{BL}은 "물받침들의 꽃 줄들". 43절로부터 원문 훼손.

42.c-c. G^{BL}. MT은 "…의 앞에".

44.a. G^{BL}. MT은 "그 하나".

45.a. G^{BL}. K는 "그 성막의". Q는 "이것들은".

45.b. MT. G^{B}은(참조. G^{L}) "그리고 왕의 집과 야웨의 성전의 48기둥들, 히람이 만든 왕의 모든 정교한 작품들"(설명적인 주해).

45.c. MT. G^{BL}은 원문 훼손.

46.a. G^{BL}. MT은 "그 왕"이라는 설명적인 어구 첨가.

46.b-b. MT. 단 한 번 기록에 남아 있는 어구(語句)를 이해하지 못한 G^{BL}(참조. 역대기)은 베마아베(במעבה)를 "흙/토지의 찰흙에서"라고 번역한다. 본 주석의 번역은 문맥의 의미에 기초하고 있다.

47.a-a. MT. G^{BL}은 원문 훼손: "그가 이 모든 정교한 작품들(G^{L}은 기구들)을 만든 놋의(G^{L}은…하는 무엇이든지) 무게는 달 수 없었다. 너무나 많은 양으로 인해서"(47b절로 인해 착오로 두 번 쓴 것).

48.a. MT. G^{BL}은 "왕 솔로몬"(40절로부터).

48.b. MT. G^{B}의 "가졌다"와 G^{L}의 "주었다/바쳤다"는 솔로몬이 히람과 동일한 의미에서 장인이었다는 생각을 피하는 것이다.

48.c. MT. G^{BL}의 "그가 만들었다"라는 구문은 아마도 히람에 대한 말일 것이다.

48.d. MT과 G^{L}. G^{B}은 생략.

48.e. MT. G^{BL}은 "떡들".

49.a-a. G^{B}. "왼쪽-오른쪽"의 순서는 MT, G^{L}의 "오른쪽에 다섯 개 그리고 왼쪽에 다섯 개"라는 구문에서 보이는 전형적인 형식을 깨는 것이기 때문에 좀더 원본적인 것으로 보인다.

49.b. MT. G^{BL}은 원문 훼손("등대들"이라는 뜻의 베에트 하메노로트〈ואת־המנרות〉를 착오로 글자를 두 번 쓴 것).

49.c. MT과 G^{B}. G^{L}은 "그들 모두"를 첨가.

50.a. MT과 G^{B}. G^{L}은 "그들 모두"를 첨가.

50.b. G^{BL}. MT은 설명적 어구인 "…을 위하여"를 첨가.

50.c-c. G^{BL}. MT은 "성전의, 성경을 위한"을 착오로 두 번 쓴 오류를 가지고 있다.

51.a-a. G^{BL}. MT은 설명적 어구인 "모든 정교한 작품들"을 가짐.

51.b. G^{BL}(참조. 48절). MT은 "왕 솔로몬".

양식/구조/배경

솔로몬의 행장으로부터 발췌한 부분(12): 히람의 손 작업(공식적인 기록들로부터 가져온 항목들로 보충됨)

1. 히람이 가지고 있는 신임장, 13-14절
2. 성전 앞의 기둥들
   a. 기둥들의 주조, 15절
   b. 기둥들에 대한 정교한 작업, 16절
      (1) 그들의 장식(건축학적인 기록들로부터), 17, 18b, 20절

[확장: 낭실 앞의 기둥들, 18a, 19절]

   c. 기둥을 세우고 봉헌함, 21, 22b절

[확장: 기둥들의 장식, 22a절]

3. 물 담는 그릇과 물 받침대들
   a. 물 담는 그릇과 황소 모양으로 만든 그 그릇의 받침대
      (1) 그 치수들과 장식(건축학적인 기록들로부터), 23, 24-26절
   b. 물 받침대들: 구조 작업에 대한 이야기, 27a, 28aα, 36-37절
      (1) 그 치수들(건축학적인 기록들로부터), 27b절
      (2) 그 구조와 장식(두 개의 다른 도안의 세부 사항들로부터 섞임), 28aβb-35절
   c. 놋 대야들, 38aα, bβ절
      (1) 그들의 용량과 치수들(건축학적인 기록들로부터), 38aβbα절
   d. 물 받침대들과 물 담는 그릇의 위치, 39절
4. 여러 가지 잡다한 기구들, 40a절
   a. 히람이 만든 정교한 작품들의 목록(분리된 목록으로부터), 40b-44절
5. 주조 과정, 45-47절

[확장: 솔로몬이 성전을 위해서 금으로 된 기구들을 만들다, 48-50절

6. 결론적인 요약, 51a절

세 가지 늦은 시기의 확장된 부분들이 7:13-22에 포함되었다. 이것들은 각각 한 쌍의 기둥들 혹은 백합화로 장식되었고 성전 낭실 안에 서 있는 벽 기둥들이다. 이것들은 주 본문에 묘사된 자유롭게 서 있는 기둥들과는 구별된다. 48-50절에서 꽤

길게 확장된 부분은 솔로몬이 성전의 내벽을 위해 만든 다른 항목들에 대한 목록을 말해 주고 있다. 이것은 13-47절에 대한 사실상 마지막 요약인 51a절에 있는 솔로몬에 대한 구절에 의해서 관심을 모으는 구절이다. 신명기 사가는 이 장에서 내용의 흐름을 저해하지 않는다.

이러한 확장 부분이 없는 13-51a절은 분명히 솔로몬의 행장으로부터 가져온 단일하고 긴 텍스트다. 이 부분의 목적은 페니키아의 장인(匠人) 히람이 성전의 바깥 부분을 위해서 만든 모든 것을 묘사하려는 것이다: 머리 부분을 가진 두 기둥, 물받침대들과 물두멍들을 가진 물 담는 그릇 그리고 희생제에서 쓰이는 각종 기구들 등이다. 많은 부분이 기둥들과 물과 관련된 용기(容器)들에 할애된 반면에, 각종 기구들에 대해서는 단지 몇 마디만 언급되었다(40a절). 모든 것이 13-14절에 있는 히람에 대한 소개로 시작하는 한 내러티브 구조 안에 설정되었다. 이것은 솔로몬의 행동에 대한 진술로 시작해서 히람의 행동에 대한 진술로 끝난다. 이 둘 중에 히람에 대해서 묘사적인 신분 확인이 들어 있다. 내러티브 동사들은 15-22절에 있는 기둥들에 관한 부분의 구조를 보여 주고 있다: "그리고 그가 주조했다(15)…그가 설정했다(16)…그가 같은 것을 만들었다(18)…그리고 그가 세웠다…그가 세웠다…그가 세웠다(21)." 이러한 구조는 22절에 있는 "그래서 그 두 기둥들의 건축이 끝났다"라는 요약적인 결론에 이르게 한다. 이들 사이에 있는 다른 모든 것들은 6장의 성전에 대한 묘사와 같이 매우 밀도 있는 치밀한 묘사를 하고 있다.

물을 담는 그릇에 대한 부분(23-26절)에는 단지 하나의 내러티브 동사만을 가지고 있는데, 그것은 초반부에 나오는 "그리고 그가 만들었다…"라는 것이다. "그것이 세워져 있었다"(25절)와 "그것이 담을 수 있었다"(26절)라는 구절들은 내러티브보다는 묘사에 속한다. 이전 부분에서와 같이 이 자료는 명사절들과 형용사들로 구성되어 있다. 따라서 고대 독자의 이해를 돕기에 충분한 수많은 세부 사항들을 제공해 주고 있다. 이러한 양상은 27-39절의 물받침들과 놋대야들에 관한 부분에서 더욱 두드러진 현상이다. 그 주요 부분은 단지 두 개의 내러티브 동사들만을 가진다. 즉 27절에 있는 "그리고 그가 만들었다"와 36절의 "그리고 그가 조각했다"라는 것이다. 37절은 물받침들에 대한 요약적 결론이다. 그것은 "그리고 그가 만들었다"라는 내러티브 동사에 의해서 38절이 따라 나오며, 38절의 내러티브 동사 다음에는 놋대야들의 매우 간단한 묘사들이 이어 나온다. 이 놋대야는 실제적으로 물받침대들의 하나의 기능적인 부분이다. 그런 뒤에 39절에서 저자는 우리에게 두 개의 내러티브 동사, 즉 "그리고 그가 두었다"와 "그가 두었다"를 보여 준다(여기서 동사는 목적어를 따르고 그것을 물받침들과 구별하기 위해 앞쪽에 놓음으로써 강조된다). 언급한 물건들의 배열과 관련이 있는 39절은 두 기둥의 배열에 대해서 언급하고 있는 21절과 병행을 이룬다. 우리는 40절에서 내러티브 동사 "만들었다"를 발견하며, 여기서 13절 이후 처음으로 히람이 주어로서 언급된다. 40절은 끝 바로 전의 결론으로서 의도된 요약적 진술을 말하고 있다: "그래서 히람은 모든 정교한 일들을 마무리했다." 이 문장은 그 자체로 의미를 가질 수 있어야만 했다. 그러나 화자는 히람이 실제적으로 만들었던(41-43절) 목록들에 대한 물품 목록(후대에 설명적인 주해에 의해서 확장된)을 첨가함으로써, 히람이 어떻게 그 주조물을 마쳤는지에 대한 설명을 더함으로써(45-46절) 그리고 솔로몬은 그가 주조했던 것을 가지고 무엇을 했는지(47절)에 의해서 그 내용을 확장하고 있다. 이미 언급된 대로 51a절은 전체 문단에 대한 마지막 요약으로서 언급된다.

마지막으로 자료들에 대해서 언급하고자 한다. 개연성이 있는 자료들로 분류된 것들은 다음과 같은 부분들이다: 17, 18b, 20, 23, 24-26, 27b절에 있는 건축학적인 기록들로부터 가져온 설명들, 28-35절에 있는 두 개의 분리된 역본들임에 틀림이 없는 긴 도안의 세부 사항, 실제적으로 노동의 대가에 대해 비용을 지불하는 것을 말하고 있는 40-44절에 있는 히람의 세공 작품의 목록 등이다. 48-50절에 기록된 2차적인 목록은 실제적인 목록에 토대를 두고 있는 것이다.

주석

13-14 히람이 소개되고 있다. 화자는 히람이 그의 아버지가 속해 있던 두로 목공들의 모든 기술을 가지고 있었다는 것을 말하고자 한다. 그러나 그는 고민스런 양심을 누그러뜨리기 위해 히람이 납달리 지파 과부의 아들로서 진정한 이스라엘 사람이라는 사실을 앞으로 끌어와 묘사함으로써 강조하고 있다. "지혜와 총명과 재능"(את־החכמה ואת־התבונה ואת־הדעת – 에트 하호크마 베에트 하테부나 베에트 하다아트): 비록 이러한 단어들은 다른 문맥에서는 매우 높은 지적인 무엇을 의미한다 할지라도, 본 절에서는 가공품들을 구상하고 만드는 데 매우 뛰어난 것을 의미한다. 이 장인이 그의 왕(5장을 보라)과 같은 이름을 가진 것은 우연의 일치인 듯하다. 그들의 이름은 모두 페니키아에서 매우 흔한 이름이었을 것이다.

15-22 머리를 가진 두 기둥. 다시 한 번 난해한 건축학적 용어들이 사용된다. 이 본문에서는 유사하게 병행되는 것들이 거의 없다. 따라서 우리는 성경의 다른

곳에서 쓰인 관련 있는 단어들의 용법으로부터, 그리고 장인들의 일반적인 용어로부터 얻은 어원에서 우리의 개념을 만들어야만 한다. 이것은 우리가 18a, 19, 22a절에 있는 주해들을 고려하지 않도록 하는 데 많은 도움을 준다. 헬라어 번역자들은 항상 치수들을 잘 번역하고 있지 못하다 하더라도("원문주해"를 보라), 본문에 주어진 치수들은 의미를 잘 드러내고 있다. 6피트의 직경을 가진 27피트 높이의 기둥은 매우 인상적이다. 이것은 본문에서 매우 그럴듯하게 만들어진 것이다. 그 위에 10피트 짜리 머리가 놓여 있었기 때문이다. 이 본문에 나오는 기술적인 용어들은 아래와 같다.

기둥(עמוד – 아무드): (18, 19, 22절의 "원주"〈column〉를 위한 것과 같은 용어). 머리(כתר – 코테르). 주조(מצק – 무차크, 개역 성경에서는 "놋을 녹여 부어서"). 얽은 그물(שבך – 쉐바크): 머리의 꼭대기 부분을 덮는 장식. 땋은 것(גדל – 가딜): 꽃 모양의 장식. 사슬 모양(מעשה שרשרות – 마아세 솨르셰로트): 꽃술 모양으로 만든 화환. 줄(טור – 투르): 머리 주위의 똑바른 원. 석류(רמן – 리몬). 공같이 둥근 곳(בטן – 베텐): "배"와 "자궁"을 위한 일반적인 단어. 전의 낭실(אלם ההיכל – 울람 하헤이칼, 6장을 보라). 백합화 모양(מעשה שושן – 마아세 쇼샨).

히람은 성소의 낭실에 따라서(כ)가 아니라, 성소의 낭실을 위해서(ל), 기둥들을 세웠다. 기둥들이 모두 하나의 부분으로 이루어졌다는 것은 그럴 것 같지 않은 일이지만, 그것들은 도르레를 가지고 들어올려졌을 것이다. 그러나 확실한 것은 그 기둥들은 건축에 쓰이는 비계를 사용해서 부분들이 세워졌다는 것이다. "야긴"("그가 떠받칠 것이다")이라는 이름이 한 기둥에 새겨졌고, "보아스"("나의 힘은 그에게 있다")라는 이름이 다른 한 편에 새겨졌다. (리몬〈רמן〉에 대해서는 *BN* 13[1982] 17-21에 있는 M. Görg의 이집트학적인 관찰들을 보라. 야긴과 보아스에 대해서는 S. Yeivin, *PEQ* 91[1959] 6-22를 보라).

23-39 성전 뜰에서 사용하는 물을 위해서는 많은 놋으로 만든 주조물들이 필요했다: 11,000갤런의 물을 담을 수 있는 직경 15피트의 한 개의 "바다" 혹은 물을 담는 그릇("밧"에 관해서는 5:11을 보라) 그리고 각각 220갤런의 물을 담는 놋대야들을 나를 수 있는 10개의 물 받침대들이다. 각각의 공작물의 건조와 장식은 매우 자세하게 상술되었다. 이 본문에서도 역시 기술적인 용어들은 현대의 독자들이 잘 이해할 수 없는 의미들을 가지고 있다. 다음과 같은 용어들을 발견할 수 있다.

바다(הים – 하얌): 물 담는 그릇. 가장자리(שפה – 사파): 문자적으로는 "입술". 박

(פקע – 페카): 하나의 장식. 받침(מכונה – 메코나): 문자적으로는 "지지하다" 혹은 "서 있다". 판(מסגרה – 미쓰게레): 문자적으로는 "포함하는 것". 변죽(שלב – 쉴라브): 가운데 판. 화환(ליה – 로야): 장식. 어깨 같은 것(כתף – 카테프): 구석에서 놋대야에 이르는 지지대. 축(סרן – 쎄렌): 축을 위한 지지대. 물두멍(כיר – 키요르): 문자적으로는 "대야". 입구(פיה – 피아): 문자적으로는 "입". 머리(כתרת – 코테레트): 놋대야의 내민 부분. 바퀴(אופן – 오판). 조각(מקלע – 미크라). 축(יד – 야드): 문자적으로는 "손", 또한 35-36절의 "조종하다". 테(גב – 가브). 살(חשק – 히슈크). 통(חשר – 히슈르). 굽은(עגל – 아골). 모퉁이(פנה – 피나). 빈 곳(מער – 마아르). 판(לוח – 루아흐).

1901년 쉬타드(B. Stade)의 성경에 대한 집중적인 연구(*ZAW* 21[1901] 145-90) 이후로 학자들은 물받침대들은 놋대야를 지지하는 원주 모양의 테두리를 가지고 있다는 견해에 동의하고 있다. 이 놋대야는 물 담는 그릇(바다)에서 구체적으로 설명되지 않은 방법으로 채워졌을 것이다. 부징크(Th. A. Busink)의 *Der Tempel von Jerusalem*, 337-52에 의하면, 물받침대들은 싸이프러스에 있는 라르나카(Larnaka)에서 발견된 것과 그 만드는 방법이 유사하다. 그것들은 순전히 실용적이었고, 그 꾸밈들은 단지 장식품일 뿐이었다.

40-51a 성전 뜰에서 예전적 사용을 위해 히람이 만든 기구들(40절)은 다음과 같다.

물두멍(סיר – 씨르, MT은 키르〈כיר〉): 희생제를 처리하기 위한 것. 부삽(יע – 야): 고기와 재가 떨어진 바닥을 청소하기 위한 것. 뿌리는 대접들(מזרק – 미즈라크): 여분의 피를 씻어내기 위한 것.

41-43절에 있는 항목들의 목록에는 15-39절에 있는 것들이 반복된다. "공 같은"(גלה – 굴라)이라는 단어를 제외하고는 모든 것이 이미 언급된 익숙한 것들이다. 각각의 기둥들을 위해서 이 공 같은 주발들이 쓰였고 기둥 머리로서의 역할을 했다. 즉 이것들은 기둥 머리들을 달리 지칭하는 것으로, 곧 기둥 머리들과 같은 것이다. 이 구절들의 확장 부분들은 망사 혹은 그물(놋으로 만든)들이 이 "공 같은 주발"들을 덮고 있다고 말한다. 솔로몬 자신의 세공품들에 대한 후대의 첨가에서(48-50절) 성전 내부를 위한 금으로 만들어진 특별한 항목들이 나열된다.

금단(מזבח הזהב – 미즈바흐 하자하브): 6:20과 같은 것. 금상(שלחן – 슐한): "진설병"을 받기 위한 것. 등대(מנרה – 메노라): 일곱 가지를 가진 촛대(그들 중의 열 개). 꽃(פרח – 페라흐): 장식. 등잔(נר – 니르): 보조 밝힘 기구. 불집게(מלקח – 말카흐): 제단의 숯불을 다루는 기구. 대접(סף – 싸프): 같은 것을 위함. 불집게(מזמרה – 메자메라): 불꽃을 끄는 것. 주발(מזרק – 미즈라크): 거룩한 것들을 나누거나 뿌리기 위한 것. 숟가락(כף – 카프): 문자적으로는 "손바닥"(손의). 불을 옮기는 그릇(מחתה – 마흐타): 석탄을 공급하는 것. 돌쩌귀(פת – 포타): 안쪽 판.

이 목록은 특별히 주해를 달지 않은 형태로 6:14-35과 일치하지 않는다. 이것은 솔로몬을 크리서스(주전 6세기의 Lydia 최후의 왕으로서 매우 큰 부자로 유명함 – 역자주)와 같은 부자로 만들려고 하는 늦은 연대의 기원을 보여 주는 것이다. 출애굽기 27, 38장으로부터 영향을 받았음을 분명히 알 수 있다.

해설

히람의 손 작업에 관한 본문(13-47절)은 성전 뜰을 위한 청동 작품들과 전적으로 관련이 있다. 이러한 모든 것은 예루살렘 북동쪽으로 30-40마일 떨어진 숙곳과 사르단 사이 요단강 가까이에 있는 땅에 모형을 판 차진 흙에서 주조되었다. 히람은 솔로몬의 종들이 그 무게를 정확히 달 수 없을 정도로 많은 청동 제품들을 열심히 만들어 냈음이 분명하다(46-47절). 주발같이 둥근 모양을 한 머리를 가진 두 개의 커다란 기둥은 다양하게 묘사되고 해석되었다. 그 기둥들은 자유롭게 서 있고 다른 어떤 것도 지지하고 있지 않았기 때문에(좀더 작은 두 기둥과 벽 기둥들은 성전 낭실 안에 서 있었음[21절]) 특별히 상징적인 의미를 가지고 있었음이 분명하다. 그 위에 새겨진 이름들은 이러한 견해를 뒷받침해 준다. 이 기둥들이 남근 모양을 하고 다신을 기원하는 것을 상징한다고 보는 견해는 별로 근거가 없다. 예루살렘 성전에 관한 후기의 어떠한 구절도 야웨를 다산의 상징으로 그리지 않기 때문이다(벧엘과 단의 황금 송아지들과 반대다!). 야긴과 보아스 기둥에 대한 가장 적절한 해석은 이 기둥들을 성전은 곧 야웨를 위한 것임을 주장하는 독점적인 상징으로 보는 것이다. 또한 "주발들"은 야웨를 불과 빛의 하나님으로 상징하는 불꽃을 닮았을 것이다. 이러한 기둥들이 에스겔 성전과 회복된 성전에서 사라졌다. 이것은 영향력 있는 지도자들이 이 기둥들은 이교적인 상징들을 가지고 있는 것은 아닌지 의심하게 되었고, 나중에 결국은 성전에서 제거되었을 것이기 때문이다.

매일 수많은 동물 희생들을 성전 마당에서 잡기 위해 들여왔다. 이 희생제의 일부분은 사적으로 개인에게 주어졌고, 다른 부분은 백성을 대신해서 왕과 제사장들에게 주어졌다. 기름은 불살라졌다. 불가피하게 항상 남겨지는 것은 많은 양의 재와 피였다. 재는 실어 날랐지만, 피는 물이 필요했다. 따라서 커다란 물을 담는 그릇(바다)과 열 개의 물받침들이 있어야 했다. 그 물받침들은 바퀴를 가지고 있었기 때문에 우리는 그것들이 어떻게 사용되었는지 머리 속에 그려 볼 수 있다. 각각의 물받침들은 물을 담는 그릇(바다)에서 적은 양의 물을 떠서 희생 동물들을 잡는 곳 근처에 있는 열 곳으로 운반했을 것이다. 제사장들과 제사를 드리는 백성들은 자신들과 희생 제물들, 그리고 피로 인한 부정함으로부터 주변의 땅을 씻기 위해 이들 놋대야들에서 마음껏 물을 썼을 것이다. 이러한 기구들은 바로 그 용도에 맞게끔 금이 아닌 놋으로 잘 만들어졌다. 이미 말한 대로 솔로몬이 성전에 순금을 사용했다는 개념은 후대의 상상력으로 덧입혀진 가공의 것이다. 거룩한 사물들을 장식하기 위해서 금을 사용하는 것은 경배를 받는 신에게 영광을 돌리기보다는 인간의 헛된 영광을 반영하는 것일 것이다.

신약성경의 서신서들 중 하나는 예수 그리스도를 희생 제물임과 동시에 대제사장으로 묘사하는 독특한 의미를 강조하고 있다. 히브리서에 의하면, 그의 피는 죄인들을 부정에서 정하게 하기 때문에 독특한 의미가 있는 것이다. "그러므로 형제들아 우리가 예수의 피를 힘입어 성소에 들어갈 담력을 얻었나니 그 길은 우리를 위하여 휘장 가운데로 열어 놓으신 새롭고 산 길이요 휘장은 곧 저의 육체니라"(히 10:19-20).

8. 성전 봉헌(7:51b-9:9)

참고문헌

van den Born, A. "Zum Tempelweihespruch(I Kg viii 12f)." *OTS* 14(1965) 235-44. **Braulik, G.** "Spuren einer Neubearbeitung des deuteronomistischen Geschichtswerkes in 1 Kön 8, 52-53, 59-60." *Bib* 52(1971) 20-33. **Freidman, R. E.** "The Tabernacle in the Temple," *BA* 43(1980) 241-48. **Gamper, A.** "Die heilsgeschichtliche Bedeutung des salomonischen Tempelweihegebete." *ZKT* 85(1963) 55-61. **Görg, M.** "Die Gattung des sogenannten Tempelweihespruchs(1 Kg 8, 12f.)." *UF* 6(1974) 53-63. **von Hummelauer, F.** "Salomons Tempelweihe." *BZ* 1(1903) 43-46. **Loretz, O.** "Der Torso eines kanaanäisch-israelitischen Tempelweihspruches in 1 Kg 8, 12-13." *UF* 6(1974) 478-80. **Skweres, D. E.** "Das Motiv der Strafgrunderfragung im biblischen und neuassyrischen Texten." *BZ* n.F. 14(1970) 181-97.

본 문

51 솔로몬 왕이 여호와의 전을 위하여 만드는 모든 것을 마친지라 이에 솔로몬이 그 부친 다윗의 드린 물건 곧 은과 금과 기구들을 가져다가 여호와의 전 곳간에 두었더라	**51** [b]And Solomon fetched the sacral booty that had belonged to David his father:[c] the silver and the gold [d]and the artifacts[d] he deposited in the treasure-rooms of Yahweh's temple.
8:1 이에 솔로몬이 여호와의 언약궤를 다윗 성 곧 시온에서 메어 올리고자 하여 이스라엘 장로와 모든 지파의 두목 곧 이스라엘 자손의 족장들을 예루살렘 자기에게로 수집하니	**8:1** Then Solomon[a] assembled the[b] elders of Israel,[c] [d](with all the chiefs of the tribes, leaders of the fathers belonging to the Israelites, to King Solomon in Jerusalem,)[d] in order to bring up the ark of Yahweh's covenant from the city of David: that is, Zion.
2 이스라엘 모든 사람이 다 에다님월 곧 칠 월 절기에 솔로몬 왕에게 모이고	**2** [a]Now every Israelite man was assembled to King Solomon[a] in the month Ethanim [b]with celebration: this is the seventh month.
3 이스라엘 장로들이 다 이르매 제사장들이 궤를 메니라	**3** And all the elders of Israel came,[a] and the priests picked up the ark,
4 여호와의 궤와 회막과 성막 안의 모든 거룩한 기구들을 메고 올라가되 제사장과 레위 사람이 그것들을 메고 올라가매	**4** and brought up the ark of Yahweh, and the tent of meeting and[a] the holy utensils that were in the tent [b]of meeting;[b] [c]and the priests and Levites

5 솔로몬 왕과 그 앞에 모인 이스라엘 회중이 저
와 함께 궤 앞에 있어 양과 소로 제사를 드렸으니
그 수가 많아 기록할 수도 없고 셀 수도 없었더라
6 제사장들이 여호와의 언약궤를 그 처소로 메어
들였으니 곧 내전 지성소 그룹들의 날개 아래라

7 그룹들이 궤 처소 위에서 날개를 펴서 궤와 그
채를 덮었는데

8 채가 긴 고로 채 끝이 내전 앞 성소에서 보이나
밖에서는 보이지 아니하며 그 채는 오늘까지 그
곳에 있으며

9 궤 안에는 두 돌판 외에 아무것도 없으니 이것
은 이스라엘 자손이 애굽 땅에서 나온 후 여호와
께서 저희와 언약을 세우실 때에 모세가 호렙에
서 그 안에 넣은 것이더라

10 제사장이 성소에서 나올 때에 구름이 여호와
의 전에 가득하매
11 제사장이 그 구름으로 인하여 능히 서서 섬기
지 못하였으니 이는 여호와의 영광이 여호와의
전에 가득함이었더라
12 그 때에 솔로몬이 가로되 여호와께서 캄캄한
데 계시겠다 말씀하셨사오나

13 내가 참으로 주를 위하여 계실 전을 건축하였
사오니 주께서 영원히 거하실 처소로소이다 하고

14 얼굴을 돌이켜 이스라엘의 온 회중을 위하여
축복하니 때에 이스라엘의 온 회중이 섰더라

15 왕이 가로되 이스라엘 하나님 여호와를 송축
할지로다 여호와께서 그 입으로 나의 부친 다윗
에게 말씀하신 것을 이제 그 손으로 이루셨도다
이르시기를
16 내가 내 백성 이스라엘을 애굽에서 인도하여
낸 날부터 내 이름을 둘 만한 집을 건축하기 위하

brought them up,[c]
5 while the king[a] and all [b]the people[b] [c]who had
gathered unto him[c] before the ark were sacrifi-
cing [d]sheep and oxen[d] [e]without number.[e]
6 Then the priests brought up the ark[a] to its place:
that is, into the adytum of the temple, to the holy
of holies, to a position beneath the wings of the
cherubim,
7 for the cherubim were spreading their wings
over[a] the place[b] of the ark, so that the cherubim
sheltered the ark and [c]its staves[c] from above,
8 while [a]the staves[a] extended so that the ends of
[a]the staves[a] were seen from the holy place in
front of the adytum: but they were not seen out-
side, [b]and they are there to the present day.[b]
9 There is nothing in the ark except the two
stone tablets[a] which Moses deposited in it at Ho-
reb, where Yahweh made a covenant with the
Israelites upon their departure from the land of
Egypt.
10 And when the priests emerged from the holy
place, and the cloud was filling the temple,[a]
11 the priests were unable to stand (in service)
on account of the cloud because the glory of
Yahweh filled the temple.[a]
12 Then Solomon said,[a] [b]A sun hath Yahweh
established in the heavens,[b] [c]but he hath pur-
posed[c] to dwell in thick darkness:
13 [a]I have surely built[a] a noble house for thee,
a residence[b] where thou shalt dwell perpetually.
[c]Is it not written in the Book of the Upright One?[c]
14 And the king turned away his face. Then he[a]
blessed the whole assembly of Israel, while the
whole assembly of Israel remained standing,
15 and said, "Blessed be Yahweh, God of Israel,[a]
who spoke by his mouth with[b] David my father
and fulfilled it with his hand, as follows:
16 'Ever since the day when I brought[a] my
people Israel out of Egypt I never chose a

여 이스라엘 모든 지파 가운데서 아무 성읍도 택 하지 아니하고 다만 다윗을 택하여 내 백성 이스라엘을 다스리게 하였노라 하신지라

17 내 부친 다윗이 이스라엘 하나님 여호와의 이름을 위하여 전을 건축할 마음이 있었더니

18 여호와께서 내 부친 다윗에게 이르시되 네가 내 이름을 위하여 전을 건축할 마음이 있으니 이 마음이 네게 있는 것이 좋도다

19 그러나 너는 그 전을 건축하지 못할 것이요 네 몸에서 낳을 네 아들 그가 내 이름을 위하여 전을 건축하리라 하시더니
20 이제 여호와께서 말씀하신 대로 이루시도다 내가 여호와의 허하신 대로 내 부친 다윗을 대신하여 일어나서 이스라엘 위에 앉고 이스라엘 하나님 여호와의 이름을 위하여 전을 건축하고

21 내가 또 그 곳에 우리 열조를 애굽 땅에서 인도하여 내실 때에 저희와 세우신 바 여호와의 언약 넣은 궤를 위하여 한 처소를 설치하였노라

22 솔로몬이 여호와의 단 앞에서 이스라엘의 온 회중을 마주서서 하늘을 향하여 손을 펴고

23 가로되 이스라엘 하나님 여호와여 상천 하지에 주와 같은 신이 없나이다 주께서는 온 마음으로 주의 앞에서 행하는 종들에게 언약을 지키시고 은혜를 베푸시나이다

24 주께서 주의 종 내 아비 다윗에게 허하신 말씀을 지키사 주의 입으로 말씀하신 것을 손으로 이루심이 오늘날과 같으니이다

25 이스라엘 하나님 여호와여 주께서 주의 종 내 아비 다윗에게 말씀하시기를 네 자손이 자기 길을 삼가서 네가 내 앞에서 행한 것같이 내 앞에서 행하기만 하면 네게로 좇아 나서 이스라엘 위에 앉을 사람이 내 앞에서 끊어지지 아니하리라 하

particular city [b]from all the tribes[b] of Israel in order to build a temple for my name to be there, but I did choose David to be over my people Israel.'

17 And it came into[a] the mind of David[b] my father to build a temple to the name of Yahweh, God of Israel,

18 but Yahweh said to David my father, 'Inasmuch as it was in[a] your mind to build a temple to my name, you have done well in that it came into[a] your mind;

19 [a]all the same,[a] it is not you who is to build the temple; but your son who issues from your loins, he shall build a[b] temple to my name.'

20 and Yahweh has established his word that he spoke, so that [a]I have arisen[a] in place of David my father [b]and have come to sit[b] upon the throne of Israel, as he[c] said, and have built the temple to the name of Yahweh, God of Israel.

21 And I have provided there a place for the ark, in which is the covenant of Yahweh which he made with our fathers when he brought them out of the land of Egypt."

22 Then Solomon stood in front of Yahweh's altar in the presence of the entire assembly of Israel, spread out his palms toward heaven,

23 and said, "O Yahweh God of Israel, there is no god like thee in heaven above or on the earth beneath, keeping the covenant and due fidelity with thy servants[a] [b]who walk before thee[c] with all their hearts;[b]

24 who hast kept with thy servant David my father [a]what thou hast said to him,[a] not only speaking it with thy mouth but fulfilling it by thy hand this very day.

25 So now, O Yahweh God of Israel, keep with thy servant, David my father, what thou didst speak with him, as follows: 'No one of you shall be cut off from me who is to sit on the throne of Israel, on condition that your sons guard their

셨사오니 이제 다윗을 위하여 그 허하신 말씀을 지키시옵소서

26 그런즉 이스라엘 하나님이여 원컨대 주는 주의 종 내 아비 다윗에게 하신 말씀이 확실하게 하옵소서

27 하나님이 참으로 땅에 거하시리이까 하늘과 하늘들의 하늘이라도 주를 용납지 못하겠거든 하물며 내가 건축한 이 전이오리이까

28 그러나 나의 하나님 여호와여 종의 기도와 간구를 돌아보시며 종이 오늘날 주의 앞에서 부르짖음과 비는 기도를 들으시옵소서

29 주께서 전에 말씀하시기를 내 이름이 거기 있으리라 하신 곳 이 전을 향하여 주의 눈이 주야로 보옵시며 종이 이 곳을 향하여 비는 기도를 들으시옵소서

30 종과 주의 백성 이스라엘이 이 곳을 향하여 기도할 때에 주는 그 간구함을 들으시되 주의 계신 곳 하늘에서 들으시고 들으시사 사하여 주옵소서

31 만일 어떤 사람이 그 이웃에게 범죄함으로 맹세시킴을 받고 저가 와서 이 전에 있는 주의 단 앞에서 맹세하거든

32 주는 하늘에서 들으시고 행하시되 주의 종들을 국문하사 악한 자의 죄를 정하여 그 행위대로 그 머리에 돌리시고 의로운 자를 의롭다 하사 그 의로운 대로 갚으시옵소서

33 만일 주의 백성 이스라엘이 주께 범죄하여 적국 앞에 패하게 되므로 주께로 돌아와서 주의 이름을 인정하고 이 전에서 주께 빌며 간구하거든

34 주는 하늘에서 들으시고 주의 백성 이스라엘의 죄를 사하시고 그 열조에게 주신 땅으로 돌아오게 하옵소서

35 만일 저희가 주께 범죄함을 인하여 하늘이 닫히고 비가 없어서 주의 벌을 받을 때에 이 곳을 향

way so as to walk before me, just as you have walked before me.'

26 So now,[a] O God of Israel, let thy word to David my father be confirmed.[b]

27 But shall God actually dwell[a] upon earth? Behold, heaven and the heaven of heavens cannot contain thee! How then this temple which I have built?[b]

28 But do regard[a] my supplication, O Yahweh [b]my God,[b] hearing the outcry[c] which thy servant is praying before thee today,

29 so that thy eyes may be open toward this temple [a]night and day,[a] even the place of which thou didst say, 'My name shall be there,' listening to the prayer which thy servant may pray toward this place.[b]

30 "So listen to the supplication of thy servant and of thy people Israel which they may pray toward this place while thou art listening in the place where thou dwellest, even heaven, so as to hear and forgive:

31 "In any case in which a man offends his neighbor and puts on oath upon him so that he comes under the oath, and the oath comes before the altar, into this temple,

32 then do thou hear in heaven and carry it to effect, thus judging [a]thy servants,[a] condemning a guilty person by putting his way upon his head, and vindicating an innocent person by dealing with him according to his righteousness.

33 "Whenever thy people Israel are defeated[a] before an enemy[b] in a situation in which they have offended thee, but return[c] and praise thy name, and pray and make supplication[d] in this temple,

34 then do thou hear in heaven and forgive, [a]absolving thy people[a] Israel and restoring them to the land which thou gavest to their fathers.

35 "Whcn thc skics arc closcd tight and therc is no rain, because they have offended thee, but

하여 빌며 주의 이름을 인정하고 그 죄에서 떠나거든

36 주는 하늘에서 들으사 주의 종들과 주의 백성 이스라엘의 죄를 사하시고 그 마땅히 행할 선한 길을 가르쳐 주옵시며 주의 백성에게 기업으로 주신 주의 땅에 비를 내리시옵소서

37 만일 이 땅에 기근이나 온역이 있거나 곡식이 시들거나 깜부기가 나거나 메뚜기나 황충이 나거나 적국이 와서 성읍을 에워싸거나 무슨 재앙이나 무슨 질병이 있든지 무론하고

38 한 사람이나 혹 주의 온 백성 이스라엘이 다 각각 자기의 마음에 재앙을 깨닫고 이 전을 향하여 손을 펴고 무슨 기도나 무슨 간구를 하거든

39 주는 계신 곳 하늘에서 들으시고 사유하시며 각 사람의 마음을 아시오니 그 모든 행위대로 행하사 갚으시옵소서 주만 홀로 인생의 마음을 다 아심이니이다

40 그리하시면 저희가 주께서 우리 열조에게 주신 땅에서 사는 동안에 항상 주를 경외하리이다

41 또 주의 백성 이스라엘에 속하지 아니한 자 곧 주의 이름을 위하여 먼 지방에서 온 이방인이라도

42 저희가 주의 광대한 이름과 주의 능한 손과 주의 펴신 팔의 소문을 듣고 와서 이 전을 향하여 기도하거든

43 주는 계신 곳 하늘에서 들으시고 무릇 이방인이 주께 부르짖는 대로 이루사 땅의 만민으로 주의 이름을 알고 주의 백성 이스라엘처럼 경외하게 하옵시며 또 내가 건축한 이 전을 주의 이름으로 일컫는 줄을 알게 하옵소서

44 주의 백성이 그 적국으로 더불어 싸우고자 하

they pray[a] toward this place and praise thy name, having turned away from their sin[b] because thou hast afflicted them,

36 then do thou[a] hear in heaven and forgive, absolving[b] thy servant and thy epople Israel, for thou dost point out to them the good way [c]in which they should walk,[c] and bestowing rain upon [d]the land[d] which thou hast given thy people[e] to inherit.

37 "Famine, if it should come:[a] pestilence, if it should come; blight [b]or mildew,[b] grasshopper or locust, if it should come; if one's enemy should attack him [c]in one of his cities;[c] whatever plague or illness,

38 whatever prayer, whatever supplication which any man may have,[a] whenever the heart of any individual shall become aware of a plague and he shall spread his palms toward this house;

39 oh, hear thou in heaven, the residence where thou dwellest, and forgive, do as he says, and[a] give to that individual according to [b]his ways,[b] as thou shalt know his heart; for thou alone knowest the heart of[c] the sons of man,

40 in order that they may fear thee all the days that they remain alive upon[a] the ground which thou hast given to their fathers.

41 "And even to the foreigner who is not of thy people,[a] [b]who shall come from a distant lad because of thy name,

42 for they shall hear about thy great name and about thy strong hand and outstretched arm,[a] if one shall come and pray toward this place,[b]

43 [a]then listen[a] in heaven, the residence where thou dwellest, and act with regard to everything concerning which the foreigner may appeal to thee, so that all the peoples[b] may know thy name, [c]for the fear of[c] thee like that of thy people Israel and [d]for the knowledge[d] that thy name has been invoked over this temple which I have built.

44 ("When thy people shall go out to war

여 주의 보내신 길로 나갈 때에 저희가 주의 빼신 성과 내가 주의 이름을 위하여 건축한 전 있는 편을 향하여 여호와께 기도하거든

against its enemy along some road on which thou shalt send them, and they shall pray unto Yahweh[a] in the direction of the city which [b]thou hast[b] chosen and the temple which I built for thy name,

45 주는 하늘에서 저희의 기도와 간구를 들으시고 그 일을 돌아보옵소서

45 [a]then hear[a] in heaven [b]their supplication and their prayer,[b] and perform what is right for them.

46 범죄치 아니하는 사람이 없사오니 저희가 주께 범죄함으로 주께서 저희에게 진노하사 저희를 적국에게 붙이시매 적국이 저희를 사로잡아 원근을 물론하고 적국의 땅으로 끌어간 후에

46 "When they shall sin against thee, for there is no man who does not sin, and thou shalt be furious with them and shalt deliver them up in the face of [a]an enemy,[a] and their captors shall deport them to [b]some land[b] far or near,

47 저희가 사로잡혀 간 땅에서 스스로 깨닫고 그 사로잡은 자의 땅에서 돌이켜 주께 간구하기를 우리가 범죄하여 패역을 행하며 악을 지었나이다 하며

47 then if they take it to their heart in the land to which they have been deported, and turn [a]in the land of their captors and supplicate thee[a] saying, 'We have sinned, we have done wrong, we have rebelled,'

48 자기를 사로잡아 간 적국의 땅에서 온 마음과 온 뜻으로 주께 돌아와서 주께서 그 열조에게 주신 땅 곧 주의 빼신 성과 내가 주의 이름을 위하여 건축한 전 있는 편을 향하여 주께 기도하거든

48 and if they do return to thee with all their heart and all their soul in the land of their enemies who have deported them, and pray unto thee in the direction of their land which thou hast given their fathers, the city which thou hast chosen, and the temple which I have built to thy name,

49 주는 계신 곳 하늘에서 저희 기도와 간구를 들으시고 저희의 일을 돌아보옵시며

49 then hear in heaven, the residence where thou dwellest,[a]

50 주께 범죄한 백성을 용서하시며 주께 범한 그 모든 허물을 사하시고 저희를 사로잡아 간 자의 앞에서 저희로 불쌍히 여김을 얻게 하사 그 사람들로 저희를 불쌍히 여기게 하옵소서

50 and forgive [a]their wrongs which they[a] have sinned against thee and all their rebellions in which they have rebelled [b]against thee,[b] and destine them for compassion in the presence of their captors to that they may be kind to them.

51 저희는 주께서 철 풀무 같은 애굽에서 인도하여 내신 주의 백성, 주의 산업이 됨이니이다

51 For they[a] are thy people and thy inheritance, whom thou hast brought out of[b] Egypt, the inside of an iron furnace,

52 원컨대 주는 눈을 들어 종의 간구함과 주의 백성 이스라엘의 간구함을 보시고 무릇 주께 부르짖는 대로 들으시옵소서

52 so that thy eyes[a] should be open to thy servant's supplication and the supplication of thy people Israel, listening to them in every matter in which they may appeal to thee;

53 주 여호와여 주께서 우리 조상을 애굽에서 인도하여 내실 때에 주의 종 모세로 말씀하심같이

53 [a]thou didst set them apart[b] from all the peoples of the earth, as thou didst declare through [c]Moses

주께서 세상 만민 가운데서 저희를 구별하여 주의 산업을 삼으셨나이다
54 솔로몬이 무릎을 꿇고 손을 펴서 하늘을 향하여 이 기도와 간구로 여호와께 아뢰기를 마치고 여호와의 단 앞에서 일어나
55 서서 큰 소리로 이스라엘의 온 회중을 위하여 축복하며 가로되
56 여호와를 찬송할지로다 저가 무릇 허하신 대로 그 백성 이스라엘에게 태평을 주셨으니 그 종 모세를 빙자하여 무릇 허하신 그 선한 말씀이 하나도 이루지 않음이 없도다
57 우리 하나님 여호와께서 우리 열조와 함께 계시던 것같이 우리와 함께 계시옵고 우리를 떠나지 마옵시며 버리지 마옵시고
58 우리의 마음을 자기에게로 향하여 그 모든 길로 행하게 하옵시며 우리 열조에게 명하신 계명과 법도와 율례를 지키게 하시기를 원하오며
59 여호와의 앞에서 나의 간구한 이 말씀을 주야로 우리 하나님 여호와께 가까이 있게 하옵시고 또 주의 종의 일과 주의 백성 이스라엘의 일을 날마다 당하는 대로 돌아보사
60 이에 세상 만민에게 여호와께서만 하나님이시고 그 외에는 없는 줄을 알게 하시기를 원하노라
61 그런즉 너희 마음을 우리 하나님 여호와와 화합하여 완전케 하여 오늘날과 같이 그 법도를 행하며 그 계명을 지킬지어다
62 이에 왕과 왕과 함께 한 이스라엘이 다 여호와 앞에 희생을 드리니라
63 솔로몬이 화목제의 희생을 드렸으니 곧 여호와께 드린 소가 이만 이천이요 양이 십이만이라 이와 같이 왕과 모든 이스라엘 자손이 여호와의 전의 낙성식을 행하였는데
64 그 날에 왕이 여호와의 전 앞뜰 가운데를 거

thy servant[c] when thou broughtest our fathers out of[d] Egypt, O Lord Yahweh!)"
54 When Solomon finished praying to Yahweh this entire prayer and supplication, he got up from in front of Yahweh's altar where he had been kneeling on his knees with his palms outstretched toward heaven,
55 and he stood to bless the whole assembly of Israel with a loud voice, saying,
56 "Blessed be Yahweh[a] who has given[b] rest to his people Israel in accordance with all that he has spoken! Not one word has failed of all [c]his good word[c] which he declared through [d]Moses his servant.[d]
57 May Yahweh our God be with us, as he was with our fathers – may he not forsake or abandon us! –
58 inclining our hearts to himself, to walk in[a] his ways and to observe his commandments and statutes[b] which he imposed on our fathers.
59 And may these my words with which I have made supplication before Yahweh[a] find access to Yahweh our God day and night, so that he may perform what is right for his[b] servant [c]and what is right for his people[c] Israel, the concern of each day on its day,[d]
60 with a view to the knowledge on the part of all the peoples of the earth that [a]Yahweh, he is God,[a] with[b] none other!
61 And your[a] heart shall be in accord with[b] Yahweh our God,[c] to walk in his statutes and to observe his commandments, as right now."
62 While the king, [a]and all Israel with him,[a] were offering sacrifices before Yahweh,
63 for Solomon[a] offered a sacrifice of communion-offerings [b](which he offered to Yahweh)[b] consisting of twenty-two thousand oxen [c]and one hundred twenty thousand sheep,[c] the king and all the Israelites dedicated Yahweh's temple.
64 On that day the king sanctified the center of

룩히 구별하고 거기서 번제와 소제와 감사제의
기름을 드렸으니 이는 여호와의 앞 놋단이 작으
므로 번제물과 소제물과 화목제의 기름을 다 용
납할 수 없음이라

the court which is in front of Yahweh's temple, because he performed there the burnt-offering and the cereal-offering and the fat of the communion-offerings, for the bronze altar which is before Yahweh is too small to serve the burnt-offering, [a]the cereal-offering, and the fat of the communion-offerings.[a]

65 그 때에 솔로몬이 칠 일 칠 일 합 십사 일을
우리 하나님 여호와 앞에서 절기로 지켰는데 하
맛 어귀에서부터 애굽 하수까지의 온 이스라엘의
큰 회중이 모여 저와 함께 하였더니

65 And Solomon made [a]a feast,[a] and all Israel with him, a great assembly from the approach to Hamath to the brook of Egypt, in the presence of Yahweh our God [b]in the temple which he had built, eating and drinking and rejoicing[c] in the presence of Yahweh our God[b] for seven days.[d]

66 제팔일에 솔로몬이 백성을 돌려 보내매 백성
이 왕을 위하여 축복하고 자기 장막으로 돌아가
는데 여호와께서 그 종 다윗과 그 백성 이스라엘
에게 베푸신 모든 은혜를 인하여 기뻐하며 마음
에 즐거워하였더라

66 On[a] the eighth day he dismissed the people. Then they blessed him[b] and went off [c]to their tents,[c] rejoicing and with happy hearts for [d]all the good[d] which Yahweh had performed on behalf of David his servant and Israel his people.

9:1 솔로몬이 여호와의 전과 왕궁 건축하기를 마
치며 자기의 무릇 이루기를 원하던 일이 마친 때
에

9:1 And it happened that, when Solomon had completed constructing Yahweh's temple, the king's house, and whatsoever Solomon took a notion to make,

2 여호와께서 전에 기브온에서 나타나심같이 다
시 솔로몬에게 나타나사

2 Yahweh appeared to Solomon a second time, just as he had appeared[a] in Gibeon,

3 저에게 이르시되 네가 내 앞에서 기도하며 간
구함을 내가 들었은즉 내가 너의 건축한 이 전을
거룩하게 구별하여 나의 이름을 영영히 그 곳에
두며 나의 눈과 나의 마음이 항상 거기 있으리니

3 and said to him,[a] "I have heard your prayer and your supplication which you have made before me. [b]I have done for you according to your prayer;[b] I have sanctified this temple which you have built in order to fix my name there forever, and my eyes[c] and my heart will be there every day.

4 네가 만일 네 아비 다윗의 행함같이 마음을 온
전히 하고 바르게 하여 내 앞에서 행하며 내가 네
게 명한 대로 온갖 것을 순종하여 나의 법도와 율
례를 지키면

4 As far as you personally are concerned: if you walk before me as David your father walked, in integrity of heart and in uprightness, and behave[a] according to all that I commanded you [b]and observe my statutes[b] and ordinances,

5 내가 네 아비 다윗에게 허하여 이르기를 이스
라엘 위에 오를 사람이 네게서 끊어지지 아니하
리라 한 대로 너의 이스라엘의 왕위를 영원히 견
고하게 하려니와

5 then I will confirm the throne of your kingdom over Israel perpetually, just as I spoke to[a] David your father, saying, 'No man belonging to you will be cut off from [b]being leader in

Israel.'[b]

6 만일 너희나 너희 자손이 아주 돌이켜 나를 좇지 아니하며 내가 너희 앞에 둔 나의 계명과 법도를 지키지 아니하고 가서 다른 신을 섬겨 그것을 숭배하면	**6** (If you dare turn back, you and your children, from following me, and do not observe my commandments and[a] [b]my statutes[b] which I[c] placed before you, and you depart and worship other gods, and bow down to them,
7 내가 이스라엘을 나의 준 땅에서 끊어 버릴 것이요 내 이름을 위하여 내가 거룩하게 구별한 이 전이라도 내 앞에서 던져 버리리니 이스라엘은 모든 민족 가운데 속담거리와 이야기거리가 될 것이며	**7** then I will cut Israel off from[a] the ground which I gave them, and this[b] temple which I sanctified to my name I will dismiss from my presence; then Israel will become a proverb and a taunt among all the peoples,
8 이 전이 높을지라도 무릇 그리로 지나가는 자가 놀라며 비웃어 가로되 여호와께서 무슨 까닭으로 이 땅과 이 전에 이같이 행하셨는고 하면	**8** and the[a] temple will be a ruin.[b] Everyone passing it by will be appalled and whistle; and they will say, 'Why did Yahweh behave like this with respect to this land and this temple?'
9 대답하기를 저희가 자기 열조를 애굽 땅에서 인도하여 내신 자기 하나님 여호와를 버리고 다른 신에게 부종하여 그를 숭배하여 섬기므로 여호와께서 이 모든 재앙을 저희에게 내리심이라 하리라 하셨더라	**9** And they will say, 'It is because they forsook Yahweh their God who brought their fathers out of[a] Egypt,[b] and they seized on other gods, bowing down[c] to them and worshiping them. This is why he[d] brought on them [e]this affliction.)"[e]

원문주해

51.c. MT. G^{BL}은 "그리고 솔로몬의 모든 예전의 기구들을"이라는 어구 첨가.

51.d. MT과 G^{L}. G^{B}은 생략.

8:1.a. MT과 G^{L}. G^{B}은 "왕 솔로몬".

1.b. MT과 G^{L}. G^{B}은 만연체적으로 "그 모든"이라는 어구를 사용.

1.c. MT과 G^{L}. G^{B}은 "시온에서"라는 설명적인 어구 첨가.

1.d-d. MT과 G^{L}은 이 후대의 주해를 가지고 있다. G^{B}은 생략.

2.a-a. MT과 G^{A}. G^{BL}은 생략.

2.b.-3.a. MT. G^{BL}은 생략.

4.a. G^{B}. MT과 G^{L}은 "모든"이라는 만연체적인 어구 첨가.

4.b-b. G^{BL}. MT은 생략(가운데 글자를 빠뜨리고 쓴 오류).

4.c-c. MT. G^{BL}은 생략(가운데 글자를 빠뜨리고 쓴 오류).

5.a. G^{BL}. MT은 "왕 솔로몬".

5.b-b. G^{L}은 G^{B}의 "이스라엘"과 MT의 "이스라엘의 회중"보다 우선시될 가치가 있다. 지시를 받고 있는 무리는 왕과 제사장들과 대조되고 있기 때문이다.

5.c-c. C(Par). MT은 "그와 함께"라는 뜻의 히브리어 이토(אִתּוֹ)를 첨가한다. G^{BL}은 생략.

5.d-d. MT. G^{L}은 그 순서를 바꾸었다. G^{B}은 연사(連辭)를 생략함.

5.e-e. G^{BL}. MT은 "다수를 셀 수도 없고 잴 수도 없는"이라는 전형적인 구로 확장한다.

6.a. G^{BL}. MT은 신명기 사가적 용어인 "야웨의 언약의 궤"라는 구문을 가진다.

7.a. G^{BL}과 역대기(Par). MT의 "위에"라는 용어는 그룹이 궤에 대해서 경배하는 것을 보여 주는 경건한 생각을 표현해 준다.

7.b. MT과 G^{B}. G^{L}은 원문 훼손: "그 얼굴"(*τό πρόσωπον* –토 프로소폰)=히브리어 קדם.

7.c-c. MT. G^{BL}의 "그것의 거룩한 것들"(*πὰ ἅγια αὐτῆς* –파 하기아 아우테스=히브리어 קדשין)은 "그것의 조각들"="막대기들"="장대들"이라는 뜻의 바다이오(בדיו)를 수정할 수가 없어 쉽게 풀어쓴 것이다.

8.a-a, a-a. 7.c-c의 "원문주해"를 보라.

8.b-b. MT, Chr, G^{A}. G^{BL}은 생략.

9.a. MT. G^{BL}은 9b절의 생략에 대해 설명하면서 "그 언약의 판자"라는 구문을 첨가한다(*HOTTP*, 307).

10.a. G^{B}. MT, 역대기, G^{L}은 "야웨의"라는 설명적인 어구를 첨가.

11.a. G^{B}. MT, 역대기(Par "하나님의"), G^{L}은 "야웨의"라는 설명적인 어구를 첨가.

12.a. MT. G^{BL}은 "그가 그것을 건축하기를 마쳤을 때 그 성전에 관하여"라는 설명적인 어구를 첨가.

12.b-b. G^{L}. G^{B}은 "일어나게 했다"라는 뜻의 에그노리센(*ἐγνώρισεν*). MT은 경건한 이데올로기로 인해서 생략함.

12.c-c. G^{L}. MT과 G^{B}은 "야웨가 …을 목적했다"라고 함.

13.a-a. MT. G^{BL}은 "내가 나의 집을 지었다"("내가 나의 집을 지었다"라는 뜻의 오이코도메손 오이콘 무〈*οἰκοδόμησον οἶκον μου*〉는 "내가 정말 지었다"라는 뜻의 히브리어 바노 바니티〈בנה בניתי〉 대신에 בבי ביתי로 읽은 것임).

13.b. MT. G^{BL}은 생략.

13.c-c. G^{BL}. MT은 생략. 헬라어 사본들은 원본적임에 틀림없다. 그 사본들은 히브리어 판본으로부터 오는 경우를 제외하고는 이러한 고대 항목을 결코 소개하지 않기 때문이다.

14.a. MT과 G^{L}. G^{B}의 "그 왕"은 현학적인 설명적 어구다.

15.a. MT. G^{BL}은 "오늘"을 첨가한다(*YTT*, 188를 보라).

15.b. MT. G^{BL}의 "…에 관한"이라는 뜻의 페리(*πϵρὶ*)는 다윗에게 한 계시라는 개념을 피한다.

16.a. MT과 G^{L}(원형 야차〈יצא〉). G^{L}은 "데려왔다"=히브리어 알라(עלה)의 히필형.

16.b-b. MT, G^L, Par. G^B, C는 "그리고 내가 나의 이름을 그 곳에 두기 위하여 예루살렘을 선택했다"라는 교정적인 어구를 첨가.

17.a. MT의 임(עם)은 G^{BL}에 의해서 "…위에"라는 뜻의 알(על)로 잘못 읽힘.

17.b. MT과 G^L. G^B은 생략(가운데 글자를 빠뜨리고 쓴 오류).

18.a, a. G^{BL}은 "…위에". 참조. 17절.

19.a-a. MT과 G^L. G^B은 문체적인 이유로 인해 생략.

19.b. G^L. MT과 G^B은 설명적인 정관사 "그"를 가짐.

20.a-a. MT과 G^B. G^L의 "그가 나를 세웠다"라는 어구는 신적인 역할을 강조하는 것이다.

20.b-b. MT과 G^B. G^L은 "그리고 나를 앉혔다".

20.c. G^B. MT, G^L의 "야웨"는 설명적이다.

23.a. MT. G^{BL}은 단수로 모든 이스라엘보다는 다윗과 관련된 본문을 만든다. G^L은 "나의 아버지 다윗"이라는 어구를 첨가. 참조. 24-25절(Burney, 116를 보라).

23.b-b. MT. G^{BL}은 단수.

23.c. G^L은 "진실로 그리고"를 첨가.

24.a-a. MT. G^{BL}은 생략(G^A는 이 구절을 가지고 있음).

26.a. MT. G, Tg^L, Syr, Vg, Chr(Par)은 25절로부터 온 주석인 "야웨"를 첨가함.

26.b. G^{BL}. MT은 "당신이 말씀하신"이란 어구를 첨가(25절로부터).

27.a. MT. G^{BL}과 역대기(Par)는 "사람/사람들과 함께"라는 구문을 첨가. 참조. Burney, 116; *HOTTP*, 309.

27.b. MT. G^{BL}은 만연체적인 "당신의 이름을 위하여"라는 구문을 첨가.

28.a. G^{BL}. MT은 "나의 기도와 그리고"라는 어구를 첨가(만연체적임).

28.b-b. MT, C. Par "하나님". G^{BL}은 "이스라엘의 하나님".

28.c. G^B. MT은 만연체적 어구인 "그리고 그 기도"라는 어구를 첨가. G^L은 "그 간구와 그 기도".

29.a-a. MT(어려운 독법 선호의 법칙; 참조. 59절). G와 역대기(Par)는 "낮과 밤".

29.b. MT. G^{BL}은 "낮과 밤"이라는 구문을 첨가.

32.a-a. MT. G^{BL}은 33절로부터 "당신의 사람들 이스라엘".

33.a. MT, G^B. G^L은 신학적 삽입인 "당신 앞에 그리고 패하다"라는 어구를 첨가. 참조. Burney, 119.

33.b. MT. G^{BL}의 "적들"은 이스라엘의 용맹에 대한 이데올로기에 연결되어 있는 것이다.

33.c. G^{BL}. MT은 "당신에게"라는 해석적인 어구를 첨가. 역대기는 생략.

33.d. G^{BL}. MT은 "당신에게"라는 설명적인 어구를 첨가. 역대기는 "당신 앞에".

34.a-a. MT. G^{BL}은 "당신 종의 죄들".

35.a. MT, G^{B}. G^{L}은 "당신에게"라는 어구를 첨가.

35.b. MT. G^{BL}은 복수.

36.a. MT. G^{BL}은 문체적인 이유로 인하여 생략.

36.b. MT. G^{BL}의 "…의 죄들"이라는 뜻의 타이스 하마르티아이스(*ταῖς ἁμαρτίαις*)는 원문이 훼손된 텍스트이거나 목적을 나타내는 부정사(MT, 레하타트〈לחטאת〉)를 명사(חטאות)로 잘못 읽은 것이다.

36.c-c. MT. G^{BL}은 "그것들 안에서 걷기 위해"=MT.

36.d-d. G^{B}. MT과 G^{L}은 "당신의 땅"이라는 설명적 어구를 첨가함.

36.e. MT과 G^{L}. G^{B}의 "종"은 분명히 원문을 훼손한 것이며 정통적인 이데올로기로부터 떠난 것이다.

37.a. G^{BL}. MT은 "그 땅으로"라는 설명적인 어구를 첨가.

37.b-b. MT, G^{A}. G^{BL}은 이 단어를 알지 못하며 그 번역을 생략했다.

37.c-c. G^{BL}. MT의 "그의 문들의 땅에서"라는 어구는 원문 훼손의 가능성이 있다. 참조. *HOTTP*, 309.

38.a. G^{BL}. MT의 "당신의 백성 이스라엘이 가지고 있을 수 있는"이라는 어구의 첨가는 후대의 배타주의적인 이데올로기를 나타내는 것 같다.

39.a. MT, G^{B}. G^{L}은 만연체적인 "그리고 모든 그의 길들을 정당화한다"라는 어구를 가진다.

39.b-b. G^{B}. MT과 G^{L}은 만연체적인 "모든 그의 길들"이라는 어구를 가진다.

39.c. 역대기(Par). MT과 G은 "모든"을 첨가함.

40.a. G^{BL}. MT은 "…의 얼굴"을 첨가함.

41.a. G^{B}. MT과 G^{L}은 "이스라엘"이라는 설명적인 첨가를 가짐.

41.b-42.a. MT. G^{BL}은 생략(가운데 글자를 빠뜨리고 쓴 오류).

42.b. G^{BL}. MT의 "성전"은 이야기하고 있는 "장소"가 예루살렘일 것이라는 가능성에 대해서 주의를 요망한다.

43.a-a. Par. MT의 "당신께서 정말로 들으신다"라는 구문과 G과 역대기의 "그러고 나서 당신께서 정말로 들으신다"라는 구문은 만연체적이다.

43.b. G^{BL}. MT은 "그 땅의"라는 만연체적인 어구를 첨가함.

43.c-c. MT. G^{BL}은 "그리고 두려워할 것이다"(헬라 문화는 명목상의 구조물에 들어 있는 추상적인 대상물에 그리 우호적이지 않다).

43.d-d. MT. G^{BL}은 "알 것이다"(바로 전의 설명을 보라).

44.a. MT. G^{BL}의 "야웨의 이름으로"는 추상화의 경향이 있다.

44.b-b. MT. G^{BL}의 "내가 가지다"라는 구문은 따라 나오는 동사의 영향을 받은 것 같

다.

45.a-a. MT. G^{BL}은 "그리고 당신이 들으실 것이다".

45.b-b. G^{B}(일반적인 신명기 사가의 순서). MT과 G^{L}은 순서를 바꾼다.

46.a-a. MT, G^{BL}. Par은 복수. 33.b의 "원문주해"를 보라.

46.b-b. G^{BL}, 역대기(Par). MT은 "적의 땅"이라는 설명적인 어구를 가짐.

47.a-a. G^{BL}. MT의 역순인 "그리고 그들을 사로잡은 자들의 땅에서 당신에게 간구하다"라는 구문은 선호되지 않는다. 저자는 마음을 잡는 것과 "그 땅에서" 돌이키는 것을 모두 변경하면서 병행시키려 하고 있기 때문이다.

49.a. G^{BL}. MT은 "그들의 기도 그리고 그들의 간구, 그리고 옳은 것을 시행하다"라는 구문을 첨가한다(45절로부터). 참조. Burney, 125.

50.a-a. G^{BL}. MT은 "…하는 당신의 사람들".

50.b-b. MT과 G^{B}. G^{L}은 생략(가운데 글자를 빠뜨리고 쓴 오류).

51.a. MT(G^{L}은 쉽게 풀어씀). G^{B}은 생략.

51.b. MT. G^{BL}의 "…의 땅"이라는 구문은 만연체적이다.

52.a. MT(어려운 독법을 선호함). G^{BL}, 역대기(Par)는 52b절의 관점에서 "그리고 당신의 귀들"이라는 구문을 첨가함.

53.a. MT과 G^{L}. G^{B}은 "그리고 당신".

53.b. G^{L}. MT과 G^{B}의 "유업으로서"라는 어구는 해석적이고 만연체적이다.

53.c-c. MT, G^{L}. G^{B}은 "당신의 종 모세"(더 일반적인 어법임). 참조. 56절.

53.d. MT. G^{BL}은 "…의 땅"이라는 구문을 첨가함. 참조. 51.b 주해.

56.a. MT, G^{B}. G^{L}은 "하나님". 15절에서처럼 G^{B}은 "오늘날"이라는 어구를 첨가함.

56.b. MT과 G^{B}. G^{L}은 "오늘날"이라는 어구를 첨가함.

56.c-c. MT, G^{L}. G^{B}은 복수.

56.d-d. MT, G^{L}. G^{B}은 "그의 종 모세".

58.a. MT. G^{BL}은 "모든"이라는 만연체적인 구문을 첨가함.

58.b. G^{BL}. MT은 "그리고 그의 율례들을"이라는 만연체적인 구문을 첨가한다.

59.a. MT. G^{BL}은 뒤에 따라 나오는 구문과 조화를 이루기 위해 "우리의 하나님"이라는 구문을 첨가함.

59.b. MT. G^{BL}의 "당신의"는 본 문맥에서 맞지 않는다.

59.c-c. MT, G^{L}. G^{B}은 본 문맥에서 야웨의 종에 대한 저자의 동일시를 이해하지 못하여 생략한다.

59.d. MT, G^{L}. G^{B}은 "한 해의"라는 원문 훼손적 어구를 첨가함.

60.a-a. MT. G^{B}은 "야웨, 그 하나님, 그는 하나님이다"와 G^{L}의 "당신은 그 하나님 야웨이시다"라는 어구들은 18:39의 영향을 보여 준다.

61.a. MT. G^{BL}은 "우리의".

61.b. MT. G^{BL}은 "…을 향하여".

61.c. MT. G^{BL}은 "그리고 공경할"이라는 어구를 첨가.

62.a-a. MT, G^{BL}의 "그리고 모든 이스라엘 사람들"(*καὶ πάντες υἱὸι Ἰσραηλ* – 카이 판테스 휘오이 이스라엘)이라는 어구는 "이스라엘"이라는 칭호의 언약적 상징을 이해하지 못한 것이다.

63.a. MT, Par. G^{BL}과 C는 "왕 솔로몬".

63.b-b. MT과 G^{BL}. 이것은 역대기(Par)가 빠뜨리고 있는 주해다.

63.c-c. MT, G^{L}, 역대기. G^{B} Par om(가운데 글자를 빠뜨리고 쓴 오류).

64.a-a. MT과 G^{L}, G^{B}은 "그리고 드리기 위한 그 화목 번제물들의 번제".

65.a-a. G^{L}. 다른 텍스트적 증거들은 원본적인 헤하그(החג)를 조화시키고 해석했다. 따라서 G^{B}은 "그 날의 그 축제", MT은 "그 때의 그 축제", 역대기(Par)는 "7일 동안의 그 때에 그 축제"라는 어구들을 가진다.

65.b-b. G^{BL}. MT은 생략(가운데 글자를 빠뜨리고 쓴 오류).

65.c. G^{L}은 "그리고 노래를 불렀다"라는 어구를 첨가함.

65.d. G^{BL}. MT은 "그리고 7일, 14일"이라는 해석적인 어구를 첨가. 참조. *HOTTP*, 310.

66.a. MT. G^{BL}은 "그리고 …에".

66.b. G^{B}. MT은 "그 왕", G^{L}은 원문 훼손.

66.c-c. MT. G^{BL}은 "각자가 자기 장막으로"라는 흔히 쓰이는 구절로 대치함.

66.d-d. MT. G^{BL}은 "좋은 것들"이라는 어구로 문체적인 개선을 시도함.

9:2.a. G^{B}. MT과 G^{L}은 3절의 영향 아래 "그에게"라는 어구를 첨가함.

3.a. 역대기. MT은 "그리고 야웨가 그에게 말했다", G은 "그리고 그에게 야웨가 말했다"(만연체적임).

3.b-b. G^{B}. G^{L}은 "보라"는 어구가 앞에 있다. MT은 생략.

3.c. MT, G^{L}. G^{B}은 "거기서 영원히"라는 만연체적인 어구를 첨가함.

4.a. Par=아소트(עשות, "행하다"). 역대기, G^{BL}과 MT은 부적절한 부정사 형태들을 가지고 있다.

4.b-b. 역대기(Par), G^{BL}. MT은 "나의 법도들을…지키며".

5.a. Mss, G^{B}. MT과 G^{L}은 "…에 관하여". 참조. 8:25.

5.b-b. G, 역대기(Par). MT의 "이스라엘의 보좌 위에"라는 어구는 2:4, 8:25의 영향을 받았다.

6.a. G^{B}. MT은 생략; G^{L}, 역대기는 다른 방법들을 수용한다.

6.b-b. MT, G^{B}. G^{L}은 생략.

6.c. MT. G^{BL}의 "모세"(주석학적 수정).

7.a. G^{BL}. MT은 "…의 표면에"라는 만연체적인 어구를 첨가.

7.b. G^{BL}. MT은 생략. 참조. 8절.

8.a. G^{BL}. MT은 "이것".

8.b. 경건한 서기관의 수정으로 여겨지는 MT, G의 "높여진"이라는 어구에 비추어 원본적인 것이 회복된다(서기관 기법). 참조. *HOTTP*, 310.

9.a. G^{BL}. MT은 "…의 땅에"라는 어구를 첨가함.

9.b. MT. G^{BL}은 "속박의 집으로부터"라는 친숙한 어구를 첨가하고 있다.

9.c. Q(וישתחו - 봐이쉬타후), 역대기, G^{B}은 복수. K는 단수. G^{L}은 생략.

9.d. G^{BL}. 역대기(Par). MT의 "야웨"는 설명적이다.

9.e-e. G^{B}. MT, G^{L}, 역대기는 "이러한 모든 불행"이라는 만연체적인 어구를 가지고 있다.

양식/구조/배경

솔로몬의 행장으로부터 발췌한 부분(13): 성전에 다윗의 예물을 보관함, 7:51b절

[신명기 사가: 성전의 봉헌: 서론 구조, 8:1aαb절]

[확장: 1aβ절]

성전 봉헌을 위한 거룩한 이야기(*Hieros logos*)

1. 궤를 옮겨옴

 a. 회중, 2a절

[주해, 2b절]

 b. 궤 앞에 선 장로들, 3a, 4aα, 5절

[확장, 3b, 4aβb절]

 c. 제사장들이 궤를 지성소에 안치하다, 6aαb, 7b, 8a절

[확장, 6aβ, 7a절]

[신명기 사가: 궤에 대한 세부 사항, 8b-9절]

 d. 야웨의 신비스런 임재, 10a, 11aαb, 14aα절

[확장, 10b, 11a절]

[신명기 사가: 봉헌에 대한 고대의 찬양, 12b-13절; 편집적인 서론, 12a절; 그리고 결론적 예식 규정(LXX)]

[신명기 사가: 솔로몬의 봉헌 낭송

내러티브 서론, 14aβb절
1. 합법화 예전
a. 찬양 송영, 15절
b. 신적인 지시 사항
(1) 다윗의 선택, 16절
(2) 다윗의 계획에 대한 수정, 17-19절
c. 솔로몬을 통한 완성, 20-21절
2. 간절한 기원
전환, 22절
a. 솔로몬의 후손을 위하여
(1) 찬양 송영, 23-24절
(2) 영원한 왕조를 위한 기원, 25-26절
b. 솔로몬의 성소를 위하여
(1) 신적인 관심을 위한 기원
(a) 하늘에 있는 하나님의 거처, 27절
(b) 성전에 대한 하나님의 관심, 28-29절
(2) 하나님의 관심을 끌어 자비를 요청하는 경우들
서론, 30절
(a) 범죄의 맹세에 대한 심판, 31-32절
(b) 추방으로부터 회개하는 이스라엘을 회복시키심, 33-34절
(c) 회개하는 이스라엘에게 비를 주심, 35-36절
(d) 모든 종류의 징벌을 사해 주심, 37-40절
(e) 경건한 이방인의 기도를 들어주심, 41-43절]
[확장: 이방과의 전쟁에서 이스라엘을 지원함, 44-45절]
[확장: 외국의 포로에서 이스라엘을 긍휼히 여김, 46-53절]
[신명기 사가: 계속됨
3. 상호 헌신을 독려함
전환, 54-55절
a. 찬양 송영, 56절
b. 언약의 하나님께 호소함
(1) 신적인 임재를 위하여, 57-58절

(2) 신적인 관심을 위하여, 59-60절
c. 언약의 백성에게 호소함, 61절
계속되는 거룩한 이야기(*Hieros logos*)
2. 봉헌, 62, 63b절
[신명기 사가: 내러티브 결론
a. 예물 봉헌, 63a절]
[확장, 64절]
[신명기 사가: 계속됨
b. 축제, 65-66aα절]
계속되는 거룩한 이야기(*Hieros logos*)
3. 해산, 66aβb절
[신명기 사가: 솔로몬에게 확정적으로 나타남
1. 내러티브 구성, 9:1-3aα절
2. 성전을 위한 약속, 3aβb절
3. 솔로몬에 대한 조건적 약속, 4-5절]
[확장: 이스라엘의 배교에 대한 경고, 6-9절]

현대 원문 비평은 하나같이 열왕기상 8장을 신명기 사가의 작품으로 여긴다. 우리는 이 역사적/편집자의 확장된 신학적 체계를 오로지 매우 크게 도덕화시킨 열왕기하 17장에서 만날 수 있다. 열왕기상 8장은 신명기 사가의 전반적인 계획을 위해서 특별히 중요한 장이다. 그는 바로 이 장에서 솔로몬을 그의 신학의 대변자로 삼을 수 있는 기회를 가지게 되기 때문이다. 노트(M. Noth, *Überlieferungsgeschichtliche Studien*, 5-10)는 신명기 사가가 이러한 일을 이전의 역사, 즉 모세, 여호수아 그리고 사무엘과 같은 중요한 시점에서 해 왔음을 지적했다. 솔로몬과 함께 이들은 그를 위한 신명기 사가의 설교를 한다. 열왕기상 8장에서 앞에 오는 것은 특별히 신명기 사가의 역사 철학이다.

이것은 성경 학도에게 이 장에 있는 신명기 사가적 사료에 대한 주의 깊은 연구를 하는 데 필요한 모든 동기를 제공해 준다. 그러나 이러한 연구를 성공적으로 하기 전에, 모든 본문과 문학 비평 기법에 대한 실행이 필요할 것이다. 사실 본문은 어떤 면에서 매우 심각하게 혼란스럽고, 고대 사본들의 증거들도 그 혼돈을 잡아 보려는 노력으로 인해서 오히려 더 나쁜 결과를 초래했기 때문이다.

이 장에는 뚜렷하게 최소한 세 층이 있다는 사실을 알아야 한다. (1) 초기 자료들, (2) 신명기 사가의 수용과 확장 부분들 그리고 (3) 후기 신명기 사가적 확장과 주해들 등이다. 특별히 혼돈스러운 부분은 시론과 결론 부분이다. 1절의 첫 부분은 솔로몬을 주어로, "모으다"라는 뜻의 카할(קהל)의 히필형을 동사로 그리고 "이스라엘의 장로들"을 목적어로 시작한다. 그런 후에 그 목적어는 "예루살렘에 있는 왕 솔로몬에게"라는 난해한 전치사구에 의해서 확장된다. 이 전치사구로 인해서 같은 이름이 주어로서 그리고 전치사구의 부분으로서 나타난다. 2절에서는 "모든 이스라엘 사람들이"라는 어구가 1절에 있는 병행구를 대치하면서 주어로서의 역할을 한다. 그리고 이것은 같은 동사지만 니팔형 와우 계속 미완료(일반적인 내러티브 동사 형태)에 의해서 규정된다. 이어서 3절은 "이스라엘의 장로들이 왔다"라고 언급한다. 그러나 "모든 이스라엘 사람들이" 모인 다음이었다. 1b절은 우리에게 장로들, 족장들, 지도자들 등이 궤를 메어 올리기 위해서 모였음을 알려 주었다. 그러나 3절은 실제적으로는 제사장들이 궤를 날랐음을 말하고 있다. 이것은 8장의 초반부에서 보이는 혼돈스러운 부분이다. 점차적으로 문학적인 통일성이 드러나지만, 마지막 부분에서 혼돈이 다시 보인다. 따라서 62절은 "왕 그리고 그와 함께 한 모든 이스라엘이" 희생을 드리고 있었다고 말하고 있다. 그러나 곧바로 63절은 "솔로몬"이 희생을 드렸다고 말한다. 또한 66절에서 우리는 솔로몬이 백성들을 해산한 것으로 읽는다. 그러나 그런 후에 백성들이 공식적인 송영을 의미하는 "그를 축복했다"라는 구절이 나오는데, 이는 이미 왕에 의해서 해산된 백성들에게서 거의 기대할 수 없는 행동을 묘사하고 있는 구절을 읽게 되는 것이다.

이러한 것들은 편집 과정 뒤에 남겨진 흔적들이다. 우리는 초기의 자료들을 한쪽에 그리고 후대에 확장된 부분들을 다른 한쪽에 놓으면서, 무엇이 실질적으로 신명기 사가의 작품인지를 알아내기 위해 우리가 이미 알고 있는 신명기 사가의 어법, 문체 그리고 이데올로기 등을 효과적으로 잘 사용할 수 있을 것이다. 후대의 확장된 부분들은 신명기 사가적 자료들로부터 구분하기가 매우 어려울 것이다. 그러나 초기의 자료들과 혼돈될 위험은 전혀 없는 것이다. 여기에서도 역시 언어와 문체가 단서들이 된다. 그러나 또한 우리는 자료들이 신명기 사가 자신의 구조의 중요한 부분이 되어 동화되는 과정에 대한 관찰에 매우 많이 의존할 것이다. 이것은 후대의 임의의 확장 부분들이 본문에 나타날 때 일어나지 않는 어떠한 것들이다.

신명기 사가의 초기 자료들 중의 하나는 12-13절에 있는 고대의 봉헌 찬양이다. 이것은 "정직한 사람의 책에 기록되지 않았습니까?"라는 결론적 예식 규정과 함께 자구적으로 인용된 것이다. 그의 배열에서 또 다른 초기 자료는 성전 봉헌을 위한 *hieros logos*("거룩한 이야기"라는 의미의 헬라어)다. 이것은 다음과 같은 구조를 가지고 있다. 1. 궤의 운반, 2. 봉헌, 3. 해산. 이러한 요소들은 본 장의 전체에 걸쳐서 눈에 보이게 흩어져 있다. 이것은 신명기 사가가 자신의 정교한 작품을 엮는 구조를 제공하고 있다. 이렇게 흩어진 자료들을 구분해 내는 것은 중요하다. 그 자료들은 성전이 실제적으로 어떻게 봉헌되었는지에 대한 처음의 원래적인 내러티브를 보여 주기 때문이다. **거룩한 이야기**는 본문에 있는 성소가 어떻게 신적인 수납과 인정의 표시들을 받았는지 그 특별한 경우들을 다시금 이야기해 주는 공식적인 설명이다. 이 경우에 야웨의 수납을 보여 주는 것은 야웨의 영광의 나타남이다(10-11절). 이 야웨의 영광의 나타남이 심히도 능력이 있었기 때문에 제사장들이 사역을 감당하며 서 있을 수가 없었고 왕조차도 그의 얼굴을 가려야만 했다(14절). 이 **거룩한 이야기**에 따르면, 네 부류의 다른 사람들 혹은 그룹들이 봉헌에서 역할을 감당했다: 2, 5절에 나오는 희생제들을 드리기 위한 성전 터에 온 평민들(모든 이스라엘 사람들), 3-4절에 등장하는 궤가 있는 곳으로 공동으로 나아오고 희생제가 드려지는 성전의 뜰로 궤를 나르는 장로들, 6, 8절에 나타나는 노출된 운반채들을 놓아두고 성전의 지성소 안으로 궤를 나르는 제사장들, 2, 5절에 보이는 회중을 명령하고 희생 제물을 나누는 왕 등이 그들이다. 이 **거룩한 이야기**는 62-63절의 봉헌에 관한 투박한 진술과 66절의 백성들이 집으로 가면서 느끼는 기쁨에 대한 마지막 묘사로 결론을 맺는다.

후대에 확장된 부분들 가운데 어떤 것은 그 내용이 길고 어떤 것은 간단하다. 1절에 나타나는 "이스라엘의 장로들"이라는 표현은 이스라엘의 초기 지파 구조라는 관점에서 설명된다. "조상들"이라는 용어는 후대의 늦은 시기를 나타내는 표시다. 2절에 있는 주해는 오래 전 시대에 뒤진 달(month)의 이름을 설명해 준다. 3-4절의 확장들은 종교적인 일들에서 배타적인 제사장적 특권과 포로 후기적 신정정치를 반영해 준다. 6-7절에 있는 사항들은 지성소에 대한 후대의 이름과 그룹의 날개들의 분명한 부분이 담당하는 역할을 말해 주고 있다. 10-11절에 있는 내용들은 조심스럽게 신현의 원래적 용어인 "야웨의 영광"을 위한 대용물(הענן - 헤아난, "그 구름")을 말하고 있다. 솔로몬의 기도에 대한 매우 늦은 확장들은 44-45절과 46-53절에 나타난다. 64절에는 관조적인 주석가가 성전 뜰 가운데 전체가 63절에 있는 신명기 사가의 내러티브에 보고된 엄청난 숫자의 희생 제물의 희생세를 충분히 감당할 수 있도록 거룩히 구별되었다고 말하고 있다.

아마도 유다 역사의 끝을 향하여 쓰고 있는 신명기 사가 자신은 놀라울 정도로 질서 있는 형태에 따라 그의 편집을 준비한다. 솔로몬의 말은 세 부분으로 구성된다. 이들 각각은 내러티브 전환(14, 22, 54-55절)과 함께 소개된다. 그의 말의 첫 번째 부분은 14-21절로 이 곳에서 그의 위치는 구체적으로 명시되지 않았으나, 그는 "이스라엘 전체 회중"에게 말하고 있는 것으로 전해진다. 그는 하나님에 대한 찬양의 송영으로 시작하고 이어서 합법화 예전, 즉 성전 건축자로서 솔로몬에 대한 신적인 지명에 대한 진술로 전환한다. 그의 말의 두 번째 부분은 23-43절로서 솔로몬은 그의 손바닥을 하늘로 향하고 제단을 바라보며 먼저 그 후손에 대한 축복을 위해서 기원한다(신명기 사가의 제일 되는 관심사). 그리고 두 번째로 성전과, 성전에서 혹은 성전을 향하여 예배하는 자에 대한 신적인 관심을 위해서 기도한다. 이 부분은 야웨의 관심을 받을 수 있는 특별한 경우들을 나열하는 방법으로 인해서 특별하다(30-43절). 44-45절 그리고 46-53절의 긴 확장들이 삽입된 부분이 바로 이 곳이다. 그러고 나서 솔로몬의 말의 세 번째 부분은 54-61절인데, 그는 백성들을 축복하기 위해 무릎 꿇었던 자리에서 일어난다. 그러나 이번에는 그의 축복은 하나님에 대한 호소이며 백성들에 대한 호소다. 마지막으로 63-66절은 신명기 사가의 내러티브의 결론이다. **거룩한 이야기**의 마지막 부분을 선택하면서, 신명기 사가는 제물과 축제, 그리고 해산을 말한다.

성전 봉헌을 위한 단락에 포함된 부분은 어떻게 솔로몬이 성전의 보물 창고에 다윗의 선물들을 보관했는가를 이야기해 주는 솔로몬의 행장으로부터 발췌한 부분(7:51b)과 어떻게 솔로몬이 기브온에서처럼 두 번째 계시를 받았는지를 이야기해 주는 9:1-5에 있는 신명기 사가의 상상력 있는 내러티브, 그리고 성전의 파괴와 민족으로서의 이스라엘의 수치를 예언하는 9:6-9의 매우 늦은 시기에 확장된 부분이다.

주석

51b 솔로몬의 행장으로부터 발췌한 이 부분은 성전에 관한 자료들에서 다른 어느 곳에서도 나타나지 않는 두 가지 일을 언급하고 있다. 하나는 "드린 물건"으로 문자적으로는 "거룩한 물건들"이라는 뜻이다. 이것들은 은과 금, 그리고 값있는 장식품들로서 분명히 다윗이 여러 전쟁에서 몰수했던 것들일 것이다. 이것들을 야웨께 바쳐진 물건들로 명명했다(참조. 15:15). 다른 하나는 "곳간"이라는 오체로트

(אצרות)로서 이것은 6:6, 8에서 "층들"로 부르는 것의 기능적인 묘사일 것이다.

8 1-10 신명기 사가는 12절에서처럼 1절에서 자신의 서론적 서술어인 "그 때"를 의미하는 아즈(אז)로 인해서 드러난다. 신명기 사가는 지속적으로 "솔로몬"이라는 이름을 사용한다(1, 12, 22, 54, 63, 65; 9:1, 2). 이것은 2, 5절에서 시작된 근원적인 **거룩한 이야기**가 공식적인 "솔로몬 왕"으로 시작되고, 나중에 "그 왕"(14, 63절)을 사용하는 것과는 다르다. 신명기 사가에 의해서 1절과 3절의 **거룩한 이야기**에서 사용된 "이스라엘 장로들"이라는 뜻의 지크네이 이스라엘(זקני ישראל)은 출애굽기 3:16에서 시작하여 구약에서 여러 번 발견되는 명칭이다. 이 명칭은 지도자가 권위의 자리에 올려진 고대 지파 동맹의 사회학적 상황을 반영한다. "지파들의 족장들"(ראשי המטות – 라셰이 함마토트)과 "조상들의 지도자들"(נשיאי האבות – 네시에이 하아보트)는 만들어 낸 비역사적인 용어들이다. "여호와의 언약궤": 이미 사무엘상 4:5에서 쓰였으며 9, 21절에서 그 궤는 언약을 상징하는 것 외에 다른 기능이 없음을 암시하는 신명기 사가의 용어다. 궤에 대한 원래의 이야기를 위해서는 사무엘상 4-6장; 사무엘하 6장을 보라. 궤는 실제적으로 전투에서 야웨의 임재를 상징하는 전쟁 수호신이었고 다윗의 시대에 그렇게 쓰였다(참조. 삼하 11:11). "다윗 성 곧 시온에서": 참조. 사무엘하 5:7. 비록 다윗의 도시가 신명기 사가 당시에는 성전 산을 포함하고 있었을지라도, 신명기 사가는 솔로몬 시대에는 그것이 단지 시온 성채와 오펠(Ophel)만을 포함했음을 주의 깊게 지적하고 있다.

"이스라엘 모든 사람"(כל איש ישראל – 콜 이쉬 이스라엘): **거룩한 이야기**는 봉헌 예식에서 전 우주적으로 성인 남자의 참여를 가정하는 것이다. 지파도, 지역도, 사회적인 분리도 용인되지 않는다(참조. 삼하 6:1). 성전은 강력하게 하나로 묶는 상징이 되는 것으로 의도되었기 때문이다. "에다님월": 달은 주어졌지만 날짜는 주어지지 않았다. 이스라엘 백성들은 주해의 숫자보다는 여전히 가나안적인 이름들을 사용했다. 6:38이 성전이 여덟 번째 달인 불월에 완공되었다고 말하고 있기 때문에, 성전은 최소한 열한 달 동안 공허하게 서 있었음이 분명하다. "절기에"(בחג – 베하그): 이와 같은 번역은 "축제에서"라는 일반적인 번역보다는 문제가 덜하다. 축제에서라는 것은 장막절 혹은 초막절을 지칭하는 것일 수 있으나, 이들의 축제에 대해서(민 29장) 본문은 아무런 표지도 말하고 있지 않다. "회막"(אהל מועד – 오헬 모헤드): 이것은 다윗의 성막을 가리키는 것이 아니고(삼하 6:17; 왕상 2:29-30), 광야의 성막을 가리킨다. 이러한 기록을 통해서 제사장적인 주석가는 이 성막을 솔로몬의 성전과 동일시하고자 한다. "회막"으로 다음에 무엇을 했는지에 대해서는 아무것도 언급하고 있지 않다. 프리드만(R. E. Friedman)은 이 회막은 지성소 안에 세워졌다고 주장하는데 이러한 견해를 정당화해 줄 아무런 근거도 없다(*BA* 43, [1940] 241-48).

"제사장들이 궤를 메니라": **거룩한 이야기**에 따르면 장로들이 궤를 성전 구역에 메어 올렸다(참조. 삼하 6:2-17). 그러고 나서 제사장들이 궤를 지성소 안에 예비된 장소, 즉 그룹 날개 바로 아래로 옮겼다(좀더 그럴듯한 견해는 레위족들과 같이 거룩히 구별된 사람들만이 궤를 옮길 수 있었다고 본다. 참조. 수 3장). "채가 긴고로": P의 청사진에서는 운반채들은 궤에 영구적으로 부착되었다(출 25:12-15). 그러나 이 본문은 다음과 같이 좀더 분명히 운반채에 대해서 설명하고 있다. 그 운반채는 궤의 긴 부분에 부착되었고, 지성소 앞의 장막을 통과할 정도로 길어져서 그 끝들을 그 앞에 있는 "성소"(הקדש – 하코데쉬)에서 볼 수 있었다. 신명기 사가는 즉각적으로 이러한 진술을 부인하지만(8절), 독자들에게 아무튼 그 운반채들이 그 곳에 있었음을 확실히 말하고 있다. 그는 또한 그 궤는 호렙 산에서 그 곳에 안치된 모세의 돌판들 외에는 다른 아무것도 가지고 있지 않음을 말하고 있다(9절). 이것은 만나를 담은 항아리와 아론의 지팡이가 그 곳에 함께 있었다(출 16:33; 민 17:25[영역본 10])는 후기 제사장적인 진술들과 마찰을 일으키는 신명기 사가적 전승(신 10:5)이다. "언약": 신명기 사가는 신명기서의 전체 신학을 약술한다. 법궤와 그 속의 돌판과 더불어, 성전은 애굽의 속박에서 벗어나 호렙 산에 이르러서 야웨가 이스라엘과 맺은 언약을 상징한다. 고정된 장소의 성전은 실제 역사적 정황과는 완전히 반대되는 것으로 이 정황에서의 성전 건축은 고대 출애굽과 시내산 전승들과 상충된다. "구름…여호와의 영광": 전자(확장 부분에서 발견됨)는 제사장적인 용어이며(참조. 출 40:34-38), 후자는 에스겔 시대 정도의 늦은 시기에 주로 사용된 규범적인 용어다(참조. 1:28; 10:18; 11:22-23; 43:2, 4-5). 그러나 본문은 "영광" 전승이 실제적으로 얼마나 이른 시기의 것이었는지를 보여 준다.

12-14a G^L은 이 망가진 찬양을 복원하는 데 제일 좋은 지침이 되는 자료다("원문주해"를 보라). 본 주석의 번역은 하나의 긴 절로 이루어진 2행 연구인 4:3, 4:3을 전제로 한다. 첫 번째 소절에서 하늘의 빛나는 태양과 어두움 속에 숨어 있는 야웨의 모습이 대조를 이룬다. 그리고 두 번째 소절에서는 왕실의 대표자가 자신이 야웨를 위한 영원한 처소를 지었음을 선포하는 병행 진술을 제공하고 있다. 이 고대 봉헌 찬양은 야셀의 책에 기록되었다(정직한 자). 이는 또한 다른 시적인 자료들이 포함되어 있는 여호수아 10:12-13과 사무엘하 1:17-27에 언급되어 있다(H.

St. John Thackeray, *JTS* 12[1911] 518-32를 보라). 이 시에 대해서 본(A. van den Born)은 잃어버린 창조 서사에 속하는 것이라고 했고(*OTS* 14[1965] 235-44), 괴르크(M. Görg)는 이 시가 애굽적인 양식을 토대로 하고 있다고 보았으며(*UF* 6[1974] 53-63), 로레쯔(O. Loretz)는 이 시를 가나안-이스라엘 사람들의 봉헌 찬양으로부터 연유된 파편과 동일시하려고 노력했는데(*UF* 6[1974] 478-80), 이러한 시도들은 모두 그리 견고한 근거를 가지고 있지 못하다. "그리고 그 왕은 자신의 얼굴을 돌렸다"라는 구절은 **거룩한 이야기**에 속한다. 이것은 야웨의 영광의 신비스러운 떨림(Otto)에 대한 그의 자연스러운 반응을 기록한 것이다. 그러나 이것은 신명기 사가의 "그러고 나서 그는 …을 축복했다"라는 어구에 대한 허술한 준비를 해주고 있다.

14aβb-21 합법화 예전. 내러티브 서론은 솔로몬이 서 있는 이스라엘 전체 모임(혹은 קהל – 카할, "회중")을 축복했다고 말한다. 그러나 신명기 사가는 그 회중들을 위한 것이 아닌 야웨를 위한 축복의 말을 만든다. 또 다른 부적합한 내용은 다음과 같은 진술들에서 발견된다. 이 축복이 야웨가 한 도시보다는 다윗을 선택하셨음에 대해서 말하는 부분과(16절), 이어서 축복이 어떻게 야웨가 성전을 지으려는 다윗의 계획을 거절하고 그에게 그 대신에 성전 건축을 시행할 아들을 약속하셨는지(17-19절)에 대한 솔로몬의 설명 부분에 있다. 이 야웨의 약속은 솔로몬이 왕위 계승을 완성하게 될 것이고, 성전을 건축하고, 궤를 놓는 장소를 제공하는(20-21절) 모든 것들이 포함되어 있다. 이 이야기에서 주의 깊은 독자는 다윗의 우선권을 구별할 수 있을 것이다. 다윗 가문 계승의 안전성이 성전의 건축을 위한 선행 조건으로서 남아 있기 때문이다.

22-29 이제 솔로몬은 그의 실제적인 기도를 시작한다. 먼저 그는 하나님의 유일성과 그분의 언약의 신실함을 찬양한다(23절). 그러나 곧 그의 주요 관심 사항인 다윗의 후손들에 대한 야웨의 신실함에 대해서 말한다. 야웨가 다윗에게 약속했을 뿐만 아니라 그 약속을 이루셨음(24절)을 야웨에게 상기시키면서, 솔로몬은 25절과 26절에서 "그러니 이제"라는 의미의 연결사인 베아타(ועתה)를 사용하여 같은 종류의 간구를 드린다. 솔로몬은 신실한 다윗의 후손들을 "끊어지는" 것으로부터 안전하게 하심으로 지키실 것을 위해 간구한다. 이러한 간구와 더불어 솔로몬은 자신이 봉헌하고 있는 성전에 대한 주제로 다시금 돌아간다. 첫째로 너무나 위대해서 하늘과 땅이라도 수용할 수 없는 야웨 하나님이 정말로 땅에, 그것도 인간이 만든 성전에 거하시겠느냐는 의문을 표시한다(27절). 이러한 특징적인 신명기 사관적 정

서와 가장 근접한 병행구는 포로기 후의 본문인 이사야 66:1이다. 그럼에도 불구하고 솔로몬은 야웨가 이 성전을 그분의 이름을 두는 곳으로 삼으시기를 기도한다. 이것은 신명기 사관적인 이데올로기에서 이름을 두는 것이며 야웨의 진정한 존재하심에 대한 근거 혹은 확장을 말하는 것이지 그의 존재에 있어서의 온전성을 말하는 신성은 아닌 것이다(28-29절). 목적은 성전이 듣는 곳과 말하는 곳으로서의 역할을 하며, 그 성전을 향해 드려지는 어떠한 기도도 지속적으로 받아들여질 것을 요구하는 것이다(29b; 참조. 30, 33, 35, 42, 44, 48절).

30-43 다음으로 솔로몬은 이 성전이 수행하게 될 기능인 다섯 가지 (원본적) 경우와 상황들을 묘사한다. 그는 그나 그 백성들이 성전을 향하여 기도할 때 야웨는 하늘에서 듣고 응답하실 것을 요청한다(30절; 또한 32, 34, 36, 39, 43, 45절도 그렇다). 각각의 간구들은 어느 정도 다음과 같은 다른 양식을 가진다: 예전적 법령의 형식인 31절(참조. 레 1:2; 2:1 등), 베(ב)와 함께 쓰인 부정사 형식의 33, 35절, 인과절의 형식인 37절, 맨 먼저 명사 주어에 의해서 표현된 다양한 가능성들, "그리고 …조차"라는 의미인 베감(וגם)의 구문에 의해서 소개되는 예외적 구절인 41절, 인과적인 "만약"라는 어구로 시작하는 42절 등이다. 31-32절은 두 사람이 야웨에게 맹세하며 상반된 서원을 했을 때, 야웨가 진실을 가려 주실 것을 요청한다. 33-34절은 이스라엘이 죄를 지었을 때 전쟁에서 패함으로써 징벌하고, 용서를 구했을 때 야웨가 용서하고 회복해 주실 것을 요청한다. 35-36절은 이스라엘이 죄를 지어 가뭄으로 징계하고 뉘우칠 때 비를 내려 주실 것을 요청한다. 37-40절은 모든 가능한 재앙과 기도를 포함하기 위해서 위의 경우를 확대하고, 야웨가 사람의 마음을 알았을 때 용서해 주실 것을 요청하며, 이는 모든 사람들(사람의 아들들)이 야웨를 경외하기 위함임을 말한다. 41-43절은 구약에서 가장 놀라운 우주적인 본문을 나타낸다. 모든 이방인들의 기도를 들어주실 것을 요청하는데, 이로 인해서 모든 민족이 야웨를 알고 두려워하게 될 것이기 때문이다.

44-53 44-45절 그리고 46-53절에 두 개의 늦은 시기의 확장된 부분들이 각각 인과적으로 "때"를 나타내는 연결사 키(כי)와 더불어 구성되어 있다. 첫 번째 것은 첨가된 부분으로서 드러난다. 그것은 33-34절의 요지를 근접하게 반복하고 있지만 죄에 대한 어떠한 인식도 없다("성전"과 함께 "도시"를 주목하라. 예루살렘은 메카와 같이 되었다!). 이러한 모든 조건 위에 야웨는 "듣고", "용서해 주고" 그리고 "그들이 긍휼을 입을 수 있도록" 요청된다. 이러한 간구는 이스라엘을 선택하신 이유에 야웨의 관심을 호소하며, 신명기 사관적 이데올로기의 중요한 결론으로 맺는다

(야웨의 유업으로서의 이스라엘은 신 4:20; 9:29을 보라; "철 용광로"로서의 애굽은 신 4:20; 렘 11:4을 보라; 이스라엘의 구별은 레 20:24, 26을 보라).

54-61 기도는 끝났고, 솔로몬은 "회중"을 위한 축복을 한다. 즉 다시 한 번 "평안"(מנוחה – 메누하)을 주며(참조. G. von Rad, *The Problem of the Hexateuch and Other Essays*[New York: McGraw-Hill, 1966] 94-102), 또한 모세에게 준 말씀을 지키신(56절; 참조. 53절) 야웨를 찬양한다. 다음으로 그는 (1) 야웨가 과거와 같이 지속적으로 이스라엘과 함께 있을 것과 (2) 이스라엘로 하여금 그분의 계명을 행하도록 하실 것을 바라는 경건한 소망을 나타낸다(57-58절). 다음으로 기도는 매일의 특별한 기도에 적절히 응답하심으로써 야웨께 지속적으로 나아가게 해 달라고 간구하는데, 이는 야웨의 유일하며 우주적인 신권에 대한 우주적인 고백으로 인도하는 것이다(59-60절). G. Braulik, *Bib* 52(1971), 20-33를 보라. 솔로몬의 마지막 말은 회중들의 미래의 행위는 "바로 지금"(이 어구에 대해서는 *YTT*, 54n을 보라)과 동일한 것이 되어야 할 것을 그들에게 호소하는 것이다.

62-66 신명기적 자료가 **거룩한 이야기**와 혼합되어 있는 내러티브의 결론에 대해서는 위를 보라. 황소들과 양들의 숫자는 너무나도 엄청나다(63절). 그러므로 놋제단뿐만 아니라 성전 전체의 뜰 사용에 대해서 자신의 언급을 64절에 첨가한 사람을 나무랄 수가 없는 것이다("같은 날"에 대해서는 *YTT*, 110를 보라). 65절과 66절의 첫 번째 절은 신명기 사가의 결론이다. 야웨는 두 번 "우리의 하나님"으로 불린다. 축제를 베푸는 것은 두 가지 차원에서 확장된다. (1) 축제가 상부 시리아에 있는 하맛 입구에서 시내 반도에 있는 애굽의 하수에 이르기까지 사람들을 모두 칭하는 "모든 이스라엘"을 포함하며, (2) 7일 동안 지속되었다고 말한다. 66aβb절에 있는 거룩한 이야기에 따르면 일들은 좀더 단순하다: 경배자들은 야웨가 "다윗"과 이스라엘을 위해서 행하신 것에 감사하면서 왕을 축복하고 떠난다.

9 1-5 신명기 사가는 솔로몬의 건축이 – 이름이 있기도 하고 없기도 한 – 끝났을 때 두 번째 기브온 계시를 본문에 넣는다. 솔로몬이 어떻게 기브온에 갔는지 혹은 왜 그가 거기에 갔는지에 대한 아무런 언급도 없이 신명기 사가는 8장의 기도에 대한 야웨의 응답을 말한다. 야웨는 그분이 기도를 듣고 그것을 이루었다고 말씀하신다. 성전이 거룩하게 되었고 수납되었음을 말씀하신다. 그분의 이름이 성전에 있으므로 성전을 떠나지 않을 것이고(1절), 그분의 눈(모든 보는 것의 상징)과 그분의 마음(모든 돌봄의 상징)은 매일 그 곳에 있을 것이다. 다시 한 번 신명기 사가의 궁극적인 관심이 솔로몬과 다윗 가문에 있게 된다. 즉 야웨는 후대의 모든 왕들이

그분의 계명에 순종하는 한(4-5절), 다윗 계열로부터 누구도 끊어지지 않을 것이라는 그분의 약속을 지키시리라는 것이다.

6-9 이 후대의 점가 부분에서 "너"는 "너희"라는 복수가 된다. 이야기를 듣는 사람이 솔로몬 개인으로부터 이제 이스라엘이 되었다는 것을 나타내는 것이다. 거론되는 상황은 이스라엘의 불순종과 다른 이방신들을 섬기는 경우다(6절). 이러한 경우 야웨는 그들을 "지면"(="땅"; 참조. 8:40)으로부터 끊을 것이며, 자기 앞에서 성전을 "버릴" 것이라고 강하게 경고하신다. 그렇게 되면 이스라엘은 조롱거리가 될 것이고, 성전은 폐허가 될 것이다(7-8aα절). 이러한 극적인 진술은 미가 3:12에 나오는 유명한 성전 폐기의 위협과 병행을 이루는 것이다(참조. 렘 26:18). 9절과 함께 8절의 나머지 부분은 그러한 파괴와 불명예의 원인을 이스라엘의 배교의 관점에서 정의하는 일종의 후대를 위한 교리문답과 같은 교리적 훈계를 말하는 것이다.

해설

본문에 대한 상세한 연구를 통해서 신명기 사가의 주요한 관심은 성전이 아니고 다윗 왕조였음을 알 수 있었다. 그는 계속해서 야웨의 약속이 완성된 것인지, 그리고 누구도 왕위로부터 "끊어지지" 않을 것인지에 대해서 묻고 있다. 이것은 분명히 유다 존속(存續)의 마지막 기간의 상황을 암시하고 있는 것이다. 이 때는 여호야김과 같은 왕들이 언약과 율법을 잡았다가 놓쳤다가 하는 그러한 시기였다(참조. 합 1:1-4, 12-13). 신명기 사가는 계속해서 다윗 왕가의 영속성은 그들의 회개와 순종에 달려 있다는 것을 강조한다. 결과적으로 다윗의 후손들은 신실하지 못한 자신들을 보였고, 그 후손들은 결코 회복되지 못했으며, "영원한 왕조"에 대한 열망은 사라졌다. 그러나 다시 한 번 생명으로 회복되었는데, 그것은 바로 훗날 다윗의 아들인 나사렛 예수의 완전한 순종을 통해서였다. 우리가 본 장에서 보았듯이, 신명기 사가가 다윗에 대한 약속을 포기해야만 하는 때일지라도 안전하게 남아 있는 것은 모세를 통해 맺어진 이스라엘의 기본적인 언약 때문이었다.

본 장의 원래적인 자료는 하나님의 성전 봉헌에 있어서 평민들과 그들의 대표들인 장로들에게 중심적인 자리를 내주고 있다. 후대, 즉 포로기 이후의 주해들은 제사장들을 위해서 그들의 특권을 빼앗으려고 시도한다. 따라서 우리는 이스라엘 종교의 한가운데서 식별할 수 있는 "복음주의적" 역동성을 분별해 낼 수 있다. 일반 백성들은 하나님이 그들을 그 집에 온전히 참여하도록 환영하셨다는 것을 볼 수 있었다. 그렇기 때문에 그들은 왕과 나라를 위해 나타나신 그분을 경배하도록 한 선함에 대해 기뻐하며 집으로 돌아갔다(66절).

여기서 표면적으로 떠오르는 것은 하나님의 임재에서 실제적인 것과 상징적인 것 사이에 존재하는 긴장이다. 우리는 그 첫 번째 것을 특별히 **거룩한 이야기**에 있는 성전을 채운 "영광"(כבוד – 카보드)에서 본다. 두 번째는 단지 야웨의 이름(שם – 쉠)만이 성전에 있고 그분은 하늘에 거하신다는 신명기 사가의 주장에 있다. 신명기 사가는 영적인 우주성과 초월성을 대신해서 하나님을 대상화하고 잡으려는 시도의 위험성을 본다. 이에 대한 경향은 일종의 단순한 기념화 혹은 명목주의로 흐르게 된다. 신학자들뿐만 아니라 성경 학도들은 하나님(그리고 그리스도)의 "실제적인 임재"가 어떻게 이해되어야 하는지를 숙고하는 노력을 계속해야만 한다.

9. 솔로몬 통치기의 주요 사건들(9:10-25)

참고문헌

Fensham, F. C. "The Treaty between Solomon and Hiram and the Alalakh Tablets." *JBL* 79(1960) 59-60. **Gooding, D. W.** "Text-sequence and Translation-Revision in 3 Reigns IX, 10-X, 33." *VT* 19(1969) 448-63. **Haran, M.** "The Gibeonites, the Nethinim and the Sons of Solomon's Servants." *VT* 11(1961) 159-69. **Naor, M.** "solomon and Hiram and the Land of Cabul." *Western Galilee and the Coast of Galilee*. Jerusalem: Israel Exploration Society, 1965. **Yadin, Y.** "Solomon's City Wall and Gate at Gezer." *IEJ* 9(1958) 80-86.

본 문

10 솔로몬이 두 집 곧 여호와의 전과 왕궁을 이십 년 만에 건축하기를 마치고	**10** (It so happened at the end of the twenty years during which Solomon was occupied in building the two houses, Yahweh's temple and the king's house –
11 갈릴리 땅의 성읍 이십을 히람에게 주었으니 이는 두로 왕 히람이 솔로몬에게 그 온갖 소원대로 백향목과 잣나무와 금을 지공하였음이라	**11** Hiram king of Tyre providing[a] Solomon with cedar timber and juniper timber and gold as much as he wished – that then)…The king[b] [c]would trade[c] to Hiram twenty cities in the land of Galilee.
12 히람이 두로에서 와서 솔로몬이 자기에게 준 성읍들을 보고 눈에 들지 아니하여	**12** So Hiram went out of Tyre[a] to inspect the cities which Solomon had offered him, but they did not measure up in his eyes,
13 이르기를 나의 형이여 내게 준 이 성읍들이 이러하뇨 하고 이름하여 가불 땅이라 하였더니 그 이름이 오늘까지 있으니라	**13** and he said, "What are these cities which you have offered me, my brother?" So they named them, "Land of Kabul,"[a] to this day.
14 히람이 금 일백이십 달란트를 왕에게 보내었더라	**14** So Hiram sent the king[a] a hundred twenty talents of gold.[b]
15 솔로몬 왕이 역군을 일으킨 까닭은 여호와의 전과 자기 궁과 밀로와 예루살렘 성과 하솔과 므깃도와 게셀을 건축하려 하였음이라	**15** And this is an item about the corvée[a] which King solomon raised in order to construct Yahweh's temple and [b]his own house[b] [c]and the Millo and the wall of Jerusalem;[c] also Hazor, Megiddo, and Gezer;[d]

16 전에 애굽 왕 바로가 올라와서 게셀을 탈취하여 불사르고 그 성에 사는 가나안 사람을 죽이고 그 성읍을 자기 딸 솔로몬의 아내에게 예물로 주었더니

16 (Pharaoh, king of Egypt, went up and captured Gezer, burning it with fire.[a] And the Canaanite residents [b]of the city he slew[b] so that he[c] might be able to present it as a dowry to his daughter, Solomon's wife.

17 솔로몬이 게셀과 아래 벧호론을 건축하고

17 So Solomon rebuilt Gezer) also Beth-Horon [a]the Lower[a]

18 또 바알랏과 그 땅의 들에 있는 다드몰과

18 and Baalat and Tamar[a] in the wilderness (in the land);

19 자기에게 있는 모든 국고성과 병거성들과 마병의 성들을 건축하고 솔로몬이 또 예루살렘과 레바논과 그 다스리는 온 땅에 건축하고자 하던 것을 다 건축하였는데

19 also every store-city belonging to Solomon and the cities of the chariotry and the cities of the horsemen – anything whatsoever[a] that Solomon desired to build, be it in Jerusalem [b]or in Lebanon[b] or anywhere in the territory that he governed:

20 무릇 이스라엘 자손이 아닌 아모리 사람과 헷 사람과 브리스 사람과 히위 사람과 여부스 사람의 남아 있는 자

20 All the surviving[a] population from [b]the Amorites, the Hittites, the Perizzites, the Hivites, and the Jebusites[b] – those that did not belong among the Israelites –

21 곧 이스라엘 자손이 다 멸하지 못하므로 그 땅에 남아 있는 그 자손들을 솔로몬이 노예로 역군을 삼아 오늘까지 이르렀으되

21 their children who remained after them in the land, whom the Israelites were not able to consign to destruction,[a] them did Solomon recruit for a slave[b] corvée to this very day.

22 오직 이스라엘 자손은 솔로몬이 노예를 삼지 아니하였으니 저희는 군사와 그 신복과 방백과 대장이며 병거와 마병의 장관이 됨이었더라

22 However, from the Israelites, Solomon did not choose any slave,[a] but these were set aside to become men of war and his officials,[b] [c]his commanders, his captains,[c] his chariot commanders and his cavalrymen.

23 솔로몬에게 역사를 감독하는 두목 오백오십인이 있어 역사하는 백성을 다스렸더라

23 These were the chiefs of the prefects who were over Solomon's work: [a]five hundred fifty[a] directors over the people doing the work.

24 바로의 딸이 다윗 성에서부터 올라와 솔로몬이 저를 위하여 건축한 궁에 이를 때에 솔로몬이 밀로를 건축하였더라

24 To be sure,[a] the daughter of Pharaoh [b]did go up[b] out of the city of David to [c]her own house[c] which he built for her.[d] [e]Then he built the Millo.[e]

25 솔로몬이 여호와를 위하여 쌓은 단 위에 해마다 세 번씩 번제와 감사제를 드리고 또 여호와 앞에 있는 단에 분향하니라 이에 전 역사가 마치니라

25 And Solomon offered up [a]three times each year[a] burnt-offerings and communion-offerings upon the altar that he had built for [b]Yahweh, and he burnt [c]his fire-offerings[cb] before Yahweh.[d] [e]So did he finish off the temple.[e]

원문주해

MT 9:15=G 10:23a; MT 16-17a절=G 4:32-33; MT 17aβb절=G 10:23bα; MT 19aβ-22절=G 10:23bβ-25; MT 24절=G 9:9b.

11.a. MT의 피엘 완료(נִשָּׂא, 일반적으로 נִשָּׂא) 대신에 칼, 능동, 분사로 읽은 것.

11.b. G^B. MT과 G^L은 "왕 솔로몬".

11.c-c. 미완료는 과거의 사건들이 미완료 계속 혹은 완료에 의해 수정된 문맥에서의 상태를 나타낸다.

12.a. G은 "그리고 갈릴리로 갔다"라는 설명적인 어구를 첨가함.

13.a. MT. G "경계"(ὅριον-호리온)=히브리어 가불(גְּבוּל, 듣기 착오로 인한 원문 훼손).

14.a. MT. G의 "솔로몬"은 설명적이다.

14.b. MT의 15-25절에 대해서 G은 따라 나오는 훼손된 판본의 여러 곳에서 상대적인 부분들을 가진다.

15.a. MT. G은 "사재(私財), 동산".

15.b-b. MT. G의 "그 왕의 집"이라는 어구는 설명적이다. 참조. 10절.

15.c-c. MT. G^{BL}은 "그리고 예루살렘의 성벽 그리고 다윗의 성읍을 보호하기 위한 망대"로 풀어쓴다.

15.d. MT. G은 17-19절로부터 단어들을 더한다.

16.a. MT. G^L, G^B은 생략.

16.b-b. MT. G^{BL}은 원문 훼손.

16.c. MT. G^{BL}은 "바로"라는 설명적인 어구를 가진다.

17.a-a. MT. G은 "윗 부분에 있는".

18.a. K와 G^B. Q, Syr, Tg, Vg은 "다드몰"(익숙한 것에 의해서 익숙하지 않은 것을 교정한 것).

19.a. 역대기와 함께 "모든"으로 읽음.

19.b-b. MT(어려운 독법 선호). G은 생략.

20.a. MT. G^{BL}은 원문 훼손.

20.b-b. MT. G^{BL}은 나라들의 다른 목록을 가진다.

21.a. MT. "금지된 것으로 바치다"라는 의미를 가진 원형 하람(חרם)의 히필형. 역대기는 "소멸하다", "제거하다"라는 의미를 가진 칼라(כלה)의 피엘형을 가진다.

21.b. MT. G은 생략(중자 탈락).

22.a. MT. G 프라그마(πρᾶγμα, "세계")=히브리어 "종"이라는 의미의 아바드(עבד)로부터 훼손된 עבודה. 역대기는 "그에게 공급하기 위한 종들로서"라는 어구를 가진다.

22.b. MT. 역대기는 생략.

22.c-c. MT. G[B]은 생략. G[L]은 위치를 바꿈.

23.a-a. MT. G 2:35[h]는 "삼천육백". 역대기는 "이백오십".

24.a. MT의 아크(אַךְ)는 어려운 독법 선호의 법칙에 따라 우선시된다. 역대기의 직접 목적어의 표시인 베에트(וְאֶת־)는 그 수동적 구조에 가장 잘 어울린다. G 2:35[f]=케카(כְּכָה), 켄(כֵּן, "따라서"). G 9:9은 24b절의 영향으로 "그 때"라는 의미의 아즈(אָז)로 읽는다.

24.b-b. MT. 경건한 이데올로기의 이유로 인하여 역대기와 G 9:9은 "솔로몬이 데려갔다"라고 읽는다.

24.c-c. MT(=G 2:35[f]). G 9:9은 "그의 집". 역대기는 "그 집으로".

24.d. MT, G 9:9은 "그 자신을 위하여".

24.e. MT(=G 2:35[f]). G 9:9, 역대기는 생략.

25.a-a. MT(=G 2:35[g]). 역대기는 생략.

25.b-b. MT. G 9:9, 역대기는 생략.

25.c-c. MT의 "…하는 그와 함께"라는 의미의 이토 아쉐르(אִתּוֹ אֲשֶׁר)는 의미를 가지지 못한다. 일반적으로 MT을 가깝게 따르는 G 2:35[g]는 생략한다. 현대 주석가들과 함께(Gray, Noth), 우리는 클로스터만(Klostermann)의 추측인 "그의 화제물로"라는 의미의 에트 에쇼이오(אֶת־אִשָּׁיו)로 읽는다.

25.d. MT. 역대기는 "낭실".

25.e-e. MT. 역대기는 생략.

양식/구조/배경

솔로몬의 행장으로부터 발췌한 부분(14): 갈릴리 성읍들을 물물 교환함

편집적 서론, 10-11a절

1. 제안, 11b절
2. 점검과 실망, 12-13a절

[익살스러운 주해, 13b절]

3. 거래의 결론, 14절

솔로몬의 행장으로부터 발췌한 부분(15): 역군들이 한 것과 그 역군이 된 사람들

1. 완공된 건축물들, 15, 17b-19절

[게셀에 대한 고고학적인 기록, 16-17a절]

2. 그 사람들, 20, 21b, 23절

[신명기 사가의 주해, 21a, 22절]
솔로몬의 행장으로부터 발췌한 부분(16): 바로의 딸이 그녀의 새 집으로 가다, 24a절
솔로몬의 행장으로부터 발췌한 부분(17): 밀로, 24b절
솔로몬의 행장으로부터 발췌한 부분(18): 솔로몬의 예전적 헌신, 25a절
편집적인 결론, 25b절

본 단락을 이루고 있는 솔로몬의 행장으로부터 발췌한 다섯 부분의 배열은 25b절의 "그래서 그는 성전 짓기를 마쳤다"(שלם – 쇌람, 피엘)라는 결론적 규정에 대한 관찰을 통해서 합리적으로 설명될 수 있다. 이것은 이 건물을 건축하는 것이나 장식하는 것을 말하는 것이 아니라, 성전의 계속되는 묘사와 관련된 모든 것을 시행하는 것을 말하는 것이다. 20개의 갈릴리 성읍들에 대한 물물교환에 관한 구절이 포함되어 있는데, 이는 5:15-26(영역본 1-12)처럼 이 부분이 솔로몬에게 백향목과 잣나무 목재를 공급하는 히람에 대해서 말하고 있기 때문이다. 다음으로 5:27-32(영역본 13-18)처럼 역군에 대해서 이야기하는 부분이 포함되어 있다. 그 다음에는 바로의 딸이 새 집을 얻는 부분이 포함되어 있다. 이것은 3:1과 7:8b이 그녀가 성전 구역에 있는 그녀의 본래의 궁전에 계속해서 머물렀다는 인상을 주고 있기 때문이다. 또한 솔로몬이 마지막으로 밀로를 지었다는 사실에 대한 매우 간략한 부분이 있는데, 이는 바로의 딸의 궁궐에 관한 보고 전에 이 구조물에 대해서 말하는 15절이 솔로몬은 이 왕비의 궁궐에 대한 문제로 눈을 돌리기 전에 다른 모든 것을 마칠 때까지 기다렸다는, 그리 급하게 원하지 않는 인상을 줄 수 있기 때문이다. 마치 그 도시에서 이교도 여인의 존재는 무관심한 문제였던 것처럼 보이기 때문이다. 마지막으로 성전에서의 희생제를 드리는 솔로몬의 계획에 관한 항목은 그의 헌신이 성소를 봉헌한 다음에도 계속되었다는 것을 보여 주기 위해 필요한 부분이다.

우리는 이 모든 항목들은 각각 솔로몬의 행장으로부터 뽑은 모든 것으로서 실제적인 자료를 토대로 하고 있음을 믿을 수 있다. 그러나 이 항목들이 우리가 지금 보는 것과 똑같은 순서로 기록되었다고 보기는 어렵다. 신명기 사가는 아마도 그 선택을 한 책임이 있는 바로 그 사람일 것이다. 그가 일반적으로 사용하는 24b절의 아즈(אז) 전환구와 25b절의 편집적인 결론 때문이다. 이러한 어구는 이 곳에서나 그의 자료의 다른 곳에서도 찾아볼 수 있는 것이긴 하다. 여하튼 신명기 사가는 마지막 부분을 결론적 어구로 쓰려고 했다. 그는 성전에 관하여 더 이상 이야기할 것

이 없을 것이다. 신명기 사가는 21a절과 22절에서 그의 고도의 이데올로기적인 관점으로부터 주해를 끼워 넣는 기회를 놓치지 않는다. 알려지지 않은 자료들로부터 다른 첨가물들이 13b절과 16-17a절에 나타난다.

주석

10-14 신명기 사가가 아닌 어떤 이른 시기의 편집자가 이 발췌한 부분을 다시 쓰거나 쉽게 말을 바꿔 쓴 것은 아닌지 의심해 볼 수 있다. 10절이 관례적인 내러티브 문체인 "발생했다"라는 뜻의 봐예히(ויהי)와 시간절로 시작하고, 이어서 연속되는 와우 계속 미완료가 나올 것이라 생각하지만, "제공하다"라는 의미의 나사(נשא)의 피엘 완료(우리는 "원문주해"에서 이것을 분사로 본다)가 따라 나오며, 11b절에서는 "교환하여 주었다"라는 의미의 나탄(נתן)의 미완료가 쓰였기 때문이다. "두 집들"을 건축하기 위한 20년은 6:38과 7:1의 숫자를 더한 것으로, 이는 그것들이 동시대 건축물이라는 것을 나타내기 위한 것이다. 백향목과 잣나무와 더불어 금을 제공하는 히람에 대한 구절은 전체적으로 공상적이다. 11절의 "교환하여 주다"라는 의미를 가진 나탄(נתן)의 미완료는 법의 힘(modal force)을 가지며("원문주해"를 보라), 무조건적인 선물이 아닌 교역을 제공하는 것을 의미한다. 당대의 정중하며 격식을 갖춘 과정(참조. 창 23장)은 실제적인 선물 제공을 필요로 했던 것이다. 그리고 이것은 12절에서 보이는 같은 동사의 완료형에 반영되어 있다: 솔로몬은 히람에게 "선물"을 주었다. 그러나 반대 급부를 기대했다. 갈릴리의 땅은 두로가 통치하는 경계에 근접한 곳이다. 그러나 솔로몬이 "준" 20개의 성읍들(실제적으로는 마을들)은 아셀의 전통적인 경계선 밖의 경계에 있었음이 분명하다. 따라서 이것은 상업적인 교역이라기보다는 좀더 정치적인 것이었다(조약자의 이름, "형제"를 주목하라. 참조. 20:32-33). 솔로몬은 히람의 좋은 의도를 얻기 위해서 그와 히람 사이에 논쟁이 있어 왔던 "성읍들"을 대가를 위해서 기꺼이 포기한 것이었다(참조. F. C. Fensham, *JBL* 79[1960] 59-60). 물론 히람은 "도시들"을 점검해 보고는 그 성읍들이 만족스럽지 못하다는 것을 발견한다. 그러나 솔로몬에게 매우 큰 액수인 금 일백이십 달란트를 줌으로써 거래를 끝낸다(달란트: 45에서부터 130파운드까지). 그러나 그 잠재적인 가치의 관점에서 보면 충분치 않은 것이다(알라스카를 위해서 지불한 700만 달러와 같은 것임!). 악코(Acco) 근방에 카불(Kabul)로 알려진 성읍이 있다(참조. 수 19:27). 주석가는 분명히 그것이 히람의 20개의 "성읍들"에 있는 것

으로 생각했다. 이것은 결코 확실한 것이 아니다. "아무것도 아닌 것처럼"이라는 뜻을 가진 카불(כבול)은 13a절에 있는 히람의 경멸적인 의문에 의해서 강력하게 제안된 재담적인 익살이다.

15-23 우리는 솔로몬의 성전을 위한 돌과 목재를 준비하기 위해 일으킨 자유민 역군에 대해서 알고 있다(5:27-32; 영역본 13-18절). 이제 우리는 예루살렘과 이스라엘 전역에 걸쳐서 계속되는 건축 사역을 위해 일으켜진 영구적인 노예 역군을 보게 된다. 야웨의 집(=성전)과 왕의 집(=궁궐)은 6-7장에서 보았다. 밀로(원형은 "채우다"라는 뜻의 밀로〈מלא〉)는 다윗의 성읍과 성전 복합체 사이의 대지나 인접 지역이었을 것이다. "예루살렘 성벽"을 건축하는 것에 관한 구절은 이미 같은 자리에 있었던 성벽(참조. 삼하 5:9)을 재건축하고 보수하는 계획과 관련해서만 이해될 수 있다. 삽겹 관문으로 특징지어지는 하솔, 므깃도 그리고 게셀에 대한 솔로몬의 방비 공사는 고고학적 발굴에 의해서 잘 알려져 있다. 이 성읍들은 각각 청동기 시대로부터 고대 가나안 족속의 성읍이었으며, 방어 전략상 중요했다. 하솔은 갈릴리 바다 근처인 북쪽 끝에 있었다. 므깃도는 이스르엘 계곡으로부터 낙타가 통과하는 길을 보호했다. 게셀은 세펠라와 예루살렘 서쪽 해안 평야 사이에 위치했다. 따라서 각각의 성읍은 이스라엘의 경계선에 위치해 있었다. 또한 베냐민 족속 언덕 지역 끝에 있는 아래 지역의 벧호른은 예루살렘에 이르는 전략적인 도로를 보호했고, 브엘세바 남동쪽에는 바알랏이 있었으며, 네게브 극남단에는 다말이 있었다. 또한 역군들에 의해서 구체적으로 알려지지 않은 숫자의 국고성들, 병거성들 그리고 마병의 성들이 지어졌다. 이들은 모두 4:7-19; 5:6-8(영역본 4:26-28)에서 묘사된 잘 정비된 식량 보급소의 역할을 했다. 이러한 목록에 저자는 마치 솔로몬의 업적은 저자가 기록하기에 지날 정도라는 것을 나타내려는 것처럼 "솔로몬이 건축하고자 했던 것은 무엇이나"라는 어구를 더한다. 히람의 영내에 있는 레바논에 관한 구절은 다소 놀라운 것이지는 하지만, 목재를 자르고 운반하는 것과 관련된 것이었음이 분명하다(참조. 5:20; 영역본 6절).

솔로몬은 그가 가진 활기 찬 힘과 이루고자 하는 야망에서 정말 칭송받을 만하지만, 인간의 가치에 대한 깨어 있는 민감성은 거의 없었다. 고대 세계의 다른 모든 통치자처럼, 그는 그의 동료들을 착취했다. 따라서 어떻게 바로의 군대가 게셀을 정복하고, 그 가나안 거민을 진멸하고, 그것을 자신의 딸의 결혼 지참금으로 솔로몬에게 주었는지를 이야기하는 16-17a절의 확장된 부분은 솔로몬이 다른 사람의 재산에 대해서 정말 폭력적으로 착취하여 이익을 얻었다는 것을 암시하는 것이다. 모든 살아 남은 원주민들을 포함하는 노예 역군들에 대한 다양한 세부 사항들은 불행한 개인들에 대한 비인간성뿐만 아니라 영원한 이방인 혐오증에 대한 태도를 나타내는 것이다. 이것은 바로 민족들에 대한 무차별적인 착취를 정당화하기 위해 이끌어 낸 것이다. (신명기 사가의 21a, 22절에 대한 극단적인 애국주의적 주해는 후대의 이스라엘 사람들이 일반적으로 이러한 태도를 가지고 있었으며, 솔로몬의 가혹함을 인정해 준다는 것을 보여 준다). 23절의 단지 550명의 두령들이 이러한 모든 작업을 감독하기 위해 요청되었다는 것은 5:30(영역본 16절)의 3,300명에 의해서 감독된 것보다는 훨씬 적은 노동력을 말하고 있는 것이다.

24-25 15절의 목록에는 없다 할지라도, 솔로몬은 성읍 밖에 바로의 딸을 위해 새로운 "집"을 건축했다고 전해진다. 이것은 분명히 오랫동안 지연되었을 것이다. 왕비는 점차 도시의 소란스러운 삶에 싫증을 느꼈을 것이고, 어느 곳엔가 조용한 쉴 곳을 요청했을 것이기 때문에 이러한 건축은 당연히 이루어졌을 것이다. 그녀의 높은 지위는 그녀가 버려지거나 당혹스러운 처지에 들어가지는 않게 했을 것이 분명하다. 그녀는 왕의 거처 부근에 있는 원래의 왕궁에 최소한 얼마간은 계속적으로 머물렀을 것이다. 단지 그녀의 새로운 처소는 그녀가 "올라가야"만 했을(참조. 11:7) 감람산에 세워졌을 것이다. 솔로몬의 "번제"와 "화목제"에 대해서는 3:15을 보라. "일 년에 세 차례씩"이라는 구절은 이제는 예루살렘에서 있게 되는 이스라엘의 연 중 세 번의 큰 축제(출 23:14; 34:23)에 대한 솔로몬의 개인적인 참여를 가리킨다. 8:64에 있는 후대의 확장 부분을 제외하고는 솔로몬의 희생 제단에 대한 언급은 다른 어느 곳에서도 볼 수 없다. "화제물"은 훼손된 본문을 복원한 것이다. 이것들은 제사장들을 위해서 보존된 특별한 번제였다(참조. 레 6:12; 신 18:1; 수 13:14; 삼상 2:28).

해설

솔로몬의 방비 작업과 기념비적인 건물들은 힘과 영광의 단지 일시적인 외형만을 나타냈을 뿐 결국은 나라의 부를 고갈시켰다. 우리가 이 곳에서 읽은 혹독하고 야심에 찬 솔로몬은 3, 5, 8 그리고 10장에서 읽은 이상화된 인물보다는 훨씬 역사적인 실체에 가까운 것이다.

10. 솔로몬의 부와 지혜(9:26-10:29)

참고문헌

Canciani, F., and **Pettinato, G.** "Salomos Thron, philologische und archäologische Erwägungen." *ZDPV* 81(1965) 88-108. **Crown, A. D.** "Once Again I Kings 10:26-29." *Abr-Nahrain* 15(1974/75) 35-38. **Ullendorff, E.** "The Queen of Sheba(I K. 10:1-13)." *BJRL* 45(1963) 486-504.

본 문

26 솔로몬 왕이 에돔 땅 홍해 물가 엘롯 근처 에시온게벨에서 배들을 지은지라

26 And Solomon[a] made a fleet in Ezion-geber — which [b]is adjacent to[b] Eilat[c] — on the shore of [d]the Sea of Reeds[d] in the land of Edom.

27 히람이 자기 종 곧 바다에 익숙한 사공들을 솔로몬의 종과 함께 그 배로 보내매

27 And Hiram sent as crew for the fleet his servants who were regular seamen experienced with the sea, accompanying the servants of Solomon.

28 저희가 오빌에 이르러 거기서 금 사백이십 달란트를 얻고 솔로몬 왕에게로 가져왔더라

28 And they went to Ophir and obtained from there gold in the amount of [a]four hundred and twenty[a] talents, and brought it to King Solomon.

10:1 스바 여왕이 여호와의 이름으로 말미암은 솔로몬의 명예를 듣고 와서 어려운 문제로 저를 시험코자 하여

10:1 Now the queen of Sheba had heard[a] Solomon's reputation, [b]redounding to the name of Yahweh,[b] and she came to try him out with hard problems.

2 예루살렘에 이르니 수원이 심히 많고 향품과 심히 많은 금과 보석을 약대에 실었더라 저가 솔로몬에게 나아와 자기 마음에 있는 것을 다 말하매

2 And she arrived in Jerusalem with a large armed guard: camels[a] were bearing balsam with very much gold and precious gems. And she entered in to Solomon[b] and conversed with him about everything that was in her heart.

3 솔로몬이 그 묻는 말을 다 대답하였으니 왕이 은미하여 대답지 못한 것이 없었더라

3 And Solomon[a] told her about every matter that she had: no single item was obscure to [b]the king[b] so as to prevent him from telling her.

4 스바 여왕이 솔로몬의 모든 지혜와 그 건축한 궁과

5 그 상의 식물과 그 신복들의 좌석과 그 신하들의 시립한 것과 그들의 공복과 술 관원들과 여호와의 전에 올라가는 층계를 보고 정신이 현황하

4 When the queen of Sheba had observed all Solomon's wisdom and the house he had built

5 and the food for his table[a] and where his servants sat and where his ministers[b] stood, with their robes,[c] and his cup-bearers,[d] and his burnt

여

6 왕께 고하되 내가 내 나라에서 당신의 행위와
당신의 지혜에 대하여 들은 소문이 진실하도다

7 내가 그 말들을 믿지 아니하였더니 이제 와서
목도한즉 내게 말 한 것은 절반도 못되니 당신의
지혜와 복이 나의 들은 소문에 지나도다

8 복되도다 당신의 사람들이여 복되도다 당신의
이 신복들이여 항상 당신의 앞에 서서 당신의 지
혜를 들음이로다
9 당신의 하나님 여호와를 송축할지로다 여호와
께서 당신을 기뻐하사 이스라엘 위에 올리셨고
여호와께서 영영히 이스라엘을 사랑하시므로 당
신을 세워 왕을 삼아 공과 의를 행하게 하셨도다
하고
10 이에 저가 금 일백이십 달란트와 심히 많은
향품과 보석을 왕께 드렸으니 스바 여왕이 솔로
몬 왕께 드린 것처럼 많은 향품이 다시 오지 아니
하였더라

11 (오빌에서부터 금을 실어 온 히람의 배들이
오빌에서 많은 백단목과 보석을 운반하여 오매

12 왕이 백단목으로 여호와의 전과 왕궁의 난간
을 만들고 또 노래하는 자를 위하여 수금과 비파
를 만들었으니 이 같은 백단목은 전에도 온 일이
없었고 오늘까지도 보지 못하였더라)

13 솔로몬 왕이 왕의 규례대로 스바 여왕에게 물
건을 준 외에 또 저의 소원대로 무릇 구하는 것을
주니 이에 저가 그 신복들로 더불어 본국으로 돌
아갔더라

14 솔로몬의 세입금의 중수가 육백륙십륙 금 달
란트요

15 그 외에 또 상고와 무역하는 객상과 아라비아

-offerings[e] which he offered at Yahweh's temple,
she was simply left breathless;
6 and she said to the king,[a] "True was the report
that I heard in my own country concerning your
words[b] and concerning your wisdom.
7 And I did not give credence to [a]those reporting
this[a] until I came and my eyes actually saw it.
[b]And behold, the half has not been told me![b]
You excel in prosperity[c] the report that I heard.
8 Happy are your wives![a] Happy are these your
servants who stand continually before you,
listening to[b] your wisdom!
9 Let Yahweh your God be blessed, who delights
in you, appointing you upon Israel's throne be-
cause Yahweh loves Israel[a] forever, and has made
you king[b] for the performance of justice and
right."[c]
10 Then she presented the king[a] with a hundred
twenty talents of gold, along with very much
balsam and precious gems. Never again did [b]such
a quantity enter[b] as that balsam that the queen
of Sheba gave King Solomon.
11 What is more, [a]Hiram's fleet[a] which carried
gold[b] from Ophir brought[c] almug[d] timbers [e]in
great abundance,[e] with precious stones.
12 And the king made the almug timbers into
steps[a] for Yahweh's temple and the king's house,
also into harps and lyres for the singers. Never
again came such almug timbers,[b] and never again[c]
[d]was it wccn, up to this day.[d]
13 Then King Solomon presented the queen of
Sheba with everything she desired, whatever she
requested, in addition to what [a]he had already
given her, in kingly[b] style.[a] And she departed to
journey back to her country—she and[c] her ser-
vants.
14 And the weight of the gold that came to
Solomon in one year was six hundred sixty-six
gold talents,
15 not counting the taxes[a] laid on travelers and

왕들과 나라의 방백들에게서도 가져온지라

the profits[b] of the merchants, all the Arab[c] kings, and the provincial governors.[d]

16 솔로몬 왕이 쳐서 늘인 금으로 큰 방패 이백을 만들었으니 매 방패에 든 금이 육백 세겔이며

16 And Solomon[a] made two[b] hundred large shields out of beaten gold, six hundred weight-units going into a single shield;

17 또 쳐서 늘인 금으로 작은 방패 삼백을 만들었으니 매 방패에 든 금이 삼 마네라 왕이 이것들을 레바논 나무 궁에 두었더라

17 also three hundred small shields of beaten gold, three minas of gold going into a single shield.[a] And the king placed them in the House of the Lebanon Forest.

18 왕이 또 상아로 큰 보좌를 만들고 정금으로 입혔으니

18 And the king made a great ivory throne, covering it with fine[a] gold.

19 그 보좌에는 여섯 층계가 있고 보좌 뒤에 둥근 머리가 있고 앉는 자리 양편에는 팔걸이가 있고 팔걸이 곁에는 사자가 하나씩 섰으며

19 The throne had six steps; and the throne had a [a]calf's head[a] in back of it, with arms on either side alongside the place of the seat, and two lions standing next to the arms.

20 또 열두 사자가 있어 그 여섯 층계 좌우편에 섰으니 아무 나라에도 이같이 만든 것이 없었더라

20 Also twelve lions[a] were standing[b] upon the six steps, on either side. The like has not been made in [c]any kingdom.[c]

21 솔로몬 왕의 마시는 그릇은 다 금이요 레바논 나무 궁의 그릇들도 다 정금이라 은 기물이 없으니 솔로몬의 시대에 은을 귀히 여기지 아니함은

21 And all of Solomon's[a] drinking vessels were golden.[b] And all the vessels of the House of the Lebanon Forest were of refined gold. There was no silver; it had no esteem[c] in the days of Solomon.[d]

22 왕이 바다에 다시스 배들을 두어 히람의 배와 함께 있게 하고 그 다시스 배로 삼 년에 일차씩 금과 은과 상아와 잔나비와 공작을 실어 왔음이더라

22 For the king had at sea a Tarshish-style fleet accompanying Hiram's fleet.[a] Once each three years the Tarshish-style fleet would arrive,[b] bearing gold and silver, [c]ivory, apes, and baboons.[c]

23 솔로몬 왕의 재산과 지혜가 천하 열왕보다 큰지라

23 And Solomon[a] was greater that all kings,[b] both in riches and in wisdom.

24 천하가 다 하나님께서 솔로몬의 마음에 주신 지혜를 들으며 그 얼굴을 보기 원하여

24 And all the earth[a] sought Solomon's presence in order to listen to his wisdom which God[b] had put into his heart.

25 각기 예물을 가지고 왔으니 곧 은 그릇과 금 그릇과 의복과 갑옷과 향품과 말과 노새라 해마다 정한 수가 있었더라

25 These would bring each his own present: [a]silver articles;[a] gold articles; or garments,[b] armament[c] and spices; horses[d] and mules—in each year its proper item.

26 솔로몬이 병거와 마병을 모으매 병거가 일천 사백이요 마병이 일만 이천이라 병거성에도 두고 예루살렘 왕에게도 두었으며

26 [a]Also Solomon had[a] [b]fourteen hundred[b] chariots[c] with twenty[d] thousand horses; [e]he stationed them[e] in the chariot cities and with the king in Jerusalem.

27 왕이 예루살렘에서 은을 돌같이 흔하게 하고 백향목을 평지의 뽕나무같이 많게 하였더라

27 And the king[a] regarded [b]the gold and[b] the silver in Jerusalem as so many stones, and the cedars he compared to the sycamores which grow in profusion upon the Shephelah.

28 솔로몬의 말들은 애굽에서 내어왔으니 왕의 상고들이 떼로 정가하여 산 것이며

28 Now the export of the horses that belonged to Solomon was from [a]Musri and Qewe.[a] The merchants of the king would receive them from Qewe at a certain price.

29 애굽에서 내어 올린 병거는 하나에 은 육백 세겔이요 말은 일백오십 세겔이라 이와 같이 헷 사람의 모든 왕과 아람 왕들을 위하여도 그 손으로 내어왔더라

29 And a chariot, [a]would come up for export[a] from Musri for a hundred[b] pieces of silver, or a horse for fifty[c] pieces of silver. Moreover, whatever was intended for any of the Hittite kings or the kings of Syria would be exported [d]through their entrepreneurship.[d]

원문주해

MT 9:26=G 29; MT 9:27-29=G 31-33; MT 10:23-25=G 26-28.

26.a. 번역판의 불일치로부터 추측됨: G^B은 "솔로몬 왕". MT, G^L, 역대기는 "왕 솔로몬".

26.b-b. 문자적으로는 "…와 함께"(אֶת - 에트)로 쓰인 MT은 G에서 "재산/의존으로서 가지다"라는 뜻의 텐 우산 에코메넨(τὴν οὖσαν ἐχομένην)으로 다시 풀어 쓰였다.

26.c. MT, 역대기는 흔하지 않은 "에일롯"(Eilôt)으로 읽는다. MT과 G의 다른 곳에서는 "엘랏"(Eilat)이라는 어구를 가진다(참조. MT의 "라맛 길르앗"〈Ramat Gilead〉이 "라못 길르앗"〈Ramoth Gilead〉으로 바뀐 것은 여성 단수를 복수 형태로 대치하는 경향을 보여 주는 것이다).

26.d-d. "갈대 바다"를 나타내는 히브리어 얌 쑵(ים־סוף)은 출애굽 전승에서 두드러진 형태다(예를 들어, 출 15:22 P). 그러므로 역대기는 "그 바다", Par은 "그 바다 곁을 따라 있는 것", G은 "그 마지막 바다" 등으로 나타낸다.

28.a-a. MT. G은 "일백이십". 참조. 10:10.

10:1.a. MT의 분사 대신에 G, 역대기(Par)는 완료로 읽는다.

1.b-b. MT. G. 역대기와 Tg의 생략은 이데올로기적일 수 있다. 참조. *HOTTP*, 311.

2.a. MT, G, 역대기는 "그리고 낙타들".

2.b. MT, G. MSS는 "왕 솔로몬".

3.a. MT, G^B. G^L은 "왕 솔로몬".

3.b-b. MT, G. 역대기는 "솔로몬".

5.a. MT. G은 "솔로몬".

5.b. MSS, Q. K, G은 단수.

5.c. MT. G은 "그리고 그의 관복".

5.d. MT, G. 역대기는 "그들의 관복들과 함께"라는 어구를 첨가.

5.e. Par. MT, G, 역대기는 단수. 참조. Syr, Vg.

6.a. MT, G^{BL}은 "왕 솔로몬".

6.b. MT. G^{BL}은 단수.

7.a-a. G^{BL}. MT은 "말씀들". 참조. 6절은 단수.

7.b-b. MT. G^{B}은 "그리고 보십시오. 절반도 내게 들려진 것 같지 않습니다". G^{L}도 유사함.

7.c. G^{BL}. MT은 "지혜와 선함"이라고 영성화한다. MT의 엘(אֶל)을 알(עַל,[G, Chr])로 읽음.

8.a. G, Syr. MT의 "사람"은 11:1ff의 관점에서 한 의도적인 경향을 가진 변경이다.

8.b. MT. G은 "모든"이라는 만연체적인 어구를 첨가함.

9.a. MT. G^{BL}, 역대기의 "그를 세우셨다"라는 어구는 만연체적이다.

9.b. MT. G은 "이것들 위에"라는 설명적인 어구를 첨가함.

9.c. MT. G^{BL}은 "그리고 그들의/그의 권리에 있어서"라는 만연체적인 어구를 첨가함.

10.a. MT. G은 "솔로몬".

10.b-b. MT, G. 역대기는 "그 곳에 있었다".

11.a-a. MT, G. 역대기(Par)는 일관되게 "히람의 종들과 솔로몬의 종들"을 주어로 가지면서 전체적으로 문법적 복수형을 취한다.

11.b. MT, G, 역대기. Par는 "솔로몬에게"라는 설명적인 어구를 첨가함.

11.c. G^{BL}, 역대기, MT은 "오빌로부터"라는 설명적인 어구를 첨가함.

11.d. MT. 역대기는 "백단향류". G^{B}은 "잘려진"이라는 뜻의 펠레케타(*πελεκητὰ*), G^{L}은 "잘려지지 않은"이라는 뜻의 아펠레케타(*ἀπελέκητα*). 12절에도 두 번 나오는 것이 그렇다.

11.e-e. MT. G^{B}. G^{L}은 위치를 바꾼다. 역대기는 생략.

12.a. 히브리어 미쓰아드(מסעד)는 단 한 번 기록에 남아 있는 어구(語句)다. 참조. 역대기는 מסרות=Par.

12.b. MT. G^{BL}은 "땅/대지 위에"라는 (설명적) 어구를 첨가함.

12.c. MT. G^{B}은 "어느 곳에서도"라는 어구를 첨가함. G^{L}은 "어느 곳에서 아직도"라는 (설명적인) 어구를 첨가함.

12.d-d. MT, G(단수). 역대기의 "유디 땅에서는 이전에 그들과 같은 것이 보였다"라는 어구는 특징적으로 의역한 것이다.

13.a-a. MT, G. 역대기(Par)는 "그녀는 왕(솔로몬)에게 가져왔다"라는 이데올로기적으로 수정된 어구를 가지고 있다.

13.b. MT은 "왕의 손과 같이"(כיד המלך - 케야드 하멜레크). MT, G, 역대기는 "솔로몬"을 첨가했고, Syr, Vg, A, Par은 "그/한 왕".

13.c. MT. G^{BL}은 "모든"이라는 설명적인 어구를 첨가함.

15.a. G^{BL}의 포론(φόρων)은 "벌금들", "세금들"이라는 뜻을 가진 메아느쉐이(מֵעֻנְשֵׁי)를 읽은 것인데, 메아느쉐이(מֵעֻנְשֵׁי)는 MT의 "…의 사람으로부터"라는 뜻의 메아느쉐이(מֵאַנְשֵׁי)에 해당하는 것이다. 참조. *HOTTP*, 312.

15.b. MT의 "여행자들", "객상들"(RSV; BDB)이라는 뜻의 우미쓰하르(וּמִסְחַר)를 "이자들"이라는 의미의 ומסחר로 수정한 것이다. 언급된 그룹은 왕의 대사로서 이해될 수 있기 때문이다(Noth; Köhler-Baumgartner Lexicon).

15.c. 역대기, Syr, Vg. MT의 "저녁"은 잘못 읽은 것이다. 참조. G.

15.d. MT, G. 역대기는 "솔로몬에게 금과 은을 가져오는"이라는 만연체적인 어구를 첨가함.

16.a. G^{B}. MT, G^{L}은 "왕 솔로몬".

16.b. MT. G은 "삼". 참조. 17b절.

17.a. G^{B}은 "큰 방패"(호플론〈ὅπλον〉=치나〈צנה〉)로 돌아간 반면에, MT과 G^{L}은 계속적으로 "작은 방패들"(뒤레오스〈θύρεος〉=마겐〈מגן〉)로 읽는다.

18.a. "정제된"이라는 뜻의 히브리어 무파즈(מופז)는 Ug. pd와 같은 어원의 말이다. 이것은 G의 도키모(δοκίμῳ)에 의해서 다시 나타나지 않고, 역대기의 טהור에 의해서도 다시 나타나지 않는다.

19.a-a. "둥근 머리"라는 뜻을 가진 MT의 로쉬 아골(ראש־עָגל)은 "송아지"라는 뜻을 가진 단어인 아골(עגל)을 피하려는 것이다. 이 송아지는 G의 "송아지들의 머리들"에 의해서 지지된다. 아골(עגל) 대신에 먼저 "양"이라는 의미의 케베스(כבש)를 대신한 역대기는 원문 훼손이다. 이것은 결과적으로 "받침대"를 말하는 케베쉬(כבש)가 되었다.

20.a. 히브리 성경의 이 곳에서만 "사자"를 뜻하는 아르예(אריה)의 남성 복수가 나온다. n.b. 여성형.

20.b. G^{BL}, Syr, Vg. MT은 설명적인 "그 곳에"라는 어구를 첨가함.

20.c-c. G, 역대기. MT은 복수.

21.a. G^{BL}. MT은 "왕 솔로몬의".

21.b. MT. G^{BL}은 "그리고 씻는 그릇들은 금이었다"라는 만연체적인 첨가 부분을 가진다.

21.c. 역대기는 두 번째 부정을 제거함으로써 27절과 마찰을 없앤다. 이로써 "귀히 여기는 은이 없었다"라는 독법을 낳는다.

21.d. G^{BL}. MT, 역대기는 "어느 것으로서"라는 조화적인 첨가를 가진다.

22.a. MT, G. 역대기는 "종들". 참조. 9:27.

22.b. MT. G^{BL}은 "(왕) 솔로몬에게 왔다".

22.c-c. MT. G^{BL}의 "조각되고 잘려진 돌들(^{L} 잘려지지 않은)"이라는 어구의 대치는 분명히 편견적인 경향이 있다.

23.a. G^{BL}. MT, 역대기는 "왕 솔로몬".

23.b. G^{BL}, Par. MT, 역대기는 24절에 비추어서 "땅의"라는 설명적인 어구를 첨가함.

24.a. MT. G^{BL}, 역대기의 "땅의 왕들"은 "찾음"이라는 의미의 메바크쉼(מבקשים)이 "모든 땅"이라는 집합적인 콜 하아레츠(כל־הארץ)보다는 복수 주어를 요구하는 것으로 읽는다.

24.b. MT, 역대기. G의 "주"라는 뜻의 퀴리오스(κύριος)는 거룩한 자음 네 자(יהוה)를 번역한 것일 것이다. 그것은 열왕기상/3통치기에 일반적으로 사용되지 않은 것이다. 참조. 3, 8장.

25.a-a. MT. G^{BL}은 생략(가운데 글자를 빠뜨리고 쓴 오류?).

25.b. MT. G^{BL}은 단수.

25.c. G^{B}, 역대기에 쓰인 연결해 주는 말은 생략됨. 헬라어 스타크텐(στακτὴν)은 "불을 붙이다"라는 의미의 히브리어 נשק를 전제한다.

25.d. MT. G^{BL}은 "그리고 말들".

26.a-a. G^{BL}, 역대기. MT은 "그리고 솔로몬은 병거들과 마병들을 모았다. 그리고 그는 …을 가졌다"라는 설명적인 첨가 부분을 가진다.

26.b-b. G^{BL}, 역대기는 "사만". 참조. 왕상 5:6(영역본 4:26).

26.c. 왕상 5:6로부터 온 "외양간들"을 뜻하는 역대기의 אריות סוסים는 "암말들", "암말 새끼"를 의미하는 G^{B}의 델레이아이 힙포이(θήλειαι ἵπποι)에 반영되어 있다. 그러므로 G^{L}은 "사육을 위하여"라는 뜻의 투 티크테인(τοῦ τίκτειν)이라는 첨가된 부분을 가진다.

26.d. MT. G^{BL}은 "열둘".

26.e-e. G^{BL}, 역대기. MT은 "그리고 그가 그것들을 이끌었다".

27.a. MT, G^{B}. G^{L}은 "왕 솔로몬".

27.b-b. G, 역대기. MT은 생략하고 있는데, 아마도 21절의 관점에서 치우친 경향을 보인다.

28.a-a. *HOTTP*, 313과 "주석"을 보라.

29.a-a. MT, G. 역대기는 MT의 모호한 구문을 피하기 위해서 동사 형태를 바꾸며 상인들을 주어로 만든다.

29.b. G^{BL}. MT, 역대기의 "육백"은 아마도 과장적이다(아래를 보라).

29.c. G^{BL}. MT, 역대기는 "일백오십".

29.d-d. MT, 역대기. G^{BL}의 "바다로"라는 의미의 카타 달라싼(*κατὰ θάλασσαν*)은 MT의 베야담(בידם)을 בים으로 잘못 읽은 것이다.

양식/구조/배경

솔로몬의 부와 번영에 대한 주해(1): 오빌에서 온 금, 9:26-28
스바 여왕의 이야기
  1. 왕실 방문, 10:1-3
  2. 솔로몬의 지혜에 대한 찬양, 4-9절
  3. 선물들을 상호 교환함
    a. 솔로몬에게 주는 여왕의 선물들, 10a절
솔로몬의 부와 번영에 대한 주해(2): 향료와 백단목, 10b-12절
계속되는 이야기:
    b. 여왕에 대한 솔로몬의 선물들, 13절
솔로몬의 부와 번영에 대한 주해(3): 금의 유입, 14-15절
솔로몬의 부와 번영에 대한 주해(4): 황금 방패들을 만듦, 16-17절
솔로몬의 부와 번영에 대한 주해(5): 상아 보좌, 18-20절
솔로몬의 부와 번영에 대한 주해(6): 마시는 그릇들과 금의 공급처, 21a, 22절
[주석: 은이 귀히 여김을 받지 못함, 21b절]
[주석: 모든 사람이 솔로몬에게 듣기 위해 오고 그에게 선물을 가져왔다, 23-25절]
솔로몬의 부와 번영에 대한 주해(7): 솔로몬의 병거들, 26절
[주석: 금과 은과 백향목이 상대적으로 흔해짐, 27절]
솔로몬의 행장으로부터 발췌한 부분(19): 밀과 병거들에 대한 솔로몬의 교역, 28-29절.

하나의 단일어가 이 전체 본문을 주도하고 있는데, 그것은 바로 금이다. 단지 마지막 솔로몬의 말들과 관련된 부분(26, 28-29절)만을 제외하고, 확장된 부분과 심지어 시바 여왕의 이야기를 포함해서 원래의 모든 자료들은 이 하나의 단어에 의해서 엮여진다. 7:48-50에서 발견되는 성전을 위한 금으로 만든 기구들에 대한 후대의 목록들과는 달리, 여기에 기록된 많은 것들은 사실적이다. 우리는 28-29절을 기

께이 솔로몬의 행장에 속하는 것이라고 할 수 있지만, 솔로몬의 부에 대한 일곱 가지 주해는 다른 기록 자료, 아마도 보물 보고의 일종인 자료에서 가져왔을 것이다. 이러한 주해들은 솔로몬의 행장보다는 늦은 시기이지만, 신명기 사가의 편집보다는 이른 시기의 산물이다. 신명기 사가는 상대적으로 늦은 시기인 시바 여왕의 이야기를 포함해서 이 주해들을 지금의 자리에 편집했음이 분명하다. 이것들의 상대적인 시간적 후대성은 10절의 "많은 향품이 다시 오지 아니하였더라", 12절의 "오늘까지도 보지 못하였더라", 20절의 "아무 나라에도 이같이 만든 것이 없었더라"와 같은 구절들을 통해서 알 수 있다. 이 모든 구절들은 그러한 비교가 가능할 정도로 충분히 시간이 지났음을 상정하는 것이기 때문이다. 이러한 상대적으로 늦은 시기성은 10b-12절이 끼어든 것과 시바 여왕의 이야기의 마지막 장면에 대한 주석을 하고 있다는 사실에 의해서 잘 증명된다. 이 이야기의 연대에 대한 주석가들의 일반적인 견해는 심지어 포로기 이후 정도로 매우 늦다. 이 부분이 5:9-14(영역본 4:29-34)처럼 솔로몬의 지혜를 과장하기 위한 부분인 것 같기 때문이다. 그러나 우리는 확실하게 이 이야기를 솔로몬의 실제 시기에 매우 가깝게 볼 수도 있다. 이야기가 칭송하는 그 지혜가 초기의, 역사적으로 뿌리를 내리고 있는 실제적이며 법정적인 지혜의 개념과 매우 비슷하기 때문이다(9절: 정의와 의를 시행함).

본문의 개요는 이 이야기의 단순한 구조를 보여 준다: 왕실 방문이 우호적으로 묘사되었다(1-3절). 여왕은 솔로몬의 건물과 제도를 살펴보고 그의 지혜를 아낌없이 칭송한다(4-9절). 두 제왕은 작별 선물들을 교환하는데, 솔로몬은 여왕에게 후히 준다(10a, 13절). 비록 이 내러티브가 역사적인 방문에 토대를 두고 있다 할지라도, 이야기된 대로의 이야기는 솔로몬의 지혜와 부의 실제적인 미덕들을 과장하기 위한 목적을 가지고 있다. 그 목적은 솔로몬을 하나의 이상적인 모범이 되는 왕으로서 묘사하려는 것이다. 3절에도 불구하고 솔로몬에게 귀속된 지혜는 포로기 후기의 솔로몬을 가리키는 백과사전적인 지혜는 아니다. 이것은 아마도 다윗 왕조의 이어지는 왕들과 가까운 계층에서 있었던 그들의 이상적인 조상으로서 당연히 가져야 했던 평판을 가지게 되었을 것이다.

후대의 확장 부분들은 21b, 23-25 그리고 27절이다. 비록 마지막 부분은 은이 없었다고 말하는 첫 번째 진술과 직접적으로 충돌이 된다 할지라도, 첫 번째와 마지막은 같은 맥락 하에 있다. 23-25절은 시바 여왕의 이야기에 의해서 영감을 받았다. 그러나 5:9-14(영역본 4:29-34)이 하는 것과 같이 솔로몬에게 대단한 의미를 준다. 그것은 미리 예정된 계획에 따라서 매년 다른 선물들이 들어왔다는 것을 말하는 인위적으로 만든 높은 수준의 가공성을 보여 준다.

주석

26-28 이 주해는 10:11-12 혹은 10:22과 완전히 조화되지는 않는다. 그러나 각각은 솔로몬 통치의 하나의 다른 상황 혹은 기간을 반영한다. 약간 서쪽에 있는 엘랏과 더불어 에시온게벨은 홍해의 지류 엘랏/아카바 만 위쪽에 위치해 있다. 이 물줄기가 "갈대 바다"라는 의미의 얌 쑵(ים־סוּף)으로 불리는 것은 놀라운 것이다. 출애굽기 13:18, 15:4 등에 따르면, 그것은 출애굽 시 횡단한 바다이기도 했기 때문이다. 히람의 베니게 바닷 사람들이 솔로몬의 사람들과 동행해야만 했던 것은 당연한 일이다. 그들은 숙달된 사공들이었기 때문이다. 많은 사람들이 주장하듯이 오빌(Ophir)은 남서쪽 아라비아가 아니다(참조. V. Christides, *RB* 77[1970] 240-47). 그러나 애굽 문학에서 언급된 푼트(Punt)의 땅과 같은 소멀릴랜드(Somaliland)다(참조. G. W. Van Beek, *IDB* III, 605-6). "달란트"를 위해서는 9:14을 보라.

10 1-10a, 13 스바(Sheba)와 하윌라(Havilah)는 중요한 남부 아라비아 무역 중심지들이었다. 남부 셈어들의 저명한 권위자인 울렌도르프(E. Ullendorff)는 이 지역이 본문의 여왕의 나라라는 견해에 반대한다. 그 대신 목재에 관한 구절로 인해서 아프리카의 혼(horn)을 선택했다(위의 오빌에 관한 것을 보라). 이 여왕은 종교적인 전통에서 변화가 많은 역사를 가지고 있다. 신약과 외경적 사도행전에서 그녀는 간다게(Candace)다. 탈무드는 그녀를 귀신들린 요부 릴리트(Lilith)와 동일시한다. 그러나 에디오피아 전승은 그녀를 가장 고상한 사람으로 바꾸며, 동시에 솔로몬을 그녀의 유혹자로 묘사한다(E. Ullendorff, *Ethiopia and the Bible*, London(1968) 131-45; 참조. E. Ullendorff, *BJRL* 45[1962-63] 486-504). 이 모든 것들은 성경의 이야기와 관련이 없다. 아프리카(혹은 아라비아도 가능함)의 중심부에서 온 그녀는 부와 명예를 상징한다. 이색적으로 그녀는 많은 수의 무장한 호위 군사들과 함께 예루살렘에 왔다. 그녀는 솔로몬의 지혜를 시험하려고 했다. 그 여왕은 놀랐다. 그러나 그녀의 놀라움은 솔로몬이 그의 왕실과 공무(公務)를 다스려 나가는 방법에 대한 세부적인 것들을 보고 더 커진다. 그녀는 솔로몬의 아내들과 신복들이 행복한 것으로 묘사하는 열렬한 찬사를 하면서 솔로몬을 기뻐하시는 야웨를 찬양한다(그러나 "여호와께서 영영히 이스라엘을 사랑하시므로"라는 어구는 이스라엘 사람의 감각이 묻어 있는 어법이다). 그러고 나서 그녀는 솔로몬에게 금과 향료, 그리고

보석들을 준다. 솔로몬은 먼저 "왕의 규례"대로 그녀에게 수많은 선물들을 주었고, 나중에 그녀가 원하고 요청하는 것을 모두 주었다. 이 이야기에 따르면 그녀는 자기 나라로 돌아갔고, 다시는 솔로몬을 만나지 못했다.

10b-12 10b절은 21b절과 27절과 같이 늦은 시기의 주해가 아니다. 그러나 21b절과 유사한 주석가가 한 주해다. 언급했듯이 10b-12절은 시바 여왕의 내러티브의 흐름을 방해하며 그 이야기에 대해서 주석을 한다. 이러한 사실은 주석가가 그 이야기를 사용할 수 있었다는 사실을 보여 주는 것이다. 이 본문에서 언급되는 것은 솔로몬의 배들이 아니라 히람의 배들이다. 그 선단은 솔로몬에게 성전 계단들과 악기들을 위해서 백단목을 수운했다. 아마도 이 나무는 단단하고 붉은 빛이 나는 갈색 목재였을 것이다(참조. J. C. Trever, *IDB* I, 88; W. E. Clark, *AJSL* 36[1919-20] 103-19; J. C. Greenfield and M. Mayrhofer, VTSup 16[1967] 83-89).

14-15 달란트에 대해서는 9:14을 보라. 666이라는 숫자는 도식적인 듯이 보인다. 이것은 금 수출 지역과의 교역에 의해서 얻어진 금을 나타낸다. 주석가는 금을 얻는 서로 다른 두 가지 방법을 구체적으로 언급한다. (1) 대상들에게 부과된 세금을 통해서, 그리고 (2) 국가 독점들과 관할권들로부터 얻어지는 이익을 통해서, 즉 지방 상인들, 아랍 봉신들 그리고 지방 정부들에 의해서 얻어지는 것들이다.

16-17 솔로몬의 황금 방패들은 본질적으로 장식적이며, 레바논 목재의 집(7:2-5)에 달려 있었다. 후에 시삭(Shishak)은 르호보암 통치기에 이것들을 약탈한다(14:26). "큰 방패"(צנה – 치나)는 중무장한 보병에 의해서 사용된 직사각형의 방패였다. 반면에 "작은 방패"(מגן – 마겐)는 경보병 혹은 장교들에 의해서 사용된 가볍고 둥근 과녁과 같은 것이었다. 한 미나는 500에서 1,050그램에 이르는 다양한 무게가 나갔다. 16절에 언급된 "무게 단위"는 본문에서 생략된 것을 나타낸다. 그러나 아마도 8:33에서 16:74에 언급된 세겔을 의미하는 것일 것이다.

18-20 솔로몬의 보좌는 상아 장식이 있고(A. Cohen, *BMik* 23[1978] 237-38에서 그 보좌는 상아처럼 보이는 나무였다고 주장한다), "세밀하고" 단단한 금으로 만든 장려(壯麗)한 것이었다. 여섯(Gray, 266: 일곱) 계단의 층계들은 아마도 특별한 상징적 의미를 가지고 있지는 않은 것 같다. 그러나 그 송아지 – 혹은 황소 – 의 머리는 아마도 바알적인 가나안 양식에서 빌려온 것일 것이다(MT이 사실일 것 같지 않은 "둥근 꼭대기"라는 어구를 쓰는 대신에, "송아지 머리"는 F. Canciani and G. Pettinato, *ZDPV* 81[1965] 88-108에 의해서 받아들여졌다). 므깃도 상아들 중의 하나는(*ANEP*, 332) 사자 몸을 하고 있는 스핑크스에 의해서 바쳐지는 보좌를 보여

준다. 그러나 솔로몬의 사자들은 유다 지파에 대한 전통적인 상징 이상의 의미는 아닐 것이다(창 49:9).

21-22 금의 유입이 심히도 많아서 솔로몬이 마시는 그릇들은 금으로 만들어졌다. 그리고 특별히 레바논 숲의 집에 있는 기구들은 정금(זהב סגור – 자하브 싸구르)으로 만들어졌다. 22절은 삼 년에 한 번 항해를 하는 솔로몬 자신의 선단을 말하고 있다. 아프리카-아라비아 해안은 금을 얻기 위한 지역으로 남겨졌기 때문에, 솔로몬은 멀리 다시스(Tarshish, 스페인)로부터 금속을 나르는 배들과 건조에 있어서 비슷한 배들을 사용했을 것이다. 그러나 그의 배들 자체는 지중해를 행해하지 않았다. 올브라이트(W. F. Albright)는 히브리어 "원숭이들과 공작들"을 이러한 특별한 동물들을 지칭하는 애굽 말들과 동족의 어휘로 동일시했다(W. F. Albright, *Archaeology and the Religion of Israel*, 212; 참조. W. E. Clarke, *AJSL* 36[1919-20] 103-19; G. Wörpel, *ZAW* 79[1967] 360-61; K.-H. Bernhardt, *ZAW* 81[1969] 100).

23-27 23-25, 27절에 있는 찬사적인 주해들에 관해서는 위를 보라. 26절에 있는 주해는 5:6(영역본 4:26)과 일치하지 않는 것 같기 때문에, 역본들과 역대기는 수정상 조화를 시도했다. 그러나 이러한 것은 솔로몬 통치기의 다른 시기로부터 기인될 것일 수 있다. 여기에 병거들과 말들의 어떤 부분은 예루살렘에 있는 왕을 보호하기 위해 구별되었다.

28-29 무스리(Musri)는 신명기 17:16; 열왕기하 7:6에서 애굽으로 잘못 이해되었다. 실제적으로 그것은 소아시아에 있는 갑바도기아 해안에 있었다. 퀘베(Qewe)는 타우루스(Taurus) 산들에 근접한 가까운 곳이었다. 솔로몬의 행장으로부터 발췌된 이 부분은 솔로몬의 대상들이 퀘베에서 은 오십 "개"(이미도 세겔)를 주고 말들을 샀고, 무스리에서 은 일백 개를 주고 병거들을 샀음을, 그리고 그들이 그 산 것들을 솔로몬에게 가져오면서 말과 병거들을 헷 사람들과 시리아 사람들에게 공급하여 무역을 했다는 것을 말해 준다(참조. A. D. Crown, *Abr-Nahrain* 15[1974/75] 35-38).

11. 솔로몬의 수많은 아내들과 그들의 영향(11:1-13)

참고문헌

Gooding, D. W. "The Septuagint's Version of Solomon's Misconduct." *VT* 15(1965) 325-35.

본 문

1 솔로몬 왕이 바로의 딸 외에 이방의 많은 여인을 사랑하였으니 곧 모압과 암몬과 에돔과 시돈과 헷 여인이라	**1** [a]Now King Solomon loved many foreign wives[ba] alongside the daughter of Pharaoh: [c]Moabitesses, Ammonitesses, Edomitesses, Sidonianesses, Hittitesses,[c]
2 여호와께서 일찍이 이 여러 국민에게 대하여 이스라엘 자손에게 말씀하시기를 너희는 저희와 서로 통하지 말며 저희도 너희와 서로 통하게 말라 저희가 정녕코 너희의 마음을 돌이켜 저희의 신들을 좇게 하리라 하셨으나 솔로몬이 저희를 연애하였더라	**2** from the nations concerning which Yahweh had said to the Israelites, "Do not have dealings with them, and let them have no dealings with you: surely[a] they will seduce your heart to follow their gods." To them did Solomon attach himself in love.
3 왕은 후비가 칠백 인이요 빈장이 삼백 인이라 왕비들이 왕의 마음을 돌이켰더라	**3** And he had seven hundred wives of queenly rank, plus three hundred concubines: and his wives seduced his heart.
4 솔로몬의 나이 늙을 때에 왕비들이 그 마음을 돌이켜 다른 신들을 좇게 하였으므로 왕의 마음이 그 부친 다윗의 마음과 같지 아니하여 그 하나님 여호와 앞에 온전치 못하였으니	**4** Now it was in the time of Solomon's old age [a]that his wives seduced his heart to follow other gods.[a] So his heart was not perfect with Yahweh his God, like the hart of David his father:
5 이는 시돈 사람의 여신 아스다롯을 좇고 암몬 사람의 가증한 밀곰을 좇음이라	**5** Solomon went after Ashtoreth the god of the Sidonians and after Milcom the filth of the Ammonites.[a]
6 솔로몬이 여호와의 눈앞에서 악을 행하여 그 부친 다윗이 여호와를 온전히 좇음같이 좇지 아니하고	**6** So Solomon did what was wrong in Yahweh's eyes and did not fully follow after Yahweh the way David his father did.
7 모압의 가증한 그모스를 위하여 예루살렘 앞 산에 산당을 지었고 또 암몬 자손의 가증한 몰록을 위하여 그와 같이 하였으며	**7** Then Solomon built a country shrine to Chemosh the filth of Moab:[ab] also one to Molech the filth of the Ammonites.
8 저가 또 이족 후비들을 위하여 다 그와 같이 한지라 저희가 자기의 신들에게 분향하며 제사하였	**8** And he did the same for all his foreign wives [a]who were burning incense and sacrificing to

더라
9 솔로몬이 마음을 돌이켜 이스라엘 하나님 여호
와를 떠나므로 여호와께서 저에게 진노하시니라
여호와께서 일찌기 두 번이나 저에게 나타나시고
10 이 일에 대하여 명하사 다른 신을 좇지 말라
하셨으나 저가 여호와의 명령을 지키지 않았으므
로
11 여호와께서 솔로몬에게 말씀하시되 네게 이러
한 일이 있었고 또 네가 나의 언약과 내가 네게
명한 법도를 지키지 아니하였으니 내가 결단코
이 나라를 네게서 빼앗아 네 신복에게 주리라
12 그러나 네 아비 다윗을 위하여 네 세대에는
이 일을 행치 아니하고 네 아들의 손에서 빼앗으
려니와
13 오직 내가 이 나라를 다 빼앗지 아니하고 나
의 종 다윗과 나의 뺀 예루살렘을 위하여 한 지파
를 네 아들에게 주리라 하셨더라

their gods.[a]
9 So Yahweh was outraged over Solomon, since
his heart had turned away from Yahweh the God
of Israel, who had revealed himself twice to him
10 and had commanded him in this matter not
to go after other gods; [a]but he did not keep[a]
what Yahweh[b] had commanded him.[c]
11 So Yahweh said to Solomon, "Because this is
the way it has been with you, and you have not
kept my commandments[a] and my statutes which
I commanded you, I will surely tear the[b] king-
ship out of your hand and give it to your ser-
vant.
12 Only, in your days I will not do it, for the
sake of David your father;[a] out of the hand of
your son I will take[b] it.
13 Indeed, not the entire kingdom do I intend to
take.[a] One tribe will I give to your son, for the
sake of David my servant and for the sake of
Jerusalem[b] which I have chosen."

원문주해

MT 11:1-13절에 해당하는 것은 G의 다음과 같이 이어지는 절이다: 1-3a, 4, 3b, 10b, 6, 8, 5, 7, 9-10a, 11-13절. G은 MT의 3b, 5b, 7b절들을 이데올로기적인 이유로 인해 생략한다. Gooding(참고문헌)을 보라.

1.a-a. MT. G^{BL}은 "그리고 왕 솔로몬은 여자를 탐하는 사람이었다".

1.b. G은 3a절을 이 곳에 놓는다.

1.c-c. MT. G^{BL}의 목록은 다르다.

2.a. MT은 아켄(אכן). G^{BL}은 메(μή, 금지).

4.a-a. G은 이 자료를 마치 솔로몬이 다윗과 같이 되는 것에 실패한 시간을 한정하는 것처럼 절의 끝에 둔다.

5.a. G^{BL}은 5, 6절의 위치를 바꿈으로써, 그리고 "그리고 시돈 사람들의 가증한 아스다롯"이라는 어구를 첨가함으로써 자료를 결합하려고 한다.

7.a. *HOTTP*, 314를 보라.

7.b. G^{BL}. MT의 "예루살렘을 향한 산 위에서"라는 어구는 왕하 23:13로부터 연유된 주해임. 참조. *BHS*mg.

8.a-a. MT, G^{BL}. G^{L} MSS는 단수.

10.a-a. MT. G은 "그리고 지키고 행하기 위해서".

10.b. MT. G은 "야웨 하나님".

10.c. MT. G은 4-5절의 좀더 부드러운 독법을 유지하기 위해서, 그리고 현재 문맥에서 야웨의 진로를 위한 이유를 언급하기 위해서 4b절을 삽입한다.

11.a. G^{BL}의 "계명들"은 MT의 "언약"에 대해서 일반적인 신명기 사가의 어법을 유지한다.

11.b. MT. G^{BL}의 "너의"는 이 절의 연속에서 2인칭 독법들에 의해 영향을 받은 것이다.

12.a. MT, G(일반적인 신명기 사가의 어법). Syr의 "나의 종"은 13절에 의해서 영향을 받은 것이다.

12.b. G^{BL}. MT의 "찢다"는 11, 31절로부터 본문에 들어왔다.

13.a. 12.b의 "원문주해"를 보라.

13.b. MT. G은 "그 도시"를 첨가한다.

양식/구조/배경

[신명기 사가: 외국의 부인들이 솔로몬을 우상 숭배에 빠지게 하다

1. 그의 결혼들, 11:1-2]

솔로몬의 행장으로부터 발췌한 부분(20): 솔로몬의 처첩들, 3a절

[2. 그의 우상 숭배, 3b-6, 8절]

솔로몬의 행장으로부터 발췌한 부분(21): 솔로몬이 이방 산당들을 짓다, 7절

[3. 진멸의 위기에 있는 징벌: 왕권의 상실, 9-13절]

마지막으로 두 가지 더 솔로몬의 행장으로부터 발췌한 부분이 솔로몬 통치에 대한 자신의 부정적인 평가를 위한 장치로서 신명기 사가에 의해서 사용되었다. 그러나 신명기 사가는 성전의 바로 그 구역에서 시작되었던 우상 숭배에 대한 온전한 비난을 이 왕에게 할 수가 없었다. 그것은 바로 많은 이방 여인들 때문이었다. 그들이 그를 방황케 했기 때문이다. 그러나 "여호와께서 저에게 진노하셨다"(9절). 마지막으로 다시 한 번 그에게 이야기하면서 야웨는 그로부터 그 왕권을 찢을 것이라고 위협하신다. 그러나 (1) 이것은 그 아들의 통치기에 있게 될 것이고, (2) 한 지파는 다윗을 위해서 남게 되리라는, 다소 약화시킨 내용에 대해서 구체적으로 언급한다.

주석

신명기 사가는 솔로몬이 많은 이방 여인들을 "사랑했다"고 말할 뿐만 아니라, 그는 그 자신이 사랑함으로써 그들에게 "달라붙었다"(דבקל – 다바크 레)고 강조한다(1-2절). 그들에게 달라붙었기 때문에 그는 야웨를 향해서 느슨해질 수밖에 없었다. "이방의 많은 여인"이라는 말은 3절에 주어진 정확한 숫자를 보편화시킨 것이다. 바로의 딸은 비록 이 곳에 애굽의 신이 거론되지 않았다 할지라고 다시 한 번 언급된다. 신명기 사가는 그들 모두의 여섯 개의 다른 나라들을 구체적으로 언급한다. 이 여자들은 솔로몬의 이스라엘 경계들 혹은 그에 바로 인접한 부근에 살고 있는 사람들을 대표하는 것이다. 2절은 신명기 사가가 신명기 7:1-5에 있는 금기 사항을 생각하고 있다는 것을 보여 준다. 신명기에는 이방 여인들이 이스라엘 백성들의 마음을 유혹해서 우상 숭배에 빠뜨리지 않게 하기 위해서 이스라엘이 이방 여인들과 결혼하는 것을 금하고 있다(신명기에 쓰인 하탄〈חתן, 히트파엘〉은 본 절의 "관계하다"라는 의미를 가진 보〈בוא〉보다 더 강한 의미다). 만약 3절이 신명기 사가에 의해서 확장된 부분이라면 처첩들을 언급하지 않았어야 한다. 신명기 사가는 단지 그의 아내들이 솔로몬의 마음을 유혹했던 것만을 비난하고 있기 때문이다. 따라서 그것은 분명한 원본적인 사료이고, 이 경우에 솔로몬에 대한 보편적인 고대 전승을 기록하고 있다. 이것은 칠백과 삼백이 실제적으로 역사적이라는 것을 말하는 것이 아니다. 두 숫자는 독특하게 도식적이기 때문이다(왕비 서열의 7×10×10, 단순한 첩들 3×10×10). 그리고 그렇게나 많은 여자들과 함께 그들의 수많은 자녀들은 어디에 수용될 수 있었을까 하는 심각한 질문이 일어나게 된다. 그 숫자는 우리가 확신할 수 있는 범위를 넘어선다. 결혼은 솔로몬의 정치적인 정략적 부분이었다. 첩을 얻는 것은 그의 야욕적인 남성적인 면과 더불어 그의 부를 과시하는 것이었나. 어느 경우든 신명기 사가는 솔로본이 나이가 들 때까지는 이들 외국 여인들이 그를 우상 숭배에 빠지도록 유혹하지 않았다고 구체적으로 말한다(4절). 신명기 사가는 이를 통해 부분적으로 그를 너그러이 보아 주려고 의도한 것이다. 그러나 결국 신명기 사가는 다음과 같이 솔직해야만 했다: "이는 시돈 사람의 여신 아스다롯을 좇고…암몬 사람의 가증한 밀곰을 좇음이라 솔로몬이 여호와의 눈 앞에서 악을 행하여 그 부친 다윗이 여호와를 온전히 좇음같이 좇지 아니하고"(5-6절). 여기서 신명기 사가는 그의 특징적 어구인 "그 때"를 의미하는 아즈(אז)를 그의 마지막 삽입을 위해서 소개한다. 그 마지막은 바로 솔로몬이 그모스와 몰렉을 위해서 "산당"(במה – 바마)을 지었다는 기록이다. 5절에서와 같이 "가증한"이라는 의미의 쉬쿠츠(שקץ)는 원래적 단어인 "하나님"이라는 뜻의 엘로헤이(אלהי) 대신에 필사적으로 대용한 것이다. 바마(במה)에 대한 구질은 예루살렘으로부터 어느 정도 떨어진 도회지의 산당을 말하고 있다("예루살렘을 향하고 있는 산"이라는 어구는 MT에 있는 편견적인 경향이 있는 주해다. G은 이러한 독법을 가지고 있지 않다). 그러므로 솔로몬의 아내들 편에서의 우상 숭배의 모습이 실제적으로 있었던 것 같지는 않다. 그럼에도 불구하고 8절에 있는 신명기 사가의 주해는 이러한 서글픈 지경에 이르게 한 것은 솔로몬 자신의 제멋대로 하는 기질로 인해서라기보다는 부인들이 솔로몬을 유혹했기 때문이라는 주장을 하고 있는 것이다.

이제 신명기 사가는 다음과 같이 솔로몬에 대한 자신의 생각을 언급하면서 끝맺는다: 9-10절에서 그는 야웨가 생각하시는 것을 말한다. 야웨는 "진노하셨다"(אנף – 아나프, 히트파엘). 야웨의 눈에는 솔로몬이 돌아선 것이고 배교한 것이었다 – 그에게 그렇게 하지 말 것을 명령하는 거듭된 계시에도 불구하고(그러나 3:14; 6:12 그리고 9:4에서는 구체적으로 우상 숭배를 언급하고 있지 않다). 그래서 야웨는 직접적으로 솔로몬에게 마지막으로 이야기하신다(11-13절). "…때문에"라는 절은 결국 우상 숭배는 야웨의 계명과 율례들을 지키지 않는 것과 같은 것이라는 점을 보여 준다. 야웨는 징벌로서 솔로몬의 손에서 왕국을 나누어 그의 신복에게 – 여로보암에 대한 명백한 구절(26절) – 줄 것을 경고한다. 그러나 다윗을 위해 이것은 르호보암 시대에 이루어질 것이다. 그리고 다윗을 위해 한 지파는 남겨질 것이다. 모든 것이 이야기되고 행해졌을 때, 유다 지파가 유다 왕국으로서 살아 남아야만 한다는 것은 매우 중요한 일이었다. 이는 다윗(솔로몬이 아닌)의 계보가 왕위를 영원히 소유하는 데 있어서 살아 남아야만 하기 때문이다. 또한 야웨의 선택한 도시 예루살렘은 안전히 남게 될 것이다.

해설

예루살렘 근방의 이방 산당들을 솔로몬이 지었고, 또 그것들을 짓도록 허락했다는 것은 역사적인 사실이다(왕하 23:13을 보라). 이것은 그의 다중 결혼만큼이나 많은 그의 의도적인 정책이었다. 결혼들과 이방 산당들은 어느 정도 직접적인 관련이 있었을 것이다. 그러나 신명기 사가가 주장했던 것과 같은 정도는 아니었다. 많은 결혼은 봉신국들로 잡다하게 둘러싸인 주변국들과 동맹을 통하여 강력한 이웃 나라들(애굽처럼)로부터 안전을 지키려는 주로 정치적인 연맹들을 맺는 수단이었다. 이방 산당들은 다양한 종족들에 속한 민족을 나타냈고, 예루살렘 성전 가까이에 그 산당들이 있었던 것은 야웨에 대한 그들의 복종을 상징적으로 나타낸 것이었다(서론을 보라). 이것은 결코 신명기 사가가 요구했던 엄격한 유일신주의가 아니었고, 전반적인 성경의 종교를 대변하는 것도 아니었다. 기껏해야 이것은 힘과 부를 통한 야웨주의의 진보를 꾀하는 잘못된 종교적 제국주의를 표현한 것이었고, 나쁘게 보면 유약하고 미신적인 길에 끊임없이 걸림돌을 놓는 하위 성경적 충동들에 대한 위험한 수용을 나타내는 것이었다. 만약 솔로몬이 신명기 사가가 생각한 것처럼 그렇게 가엾게 동정적인 동기 부여가 되지 않았더라면, 건전한 비평에 기초한 한 차원 올라간 평가는 그를 권위 있는 성경적 신앙의 수혜자로서보다는 하나의 골칫거리로서 평가절하했을 것이다.

12. 세 명의 잠재적인 정적들: 하닷, 르손 그리고 여로보암(11:14-43)

참고문헌

Bartlett, J. R. "An Adversary against Solomon, Hadad the Edomite." *ZAW* 88(1976) 205-26. **Caquot, A.** "Aḥiyya de Silo et Jeroboam Ier." *Sem* 11(1961) 17-27. **Eissfeldt, O.** "Protektorat der Midianiter üer ihre Nachbarn im letzten Viertel des 2. Jahrtausends v. Chr." *JBL* 87(1968) 383-93. **Gooding, D. W.** "The Septuagint's Rival Versions of Jeroboam's Rise to Power." *VT* 17(1967) 173-89. **Klein, R. W.** "Jeroboam's Rise to Power." *JBL* 89(1970) 217-18(rejoinder by Gooding, *JBL* 91[1972] 529-33; further rejoinder by Klein, *JBL* 92[1973] 582-84). **Napier, B. D.** "The King Walks Before You: 1 Sam. 12－1 Kings 11." *From Faith to Faith. Essays on Old Testament Literature.* New York: Harper & Row, 1955. **Plein, I.** "Erwägungen zur Überlieferung von 1 Reg 11, 26-14, 20." *ZAW* 78(1966) 8-24. **Seebass, H.** "Zur Teilung der Herrschaft Salomos nach I Reg 11,29-39." *ZAW* 88(1976) 363-76. ______. "Die verwerfung Jerobeams I. und Salomos durch die Prophetie des Ahia von Silo." *WO* 4(1963) 163-82.

본 문

14 여호와께서 에돔 사람 하닷을 일으켜 솔로몬의 대적이 되게 하시니 저는 왕의 자손으로서 에돔에 거하였더라

15 전에 다윗이 에돔에 있을 때에 군대 장관 요압이 가서 죽임을 당한 자들을 장사하고 에돔의 남자를 다 쳐서 죽였는데

16 요압은 에돔의 남자를 다 없이 하기까지 이스라엘 무리와 함께 여섯 달을 그 곳에 유하였었더라

17 그 때에 하닷은 작은 아이라 그 아비의 신복 중 두어 에돔 사람과 함께 도망하여 애굽으로 가려 하여

14 Now Yahweh raised up as an antogonist to Solomon Hadad the Edomite, from the seed royal.[a] He was in Edom;

15 and it so happened that when David was exterminating[a] Edom, while Joab general of the army was [b]going up[b] to inter the casualties of battle, he smote every male person in Edom;

16 indeed, it was six months that he remained there－Joab with all Israel[a]－as long as it would take to cut down every male person in Edom.

17 But Hadad fled, he and some Edomite men belonging among his father's servants who happened to be with him, heading for Egypt (now Hadad was just a young boy).

18 미디안에서 발행하여 바란에 이르고 거기서 사람을 데리고 애굽으로 가서 애굽 왕 바로에게 나아가매 바로가 저에게 집을 주고 먹을 양식을 정하며 또 토지를 주었더라

18 And they[a] left Midian[b] and came[c] to Paran; and they took men with them[d] and came[e] to Pharaoh king of Egypt.[f] And he[g] gave him a house, arranged provisions for him, and assigned him some land.

19 하닷이 바로의 눈앞에 크게 은총을 얻었으므로 바로가 자기의 처제 곧 왕비 다브네스의 아우로 저의 아내를 삼으매

19 And Hadad found much favor in Pharaoh's eyes, so that he gave him as wife the sister of his own wife, even the sister of Tahpenes the queen mother.

20 다브네스의 아우가 그로 말미암아 아들 그누밧을 낳았더니 다브네스가 그 아이를 바로의 궁중에서 젖을 떼게 하매 그누밧이 바로의 궁에서 바로의 아들 가운데 있었더라

20 And the sister of Tahpenes bore to him a certain Genubath to be his son; and Tahpenes had him weaned in the midst of [a]Pharaoh's household,[a] so that Genubath resided [b]at Pharaoh's palace[b] among Pharaoh's sons.

21 하닷이 애굽에 있어서 다윗이 그 열조와 함께 잔 것과 군대 장관 요압의 죽은 것을 듣고 바로에게 고하되 나를 보내어 내 고국으로 가게 하옵소서

21 Now Hadad heard there in Egypt that David had slept with his fathers and that Joab, general of the army, was dead. So Hadad said to Pharaoh, "Dismiss me so that I may go to my country."

22 바로가 저에게 이르되 네가 나와 함께 있어 무슨 부족함이 있기에 네 고국으로 가기를 구하느뇨 대답하되 없나이다 그러나 아무쪼록 나를 보내옵소서 하였더라

22 And Pharaoh said to him,[a] "But what do you lack from me, and here you are requesting to go to your own country!" and [b]he said,[b] "But by all means do send me away!"[c]

23 하나님이 또 엘리아다의 아들 르손을 일으켜 솔로몬의 대적이 되게 하시니 저는 그 주인 소바 왕 하닷에셀에게서 도망한 자라

23 And God raised up as an antagonist to him Rezon son of Eliada, who had fled from being with Hadadezer king of Zobah, his master.

24 다윗이 소바 사람을 죽일 때에 르손이 사람들을 모으고 그 떼의 괴수가 되며 다메섹으로 가서 웅거하고 거기서 왕이 되었더라

24 And [a]he gathered[a] men to himself, to become captain of a marauding band [b]at the time when David was slaying them.[b] And they captured Damascus [c]and took up residence in it; and he[d] reigned in Damascus.[c]

25 솔로몬의 일평생에 하닷의 끼친 환난 외에 르손이 수리아 왕이 되어 이스라엘을 대적하고 미워하였더라

25 And he was an antagonist to Israel all the days of Solomon, [a]adding to the harm done by Hadad.[a] [b]And he abhorred Israel,[b] and he reigned over Syria.[c]

26 솔로몬의 신복 느밧의 아들 여로보암이 또한 손을 들어 왕을 대적하였으니 저는 에브라임 족속인 스레다 사람이요 그 어미의 이름은 스루아니 과부더라

26 Now Jeroboam son of Nebat, an Ephraimite out of Zeredah, [a]whose mother's name was Zeruah (a widow woman),[a] served Solomon [b]but raised his hand against the king.[b]

27 저가 손을 들어 왕을 대적하는 까닭은 이러하

27 [a]And this was the cause for which he raised

니라 솔로몬이 밀로를 건축하고 그 부친 다윗의 성의 무너진 것을 수축하였는데

his hand against the king. Solomon built the Millo: he closed up the gap in the city of David his father.

28 이 사람 여로보암은 큰 용사라 솔로몬이 이 소년의 부지런함을 보고 세워 요셉 족속의 역사를 감독하게 하였더니

28 Now the man Jeroboam was a man of valor, and Solomon observed concerning the youth that he was somebody who could get work done, so he appointed him over the entire[a] porterage from the House of Joseph.

29 그 즈음에 여로보암이 예루살렘에서 나갈 때에 실로 사람 선지자 아히야가 길에서 저를 만나니 아히야가 새 의복을 입었고 그 두 사람만 들에 있었더라

29 [a]And it happened at that time that Jeroboam had departed from Jerusalem, and Ahijah the Shilonite, the prophet, came upon him;[b] and he[c] was wrapped in a new mantle. And the two of them were[d] in the open,

30 아히야가 그 입은 새 옷을 잡아 열두 조각에 찢고

30 when Ahijah grasped the new mantle that was on him and tore it into twelve pieces.

31 여로보암에게 이르되 너는 열 조각을 취하라 이스라엘 하나님 여호와의 말씀이 내가 이 나라를 솔로몬의 손에서 찢어 빼앗아 열 지파를 네게 주고

31 And he said to Jeroboam, "Take for yourself ten pieces, because thus says Yahweh the God of Israel, 'Behold I intend to tear the kingship out of Solomon's hand, and I shall give you the[a] ten tribes;

32 오직 내 종 다윗을 위하고 이스라엘 모든 지파 중에서 뺀 성 예루살렘을 위하여 한 지파를 솔로몬에게 주리니

32 but the one[a] tribe shall remain his, on account of my servant David and on account of Jerusalem which I have chosen out of all the tribes of Israel

33 이는 저희가 나를 버리고 시돈 사람의 여신 아스다롯과 모압의 신 그모스와 암몬 자손의 신 밀곰을 숭배하며 그 아비 다윗의 행함 같지 아니하여 내 길로 행치 아니하며 나 보기에 정직한 일과 나의 법도와 나의 율례를 행치 아니함이니라

(33 because they[a] have forsaken me and have worshiped[b] Ashtoreth the god[c] of the Sidonians, Kemosh the god[d] of Moab, and Milcom the god[e] of the Ammonites), but he[f] has not walked in my ways, doing what is right in my eyes[g] like David his father.

34 그러나 내가 뺀 내 종 다윗이 내 명령과 내 법도를 지켰으므로 내가 저를 위하여 솔로몬의 생전에는 온 나라를 그 손에서 빼앗지 아니하고 주관하게 하려니와

34 [a]But I do not intend to take the kingship out of his hand,[a] but will appoint him as prince all the days of his life for the sake of David my servant whom I chose;[b]

35 내가 그 아들의 손에서 나라를 빼앗아 그 열 지파를 네게 줄 것이요

35 but I will take the regal authority from the hand of his son and give it[a] to you – the ten tribes.

36 그 아들에게는 내가 한 지파를 주어서 내가 내 이름을 두고자 하여 택한 성 예루살렘에서 내 종 다윗에게 한 등불이 항상 내 앞에 있게 하리라

36 And to his son I will give [a]one tribe[a] so that there may continually be a lamp unto David my servant in my presence in Jerusalem, the city

which I chose for myself, to put my name there.

37 내가 너를 취하리니 너는 무릇 네 마음에 원하는 대로 다스려 이스라엘 위에 왕이 되되

37 And you I shall take, and you shall reign over what[a] your soul wishes, and you shall become king over Israel.

38 네가 만일 내가 명한 모든 일에 순종하고 내 길로 행하며 내 눈에 합당한 일을 하며 내 종 다윗의 행함 같이 내 율례와 명령을 지키면 내가 너와 함께 있어 내가 다윗을 위하여 세운 것같이 너를 위하여 견고한 집을 세우고 이스라엘을 네게 주리라

39 내가 이로 인하여 다윗의 자손을 괴롭게 할 터이나 영원히 하지는 아니하리라 하셨느니라 한지라

38 And it shall be, that if you will [a]listen to[a] all that I command you and will walk in my ways and will do what is right in my eyes, keeping my statutes and my commandments precisely as my servant David did, then I will be with you and will build you into a solid house, just as I built for David.'"[b(39a)]

40 이러므로 솔로몬이 여로보암을 죽이려 하매 여로보암이 일어나 애굽으로 도망하여 애굽 왕 시삭에게 이르러 솔로몬의 죽기까지 애굽에 있으니라

40 [a]So Solomon endeavored to kill Jeroboam; and he[b] arose and took flight to Egypt, to Shishak king of Egypt. And he remained in Egypt until the death of Solomon.

41 솔로몬의 남은 사적과 무릇 저의 행한 일과 그 지혜는 솔로몬의 행장에 기록되지 아니하였느냐

41 Now the rest of the deeds of Solomon, with all that he made and[a] his wisdom, are they not written in the Book of the Acts[b] of Solomon?

42 솔로몬이 예루살렘에서 온 이스라엘을 다스린 날 수가 사십 년이라

42 And the years during which Solomon reigned in Jerusalem[a] were forty years.

43 솔로몬이 그 열조와 함께 자매 그 부친 다윗의 성에 장사되고 그 아들 르호보암이 대신하여 왕이 되니라

43 [a]And Solomon slept with his fathers and was buried in the city of David his father.[b] And his son Rehoboam reigned in his stead.

원문주해

14.a. MT은 문자적으로 "그 왕의 씨". G은 "그 왕국의 씨".

15.a. G^{BL}. MT의 "그가 …에 있었을 때"라는 의미의 비흐요트(בהיות)는 이데올로기적이고 해명적인 어구다.

15.b-b. MT. 알라(עלה)의 원형은 다양한 전쟁 양태들을 포함한다. 이러한 이해 없이 G^{BL}은 "행진하는"이라는 뜻의 특별한 동작 동사(*πορευθῆναι* – 포류데나이)를 사용해서 의역하고 있다.

16.a. MT, G^L. G^B의 "이두에아/에돔에서"는 설명적이고 해명적인 어구다.

18.a. MT. G^{BL}은 "사람들"(설명적).

18.b. MT, G^L. G^B의 "미디안의 도시로부터"는 지리적 정보에 부족함을 보여 준다.

18.c. MT, G^L의 에르콘타이(*ἔρχονται*)는 "그들이 왔다"라는 뜻을 가진 G^B의 아르콘테

스(ἀρχοντες)라는, 듣는 데서 발생한 원문 훼손을 낳았다.

18.d. G^BL. MT은 "바란으로부터"라는 설명적인 어구를 첨가한다.

18.c. G^BL. MT은 또 다른 설명적 주해인 "애굽으로"라는 어구를 첨가한다.

18.f. MT. G^BL은 "그리고 하닷은 바로에게 갔다"라는 설명으로 꾸며 이야기한다.

18.g. MT, G^B. G^L. "바로"는 설명적이다.

20.a-a. MT. G^BL의 "바로의 아들들"이라는 어구는 절 끝에 있는 것을 착오로 글자를 두 번 쓴 것이다.

20.b-b. MT. G^BL은 생략.

22.a. MT. G^BL은 "하뎃"(Ἀδὲδ).

22.b-b. MT. G^BL은 "하닷이 그에게 말했다".

22.c. MT. G^BL은 "그리고 그는 하닷을 그 자신의 나라로 보냈다"라는 갑작스런 결말에 대한 만족할 만한 결론으로 고려된 것을 만들어 낸다.

24.a-a. MT. G^BL, Syr은 "모아졌다".

24.b-b. MT. G^BL은 이데올로기적이며 해명적인 생략된 구를 가진다.

24.c-c. MT, G^L. G^B은 생략.

24.d. G^L. MT은 "그들".

25.a-a. 참조. *HOTTP*, 316.

25.b-b. 참조. *HOTTP*, 317.

25.c. MT은 "아람"(ארם). G^BL, Syr은 "에돔"(אדם).

26.a-a. MT. G^BL의 "한 과부 여인의 아들"이라는 어구는 설명적이다.

26.b-b. MT. G^BL은 생략(가운데 글자를 빠뜨리고 쓴 오류).

27.a. 27-28절과 병행절로서, LXX 12:24b을 참조하라.

28.a. MT. G^BL은 생략.

29.a. 참조. LXX 12:24°.

29.b. MT. G^BL은 "노상에"라는 설명적인 어구를 첨가한다.

29.c. MT. G^BL은 "아히야"라는 설명적인 어구를 가진다.

29.d. G^BL. MT은 "홀로"라는 설명적인 어구를 가진다.

31.a. MT은 결정적이고, G^BL은 비결정적이다.

32.a. MT. G^BL은 "둘"(참조. 36절).

33.a. MT. G^BL은 솔로몬에 관한 것으로서 문법적으로 단수로 만든다(11:1ff를 보라).

33.b. MT. G^BL은 "만들었다", G^L은 "경배했다".

33.c. MT. G^BL은 "혐오".

33.d. MT. G^B은 원본 훼손. G^L은 "우상".

33.e. MT. G^BL은 "가증한".

33.f. G^{BL}. MT은 "그들은".

33.g. G^{BL}. M은 "그리고 나의 율례들과 나의 법령들을"이라는 어구를 첨가한다.

34.a-a. MT. G^{L}은 "그러나 그의 삶의…임명할 것이다"라는 행과 자리를 바꾼다.

34.b. G^{B}. MT과 G^{L}은 "나의 계명들과 나의 율례들을 지킨 자"라는 어구를 첨가한다.

35.a. MT. G^{BL}은 생략.

36.a-a. MT. G은 "두 지파들"(이데올로기적인 교정). 참조. 32절.

37.a. G^{BL}. MT의 "…한 모든"이라는 어구는 설명적이다.

38.a-a. MT. G^{BL}의 퓔라에스(φυλάῃς)=히브리어 תשמר("지키다")는 MT의 "듣다"라는 뜻의 티쉬마(תשמע)를 잘못 읽은 것이다.

38.b. G^{B}. MT과 G^{L}은 "그리고 내가 너에게 이스라엘을 줄 것이다"라는 어구를 첨가한다.

(39.a.) G^{B} MSS. "그리고 나는 이로 인해서 다윗의 씨를 괴롭힐 것이다. 그러나 모든 날들은 아니다"라는 첨가된 부분(MT, G^{bc2})은 그 증명이 약하다. 이 부분이 히브리어와 영역본에서는 39절이 된다.

40.a. 참조. LXX 12:24[c].

40.b. G^{BL}. MT은 "여로보암"(설명적).

41.a. MT. G^{BL}은 "그리고 모두".

41.b. MT, G^{B}. G^{L}은 "그 날들의"라는 어구를 첨가한다. 즉 연대기들, 참조. 14:19 등.

42.a. G^{BL}. MT은 "모든 이스라엘 위에"라는 설명적인 어구를 첨가한다.

43.a. 참조. LXX 12:24[a].

43.b. G^{BL}은 "그리고 느밧의 아들 여로보암이 솔로몬의 면전에서 도망가 애굽에 피해 있었는데, 그는 아직 애굽에 있으면서 그 이야기를 들었을 때, 곧장 에브라임 산지 부근의 사레이라(Sareira) 지역에 있는 그의 고향으로 돌아왔다. 그리고 왕 솔로몬은 그 열조와 함께 잤다. 그리고 그의 아들 여로보암이 그 자리에서 통치했다"라는 치우친 경향성이 있는 주해를 첨가한다.

양식/구조/배경

하닷의 역사

1. 이스라엘이 에돔을 위협하다, 14-16절
2. 하닷이 애굽으로 도주함, 17-18절
3. 바로의 가족과의 동맹, 19-20절
4. 귀환 준비, 21-22절

르손의 역사

1. 도망자 무리의 형성, 23-24a절
2. 수도의 정복과 이스라엘에 대한 위협, 24b-25절

여로보암의 역사

서론, 26절

1. 큰 사역의 책임을 진 여로보암, 27-28절

[신명기 사가: 아히야 이야기로의 전환, 29a절]

2. 아히야 이야기
    a. 상징적인 행동, 29b-30절
    b. 해석적인 명령, 31절

[신명기 사가: 한 지파를 제외시킴, 32절]

[확장: 이스라엘의 우상 숭배에 대한 주석, 33a절]

[신명기 사가: 솔로몬에 대한 비판, 33b절]

    c. 설명, 34-35절

[신명기 사가: 다윗의 등불의 영원성, 36절]

    d. 신적인 지명, 37절

[신명기 사가: 여로보암에 대한 조건적인 약속, 38절]

3. 여로보암이 솔로몬으로부터 도주하다, 40절

[신명기 사가: 솔로몬에 대한 전형적인 결론: 자료, 통치 기간, 죽음과 장사지냄, 후계자, 41-43절]

신명기 사가는 그의 배치에서 결국 솔로몬에게 위협적인 존재가 되었던 사람들의 세 가지 "이야기"(histories)를 가지고 있었다: 에돔 사람 하닷, 엘리아다의 아들 르손 그리고 느밧의 아들 여로보암이었다. 여기에 사용된 "역사"(history)는 하나의 단순한 보고 이상이며, 하나의 완전한 전기보다는 조금 못한 것을 말한다. 이것은 역사가 묘사된 정황을 보여 주는 역사적 사실들에 대한 순차적인 선별 기록이다. 신명기 사가는 이 자료 선정을 했고, 여로보암의 이야기(역사)를 확대한 사람이다. 독자의 특별한 관심을 모으는 것은 마지막 이야기다. 그것은 12장과 북쪽 왕국의 이야기를 직접적으로 연결해 주기 때문이다. 이들 세 가지 이야기는 서로 연결되지 않는다는 특징을 가지고 있다. 특별히 하닷의 이야기는 단순히 애굽을 떠나는 것을 허락해 주기를 요청하는 것으로 끝난다. 그가 에돔에 실제적으로 돌아왔는지에 대한 언급은 없다. 따라서 그 원형적인 형식에서 여로보암의 이야기가 왜 "여로보암

이 왕에게 손을 들어"(26절) 반역을 했는지에 대해 전혀 언급하지 않는 것은 그리 놀라운 일이 아니다. 단지 40절에서 우리는 솔로몬이 그를 죽이려 했기 때문에 그가 애굽으로 도망했다는 이야기를 듣는다. 원래 이야기는 신명기 사가의 첨가 부분을 뺀 아히야 이야기가 말하는 것과 대략적으로 같은 것을 말했다고 보는 것이 논리적일 것이다. 즉 여로보암은 솔로몬 왕에게 충성스럽지 못한 모습을 보이기 시작했다. 한 선지자가 그에게 나타나 그가 결국 왕위를 잇게 될 것이라는 말을 해주었기 때문이다. 신명기 사가는 아하시야의 전설을 가지고 있었을 것이고, 그것을 가지고 원래적인 정보를 대치했을 것이다. 그것이 그 자신의 도덕화를 위한 확장에 더 좋은 기회들을 주었기 때문이다.

나의 책(De Vries, *Prophet against Prophet*, 54, 58)에는 사무엘서와 열왕기서에 나오는 모든 선지자 이야기들(전설들)이 열한 개의 분명한 하부 장르 중의 하나에 귀속되고 있다. 14장에 나오는 하나와 더불어 본문의 이 부분은 "왕위 승계 신탁 내러티브"라는 하부 장르에 속한다. "왕위 승계 신탁 내러티브"에서 선지자적 신탁은 합법적인 승계라는 용어를 세분화한다(참조. 또한 삼하 7:1-12, 16-17). 이 하부 장르의 목적은 합법적 권력의 이양에서 야웨의 초월적인 권위를 보여 주는 것이다. 이 특별한 이야기의 구조는 매우 놀라울 정도로 단순하다. (a) 상징적인 행동, (b) 해석적인 명령, (c) 설명 그리고 (d) 신적인 지명인데, 이들 모두 네 개의 부분은 승계에 대한 선지자적 신탁과 관계되어 있다. 최소한의 이야기가 있다. 우리는 단지 아히야가 여로보암을 만났고(장소는 구체화되지 않았다. 29a절은 신명기 사가의 전환이다), 그는 새 외투를 입고 있었으며, 그것을 열두 조각으로 나누었고, 여로보암에게 그 조각들 중에 열 개를 취하라고 하는 것을 듣는다. 그런 뒤에 아히야는 야웨의 신탁을 다시 말한다. 먼저 외투로부터 여로보암에게 주어진 열 개의 부분은 지금 솔로몬에게 속한 열 지파를 여로보암에게 주려고 하는 야웨의 뜻을 상징하는 것이며, 다음으로 야웨가 그 왕권을 빼앗으신 것은 솔로몬 자신에게서가 아니라 그를 이어 왕이 될 그 아들에게서라는 것을 설명한다. 마지막으로 그 신탁은 지명에 대한 공식적인 말을 언급한다(37절). 이 마지막 부분에서 합법적인 승계의 문제는 야웨의 전적인 특권이라는 것이 아주 분명해진다. 야웨는 장자 상속권의 자동적인 규칙을 받아들이지 않으신다. 솔로몬이 통치한다. 그리고 계속해서 통치할 것이다. 야웨가 그의 모든 삶에서 그를 "다스리는 자"(נשיא – 나시; 참조. 1:35)로서 지명하실 것이기 때문이다. 신탁의 구조가 솔로몬의 지속성에 관하여 야웨의 뜻을 나타내는 구체적인 진술을 여로보암에 대한 절정의 선언에 관한 대조로서 인식되는 것이 아니라면, 34절 혹은 최소한 "내가 뺀 내 종 다윗을 위하여"라는 구절은 신명기 사가에게 쉽게 귀속될 수 있을 것이다. 37절은 직접목적어 "너"(여로보암)를 최대의 대조 효과를 위해서 제일 처음에 놓았다. 34, 35 그리고 37절에서 동작동사는 "취하다"라는 뜻을 가진 라카흐(לקח) 다: 야웨는 솔로몬이 살아 있는 동안에는 그로부터 왕권(הממלכה – 하맘라카)을 "취하지" 않으실 것이다. 그러나 그는 솔로몬의 아들에게서 그 합법적인 권위(המלוכה – 하멜루카)를 "취하실" 것이다. 그는 또한 여로보암을 "취해서" 그를 왕으로 만드실 것이다. 이 모든 것이 31절에 있는 첫 번째 선언에 대한 해석으로 계획되었다. 31절에는 솔로몬의 손으로부터 왕권(הממלכה – 하맘라카)을 찢으려는(קרע – 카라) 야웨의 의도가 지금 솔로몬이 통치하는 지파에서 일어나게 될 일을 결정하시는 야웨의 특권적인 전능성을 나타내 주고 있다.

비록 선지자 이야기가 분명하게 여로보암에게 열 지파 이상의 것을 주지 않을 것이라고 하지만, 신명기 사가는 다윗과 예루살렘을 위해서 솔로몬에게(32절), 즉 그 아들에게(36절) 한 지파만이 남게 될 것이라고 말하고 있다. 아마도 신명기 사학파 출신인 후대의 어구를 첨가한 가필자는 33절을 첨가했을 것이다. 여로보암의 신적인 지명의 효용성을 받아들이면서 신명기 사가는 이 여로보암 왕조의 영원성은 신적인 계명들에 대한 순종의 여부에 달렸다는 것을 명기하는 38절의 어구들을 부록으로 첨가했다(MT의 39절은 G^B에 빠졌는데, 이는 아마도 원본적이지 않은 것으로 보인다).

41-43절에서 우리는 처음으로 신명기 사가의 전형적인 결론적 어법을 보게 된다. 그 결론은 (1) 솔로몬에 관해서 이야기할 더욱 많은 것들이 있으나 이를 위해서는 솔로몬의 행장을 보아야 한다는 것, (2) 그의 통치의 기간, (3)그의 죽음과 장사지냄 그리고 르호보암의 승계 등을 말해 준다. 이제 솔로몬의 이야기는 끝난다. 그리고 신명기 사가는 앞에 놓여 있는 거세게 몰아치는 격랑의 세대에 대해 계속해서 이야기할 것이다.

주석

14-22 "여호와께서 …일으켜 …대적이 되게 하시니": 신의 이름이 "하나님"(אלהים – 엘로힘)으로 언급되는 것 외에는 23-25절에서처럼 같은 문체로 시작된다. 비록 솔로몬을 위하거나 혹은 대적하는 이 두 이야기에 대해서 아무런 편견도 드러

나지 않는다 할지라도, 선이건 악이건 무엇이든 암시되어 있는 이면에 신적인 인과론이 깔려 있다. 하닷("우뢰의 신")은 북동부 셈족 문화에서 공통적인 하나의 신적 명칭이며, 또한 여러 에돔 왕들의 이름이었다(참조. 창 36:35-36). 하닷이 왕의 자손이었다고 말하는 것은 이 이야기가 전해지는 시기에는 그는 아직 왕이 되지 못했다는 것을 가리킨다. 본문이 말하는 진멸하는 피의 전쟁은 사무엘하 8:13-14에 기록된 것과 같은 전쟁일 것이다. 우리는 21절로부터 다윗과 요압을 동일하게 두려워했다는 것을 알 수 있다. 하닷의 아버지에게 일어났던 일은 언급되지 않는다. 그러나 궁궐 호위대 중 몇몇은 하닷과 함께 먼저 미디안(북쪽 아라비아에 있는 에돔의 남쪽)으로 도망갔고, 후에 바란(서부 시나이)으로, 마지막으로는 애굽으로 도망갔다. 종종 애굽은 아시아로부터 온 도피자들에게 호의적이었음을 보여 준다(요셉의 이야기를 보라). 통치하는 바로(아마도 21왕조로부터)는 그에게 집과 양식 그리고 토지, 더 나아가서는 심지어 왕실 가문의 아내를 주었다. 그 아내는 그에게 아들을 낳아 주었는데, 그는 바로의 아들들과 함께 자랐다(단지 여기에서만 나타나는 어머니와 아들의 이름들은 역사적이다. 그러나 전승의 과정에서 사실을 왜곡시킨 오전〈誤傳〉의 가능성이 있다). 다윗과 요압 모두 죽었다는 보고를 들었을 때, 하닷은 에돔으로 돌아가기 위해서 안전과 호화스러운 환경을 포기한다. 그가 돌아왔다는 말은 없다. 그러나 그는 가장 먼저 언급된 솔로몬의 "대적자들" 중의 하나로서 언급되는 것으로 보아 그 후 여러 해 동안 골칫거리인 게릴라 전사가 되었음을 가정해 볼 수 있다(참조. J. R. Bartlett, *ZAW* 88[1976] 205-26; O. Eissfeldt, *JBL* 87[1968] 383-93).

23-25 사무엘하 3-8장은 다윗이 아람 왕국의 소바 왕 하닷에셀을 물리쳤다고 말하고 있다. 아람 왕국은 아마도 레바논과 레바논 반대 지역 사이의 비카(Biqaʿ) 계곡에 위치해 있었을 것이다. 디메섹의 아람 사람들이 하닷에셀을 도우려고 했기 때문에, 다윗은 그들 역시 물리쳤고, 많은 것을 약탈했으며, 수많은 군대를 진멸했고, 다메섹에 요새를 두었다. 본문의 설명에 의하면, 르손은 게릴라 부대를 조직해서 다메섹을 탈환하고 그 곳에서 왕이 되었다. 그는 전 솔로몬의 통치 기간 동안 이스라엘과 화해할 수 없는 적이 되었다. 비록 그는 정복의 왕으로 기록될 수는 없었을지라도, 그의 태도는 앞으로 여러 날 동안 훨씬 더 큰 해악들을 예고했다.

26-28, 40 비록 여로보암이 아버지의 성(姓)을 가지고는 있을지라도, 그의 아버지는 죽었음을 알 수 있다. 그의 어머니가 과부로서 그 이름이 언급되고 있기 때문이다. 그는 에브라임 사람이었다(그의 고향 스레다〈Zeredah〉는 어디인지 알 수

없다). 따라서 그는 에브라임과 므낫세 두 지파를 나타내는 "요셉의 집"(28절)으로부터 나온 역군들을 감독할 자로 적절히 일할 수 있었다. 여로보암은 솔로몬의 공복들 중의 하나로서("그는 그를 섬겼다") 그의 힘과 특권을 솔로몬에 대항해서 사용했다. 27절은 다음과 같은 사실들을 언급함으로써 어떻게 그가 반역했는지를 말해 준다: 밀로를 건축할 때(참조. 9:15, 24) 솔로몬은 그가 재주 있고 성실한 일꾼이라는 것을 알 수 있었다. 비록 젊지만 그는 또한 용기 있는 사람(גבור חיל – 기보르 하일)임을 보여 주었다. 그래서 그는 그를 모든 요셉 사람들의 역사(סבל – 쎄벨; 참조. 5:29, 영역본 15)를 관리하는 자로 임명했다. 앞서 언급했듯이 우리는 여로보암이 다음에 무엇을 했는지 전혀 알지 못한다. 신명기 사가가 아히야 이야기와 원래의 이야기에 대한 자신의 주석을 대치했기 때문이다. 여로보암은 아도니람(4:6; 5:28[영역본 14]; 참조. 12:18)의 노역에 대한 엄격한 명령들 중 어떤 것들을 시행하지 않고 일의 양을 경감시키기 위해 그의 지위를 사용했을 수도 있다. 그렇게 함으로써 요셉 사람들의 눈에 하나의 영웅으로서 자신을 세웠을 수도 있다. 어쨌든 그는 솔로몬에 의해서 죽임을 당하는 것을 피해 시삭(쇼생크[Shoshenq], 22번째 애굽 왕조의 창시자)에게로 도망가야만 했다.

29-38 "그 즈음에 (발생했다)": 바에트 하히(בעת ההיא)는 "그 때"라는 의미를 가진 아즈(אז)보다 좀더 구체적인 시간적 결과를 말해 준다(*YTT*, 41). 신명기 사가의 시간적 전환은 아히야가 어딘가에 있었던 예루살렘으로부터 여로보암에게로 옮긴 그의 지리적 전환과 연결된다. 비록 아히야가 언약궤의 고대 장소(삼상 1-4장)였던 실로에서 왔다(14:1-18에서도 능동)고 할지라도, 그 예언이 그 곳에서 이루어졌는지는 언급되지 않는다. "새 외투"는 이스라엘의 나뉘지 않은 새로운 나라를 상징한다. 이것은 이스라엘 지파들의 수인 열두 조각으로 찢어진다. 그리고 여로보암에게 그 중 열을 취하라고 말한다. 종종 이 사건과 사무엘상 15:27-28의 사건 사이의 유사성이 관찰된다. 그러나 사무엘상에서 옷을 찢는 사람은 그 상징의 해석을 받는 사람(사울)이며, 이 곳에서처럼 좋은 것이 아니라 그에게 나쁜 것을 예언하는 것이다. 선지자 이야기와 신명기 사가의 확장 부분들에 대한 다양한 세부적 관찰들은 위에서 토론되었다. 그러나 다윗에게 계속되는 등불(ניר – 니르)이 있을 것을 약속하는 36절에 특별한 주의를 기울이는 것이 필요하다. 이것은 열왕기상 15:4과 열왕기하 8:19에서 발견되며, 또한 다윗을 "이스라엘의 등불(נר – 네르)"이라고 말하는 사무엘하 21:17과도 관련될 수 있다. 31, 35절로부터 열 지파에 대한 최소한 명목상의 권한이 여로보암에게 주어졌음을 알 수 있다. 그러나 37절의 절정의 임명은

그가 사실은 그의 마음이(נפש－네페쉬) 원하는 것만을 다스리게 되리라는 것을 선언한다. 어찌 되었거나 이것은 솔로몬의 아들이 아닌 그를 이스라엘 위에 왕으로 만든다. 여기서 "이스라엘"은 단지 열 지파만을 의미하는 것이 아니고, 다윗과 솔로몬이 다스렸던 것과 같은 "이스라엘"을 말하는 것이다. 신명기 사가는 이것을 32, 36절에서 솔로몬 혹은 그의 아들은 한 지파를 통치하게 되리라는 것을 말함으로써 분명히 하려고 한다. 열둘에서 열을 빼면 둘이 남는다. 따라서 G은 두 곳에서 MT의 "하나" 대신에 둘을 쓴다. 그러나 그의 세대에 베냐민(열두 번째)은 유다의 나라(즉 지파)에 흡수된 지 오래였다. 38절의 "견고한 집"은 사무엘하 7:13을 연상시킨다. 참조. 23:5. 이스라엘에 대해서 계속적으로 통렬한 비난을 하면서 신명기 사가는 이것을 가정적인 약속으로서 굳게 잡는다. 그것은, 그의 세대에 그는 북쪽 왕들이 이루지 못했다는 것을 이미 알고 있는 순종에 대한 조건적 약속이었던 것이다.

41-43 다윗의 사십 년(2:11)과 같이 솔로몬의 사십 년은 의도적으로 만든 구조적인 의미를 가진다. 따라서 문자적으로(성경 연대기자들이 불충분한 설명을 받아들이는 것) 받아들여서는 안 된다. 43절의 죽음과 장사지냄에 대해서는 2:10을 참조하라.

해설

다윗은 정녕 무자비한 피의 사람이었다. 그의 수리아와 에돔에 대한 혹독함은 그 혹독함으로 인해 얻어진 부와 권력을 솔로몬(그의 이름의 뜻은 "평화"다)이 누렸을 때조차도 화해할 수 없는 적들을 만들었다. 따라서 수리아는 몇 세대 동안 이스라엘에 대하여 상존하는 위협이 되었다. 그러므로 에돔은 몇 세기 동안 유다의 황폐한 지역을 소유했다(참조. 옵 11-14장; 겔 35:10-15). 솔로몬의 웅대한 작업을 위해 고된 노역으로 고생했던 요셉 사람들은 그의 아들에 대해서 반란을 일으켰을 것이다. 어느 날 오로지 하나의 단일한 "등불"만이 예루살렘에 있는 다윗에게 남겨졌으며, 그것은 마침내 꺼지듯이 끝났다. 따라서 야웨는 그의 이름으로 거짓되게 통치하는 자들에게 대적자들을 일으키시는 것이다.

Ⅲ. 아합에 이르기까지의 두 왕국에 대한 기사(12-16장)

1. 르호보암의 거절(12:1-24)

참고문헌

Aberbach, M., and **Smolar, L.** "Jeroboam and Solomon: Rabbinic Interpretations." *JQR* 59(1968-69) 118-32. ______. "Jeroboam's Rise to Power." *JBL* 88(1969) 69-72. **Alt, A.** "Das Königtum in den Reichen Israel und Juda." *VT* 1(1951) 2-22(=*Kleine Schriften* II, 116-34). ET, "The Monarchy in Israel and Judah." *Essays*. New York: Doubleday(1968) 239-59. **Debus, J.** *Die Sünde Jerobeams*. FRLANT 95(Göttingen: Vandenhoeck und Ruprecht, 1967). Teil II: "Die Jerobeam-Geschichte in der Parallel-Version des Codex Vaticanus der Septuaginta," 55-92. ______. *Idem*. Exkurs 4: "Ein 'Zwei-Kammer System' im israelitischen Staatswesen(zur Auseinandersetzung mit den Thesen von A. Malamat)." 30-34. **Dubarle, A. M.** "Le Jugement des auteurs bibliques sur le schisme de Jéroboam." *Miscellanea Biblica A. Fernández*. Madrid, 1961. **Evans, D. G.** "Rehoboam's Advisers at Shechem and Political Institutions in Israel and Sumer." *JNES* 25(1966) 273-79. **Galling, K.** "Die israelitische Staatsverfassung in ihrer vorderasiatischen Umwelt." *AcOr* 28/3-4(Leipzig 1929). **Grønbaek, J. H.** "Erwägungen zu 1 Kön xii 21-24." *VT* 15(1965) 421-36. **Halpern, B.** "Sectionalism and the Schism." *JBL* 93(1974) 519-32. **Johnson, A. R.** *The One and the Many in the Israelite Conception of God*. Cardiff: University of Wales Press, 1942. **Lipinski, E.** "Le récit de 1 Rois XII 1-19 à la lumière de l'ancien usage de l'hébreu et de nouveaux textes de Mari." *VT* 24(1974) 430-37. **Malamat, A.** "Kingship and Council in Israel and Sumer: A Parallel." *JNES* 22(1963) 247-53. **Seebass, H.** "Zur Königserhebung Jerobeams I." *VT* 17(1967) 325-33. **Stamm, J. J.** "Zwei alttestamentliche Königsnamen." *Near Eastern Studies in Honor of William Foxwell Albright*. ed. H. Goedicke. Baltimore: Johns Hopkins Press, 1971. **Tournay, R.** "Quelques relectures bibliques antisamaritaines (I K 12)." *RB* 71(1964) 524-31. **Weinfeld, M.** "King-People Relationship in the Light of 1 Kings 12,7." *Leš* 36(1971) 3-13.

본 문

1 르호보암이 세겜으로 갔으니 이는 온 이스라엘이 저로 왕을 삼고자 하여 세겜에 이르렀음이더라

2 느밧의 아들 여로보암이 전에 솔로몬 왕의 얼굴을 피하여 애굽으로 도망하여 있었더니 이제 그 소문을 듣고 오히려 애굽에 있는 중에

3 무리가 보내어 저를 불렀더라 여로보암과 이스라엘의 온 회중이 와서 르호보암에게 고하여 가로되

4 왕의 부친이 우리의 멍에를 무겁게 하였으나 왕은 이제 왕의 부친이 우리에게 시킨 고역과 메운 무거운 멍에를 가볍게 하소서 그리하시면 우리가 왕을 섬기겠나이다

5 르호보암이 대답하되 갔다가 삼 일 후에 다시 내게로 오라 하매 백성이 가니라

6 르호보암 왕이 그 부친 솔로몬의 생전에 그 앞에 모셨던 노인들과 의논하여 가로되 너희는 어떻게 교도하여 이 백성에게 대답하게 하겠느뇨

7 대답하여 가로되 왕이 만일 오늘날 이 백성의 종이 되어 저희를 섬기고 좋은 말로 대답하여 이르시면 저희가 영영히 왕의 종이 되리이다 하나

8 왕이 노인의 교도하는 것을 버리고 그 앞에 모셔 있는 자기와 함께 자라난 소년들과 의논하여

9 가로되 너희는 어떻게 교도하여 이 백성에게 대답하게 하겠느뇨 백성이 내게 말하기를 왕의 부친이 우리에게 메운 멍에를 가볍게 하라 하였느니라

10 함께 자라난 소년들이 왕께 고하여 가로되 이 백성들이 왕께 고하기를 왕의 부친이 우리의 멍에를 무겁게 하였으나 왕은 우리를 위하여 가볍게 하라 하였은즉 왕은 대답하기를 나의 새끼손

1 Rehoboam[a] went to Shechem, for it was to Shechem that all Israel came[b] in order to make him king.

2 And when Jeroboam son of Nebat heard about it – now he was still in Egypt whither he had fled before King Solomon – then Jeroboam [a]remained in readiness in Egypt.[a]

3 And they sent and summoned him: and Jeroboam and all[a] Israel came[b] and [c]spoke to Rehoboam[d] [e]as follows:[e]

4 "Your father made our yoke hard:[a] but as for you,[b] make it lighter that the hard servitude of your father, with his heavy yoke which he imposed upon us, and then we will serve you."

5 And he[a] said [b]to them,[b] "Depart [c]for yet[c] three days, and then return to me." So they[d] departed.

6 And [a]the king[a] took counsel with the veterans, who had always stood in the presence of Solomon his father while he was yet alive: and this is what he said, "How would you be giving advice, [b]so that I may give word back to this people?"[b]

7 And they spoke to him as follows, "If today[a] you will be a servant to this people, and will serve them [b]and humble yourself,[b] and will speak to them pleasant words, then they will become servants to you for always."

8 But he ignored the advice of the veterans who counseled him and consulted instead the newcomers who had grown up with him and were now standing before him.

9 And he said to them, "What do you advise [a]us to return as our answer[a] to this people, who have spoken to me as follows, 'Lighten the yoke which your father put upon us'?"

10 And the newcomers who had grown up with him replied as follows: "Thus shall you say to this people, who speak to you, saying, 'Your father made our yoke heavy, but do you[a] lighten

가락이 내 부친의 허리보다 굵으니

11 내 부친이 너희로 무거운 멍에를 메게 하였으
나 이제 나는 너희의 멍에를 더욱 무겁게 할지라
내 부친은 채찍으로 너희를 징치하였으나 나는
전갈로 너희를 징치하리라 하소서
12 삼 일 만에 여로보암과 모든 백성이 르호보암
에게 나아왔으니 이는 왕이 명하여 이르기를 삼
일 만에 내게로 다시 오라 하였음이라
13 왕이 포악한 말로 백성에게 대답할새 노인의
교도를 버리고

14 소년의 가르침을 좇아 저희에게 고하여 가로
되 내 부친은 너희의 멍에를 무겁게 하였으나 나
는 너희의 멍에를 더욱 무겁게 할지라 내 부친은
채찍으로 너희를 징치하였으나 나는 전갈로 너희
를 징치하리라 하니라
15 왕이 이같이 백성의 말을 듣지 아니하였으니
이 일은 여호와께로 말미암아 난 것이라 여호와
께서 전에 실로 사람 아히야로 느밧의 아들 여로
보암에게 고한 말씀을 응하게 하심이더라
16 온 이스라엘이 자기들의 말을 왕이 듣지 아니
함을 보고 왕에게 대답하여 가로되 우리가 다윗
과 무슨 관계가 있느뇨 이새의 아들에게서 업이
없도다 이스라엘아 너희의 장막으로 돌아가라 다
윗이여 이제 너는 네 집이나 돌아보라 하고 이스
라엘이 그 장막으로 돌아가니라

17 그러나 유다 성읍들에 사는 이스라엘 자손에
게는 르호보암이 그 왕이 되었더라

18 르호보암 왕이 역군의 감독 아도니람을 보내
었더니 온 이스라엘이 저를 돌로 쳐 죽인지라 르
호보암 왕이 급히 수레에 올라 예루살렘으로 도
망하였더라

19 이에 이스라엘이 다윗의 집을 배반하여 오늘
날까지 이르렀더라
20 온 이스라엘이 여로보암의 돌아왔다 함을 듣
고 보내어 저를 공회로 청하여다가 온 이스라엘

it!' Thus shall you say to them: 'My little
fingeris thicker than my father's waist.
11 So now: my father burdened you with a
heavy yoke, but I will increase the yoke that is
on you; my father chastised you with whips, but
I will chastise you with scourges.'"
12 And [a]all the people[a] came to Rehoboam[b] the
third day in compliance with what the king had
said:[c] "Return to me on the third day."
13 And the king answered the people harshly,
ignoring the advice of the veterans, which they
had offered him.
14 And he spoke to them in accordance with the
advice of the newcomers, as follows: "My father
made your yoke heavy, but I will increase your
yoke; my father chastised you with whips, but
I will chastise you with scourges."
15 So the king would not listen to the people,
for it was a turn of events brought about by
Yahweh, which Yahweh had spoken by means of
Ahijah[a] the Shilonite to[b] Jeroboam son of Nebat.
16 Thus [a]all Israel[a] perceived that the king did
not intend to listen to them. And the people re-
turned word to the king as follows: "[b]What
portion do we have[b] in David? [c]There is no in-
heritance[cd] in the son of Jesse. To your tents, O
Israel! You[e] go pasture[f] your own household,
David!" So Israel went off [g]to their[g] tents.
17 But [a]the Judahites and[a] the Israelites who
were living in the cities of Judah caused Reho-
boam to reign over them.
18 Then [a]the king[a] sent Adoniram,[b] who was in
charge of the corvée, but all Israel stoned him
with stones so that he died; and King Rehoboam
had to struggle to get up into his chariot in time
to flee to Jerusalem.
19 So all Israel has been in revolt against the
house of David to this day.
20 And it happened that when all Israel heard
that Jeroboam[a] had returned, they sent and

의 왕을 삼았으니 유다 지파 외에는 다윗의 집을 좇는 자가 없으니라

called him to the assembly. And they made him king over all[b] Israel. There was no one who supported the house[c] of David apart from the tribe of Judah, all by itself.

21 르호보암이 예루살렘에 이르러 유다 온 족속과 베냐민 지파를 모으니 택한 용사가 십팔만이라 이스라엘 족속과 싸워 나라를 회복하여 솔로몬의 아들 르호보암에게 돌리려 하더니

21 And Rehoboam came[a] to Jerusalem and assembled [b]the entire house of[b] Judah and [c]the tribe of[c] Benjamin, a hundred twenty[d] thousand choice men trained for battle, to fight with[e] the house of Israel in order to restore the sovereignty to Rehoboam son of Solomon.

22 하나님의 말씀이 하나님의 사람 스마야에게 임하여 가라사대

22 And the word of Yahweh[a] came to Shemaiah, a man of God, as follows:

23 솔로몬의 아들 유다 왕 르호보암과 유다와 베냐민 온 족속과 또 그 남은 백성에게 고하여 이르기를

23 "Say to Rehoboam son of Solomon, king of Judah, and to [a]all the house of[a] Judah, and Benjamin, and the rest of the people, saying

24 여호와의 말씀이 너희는 올라가지 말라 너희 형제 이스라엘 자손과 싸우지 말고 각기 집으로 돌아가라 이 일이 내게로 말미암아 난 것이라 하셨다 하라 하신지라 저희가 여호와의 말씀을 듣고 그 말씀을 좇아 돌아갔더라

24 'Thus says Yahweh: "You shall not go up and you shall not fight with your brothers the Israelites. Return each of you to his house, for from me came about this turn of events."'" And they listened to the word of Yahweh and turned back, in order to behave in accordance with the word of Yahweh.[a]

원문주해

1.a. MT. G^{B}의 "왕 르호보암"은 만연체적이다. G^{L}의 "그 왕"은 절의 결과로 볼 때 너무 때가 이른 용어다.

1.b. MT(단수). 대부분의 증거들(G^{BL}, Syr, Tg, Seb, Chr, Mss)은 주어를 복수로 본다.

2.a-a. MT. 참조. *HOTTP*, 318. 역대기의 "애굽으로부터 돌아왔나"라는 어구는 르호보암이 거절되었을 때 여로보암을 세겜에 둔다. 참조. G 12:24[b].

3.a. 역대기. MT의 "이스라엘의 회중"이라는 어구는 너무 때가 이른 표현이다.

3.b. 역대기. Q. Vrs. 단수, "그리고 그들이 말했다"라는 봐이따베루(וידברו)와 일치시키기 위해 K에 의해서 수정되었나. 그러나 MT 7절에 있는 단수를 보라.

3.c. MT. G^{BL}은 "그 백성"이라는 어구를 첨가한다.

3.d. MT. G^{BL}은 "왕 르호보암".

3.e-e. MT. G^{BL}은 생략.

4.a. MT, G^{L}. G^{B}은 "무거운".

4.b. MT과 G^{BL}은 "이제"라는 어구를 첨가하고 있는데, 이것은 듣기 착오로 인해 두 번 쓴 것으로서 빠져야만 한다. 참조. 14절과 역대기(Par).

5.a. MT, G^{B}. G^{L}은 "그 왕"이라는 설명적인 어구를 가진다.

5.b-b. MT, G^{B}, 역대기. "그 왕"이라는 어구는 원문 훼손 본문에서 틈을 채우려는 것이라는 사실 외에, G^{L}의 생략은 원본적인 것 같다.

5.c-c. MT(עַד שְׁלֹשָׁה יָמִים – 오드 쉘로솨 야밈, "그런데 삼 일 동안"). G^{BL}은 아드(עַד)를 "…까지"로 읽는다(*ἕως ἡμερῶν τριῶν* – 헤오스 에메론 트리온, "삼 일까지"). 히브리어 표현은 지속되는 의미를 강조하는 반면에, 헬라어 표현은 마치는 시점을 강조한다.

5.d. G^{BL}. MT의 "그 백성"은 설명적인 어구다.

6.a-a. G^{BL}. MT은 "왕 르호보암".

6.b-b. G^{B}이 원래의 본문에 가장 가깝다. 르호보암의 질문의 첫 번째 절에서, G^{BL}은 야아츠(יעץ)의 니팔 복수 분사를 위해서 불류오(*βουλεύω*)의 직설법 중간태를 대치한 것 외에는 MT를 따른다. 이어서 나오는 결과와 목적절은 원본에서는 "돌아가다"라는 의미의 슈브(שׁוב)의 일인칭 단수 와우 계속법으로 시작된다. G^{B}의 수정(*καὶ ἀποκριθῶ* – 카이 아포크리도)은 MT에 있는 슈브(שׁוב)의 히필 부정사와 G^{L}에 있는 "…하기 위해"라는 의미의 히나(*ἵνα*)에 의해 소개되는 목적절에 의해서 덜 효과적으로 나타나는 것이다. "대답"이라는 의미의 다바르(דָּבָר)는 동사의 목적어이기 때문에, MT에 있는 "그 백성"이라는 의미의 에트 하암(אֶת הָעָם)은 분명히 원본적이 아닌 모호한 구문을 만든다. G^{BL}과 역대기는 "이 백성에게"라는 간접목적어를 읽고 있는데, 이는 의미상 요구되는 것이다.

7.a. G^{BL}은 "이 날에". 역대기는 생략(Par는 가지고 있다).

7.b-b. MT. G^{M}은 생략. G^{L}은 원본 훼손.

9.a-a. MT. G^{BL}은 "그리고 내가 대답할 것".

10.a. MT. G^{BL}의 수 눈(*σύ νῦν*)=아타 아타(אַתָּה עַתָּה, "당신은 이제")라는 어구는 듣는 데서 일어나는 융합이다. 질문 없이 인칭대명사가 읽혀져야만 한다. 시간에 요점이 있는 것이 아니라, 르호보암과 솔로몬 사이의 대조가 강조되기 때문이다.

12.a-a. 복수 동사(*καὶ παρεγένοντο* – 카이 파레게논토=ויבאו, "그리고 그들이 왔다")를 읽는 G^{BL}(MT은 결함이 있다: ויבו). MT은 "여로보암과 모든 백성들"을 주어로 읽는다. 참조. 역대기. *HOTTP*, 320를 보라.

12.b. MT. G^{BL}은 "왕 르호보암".

12.c. MT, G^{L}. G^{B}은 "그들에게"라는 설명적인 어구를 첨가한다.

15.a. MT, G^{B}. G^{L}은 "그 선지자"를 첨가함. 참조. G^{BL}에 있는 11:29.

15.b. MT. 참조. G^{BL}은 모두 "…에 대항해서"라는 의미의 히브리어 알(עַל)을 번역한 전치사(^{B}은 페리〈*περὶ*, "…에 관하여"〉, ^{L}은 에피〈*ἐπὶ*, "…에 대항해서"〉)를 가지고 있다. "…에 대항해서"라는 의미의 히브리어 알(עַל)은 신명기 사가의 마음에서 위협적인

선언을 암시한다. MT의 엘(אֶל)은 어려운 독법을 우선시하여 택한 것이다. 가벼운 단어는 거친 단어를 위한 대용이 되지 않을 수도 있기 때문이다.

16.a-a. MT과 G^{B}. G^{L}, Vg, Ms는 "그 백성들".

16.b-b. MT과 G^{B}. G^{L}, Ms, Syr, Tg^{ms}은 "분깃이 없다". 참조. 삼하 20:1.

16.c-c. MT, G^{B}. G^{L}은 "유업도 없고"(참조. *BHK*mg).

16.d. MT과 G^{L}. G^{B}의 "우리를 위해서"는 설명적인 어구다.

16.e. G^{C}2. MT, G^{BL}의 남아 있는 증거는 "이제". 미약한 증거에도 불구하고 수(*σύ*)=아타(אַתָּה, "당신")가 읽혀져야만 한다(Noth, 277를 보라). 한편으로 반역을 저지르는 백성들과 다른 한편으로 "다윗"이 대조를 이루고 있기 때문이다. 히브리 본문 전승은 "이제"라는 뜻의 아타(עַתָּה)를 읽는 데 있어서 쉽게 원문이 훼손되었다.

16.f. G^{BL}, Tg은 히브리어 레에(רְעֵה)를 읽는다. MT이 "보다"("…을 준비하다", "돌보다"라는 뜻을 가진)라는 뜻의 레에(רְעֵה)로 원문이 훼손되었다는 것은 놀라운 일이다.

16.g-g. MT, G은 단수 동사와 단수 주어로 시작한다. 그러나 전치사구에서는 둘 다 복수를 취한다.

17.a-a. G^{L}. MT은 이 단어들을 생략한다(가운데 글자를 빠뜨리고 쓴 오류). G^{B}은 전체 절을 생략한다.

18.a-a. G^{B}. MT, G^{L}은 "왕 르호보암".

18.b. G^{L}. 참조. 4:6. MT은 "아도람". G^{B}은 "아람"(원문 훼손 혹은 축약).

20.a. MT, G^{L}. G^{B}은 "르호보암".

20.b. 바로 뒤에 언급되는 여로보암의 통치로부터 유다를 제외하는 관점에서 어려운 독법을 제시하고 있는 MT, G^{BL}의 생략은 이 사실을 교정하는 본문 전승을 따르고 있는 듯하다.

20.c. MT, G^{L}. G^{B}은 생략. 이것은 G^{B} 번역자가 좋은 문체에 거슬리는 것으로 보았던 이상한 고대의 히브리어 표현이다. 그러나 그것의 정치적인 함의는 그것을 원본적인 것으로 만들어 주며, 본 문맥에 잘 어울린다.

21.a. K는 복수. Q, 역대기, Vrs는 단수.

21.b-b. MT(20.c "원문주해"를 보라). G^{BL}은 "회중"(텐 쉬나고겐<*τὴν συναγωγὴν*>=히브리어는 에다<עדה>). 역대기는 "…의 집의". Par은 생략. 우리는 이 텍스트의 많은 본문사(text history)를 읽을 수 있다. 헬라어 교정들은 늦은 포로 후기의 이데올로기적인 간섭과 삽입을 보여 준다.

21.c-c. MT, G. 역대기는 생략.

21.d. G^{BL}. MT은 "80".

21.c. 역내기(Par)는 생략.

22.a. G, 역대기(Par). MT의 "하나님"은 아마도 "하나님의 사람"이라는 구문에 의해서

영향을 받은 것일 것이다.

23.a-a. 역대기는 "유다에 있는 이스라엘". Par은 "유다". 고대 정치적인 의미에서 "…의 집"이라는 어구를 피하는 경향은 역대기가 후대의 신정정치 이상을 따르는 여부의 정도(degree)를 보여 준다.

24.a. G^{BL} MSS은 24^{a-z}절을 첨가한다.

양식/구조/배경

르호보암의 거절에 대한 내러티브

서론, 12:1

[여로보암에 대한 확장, 2-3aα절]

1. "모든 이스라엘"이 노역의 경감을 요청함
   - a. 그들의 말, 3aβb-4절
   - b. 시간을 요청함, 5절
2. 르호보암이 노련한 자들과 의논함
   - a. 그의 요청, 6절
   - b. 그들의 응답, 7절
3. 르호보암이 새로 등용된 신참자들과 의논함, 8절
   - a. 그의 요청, 9절
   - b. 그들의 응답, 10-11절
4. 그들의 결정적인 만남
   - a. 백성들이 돌아옴, 12절
   - b. 르호보암의 응답
     - (1) 그가 노련한 자들의 말을 무시함, 13절
     - (2) 그가 새롭게 등용된 신참자들의 말을 반복함, 14절

[신명기 사가: 해석적인 주해, 15절]

   - c. "모든 이스라엘"의 반응
     - (1) 르호보암의 나쁜 의도에 대한 인지, 16aαא절
     - (2) 반항적인 응답, 16aαבβ절
     - (3) 그들의 해산, 16b절

[확장: 설명적인 주해, 17절]

5. 폭력에 대항하는 폭력

a. 돌에 맞아 죽은 아도니람, 18a절
b. 르호보암이 도망함, 18b절
c. 영구적인 반역, 19절
6. 상대 왕이 된 여로보암
a. 그의 즉위식, 20a절
b. 다윗의 집을 거절함, 20b절
르호보암의 행동하지 않음에 대한 종교-정치적인 선전
1. 잠정적인 군사력의 준비, 21절
2. 스마야의 선지자적인 금지, 22-24a절
3. 백성들의 순종, 24b절

이 본문에 대한 참고문헌의 수많은 제목들은 기록된 사건에 대한 매우 높은 학자들의 관심을 보여 준다. 고대 이스라엘은 그 역사의 요체를 바로 여기에 두고 있다. 다윗에 의해서 막 시작되고 솔로몬에 의해서 견고해진 왕조는 견실했지만 이제 막 쪼개지려고 했던 것이다. 우리는 계속적으로 연합된 이스라엘은 무엇이 되었을 수 있겠는가를 알고 싶어하는 마음이 있다. 근동에 강력한 제국이 없는 시대에 앗시리아와 바벨론 시기의 궁극적인 멸망을 피하면서, 통일 왕국 이스라엘이 세계적인 강국이 되는 것을 막을 수 있었던 그 무엇이 있었겠는가?

성경 안과 밖 그 어느 곳에도, 심지어 이 곳에서도 이스라엘의 나뉨에 대해서 사실적이며 직접적으로 기록하고 있는 곳은 없다. 1-20절은 만약 보고할 누군가가 있었다면, 사실상 비난받을 만한 부정적인 보고를 포함하고 있다. 21-24절은 짧은 종교적 정치적인 선전을 구성하고 있다. 첫 번째는 오로지 르호보암의 생가 없는 완고함과 그것의 재난적인 결과들을 강조한다. 반면에 두 번째는 이러한 결과들을 결정적으로 대처하는 것에 실패한 같은 왕에 대한 변명을 만든다.

이스라엘의 반역과 관련된 다양한 그룹과 사람들에 대한 최근의 생생한 토의를 여기에서 재고하는 것은 불가능하다. 다만 1-20절에 나오는 "노인들"과 "소년들"은 사실은 양원세 입법부에 견줄 만한 뚜렷하고 조직적인 모임이었다는 밀라밋(A. Malamat: *JNES* 22[1965] 247-53)의 주장에 많은 관심이 모아지고 있다는 것을 말할 수 있을 뿐이다. 그러한 "부처(部處)들"이 이스라엘에 실제적으로 존재했으리라는 것을 명백히 세거하지 않고, 나는 그들 각각의 공식적인 호칭들 대신에 그들의 실제적인 기능들을 나타내는 "노련한 자들"과 "신참자들"이라고 번역했다.

누가 그 비난받을 만한 내러티브를 작성했는가에 대한 결정은 수많은 미묘한 점들에 달려 있다. 그레이가 자신의 주석에서 주장했듯이, 그 저자는 북쪽에 살고 있는 누군가가 될 수 없음이 확실하다. 이 사람은 그들이 떠난 뒤(20절) 그 곳에서 발생한 일보다는 세겜에 있는 유다 사람들 사이에서 일어나는 일에 관하여 상당히 많은 일을 알고 있기 때문이다. 19절에 있는 "오늘날까지"라는 어구로부터(이것은 종종 신명기 사가의 익숙한 구절이 되곤 한다) 이 내러티브는 신명기 사가의 시대와 근접한 시기에 기원했을 것이라고 잘못 주장하고 있다. 그것은 사실상 훨씬 이전의 것이라는 증거를 제공하고 있기 때문이다. 저자를 모르게 하는 것 같은 내러티브 구조에 있는 한 가지 특별한 점은 8절에 있는 "그러나 그는 그에게 조언을 해준 노련한 자들의 충고를 무시했다"는 불평이다. 신참자들과 함께 하는 왕의 회의에 관한 이야기 앞에, 그리고 삼 일 후에 왕의 결정을 선언하는 것 앞에 온다는 것은 독자들로 하여금 르호보암은 즉각적으로 노련한 자들에 대한 부정적인 반응을 선포했다고 생각하게 만든다. 이것은 역사적 사실로서는 있을 수 없는 일이고 내러티브 자체의 명백한 의도와 일치하지 않는 것이다. 그러므로 이것은 신참자들과 함께 한 왕의 의논에 대한 선험적인 판단을 의미하는 것이다. 이것은 사실상 노련한 자들의 거부를 만들어 낸 것이다. 그 노련한 자들로부터 누군가를 제외하고 과연 누가 그러한 태도를 나타내는 것이 가능하겠는가? 저자는 다윗 가문에 대한 유다인이며 왕실 지지자다. 아마도 솔로몬과 르호보암의 법정에서 역할을 감당했던 사람일 수도 있다. 그러나 그는 좁은 지파적 분열주의자가 아니었다. 그의 반복되는 어구인 "모든 이스라엘"(지파 연합)은 그가 이 하나의 민족의 영원한 통일을 열망하고 있음을 보여 준다. 그렇다면 이제 우리는 "그래서 모든 이스라엘이 오늘날까지 다윗의 집을 대항해서 반역 가운데 있다"라는 결론에 놓여 있는 그의 정서와 실망감이 무엇인지를 이해할 수 있을 것이다. 그는 아마도 그 사건이 발생한 지 오랜 시간이 지난 뒤에, 아마도 르호보암이 죽은 뒤에 이 비난받을 만한 내러티브를 당연히 어떠했어야 했을 그의 동료 유다인들에 대한 증언으로서 기록했을 것이다. 기회가 왔지만 잃어버렸다. 그것은 7절에서 르호보암에게 말했던 노련한 자들의 말과 같은 것이다: 겸손한 하루는 "모든 이스라엘"에게 영원히 충성된 복종을 낳았을 것이다(*YTT*, 226). 그러나 그렇게 되지 않았다.

내러티브의 결론이 주는 메시지의 본질은 일반적인 규칙으로 만들 수 있다. 이것은 특별히 "그리고 그들이 야웨의 말을 들었고, 야웨의 말에 따라 행하기 위해 돌아갔다"라는 21-24절이 말하고자 하는 진리다. 르호보암은 북쪽 지파들을 채찍으로 다스려 다시금 복종시킬 수 있는 십이만 명의 뛰어난 군대를 가지고 있었다. 그러나 그는 그들을 사용하지 못했다. 문제가 되는 것은 르호보암이 단순히 그에게 그렇게 하지 말 것을 말한 야웨의 예언 때문에 싸우지 않을 것을 선택했느냐는 것이다. 스마야라고 불리는 "하나님의 사람"은 그 낙심되는 신탁을 매우 잘 전달했을 수 있다. 그러나 르호보암에게 일을 진행하라고 채근했을 당시의 왕실 예언자들도 있었을 가능성이 있다. 르호보암이 들었던 것은 왕의 기분에 달려 있었다. 따라서 이러한 적은 부분은 독자에게 당시의 매우 복잡한 상황이 무엇이었는지에 대해서 매우 적은 정보만을 준다. 그리고 그것이 주는 것은 왕이 하려고 선택했던 것을 정당화하려고 계획된 것이다.

이렇게 매우 강하게 왜곡된 부분들은 신명기 사가가 왕국의 분열에 대해서 말하려고 하는 것을 위해서 발견한 이용 가능한 것들이다. 그는 르호보암의 완고함이 아히야의 예언의 성취를 가져오는 것이라는 점에 대해서 15절에 있는 자신의 진술을 더한다. 여로보암이 단지 20절에서만 나타나는 것으로 그리고 있는 원래 내러티브를 무시하면서, 가필자는 2-3a절에서 이 사람은 세겜에 있는 회중에 가담하기 위해서 제때 돌아갔음을 말하고 있다. 다른 가필자는 17절에서 몇몇 이스라엘 사람들뿐만 아니라 유다 사람들은 르호보암을 왕으로 받아들였다고 설명한다.

주석

1-20 므낫세와 에브라임 지파들 사이의 경계에 있는, 그리심 산과 에발 산 사이의 세겜은 오랫동안 가나안 사람들의 지역이었지만 다윗의 영토에 포함되었을 때 중요한 이스라엘의 거룩한 장소가 되었다. 그 곳에는 아마도 야웨와 언약을 맺기 위해 그 곳에 온 지파들에 관한 여호수아 24장의 내러티브에 있는 역사적인 핵심이 있을 것이다. 본문은 세겜이 이전 지파 연맹을 위한 회합의 중심 부분으로 남아 있었다는 가장 중요한 증거가 된다. 이 곳은 솔로몬(다윗의 죽음보다는)의 죽음으로 다시 활성화되었고, 새로운 왕—선출하지 않은 경우—을 시인하기 위한 고대의 권리의 인증이 요구되는 장소였다. 르호보암은 자신이 그 곳으로 가야 한다는 사실을 알았다. 그러나 그는 그 부모의 거친 전제주의를 상속했음이 분명하다. 2-3a절에 있는 주해는 세겜으로 떠나는 르호보암의 여행 기간인 2-3일 동안 애굽으로부터 여로보암을 올라오게 만든다. 여로보암은 사실은 혁명 뒤에 보고되지 않은 방법으로 돌아왔다. 그리고 새로운 모임에 의해서 왕이 되었다(20절). 그러므로 그는 어느 정

도 그 혁명에 참여한 것은 아니었다.

"온 이스라엘"은 유다를 포함하는 모든 지파 연맹을 나타낸다. 전체적인 불만은 솔로몬의 거친 정책(역군, 세금 등)에 대한 것이었고, 요구는 그것을 경감시켜 달라는 것이었다. 르호보암은 자신의 답변을 위해서 삼 일(짧지만 충분한 시간을 의미하는 관례적인 숫자였음)을 요청했다. 먼저 그는 그의 아버지의 고문들("그의 앞에 섰었던")이었던 노련한 자들(문자적으로는 노인들)과 의논했고, 이어서 그와 함께 자란 신참자들(문자적으로는 소년들)과 의논했다. 노련한 자들의 조언은 탁월하게 합리적이고 전혀 간교함이 없었다. 그들은 르호보암에게 "오늘날" "종이 되기"를 원했다. 이것은 자신을 겸손히 하고 기쁘게(즉 우호적으로) 말해서 "그들이 당신을 위해서 영원히 종이 되게 할" 그러한 것이었다. 그 노련한 자들은 "온 이스라엘"이 그를 왕으로 받아들이기까지 잠시 그런 척하라고 말하는 것과 같다. 그 뒤에 르호보암은 그들을 "종들"로서 혹은 노예로서 계속해서 마음껏 다스릴 수 있게 될 것이다. 그러나 르호보암은 그 노련한 자들의 충언 대신에 신참자들의 말을 좇아 "모든 이스라엘"에게 가혹하게 말했다. 그 신참자들이 준 속요(俗謠) 형식의 조언은 그의 손가락은 그의 아버지의 허리보다 굵고, 그의 아버지의 채찍 대신에 그는 전갈로 징치하리라는 것이었다. "온 이스라엘"이 이것을 들었을 때, 그들은 자신들의 소가곡(小歌曲)을 암송했다. 그것은 사울과 북쪽 지파들에게 행했던 다윗의 찬탈과 폭력 행위들에 대한 과거 세대의 아픈 기억들을 되살려냈다. "이스라엘이 그 장막으로 돌아가니라"는 구문은 18절에서 발생하는 사건의 관점에서 보면 예기적인 면이 있다. 18절은 그들의 존재를 이야기하고 있고, 그 소가곡(小歌曲)에 대한 반향이다("장막들"은 일반적인 형식에서 보이는 24절의 "집들"에 대한 상징이다). 르호보암은 역군 담당(참조. 4:6)에서 완고한 사람이었던 아도니람을 보내 그들을 강제하려고 시도한다. 그러나 그는 돌에 맞아 죽는다. 왕은 가까스로 그의 병거를 타고 예루살렘으로 도망갔다. 19절은 영원한 반역을 말하는 결론이다. 20절은 유다 단일 지파만이 르호보암을 지지하고, 여로보암을 "모든 이스라엘" 위에 왕으로 세웠다는 항목을 첨가하고 있다.

21-24 여기서 베냐민 지파가 "유다의 집"에 가담한다. 15:22에 따르면, 유다 왕국은 르호보암의 손자인 아사 왕의 통치기에 이르기까지 라마에 이르는 베냐민의 경계를 소유하기 위해 노력했다. 십이만은 상징적인 의미를 가진 도식적인 숫자로서 실제적으로 정확한 것은 아닐 수 있다. 이들은 전쟁을 위해서 훈련된 선택된 사람들이었다(בחור עשה מלחמה – 바후르 오세 밀하마). 베냐민 사람들은 전쟁에서 그

들의 용기로 인해 명성을 얻었다(예를 들어, 사울, 요나단, 시므이 등). 스마야는 열왕기서의 다른 어느 곳에서도 언급되지 않는다(참조. 왕하 12:5-15). 그는 여기에서 "하나님의 사람"으로 불리는데, 이것은 카리스마적으로 덧입힌 사람으로서 최소한 잠정적으로 선지자였다. 그는 말할 때 먼저 그 자신에 대한 야웨의 첫 번째 지시들을 보고한다. 그 말들 중에 "남은 백성"이라는 말이 있는데, 이는 왕 르호보암을 위해 싸우기로 의도된 유다와 베냐민 사람들 외에 다른 사람들을 말하는 것이다. "여호와의 말씀이"라는 어구는 신탁을 일반적으로 시작하는 친숙한 선포 형식이다. 신적인 명령이 되돌아왔다. 그 설명은 야웨 자신이 그 발생한 혁명을 의도하셨다는 것이다.

해설

열왕기상 12:1-24은 민주주의와 자주권에 대한 직접적인 변증은 아니다. "온 이스라엘"이 노역의 경감을 요구했으나 독립은 아니었음을 알 수 있다. 나이든 사람들을 유의하고 노인들을 존경하라는 도덕적인 경고도 아니다. 이러한 태도와 열망들은 참여자들의 마음에 있었을 수도 있다. 그러나 성경 텍스트에 의해서 지지되는 사항들은 아니다. 그것은 어떻게 군주의 의도가 나라 전체의 운명에 거스르는 효과를 낳을 수 있는지에 대한 메시지를 담고 있는 것이다. 르호보암은 거칠고, 전제적이고, 독재적이었다. 그러나 무엇보다도 나쁜 것은, 그는 어리석고 무능했다는 것이다. 만약 우리가 7절을 옳게 해석한다면, 노련한 자들은 영구적인 정책으로서 실제적인 노역의 경감을 조언하고 있지 않으며, 단지 "모든 이스라엘"의 공식적인 인정을 받기까지 가짜의 양보를 말하고 있음을 알 수 있다. 지파 연합의 전통에 따르면, 왕은 백성들의 "종"이 되어야 했다. 그리고 이것이 바로 노련한 자들이 그에게 그런 체하라고 조언을 해준 것이었고, 그러면 백성들은 그의 영원한 "종들"이 되었을 것이다. 그 노련한 자들 중의 한 사람이 비난받을 만한 일로서 무엇이 일어났는지를 썼다. 그리고 그는 르호보암이 신참자들의 조언을 유의해서 받아들였을 뿐만 아니라, 그가 단 하루만이라도 노련한 자들의 계책을 따르는 것을 비웃은 것에 대해서 불평하는 것이었다. 잠시 거칠고 허세를 부리는 체했지만, 르호보암은 확실히 약하고 상처받기 쉬운 성격의 인물이었다. 따라서 그가 싸워야 하는 때에 용기 없고 우유부단했던 것을 말하는 21-24절의 내용을 보면서, 독자는 모든 일들을 당연히 여기게 되는 것이다.

아마도 이 본문의 가장 중요한 교훈은 함께 속해 있던 것을 깨뜨리는 것이 깨진 것을 회복시키는 것보다 얼마나 쉬운 것인지를 보여 주는 것이다. "화평케 하는 자는 복이 있나니, 저희가 하나님의 아들이라 일컬음을 받을 것임이요"(마 5:9)라고 하신 예수의 말씀은 얼마나 깊은 의미를 가진 것인가!

2. 여로보암의 종교 쇄신안(12:25-32)

참고문헌

Aberbach, M., and **Smolar, L.** "Aaron, Jeroboam and the Golden Calves." *JBL* 86 (1967) 129-42. **Allan, N.** "Jeroboam and Shechem." *VT* 24(1974) 353-57. **Bailey, L. R.** "The Golden Calf." *HUCA* 42(1971) 97-115. **Danelius, E.** "The Sins of Jeroboam Ben-Nabat." *JQR* 58(1967-68) 95-114, 204-23. **Donner, K.** "'Hier sind deine Götter, Israel!'" *Wort und Geschichte, Festschrift für K. Elliger zum 70. Geburtstag.* AOAT 18. Neukirchen-Vluyn: Verlag Butzon & Becker Kevelaer, 1973. **Dus, J.** "Die Stierbilder von Bethel und Dan und das Problem der 'Moseschar'." Instituio Orientale di Napoli 28/18. *AION* 18(1968). **Morgenstern, J.** "The Festival of Jerobeam I." *JBL* 83(1964) 109-18. **North, R.** "Jeroboam's Tragic Social-Justice Epic." *Homenaje a Juan Prado*, Madrid, 1975. **Obbink, H. T.** "Jahwebilder," *ZAW* 47(1929) 264-74. **de Vaux, R.** "Le schisme religieux de Jéroboam Ier." *BibOr-Vosté*. Rome: "Angelicum,"(1943) 77-91.

본 문

25 여로보암이 에브라임 산지에 세겜을 건축하고 거기서 살며 또 거기서 나가서 부느엘을 건축하고

26 그 마음에 스스로 이르기를 나라가 이제 다윗의 집으로 돌아가리로다

27 만일 이 백성이 예루살렘에 있는 여호와의 전에 제사를 드리고자 하여 올라가면 이 백성의 마음이 유다 왕 된 그 주 르호보암에게로 돌아가서 나를 죽이고 유다 왕 르호보암에게로 돌아가리로다 하고

28 이에 계획하고 두 금송아지를 만들고 무리에게 말하기를 너희가 다시는 예루살렘에 올라갈 것이 없도다 이스라엘아 이는 너희를 애굽 땅에서 인도하여 올린 너희 신이라 하고

29 하나는 벧엘에 두고 하나는 단에 둔지라

25 And Jeroboam built Shechem[a] in Mount Ephraim and resided there: and he went out from there and built Penuel.

26 And Jeroboam thought in his heart, "Now[a] the sovereignty will return to the house of David

27 if this people are allowed to perform sacrifices at Yahweh's temple in Jerusalem. In that case the[a] people's heart will go back to[b] their masters, including Rehoboam king of Judah, [c]and they will slay me."[c]

28 So the king took counsel. And he[a] made two calves of gold. And he said to them,[b] "You have had enough of going up to Jerusalem: Behold thy gods, O Israel, who brought thee up from the land of Egypt!"

29 And he placed the one in Bethel and the

other in Dan.

30 이 일이 죄가 되었으니 이는 백성들이 단까지 가서 그 하나에게 숭배함이더라

30 And this matter became an error.[a] And the people processed before the one unto Dan.[b]

31 저가 또 산당들을 짓고 레위 자손 아닌 보통 백성으로 제사장을 삼고

31 And he[a] made temples[b] for the country shrines. And he made priests from the masses of the people, even though they might not belong among the Levites.

32 팔 월 곧 그 달 십오 일로 절기를 정하여 유다의 절기와 비슷하게 하고 단에 올라가되 벧엘에서 그와 같이 행하여 그 만든 송아지에게 제사를 드렸으며 그 지은 산당의 제사장은 벧엘에서 세웠더라

32 And Jeroboam made a festival in the eighth month, on the fifteenth day of the month, similar to the festival [a]in Judah.[a] And he approached the altar; [b]thus he did[b] in Bethel in order to sacrifice to the calves which he had made. And he appointed to serve in Bethel the priests of the country shrines which he had made.

원문주해

25.a. MT. G^{BL}은 "…에 있는 것"이라는 설명적인 어구를 첨가함.

26.a. MT, G^{L}. G^{B}의 "보라! 그런데"라는 어구는 원본적인 것 같다. 불변화사(不變化詞) 히네(הנה)는 일반적으로 명사들과 동사들 앞에 오기 때문이다.

27.a. G^{BL}. MT의 "이"는 설명적이다.

27.b. MT과 G^{L}. G^{B}은 좀 완화된 어구인 "그 주(*κύριον*) 그리고…"를 첨가함.

27.c-c. G^{B}. G^{L}은 생략. MT은 같은 철자를 중복하여 필사하는 오류로 인해 "그리고 그들이 유다의 왕 르호보암에게로 돌아갈 것이다"라는 어구를 첨가함.

28.a. MT. G^{BL}은 송아지들의 제작은 세겜에서보다는 다른 곳에서 이루어졌으리라는 것을 지지하는 몇 가지 이유로 인해서 "갔다. 그리고"라는 어구를 첨가함.

28.b. MT. G^{BL}은 프로스 톤 라온(*πρὸς τὸν λαόν*) = 히브리어 엘 하암(אֶל הָעָם, "그 백성들에게")은 "그들에게"라는 의미의 엘함(אלהם)의 원문 훼손이다.

30.a. MT, G^{B}. G^{L}은 "이스라엘을 위하여"라는 설명적인 어구를 첨가함.

30.b. MT, G^{B}. G^{L}은 "그리고 벧엘 위의 다른 것 앞에"라는 의미의 어구와 함께 잘못된 생략이라고 생각되는 것을 교정한다.

31.a. MT, G^{B}. G^{L}은 "여로보암"이라는 설명적인 어구를 첨가함.

31.b. G^{BL}은 오이쿠스(*οἴκους*). 노트(Noth, 268)는 분명한 히브리어 단수(MT 바이트 〈בֵּית, "집"〉)를 "지역 산당들"이라는 의미의 바모트(בָּמוֹת)와 함께 구조적인 연결 안에 있는 기능적인 복수로서 읽으려고 한다.

32.a-a. MT. G^{BL}의 "유다의 땅에서"라는 어구는 설명적이다.

32.b-b. MT. G^{BL}의 "그가 만든 것"이라는 어구는 헬라어 번역자들이 MT에 있는 대로의 히브리어를 가지고 할 수 있는 가장 좋은 번역 어구다. 그러나 헬라어는 연결적인 아쉐르(אשר) = 헬라어 관계대명사를 가지고 있는데, 이 관계대명사는 히브리어에는 없는 번역이다.

양식/구조/배경

이스라엘 왕 역대지략으로부터 발췌한 부분: 여로보암의 건축 행위들, 25절
황금 송아지들에 대한 보고
1. 예루살렘으로 여행을 금지하는 해법, 26-27절
2. 황금 송아지들의 제작과 봉헌, 28절
[확장: 두 송아지 산당들, 29절]
3. 결론적인 질책, 30a절
여로보암의 종교적인 쇄신안에 대한 불평
1. 단으로 향하는 행렬, 30b절
2. 새로운 산당들, 31a절
3. 새로운 제사장들, 31b절
4. 새로운 절기 월력, 32aα절
5. 벧엘의 송아지(들)에 대한 희생제, 32aβ절
6. 벧엘의 새로운 제사장들, 32b절

25절은 이스라엘 왕 역대지략이라고 알려진 새로운 저장된 문서로부터 발췌한 것 중 첫 번째 부분이다(14:19; 15:31 등). 이어지는 보고(26-30a절)는 분명히 보이는 주관적인 면에서 이 부분과 대조된다. 26-30a절은 먼저 여로보암의 생각을 알고 있음을 가정하고 그 왕의 종교적인 혁신들에 대한 분명한 심판을 말하고 있는 결론으로 이루어져 있다. 이어지는 보고는 두 황금 송아지가 모두 벧엘에 있었다는 가능하기는 하지만 잘못된 이해(32절을 보라)를 바로잡아 주고, 이 본문에서 유일하게 문학적으로 확장된 부분(29절)을 포함하고 있다. 이 보고에 대한 가능한 저작권에 관한 모든 논의는 분명히 유다로부터 온 사람이 썼을 것이고, 강한 예루살렘 친화적 경향을 반영하고 있다는 것이다. 30b-32절에 기록된 일련의 불평들에 관해서는 다음과 같은 것이 추측될 수 있다. 그들은 유다로부터뿐만 아니라 레위인들로 알려진, 분명히 희생제를 올리는 그룹으로부터 왔다는 것이다. 레위인들은 유다와

베냐민, 그리고 세겜과 북쪽 지파들 사이의 많은 부분을 포함해서 특별한 도시들에 살았다(수 21장). 우리는 마자르(B. Mazar)의 논지에 주의를 기울여야 한다. 그는 "The Cities of the Priests and Levites"(VTsup 7[1960] 193-205)에서 레위인들은 다윗의 공무를 돕는 수행원(첩자)들이었다고 주장했다. 여로보암이 레위인들이 아닌 사람들을 제사장들로 만들었다는 31절의 불평은, 모든 사항을 준비하는 책임이 바로 이 레위인들에게 있다는 것을 분명히 보여 주는 것이다. 이것은 한 레위인으로부터 경계 너머에 있는 또 다른 레위인에게 전해졌고, 결국에는 성전에 있는 대제사장에게 전해진 보고를 조합한 것이다.

주석

25 세겜에 관해서는 12:1을 보라. 세겜은 므낫세 지파의 영역에 있었다. 그러나 세겜이 위치한 산지 영역은 에브라임 산지로 알려졌다. 그 곳에서 왕이 된 여로보암은 자신의 왕궁 처소를 위해서 도시를 재건했다. 몇 가지 언급되지 않은 이유들로 인해서(N. Allan은 *VT* 24[1974] 353-57에서 이 레위 도시에 있는 다윗 왕실 계열의 레위인들이 그를 곤혹스럽게 했다고 주장했다) 그는 마음을 바꾸어 부느엘을 건축했다. 부느엘은 요단(참조. 창 32:31[영역본 30]) 건너 얍복 강가에 있는 거룩한 도시로, 그는 이 곳에서부터 결국에는 디르사(참조. 14:17)에 거처를 정하기 위해서 이주했다.

26-30a 벧엘과 단의 고대 산당들에 야웨의 상징들을 세운 여로보암의 행위는 정치적인 목적을 가지고 있는 보고를 만든 사람에 의해서 바로 해석되었다. 경계 북방으로부터 이스라엘 사람들이 예루살렘에 있는 야웨의 성전으로 그들의 일 년에 세 차례씩의 순례를 계속한다면, 그들은 떠나 버릴 수도 있고 최소한 불충성하고 반역을 도모하게 될 수도 있는 것이었다. 저자는 사실과 매우 근접했음에 틀림없는 몇 마디를 여로보암의 마음에 넣어 준다: "그들이 나를 죽일 것이다." 여로보암은 그 반역자들이 그들의 주인에게 돌아갈 것이라고 생각했을 수도 있다. 이는 저자의 편견에 의한 개념이 아니다. 여로보암은 정치적인 면을 우려하여 경계(境界)를 막을 필요가 있었다. 그러나 그의 염려는 또한 종교적인 것이었다. 그는 백성들이 권위 있는 야웨의 산당으로서 용인해 줄 거룩한 장소들이 필요했다. 단(참조. 삿 18:27-31)과 벧엘(참조. 창 28:16-22; 35:1-4)이 야웨의 성소로서 오랫동안 구별되어 신성시되어 왔다는 것은 충분하지 않았다. 하나 혹은 둘 모두(둘일 가능성이 더 크

다) 야웨의 실제적인 임재를 표시하는 궤와 유사한 특별히 거룩한 대상물이 필요했다. 여로보암과 그의 모사들은 각각의 산당을 위해서 하나의 송아지(혹은 황소)를 만들기로 했고, 그것을 가장 거룩한 장소인 안쪽 깊숙한 지성소에 놓기로 결정했다. 이 송아지들의 기능에 관해서는 많은 논쟁들이 있었다. 그러나 현재 합의된 견해는 그것들은 우상들이 아니고 장식품들이거나 주춧대(조상〈彫像〉 따위를 놓는), 혹은 대좌(臺座)였다고 보는 것이다.

항상 그렇듯이 그러한 상징은 하나님에 대한 성경적 이해에서 막 성장해 가는 사람들에게는 거스르는 문제를 만들게 된다. 이스라엘 주변의 모든 나라들과 그 경계(境界) 안에 있는 수많은 가나안 지역의 사람들은 반(半)야웨주의자들이었다. 그들에게 송아지 혹은 황소는 남성적 풍요의 상징이었다. 그 땅 안에는 공식적으로 혹은 비공식적으로 바알주의가 있었다. 바알주의는 아합의 시기에 이르러서 주도권을 잡게 되었다. 따라서 황금 송아지들은 단지 혼돈시키고 현혹할 뿐이었다. 아마도 여로보암은 그것을 의도하지는 않았을 것이다. 그러나 그가 야웨를 나타내는 그러한 상징을 선택했다는 사실은 그 자신이 반(半)야웨주의자였음을 보여 주는 것이다. 그러나 그가 비록 반(半)야웨주의자였을지라도, 그는 "이스라엘아 너희를 애굽 땅에서 인도하여 올린 너희 신이라!"는 이스라엘의 출애굽 전승을 반영하는 장엄한 환호를 인용할 수밖에 없었다. 출애굽기 32:1, 4은 이것과 정확히 같은 말을 사용하고 있다. 그러나 여로보암은 그 어구들을 그 곳에서 가져오지 않았다. 여로보암은 틀림없이 좋고 행복하고 거룩한 경우를 의도했을 것이다. 황금 송아지에 대해 출애굽기에서는 사악한 행동으로 이해하고 있다. 열왕기상에 있는 이야기를 만든 보고자는 아마도 이러한 비판적인 태도를 어느 정도 삽입했을 것이다. 그는 원래 형식은 단수를 가졌음이 분명한 곳에 "이끌어 냈다"의 복수형을 사용하고 있기 때문이다. 이는 엘로헤이카(אלהיך)가 "너희의 하나님"(야웨와 일반적으로 동일시됨)으로 읽히지 않고 "너희의 신들"로 읽혀지게 하기 위해서다. 결론에서 그 보고자는 "여로보암의 쇄신은 종교적 정통주의의 기준을 범한 잘못(חטאת – 하타트)이었다"는 그의 평가를 전한다.

30b-32 여기에는 진역에 흩어진 레위 칩자들에 의해서 모아진 여섯 가지의 불평이 있다. (1) 그 두 황금 송아지가 같은 장소 – 아마도 벧엘 – 에서 만들어졌기 때문에, 북쪽 끝에 있는 단에 그 중 하나를 놓고 종교적인 행사를 했다. (2) 공개된 제단들은 벽을 쌓고 지붕을 입힌 산당을 더함으로써 권위가 올라갔다. (3) 단지 레위 사람들이 아닌 누구라도 제사장이 될 수 있었다. (4) 종교 월력이 바뀌었다. (5)

여로보암이 감히 제사장만이 할 수 있는 행위인 제단에 접근했다. (6) 지역 산당들로부터 온 제사장들이 벧엘에서 섬기기 위해 왔다. 이들 중에 특별한 주석이 필요한 것은 월력에 관한 것이다. 어떠한 일이 일어났는지에 대해서는 일치되는 견해가 없다. 이 저자에게 가장 가능성 있는 제안은 막 애굽으로부터 돌아온 여로보암은 예루살렘의 제사장들에 의해서 선포된 월력과는 다른 새로운 월력을 지켰으리라는 것이다. 이것은 매우 가능성이 있는 견해다. 히브리 태음-태양력(365일을 가짐)은 매 2-3년마다 윤달을 첨가함으로써 시간을 맞추어야 했기 때문이다. 따라서 여로보암은 민수기 29:12-39에서 말하는 대로 그의 일곱 번째 달에 실제로 초막절을 지켰을 것이다. 그러나 이것은 예루살렘 사람들의 계산에 따르면 여덟 번째 달이었을 것이다. 따라서 이것은 바꾼 쇄신이 아니다. 단지 예루살렘에 대한 여로보암의 독립을 표현하는 것이었다.

해설

중요한 종교적 문제들이 이 본문에 걸려 있다. 하나는 종교적인 관용에 관한 문제다. 단지 유다의 자료만이 나타나 있기 때문에, 모든 것이 유다의 관점에서만 언급되었다. 계속적으로 여로보암의 쇄신은 부정적인 관점에서 보고된다. 그의 월력은 오해였다. 성직에 접근하는 그의 자유로움, 지역 산당에 대한 그의 개선 그리고 벧엘 성소를 장식하는 그의 이유 등은 잘못 표현된 것이다. 그는 아마도 송아지에 대한 그의 찬사에서 잘못 인용되었을 것이다. 그는 송아지 자체를 경배하고 있으며, 그것은 신들의 다수성을 나타내는 것이었다. 여로보암은 아마도 송아지에 관하여 바알주의의 결합성을 알지 못했을 수도 있다. 송아지는 솔로몬의 보좌를 장식했고(10:19), 13장에 있는 벧엘의 단(송아지가 아닌)에 대해서 소리친 유다의 하나님의 사람을 거스르지도 않았지 않은가!

또 다른 중요한 문제는 종교에 대한 일반 시민의 권위의 지배다. 이에 대해서는 다른 정황에서 설명할 기회를 가지게 될 것이다.

3. 벧엘 제단에 대한 예언(12:33-13:34)

참고문헌

Barth, K. *Exegese von 1. Könige 13.* Neukirchener Verlag, 1955. **Gross, W.** "Lying Prophet and Disobedient Man of God in 1 Kings 13: Role Analysis as an Instrument of Theological Interpretation of an Old Testament Narrative Text." *Semeia* 15(1979) 97-135. **Hossfeld, F. L.,** and **Meyer, I.** *Prophet gegen Prophet: eine Analyse der alttestamentlichen Texte zum Thema: Wahre und falsche Propheten.* BibB 9. Fribourg: Schweizerisches Katholisches Bibelwerk, 1973. **Jepsen, A.** "Gottesmann und Prophet. Anmerkungen zum Kapitel 1. Könige 13." *Probleme biblischer Theologie. Gerhard von Rad zum 70. Geburtstag.* Munich: Chr. Kaiser(1971) 171-82. **Klopfenstein, M. A.** "1. Könige 13." *Parrhesia. Karl Barth zum 80. Geburtstag.* Zürich: EVZ-Verlag(1966) 639-72. **Lemke, W. E.** "The Way of Obedience: I Kings 13 and the Structure of Deuteronomistic History." *Magnalia Dei. The Mighty Acts of God. Essays on the Bible and Archaeology in Memory of G. Ernest Wright.* Garden City, N.Y.: Doubleday(1976) 301-28. **Würthwein, E.** "Die Erzählung vom Gottesmann aus Juda in Bethel. Zur Komposition von 1 Kön 13." AOAT 18. *Wort und Geschichte,* K. Elliger Fs. Neukirchen: Verlag Butzon & Bercker Kevelaer(1973) 181-89.

본 문

33 저가 자기 마음대로 정한 달 곧 팔 월 십오 일
로 이스라엘 자손을 위하여 절기로 정하고 벧엘
에 쌓은 단에 올라가서 분향하였더라

33 And he[a] approached the altar he had made[b]
on the fifteenth day of the eighth month, the
month[c] which he devised out of his own heart;
and having made a festival for the Israelites, he
approached the altar to make sacrificial smoke.

13:1 때에 하나님의 사람이 여호와의 말씀으로
인하여 유다에서부터 벧엘에 이르니 마침 여로보
암이 단 곁에 서서 분향하는지라

13:1 Now behold, a man of God came from
Judah by the word of Yahweh to Bethel while
Jeroboam was standing on the altar about to
make sacrificial smoke,

2 하나님의 사람이 단을 향하여 여호와의 말씀으
로 외쳐 가로되 단아 단아 여호와께서 말씀하시
기를 다윗의 집에 요시야라 이름하는 아들을 낳

2 and he declaimed against the altar by the
word of Yahweh:[a] "Altar, altar, thus says Yah-
weh, 'Behold, a son shall be born to the house

으리니 저가 네 위에 분향하는 산당 제사장을 네 위에 제사할 것이요 또 사람의 뼈를 네 위에 사르리라 하셨느니라 하고

of David, Josiah by name: and he shall sacrifice upon you the priests of the country shrines[b] who have been making sacrificial smoke on you, and they[c] shall burn upon you human bones.

3 그 날에 저가 예조를 들어 가로되 이는 여호와의 말씀하신 예조라 단이 갈라지며 그 위에 있는 재가 쏟아지리라 하매

3 And he will offer on that day a sign, as follows: "This is the sign[a] which Yahweh spoke,[b] 'Behold, the altar shall be split open and the fat that is upon it shall be spilt out.'"'"

4 여로보암 왕이 하나님의 사람의 벧엘에 있는 단을 향하여 외쳐 말함을 들을 때에 단에서 손을 펴며 저를 잡으라 하더라 저를 향하여 편 손이 말라 다시 거두지 못하며

4 And it happened that when [a]the king[a] heard the word[b] of the man of God which he declaimed against the altar of Bethel, he[c] extended his hand from upon the altar saying, "Arrest him"; but[d] his hand which he reached out toward him withered so that he was unable to draw it back to himself.

5 하나님의 사람의 여호와의 말씀으로 보인 예조대로 단이 갈라지며 재가 단에 쏟아진지라

5 And the altar was split open, and the fat from the altar was spilt out, according to the sign which the man of God gave by the word of Yahweh.

6 왕이 하나님의 사람에게 말하여 가로되 청컨대 너는 나를 위하여 네 하나님 여호와께 은혜를 구하여 내 손으로 다시 성하게 기도하라 하나님의 사람이 여호와께 은혜를 구하니 왕의 손이 다시 성하여 전과 같이 되니라

6 And the king[a] said[b] to the man of God, "Implore the presence of Yahweh your God[c] that my hand may be restored unto me." So the man of God implored the presence of Yahweh, and [d]the king's hand was restored to him[d] and became just as it was at first.

7 왕이 하나님의 사람에게 이르되 나와 함께 집에 가서 몸을 쉬라 내가 네게 예물을 주리라
8 하나님의 사람이 왕께 대답하되 왕께서 왕의 집 절반으로 내게 준다 할지라도 나 왕과 함께 들어가지도 아니하고 이 곳에서는 떡도 먹지 아니하고 물도 마시지 아니하리니
9 이는 곧 여호와의 말씀이 내게 명하여 이르시기를 떡도 먹지 말며 물도 마시지 말고 왔던 길로 도로 가지도 말라 하셨음이니이다 하고

7 And the king said to the man of God, "Come home with me and I will give you a present."
8 But the man of God said to the king, "If you should give me half of your house I would not go with you, nor will I eat bread or drink water in this place.
9 For thus [a]was it commanded me by the word of Yahweh,[a] 'You shall not eat bread and you shall not drink water: and you shall not return on the road on which you traveled.'"

10 이에 다른 길로 가고 자기가 벧엘에 오던 길로 좇아 돌아가지 아니하니라

10 So he departed by another road and did not return on the road by which he had come to Bethel.

11 벧엘에 한 늙은 선지자가 살더니 그 아들들이 와서 이 날에 하나님의 사람이 벧엘에서 행한 모

11 Now a certain old prophet was living at Bethel. And a son[a] of his came[a] and told[a] him the

든 일을 저에게 고하고 또 그가 왕에게 고한 말씀
도 저희가 그 아비에게 고한지라

entire deed that the man of God had done [b]this day[b] in Bethel, with[c] the words which he had spoken to the king. [d]And when they told their father,[d]

12 그 아비가 저희에게 이르되 그가 어느 길로
가더냐 하니 그 아들들이 유다에서부터 온 하나
님의 사람의 간 길을 보았음이라

12 their father said to them, "Which way did he go?" And his sons [a]had observed[a] the road on which the man of God who had come from Judah [b]had gone away.[b]

13 저가 그 아들들에게 이르되 나를 위하여 나귀
에 안장을 지우라 저희가 나귀에 안장을 지우니
저가 타고

13 And he said to his sons, "Saddle the ass for me." So they saddled the ass for him, and he got up on him

14 하나님의 사람의 뒤를 좇아 가서 상수리나무
아래 앉은 것을 보고 이르되 그대가 유다에서 온
하나님의 사람이뇨 대답하되 그러하다

14 and went after the man of God. And he found him sitting beneath an oak. And he said to him, "Are you the man of God who has come from Judah?" And he said, "I am he."

15 저가 그 사람에게 이르되 나와 함께 집으로
가서 떡을 먹으라

15 Then he said to him, "Come[a] with me and eat some bread."

16 대답하되 나는 그대와 함께 돌아가지도 못하
겠고 그대와 함께 들어가지도 못하겠으며 내가
이 곳에서 그대와 함께 떡도 먹지 아니하고 물도
마시지 아니하리니

16 But he said, "I am unable to return with you,[a] and I will not eat bread or drink water[b] in this place,

17 이는 여호와의 말씀이 내게 이르시기를 네가
거기서 떡도 먹지 말고 물도 마시지 말며 또 네가
오던 길로 돌아가지도 말라 하셨음이로라

17 for it was commanded me by the word of Yahweh, 'You shall not eat bread there[a] and you shall not drink water. You[b] shall not return[c] by traveling on the same road on which you first traveled.'"

18 저가 그 사람에게 이르되 나도 그대와 같은
선지자라 천사가 여호와의 말씀으로 내게 이르기
를 그를 네 집으로 데리고 돌아가서 그에게 떡을
먹이고 물을 마시우라 하였느니라 하니 이는 그
사람을 속임이라

18 But he[a] said to him, "I too am a prophet, just like yourself, and an angel has spoken to me by the word of Yahweh as follows, 'Bring him back with you to your house and let him eat bread and drink water.'" He lied to him.

19 이에 그 사람이 저와 함께 돌아가서 그 집에
서 떡을 먹으며 물을 마시니라

19 So he returned with him, and ate bread in his house and drank water.[a]

20 저희가 상 앞에 앉았을 때에 여호와의 말씀이
그 사람을 데려온 선지자에게 임하니

20 And it happened while they were sitting[a] that the word of Yahweh came to the prophet who had brought him back.

21 저가 유다에서부터 온 하나님의 사람을 향하
여 외쳐 가로되 여호와의 말씀에 네가 여호와의
말씀을 어기며 네 하나님 여호와가 네게 명한 명
령을 지키지 아니하고

21 And he cried out to the man of God who had come from Judah: "Thus says Yahweh, 'Because you rebelled against Yahweh's express order[a] and have not observed the instruction which Yahweh

your God imposed upon you,

22 돌아와서 여호와가 너더러 떡도 먹지 말고 물도 마시지 말라 한 곳에서 떡을 먹고 물을 마셨으니 네 시체가 네 열조의 묘실에 들어가지 못하리라 하셨느니라 하니라

22 but have returned and have eaten bread and drunk water in the[a] place concerning which he said to you, "Do not eat bread and do not drink water," your corpse shall not come to the grave of your fathers.'"

23 자기가 데리고 온 선지자가 떡을 먹고 물을 마신 후에 그를 위하여 나귀에 안장을 지우니라

23 And it happened that [a]after he had eaten bread[b] and after he had drunk,[a] he[c] saddled the ass for him, [d]the one belonging to the prophet who had brought him back,[d]

24 이에 그 사람이 가더니 사자가 길에서 저를 만나 죽이매 그 시체가 길에 버린 바 되니 나귀는 그 곁에 섰고 사자도 그 시체 곁에 섰더라

24 [a]and he went away.[a] And a lion came across him on the road and killed him. And his corpse lay tossed in the road while the ass remained standing alongside him; and the lion continued to stand alongside the corpse.

25 지나가는 사람들이 길에 버린 시체와 그 시체 곁에 선 사자를 보고 그 늙은 선지자가 사는 성읍에 와서 말한지라

25 [a]And they[b] came and told it in the city in which the old prophet was living.

26 그 사람을 길에서 데리고 돌아간 선지자가 듣고 말하되 이는 여호와의 말씀을 어긴 하나님의 사람이로다 여호와께서 그에게 하신 말씀과 같이 여호와께서 그를 사자에게 붙이시매 사자가 그를 찢어 죽였도다 하고

26 And the prophet who had turned him from the road heard it and said, "[a]He is the man of God who rebelled against Yahweh's express order.[a]

27 이에 그 아들들에게 말하여 가로되 나를 위하여 나귀에 안장을 지우라 저희가 안장을 지우매

28 저가 가서 본즉 그 시체가 길에 버린 바 되었고 나귀와 사자는 그 시체 곁에 섰는데 사자가 시체를 먹지도 아니하였고 나귀를 찢지도 아니하였더라

28 And he went and found his corpse tossed in the road, and the[a] ass and the lion standing beside the corpse. The lion had not eaten the corpse, and he had not mauled the ass.

29 늙은 선지자가 하나님의 사람의 시체를 떠들어 나귀에 실어 가지고 돌아와 자기 성읍으로 들어가서 슬피 울며 장사하되

29 And the prophet lifted up the corpse of the man of God [a]and placed him upon[b] the ass and came back with him [c]to the[d] prophet's city[a] in order to bury him.

30 곧 그 시체를 자기의 묘실에 두고 그를 위하여 슬피 울며 가로되 오호라 나의 형제여 하니라

30 [a]And he deposited his corpse[a] in his own grave; and they lamented ovr him, "Alas, O brother!"[b]

31 그 사람을 장사한 후에 저가 그 아들들에게 말하여 가로되 내가 죽거든 하나님의 사람을 장사한 묘실에 나를 장사하되 내 뼈를 그의 뼈 곁에 두라

31 And it happened after they had buried him that he spoke to his sons as follows, "When I die, you shall bury me in the[a] grave in which the man of God has been buried; alongside his bones

shall you deposit [b]my bones.[b]

32 그가 여호와의 말씀으로 벧엘에 있는 단을 향하고 또 사마리아 성읍들에 있는 모든 산당을 향하여 외쳐 말한 것이 반드시 이룰 것임이니라

32 For the word shall most assuredly come to pass that he declaimed by the word of God against the altar[a] in Bethel and against[b] the temples of the country shrines which are in[c] Samaria."

33 여로보암이 이 일 후에도 그 악한 길에서 떠나 돌이키지 아니하고 다시 보통 백성으로 산당의 제사장을 삼되 누구든지 자원하면 그 사람으로 산당의 제사장을 삼았으므로

33 After this event Jeroboam did not return from his[a] way, but went back and made priests for the country shrines from the masses of the people: whomever had the desire, he ordained, and he became a priest[b] of the country shrines.

34 이 일이 여로보암 집에 죄가 되어 그 집이 지면에서 끊어져 멸망케 되니라

34 And this[a] thing became an error for the house of Jeroboam, both to efface and to demolish it from the face of the ground.

원문주해

33.a. MT과 G^B. G^L은 "여로보암"이라는 설명적인 어구를 가진다.

33.b. G^{BL}. MT은 "벧엘에서"라는 설명적인 어구를 가진다.

33.c. MT. G^{BL}의 "절기"는 이어지는 구절을 필사한 것이다. 이것은 "달"과 대조해서 첨예한 논쟁거리를 가진다.

13:2.a. G^B. MT과 G^L은 "비난하다"라는 의미의 동사 카라(קרא)를 이어지는 인용에 돌리기 위해서 "그리고 그가 말했다"라는 어구를 첨가함.

2.b. MT, G^B. G^L은 "그리고"라는 해석적인 어구를 가진다.

2.c. MT은 어려운 독법을 선호한 것이고, 분명히 왕하 23장의 역사적인 장면을 마음에 두고 있는 것이다. G, Syr, Vg은 요시아에 대한 구절로 인하여 단수로 수정한다.

3.a. MT. G^{BL}은 "말씀". 비록 MT이 "징조"라는 의미의 단어 모페트(מוֹפֵת)를 반복한다 할지라도, 이것은 같은 철사를 중복하여 필사하는 오류가 아니다.

3.b. MT과 G^L. 비록 중복어가 히브리어 판본(לאמר)에 있는 것 같다 할지라도, G^B의 "말하면서"라는 어구의 삽입은 만연체적이다.

4.a-a. MT과 G^L. G^B은 "왕 여로보암"이라는 설명적인 어구를 가진다.

4.b. MT과 G^L. G^B은 복수.

4.c. G^L. MT의 "여로보암"과 G^B의 "그 왕"은 모두 설명적인 어구다.

4.d. MT, G^L. G^B은 고대 히브리어 "그리고 보라"를 필사함에 있어서 다시 만연체적인 모습을 보인다.

6.a. MT과 G^L. G^B은 "왕 여로보암"이라는 설명적인 어구를 가진다.

6.b. G^{B}. MT과 G^{L}은 "대답했다…그리고 말했다"라는 만연체적인 어구를 가진다.

6.c. G^{BL}. MT은 "그리고 나를 위해 기도하라"는 만연체적인 첨가된 부분을 가진다.

6.d-d. MT. G^{BL}은 "그리고 그는 왕의 손을 그에게 회복시켰다"라는 좀더 분명한 어구를 첨가함.

9.a-a. MT. G^{L}. 다시금 능동태를 선호하면서 G^{B}은 "야웨는 나에게 한마디로 명하셨다"라는 어구로 의역한다.

11.a,a,a. 12절 이하와 일치시키면서 "아들들"(복수)을 말하는 MT, G 그리고 Vrs는 11절에서도 또한 복수 형태를 쓴다. 그러나 MT의 단수 동사는 아마도 원본적이다(어려운 독법 선호).

11.b-b. "그 날"이라는 뜻을 가진 MT의 하욤(היום)은 이 용법에서 좀처럼 사용하지 않는 어구다. 참조. *YTT*, 227. 시간을 나타내는 구절은 과거가 아닌 현재로 남아 있다. 이는 "그(the) 날에"라는 의미를 가진 G^{B}의 엔 테 헤메라(*ἐν τῇ ἡμέρᾳ*)와 "그(that) 날에"라는 의미를 가진 G^{L}의 엔 테 헤메라 에케이네(*ἐν τῇ ἡμέρᾳ ἐκείνῃ*)에 의해서 암시되고 있는 것과 같다.

11.c. 에트(אֶת)는 MT과 G에서처럼 명백한 목적어를 나타내는 표시보다는 전치사로서 읽혀진다.

11.d-d. MT. G은 "그리고 그들이 그들의 아버지에게 돌아갔다"(원문 훼손?).

12.a-a. MT. G, Vrs는 "그를 보게 했다"="그를 가리켰다". 참조. *HOTTP*, 321.

12.b-b. MT, G^{L}. G^{B}의 아넬덴(*ἀνῆλθεν*)은 히브리어 할라크(הלך)를 "올라가다", "접근하다"로 읽는다. G^{L}은 아넬덴(*ἀνῆλθεν*)을 "올라갔다"로 바르게 읽는다.

15.a. G^{BL}. "그 집으로"라는 뜻을 가진 MT의 하바이타(הביתה)는 설명적인 어구다. 참조. 19절.

16.a. G^{BL}. MT은 "그리고 당신과 함께 가는 것은"이라는 만연체적인 첨가 부분을 가진다.

16.b. G, Vg. MT은 "당신과 함께"라는 설명적인 어구를 첨가한다.

17.a. G^{BL}. MT은 "마시다" 다음에 이 어구를 삽입한다.

17.b. MT. G^{BL}의 "그리고 너는"이라는 어구는 좀더 연결적인 구문을 만들려고 노력한 것이다.

17.c. MT과 G^{L}. G^{B}의 "그 곳으로"라는 어구는 만연체적이다.

18.a. MT. G^{BL}은 그 거짓말을 계시의 이전 보고로부터 분리된 것으로 해석하면서 "그리고 그는"이라는 어구를 쓴다.

19.a. MT과 G^{B}. G^{L}은 설명적인 어구 "그의 집에서"를 첨가한다.

20.a. MT. G^{BL}은 "식탁에서"라는 설명적인 어구를 쓴다.

21.a. MT의 피 아도나이(פי יהוה)는 문자적으로 "야웨의 입"이라는 뜻이다. G^{BL}은 이

의인화된 표현을 "야웨의 말씀"(ῥῆμα – 레마)이라고 일반화시킨다.

22.a. MT, G^L. G^B은 "이 곳"이라는 설명적인 어구를 가진다.

23.a-a. MT. G^{BL}은 "그(^{L} 그의) 떡을 먹고 물을 마심"이라는 비인칭적 표현으로 대치한다.

23.b. MT, G. Vg은 생략.

23.c. MT, G. MSS는 복수.

23.d-d. MT에 있는 삽입구는 나귀의 정체를 강조함으로써 정당화된다. 이 나귀는 사자를 만나고 하나님의 유다 사람인 그의 주인의 시체를 나르게 되어 있었다. G^{BL}은 가운데 글자를 빠뜨리고 쓴 오류에 의해서 생략되었다. 참조. *HOTTP*, 322.

24.a-a. MT. G^{BL}의 "그리고 그는 돌아서서 떠났다"라는 것은 만연체적 어구다.

25.a. G^L과 더불어 생략: "그리고 보라! 사람들이 지나가고 있었고, 길에 버려진 시체와 그 시체 옆에 서 있는 사자를 보았다"(MT, G^B도 그렇다). 이것이 후대 사람의 설명적인 주해라는 것은 다음과 같은 사실로부터 주장된다. 즉 G^{BL}은 두 번 파라(*παρά*)를 "(그) 옆에"라는 의미를 가진 히브리어 에첼(אצל)의 번역으로 말한다. 반면에 25절에서 에코메나(*ἐχόμενα*)는 이 같은 히브리어 단어를 번역하고 있다(참조. 레 6:10; 삿 19:14; 왕상 1:9; 느 2:6, 3:23, 12, 18; 겔 1:15, 19 등). 등가 번역에서 이러한 갑작스런 전환은 늦은 시기의 첨가에 대한 분명한 단서가 된다.

25.b. MT, G^B. G^L은 "사람들"이라는 설명적인 어구를 가진다.

26.a. 문자적으로는 "입". 참조. 21.b 원문주해. 우리는 G^B의 26절의 나머지 부분과 27절 모두를 생략한다. "그리고 그가 그에게 한 야웨의 말씀에 따라, 야웨께서 그에게 사자 하나를 주셨다. 그리고 그는 그것을 찢고 그것을 죽였다. 그리고 그가 그의 아들들에게 다음과 같이 말했다. '나를 나귀에 태워라.' 그리고 그들이 그를 태웠다." MT은 좀 늦은 Gr. MSS(^{b})와 함께 이렇게 읽는다. 그러나 사자가 하나님의 사람을 "찢었다"(שבר – 샤바르) 라는 첨가 부분과 같은 세부 사항들은 그것이 2차적인 문헌임을 보여 주는 표시가 된다.

28.a. G^{BL}, Syr, Tg. MT은 정관사를 생략한다.

29.a-a. MT. G^{BL}은 "그리고 그 선지자는 그를 나귀 위에 놓았다. 그리고 그와 함께 성읍으로 돌아갔다." "그 선지자"는 주격이며 주어로서의 역할을 한다. 그러나 이 구절의 제일 마지막에 놓인 그 위치는 "그 선지자의 성읍"이라는 뜻을 가진 MT의 이르 하나비(עיר הנביא)가 헬라어 판본에 있었음을 보여 준다.

29.b. G^{BL}. MT은 "…위에"(אל – 엘).

29.c. G^{BL}. MT은 "그리고 그가 왔다"라는 만연체적인 어구를 가진다.

29.d. G^{BL}. MT은 "늙은"이라는 설명적인 어구를 가진다.

30.a-a. MT, G^L. G^B은 생략(가운데 글자를 빠뜨리고 쓴 오류).

30.b. G^{BL}. MT은 "오, 나의 형제여!".

31.a. MT과 G^{L}. G^{B}은 "이"라는 설명적인 어구를 가진다.

31.b-b. MT. G^{BL}은 "나를, 나의 뼈들이 그의 뼈들과 함께 구원받게 하기 위해서"라는 만연체적인 어구를 가진다.

32.a. G^{BL}. MT은 "즉"이라는 어구를 삽입하는데, 이는 아마도 벧엘에 바르게 속하지 않았지만 그 곳에 있었던 것을 의미하는 것이다.

32.b. G^{BL}. MT의 "모든"이라는 어구의 첨가는 해석적이고 이데올로기적이다.

32.c. G^{BL}. MT의 "…의 성읍들"이라는 어구의 첨가는 사마리아 지역과 그 안에 위치한 배교 성읍들 사이를 구분하는 것이다.

33.a. G^{BL}. MT의 "악한"이라는 어구의 첨가는 해석적이고 이데올로기적이다.

33.b. G^{BL}. Syr, Vg. MT은 복수인데, 이것은 그 단수 구문적 문맥에 일치하지 않는 것이다.

34.a. MSS, G, Syr, Tg. MT은 "그 일/말씀에 의해서".

양식/구조/배경

어떤 벧엘 선지자 내러티브

[신명기 사가의 전환: 벧엘 단에 있는 여로보암, 12:33]

1. 벧엘 단을 향한 말씀
    a. 선포되고 입증된 신탁
        (1) 유다인 하나님의 사람이 단을 비난하다, 13:1a, 2aα절

[편집적 확장, 1b절]

[신명기 사가: 요시야의 정화 예언, 2aβb-3절]

        (2) 좌절된 왕의 보복
            (a) 그의 손을 뻗다, 4a절
            (b) 그의 손이 마르다, 4b절

[신명기 사가: 완성된 예언, 5절]

            (c) 그의 손이 회복되다, 6절
    b. 이어지는 계시에 대한 대화
        (1) 왕의 초대, 7절
        (2) 하나님의 사람의 거절과 그에 대한 설명, 8-9절
        (3) 순응에 대한 내러티브, 10절

2. 이어지는 계시에 대한 시험
    a. 계시를 범함
        (1) 벧엘 선지자가 하나님의 사람을 발견함, 11-14절
        (2) 거절된 그의 초대
            (a) 초대, 15절
            (b) 거절, 16절
            (c) 설명, 17절
        (3) 수락된 그의 초대
            (a) 상반되는 계시, 18a절

[주해, 18b절]

            (b) 하나님의 사람이 승낙하다, 19절
    b. 징벌
        (1) 임박한 죽음에 대한 신탁
            (a) 내러티브 서론, 20-21a절
            (b) 독설, 21b-22a절
            (c) 위협, 22b절
        (2) 신탁의 성취
            (a) 하나님의 사람의 떠남, 23절
            (b) 사자에 의한 그의 죽음, 24절
            (c) 벧엘 선지자에 대한 보고, 25절
3. 유다인 하나님의 사람의 예언적 힘에 대한 확증
    a. 벧엘 선지자가 시체를 안치하다
        (1) 해석적인 확인, 26절
        (2) 하나님의 사람의 몸을 거두어 장사지냄, 28-30절
    b. 벧엘 선지자가 그 자신이 묻힐 곳을 준비하다
        (1) 그의 아들들에게 주는 지시 사항, 31절
        (2) 실명, 32a절

[신명기 사가의 확장, 32b절]

[신명기 사가: 여로보암의 예전적 실행에 대한 추가적인 불평 사항들, 33-34절]

나는 나의 책 *Prophet against Prophet*에서 (59-61, 86, 101, 109-10, 147-48) 이

이상한 이야기에 대해서 광범위하게 논의했다. 이것은 주석가들뿐만 아니라 신학자들에게도 난해한 이야기다. 후자의 사람들은 "하나님이 실제로 상대의 선지자에게 반대되는 계시를 주었겠는가?"라고 묻는다. 전자의 사람들은 "그것은 이른 시기의 작품인가, 아니면 늦은 시기의 작품인가? 그것은 하나의 이야기인가, 혹은 두 개의 이야기인가? 중심적인 주제는 계시, 순종 혹은 다른 어떤 무엇인가?"라고 묻는다. 대부분의 주석가들은 그것은 이른 시기의 작품이라고 본다. 본서의 저자인 나도 그것은 매우 이른 시기, 아마도 여로보암이 황금 송아지를 말하기 전의 것이라고 본다. 유다 사람인 하나님의 사람은 단지 그 단(제단)만을 비난할 뿐이기 때문이다. 디트리히도 같은 견해다(W. Dietrich, *Prophetie und Geschichte*, FRLANT 108, Göttingen: Vandenhoeck & Ruprecht[1972] 114-20, 138). 그러나 제프젠과 폰라트는 후기 신명기 사학파 기간이라고 본다(A. Jepsen, *Nabi*[Munich: Beck, 1934] 178; "Gottesmann und Prophet", *Probleme biblischer Theologie*, von Rad Fs.). 그레이와 뷰르트베인 등 몇몇 비평가들은 그 이야기에 두 개의 내러티브가 있다고 말한다(J. Gray, 324-32; E. Würthwein, "Die Erzählung von Gottesmann", *Wort und Geschichte*, Elliger Fs). 그러나 최근의 몇몇 주석가들은 10절에서 분명한 새로운 단락의 시작에도 불구하고, 이 이야기는 하나의 이야기가 분명하다고 보고 있다(M. Noth의 위의 페이퍼; G. L. Hossfeld and I. Meyer, *Prophet gegen Prophet*, 21-27; Dietrich, *Prophetie und Geschichte*; W. Lemke, "The Way of Obedience", *Magnalia Dei*). 대부분의 비평가들은 이 이야기의 출처가 유다라고 말한다. 그러나 나는 위에 언급된 글에서 이 이야기는 벧엘 선지자 그룹에서 유래되었음이 틀림없다고 주장한다. 어떠한 일이 일어났는지에 대한 유일한 유다인 증인(죽임당한 하나님의 사람)이 다시는 이 이야기에 대해 말하기 위해서 돌아가지 않기 때문이다. 많은 해석자들에게 주요 주제는 계시의 기준이다. 렘케(Lemke)는 전적인 순종에 대한 시험이라고 강조한다. 이러한 주제들은 모두 중요한 주제들임에 틀림없지만, 나는 그 주된 관심 사항은 권위에 대한 것, 즉 유다인 하나님의 사람의 권위라고 주장한다. 예언적 전설들에 대한 모음을 구성하는 하부 장르들에 대한 목록에서, 나는 이 내러티브를 말의 성취 형식의 "예언적 권위 내러티브" 장르에 둔다(*Prophet against Prophet*, 55, 59-61).

신명기 사가는 모호한 지점들에서 끼어들고 있는 것이 분명하다. 12:33에서 그는 12:25-32로부터의 전환을 꾀한다. 그런 뒤에 5절에 있는 예언의 성취를 더하면서 13:2aβb-3에 있는 하나님의 사람의 입에 놓아둘 말을 만든다. 32b절에서 그는 하나님의 사람이 또한 지역 산당들의 전들에 대해서도 비난했다는 진술을 내러티브의 결론에 부주의하게 덧붙인다. (그러고 나서) 신명기 사학파 안에 있는 몇몇 사람들(Lemke를 보라)은 일반 대중으로부터 제사장들을 임명한 여로보암의 관행들이 잘못(혹은 "죄")이 되어 그의 집이 궁극적으로 심판을 받게 되었다(이것은 황금 송아지들을 주된 죄목으로서 말하고 있는 12:30과 직접적으로 충돌되는 것임)는 33-34절에 있는 분리된 진술을 첨가한다.

신명기 사가가 이 이야기를 편집했을지라도, 이 내러티브는 분명히 신명기 사가의 상대 산당들에 대한 격렬한 적개심을 표현하고 있다. 이 같은 편집자는 열왕기하 23-24장에 나타나는 요시야의 개혁에 관한 내러티브 보고를 쓴 사람이다. 그 곳에 보고된 왕의 개혁들의 특징 중 하나는 유다 경계 바로 북쪽에 있는 벧엘에 있는 산당을 없애 버렸다는 것이다. 앗시리아는 너무나 약해서 요시야의 침입들을 막을 수가 없었다. 열왕기하 23:15-20에서 우리는 그가 벧엘의 단을 훼파했고, 폐허가 된 단 위에서 뼈들을 불사르기 위해 가까운 무덤들로부터 뼈들을 끌어올렸고, 사마리아 전역의 모든 지역 산당들을 훼파했으며(RSV, "높은 장소들"), 이 산당들을 담당하고 있었던 제사장들을 죽였다는 것을 알 수 있다. 이 이야기는 몇몇 저자들로 하여금 열왕기상 13장은 신명기 사학파에 의해서 만들어진 것이라고 생각하게 하면서 16-18절에서 열왕기상 13장에 대한 분명한 구절을 만들어 주고 있다. 신명기 사가가 찬사를 보내는 열왕기하 23:15-20에 기록된 사건은 열왕기상 13장의 근거가 되는 자료였음이 분명하다. 그러나 이것이 신명기 사가가 그것을 만들었다는 생각을 입증해 주는 것은 아니다. 그가 만든 것이라면, 그는 결코 벧엘 선지자를 "사마리아로부터 온 선지자"라고 하지 않았을 것이다. 신명기 사가에 의해서 보고된 것 같은 요시야의 회상은 열왕기상 13장 자체보다 그 세부 사항에서 더욱더 현저하게 무modest하다. 좀더 고려해 볼 것은 신명기 사가가 이러한 내러티브를 벧엘의 단뿐만 아니라 그가 그렇게 가증스럽게 본 황금 송아지에 대해서 정죄를 선포하며, 이 모든 것으로 인해 결국 그는 계속적으로 이스라엘의 왕들을 정죄하게 되는 그러한 방식으로 정말 썼겠느냐는 것이다.

이 선지자 이야기를 두 부분으로 나누어서 생각하는 것은 거의 불가능하다. 사실 10절은 이 내러티브 내에서 주된 나눔의 표시가 된다. 그러나 1-10절은 계속되는 절들이 없이는 의미가 없어진다. 11-32a절은 하나님의 사람의 벧엘로의 여행과 그의 돌아옴에 대한 내러티브를 확장한다. 핵심적인 결합의 요소들은 (1) 하나님의 사람이 먹는 것과 마시는 것 그리고 같은 길로 돌아가는 것이 금지된 것을 이야기하는 세 번 반복된 진술, (2) 신적인 금기 사항은 사자에 의한 하나님의 사람의 죽음에 있어서 권위가 있었다는 것을 보여 주는 것(24절), 이것은 벧엘 사람 선지자에 의해서 26절에서 분명하게 인식되었음, (3) 그 아들들에게 그를 그 곁에 묻어 줄 것을 지시하며(31절), "그가 여호와의 말씀으로 벧엘에 있는 단을 향하여 외쳐 말한 것이 반드시 이룰 것임이니라"는 결론에서 암호적으로 설명하며(32a절), 그 자신의 무덤에 하나님의 사람을 묻는 벧엘 선지자의 행동(30절) 등이다. 단에 대한 계시의 권위는 이어지는 지시 사항들이 신적인 징계의 위협 없이는 범할 수 없는, 즉 범하면 반드시 신적인 징벌이 따르는 것들이라는 사실에 있다. 그러므로 하나님의 사람은 거룩한 사람이었고, 진정한 선지자였다.

주석

33 신명기 사가는 이 전환적인 주해 구문을 자기의 의도대로 고쳐 나간다. 그는 이것을 한편으로는 감히 단에 나아가는 여로보암에 관하여 불평을 반복하면서, 다른 한편으로는 단을 "만드는 데" 있어서, "그 자신의 마음에서" 날짜를 "고안하는 데" 있어서 그리고 절기를 "만드는 데" 있어서 그의 제멋대로인 성격을 강조하면서 고쳐 나간다. "희생제 연기를 만들기 위해"(להטיר – 레하크틸, 개역성경에서는 "절기로 정하고…분향하였더라")의 의미는 번제를 드린다는 것이다.

13 1-10 "하나님의 사람": 참조. 12:22에 있는 스마야, 이것은 그러한 사람이 또한 선지자일 수 있음을 보여 준다. 본 장에서 이 용어는 선지자적 신분에 대한 잠정적인 인식을 나타내는 것이 분명하다. 선지자는 전제적 관료들(참조. 암 7:10-17)의 노력에도 불구하고 정치적인 영역에 의해서 방해받을 수 없다. 벧엘은 주요 도로에 의해서 예루살렘에 연결되어 있다. 다른 길을 통해서 되돌아간다는 것은 들과 수풀을 통한 위험스러운 작은 길들을 따라간다는 것을 의미하는 것이다. 2절에서 하나님의 사람이 단에 대해서 "여호와의 말씀으로"(특징적인 벧엘 사람 어법?) 비난한다. 그러나 그의 실제적인 단어들은 단지 말하는 대담한 행동 외에는 원본적인 내러티브에 보고되지 않았다. 벧엘은 매우 오래된 고대의 귀중한 야웨의 성지였다. 신명기 사가는 거의 삼백 년 뒤의 요시야 왕의 출생을 예언하면서, 그리고 왕이 지역 산당의 제사장들을 그 위에 희생제로 드리고 사람의 뼈를 그 위에 불사름으로써 벧엘 단의 신성함을 빼앗을 것이라는 심판의 신탁을 서술한다(2절). 실제적으로 이 예언은 요시야가 모든 사마리아 산당들의 제사장들을 죽였지만, 그들을 희생제

로 드렸다는 것에 대해서는 전혀 언급하지 않는 열왕기하 23:19-20을 잘못 읽음으로써 만든 것이다. 열왕기상 13:3은 요시야가 제단이 갈라져 열리고 남은 기름이 쏟아지리라는 것에 대한 확증적 표지를 세운다는 예언을 계속한다(미래적인 것을 포함하고 있는 것에 대해서는 위에 언급한 M. Noth의 글과 *YTT*, 290-91를 보라). 이것은 열왕기하 23장에는 언급되지 않았다. 그리고 신명기 사가가 5절에 있는 그 성취의 진술이 요시야 때에 이루어진 것을 의미한 것인지, 아니면 내러티브에 있는 왕의 팔이 마른 때였는지는 분명하지 않다. 아무리 보아도 이것은 내러티브와 관련이 없는 것 같고 신명기 사가 측의 맹목적인 분개를 나타내는 것을 보여 준다.

하나님의 사람이 왕의 팔을 마르게 했고, 나중에 그가 간청했을 때 팔을 회복시켜주었다는 전체 이야기(4, 6절)는 하나님의 사람의 권위에 대한 일시적인 증명으로서의 의미를 가진다. 동시에 그것은 이야기 첫 부분의 절정으로 이끌면서 왕의 초대(7절)와 이에 대한 하나님의 사람의 거절과 돌아감(8-10절)이라는 사건을 유발하게 된다. 야웨의 먹지 말고, 마시지 말고, 같은 길로 돌아가지 말라는 명령은 확실히 인위적이고 불합리하다. 그러나 그것은 다음과 같은 면에서 매우 중요한 것이다. 즉 하나님의 사람의 신적인 목적에 대한 완전한 순종은 그에게 합리적인 것 같지 않으며 무거운 짐이 되는 것 같은 조건들로 그에게 놓여진 것들을 시험함으로써만 증명될 수 있는 것이다.

[11]-[25] 벧엘 선지자가 늙었다는 것은 두 가지 사실을 설명해 준다: 왕이 (선지자 이야기에서는 여로보암으로 부르지 않는다) 희생제를 드리기 위해서 왔을 때 그가 왜 집에 머물고 있었는지와 마지막에 있는 그가 왜 그 자신의 무덤에 하나님의 사람을 안치했는지에 대해서 설명해 준다. 11-12절은 처음에는 한 명의 아들에게 이야기하다가 나중에는 다수에게 이야기를 하는데, 이는 원문 훼손이든지 아니면 단순한 혼돈으로 인한 것이다. 그 노인은 하나님의 사람이 이야기한 것을 듣는다. 이것은 그를 너무나 놀랍게 해서 노인은 그를 찾아 그가 믿을 만하고 권위 있는 계시를 말한 것인지를 알아보기로 결정한다. 그를 따라가다가 그가 상수리나무(하엘라〈האלה, "테레빈 나무"〉에 관해서는 G. Dalman, *JBL* 48[1929] 359-60를 보라) 아래서 쉬고 있는 것을 발견하게 되고, 그에게 자신과 함께 돌아가서 떡을 먹을 것을 요청한다. 그 하나님의 사람은 야웨로부터 받은 그의 온전한 지침을 반복하여 말한다(15-17절). 그러나 그는 18절에서 보이는 반대되는 계시의 주장에 의해서 설득을 당하게 되는데, 이 반대 계시의 권위는 직접적인 매개사인 천사가 말했다는 진술에 의해서 인정된다. "이는 그 사람을 속임이라"는 주해는 벧엘 선지자의 말들

을 합리적으로 설명하기 위한 후대의 시도다. 이야기 자체의 이해의 관점에서 보면 후자 역시도 동일하게 영감된 것이다. 그러나 그것은 하나님의 사람을 그 자신의 영감의 권위에 관해 시험하기 위해서 인도하도록 한 신적인 명령과 함께 한 것이었다. 융숭한 식탁 교제를 마친 후에 벧엘 선지자는 새로운 계시에 대한 열정적인 말을 외치게 된다. 그는 불순종을 꾸짖고 임박한 죽음을 선포하는 신탁을 말한다(21-22절). 그러나 마지막 부분은 벧엘 선지자 자신이 그 예언의 성취에 이르도록 할 수 있는 그러한 말이었다("네 시체가 네 열조의 묘실에 들어가지 못하리라"). 벧엘 선지자는 자신이 곧 되돌려 받을 것을 알면서 하나님의 사람에게 그의 나귀를 주었다. 그리고 그를 떠나 보냈다. 사자가 나와서 그를 죽였으나 그를 먹지는 않았다. 이것은 분명히 하나님이 하신 일이다. 그렇지 않았으면 사자들은 먹기 위해서 죽이기 때문이다.

26-34 지나는 사람들이 이 광경을 늙은 벧엘 선지자에게 보고했다. 그는 그 죽은 하나님의 사람을 확인하며 그의 죽음을 그 경고의 성취로서 해석한다. 즉시 그는 그 위협을 더 큰 현실로 가져가게 된다. 그는 시체를 거두고 그 자신의 성읍으로 가져간다(25절과 같이 29절은 익명으로 그 도시를 언급한다). 그리고 그 시체를 자신의 무덤에 안치한다. 영적인 친족의 결합을 인식하면서 그는 "오호라 나의 형제여!"라고 슬퍼한다. 그의 아들들에게 주는 지침에서 벧엘 선지자는 그 유다인 하나님의 사람의 몸과 같이 묻히기를 바라는 소원을 말한다. 이러한 소원은 그가 거룩한 사람으로 증명된 사람과 같이 있음으로써 그의 죽음이 거룩하게 되기를 바라기 때문이었다. 그 사람의 계시는 분명히 하나님으로부터 직접 왔기 때문에 단에 대한 그의 신탁은 이루어져야만 함이 분명했던 것이다.

해설

나는 나의 책 *Prophet against Prophet*(101)에서 이 벧엘 선지자 내러티브에서 서술된 사건의 본질적인 사실성(historicity)을 주장했다. 이 이야기는 비록 왕의 손이 마르고 회복되는 기적, 벧엘 선지자의 넘치는 계시적 열정 그리고 본래 모습 같지 않은 사자 등 의구심이 생기는 놀라운 요소들이 있음에도 불구하고 사실성이 있다. 또한 이 이야기는 벧엘 선지자가 하나님의 사람을 그 자신의 무덤에 안치하는 동기에 매우 미신적인 하위 성경적 요소가 있다. 이러한 놀라운 사실은 이 이야기의 보존(왕하 23:17-18)을 설명하는 인과적인 고리를 제공해 준다. 비석과 함께 있는 그 무덤은 지나가는 사람들에게 그 사건을 회상시키며 그 자리에 남아 있었다. 그러나 무덤 그 자체는 이 이야기의 사실성을 증명해 주지 못한다. 역사적인 근거가 요구되는 것은 오히려 벧엘 선지자들의 본질적인 신실성에 이롭지 못했던 벧엘 단에 대한 신탁의 기억이다. 만약 (1) 그것이 실제적으로 일어나지 않았다면, 그리고 (2) 하나님의 사람의 죽음에 의해서 그 권위가 증명되지 않았더라면, 그들의 전승은 분명히 이러한 요소들을 버렸을 것이기 때문이다. 주전 723/22년에 북 왕국이 멸망한 뒤에 몇몇 벧엘 선지자 그룹들은 국경을 넘어 유다로 흘러 들어왔을 것이다. 그리고 결국에는 그들의 놀라운 이야기는 예루살렘 유산의 한 부분이 되어 신명기 사가가 자신의 편집을 위해 이용할 수 있게 되었을 것이다. 물론 원래의 화자들은 신명기 사가가 그들의 거룩한 이야기를 이용하는 방식을 결코 인정하지 않았을 것이다. 그러나 이 이야기가 성경의 한 부분으로서 보존되도록 한 것은 신명기 사가였다.

이 내러티브는 우리가 들으려고만 한다면 우리에게 교훈을 줄 수 있다. 우리 세대는 권위적인 계시의 표지에 관하여 다른 어떤 것만큼이나 혼돈되어 있기 때문이다. 주석의 복잡성은 우리가 본 대로 너무나 끔찍스러울 정도다. 성경 전문가들조차도 여러 본질적인 면에서 의견의 일치를 보이고 있지 않다. 그러나 이러한 완벽한 일치를 보이지 못한다는 사실은 비평을 내려놓으며 그들의 종교적 철학의 개인적인 원리들을 받아들이도록 하는 신학자들을 위한 변명이 될 수는 없다. 이것이 바로 스위스의 유명한 학자인 칼 바르트(Karl Barth)가 했던 방법이다. 그러나 그 결과 좀더 풍부한 주석학적 이해의 관점에서는 거의 결실을 낼 수가 없었다. 바르트는 그의 책 *Kirchliche Dogmatik* II/2, 434-53에서 열왕기상 13장의 상대적인(opposing) 선지자들에 관해서 썼다. 바르트에 따르면, 이 장의 단서는 그가 설명했던 것처럼 선택의 원리다. 그의 잘 알려진 변증적 방법을 따라가면서 바르트는 먼저 신에게 버림받은 벧엘 선지자와 그의 북 왕국에 대치하여 세우면서 유다인 하나님의 사람을 야웨의 진정한 선택인 유다 왕국과 동일시한다. 바르트가 명명했듯이 벧엘 선지자는 "직업적 전문가"(profession)를 나타내고, 하나님의 사람은 "고백자"(confession)를 나타낸다. 북쪽 왕과 그의 직업직인 선지사는 아모스 7:10-17의 형식주의자 아마샤와 같고, 유다인 하나님의 사람은 또 다른 아모스다. 이러한 동질화를 하면서 바르트는 신에게 버림받은 자들이 어떻게 역사의 중요한 시점마다 – 하나님의 사람이 벧엘 선지자와 함께 식사를 할 때처럼 – 계속적으로 선택 받은 자를 타협에 이르게 하고 더럽혀 왔는지를 보여 준다. 반대로 선택의 요소들은 벧엘의 선지자가 죽임당한 하나님의 사람을 찾으러 나가서 그를 자신의 무덤에 묻었을 때처럼 벧엘 선지자의 행위에 대한 비난을 나타낸다. 사자는 어떤 이유로 인해서 "유다의 사자"를 나타낸다. 즉 선택된 하나님의 사람이 잠시 굴복한 거짓되고 형식적인 종교에 대한 참된 종교의 탄핵을 상징하는 것이다. 거짓되고 형식적인 종교의 요체는 먼저 하나님의 사람을 그의 집으로 초대하고 나서 그를 천사의 영감으로 매도하기 위해 가장한 벧엘 선지자의 행동에서 찾아볼 수 있다.

클로펜쉬타인(Martin A. Klopfenstein)은 "1. Könige 13"(Barth Fs) 639-72에서 바르트의 해석에 대해 엄중한 비판을 했다. "선택"과 "버림"이라는 범주들은 유용할지라도, 클로펜쉬타인은 전반적인 다룸에 있어서 바르트의 설명의 많은 부분들에 대한 정당성을 발견할 수 없었다. 사자를 선택받은 "유다의 사자"와 동일시하는 것은 완전히 인위적인 것이다. 바르트가 생각했듯이 이야기는 지속적인 역할들의 바꿈에 기초하고 있는 것이 아니다. 그러나 이야기는 텍스트에 따르면 실제적인 "주님의 말씀"이 일어났을 때인 하나의 중요한 순간(20절)에 이르기까지 혹은 그 곳에서 흘러나오는 것에 기초하고 있는 것이다.

비록 유다인 하나님의 사람이 선택되었지만 권위 있는 계시를 받은 것은 선택되지 못한 벧엘인이라고 클로펜쉬타인은 말한다. 그가 선지자적 계시를 통해서 말한 것은 실제로 일어난다. 즉 하나님의 사람은 그 자신의 무덤에 묻히지 못한다. 그는 사자에 의해서 죽임을 당하고 벧엘 선지자의 무덤에 묻혔기 때문이다. 이야기가 우리에게 교훈하고자 하는 것은 야웨는 불순종하는 사람을 통해서도 그의 목적을 이루실 수 있으며, 신적인 빛은 신실치 못한 사람에게 맡겨진다 할지라도 꺼지지 않는 것이라고 클로펜쉬타인은 결론을 맺는다.

크로펜쉬타인은 바르트를 효과적으로 반박하지 못했다. 그의 생각이 너무나 많이 "선택"과 "선택하지 않음" 사이의 변증에 의해 주도되었기 때문이다. 문제가 되는 것은 이상한 불이 단에 내려온 것이다. 고대 텍스트는 현대 종교 철학의 모든 조직적인 논리를 다 가지고 있도록 만들어졌다. "선택"은 진정한 구약적 개념이다. 그러나 그것은 이 이야기의 중심 사항은 아니다. 우리가 그것을 설명하려고 했듯이, 이 이야기는 권위 있는 예언의 표시들에 관한 것이다. 좀더 구체적으로 말하자면 진정한 계시의 담지자가 그 자신을 기꺼이 헌신하려고 하는 순종의 정도에 대해서 말하고 있는 것이다. 다시금 우리는 벧엘의 단에 대해서 비난하는 하나님의 사람과 그의 헌신에 주어진 세 차례 반복된 지시 사항들에 독자의 주의를 환기시켜야 한다. 왕이 그를 자신의 집으로 초대하는 부분은 "여호와의 말씀이 내게 명하여 이르시기를 떡도 먹지 말며 물도 마시지 말라"(9절)는 말로 설명된 유다인의 확고한 거절로 끝난다. 벧엘 사람이 나무 아래서 쉬고 있는 이 사람을 발견하고 그를 자기 집으로 초대했을 때, 그는 "나는 그대와 함께 돌아가지도 못하겠고 그대와 함께 들어가지도 못하겠으며 내가 이 곳에서 그대와 함께 떡도 먹지 아니하고 물도 마시지 아니하리니"(16-17절)라고 비슷한 말로 대답한다. 그런 후에 야웨의 말씀이 벧엘 선지자에게 임했을 때, 그는 야웨의 말에 불순종한 유다인을 비난했다. 즉 그는 "여호와의 말씀에 네가 여호와의 말씀을 어기며 네 하나님 여호와의 말씀을 어기며 네 하나님 여호와가 네게 명한 명령을 지키지 아니하고 돌아와서 여호와가 너더러 떡도 먹지 말고 물도 마시지 말라 한 곳에서 떡을 먹고 물을 마셨으니"(21-22절)라고 말한다.

이 이어지는 계시가 온전히 구조적이라는 것을 어느 누가 보지 못하겠는가? 그것은 왕의 일화를 설명해 주고, 벧엘 사람의 호의 속에 내재해 있는 긴장을 만들어 내며, 심판의 절정에 이른 신탁에 중요한 기반을 제공해 준다. 매우 분명하게 그리고 강조적으로 무엇을 하지 말아야 할지에 대해서 유다인 하나님의 사람은 지시를 받았다. 그는 벧엘 선지자가 단지 그의 영감의 권위를 시험하기 위해 노력하고 있다는 것을 분간할 수 없었고, 이번 한 번은 신적인 지시를 무시해도 좋다는 선지자의 확신을 신뢰했기 때문에 실제적으로 야웨에게 불순종한다. 영감을 통해서 벧엘 선지자는 그의 죄를 질책하고 그 벌을 선포한다. 이제 일어나는 것은 야웨가 벧엘 선지자를 통해서 말한 대로 실제적으로 그를 벌하는 것이다. 만약 그 유다인이 실제로 그의 불순종으로 인해서 죽게 된다면, 그 벧엘 선지자는 그가 정말 벧엘의 거룩한 단을 비난하는 권한을 가졌던 것임을 알게 될 것이다. 일은 그렇게 되었다. 사자가 그를 죽였고, 그 늙은 선지자는 그를 묻었다. 그리고 그 늙은 선지자는 아들들에게 자신을 그 옆에 묻어 달라고 말하면서 그의 몸을 자신의 무덤에 공손히 안치한다. 그 사람은 진실로 거룩한 사람, 하나님의 말씀을 가졌던 사람이었기 때문이다. 그 예언이 참된 것이 아니고 하나님의 사람이 안전하게 유다로 돌아갔다면, 벧엘 선지자의 메시지는 거짓으로 드러났을 것이다. 그러나 그렇지 않았다. 가장 중요한 것은, 성취되지 않는 것은 하나님의 사람이 들린 것이고 그가 하나님으로부터 참되지 않은 말을 받았을 때 하나님의 말에 순종하는 체하는 뻔뻔한 거짓말쟁이였음을 증명하는 것이었을 것이다.

이느 세대이긴 하나님을 위해서 말하는 사람들이 있나. 때로는 칭찬의 말이고 때로는 징계의 말이다. 어떻게 사람들은 누구의 소리를 들으며 어느 선지자를 두려워해야 하는지 알 수 있는가(신 18:22)? 칭찬과 징계의 말들은 정말 위로부터 온 것인가, 아니면 선포자의 마음의 상상이나 생각들에서 온 것인가? 성경은 다양한 시험들을 보여 준다. 그러나 열왕기상 13장은 일단 바르게 해석되기만 한다면 모든 것들 중에 가장 분명한 시험을 보여 준다. 그 시험은 온전한 순종이다. 선포하는 선지자는 그가 선포하는 것의 그 초월적인 진실에 그 자신의 생명이 달려 있는 것처럼 여기고 헌신해야 한다.

유다인 하나님의 사람은 벧엘 단에 대한 그 자신의 확고한 비난의 말을 확실히 믿어서 그의 모든 행동들이 그것에 의해서 결정되어야 했다. 왕의 오그라든 팔을 회복시킴으로써 그의 영적인 힘을 보여 주는 것으로는 충분치 않았다. 그는 먹지 않고, 마지지 않고, 같은 길로 돌아가지 않는, 그런 "작은 일들"조차도 철저하게 지켰어야 했다.

그 하나님의 사람은 이런 이상스러운 금지 사항들에 대한 이유들을 이해했겠는가? 분명히 이해하지 못했을 것이다. 그것들은 사소한 것으로 보였다. 그리고 왕의 호의를 거절했을 경우에 그는 그것들을 아직 휴식의 시험에 놓인 것으로 여기지 않고, 단지 일상적인 순종의 마음으로 그것들을 거절했던 것이다. 어느 정도 그의 순종은 야웨가 그렇게 말씀하셨기 때문이라는 단순한 이유에서 이루어진 것이 아니다. 야웨가 다른 영의 사람인 한 동료를 통해서 이야기한다면 이러한 규칙들은 옆으로 제쳐놓을 수 있는 것인가? 일련의 인위적이고 목적이 없는 것 같은 규칙들에 고집스럽게 집착해 있는 것보다 이러한 새로운 말을 따르는 것이 훨씬 더 현명하지 않겠는가? 그런 마음으로 유다인 하나님의 사람은 벧엘 사람의 꾀에 넘어가게 된 것이었다. 그래서 그는 실패했다. 실패로 인해서 그는 죽었다. 그러나 그는 비록 실패했지만 하나님의 말씀은 실패하지 않았음을 보아야만 한다. 벧엘 사람의 해석에 따르면, 그의 실패는 그 유다인이 그의 어리석음, 제멋대로 행동함 그리고 불순종에도 불구하고 정말 영감되었던 사람임을 증명해 주는 것이었다. 따라서 오늘날 우리는 하나님의 종이 그들 자신을 헌신한 삶의 방법에서 온전한 순종을 찾아야 한다. 만약 그들이 넘어지면 – 그리고 그들이 넘어질 장애물 – 그들의 약함 자체는 그들이 선포하는 하나님의 말씀을 확증하는 것일 수 있다.

모든 역사의 모든 순간에 하나님의 법도를 지킨 유일한 선지자가 있었다. 그는 심지어 가장 위대한 종교적인 권위들에 의해서조차도 하나님의 단호한 길에서 벗어나지 않았다. 그는 죽기로 되어 있었다. 그러나 그 자신의 죄들보다는 다른 사람들의 죄들을 위해서였다. 그의 무덤에서 그는 자신을 "하나님의 사람"이 아닌 "하나님의 아들"로 부르는 많은 다른 사람들의 죽음을 거룩하게 했다. 그 자체로 강력한 유다인 하나님의 사람의 역설은 더 위대한 역설, 즉 완전한 순종과 예수 그리스도의 죽음에서 구원하신 것에 대한 희미한 예시에 불과한 것이다.

4. 여로보암의 아들의 죽음(14:1-20)

참고문헌

Seebass, H. "Tradition und Interpretation bei Jehu ben Chanani und Ahia von Silo." *VT* 25(1975) 175-90.

본 문

1 그 때에 여로보암의 아들 아비야가 병든지라

1 At that time Abijah the son of Jeroboam became ill.

2 여로보암이 그 아내에게 이르되 청컨대 일어나 변장하여 사람으로 그대가 여로보암의 아내임을 알지 못하게 하고 실로로 가라 거기 선지자 아히야가 있나니 저는 이전에 내가 이 백성의 왕이 될 것을 내게 고한 사람이니라

2 And Jeroboam said to his wife, "Get up, please, and disguise yourself so they won't know that you are wife to Jeroboam, and go off to Shiloh. Behold, that is where Ahijah the prophet is—the one who spoke to me [a]about reigning[a] over this people.

3 그대의 손에 떡 열과 과자와 꿀 한 병을 가지고 그에게로 가라 저가 그대에게 이 아이의 어떻게 될 것을 알게 하리라

3 And take in your hand ten loaves of bread, with cakes and a jar of honey, and come to him. He will tell you what is to happen with the boy."

4 여로보암의 아내가 그대로 하여 일어나 실로로 가서 아히야의 집에 이르니 아히야는 나이로 인하여 눈이 어두워 보지 못하더라

4 So Jeroboam's wife did so: she arose, went off to Shiloh, and came to the house of Ahijah. Now Ahijah was unable to see because his eyes could not focus for old age.

5 여호와께서 아히야에게 이르시되 여로보암의 아내가 그 아들이 병듦을 인하여 네게 물으러 오나니 너는 이리이리 대답하라 저가 들어올 때에 다른 사람인 체함이니라

5 So Yahweh said to Ahijah, "Behold, Jeroboam's wife is coming[a] to seek an oracle from you concerning[b] her son, because he is ill. So and so shall you say unto her. And it will be that, when she enters, she will appear as another person."

6 저가 문으로 들어올 때에 아히야가 그 발 소리를 듣고 말하되 여로보암의 처여 들어오라 네가 어찌하여 다른 사람인 체하느뇨 내가 명령을 받아 흉한 일로 네게 고하리니

6 So when Ahijah heard the noise of her feet approaching[a] the door, he said, "Enter, wife of Jeroboam. Why are you protending to be another person? As for me, I am sent to you heavily burdened.

7 가서 여로보암에게 고하라 이스라엘 하나님 여호와의 말씀이 내가 너를 백성 중에서 들어 내 백성 이스라엘의 주권자가 되게 하고

7 Go, say to Jeroboam, 'Thus says Yahweh God of Israel, "Because I exalted you from the midst of the people, appointing you as prince over my

8 나라를 다윗의 집에서 찢어 내어 네게 주었거
늘 너는 내 종 다윗이 나의 명령을 지켜 전심으로
나를 좇으며 나 보기에 정직한 일만 행하였음과
같지 아니하고

9 너의 이전 사람들보다도 악을 행하고 가서 너
를 위하여 다른 신을 만들며 우상을 부어 만들어
나의 노를 격발하고 나를 네 등 뒤에 버렸도다

10 그러므로 내가 여로보암의 집에 재앙을 내려
여로보암에게 속한 사내는 이스라엘 가운데 매인
자나 놓인 자나 다 끊어 버리되 거름을 쓸어 버림
같이 여로보암의 집을 말갛게 쓸어 버릴지라

11 여로보암에게 속한 자가 성에서 죽은즉 개가
먹고 들에서 죽은즉 공중의 새가 먹으리니 이는
여호와가 말하였음이니라 하셨나니

12 너는 일어나 네 집으로 가라 네 발이 성에 들
어갈 때에 그 아이가 죽을지라
13 온 이스라엘이 저를 위하여 슬퍼하며 장사하
려니와 여로보암에게 속한 자는 오직 이 아이만
묘실에 들어가리니 이는 여로보암의 집 가운데서
저가 이스라엘 하나님 여호와를 향하여 선한 뜻
을 품었음이니라

14 여호와께서 이스라엘의 위에 한 왕을 일으키
신즉 저가 그 날에 여로보암의 집을 끊어 버리리
라 어느 때냐 곧 이제라
15 여호와께서 이스라엘을 쳐서 물에서 흔들리는
갈대같이 되게 하시고 이스라엘을 그 열조에게
주신 이 좋은 땅에서 뽑아 저희를 하수 밖으로 흩
으시리니 저희가 아세라 목상을 만들어 여호와를
진노케 하였음이니라

16 여호와께서 여로보암의 죄로 인하여 이스라엘
을 버리시리니 이는 저도 범죄하고 이스라엘로

people Israel,
8 and tearing the kingship from the house of
David and giving it to you; but you have not
behaved like my servant David, who kept my
commandments and who walked after me with
all his heart, doing exclusively[a] what is right in
my eyes;
9 and you have behaved worse than any who
preceded you, going and making yourself other
gods and molten images to infuriate me, casting
me behind your back;
10 therefore I am about to bring disaster upon[a]
the house of Jeroboam: "And I will cut off the
one belonging to Jeroboam who urinates against
the wall, helpless and abandoned in Israel; and
I will burn up after the house of Jeroboam as
one burns dung until it is gone!
11 Whoever belonging to Jeroboam dies in the
city the dogs will devour, and whoever dies in
the open field the birds of the heaven will
devour." For Yahweh has said it!'
12 "Now you, arise; go to your house. Just as
your feet enter[a] the city the child shall die.
13 And all Israel shall mourn for him and shall
bury him, for this one alone of those belonging
to Jeroboam shall enter a grave, inasmuch as
there has been found in him something good in
the consideration of Yahweh, God of Israel, with
respect to the house of Jerogoam.
14 And Yahweh will raise him up a king over
Israel who will cut off the house of Jeroboam.
[a]This today? And what indeed next?[a]
15 And Yahweh will smite Israel just as a reed
is battered in the water; and he will uproot
Israel from this good ground which he gave to
their fathers, and will scatter them beyond the
Euphrates because they made their Asherim,
infuriating Yahweh.
16 So he will give up on Israel on account of
Jeroboam's errors, by which he sinned and by

범죄케 하였음이니라 하니라

17 여로보암의 처가 일어나 디르사로 돌아가서 집 문지방에 이를 때에 아이가 죽은지라

18 온 이스라엘이 저를 장사하고 저를 위하여 슬퍼하니 여호와께서 그 종 선지자 아히야로 하신 말씀과 같이 되었더라

19 여로보암의 그 남은 행적 곧 저가 어떻게 싸운 것과 어떻게 다스린 것은 이스라엘 왕 역대지략에 기록되니라

20 여로보암이 왕이 된 지 이십이 년이라 저가 그 열조와 함께 자매 그 아들 나답이 대신하여 왕이 되니라

which he made Israel to sin."

17 So Jeroboam's wife arose, took her journey, and entered Tirzah. She entered the city gate just as the lad died.

18 And all Israel buried him and mourned for him, according to the word of Yahweh, which he spoke by means of his servant Ahijah the prophet.

19 Now the rest of the acts of Jeroboam, how he fought and how he ruled, behold they are written in the Book of the Chronicles of the Israelite kings.

20 And the years[a] during which Jeroboam reigned were twenty-two years, and he slept with his fathers. And his son Nadab reigned in his stead.

원문주해

MT의 14:1-20은 G^{BL}에서 생략되었다.

2.a-a. G^{O}, Syr, Tg, Vg은 "다스리는 것"이라는 뜻의 히브리어 레므로크(לִמְלֹךְ)를 읽는다. 이 같은 판본은 MT에 의해서 "한 왕에게"라는 뜻의 레멜레크(לְמֶלֶךְ)로 잘못 읽혀지는데, 이것은 이 문맥에서 의미를 가지지 못한다.

5.a. "그녀가 왔다"라는 뜻의 MT의 부적절한 칼 여성 단수(בָּאָה – 바아) 대신에 "오고 있는"이라는 뜻의 바아(בָּאָה, 분사 여성)로 읽은 것이다.

5.b. "…에게"라는 뜻의 MT의 엘(אֶל) 대신에 "…위에"라는 뜻의 알(עַל)로 읽은 것이다.

6.a. MT의 여성 단수 대신에 복수로 읽은 것이다. MT은 "소리 혹은 소음"이라는 의미의 콜(קֹל)을 주어로 잘못 택했다.

8.a. "오로지"라는 뜻의 MT(רַק – 라크). Mss, Syr, Vg은 생략.

10.a. "…에게"라는 뜻의 MT의 엘(אֶל) 대신에 "…위에"라는 뜻의 알(עַל)로 읽은 것이다.

12.a. 부정사와 함께 쓰인 전치사구로서 의도된 MT의 베보아(בְּבֹאָה)는 원문 훼손이다(בְּבוֹא – 베보, "오고 있는"; 참조. *BH*mg).

14.a-a. 심하게 고쳐진 줄을 회복한 것, 참조. *HOTTP*, 322; *Prophet against Prophet*, 85.

20.a. 문자적으로는 "날들", "년, 년들"을 위한 히브리어 관용구.

양식/구조/배경

또 다른 아히야 이야기

[신명기 사가의 전환, 14:1aα절]

1. 여로보암이 치유의 계시를 찾다
   a. 설명: 여로보암의 아픈 아들, 1aβb절
   b. 여로보암이 아내에게 지시하다
      (1) 실로로의 여행, 2절
      (2) 아히야를 위한 선물, 3a절
      (3) 나음을 기대하는 신탁, 3b절
   c. 순응 내러티브, 4a절
2. 아히야가 여로보암의 집에 대한 운명을 드러내다
   a. 통찰력을 상징적으로 보이다
      (1) 야웨가 아히야에게 알려 주다
         (a) 아히야의 눈이 멈, 4b절
         (b) 야웨가 알리고 지시하다, 5절
      (2) 아히야의 도전적인 환영, 6a절
   b. 냉혹한 선언
      전환적인 서론, 6b절

[신명기 사가: 여로보암의 집에 대한 신탁

1. 독설
   a. 다윗의 집을 대신하는 특권에 맞는 삶을 사는 데 있어서의 실패, 7-8절
   b. 우상들을 만듦으로써 야웨를 격노케 함, 9절
2. 위협(여로보암의 집에 대한 두 가지의 고대 장광설), 10aα절
   a. 불명예 중에 멸망함, 10aβb절
   b. 죽은 자들을 모독함, 11절]

계속되는 이야기

(1) 그녀의 불길한 돌아감에 대한 명령, 12절

(2) 선언

(a) 아이의 상징적인 장례, 13절

(b) 파괴의 기름부음을 받은 도구, 14aα절

[주해, 14aβb절]
[확장: 이국으로의 추방에 대한 반(反)여로보암 신학적 설명, 15-16절]
c. 순응에 대한 내러티브
(1) 아내의 돌아옴과 아이의 죽음, 17절
(2) 예언적 성취로서의 그의 장례, 18절
[신명기 사가: 여로보암에 대한 결론적 요약, 19-20절]

몇 가지 이해할 수 없는 이유들로 인하여 G^{BL}은 이 구절들을 가지고 있지 않다. 그러나 12:24^{g-n}에서 이 구절들의 부분들을 의역하고 있다. 그 내용은 아히야 학파로부터 온 11:29-40에서와 같이, 계승 신탁 하부 장르에 속하는 또 다른 편집이 많이 된 선지자 이야기다. 이야기는 단순하고 두 부분으로 나누어진 구조를 가지고 있다. 첫 번째 부분에서 여로보암은 좀더 동정적인 계시를 찾기 위한 방법에 대해 아내에게 가르쳐 주면서, 분명한 후계자인 그의 아픈 아들에 관한 호의적인 신탁을 찾는다. 두 번째 부분에서 야웨는 아히야에게 직접적으로 주는 계시를 통하여 여로보암의 책략을 헛되게 한다. 그리고 아히야는 여로보암의 아내에게 그 아이는 그녀가 집으로 돌아갈 때 죽으리라는 것을 선언함으로써 야웨의 지침을 따른다. 또한 백성들의 슬퍼함은 그 아이를 위한 것일 뿐만 아니라 전체 여로보암의 집을 위함이라는 것을 설명한다. 그 아이 혼자만이 묻힘을 받는 은혜를 입을 것이기 때문이다. 마지막에 순응 내러티브는 예언한 대로 아이가 정말 죽었다는 것과 이것은 아히야의 말의 성취로서 일어난 것임을 단순하게 언급한다.

11:29-40처럼 이 내러티브는 야웨가 누가 왕권을 계승할 것인지를 구체적으로 정하는 권한을 가지셨음을 보여 주는 것이다. 그것은 아픈 어린아이가 아니라고 말하는 것처럼 보인다. 여로보암은 아히야로 하여금 회복의 관대한 신탁을 말하게 하는 속임수에 의해서 죽을 지경에 있는 아이를 치료하려고 노력한다. 그것은 이루어지지 않는다. 신탁은 즉각적인 죽음이다. 그러나 이 죽음은 여로보암의 전체 가문의 죽음을 나타내는 상징인 것이다. 여로보암은 초자연적인 힘을 그 자신의 왕조를 위해서 이용해 보려고 시도했다. 그러나 야웨는 이러한 일련의 계획에서 맨 처음 요청자를 쳐버리셨다. 여로보암 계열의 다른 후계자들도 야웨가 그분의 목적을 위해서 일으키시게 될 새로운 왕에 의해서 끊어지게 될 것이다.

단순한 독자는 수많은 삽입들이 텍스트를 혼란스럽게 하고 있기 때문에 이러한 방법으로 선지자 이야기를 읽을 때 어려움을 발견하게 된다. 삽입구들 중에 가장 적절하지 못한 부분은 7-11절에 있는 전형적인 심판 신탁에서 독설과 위협을 서술하는 부분을 포함하여 여로보암 집에 대한 신명기 사가 자신의 신탁 부분이다. 선지자 이야기는 여로보암에 대해서 어떤 특별한 비난을 하고 있지 않다. 야웨는 자신이 한 일에 대해서 구지 변명하실 필요가 없다. 그러나 신명기 사가는 두 가지 그럴듯한 이유를 말한다. (1) 다윗이 행한 것처럼 계명들을 지키지 못한 여로보암, (2) 그가 "다른 신들"과 "부어 만든 우상들"(황금 송아지가 분명함)을 만든 것이다. 신명기 사가는 비난을 하면서 매우 분개하고 있으며, 여로보암은 그에 앞선 모든 이들보다 더 악하다고 선언한다(9절). 앞선 이들은 관계대명사 절에 있는 복수동사에 비추어 보면 다윗과 솔로몬을 의미하는 것이 분명하다. 그러고 나서 그는 여로보암의 집을 비웃는 두 가지 상스러운 소가곡을 인용하면서 야웨의 격심한 심판을 선언한다(10-11절). 각각은 하나의 시적 대구를 이룬다. 첫 번째 것은 세 소절과 두 소절로 이루어져 있고, 두 번째 것은 두 개의 두 소절로 이루어져 있다. 첫 번째 것은 벽에 소변을 보는 남자를 언급하며 여로보암의 집을 대변에 비유하는 상스럽고 극악하게 공격적이다. 이것과 두 번째 소가곡은 신명기 사가에 의해서 21:21, 24에 다시 인용되고, 두 번째 것은 그의 의해서 16:4에 인용된다.

신명기 사가는 이 이야기를 이전과 느슨하게 연결하는 1절 도입부의 서론적 전환 부분(참조. 11:29)을 만든 사람이다. 그는 또한 19-20절에 있는 여로보암에 대한 결론적 요약을 첨가한다. 이 본문은 또한 추방 사건에 대해 여로보암을 그 원인으로 비난하는 15-16절의 후기 신명기 사학파적인 확장 부분을 포함하고 있다. 또한 14절은 서기관적 주해다("원문주해"를 보라).

주식

1-6 본문에 나타난 여로보암의 현재 거처는 부느엘로부터 서쪽 그리고 화리아 와디(the wadi Fariah)에 있는 세겜 근처의 디르사다(참조. 17절). 자신의 아내에 대한 여로보암의 지시를 통해 우리는 그가 아히야의 징벌을 두려워하고 있어서 그 아내를 평범한 여인으로 보이기를 원하고 있다고 생각할 수 있다. 그녀는 세겜과 예루살렘을 잇는 주요 도로에서 벗어나 있고, 에브라임에 있는 실로로 갈 것이다. 아히야는 처음으로 여로보암을 지명하는 신탁을 준 사람이었기 때문에, 여로보암은 아히야에게 또 다른 우호적인 예언 즉 치유 신탁을 기대하고 있는 것이다. 그의 아내는 존경의 표시로서 선지자에게 소박한 선물(참조. 왕하 5:22-23)을 주려고 한

다. 아히야는 이제 잘 볼 수는 없었지만, 야웨의 계시에 의해서 알게 된다. 자신의 선지자적인 통찰력을 보여 주기 위해서 그는 그녀가 자신의 집에 들어오기 전에 그녀가 다른 사람처럼 보이기 위해 노력하는 것을 꾸짖으면서 그녀를 알아본다. "내가 명령을 받아 흉한 일로 네게 고하리니"라고 말하는 것은 자기 집에서 움직일 수 없는 거의 소경이 된 사람의 입에서는 나올 수 없는, 적절하지 않은 말이다. 이러한 것은 그 자신들을 말하기 위해서 선지자들이 사용하는 기교적인 어구다. 즉 야웨의 대사로서 그들이 보냄을 받았다는 것이다. 그들이 말하는 신탁들이 무거운 짐을 내포하고 있다는 것이다. 이러한 말들은 즉각적으로 여로보암의 아내가 선지자의 메시지는 자신을 위해서 좋은 내용을 가지고 있지 않다는 사실을 알아차리게 했다.

7-11 신명기 사가는 아히야로 하여금 11:34에 있는 원래 자료의 여로보암 지명에 대한 말들을 반복하게 한다. 그 곳에서처럼 "다스리는 자"라는 의미의 나시(נשיא)는 여기서 나기드(נגיד)가 되었는데, 이것은 신적 지명(삼상 10:1; 삼하 5:2)에 대한 왕조기 이전의 요소를 의미하는 것 같다. 비록 11장의 아히야 이야기가 다윗의 순종의 정도를 조건(이것은 오로지 38-39절에 있는 신명기 사가의 자료에만 나타난다)으로 말하고 있지는 않았지만, 여기서 신명기 사가는 이 조건을 지키지 못한 여로보암의 실패를 그에 대한 정죄의 이유로 말하고 있다. 9절에서 보이는 것처럼 신명기 사가는 여로보암과 그의 이전 통치자들을 비교함에 있어서 다소 극단적으로 가는 경향이 있다. 다윗이 비교에 포함되어야만 하고, 그는 전혀 나쁜 일을 하지 않았다고 말하고 있기 때문이다. 황금 송아지들을 만든 것은 신명기 사가에게는 야웨를 격노케 한 것이고, 야웨를 그의 등 뒤로 던진 것으로 여겨진다. 10절에 있는 아추르 베아주브(עצור ועזוב)는 많은 논의를 불러일으켰다(참조. P. Saydon, *VT* 2[1952] 371-74). 이 구문은 분명히 혐오스러운 것을 언급하는 히브리어의 두운체 구문으로서 "희망이 없고 버려진"이라는 의미를 가진다. 13절과 함께 11절은 여로보암의 후손들이 묻히지 못하게 될 것을 예언한다. 죽은 뒤에 묻히지 못한다는 것은 항상 유대인들에게 가장 큰 두려움이요 수치스러운 것이었다.

12-16 여로보암의 아내는 떠나게 된다. 그녀의 발이 성읍에 들어가자마자 아이가 죽게 된다는 야웨의 통치의 권능이 만연하게 된다. 그러면 이스라엘은 그의 가족 중 다른 사람들에게는 허락되지 않은 무덤에 장사를 지내면서 슬퍼하게 될 것이다. 다른 후손들에게는 없었던 선한 부분을 가진 아직 어린 아비야이기 때문이다. 14절이 말하는 것처럼 야웨는 여로보암 집의 멸망을 다른 사람들에게 맡기지 않으실 것이다. 그 자신을 위해서 그것을 시행할 새로운 왕을 일으킴으로써 직접 징벌

하실 것이다. 이스라엘의 운명에 대한 늦은 주석가들의 개념을 묘사하기 위해서 15절에는 가혹한 언어들이 사용된다. 이스라엘은 내침을 당할 것이고, 뿌리가 뽑힐 것이고, 유프라테스 너머(바벨론 포로기)로 흩어짐을 당할 것이다. 이스라엘은 아세라, 즉 풍요의 가나안 여신을 나타내는 우상을 만듦으로써 야웨의 노를 격발케 했기 때문이다. 16절은 격렬하다. 야웨는 이스라엘을 포기하실 것이다. 즉 여로보암의 죄로 인해서 그들의 선택을 포기하는 것이다.

17-18 이야기의 결론은 여로보암의 아내에게 주었던 말들에 대한 확증을 보고하면서 놀라울 정도로 하강 곡선을 그리며 내리닫게 된다. 아이는 죽고 묻혔다. 그리고 그의 종 아히야를 통해서 주어진 야웨의 말씀들은 그 모든 일의 수단적인 원인이 된다.

19-20 여로보암에 대한 마지막 말은 "싸움"과 "통치"의 큰 업적이 무엇이었는지에 대한 특별한 언급이다. 일반적인 형식에 따르면, 연대기들은 좀더 다른 사항들을 위해서 언급된다. 그런 뒤에 죽음과 장사지냄에 대한 관례적인 형식들과 더불어 여로보암의 통치 기간과 나답에 의한 후계자 계승 등에 관한 것을 언급하게 된다.

해설

신명기 사가의 조소는 심판의 와중에 참을성 있는 이해와 같은 성경적 태도를 중요하게 여기는 사람들에게는 무가치하게 보일 수 있다. 오히려 현대인들이 가장 좋은 교훈을 배울 수 있는 것은 초기의 선지자 이야기로부터다. 영적인 힘이 신정정치적 제국주의가 아니라 진지하고 성실한 비평에 대해 자유롭고 민주적인 태도가 있는 이 세속 사회를 지배해야만 한다는 것은 다른 어느 때보다도 오늘날 필요한 일이기 때문이다.

부록: 히브리 열왕들의 연대기

우리의 논의는 이제 이 책에서 언급된 통치 기간들의 연대기에 관하여 몇 가지 설명을 해야 할 지점에 이르렀다. 우리는 솔로몬의 통치 기간인 40년(11:42)과 여로보암의 통치 기간인 22년(14:20)을 보았다. 이제 책을 더 읽어 나가면서 우리는 유다와 이스라엘의 통치자 각각에게 주어진 통치 기간을 보게 될 것이다. 우리는 또한 여러 왕들이 보좌에 오른 날짜들은 상대 왕의 재임 기간의 관점에서 주어진 것임을 발견하게 될 것이다. 주로 헬라어 교정본들은 히브리어 숫자와 일치하지만, 책의 끝부분에서는 심각한 불일치가 생기기 시작한다.

본 보록의 목적은 이 주석서의 사용자에게 이 어려운 주제가 요구하는 완전한 논의를 제공하려는 것이 아니다. 좀더 완전한 논의는 참고문헌에 나열된 목록에 있는 연구들에서 찾아볼 수 있을 것이다. 반대되는 견해들에 대한 꽤 포괄적인 요약과 가능한 해결을 위해서 독자는 *IDB* I, 580-99에 있는 나의 글인 "Chronology of the Old Testament"와 *IDBSup* 161-66에 있는 보충적인 글을 참조할 수 있을 것이다. 여기에서는 단지 주석의 지혜로운 사용을 위한 매우 본질적인 것만을 서술하려고 한다.

열왕기상의 내용은 대략 다윗의 죽음에서 오므리 왕조의 끝에 이르기까지에 해당된다. 우리는 유다의 르호보암과 이스라엘의 여로보암이 동시에 그들 각각의 통치를 시작했음을 알고 있으나 그 날짜는 모른다. 그렇지만 우리는 앗시리아의 왕 살만에셀 3세(Shalmaneser III, 주전 859-824년)의 두 개의 분리된 기록으로부터 아합의 죽음과 예후의 등극에 대한 정확한 날짜를 발견할 수 있다. 이 왕의 하나로 된 큰 비문에서(*ANET* 278) 그는 카르칼(Qarqar)에서의 아합과 그가 시리아 동맹들을 대항해서 싸운 전쟁을 묘사하고 있다. 이 전쟁은 그의 통치의 여섯 번째 해인 주전 853년에 일어났다. 그의 연대기에서(*ANET* 280) 그의 통치의 열여덟 번째 해인 주전 841년에 그는 예후로부터 조공을 받았다고 주장한다(또한 블랙 오벨리스크〈Black Obelisk〉에 나타난, 그 앞에서 굽실거리는 예후의 조각을 보라, *ANEP* 122). 열왕기상 22:51에서는 아합의 아들 아하시야가 2년 동안 통치했다고 언급하고 있다. 열왕기하 3:1에서는 그의 두 번째 아들인 요람이 12년 동안 통치했다고 말한다. 요람은 유다의 아하시야와 함께 예후에게 죽임을 당한 이스라엘의 왕이었다(왕하 9:24, 27). 우리는 여기에서 문제를 발견하게 된다. 모두 14년을 통치했던 두 명의 이스라엘 왕들은 아합 비문의 주전 853년과 예후 비문의 주전 841년 사이에 맞추어져야만 하기 때문이다. 해결책은 북쪽 왕국은 통치한 햇수를 다음과 같은 방식으로 계산하고 있었다는 것을 아는 데 있다. 즉 통치의 마지막 해는 죽은 왕에게 귀속시킴과 동시에 그의 후계자를 위해서도 계산했다는 것이다. 따라서 각각의 통치에서 1년을 더 만들어 내게 된 것이다. 따라서 이 본문에서 일어난 일은 이제 분명해진다. 아하시야는 실제로 단 1년 만을 통치했으며, 요람은 11년을 통치한 것이다. 이것은 아합이 853년에 죽었음을 가정하면서 주전 853년과 841년 사이의 간격에 해당하는 총 12년을 만들어 주는 것이다.

이러한 계산을 기반으로 거슬러 올라가 남북 분열의 날짜 – 르호보암과 여로보암이 즉위한 해 – 를 알아내는 것은 가능한 일임에 틀림없다. 우리가 이러한 셈을 해나갈 때, 병행 합계는 일치하지 않음을 발견하게 된다. 유다에서는 르호보암(17), 아비얌(3), 아사(41), 여호사밧(25), 여호람(8) 그리고 아하시야(1) 등 모두 95년을 얻게 된다. 이스라엘에서는 여로보암(22), 나답(2), 바아사(24), 엘라(2), 오므리(12), 아합(32), 아하시야(2), 요람(12) 등 모두 98년과 시므리의 7일을 얻게 된다. 이스라엘의 남는 2년은 아하시야와 요람에게 적용된 미리 가산하는 방식의 셈법에 의해서 이미 설명되었다. 그리고 좀더 검증을 해보면 이스라엘은 이러한 계산법을 매우 이른 시작 시기부터 사용한 것에 대한 증거를 발견하게 된다. 이것은 나답이 아사의 두 번째 해에 왕위에 올라서 2년 동안 통치했고(15:25), 그의 후계자는 아사의 세 번째 해에 통치하기 시작했음(15:28)을 알리는 보고에서 알 수 있다. 그러나 자세히 관찰해 보면 유다의 서기관들은 다른 계산법(나중에 가산하는 방식의 셈법 혹은 즉위 해를 사용하는 셈법)을 사용했음을 알 수 있다. 이 계산법에서는 새로운 통치는 이어지는 새로운 해까지 계산되지 않았다. 따라서 통치에서 통치에 이르는 정확한 햇수 계산을 낳았다. 또한 유다 사람들은 아합 가문의 영향 아래 북쪽의 셈법으로 옮겨갔고, 후에는 원래의 계산법을 사용하면서 북쪽의 셈법을 버렸다. 우리는 또한 이스라엘 왕들은 그들의 통치 햇수를 봄부터 시작하는 새로운 해로부터 계산한 반면에, 유다 왕들은 가을부터 시작하는 새로운 해로부터 계산했음을 알 수 있다. 또한 여호사밧은 그의 아버지 아사와 함께 통치했기 때문에 그 날부터 그의 통치를 계산했고, 그의 아들 여호람은 이스라엘에서 동시대의 왕인 요람에 대한 열왕기하 1:17에 근거해서 그와 함께 통치했음에 대한 증거가 있다. 이러한 모든 복잡성에도 불구하고, 모든 통치와 동시대적인 연대들은 씰레(Edwin R.

Thiele)의 특별한 방법을 따르는 의미 있는 형태로 모아질 수 있다. 그의 가설은 다음과 같은 것들이다. 히브리 서기관들은 그들이 하고 있는 것을 알고 있었고, 그것을 셈하는 것에 관해서 합리적으로 일관성이 있었다. 또한 MT은 원문이 훼손되는 것을 방지해서 이러한 숫자들을 주의 깊게 보호해 왔다. 이것은 서기관들이 따른 방법들을 존중하기만 하면 지속적이고 정확한 연대기를 위한 원칙을 제공해 주는 것이었다. 달리 말하면 이러한 숫자들의 복잡성은 어리석음도 아니고, 어떠한 경향성이 있는 변경도 아니며, 부주의한 실수도 아닌 것이다.

비록 씰레(Edwin R. Thiele)의 방법을 받아들이는 학자들의 숫자가 증가하고 있다 할지라도, 그 방법은 모두를 만족시켜 주지는 못하는 것이 분명하다. 씰레의 비평가들 중에는 MT과 LXX 사이의 많은 불일치를 강조하는 사람들이 있다. 즉 다음과 같은 것들이다. 열왕기상 15:2, 아비얌 통치 3년(G 6); 15:9, 아사가 여로보암 20년에 등극(G 24); 16:8, 엘라가 아사 26년에 등극(G 20); 16:10, 시므리가 아사 27년에 등극(G^B은 생략, G^L은 22); 16:15, 시므리가 7일 간 통치함(G^B은 7년, G^L은 7일); 16:29, 아합이 아사 36년에 등극(G은 여호사밧 2년); 22:41, 여호사밧은 아합 4년에 등극(G^B은 Kaige=MT; G^L은 생략, G^{BL} 16:28은 오므리 11); 22:51, 아하시야는 여호사밧 17년에 등극(G^L은 24); 열왕기하 1:17, 요람은 여호람 2년에 등극(G^L 1:18=MT, G^B 1:18, 여호사밧 18년); 3:1, 요람이 여호사밧 18년에 등극(G^B=MT; G^L은 생략); 8:25, 아하시야는 요람 12년에 등극(G^B=MT; G^L은 11).

히브리 왕국들의 전체 기간을 LXX에 의존하는 것은 가능한 일이 아닐 수도 있다. 이른 통치기에 대한 설명들 뒤에 주요 교정본들에서 불일치가 사라지기 때문이다(획일화?). 이것은 단순히 Kaige 텍스트가 G^B에서 주도적이기 때문이 아니다. 왜냐하면 열왕기상 22장에서 이미 다시 나타난 것이, 그 장 안에서 혹은 그 장 뒤에서 몇 가지 심각한 불일치가 계속해서 나타나기 때문이다. 이것은 성경 학도들에게 LXX의 차이들은 주요한 히브리 텍스트를 교정하려는 시도에 의해서 만들어졌을 수도 있다는 사실을 주의시켜야만 하는 것이다. 그럼에도 불구하고 쉔켈(J. D. Shenkel)이라는 학자는 최근에 비록 G^B은 심하게 혼합되었다 할지라도, G^L은 MT과 다른 부분이 있는 본문에서는 원본적인 면들을 보존하고 있다고 주장했다(*Chronology and Recensional Development in the Greek Text of Kings*[Cambridge, Mass.: Harvard University Press, 1968]). 쉔켈은 "열왕기상 22:50에서 여호사밧의 죽음에 대한 보고 뒤에는 '여호사밧'은 열왕기하 3장에 속하지 않는다. 그러므로 '아하시야'를 대신하고 있는 G^L은 옳은 것이다. 따라서 각각의 왕들을 위한 이전의 숫자들은 조정되어야만 한다. MT은 무엇보다도 그것들을 바꾸는 데 있어서 어떤 경향성을 가진 편견을 가지고 있다"고 주장했다. 그러나 나는 이러한 설명에 대해서 강하게 반대한다. G^L이 열왕기하 3:1에 있는 여호사밧의 18년째에 해당하는 요람의 동시대를 생략할 때, 그것은 신명기 사가의 서론의 규칙적인 형식을 혼란케 한다. 따라서 경향성이 있는 편견을 가진 것은 바로 그 자신인 것이다. *JTS* 21(1970) 118-31에서 구딩(D. W. Gooding)은 여호사밧 통치의 앞날을 그리는 열왕기상 16:28⁺은 22:41-51의 교조적인 수용이라는 것을 보여 주었다. G^L의 교정에 대한 확실한 설명은 16:23에 있는 오므리의 통치에 대한 명백한 마찰을 일으키는 증거로부터 의미를 가지게 하려는 잘못된 시도라는 것이다. MT은 디브니에 대한 오므리의 승리를 표시하는 아사의 31번째 해와 시므리로부터 권력을 잡음으로써 시작한 오므리의 통치의 길이가 동시대적이라는 것을 의미했다. 이것이 여러 왕들의 개괄적인 연대기에 맞는 것은 G^L을 채택함으로써가 아니라 MT을 따르며 히브리 서기관들의 모든 방법을 적용함으로써 이루어질 수 있는 것이다.

결론적으로 왕들에 대한 다음과 같은 연대들은 맞는 것으로 믿을 수 있는 근거가 있다. (1) 유다의 르호보암(931-913년), 아비얌(913-911년), 아사(911-870년), 여호사밧(870-848년), 여호람(848-841년), 아하시야(841년). (2) 이스라엘의 여로보암(931-910년), 나답(910-909년), 바아사(909-886년), 엘라(886-885년), 시므리(885년), 오므리(885-874년), 아합(874-853년), 아하시야(853년), 요람(852-841년).

5. 르호보암의 통치(14:21-31)

참고문헌

Beyer, G. "Das Festungssystem Rehoboams." *ZDPV* 54(1931) 113-34. **Blau, O.** "Sisaqs Zug gegen Juda aus dem Denkmal bei Karnak erläutert." *ZDMG* 15(1861) 233-50. **Elizur, Y.** "The Biblical Account of Shishak's Invasion: Prophetic Historiosophy versus Reality"(Heb.). *Fourth World Congress of Jewish Studies*, I. Jerusalem 1967. **Mazar, B.** "The Campaign of Pharaoh Shishak to Palestine." VTSup 4(1957) 57-66.

본 문

21 솔로몬의 아들 르호보암은 유다 왕이 되었으니 르호보암이 위에 나아갈 때에 나이 사십일 세라 여호와께서 자기 이름을 두시려고 이스라엘 모든 지파 가운데서 빼신 성 예루살렘에서 십칠 년을 치리하니라 그 모친의 이름은 나아마라 암몬 사람이더라

21 And Rehoboam son of Solomon reigned in Judah.[a] Rehoboam was [b]forty-one[b] years old at his accession, and he reigned seventeen[c] years in Jerusalem, the city which Yahweh chose, to place his name there, out of all the tribes of Israel. And the name of his mother was Naamah[d] the Ammonitess.

22 유다가 여호와 보시기에 악을 행하되 그 열조의 행한 모든 일보다 뛰어나게 하여 그 범한 죄로 여호와의 노를 격발하였으니

22 And Rehoboam[a] did what was evil before Yahweh. And they provoked him to jealousy, more that all that their fathers had done, by their sins which they committed.

23 이는 저희도 산 위에와 모든 푸른 나무 아래 산당과 우상과 아세라 목상을 세웠음이라

23 And [a]even they too[a] built themselves country shrines and standing stones and Asherim, upon every high hill and beneath every green tree.

24 그 땅에 또 남색하는 자가 있었고 여호와께서 이스라엘 자손 앞에서 쫓아내신 국민의 모든 가증한 일을 무리가 본받아 행하였더라

24 And even the [a]sacred prostitute[a] existed in the land. They behaved [b]according to[b] every abomination of the nations which Yahweh had driven away before the Israelites.

25 르호보암 왕 제오년에 애굽 왕 시삭이 올라와서 예루살렘을 치고

25 In King Rehoboam's fifth year Shishak[a] king of Egypt came up against Jerusalem

26 여호와의 전의 보물과 왕궁의 보물을 몰수히 빼앗고 또 솔로몬의 만든 금방패를 다 빼앗은지라

26 and seized[a] the treasuries of Yahweh's temple and the treasuries of the king's house; and he took everything;[b] he even took all the golden shields which Solomon had made.

27 르호보암 왕이 그 대신 놋으로 방패를 만들어 왕궁 문을 지키는 시위대 장관의 손에 맡기매

27 So [a]the king[a] made to replace them bronze shields, entrusting them to the care of the chief retainers guarding the entranceway to the king's house.

28 왕이 여호와의 전에 들어갈 때마다 시위하는 자가 그 방패를 들고 갔다가 시위소로 도로 가져 갔더라

28 It was customary whenever the king entered Yahweh's temple for the retainers to carry them, and to return them again to the retainer's armory.

29 르호보암의 남은 사적과 무릇 그 행한 일이 유다 왕 역대지략에 기록되지 아니하였느냐

29 Now the rest of the acts of Rehoboam, and all that he did, are they not written in the Book of the Chronicles of the Judahite Kings?

30 르호보암과 여로보암 사이에 항상 전쟁이 있으니라

30 And there was hostility between Rehoboam and Jeroboam continually.

31 르호보암이 그 열조와 함께 자니 그 열조와 함께 다윗 성에 장사되니라 그 모친의 이름은 나아마라 암몬 사람이더라 그 아들 아비얌이 대신하여 왕이 되니라

31 And Rehoboam slept with his fathers and was buried with his fathers in the city of David. (And the name of his mother was Naamah[a] the Ammonitess.) And Abijam[b] his son reigned in his stead.

원문주해

21.a. MT과 G^{B}, G^{L}은 11:32, 36에 있는 G의 이데올로기와 함께 일관되게 "그리고 베냐민"이라는 어구를 첨가함.

21.b-b. LXX 12:24[a] "16".

21.c. 위와 같음 "12".

21.d. MT과 G^{L}. G^{B} corr. 참조. 15:2, 10.

22.a. G^{BL}. MT은 "유다". 역대기는 생략. MT은 정의되지 않는 복수의 죄가 있는 이 절의 두 번째 부분에 대한 조화로서 설명될 수 있다. 그러나 G은 아마도 어려운 독법 선호의 법칙으로서 우선시될 가치가 있다.

23.a-a. MT. G^{BL}은 "그들은".

24.a-a. MT. G^{BL} 쉬데스모스(*σύνδεσμος*)=히브리어 케세르(קשר, "모의, 음모"). 이것은 MT에 나오는 "창기"라는 뜻의 카데쉬(קדש)에서 달렛(ד)을 레쉬(ר)로 잘못 읽고 위치를 바꾼 것이다.

24.b-b. MT. G^{BL}은 "…의 어떤 것"(히브리어 미콜〈מִכָּל〉로부터).

25.a. Q. K는 "쇼/우샥". G^{BL} 수사케임(*Σουσακείμ*)=히브리어 ששכים.

26.a. MT. G^{BL}은 "모든"이라는 만연체적인 어구를 가진다.

26.b. MT. G^{BL}은 "다윗이 소바 왕 하닷에셀의 종들의 손에서 취하고 예루살렘으로 가져갔던 황금 창들을". 이것은 삼하 10장에 대한 독립적인 미드라쉬였던 것 같다.

27.a-a. MT은 "왕 르호보암". G^{BL}은 "르호보암 왕". 칭호와 함께 있는 주요 증거에서 이름이 위치를 바꾼다는 이전의 분명한 텍스트 비평 규칙에 일관되게 본다면 전자는 원전성이 의심스러운 것이므로 생략되어야만 한다.

31.a. 참조. 4절("주석"을 보라).

31.b. MT. G^{BL}, 역대기는 일관되게 이것을 야웨 이름(Yahweh-name)인 "아비야"로 바꾼다.

양식/구조/배경

[신명기 사가: 르호보암에 대한 서론적 요약, 21-22a절]
[확장: 유다의 예전적 죄들에 대한 신학적인 정죄, 22b-24절]
유다 왕 역대지략으로부터 발췌한 부분, 25-26절
성전의 공문서로부터 취한 비망록, 27-28절
[신명기 사가: 르호보암에 대한 결론적 요약, 29-31절]

르호보암 부분에 있는 원 자료는 유다 왕 역대지략으로부터 처음으로 발췌한 부분으로 구성되어 있다(29절에서 처음으로 언급된다). 그것은 성전 기록들로부터 나온 놋 방패들에 관한 기록과 신명기 사가의 시작과 결론적 요약들을 위해 사용된 연대들이다. 서론적 요약은 우리에게 르호보암의 통치 연한(실제적인 41년)과 그가 등극할 때의 나이, 그리고 그의 어머니의 이름과 야웨 앞에서 행한 그의 악의 영향에 대한 간략한 진술을 말해 주고 있다. 이것은 후대의 신명기 사학파의 한 사람에 의해서 확장된 부분인데, 여러 가지 죄악들을 구체화하고 나라 전체에 대해서 비난하기 위한 것이었다. 결론적 요약은 여로보암과 계속적인 전쟁이 있었음을 강조하면서 문서들을 언급한다. 그러면서 르호보암의 죽음과 장사지냄, 그리고 그의 어머니의 이름을 반복하고 아비얌 계승자에 대해서 말한다.

주석

[21]-[24] 일반적인 경우처럼 서론적 요약은 예루살렘이 르호보암의 통치의 장소가 되었다는 것을 언급한다. 그러나 신명기 사가는 우리에게 그가 그 도시에 대한 경의를 표하는 묘사를 한 바로 그 저자임을 분명히 보여 주고 있다(참조. 11:13, 26). 르호보암의 어머니 나아마는 그녀가 자동적으로 황태후가 되었기 때문에 언급된다.

그가 암몬 여인이었다는 것은 솔로몬이 외국 여인들과 결혼을 했다는 관점에서 보면 놀랄 일이 아니다. 신명기 사가는 르호보암을 의로운 왕으로서 평가하지 않는다. 그 대신 그는 야웨가 악이라고 여기는 것들을 행했기 때문에 비난을 받는다. 신명기 사가 자신은 그가 행한 악이 무엇인지 말하지 않는다. 이것은 22b절에서 시작되는 확장 부분에 이르기까지 특별한 설명 없이 놓아둔다. 이 확장된 부분은 요약적인 정죄의 말을 채우기 위해서 필요한 특별한 정보들에 의해서 채워지게 된다. 그 내용의 보충자는 신학적인 심판으로 시작하고 끝을 맺는다. 르호보암은 야웨가 질투심을 발하도록 자극했으며, 그의 백성들은 이전의 모든 세대들보다 더 악하게 죄들을 지었다고 말하고 있다. 실제로 그들은 북쪽 사람들이 정죄 받은 지역 산당들을 짓는 그러한 행위를 했다. 이에 더해서 "서 있는 돌들"(מצבות –마체보트)과 바알주의의 아세라를 세우는 미심쩍은 행위들을 했다. 이러한 행위는 모든 적절한 장소인 "산 위에와 모든 푸른 나무 아래"에서 일어났다(신 12:2; 왕하 16:4; 17:10; 렘 2:20; 3:6; 17:2; 겔 6:13). 그러나 가장 악한 것은 백성들이 남녀 성창이라는 이상한 가나안 풍속을 관용했다는 것이다(קדש –카데쉬: 남녀 둘 다를 상징하는 집합명사). 이것은 신명기 23:18에서 확고하게 금지된 것이었다. 결론적으로 유다 사람들은 추방당한 나라들의 "가증한 것들"(התועבת –하토아보트)을 따랐다(신명기, 신명기 사가 그리고 선지자들이 자주 쓰는 용어).

25-28 르호보암의 다섯 번째 해는 주전 926/25년이었다. 시삭 혹은 쇼생크(Shoshenq)가 주전 약 940년에서 915년까지 애굽을 통치했다. 카르낙(Karnak)에 있는 암몬 신전은 이 해에 시삭의 침공에 관한 이 본문의 간략한 보고에 매우 귀중한 빛을 비추어 준다. 그 벽들에 있는 비문에는 이 바로가 정복했다고 주장하는 유다와 이스라엘에 있는 일백오십여 개보다 많은 성읍들이 나열되어 있다. 이것은 그가 정복할 수 있었던 성읍들로부터 약탈했다는 것과 예루살렘과 같은 좀더 강한 성읍들로부터 조공을 받았다는 것을 의미하는 것이 전부다. 사로잡혀서 결국에는 항복하여 그의 봉신국이 되고, 그에게 조공을 받칠 것을 서약한 시점이 있었을 것이다. 이것은 솔로몬의 황금 방패들과 함께 두 보물 창고의 내용물, 즉 성전과 왕궁의 보물들을 내어주었다는 본문의 진술의 분명한 의미인 것이다. 비록 유다 왕국과 예루살렘 성읍이 심하게 약탈되었을지라도, 그것들은 시삭의 통제 아래 계속적으로 고통당하지는 않았다. 이 애굽 군주는 팔레스타인에 영속적인 제국을 세울 수가 없었다. 사실 팔레스타인에 대한 잔혹스러운 애굽의 공격이 다시 시작되기까지는 두 세기가 지나야 했다. 27-28절에 있는 성전 보고가 말해 주는 것처럼, 놋 방패들은

황금 방패들을 대치하게 되었다. 그것들은 왕실 경비병들에 의해서 왕이 야웨의 성전에 들어갈 때와 같은 의식적인 경우에만 사용되었다.

29-31 르호보암과 여로보암 사이의 실제적인 싸움에 대해서는 아무런 언급이 없기 때문에, 31절은 "적대감"이라는 번역을 택했다. 아마도 계속적인 접경 분쟁들이 있었을 것이고, 왕들은 대사들을 교환하지도 않았을 것이다. 특별한 이유 없이 31절은 21절의 르호보암의 어머니의 이름에 대한 항목을 반복한다. 이것은 서론적 형식이 이 정보를 위해서 일반적으로 자리하고 있기 때문에 2차적인 주해일 것이다.

6. 아비얌의 통치(15:1-8)

본 문

1 느밧의 아들 여로보암 왕 제십팔년에 아비얌이
유다 왕이 되고

2 예루살렘에서 삼 년을 치리하니라 그 모친의
이름은 마아가라 아비살롬의 딸이더라
3 아비얌이 그 부친의 이미 행한 모든 죄를 행하
고 그 마음이 그 조상 다윗의 마음 같지 아니하여
그 하나님 여호와 앞에 온전치 못하였으나

4 그 하나님 여호와께서 다윗을 위하여 예루살렘
에서 저에게 등불을 주시되 그 아들을 세워 후사
가 되게 하사 예루살렘을 견고케 하셨으니
5 이는 다윗이 헷 사람 우리아의 일 외에는 평생
에 여호와 보시기에 정직히 행하고 자기에게 명
하신 모든 일을 어기지 아니하였음이라
6 르호보암과 여로보암 사이에 사는 날 동안 전
쟁이 있었더니
7 아비얌과 여로보암 사이에도 전쟁이 있으니라
아비얌의 남은 사적과 무릇 행한 일이 유다 왕 역
대지략에 기록되지 아니하였느냐

8 아비얌이 그 열조와 함께 자니 다윗 성에 장사
되고 그 아들 아사가 대신하여 왕이 되니라

1 Now in the eighteenth year [a]of the reign of[a]
Jeroboam son of Nebat, Abijam became king
over Judah.
2 Three[a] years he reigned.[b] And the name of his
mother was [c]Maacah daughter of Abishalom.[c]
3 And he walked in all[a] the sins of his father
which he committed prior to him; and his heart
was not wholly loyal to Yahweh in the way his
father David's[b] was.
4 Indeed, it was because of David [a]that Yahweh
appointed him as a lamp,[a] in order to raise up his
son[b] after him and to establish Jerusalem;
5 that is, David performed what was right in
Yahweh's eyes, not departing from anything that
he commanded him all the days of his life.[a]
6 [a]And hostility had existed between Rehoboam
and Jeroboam all the days of his life.[ab]
7 Now the remainder of Abijam's actions, and
all that he did, are they not written [a]in the Book
of the Chronicles of the Judahite Kings?[a] And
hostility existed between Abijam and Jeroboam.
8 And Abijam slept with his fathers,[a] and they
buried him in the city of David. And Asa his son
reigned in his place.

원문주해

1.a-a. G^{BL}. MT은 "…의 왕". 대부분의 현대 번역가들은 MT을 따른다. 이것은 규칙적인 형태이고 다른 본문들의 헬라어에 따라서 번역된 것이기 때문이다. 그럼에도 불구하고 여기서는 헬라어를 따르는 것이 더 좋다. 바실류온토스 이에로보암(*βασιλεύοντος 'Ιεροβοὰμ*)=히브리어 라멜레크 야라브암(למלך ירבעם, "여로보암의 통치의"). 아사를 소개하는 9절은 북쪽 왕과 – 이 경우는 여로보암 – 남쪽 왕의 동시대의 일반적인 형태를 보여 주

고 있다. 헬라어에 의해서 정확하게 필사된 히브리어의 순서는 (1) "그 해에", (2) 숫자, (3) "여로보암"이라는 이름과 함께 "…에게 속한"(לְ-레), (4) 칭호: 이스라엘 왕이다. 달리 말하자면 이름은 15:1과는 달리 칭호 앞에 나온다. 사실상 15:1에서 저자는 "왕"이라는 칭호를 가진 여로보암을 부인하며, 단지 그의 아버지의 이름으로 그를 표시한다. 이러한 경우에 이 곳에서의 의도는 "왕"의 칭호를 가진 그를 부인하되 통치권(이것에 의해서 유다 왕들을 셈한다!)을 가진 여로보암을 인정하는 것이다.

2.a. MT. G^{BL}은 "그리고 여섯".

2.b. 여기서 G^{B}은 1절에 있는 OG의 역사적 현재인 바실류에이(*βασιλεύει*) 대신에 부정과거를 쓰고 있다. MT과 G^{L}은 "예루살렘에서"라는 설명적인 어구를 첨가함(남쪽 왕들을 위한 신명기 사가의 일반적인 형태).

2.c-c. 참조. 10절. 역대기의 "기브아(병행 구절은 "기브온")로부터 온 우리엘의 딸 미가야"라는 구절은 주석학적인 조화를 이루기 위해서 이름들을 만들어 낸 것이다.

3.a. MT. G^{BL}은 생략. 이것은 이데올로기적이거나 가운데 글자를 빠뜨리고 쓴 오류로 인한 것이다.

3.b. MT, G^{L}. G^{B}은 생략(이 절의 이전에 발생했던 것으로부터 연유된 가운데 글자를 빠뜨리고 쓴 오류).

4.a-a. "예루살렘에서"라는 어구를 가진 MT, G^{L}이 생략한 것보다 G^{B}은 우선시된다. 그러나 일반적으로 "남겨진 것"이라는 의미인 히브리어 쉐에리트(שְׁאֵרִית)와 같은 말인 G^{B}의 카탈레임마(*κατάλειμμα*)라는 어구는 "빛"(G^{L}=G^{B})이라는 MT의 니르(נִיר)를 만들 수 없다.

4.b. 구약 신명기 사가의 이데올로기에 충실한 MT. G^{BL}의 "아들들"은 많은 개별적인 왕들로 이루어진 것으로서 역사적으로 다윗 왕조를 보여 주는 것이다.

5.a. G^{B}. MT과 G^{L}은 "헷 사람 우리아의 일 외에"라는 설명적인 주해를 첨가한다.

6.a-a. MT. G^{BL}은 가운데 글자를 빠뜨리고 쓴 오류로 인하여 생략한다.

6.b. 역대기는 하나의 긴 본문을 삽입한다.

7.a-a. 역대기는 "선지자 잇도의 해석(병행 구절은 "책")에 있는?".

8.a. G^{BL}의 "여로보암의 이십사 년째에"라는 어구는 그 숫자뿐만 아니라 결론 형식에 있는 그 동시대적인 표기를 하는 데 있어서도 잘못된 표현이다.

양식/구조/배경

[신명기 사가: 아비얌의 통치

1. 서론적 요약, 15:1-2
2. 신학적 평가, 3-5절]

유다 왕 역대지략으로부터 발췌한 부분, 6절
[3. 신명기 사가: 결론적 요약, 7a, 8절]
유다 왕 역대지략으로부터 발췌한 부분, 7b절

6절에 있는 발췌 부분은 르호보암과 여로보암 사이의 적개심에 대한 문서 자료들에서 반복되는 것이다(참조. 14:30). 그리고 7b절은 아비얌과 여로보암에 관한 유사한 발췌 내용을 나타낸다. 만약 그렇지 않으면, 아비얌에 관한 기록들은 전적으로 신명기 사가로부터 온 것이다. 그의 서론적 요약은 야웨가 왜 이 왕에게 관용했는지를 설명하는 일상적이지 않은 분량에 해당하는 신학적 평가를 제공하고 있다. 그렇지 않으면 이것과 결론적 요약은 관습적인 형태를 따르는 것이다.

주석

르호보암의 후계자 이름은 열왕기에서는 아비얌으로, 역대기에서는 아비야로 나타난다. 후자는 매우 빈번히 발견되는 이름으로서 정통적인 관행에 대한 늦은 개념들을 반영하는 부가적인 이점을 가진다. 아비야는 "나의 아버지는 야(웨)이다"라는 의미이고, "아비얌"은 우가릿 문학에서 알려진 신비스런 바다 신인 "나의 아버지는 얌이다"라는 의미다. 그러나 이것은 "아비얌"에 대한 하나의 가능성 있는 기원에 대한 주장일 뿐이다. 아비얌은 의심의 여지없이 초기 유대 법정에서 은유적으로 해석되었다. 아비얌의 어머니의 이름에 대해서 역대기는 전적으로 다른 이름을 쓴다("원문주해"를 보라). 이 다른 이름은 아사도 동일한 어머니의 아들(10, 13절)이라는 사실에 비추어 원본적일 수 있다. 다른 한편으로 아비얌의 통치는 매우 짧았기 때문에 마아가는 권력과 영향력의 지위인 황태후(גבירה – 게비라)로서의 역할을 계속할 수 있었을 것이다. 그녀의 아버지 "아비살롬"은 솔로몬의 죽은 형과 같은 사람일 것이다(그러나 삼하 14:27을 보라). 아비얌은 그의 아버지의 모든 죄악들을 행했고 다윗의 신실함을 온전히 좇지 않았다고 비난받는다. 신명기 사가는 야웨가 그를 예루살렘을 "견고하게" 하려고 한 아들을 세우기 위한 한 등불(ניר – 니르; 참조. 11:36)로서 사용했다고 설명한다. 6절은 사실상 14:30과 동일한 구절이며 과거완료로 번역되어야만 한다. 아마도 두 구절 모두 보관된 같은 문헌에 귀속될 것이다. 신명기 사가는 결론적 요약에서 아비얌의 통치에 있어서의 어떤 특징적인 면을 언급하지 못한다. 그는 일반적인 죽음에 대한 보고 바로 전에 아비얌이 그의 아버지가 여로보암과 가졌던 적개심 있는 정책을 계속했다고 말하는 또 다른 보관 문헌의 항목을 첨가한다.

7. 아사의 통치(15:9-24)

참고문헌

Barrick, W. B. "On the 'Removal of the "High-Places"' in 1-2 Kings." *Bib* 55(1974) 257-59. **Malamat, A.** *The Aramaeans in Aram Naharaim and the Rise of their States*(Heb). Diss. Hebrew University, 1952. **Melin, G.** "Die Stellung der G[e]bira im Staate Juda(1 K 15:13)." *TZ* 10(1954) 161-75. **Unger, M. F.** *Israel and the Aramaeans of Damascus*. London: J. Clarke & Co., 1957.

본 문

9 이스라엘 왕 여로보암 제이십년에 아사가 유다 왕이 되어 **10** 예루살렘에서 사십일 년을 치리하니라 그 모친의 이름은 마아가라 아비살롬의 딸이더라	**9** Now in the twentieth[a] year of Jeroboam king of Israel [b]Asa king of Judah began to reign,[b] **10** and for forty-one years he reigned in Jerusalem. And the name of his mother was Maacah[a] daughter of Abishalom.
11 아사가 그 조상 다윗같이 여호와 보시기에 정직하게 행하여 **12** 남색하는 자를 그 땅에서 쫓아내고 그 열조의 지은 모든 우상을 없이 하고	**11** And Asa performed what was right in the eyes of Yahweh, like David his father. **12** And he dismissed the [a]cult prostitutes[a] from the land, and removed all the idols which his fathers,[b]
13 또 그 모친 마아가가 아세라의 가증한 우상을 만들었으므로 태후의 위를 폐하고 그 우상을 찍어서 기드론 시냇가에서 불살랐으나	**13** even Maacah his mother, had made, so that he deposed her from the office of queen mother. She had made a detestable cult object for Asherah, so that Asa had to cut down her cult object and burn it in
14 오직 산당은 없이하지 아니하니라 그러나 아사의 마음이 일평생 여호와 앞에 온전하였으며	**14** the wadi Kidron. But they[a] did not remove the country shrines; nevertheless, Asa's own heart was continually loyal toward Yahweh.
15 저가 그 부친의 구별한 것과 자기의 구별한 것을 여호와의 전에 받들어 드렸으니 곧 은과 금과 기명들이더라	**15** And [a]he brought[a] the sacral booty[b] of his father, with the sacral booty [c]of his own,[c] into the temple of Yahweh, silver and gold and artifacts.
16 아사와 이스라엘 왕 바아사 사이에 일생 전쟁이 있으니라 **17** 이스라엘 왕 바아사가 유다를 치러 올라와서	**16** And hostility existed between Asa and Baasha[a] throughout all their days. **17** Now Baasha king of Israel came up against

라마를 건축하여 사람을 유다 왕 아사에게 왕래 하지 못하게 하려 한지라

Judah. And he constructed Ramah [a]so as to prevent anyone wishing to depart from or enter in[a] to Asa king of Judah.

18 아사가 여호와의 전 곳간과 왕궁 곳간에 남은 은금을 몰수히 취하여 그 신복의 손에 붙여 다메섹에 거한 아람 왕 헤시온의 손자 다브림몬의 아들 벤하닷에게 보내며 가로되

18 Then Asa took[a] the silver and the gold that [b]were still left[b] in the treasure-rooms [c]of Yahweh's temple [d]and in[d] the treasure-rooms[c] of [e]the king's[e] house, and entrusted them into the hand[f] of his servants. And King Asa sent them to Ben-Hadad, the son of Tabrimmon, son of Hezion, the king of Syria who was dwelling in Damascus, with the following message:

19 나와 당신 사이에 약조가 있고 내 부친과 당신의 부친 사이에도 있었느니라 내가 당신에게 은금 예물을 보내었으니 와서 이스라엘 왕 바아사와 세운 약조를 깨뜨려서 저로 나를 떠나게 하라 하매

19 [a]"There is[a] a treaty between me [b]and you,[b] between[c] my father and your father. Behold, I have sent you a gift of silver and gold: come, break your treaty with Baasha king of Israel so that he will withdraw from me."

20 벤하닷이 아사 왕의 말을 듣고 그 군대 장관들을 보내어 이스라엘 성들을 치되 이욘과 단과 아벨벧마아가와 긴네렛 온 땅과 납달리온 땅을 쳤더니

20 And Ben-Hadad hearkened to King Asa, dispatching whatever officers of [a]the armed forces[a] were available to him against the cities of Israel. And he[b] attacked Iyyon, Dan, and Abel-beth-maacah;[c] also all of Kinneroth[d] adjoining the entire territory of Naphtali.

21 바아사가 듣고 라마 건축하는 일을 그치고 디르사에 거하니라

21 So when Baasha heard of it, he left off building Ramah, and [a]stayed in[a] Tirzah.

22 이에 아사 왕이 온 유다에 영을 내려 한 사람도 모면하지 못하게 하여 바아사가 라마를 건축하던 돌과 재목을 가져오게 하고 그것으로 베냐민의 게바와 미스바를 건축하였더라

22 Then King Asa made a proclamation to entire Judah, leaving nobody free, that they should carry away the stones of Ramah, with its timbers, with which Baasha had been building. And [a]King Asa[a] built Geba of Benjamin and Mizpah with them.[b]

23 아사의 남은 사적과 모든 권세와 무릇 그 행한 일과 성읍을 건축한 것이 유다 왕 역대지략에 기록되지 아니하였느냐 그러나 저가 늙을 때에 발에 병이 있었더라

23 Now the remainder of[a] Asa's acts, including all his works of greatness[b] which he did [c]and the cities that he built,[c] are these not written in the Book [d]of the Chronicles of the Judahite Kings?[d] However, at the time of his old age[e] he suffered with his feet.

24 아사가 그 열조와 함께 자매 그 열조와 함께 그 조상 다윗의 성에 장사되고 그 아들 여호사밧이 대신하여 왕이 되니라

24 And Asa slept [a]with his fathers[a] and was buried with his fathers in the city of David his father. And Jehoshaphat his son reigned in his place.

원문주해

9.a. MT. G^{BL}은 “이십사”. 참조. 8절 LXX.

9.b-b. MT. G^{BL}은 “아사가 유다의 왕이 되었다”.

10.a. MT. G^{BL}은 “한나”. 참조. 13절.

12.a-a. MT(הקדשים – 하케데쉼, 14:24에서 쉰데스모스〈*σύνδεσμος*〉로 번역됨). G^{L}은 스텔라스(*στήλας*)=히브리어 마체보트(מַצֵּבוֹת, “서 있는 돌들”)로 만든 반면에, G^{B}은 “제사장들”이라는 뜻의 텔레타스(*τελετὰς*)로 만든다. 번역의 문제는 언어학적일 수 없기 때문에, 이러한 변형들은 단지 이데올로기적이고 변증적일 수 있다.

12.b. 역대기는 긴 본문을 첨가한다.

14.a. MT. G^{BL}, Syr, Vg은 아사를 선조로 만드는 “그는”이라는 어구를 가진다.

15.a-a. MT, G^{B}. G^{L}은 “아사는 야웨의 성전에 가져왔다”라고 의역한다.

15.b. MT(קדשי – 카드쉐이, “거룩한 것들”; 참조. 7:51). 이 단어를 이해하지 못하고 헬라어 번역자들은 “기둥들”이라는 뜻의 키오나스(*κίονας*)를 쓰고 있는데, 이것은 정규 히브리어에 상응하는 의미를 가지고 있지 않은 것처럼 보인다.

15.c-c. K, G, Syr, Tg, 역대기. Q는 “야웨의 성전의”라는 경건한 의미를 가지도록 수정하고 있다.

16.a. MT, G^{L}. G^{B}은 “이스라엘의 왕”이라는 설명적인 어구를 가진다. 참조. 17절.

17.a-a. MT(לבלתי תת יעא רכא, “…로부터 떠나거나 …에 들어가지 못하도록”. G^{BL} *τοῦ μὴ εἶναι*=לבלתי היות “그래서 그것은 …이 아니다”).

18.a. G^{BL}. MT은 “모두”라는 만연체적인 어구를 첨가한다.

18.b-b. MT. G^{BL}은 “발견되었다”(단수).

18.c-c. MT, G^{L}. G^{B}은 생략(인접해 있는 단어들이나 구들 혹은 절들의 끝이 비슷해서 발생하게 되는 필사상의 오류).

18.d-d. G^{L}, Syr. MT은 “그리고 그”. G^{B}은 원문 훼손.

18.e-e. MSS, Q. K는 원문 훼손.

18.f. MT. G^{BL}은 복수.

19.a-a. MT, 명사절. 헬라어 번역자들은 이 일상적이지 않은 구조에 의해서 당혹감을 가지며 난처해한다. G^{B}은 “언약”, “조약”이라는 뜻의 히브리어를 디아데케(*διαθήκη*)로 번역한다. 이 단어 앞에는 “준비하다, 정리하다”라는 뜻을 가진 디아티데미(*διατιθημι*)의 명령형이 있다. 이것은 마치 두 단어가 같은 어근에서 나온 것처럼 보는 것이다. 그러나 히브리어 판본이 하나의 동사를 가졌다고 생각할 이유는 없다. “조약이 있게 하라”는 의미를 가진 G^{L}의 디아데케 에스토(*Διαθήκη ἔστω*)는 가정법은 과거에 일어난 어떤 것–그의 조상들의 조약–을 가리킬 때 적절하지 않다는 사실 외에는 합법적인 의역이 될 수

있다.

19.b-b. MT, G^{L}. G^{B}은 생략(가운데 글자를 빠뜨리고 쓴 오류?).

19.c. MT. G^{BL}의 "그리고 사이에"라는 어구는 좀더 나은 헬라어 문체를 주게 되는 접속사를 사용한 연결적인 형태다.

20.a-a. MT(복수). G^{BL}은 복수 소유격과 소유대명사와 함께 단수를 가진다.

20.b. MT. Par(벤하닷을 가리키는 단수). "군대들"을 주어로 하면서 역대기와 G은 복수.

20.c. MT. G^{BL}은 원문 훼손. 참조. 역대기.

20.d. MT. G^{BL}은 원문 훼손. 역대기는 "보관 장소들"이라는 의미의 מסכנות. 병행 구절은 "주변들"이라는 의미의 히브리어 ככרות로 읽는다.

21.a-a. MT. G^{BL}은 "돌아갔다". MT은 "거하다"라는 의미의 원형 야솨브(ישב)를 사용한다. G은 "돌아가다"라는 의미의 원형 슈브(שוב)로 읽는다. MT은 어려운 독법을 선호하는 것이다. 그러나 이것은 아람의 침공에 대해 바아사의 이어지는 행위에 관한 구절을 이해할 때 더 나은 의미를 만들어 준다.

22.a-a. MT, G^{B}. G^{L}은 "아사". 역대기는 생략. 아사의 제왕적 관직에 대한 언급이 이곳에서 기대될 수 있다.

22.b. 역대기는 긴 본문을 삽입한다.

23.a. G^{BL}. MT의 "…의 모든"이라는 어구는 만연체적일 뿐만 아니라, 바로 이어지는 두 번 나오는 "그리고 모든"이라는 의미의 베콜(וכל)로부터 온 본문에 분명하게 들어간다.

23.b. G^{BL}. MT은 "그리고 모든"이라는 어구를 첨가함(위를 보라).

23.c-c. MT. G^{L}은 "그리고 성읍들…". G^{B}은 생략(가운데 글자를 빠뜨리고 쓴 오류?).

23.d-d. 역대기는 "유다와 이스라엘의 왕들의".

23.e. MT과 G^{B}. G^{L}은 "아사는 악한 일을 했다"라는 해석적인 주해를 가진다.

24.a-a. MT, G^{L}. G^{B}은 생략(가운데 글자를 빠뜨리고 쓴 오류).

양식/구조/배경

[신명기 사가: 아사의 통치

1. 서론적 요약, 9-10절
2. 예전적 개혁과 신학적 평가, 11-14절]

성전 문헌 보관소로부터의 비망록, 15절

유다 왕 역대지략으로부터 발췌한 부분, 16절

아사의 벤하닷과 맺은 동맹에 대한 내러티브

1. 제안
    a. 바아사의 위협: 라마의 요새, 17절
    b. 아사의 다메섹에 보내는 사절단
        (1) 선물, 18절
        (2) 배반에 대한 뇌물, 19절
2. 승낙
    a. 아람의 침공을 위한 준비, 20a절
    b. 전쟁, 20b절
3. 결과: 아사를 위해 좋은 여건
    a. 바아사가 물러감, 21절
    b. 아사가 방비 요새들을 건축함, 22절

[신명기 사가: 아사에 대한 결론적 요약, 23-24절]

아사의 통치에 대한 이야기는 신명기 사가의 일상적이지 않은 확장된 요약으로부터 시작된다. 그 신명기 사가는 우상 숭배가 왕 자신의 집에 얼마나 영향을 주었는지에 대해서 상세히 기록한 보관된 문헌으로부터 내용을 선별한다. 성전 문헌 보관소와 유다의 역대기로부터 간략한 발췌를 하면서 신명기 사가는 아사 왕실의 상세한 정치적 내러티브를 삽입한다. 이 내러티브에서는 그가 아람과 조약을 맺은 일과 그의 영토의 경계를 지킨 일 등을 말하고 있다. 결론에서 아사의 이야기는 신명기 사가의 일반적 형태인 어느 정도 확장된 결론적 요약을 담고 있다.

주석

9-15 아사가 통치를 시작했을 때 여로보암은 여전히 이스라엘의 왕이었다. 그러나 그것은 아사가 매우 어려운 문제를 가지게 했던 새로운 왕조의 수장이었던 바아사와 함께 한 통치였을 것이다. 우리의 연대기에 따르면, 아사는 여호사밧을 그의 마지막 3년 동안 함께 통치를 해 나가는 자로서 지명했다(아마도 23절에 보고된 그의 발의 질병은 이러한 지명의 원인이었을 것이다). 그의 "어머니"에 대한 신분은 위의 2절을 보라. 신명기 사가는 아사를 높이 추앙받기에 합당한 첫 번째 유다 왕으로서 언급한다. 그는 "그 조상 다윗같이 여호와 보시기에 정직하게 행하였다"(11절). 그리고 그의 "마음이 일평생 여호와 앞에 온전하였다"(14절). 특별히 그는

예전적 남창들(הקדשים – 하케데쉼, 남성 복수, 그러나 남여를 다 포함하는 공통의 성으로서의 역할을 한다)을 추방했다. 그는 또한 그 열조들이 만든 모든 우상들(הגללים – 하기룰림, "오물, 불결함" 등을 의미하는 단어를 음성화한 것으로 회당의 지도자들이 발음했을 것이라고 생각된다)을 "제거했다"(즉 파괴했다). 이 열조들은 일차적으로 솔로몬을 의미한다. 그는 마아가(그의 할머니)가 가나안의 풍요의 여신(토지의 어머니)인 아세라(14:23에서는 복수 형태를 보라)의 예전적 대상물–나무로 만든 상–을 설치했기 때문에 그녀를 황태후(גבירה – 게비라)의 자리에서 폐했다. 그는 지역 산당들은 억누르며 막지 않았다. 그러나 신명기 사가는 이것을 가지고 그를 비난하려고 하지는 않는다. 15절에 있는 성전 문헌에서 발췌한 부분은 주해 없이 아사 또한 성전의 보물 창고에 거룩히 구별된 것을 보관했다고 언급한다(참조. 7:51b). 이것은 아비얌이 분명히 개의치 않았던 일이다.

16-22 유다 왕 역대지략으로부터 발췌한 부분인 결론적 진술은 16-22절의 정치적인 내러티브를 소개한다. 바아사가 "올라왔다". 즉 분명히 효과적으로 저항하지 못하는 유다를 공격했다. 베냐민 조상의 대부분의 경계는 예루살렘의 권한 아래 있었다(12:21을 보라). 그러나 이제 바아사는 전통적인 경계에서 남쪽으로 3마일 가량 떨어진 곳에 있는 라마를 요새화했다(라마는 사무엘의 거주지였다, 삼상 7:17). 화자가 말했듯이, 이것은 북쪽 사람들이 아사와 접촉하는 것을 막기 위해서였다(이 구절들에서 주도적인 "왕 아사"라는 칭호는 저자가 이 왕의 왕실 지지자임을 말해 주는 것이다). 그러나 바아사의 진정한 목적은 유다의 침공을 막기 위함이었을 수도 있다. 시삭은 성전과 왕실의 보물들을 거의 쓸어갔다(14:26). 아사는 남아 있는 것을 벤하닷이 바아사를 공격하도록 하기 위해 뇌물로 주었다. 이 아람 왕의 아버지와 할아버지가 언급되고 있기 때문에, 11:23-25에 나타나는 아사와 르손의 관계는 문제가 된다. 다메섹에 도착해서 아사의 대사들(종들)은 다음과 같은 메시지를 전한다. (1) "조상들"(그렇지 않으면 언급되지 않았다: 소망을 나타내는 명사절로 읽어야 한다는 노트〈Noth〉의 주장〈339〉은 확실한 근거가 없다)을 존경하는 아사와 벤하닷 사이의 조약을 상기시키고, (2) 선물에 대해 이야기하고, (3) 벤하닷이 바아사와의 조약을 깰 것을 요청한다(또한 다른 곳에서는 언급되지 않는다).

20절은 벤하닷의 일단의 군대가 다른 곳에 주둔하고 있었음을 말해 주는 것 같다. 그러나 그는 갈릴리 해변에 인접한 기름진 평야와 납달리 경계에서 내륙에 이르는 갈릴리 상부 지역을 포함하여 상부 요단 계곡에 있는 세 성읍을 공격할 수 있도록 그의 군대를 보냈다. 본문의 화자가 말하듯이 바아사는 이러한 공격에 대한 소식을 들었을 때 라마를 건축하는 것을 그만두고 디르사로 돌아갔다. 그러나 화자는 바아사가 벤하닷을 몰아내기 위해서 강력한 군대를 보냈는지, 아니면 다른 어떤 무슨 일이 있었는지에 대해서 관심이 없다. 어느 경우든 아사의 계획은 이루어졌다. 라마를 방어하기 위한 더 이상의 이스라엘 군사들이 없었기 때문에, 아사는 라마에 이르러 건축 목재들을 날라다가 그 자신의 요새인 게바와 미스바를 세우려는 전반적인 징병을 실시할 수 있었다.

23-24 아사의 결론적 요약에서 신명기 사가는 구체적으로 이름이 주어지지 않는 "위대한 일들"과 지어진 (재건축) 성읍들에 대한 특별한 언급을 한다. 아사는 늙었다. 그는 식이요법을 하며 생존하고 있었다. 아마도 그는 "왕들의 우환"이라고 불리는 팔·다리 따위에 염증을 일으키는 통풍(痛風)에 걸렸을 것이다. 아사를 인정하는 태도 때문에, 신명기 사가는 이러한 질병을 야웨로부터 온 징벌의 일종으로 정죄하지 않는다.

8. 나답의 통치(15:25-31)

본 문

25 유다 왕 아사 제이년에 여로보암의 아들 나답이 이스라엘의 왕이 되어 이 년을 이스라엘을 다스리니라

26 저가 여호와 보시기에 악을 행하되 그 아비의 길로 행하며 그가 이스라엘로 범하게 한 그 죄 중에 행한지라

27 이에 잇사갈 족속 아히야의 아들 바아사가 저를 모반하여 블레셋 사람에게 속한 깁브돈에서 저를 죽였으니 이는 나답과 온 이스라엘이 깁브돈을 에워싸고 있었음이더라

28 유다 왕 아사 제삼년에 바아사가 나답을 죽이고 대신하여 왕이 되고

29 왕이 될 때에 여로보암의 온 집을 쳐서 생명 있는 자를 하나도 남기지 아니하고 다 멸하였는데 여호와께서 그 종 실로 사람 아히야로 하신 말씀과 같이 되었으니

30 이는 여로보암이 범죄하고 또 이스라엘로 범하게 한 죄로 인함이며 또 저가 이스라엘 하나님 여호와의 노를 격동시킨 일을 인함이었더라

31 나답의 남은 사적과 무릇 행한 일이 이스라엘 왕 역대지략에 기록되지 아니하였느냐

25 Now Nadab son of Jeroboam began to reign over Israel in the second[a] year of Asa king of Judah. And he reigned over[b] Israel for two years.

26 And he did what was evil in Yahweh's eyes, walking in the way of his father, even in the sin[a] with which he caused Israel to sin.

27 Then Baasha son of Ahijah, [a]belonging to the house of Issachar,[a] formed a conspiracy against him, and he[b] struck him down at Gibbethon belonging to the Philistines while Badab and all Israel were besieging Gibbethon.

28 And Baasha killed him in the third[a] year of As king of Judah [b]and reigned in his place.[b]

29 And it so happened that, [a]as soon as he became king,[a] he struck down the[b] house of Jeroboam. He did not allow to survive a single breathing soul to Jeroboam without destroying it, according to the word of Yahweh which he spoke by means of his servant Ahijah the Shilonite,

30 on account of Jeroboam's sins, [a]which he himself sinned[a] [b]and which[b] he caused Israel to sin[c] in his provocation with which he enraged Yahweh the God of Israel.

31 Now the remainder of Nadab's acts, and all that he did, are these not written in the Book of the Chronicles of the Israelite Kings?[a]

원문주해

25.a. G MSS는 "세 번째", "열 번째".

25.b. MT, G^{L}. G^{B}은 "…안에".

26.a. MT, 이것은 신명기 사가의 이네올로기를 정확하게 표현한 것이다. G^{BL}, Syr, Vg은 복수.

27.a-a. MT. G^L은 "잇사갈에 속한 벨라마/베다마(Bellama/Beddama)의 집 위에". G^B도 유사함(원문 훼손).

27.b. G^B(참조. 28절). MT과 G^L은 복수.

28.a. G^{MSS}은 "네 번째".

28.b-b. MT은 신명기 사가의 용어를 다시 사용하고 있다. G^B의 "그리고 그는 통치했다"와 G^L의 "그리고 바아사는 이스라엘 위에 통치했다"는 의역을 한 구문들이다.

29.a-a. MT과 G^{BL}. MSS, Tg^{MSS}의 "그의 통치 기간 동안"이라는 구문은 아마도 바아사의 왕권의 합법성을 부인하기 위한 의도인 것 같다.

29.b. G^B. MT, G^L은 해석적인 "전체"라는 어구를 첨가한다.

30.a-a. MT, G^L. G^B은 생략(가운데 글자를 빠뜨리고 쓴 오류?).

30.b-b. MT. G^{BL}은 "바로 …처럼".

30.c. MT과 G^L. G^B의 "그리고 …안에"라는 구문은 여로보암이 이스라엘로 하여금 죄를 짓게 한 것과 야웨를 격노케 한 것 사이를 구분하는 것이다.

31.a. G^{BL}은 32절 전체를 생략한다. MT은 "그리고 적개심이 아사와 바아사 사이에 항상 있었다"라는 하나의 주해적인 독법을 첨가한다(참조. 16절).

양식/구조/배경

[신명기 사가: 나답의 통치

1. 서론적 요약, 25절
2. 신학적 평가, 26절
3. 바아사의 모반에 대한 기록, 27-28절
4. 여로보암의 집에 대한 예언의 성취로서의 해석, 29-30절
5. 결론저 요약, 31절]

우리는 신명기 사가가 자신의 짧은 진술로써 말해 주는 것 외에는 나답에 관해서 그 어떤 것도 아는 바가 없다. 구성은 일반적인 형태로서의 개론적 요약과 신학적 평가, 그리고 결론적 요약으로 되어 있다. 또한 신명기 사가는 바아사의 음모에 관한 독립적인 보고를 상술하고 있는데, 이것을 16:9-10에 있는 것처럼 그의 개괄적인 진술에 포함시킨다(16:21-22, 24, 34절에 있는 독립적인 보고들과 비교하라). 물론 그는 이 사건은 14:10-11, 14-16의 예언의 완성이라는 특별한 주장(29-30절)을 하고 있다.

주석

나답의 2년째 통치 시기는 실제적으로 1년보다는 긴 기간이었다. 신명기 사가는 유다가 악한 것을 했다고 말하고 있다(14:22). 그러나 그 왕들로부터 그러한 비난을 보류하고 있다. 하지만 북쪽의 왕들에 대해서 그는 좋은 평가를 하지 않는다. 나답은 악하다고 평가될 첫 번째 사람이다. 이것은 그가 그의 아버지의 길들로 행하기 때문이다. 이것은 황금 송아지들을 금지하지 않은 것을 의미한다. 아버지로부터 아들에게 계승되는 원리가 잘 확립되어 있지 않은 이스라엘이기 때문에, 아히야의 아들 바아사는 음모를 획책하고 나답이 게젤(Gezer) 근처의 해안 평야에 위치한 블레셋 성읍인 깁브돈을 에워싸고 있었을 때 그를 죽인다. 신명기 사가는 33절에 있는 그의 일반적인 자료로부터 필사하게 될 바아사의 통치에 대한 동시대적인 사건들을 포함해서 자신의 전체적인 보고를 인용한다. 신명기 사가는 계속해서 바아사는 즉시 아히야(에브라임에 있는 실로로부터 온 선지자로 바아사의 아버지가 될 수 없다. 바아사의 아버지는 잇사갈 지파 출신이기 때문이다, 27절)의 예언의 완성으로서 여로보암의 모든 "집", 즉 가족에 대한 피의 숙청을 수행했다고 언급한다. 여로보암의 죄목들은 다음과 같이 구체화된다. (1) 그 자신이 전념한 죄들과 (2) 그가 이스라엘로 하여금 짓게 한 죄들인데, 이는 공동의 죄의 원리에 대한 놀라운 표현 등과 같은 것들이다. 나답에 대한 요약적 결론(31절)은 죽음에 대한 보고가 빠져 있음을 간과해서는 안 된다. 나답은 "그의 열조와 함께 잠들지" 못했다. 그는 모반과 피의 혁명의 행위에 의해서 내침을 당했기 때문이다.

9. 바아사의 통치(15:33-16:7)

참고문헌

Brueggemann, W. "From Dust to Kingship." *ZAW* 84(1972) 1-16. **Seebass, H.** "Tradition und Interpretation bei Jehu ben Chanani und Ahia von Silo." *VT* 25(1975) 175-90.

본 문

33 유다 왕 아사 제삼년에 아히야의 아들 바아사가 디르사에서 온 이스라엘의 왕이 되어 이십 사 년을 치리하니라

34 바아사가 여호와 보시기에 악을 행하되 여로보암의 길로 행하며 그가 이스라엘로 범하게 한 그 죄 중에 행하였더라

16:1 여호와의 말씀이 하나니의 아들 예후에게 임하여 바아사를 꾸짖어 가라사대

2 내가 너를 진토에서 들어 나의 백성 이스라엘 위에 주권자가 되게 하였거늘 네가 여로보암의 길로 행하며 내 백성 이스라엘로 범죄케 하여 저희 죄로 나의 노를 격동하였은즉

3 내가 너 바아사와 네 집을 쓸어 버려 네 집으로 느밧의 아들 여로보암의 집같이 되게 하리니

4 바아사에게 속한 자가 성읍에서 죽은즉 개가 먹고 들에서 죽은즉 공중의 새가 먹으리라 하셨더라

5 바아사의 남은 사적과 무릇 행한 일과 권세는 이스라엘 왕 역대지략에 기록되지 아니하였느냐

6 바아사가 그 열조와 함께 자매 디르사에 장사되고 그 아들 엘라가 대신하여 왕이 되니라

33 In[a] the third year of Asa king of Judah, Baasha son of Ahijah began to reign over[b] Israel in Tirzah for twenty-four years.

34 And he[a] did what was evil in Yahweh's eyes, walking in the way of Jeroboam[b] and in his sin[c] by which he caused Israel to sin.

16:1 And it so happened that the word of Yahweh came to[a] Jehu son of Hanani against Baasha,[b] [c]as follows:[c]

2 "In view of the fact that I raised you from the dust and appointed you as leader over my people Israel, and yet you have walked in the way of Jeroboam, causing my people Israel to sin, so as to enrage me through their sins,

3 behold, I will [a]make it flame up[a] behind Baasha and behind his house, equating your[b] house with the house of Jeroboam son of Nebat.

4 Anyone belonging to Baasha who dies in the city, the dogs shall devour, and anyone of his who dies in the open, the birds of the heaven shall devour."

5 Now the remainder of Baasha's acts, and[a] whatever he did, and his works of greatness, are these not written in the Book of the Chronicles of the Israelite Kings?

6 And Baasha slept with his fathers and was buried in Tirzah. And Elah his son reigned in his place.[a]

7 여호와의 말씀이 하나니의 아들 선지자 예후에게 임하사 바아사와 그 집을 꾸짖으심은 저가 여로보암의 집을 본받아 여호와 보시기에 모든 악을 행하며 그 손의 소위로 여호와의 노를 격동하였음이며 또 그 집을 쳤음이더라

7 What is more, by means of Jehu son of Hanani, the prophet, the word of Yahweh came to[a] Baasha and to[b] his house, [c]both concerning[c] all the evil that he did in Yahweh's eyes, enraging him through the works of his hands so as to become like the house of Jeroboam, and concerning the way in which he did demolish it.

원문주해

33.a. MT. G^{BL}은 "그리고 …안에"라는 연결하는 어구를 가진다.

33.b. MT. G^{BL}은 "모든 이스라엘"이라는 설명적인 어구를 가진다.

34.a. MT, G^{B}. G^{L}은 "바아사"라는 설명적인 어구를 가진다.

34.b. MT. G^{BL}은 "느밧의 아들"이라는 만연체적인 어구를 첨가한다.

34.c. MT. G^{BL}은 복수.

16:1.a. MT. G^{BL}, 엔 케이리(ἐν χειρὶ)=히브리어 베야드(ביד, "손에 의해"; 참조. 16:7).

1.b. MT, G^{B}. G^{L}은 "이스라엘의 왕"이라는 설명적인 어구를 첨가한다.

1.c-c. MT, G^{L}. G^{B}은 생략(문체적).

3.a-a. MT. G^{BL} 엑세게이로(ἐξεγείρω)=히브리어 מעיר("분기시키는")는 "태우게 하다"라는 뜻의 MT의 마브이르(מבעיר)에 대한 원문 훼손이다.

3.b. MT. G^{BL}의 "그의"는 여로보암을 선행하는 말로서 취하는 것이다.

5.a. MT. G^{BL}은 "모든"이라는 만연체적인 어구를 가진다.

6.a. MT. G^{BL}은 "스물두 번째에"(G^{C}2 "아홉 번째") "왕 아사의 해"라는 연대기적인 주해를 첨가한다.

7.a. MT. G^{BL}은 "대해서"(=히브리어 알〈עַל〉).

7.b. 위와 같다.

7.c. MT, G^{L}. G^{B}은 생략. MSS, Syr, Tg^{b}은 "관하여".

양식/구조/배경

[신명기 사가: 바아사의 통치

1. 서론적 요약, 33절
2. 신학적 평가, 34절

3. 예후의 징벌에 관한 보고
    a. 내러티브 서론, 16:1
    b. 독설, 2절
    c. 위협, 3-4절
4. 결론적 요약, 5-6절]

[확장, 7절]

바아사의 통치는 전적으로 신명기 사가의 말로 이야기되고 있다. 그의 말은 축약된 서론과 신학적 평가(15:33-34), 독설과 위협이 있는 선지자적 신탁(16:1-4) 그리고 일반적인 결론적 요약(5-6절) 등으로 이루어져 있다. 하나니의 아들 예후에게 주어진 것이라 할지라도, 신탁은 14:7-11의 여로보암의 아내에게 주어진 아히야의 신탁과 비슷한 것이 바아사에게 주어지려고 하는 것이다. 상황은 병행적으로 유사하다. 바아사의 아들 엘라는 나답이 행했던 동일한 방식으로 죽을 것이다(8-14절). 이것은 예언의 성취다. 이것은 12절에서 강조될 요점이다. 그러나 7절에 있는 후기 신명기 사가적 확장은 이미 그러한 점을 이야기하고 있다.

주석

이스라엘의 서기관들은 유다의 통치를 그들 자신의 왕들의 이른 날짜 계산법에 의해서 계산하기 때문에, 바아사가 왕위를 얻은 것은 아사의 두 번째 해였다. 그의 실제적인 통치는 23년 동안이었다. 늘 그래왔듯이 그의 악은 여로보암의 죄에 의해서 판단되었다. 하나니의 아들 예후에 대해서는 전혀 알려진 것이 없다. 역대기는 역대하 19:2; 20:34에서 그를 언급한다. 그러한 선지자는 아마도 있었을 것이고 바아사에 내항해서 선포했을 것이다. 그러나 신명기 사가는 이외에 다른 기록을 가지지 않는다. 신탁은 전적으로 그 자신의 관례적인 용어로 던져진다. "내가 너를 진토에서 들어"라는 어구는 다분히 드라마와 같은 표현이며, 그의 주인을 살해한 사람에 대한 야웨의 입에 담겨진 신학적인 문제를 함축한 말이다. "주권자(נגיד – 나기드)가 되게 하였거늘"은 14:7에서 빌려온 말이다. 여로보암과 같은 죄를 지은 것에 대한 비난은 야웨를 "격동하였은즉"(2절; 참조. 14:9; 15:30; 16:7)이라는 구절에 의해서 첨예하게 된다. 위협을 하는 부분에서 불꽃의 상징은 14:10에서 빌려온 것이다. 신명기 사가가 말한 것처럼, 그는 바아사의 집과 여로보암의 집을 동일시하고 있다. 따라서 그는 14:11의 소름끼치는 속요를 인용하고 있다(11절에 있는 성취는 14:10의 혐오스러운 속요를 인용한다). 결론적인 요약에서 신명기 사가는 "행한 일"에 대해 모호하게 관련시키는 것에서 매우 화가 나고 냉담한 것처럼 보인다. 그러나 보관 문헌에 대한 두 번째 관찰은 그에게 독자는 또한 어떤 "권세"에 대한 관심이 있을 수 있다는 것을 일깨워 준다. 6절의 죽음에 대한 보고는 북쪽 왕을 위해 묻힌 장소(디르사)를 구체적으로 언급하는 첫 번째 경우다.

10. 엘라의 통치(16:8-14)

본 문

8 유다 왕 아사 제이십륙년에 바아사의 아들 엘라가 디르사에서 이스라엘 왕이 되어 이 년을 위에 있으니라
9 엘라가 디르사에 있어 궁내 대신 아르사의 집에서 마시고 취할 때에 그 신복 곧 병거 절반을 통솔한 장관 시므리가 왕을 모반하여
10 들어가서 저를 쳐 죽이고 대신하여 왕이 되니 곧 유다 왕 아사 제이십칠년이라
11 시므리가 왕이 되어 그 위에 오를 때에 바아사의 온 집을 죽이되 남자는 그 족속이든지 그 친구든지 하나도 남기지 아니하고
12 바아사의 온 집을 멸하였는데 여호와께서 선지자 예후로 바아사를 꾸짖어 하신 말씀같이 되었으니
13 이는 바아사의 모든 죄와 그 아들 엘라의 죄를 인함이라 저희가 범죄하고 또 이스라엘로 범죄케 하여 그 헛된 것으로 이스라엘 하나님 여호와의 노를 격발하였더라
14 엘라의 남은 사적과 무릇 행한 일이 이스라엘 왕 역대지략에 기록되지 아니하였느냐

8 [a]In the twenty-sixth year of Asa king of Judah[a] Elah son of Baasha began to reign over Israel [b]in Tirzah for two years.[b]
9 And his servant Zimri,[a] commander of half his chariotry, conspired against him. Now he was in Tirzah, drinking strong drink in the house of Arza, custodian of the palace property in Tirzah.
10 And Zimri got in and struck him down and killed him [a](it was the twenty-seventh year of Asa king of Judah),[a] and he became king in his place.
11 And it so happened during his reign that, [a]as soon as he sat on his throne [a]he struck down the entire house of Baasha, [b]leaving to him not a single one who urinates against the wall; also his kinsfolk and his friends.
12 So did Zimri demolish the entire house of Baasha,[a] according to Yahweh's word which he had spoken against him[b] [c]by means of[c] Jehu[d] the prophet,
13 on account of all the sins of Baasha and [a]the sins of[a] Elah his son, [b]which they themselves sinned[b] and by which they caused Israel to sin, enraging Yahweh the God of Israel through their vain things.
14 Now the remainder of Elah's acts, and all that he did, are these not written in the Book of the Chronicles of the Israelite Kings?

원문주해

8.a-a. MT. G^B은 생략. G^L은 "유다의 아사의 (통치) 때에". G^L은 G^B에서 보이는 생략 부분을 보충하기 위해서 무모한 시도를 한다. 이것은 원본적인 실제 MT으로 간주될 수

없다. MT의 말라크(מלך)를 G^{B}이 부정과거로 만드는 것(ἐβασίλευσεν – 에바실류센, "통치했다")은 G^{B}의 일반적이고 의심할 바 없이 원본적인 헬라어인 15:1, 9, 25, 33, 16:28(ἐβασιλεύει – 에바실류에이, "통치하다")에서 보이는 OG의 역사적 현재와 일치하지 않기 때문이다.

8.b-b. MT, G^{L}. G^{B}은 "디르사에 있는 이 년 동안".

9.a. MT. G^{BL}은 "잠브레이(Zambrei)". 같은 단어가 이곳저곳에 나타난다.

10.a-a. MT, G^{BL}은 생략하고 있는데, 이것은 8절에 언급된 두 개의 동일 연대들과 통치의 2년 길이 사이의 숫자적 불일치에 대한 고려에서 나올 가능성이 있다(그러나 180-82페이지에 있는 "The Chronology of the Hebrew Kings"를 보라).

11.a-a. MT(כשבתו על־כסאו – 케쉬브토 알 키스오). G^{BL}은 엔 토 카디사이 아우톤 에피 투 드로누 아우투(ἐν τῷ καθίσαι αὐτον ἐπὶ τοῦ θρόνου αὐτοῦ, "그가 그의 보좌에 앉았을 때"). 비록 G이 히브리어 카프(כ)를 베트(ב)로 잘못 읽고 있을지라도, 그것은 시므리의 숙청 계획을 위해서 시간을 고의적으로 늘리고 있는 것일 수 있다.

11.b.-12.a. MT. G^{B}은 인접해 있는 단어들이나 구들 혹은 절들의 끝이 비슷해서 발생하게 되는 필사상의 오류로 인해서 생략한다.

12.b. G^{BLOr}. MT은 "…위에".

12.c-c. MT, G^{L}. G^{B}의 "그리고 …위에"는 원본 훼손.

12.d. MT, G^{B}. G^{L}은 "하나니의 아들"이라는 설명적인 어구를 첨가한다.

13.a-a. MT. G^{BL}은 문체적 이유들로 인해서 생략한다.

13.b-b. MT. G^{BL}은 생략하는데, 이는 아마도 신명기 사가의 전형적인 유형을 지지함으로써 발생하는 가운데 글자를 빠뜨리고 쓴 오류일 수 있다.

양식/구조/배경

[신명기 사가: 엘라의 통치

1. 서론적 요약, 8절
2. 시므리의 모반에 대한 보고, 9-10절
3. 바아사의 집에 대한 예언의 성취로서의 해석, 11-12절
4. 신학적인 해석, 13절
5. 결론적 요약, 14절]

엘라에 관한 신명기 사가의 보고는 나답에 관한 것과 매우 유사한 양식이다(15:25-31). 매우 간략한 서론과 죽음과 장례에 대한 구설이 없는 결론적 요약이

있다. 제일 중요한 중심부에는 시므리의 모반에 관한 보고가 있고(9-10절), 이어서 이러한 사건은 예언의 성취로서 이루어지는 것이라는 교훈적인 진술이 있으며, 그러고 나서 일반적인 신학적 평가가 있다.

주석

엘라는 공인된 2년 동안 디르사에서 통치했는데, 이것은 실제적인 1년보다 좀더 긴 시간이었다. 유다 사람의 계산의 관점에서 보면 그의 승계는 실제적으로 아사 왕 25년이었고, 그의 죽음은 아사 왕 26년이었다(10, 15절). 시므리는 셈어적인 이름이지만 오므리와 같이 성(姓)이 없는 것 같다. 그러나 그는 병거 절반을 관할하는 장관으로 알려져 있다. 모반이 성공해서 엘라는 분명히 제거되었다. 아마도 왕이 술을 먹고 있었던 집의 주인이며 아히살(4:6)과 유사한 관직을 가진 아르사는 모반에 가담했고, 시므리로 하여금 피의 숙청을 하도록 안으로 들어올 수 있게 해주었을 것이다. 그래서 시므리는 바아사 가문의 모든 사람들을 제거하고서 왕권을 탈취했고, "칼로 얻은 자는 칼로 망한다"는 사실을 다시 한 번 보여 주었다. 이러한 보고를 넣으면서 신명기 사가는 여로보암의 집에 대한 자신의 이전 관찰들(15:29-30)을 비교하고 자신의 도덕화에 따른 적용을 한다. 신명기 사가는 자신의 신학적인 해석에서 한 왕의 악한 행위를 여로보암에게 귀속시키는 일반적인 습관을 떠나서, 이번에는 바아사의 죄와 엘라의 죄를 언급한다(13절). "그 헛된 것"이라는 어구는 이방 신들을 조소하는 새로운 용어다(참조. 26절). 신명기 사가의 의도는 여로보암-나답 그리고 바아사-엘라 사이의 병행을 강조하려는 것이다.

11. 시므리의 통치(16:15-22)

참고문헌

Miller, J. M. "So Tibni Died(I Kings xvi 22)." *VT* 18(1968) 392-94. **Soggin, J. A.** "Tibni, re d'Israele nella prima meta del IX sec. av. Cr." *RSO* 47(1972) 171-76.

본 문

15 유다 왕 아사 제이십칠년에 시므리가 디르사에서 칠 일 동안 왕이 되니라 때에 백성들이 블레셋 사람에게 속한 깁브돈을 향하여 진을 치고 있더니

16 진중 백성들이 시므리가 모반하여 왕을 죽였다는 말을 들은지라 그 날에 이스라엘의 무리가 진에서 군대 장관 오므리로 이스라엘 왕을 삼으매

17 오므리가 이에 이스라엘 무리를 거느리고 깁브돈에서부터 올라와서 디르사를 에워쌌더라

18 시므리가 성이 함락됨을 보고 왕궁 위소에 들어가서 왕궁에 불을 놓고 그 가운데서 죽었으니

19 이는 저가 여호와 보시기에 악을 행하여 범죄함을 인함이라 저가 여로보암의 길로 행하며 그가 이스라엘로 죄를 범하게 한 그 죄 중에 행하였더라

20 시므리의 남은 행위와 그 모반한 일이 이스라엘 왕 역대지략에 기록되지 아니하였느냐

21 그 때에 이스라엘 백성이 둘에 나뉘어 그 절반은 기낫의 아들 디브니를 좇아 저로 왕을 삼으려 하고 그 절반은 오므리를 좇았더니

22 오므리를 좇은 백성이 기낫의 아들 디브니를

15 [a]In the [b]twenty-seventh[b] year of Asa king of Judah[a] Zimri reigned[c] for seven days[d] in Tirzah. Now [e]the people were encamped[e] against Gibbethon,[f] which belongs to the Philistines.

16 And the encamped people heard[a] the following: "Zimri has made a conspiracy, and has actually struck down the king!"[b] So [c]all Israel[c] made Omri, general of the army, king over Israel that day in the camp.

17 And Omri[a] went up, and all Israel with him, from[b] Gibbethon. And they laid siege to Tirzah.

18 And it so happened that, when Zimri saw that the[a] city was captured, he[b] went to the pinnacle of the king's house and, burning the king's house with fire on top of himself, he[c] died;

19 on account of his sin[a] that he sinned, doing what was evil in Yahweh's eyes, walking in the way of Jeroboam[b] and in the sin[c] that he committed, causing Israel to sin.

20 Now the remainder of Zimri's acts, including his conspiracy that he conceived, are these not written in the Book of the Chronicles of the Israelite kings?

21 Then the people of Israel were split [a]into halves.[a] One half of the people were in support of Tibni[b] son of Ginath for king, while the other half were in support of Omri.[c]

22 [a]But the people who were supporting Omri

좇은 백성을 이긴지라 디브니가 죽으매 오므리가 왕이 되니라

got the better of[a] the people who were supporting Tibni son of Ginath.[b] Tibni died,[c] and Omri became king.[d]

원문주해

15.a-a. MT, G^L. G^B은 그의 연대기적 재구성을 고려해서 생략한다.

15.b-b. MT. G^L은 "스물두 번째". G^L MS은 "서른한 번째".

15.c. G^B의 부정과거(ἐβασίλευσεν-에바실류센)는 날짜와 새로운 문장의 시작에 대한 그의 생략을 인위적이고 이데올로기적인 것으로 드러낸다(8절에 관한 위의 내용을 보라).

15.d. "날들"이라는 뜻의 야밈(יָמִים)의 일반적인 의미를 따르는 MT과 G^L. 비록 이 문장에 있는 "해"(年)를 나타내는 것이 샤나(שָׁנָה)일지라도, G^B은 다음과 같은 이점을 가진다. 즉 "날"을 의미하는 욤(יוֹם)의 복수형은 또한 "해"(年)를 의미할 수 있기 때문에(예를 들어, 삼상 1:3), 여기에서 "해(年)들"의 복수형으로 만들기가 쉽다. 이것은 분명히 어떤 성향을 지니는 경향적인 실수이며, G^B의 연대기에 대한 전체적인 구조에서 많은 혼돈의 원천이 되었다.

15.e-e. MT. G^{BL}은 "이스라엘의 진을 친 곳은 …이었다"(문체적?).

15.f. MT. G^{BL}은 "기브온". 참조. 15:27.

16.a. MT. G^{BL}은 "진에서"라는 설명적인 어구를 가진다.

16.b. MT. G^B, G^L은 "왕 엘라"라는 설명적인 어구를 가진다.

16.c-c. MT. G^B, G^L의 "그 백성들"이라는 어구는 이 절의 처음 부분에서부터 반복된다. G^B은 "그리고 그들은 이스라엘에서 시므리를 왕으로 만들었다"로 읽는 구문을 조정한다. G^B은 16-17, 21-28절에서 오므리를 "시므리"로 부른다.

17.a. MT, G^L. G^{DL} MSS은 "시므리". 위를 보라.

17.b. MT, G^L. G^B은 "…인에".

18.a. MT. G^{BL}은 "그의"라는 설명적인 어구를 가진다.

18.b. MT, G^L. G^B은 "그들은"(해석적).

18.c. MT, G^L. G^B은 "그 왕"이라는 설명적인 어구를 가진다.

19.a. K. Q 그리고 G은 복수(이데올로기적).

19.b. MT. G^{BL}은 "느밧의 아들 여로보암"이라는 만연체적인 어구를 가진다.

19.c. MT. G^{BL}은 복수.

21.a-a. MT. G^{BL}은 생략(가운데 글자를 빠뜨리고 쓴 오류).

21.b. MT. G^{BL}은 "탐네이"(Thamnei). 같은 단어가 이곳저곳에 나타난다.

21.c. G^{B}은 "잠브레이"(Zambrei)("원문주해" 16.c-c를 보라).

22.a-a. MT. G^{BL}은 생략.

22.b. MT. $G^{A\ rell}$은 "능가했다"라는 의미의 휘페리스퀴센(ὑπερίσχυσεν)을 첨가한다. G^{BL}은 생략.

22.c. MT. G^{BL}은 독립적인 전승으로부터 "그리고 그 때에 그의 형 요람은"이라는 어구를 첨가한다.

22.d. MT. G^{BL}은 "디브니 뒤에"라는 해석적인 어구를 첨가한다.

양식/구조/배경

[신명기 사가: 시므리의 통치
  1. 서론적 요약, 15a절]
오므리의 반역과 시므리의 죽음에 대한 내러티브
  1. 오므리가 디르사를 포위하다
    a. 깁브돈 앞에 진을 침, 15b절
    b. 시므리의 모반에 대한 보고로 인하여 환호 가운데 옹립된 오므리, 16절
    c. 디르사로의 진격, 17절
  2. 시므리의 낙담과 자살, 18절
  [2. 신명기 사가의 신학적 평가, 19절
  3. 결론적 요약, 20절]
디브니와 오므리 사이의 경쟁에 대한 보고
  1. 나뉜 백성들, 21절
  2. 오므리의 궁극적인 패권, 22절

시므리에 관한 단락은 가장 일반적이지 않은 구조를 가지고 있다. 간략한 서론적 요약이 있다. 그러나 신명기 사가의 신학적인 평가는 결론적 요약 바로 앞에 온다(19절). 죽음에 대한 보고는 없는데, 이는 독자로 하여금 보관된 문헌들을 스스로 참조하도록 하는 면이 있다. 사이 사이에 있는 것은 단순한 보고가 아니라 간략한 내러티브다. 그것은 어떻게 시므리가 죽었는지에 관한 행동을 묘사하고 있기 때문이다. 그러나 신명기 사가는 오므리의 통치에 관한 이야기(23-28절)와 연관시키기 위해서 나아가기 전에 자신의 특별한 자료(21-22절)로부터 또 다른 보고를 사용한다. 그것은 오므리가 바아사와 시므리처럼 즉시 자유롭게 왕권을 가지지는 못했다

는 것을 가리켜 준다. 그는 그의 정적(政敵)인 디브니와 함께 잠시 권력을 나누어야만 했다.

주석

시므리가 왕권을 잡은 것은 실질적으로 아사의 스물여섯 번째 해였다. 그 기간은 짧았다("칠 일"에 관한 "원문주해"를 보라). 군대("모든 이스라엘")가 깁브돈에서 다시 한 번 진을 쳤고(참조. 15:27), 그들이 시므리의 불충한 행위에 대해서 들었을 때 부정적으로 반응했기 때문이다. 오므리(또한 성〈姓〉이 없다. 그러나 오므리는 성경이 말하고 있는 것보다 더 유명하고 유력하다. 앗시리아인들은 계속해서 이스라엘을 "오므리의 집"이라는 의미인 *Bit-Ḫumri*로 지칭하고 있기 때문이다)는 시므리의 지휘 장군("병거의 절반을 이끄는 자"를 대항하는 "군대의 장군")이었기 때문에 이러한 이유로 인하여 시므리가 행한 것에 특별한 공격을 취했을 수도 있다. 16절에 있는 일반적이지 않은 "그 날"이라는 의미의 바욤 하후(ביום ההוא) 때문에, 나는 *YTT*, 110-12에서 오므리의 대관식은 예전적 연맹에 의해서 박수갈채로 환호를 받게 되었음을 주장했다. 그 연맹체는 충성과 카리스마를 수여받은 행위로서 그에게 시므리를 치도록 허용했던 것이다. 오므리가 왕으로 추대되었다. 그가 단순히 모반으로 권력을 잡지 않았다는 것은 중요하다. 군대는 재빨리 디르사로 행진해 가서 포위했다. 성읍이 함락되기 훨씬 전에 시므리는 모든 사람들이 볼 수 있는 곳에서 스스로 불 가운데 들어가 불타 죽으며 허세를 부렸다. 19절에서 신명기 사가는 비난의 정도를 재촉하면서 결론적 요약을 말한다. "그 때에"라는 의미의 일반적인 아즈(אז)를 사용하면서 그는 디브니와 오므리에 관한 보고를 덧붙인다. 우리는 우리가 오므리에 대해서 알고 있는 것보다 디브니에 대해서는 그의 아버지의 이름이 주어진 것 외에는 알고 있는 것이 거의 없다. 언급된 반쪽은 동일한 반쪽을 의미하는 것은 아닐 것이다. 그들 사이의 싸움에 관한 언급은 없다. "…의 더 나은 것을 얻었다"라는 의미는 단순히 "…보다 더 강하게 되었다"라는 의미다. 따라서 오므리는 결국 디브니보다는 더 지지를 얻게 되었다. 얼마 후에 디브니가 죽었을 때, 그는 경쟁자 없이 지금까지 볼 수 없었던 가장 강한 행정부를 세울 준비를 하고 다스리게 되었다.

12. 오므리의 통치(16:23-28)

참고문헌

Alt, A. "Der Stadtstaat Samaria." *Berichte über die Verhandlungen der sächsischen Akademie der Wissenschaften zu Leipzig, Phil.-hist. Klasse*, Band 101, Heft 5, 1954 (=*Kleine Schriften* III, 258-302). **Whitley C. F.** "The Deuteronomic Presentation of the House of Omri." *VT* 2(1952) 137-52.

본 문

23 유다 왕 아사 제삼십일년에 오므리가 이스라
엘 왕이 되어 십이 년을 위에 있으며 디르사에서
육 년 동안 치리하니라
24 저가 은 두 달란트로 세멜에게서 사마리아 산
을 사고 그 산 위에 성을 건축하고 그 건축한 성
이름을 그 산 주인이 되었던 세멜의 이름을 좇아
사마리아라 일컬었더라

25 오므리가 여호와 보시기에 악을 행하되 그 전
의 모든 사람보다 더욱 악하게 행하여

26 느밧의 아들 여로보암의 모든 길로 행하며 그
가 이스라엘로 죄를 범하게 한 그 죄 중에 행하여
그 헛된 것으로 이스라엘 하나님 여호와의 노를
격발케 하였더라
27 오므리의 행한 그 남은 사적과 그 베푼 권세
가 이스라엘 왕 역대지략에 기록되지 아니하였느
냐

28 오므리가 그 열조와 함께 자매 사마리아에 장
사되고 그 아들 아합이 대신하여 왕이 되니라

23 In the thirty-first year of Asa [a]king of Judah[a]
Omri began to reign over Israel for twelve years;
he reigned in[b] Tirzah for six years.
24 And he[a] bought the hill of Samaria from
Shemer[b] for two silver talents, and built up the
hill. And he called the name of the city[c] which
he built after the name of Shemer, owner of the
hill: Samaria.
25 And Omri did what was evil in Yahweh's
eyes, being more perverse that all who preceded
him.
26 And he walked in every way of Jeroboam
son of Nebat and in his sin[a] by which he caused
Israel to sin, enraging Yahweh the God of Israel
by their vain things.
27 Now the remainder of the acts of Omri, [a]and
all[a] that he did, and his works of greatness,[b] are
these not written in the Book of the Chronicles
of the Israelite Kings?
28 And Omri slept with his fathers and was
buried in Samaria. And Ahab his son reigned in
his place.[a]

원문주해

23.a-a. MT, G^{L}. G^{B}은 생략(가운데 글자를 빠뜨리고 쓴 오류).

23.b. MT, G^{BL}. MS^{b}은 "그리고 …에서".

24.a. MT, G^{L}. G^{B}은 "잠브레이"(Zambrei)(설명적임). 16절에 관한 것을 보라.

24.b. MT. G^{BL}은 "그 산/동산의 주인"이라는 설명적 어구를 첨가함.

24.c. MT. G^{BL}의 "산"(ὄρος - 오로스)은 앞에서 발생한 두 가지 영향 하에 본문 속으로 들어온 것 같다.

26.a. Q(=신명기 사가의 표준적인 용어). K, G^{BL}은 복수.

27.a-a. MSS, G^{BL}, Syr. MT은 생략(아마도 원문 훼손; 아래를 보라).

27.b. G^{BL}. MT의 첨가인 "그가 행한 것"은 아마도 중복 오사다.

28.a. LXX에서는 28^{a-h}절을 따른다(22:41-53을 보라).

양식/구조/배경

[신명기 사가: 오므리의 통치
1. 서론적 요약, 23절]
오므리가 사마리아를 사들인 보고, 24절
[2. 신명기 사가의 신학적 평가, 25-26절
3. 결론적 요약, 27-28절]

오므리의 경우에 우리는 다시금 신명기 사가의 정보에 거의 전적으로 의존하게 된다. 그의 신학적 평가는 오므리 왕이 이스라엘의 미래의 수도인 사마리아를 얻은 방법에 대한 보고를 끼워 넣은 형태를 보이면서 일반적인 경우와 같이 혹독하다.

주석

오므리를 위한 동시대 역사 연표(年表)는 그의 단독 통치로부터 계산된다. 그러나 그의 통치 기간의 총 길이는 디브니와 경쟁했던 햇수, 즉 디르사에서 보냈던 시간들로서 총 통치 기간의 처음 부분을 나타낸다. 열둘과 육 년이 승인되는데, 실제적으로는 각각 열하나와 다섯 해(年)를 나타낸다. 분명히 오므리는 디브니가 죽자마자 디르사를 떠났다. 경쟁자의 죽음은 그로 하여금 자신이 원하는 바를 자유롭게 하도록 해주었다. 그리고 그는 아주 낮은 언덕은 서쪽을 향하고 반대는 동쪽을 향하고 있는 높고 격리된 언덕을 사들이는 지혜를 가졌다. 전략적인 위치에서 볼 때 사마리아는 탁월한 곳이었다. 그 곳은 사면에 기름진 평야를 가지고 완전히 고립된 채 서 있는 곳이었다. 그 곳은 동쪽의 세겜에서 직접적으로 닿을 수 있었고, 해안의 대로를 향하고 있는 서쪽 끝의 므낫세 언덕 너머를 바라볼 수 있었다. 24절의 기록은 아마도 신명기 사가가 그것을 받은 그대로 기록된 형태였을 것이다. 그러나 그것은 분명히 대중적인 구전 전승을 다시 만들어 낸다. 새로운 수도 성읍은 이전 주인의 이름을 따라 지어질 수는 없는 것이기 때문에, 세멜에 그 이름의 기원을 돌리는 것은 상상의 민속적 어원이라고 말한 그레이(Gray)와 노트(Noth)의 견해에 동의한다. 한편, 그레이가 세멜은 가족이나 지파였다는 증거로 "주"라는 의미의 복수 아도네이(אדני)를 지적하는 것은 옳을 수 있다(367). 그 지역의 실제적인 이름은 "쇼므론"(Shomron)이었다(형태를 위해서는 시리온〈Sirion〉, 헤르몬〈Hermon〉, 레바논〈Lebanon〉, 시온〈Zion〉 등을 참조하라). 그러므로 오므리는 그의 성읍을 쇼므론으로 불렀다(헬라어로는 사마리아). 그가 그것을 위해 돈을 지불하고 (액수는 믿기 어려운 금액이다) 그것을 건축했다는 것은, 그 곳이 이전에 거주하던 곳은 아니라는 것을 말해 준다. 초기 청동기 시대의 주거 흔적들이 발견될지라도, 1924년과 그 이후의 하버드 탐험대는 오므리 성읍은 이 지역에서 첫 번째 것이었음을 확증했다.

신명기 사가의 신학적 평가는 오므리에 대한 특별한 비난을 위해 한 가지 사실을 말해 준다. 그는 여로보암이 했던 모든 것을 행했고, 그 이상을 행했다는 것이다. 13절에서처럼 야웨는 이스라엘의 "헛된 것", 즉 이방 우상들에 의해서 노를 발하게 되셨다고 전한다. 결론적으로 이름은 없지만 사마리아를 건축한 일과 같은 오므리가의 "베푼 권세"에 대해 말하면서 일반적인 형태를 따른다.

13. 아합의 통치(16:29-34)

참고문헌

Eissfeldt, O. "Die Komposition von I Reg 16,29-II Reg 13,25." *BZAW* 105(1067) 49-58. **Jack, J. W.** *Samaria in Ahab's Time. The Harvard Excavations and their Results, with Chapters on the Political and Religious Situation.* Edinburgh: T. & T. Clark, 1929. **Muszynski, H.** "Sacrificium fundationis in Jos 6,26 et I Reg 16,34?" *VD* 46 (1968) 259-74. **Parrot, A.** *Samaria the Capital of the Kingdom of Israel.* Tr. S. H. Hooke. New York: Philosophical Library, 1958. **Reisner, G. A., Fisher C. S.,** and **Lyon, D. G.** *The Harvard Excavations at Samaria 1908-1910,* 2 vols. Cambridge, Mass.: Harvard University Press, 1924. **Yadin, Y.** "The 'House of Baal' in Samaria and in Judah"(Heb). *Eretz-Shomron. The 30. Archaeological Convention, September 1972.* Jerusalem: Israel Exploration Society, 1973.

본 문

29 유다 왕 아사 제삼십팔년에 오므리의 아들 아
합이 이스라엘 왕이 되니라 오므리의 아들 아합
이 사마리아에서 이십이 년을 이스라엘을 다스리
니라
30 오므리의 아들 아합이 그 전의 모든 사람보다
여호와 보시기에 악을 더욱 행하여
31 느밧의 아들 여로보암의 죄를 따라 행하는 것
을 오히려 가볍게 여기며 시돈 사람의 왕 엣바알
의 딸 이세벨로 아내를 삼고 가서 바알을 섬겨 숭
배하고

32 사마리아에 건축한 바알의 사당 속에 바알을
위하여 단을 쌓으며
33 또 아세라 목상을 만들었으니 저는 그 전의
모든 이스라엘 왕보다 심히 이스라엘 하나님 여
호와의 노를 격발하였더라
34 그 시대에 벧엘 사람 히엘이 여리고를 건축히
였는데 저가 그 터를 쌓을 때에 맏아들 아비람을

29 And Ahab son of Omri reigned over Israel [a]in
the thirty-eighth year of Asa[a] [b]king of Judah.[b]
And[c] [d]Ahab son of Omri[d] reigned over Israel in
Samaria for twenty-two years.
30 And Ahab son of Omri did evil in Yahweh's
eyes[a] beyond all who preceded him.
31 [a]And it seemed to be that, if it was too slight
a thing[a] simply to walk in the sins of Jeroboam
son of Nebat, he took to wife Jezebel daughter
of Ittobaal,[b] so that he went and served Baal and
did homage to him.
32 And he erected an altar to Baal for[a] the
temple of Baal[b] which he built in Samaria.
33 And Ahab made an Asherah. So Ahab excelled
in doing things[a] to enrage [b]Yahweh, the God of
Israel,[b] more[c] than all the kings who preceded him.
34 [a]And in his days[a] Ahiel[b] the Bethelite built
Jericho. With Abiram his firstborn he laid its

잃었고 그 문을 세울 때에 말째 아들 스굽을 잃었으니 여호와께서 눈의 아들 여호수아로 하신 말씀과 같이 되었더라

foundation and with Segub[c] his youngest he set its gates, according to the word of Yahweh which he spoke by means of Joshua the son of Nun.

원문주해

29.a-a. MT. G^{BL}의 "여호사밧의 두 번째 해에"라는 구문은 잘못된 연대기를 지지하는 것이다.

29.b-b. MT, G^{L}. G^{B}은 생략(알기 쉽게 바꾸어 쓴 것).

29.c. MT, G^{L}. G^{B}은 생략(문체적인 것).

29.d-d. MT. G^{BL}은 생략(알기 쉽게 바꾸어 쓴 것).

30.a. MT. G^{B}은 "그가 악을 행했다"라는 삽입적인 어구를 첨가함. G^{L}은 "그리고 그가 악을 행했다".

31.a-a. MT. G^{BL}은 "그리고 그것은 그에게 충분하지 않았다"라는 어구로 풀어쓴다.

31.b. 요세푸스(=G^{BL} "이에트바알⟨Iet(e)baal⟩"). 히브리 성경은 자음들을 바르게 가지고 있지만, 이름의 기원을 모르고 "엣바알"(MT)로 잘못 발음한다.

32.a. MT(לבעל בית הבעל – 라바알 베이트 하바알, "바알의 집을 ⟨위해⟩ 바알에게"). G^{BL}의 "…안에"는 "집"이라는 의미의 바이트(בית) 앞에 불필요한 "…안에"라는 의미의 베(ב)를 넣어 읽는 것이다.

32.b. MT. "그의 죄들"이라는 의미의 G^{BL}의 톤 프로소크디스마톤 아우투(*τῶν προσοχθισμάτων αὐτοῦ*)는 이방 신상들을 조롱하는 용어들인 히브리어 תועבה("혐오스러운 것", 1x)와 שקוץ("더러운 것", 5x)에 대한 일반적인 번역이다. 헬라어 판본은 이러한 단어들 중의 하나를 가졌음에 틀림없는데, 이는 MT이 이 독법에서 상대적으로 보수적임을 보여주는 것이다.

33.a. MT. "죄를 짓는 일들"이라는 뜻의 G^{BL}의 파로르기스마타(*παροργίσματα*)를 위한 근거로서 히브리어에는 어떠한 명사도 있지 않다.

33.b-b. MT. G^{BL}은 "그의 영혼".

33.c. MT. G^{B}은 "그는 더 악한 일을 했다"(쉽게 풀어쓴 것). 참조. G^{L}.

34.a-a. MT. G^{B}은 생략. G^{L}은 전체 구절이 없다.

34.b. G^{B} 아케이엘(*'Αχειηλ*)=히브리어 아히엘⟨אחי־אל "아히엘"⟩). 이것은 전통적인 형태에서 신현적인 이름이다. MT의 "히엘"(חיאל)은 축약이거나, 아니면 다양성을 보여준다.

34.c. K(참조. 대상 2:21 이하). Q, G^{B}, MSS, Vrs는 "세깁"(Segib).

양식/구조/배경

[신명기 사가: 아합의 통치
　　1. 서론적 요약, 29절
　　2. 신학적 평가, 30-33절]
여리고 재건축에 대한 보고, 34abα절
[신명기 사가: 예언의 성취로서의 해석, 34bβ절]

주석

신명기 사가가 여기서 아합에 관해 우리에게 말하는 것은 17-22장에 이어지는 선지자 이야기에 대한 꽤 많은 양의 모음집에 대한 서론으로서의 역할을 한다. 아합의 승계에 대한 동시대 연대 연표는 역시 일 년이 길다. 아합이 보좌에 오른 것은 실제적으로 아사 왕 서른일곱 번째 되는 해였다. 그리고 그는 21년 조금 넘게 통치했다. 오므리의 11년과 아합의 아들들의 각각 1년과 11년에 이르기까지를 모두 합하면 오므리 왕조를 위한 44년의 기간이 된다. 이 왕조는 부유하고, 강력하고, 영향력이 있어서 우리가 보았듯이 이웃 나라에 영원히 그 이름을 남겼다. 그것은 또한 가장 타락하고 배교적인 왕조였다. 그래서 북쪽의 선지자들이 일어나도록 했고, 신명기 사가로부터 가장 맹렬한 비난을 받았다. 신명기 사가는 자신의 경멸을 어떻게 표현할지 모를 정도로 격심한 언어를 사용한다. 아합은 "그 전의 모든 사람들보다"(30절) 더 악을 행했다. 아합은 "그 전의 모든 이스라엘 왕보다 심히 이스라엘 하나님 여호와의 노를 격발하였다"(33절). 아합은 심지어 자기 아버지 오므리보다 더 악했다(참조. 25절). 신명기 사가는 아합의 지금까지 생각할 수 없었던 죄들을 분명히 고발한다. (1) 바알주의자 왕의 바알주의자 딸과 결혼한 것, (2) 바알을 경배하고 그에게 절을 한 것, (3) 사마리아에 바알의 대중을 위한 제단과 전을 건축한 것 그리고 (4) 대지의 어머니 신인 아세라의 형상을 만든 것 등이다. 다윗과 솔로몬의 시대에 이스라엘은 페니키아(베니게) 사람들과 좋은 상업적 관계를 누렸다. 그러나 아합은 페니키아의 공주를 자신의 왕비로 만들었다. 솔로몬은 바로의 딸을 자신의 왕비로 삼았다. 그러나 차이점은 이세벨은 매우 독단적이고 참지 못하는 성격의 사람이었다는 것이다. 그녀의 이름은 히브리어로 "거름이 아니다"라는 의미를 가지도록 음성화되었다. 그러나 원래적인 페니키아어로는 "왕자가 어디 있는가?"를 의미했음이 분명하다. 요세푸스에 의해서 언급되었고, 마이어에 의해서 주전 약 887

-856년경으로 추정되는 시기에 살았던 엣바알 혹은 이토바알이라는 그녀의 아버지의 이름은 실제적으로 페니키아적 종교를 축하하는 말이었다. 그것은 "바알이 존재한다"라는 것이다. "주" 혹은 "남편"의 의미를 가지고 있는 "바알"의 이름은 동부지중해 연안 제국 전역에 걸쳐 알려졌고, 이스라엘에서는 야웨의 대적자로 사용되었다(이쉬바알, 므리바알 등등… 사울의 아들들의 이름들을 보라). 여기에 두로에서 경배되었던 구체적인 바알이 북 왕국 백성들의 경배 구조에 침입해 들어왔다. 그 바알과 함께 페니키아의 만신과 그들을 경배하는 예전이 들어왔다.

34절에서 신명기 사가는 아합에 의해서 연유된 사악함이 여호수아 6:26에 따라 성읍에 놓여 있던 금기 사항을 깨뜨리도록 어떤 사람을 충동질했다는 것을 말하기 위해 여리고에 관한 기록을 옮겨 쓰고 있다. 언급된 사실들은 아히엘이라는 한 벧엘 사람이 여리고를 "건축했는데" 그 기초를 놓을 때 첫째 아들인 아비람을 잃었고, 그 문을 세울 때 막내인 스굽을 잃었다는 것이다. 이것은 아마도 현대 고고학에 의해서 발견된 기초 놓기 희생제일지도 모른다. 거명된 아이들은 아마도 항아리들 속에 넣은 뒤 그 항아리를 벽 속에 넣어 신들을 달래고 악을 쫓아냈던 죽거나 살았던 유아들이었을 것이다.

Ⅳ. 엘리야 시대의 예언의 내러티브들(17:1-22:40)

엘리야 내러티브들: 구성과 편집

참고문헌

Alcaina Canosa, C. "Panorama crítico del ciclo de Eliseo." *EstBib* 23(1964) 217-34. **Bottini, G. C.** "Il racconto della siccità e della pioggia(1 Re 17-18)." *LASBF* 29(1979) 327-49. **Bronner, L.** *The Stories of Elijah and Elisha as Polemics against Baal Worship.* Leiden: E. J. Brill, 1968. **Carroll. R. P.** "The Elijah-Elisha Sagas: Some Remarks on Prophetic Succession in Ancient Israel." *VT* 19(1969) 400-415. **De Vries, S. J.** *Prophet against Prophet. The Role of the Micaiah Narrative(I Kings 22) in the Development of Early Prophetic Tradition.* Grand Rapids: Eerdmans, 1978. **Eissfeldt, O.** "Die Komposition von I Reg 16,29 – II Reg 13,25." BZAW 105(1967) 49-58. **Élie: le prophète.** Les études Carmélitaines. 2 vols. Desclée de Brouwer, 1956. **Fohrer, G.** *Elia.* ATANT 31. Zürich: Zwingli Verlag, 1957; 2nd ed., 1968. **Jaros, K.** "Der Anspruch Gottes in der Politik." *BLit* 2(1976) 87-95. **Jepsen, A.** *Nabi: soziologische Studien zur alttestamentliche Literatur und Religionsgeschichte.* Munich: Beck, 1934. **Keller, C. A.** "Wer war Elia?" *TZ* 16(1960) 298-313. **Koller, Y.** "Chronological Order in the Elijah Narrative"(Heb). *BMik* 55(1973) 471-81. **Long, B. O.** "2 Kings III and Genres of Prophetic Narrative." *VT* 23(1973) 337-48. **Michaux, W.** "Les cycles d'Elie et d'Elisee (1 Rois 17 à 2 Rois 13,22)." *BK* 2(1953) 76-99. **Plöger, O.** *Die Prophetengeschichten der Samuel- und Königsbücher.* Diss. Greifswald, 1937. **Rofé, A.** "The Classification of the Prophetical Stories." *JBL* 89(1970) 427-40. **Smend, R.** "Der biblische und der historische Elia." VTSup 28(1975) 167-84. ______. "Das Wort Jahwes an Elia. Erwägungen zur Komposition von 1 Reg. XVII-XIX." *VT* 25(1975) 525-43. **Steck, O. H.** *Überlieferung und Zeitgeschichte in den Elia-Erzählungen.* WMANT 26. Neukirchen-Vluyn: Neukirchener Verlag, 1968.

서론에서 전설의 다른 종류들 중에서 선지자 이야기들의 기능을 설명하기 위해

애를 썼다. 그 이야기들의 문자적 역사에 대한 관심은 다소 곁길로 나간 것이라는 점을 강조했다. 그 이야기들의 본질적인 목적은 교훈적이고 모범적인 예를 보여 주는 것이기 때문이다. 그 이야기들은 어떤 일이 **일어났는지**를 기록하는 것이 아니라, 일어나고 있으며 또한 일어날 수 있는 것에 대해서 기록하고 있는 것이다. 이들 중에 있는 과장된 초자연적 요소는 하나님의 능력과 하나님으로 채워진 사람들의 권능을 보여 주는 상징적인 은유다.

필자는 *Prophet against Prophet*에서 그들 각각의 기능에 근거하여 선지자 이야기(혹은 전설)를 다양한 하부 장르들로 구분하고 있다. 이러한 하부 장르들에 대한 요약적 목록을 가지고 있는 것은 이 주석서를 사용하는 사람에게 유용할 것이다.

1. 능력을 보여 주는 내러티브(Power-demonstration narrative): 카리스마적인 권능을 예시하는 놀라운 이야기로서, 한 모범이 되는 선지자가 무엇을 할 수 있는지에 대해 교훈적인 삽화들을 보여 준다(부속 유형들: 놀라운 등장 인물의 이야기들, 해석된 등장 인물의 이야기들, 예언적인 말에 대한 이야기들).
2. 예언적 소명 내러티브(Prophetic call narrative): 선지자의 임명과 능력을 입음에 대한 이야기로서, 특별한 선지자의 카리스마적인 은사의 원천을 구분한다.
3. 선지자 합법화 내러티브(Prophet-legitimation narrative): 선지자의 능력을 입는 것에 대한 범위와 본질을 보여 주는 놀라운 이야기로서, 그 선지자가 참 선지자인지를 말해 준다.
4. 카리스마적인 임명 내러티브(Charismatic designation narrative): 카리스마적인 능력의 은사가 왕의 임명을 확증하는 이야기로서, 자신의 영을 세속적인 지도자에게 부어 주는 선지자의 권위를 보여 준다.
5. 역사적인 증거 내러티브(Historical demonstration narrative): 선지자가 신적인 권능의 실행으로 다가올 사건을 알아내는 변경된 성전 이야기로서, 야웨가 역사를 주관하신다는 믿음을 높여 준다.
6. 계승 신탁 내러티브(Succession oracle narrative): 선지자적인 신탁이 합법적인 계승에 대한 용어를 구체화하는 이야기로서, 합법적 권력을 이양할 때의 야웨의 초월적인 권능을 보여 준다.
7. 선지자 권한 부여 내러티브(Prophet-authorization narrative): 선지자의 권능이 제도권의 경쟁자들을 능가하는 것을 보여 주는 놀라운 이야기로서, 야웨의 지고한 권위를 침탈하는 것에 대항하는 선지자의 권위에 대한 믿음을 높여 준다(부속 유형들: 말의 성취 이야기들, 탄원적인 권능 내러티브, 신현적 위임 이야기들).
8. 제왕적 자체 심판 내러티브(Regal self-judgment narrative): 왕의 말과 행동이 그

자신의 심판을 결정하는 이야기로서, 제도권에서 정치적 권력을 가진 자들의 책임 있는 행동에 있어서 야웨의 지고한 권위가 역설적인 표현을 낳게 되는 것에 대한 믿음을 높여 준다(부속 유형들: 신탁을 운용하는 이야기들, 남용된 행동 이야기들).

9. 경질 신탁 내러티브(Superseding oracle narrative): 왕에 대한 경질 신탁이 그것을 따르는 사람의 좋아하는 것에 있어서 성취되는 이야기로서, 역사적인 사건 속에서 어떻게 야웨의 궁극적인 목적이 그분의 중재적인 목적 위에 우선권을 가지는지를 보여 준다(부속 유형들: 선한 이야기들 위에 있는 악, 악한 이야기들 위에 있는 선).

10. 수단적인 성취 내러티브(Instrumental fulfillment narrative): 복잡한 신탁에서 한 요소의 성취는 신탁의 궁극적인 완성을 위한 수단이 된다는 이야기로서, 야웨가 그분의 역사적인 목적들을 현실화시키는 데 있어서 수단적인 원인들을 정하는 것을 보여 준다.

11. 논쟁 내러티브(Word-controversy narrative): 예언적 계시에 대한 경쟁적인 주장자들 사이의 경쟁에 대한 이야기로서, 야웨가 자신의 역사적 목적들을 성취하기 위해서 갈등을 일으키는 예언을 좌절시키는 능력을 가졌음을 보여 준다.

독자들은 이러한 다양한 범주들에 속하는 본문들에 대한 전반적인 목록을 위해서 *Prophet against Prophet*(53-56)를 참고했으면 한다. 여러 범주들에 대해서는 같은 책 56-72페이지에 명시되어 있다. 열왕기상에서 이미 본 선지자 이야기들 중에서 13장의 벧엘 사람 이야기는 하부 장르 7번의 말의 성취 부속 유형에 속하는 반면에, 11장과 14장의 아히야 내러티브는 하부 장르 6번에 속한다. 17-22장에 있는 내러티브들은 위에서 언급된 하부 장르들의 몇 가지 유형에 속한다는 것을을 발견하게 될 것이다. 열왕기상 17:1-16; 18:1-18, 41-46 그리고 열왕기상 18:21-39은 하부 장르 7번에 속하는 탄원적인 권능 내러티브다. 열왕기상 17:17-24은 하부 장르 3번에 속한다. 열왕기상 19:1-18은 하부 장르 7번의 신현적 위임 이야기들을 나타낸다. 열왕기상 20:1-21과 열왕기상 20:26-29은 하부 장르 5번에 속한다. 열왕기상 20:30-43은 하부 장르 8번에 있는 신탁을 운용하는 이야기들이다. 열왕기상 21:1-29은 하부 장르 8번의 남용된 행동에 관한 부속 유형에 속한다. 열왕기상 22:1-37은 두 가지의 독립된 선지자 이야기들의 문학적 조합이다. 즉 하나는 하부 장르 9번의 선한 이야기들 위에 있는 악이고, 다른 하나는 하부 장르 11번을 나타내는 것이다.

다양한 내러티브들의 삶의 정황은 그들의 기원과 편집에 대한 열쇠가 된다. 선지자적 소명과 선지자적 합법화 내러티브는 각각 특별한 예언자들의 학교(따라서 왕상 17:17-24은 엘리야 학교에 속하고, 왕상 19:19-21은 엘리사 학교에 속한다)에 있는 그들의 정황(그리고 그들의 기원)을 가지고 있다. 역사적 증거 내러티브는 예언적인 권능을 높여 줄 뿐만 아니라 합법적인 권위를 지지해 준다. 우리가 가지고 있는 예(왕상 20:1-21, 26-29)는 관련된 선지자들의 이름이 없기 때문에, 예언적 운동 안에 있는 어떤 결정되지 않은 자료로부터 나온 것으로 보인다. 열왕기상에 있는 선지자 권한 부여 내러티브의 모든 것은 엘리야 학교에서 만들어지고 보관되었다. 이것들은 의심의 여지없이 한편으로 바알을 세운 아합 가문과 다른 한편으로 엘리야와 그의 제자들 사이의 관계를 특징짓는 극도의 긴장과 적개심을 반영하고 있다. 열왕기상 20:30-43에 있는 제왕적 자체 심판 내러티브는 익명이지만 이스라엘의 왕을 날카로운 심판 아래 둔다. 그러므로 왕과 선지자 모두의 이름이 거명되는 것을 제외하고는, 21장의 제왕적인 자체 심판 내러티브와 같은 것이다. 비록 21장의 엘리야가 일종의 후대의 전형적인 유형으로서 기능할 가능성이 있을지라도 같은 이야기를 할 수 있을 것이다. 22장에 있는 섞여 짜여진 이야기들에 나타나는 미가야는 확실히 전형적으로 경건한 사람의 대표적인 유형이다. 그러나 특별히 매우 늦은 시기(주전 약 700년경)의 논쟁 내러티브에서 그렇다. 이 논쟁 내러티브는 경쟁적인 선지자 그룹들 사이에 직접적인 경쟁에 주의를 기울이는 가장 이른 작품이다.

Prophet against prophet(112-27)의 다른 장에서 나는 이 자료의 편집사를 재구성했다. 이 연구는 세 가지의 분명한 문학적 합성 부분이 있다는 것을 보여 준다. (1) 엘리야 주기, (2) 엘리사 주기, (3) 오므리 왕조 전쟁 주기 등이다. 엘리야 주기는 열왕기상 17:17-24에 있는 선지자 합법화 내러티브와 함께 선지자 권한 부여 내러티브의 초기 모음집(왕상 17-18장의 가뭄 이야기, 18:21-39의 제단 위에 있는 불의 이야기, 왕상 19장의 호렙 산의 엘리야 이야기 그리고 왕하 1:2-17의 아하시야 이야기)에서 발전해 갔다. 이것은 예후의 반역에 동정적인 어떤 사람에 의해서 매우 심하게 편집되었다. 21장에 있는 나봇의 이야기는 어느 정도 후대에 이루어진 예후인의 선전적인 주장이다. 열왕기상은 엘리사 주기로부터는 단 하나의 부분, 즉 19:19-21에 있는 엘리사의 소명 이야기만을 포함하고 있다. 이 부분은 세 가지 모든 주기를 결합한 편집자가 19:17에 있는 엘리사의 언급으로 인하여 앞쪽으로 가져간 것이다. 그러고 나서 열왕기상에 있는 나머지 자료는 오므리 왕조의 전쟁 주기에 속하는 것이다. 이 주기에는 20:1-21; 20:26-29 그리고 20:30-43의 익명의 내러티브들에 22:2-9, 15-18, 26-37에 있는 초기 미가야의 이야기를 포함하고 있다(두 번째 미가야 이야기는 매우 늦은 시기에 선지자들의 이미 완성된 책에 삽입되

었다). 초기 엘리야 모음집처럼 이 자료는 예후인의 편집자에 의해서 편집되고 확장되었다. 20장과 22장의 이러한 선지자 이야기들에 있는 원래의 왕은 아합이 아니라 아마도 그의 아들들 중의 하나인 요람이었을 것이다. 예후인의 편집을 이해하는 열쇠는 20:42에 있는 "이스라엘의 왕"에 대해서 선포된 무명의 선지자의 말에 있다. "내가 멸하기로 작정한 사람을 네 손으로 놓았은즉 네 목숨은 저의 목숨을 대신하고 네 백성은 저의 백성을 대신하리라." 이 구절은 이스라엘에 많은 문제를 안겨 주었던 벤하닷에 대한 것이다. 그러나 이스라엘 왕은 그를 놓아 주었다. 예후인 편집자는 아람인들이 특별히 하사엘 통치기에 야기한 괴로움이 얼마나 큰 것인지를 보았던 사람이다. 그리고 그는 이 모든 어려움을 이스라엘 왕의 관대함 때문이라고 비난했다. 비록 이 곳의 상세한 것들은 열왕기하 9장에 있는 문자적으로 역사적인 설명에 관하여 상상력 있게 변경되었을지라도, 그것은 아마도 22장에 반영되어 있는 요람의 죽음을 보면 같은 왕인 요람일 것이다. 이 편집자의 신랄한 비난은 22:38에 있는 왕의 죽음에 대한 설명에 부가된 말들의 표면에 나타나 있다. 개들이 아합의 피를 핥았고, 창기들이 목욕한 물에 그의 마차를 씻었다고 말하고 있다. 편집의 후대 층들은 20장과 22장 전체와 관련된 사람으로 요람이 아닌 아합을 말하고 있는데, 이것은 아마도 아합이 점차 극단적인 사악함의 대표적 상징으로 인식되어 갔기 때문일 것이다.

열왕기상하에 있는 모든 선지자들의 이야기들은 이스라엘의 극단적인 위기의 순간에 대해서 웅변적인 증언을 담고 있다. 아합과 그의 아들들, 특별히 그의 아내 이세벨은 바알주의를 매우 활동적으로 조장했다. 아람에 대한 적개심은 커 가고 있었고, 하사엘에 대한 적개심은 국가적인 수치를 더하는 결과를 가져왔다. 이런 이야기들을 듣는 선지자들은 인증과 합법화를 얻으려고 노력했다. 이런 인증과 합법화는 그들이 가증스러운 바알주의와 아람 사람들의 공격의 위협에 대해서 야웨의 이름으로 용감히 맞서 대항할 때에만 얻을 수 있는 것이었다.

우리는 예후의 통치기에 있었던 편집자가 어떻게 이러한 선지자 이야기들을 아합의 가문에 대항하는 선전 문건으로 만들었는지를 보여 주는 쉬텍(O. H. Steck)의 *Überlieferung und Zeitgeschichte*로부터 도움을 빌고 있다. 아픈 아이의 이야기를 혼합하기 위해서 17:17의 처음에 전환구를 넣은 것은 바로 그 편집자다(21절에 있는 엘리야의 기도를 기대하는 20절은 원래의 내러티브에 의해서 예측되지 않는 신학적 의문을 일으키는 후대의 주해다). 18:3b-4, 10-11 그리고 13-14에 실명들을 첨가한 것도 바로 그 편집자다. 그는 또한 18:19-20과 18:40에서 가뭄 이야기 장면에 바알 선지자들을 등장시키고 그들을 제거하면서 연결 부분을 만든다. 이러한 초기 엘리야 모음집에 있는 남아 있는 선지자 이야기 하나, 즉 19:1-18은 예후인 편집자가 그것을 작업하기 전에 독립적으로 존재했다. 그러나 그것의 서론은 18:19-20, 40에서 이미 만들어진 편집적 부가물들을 알고 있다는 것을 보여 주기 위한 방법으로 변경되었다.

독자가 이러한 엘리야 내러티브들이 얼마나 모세의 모형에 의존하고 있는지를 아는 것은 중요하다. 이러한 유사성을 강조한 최근의 학자들로는 다음과 같은 이들이 있다: H. Gese("Bemerkungen zur Sinaitradition", *ZAW* 79[1967] 137-54), G. Seitz(*Redaktionsgeschichtliche Studien zum Deuteronomium*[BWANT 93, Stuttgart: W. Kohlhammer, 1971] 306) 그리고 R. P. Carroll(*VT* 19[1969] 400-15). 북쪽의 유일한 기록 선지자인 호세아는 12:13에서 모세 자신은 선지자였다고 주장한다. "여호와께서는 선지자로 이스라엘을 애굽에서 인도해 내시며" 이것은 모형론적인 "모세"를 말하는 신명기 18:15에 속하는 것이다. "네 하나님 여호와께서 너의 중 네 형제 중에서 나와 같은 선지자 하나를 너를 위하여 일으키시리니 너희는 그를 들을지니라." 이 구절은 모범이 되는 선지자, 그리고 모세와 같은 모든 선지자들에 대한 것이다. 엘리야와 모세의 유사성은 엘리야가 하나님의 산으로 여행하는 내러티브에서만 보이는 것이 아니다(19장). 오경에 있는 모세에 대한 야웨계의 이야기(J)와 열왕기하 1:2-17과 함께 "선지자 권한 부여 내러티브" 하부 장르에 속하는 모든 이야기 사이에 지금까지 발견되지 않은 유사성에서도 발견된다. 출애굽기 3-4장; 33:7-11; 민수기 11:16-17, 24-30; 12:1-15a에 있는 J문서들은 모세를 선지자로서 묘사한다. 그러나 출애굽기 5-14장에 있는 재앙들과 이스라엘의 구원에 대한 J의 이야기는 이러한 선지자 이야기들과 놀랍도록 유사한 개요와 형태를 가진다. 이 개요는 긴장과 해결의 다섯 개의 요점을 가진다. (1) 예언적 도전, (2) 선지자에 대한 위협과 비난, (3) 결정적인 투쟁을 위한 용어의 정의, (4) 신적인 간섭과 중재에 대한 묘사 그리고 (5) 선지자의 권위에 대한 확증. 아래의 도표는 출애굽기 5-14장과 네 개의 엘리야 이야기들을 병행시켜 놓은 것인데, 이것은 언급한 다섯 가지의 요소들이 어디에서 분명히 나타나는지를 보여 준다.

	출애굽기	열왕기상	열왕기상	열왕기상	열왕기하
도전	5:1	17:1	18:21a	19:1	1:3-4
비난	5:20-21	18:17-18	18:21b	19:2	1:9, 11

용어	6:1	18:41	18:22-24	19:9b-10, 13b-14	1:10a, 12a
개입	7:14-14:30	18:43-45	18:38	19:11-12	1:10b, 12b
확증	14:31	18:46	18:39	19:15-18	1:13-17

위의 분석을 지지하는 주장은 다양한 내러티브들 중에서 개별적인 차이점들에 반드시 적당한 관용이 주어져야만 한다는 것이다. 그러나 엘리야 전승에 나타난 선지자적인 이데올로기를 설명하는 것은 충분히 이야기되었다. 모세처럼 엘리야는 자신을 배교 세력에 대하여 크게 대항하는 사람으로 인식했다. 모세처럼 그는 야웨가 자신의 기대를 채우실 것이라는 확신을 가지고 동일한 기념비적 도전을 하기를 주저하지 않았다. 엘리야의 확신에 대한 설명은 모세처럼 그는 영향력 있는 강력한 기도의 사람이었다는 사실에 있다(왕상 18:36-37, 42). 모든 선지자들 중에 가장 크고 위대한 예수께서 다시 한 번 하나님의 권능을 덧입기 위해 산에 올라가셨을 때, 그분에게 가장 어려운 마지막 시험에 직면하여 그것을 어떻게 이겨내야 하는지를 가르쳐 주기 위해 모세와 엘리야가 그 곳에 함께 있었다. 엘리야가 남겨진 단 한 명의 선지자로서 야웨가 더 이상 아무것도 하실 수 없다고 믿으며 자신의 삶에 절망하고 있었을 때, 하나님은 그에게 매우 고요한 바람 속에서 하늘과 땅의 모든 권능이 모여들 수 있음을 보여 주셨다. 그렇다면 바람과 지진, 그리고 불은 얼마나 많이 그의 뜻을 서둘러 이룰 것인가?

1. 바알에게 도전하는 엘리야(17:1-16; 18:1-18, 41-46)

참고문헌

Bobichon, M. "Jézebel au pays des prophètes." *BTS* 120(1970) 7. **Cohen, M. A.** "In All Fairness to Ahab. A Socio-political Consideration of the Ahab-Elijah Controversy." *EI* 12(1975) 87-94. **Heising, A.** "Exegese und Theologie der alt- und neutestamentlichen Speisewunder." *ZTK* 86(1964) 80-96. **Patai, R.** "The Control of Rain in Ancient Palestine." *HUCA* 14(1939) 251-86.

본 문

1 길르앗에 우거하는 자 중에 디셉 사람 엘리야가 아합에게 고하되 나의 섬기는 이스라엘 하나님 여호와의 사심을 가리켜 맹세하노니 내 말이 없으면 수 년 동안 우로가 있지 아니하리라 하니라	**1** Now Elijah[a] the settler(from the settlers in Gilead) said to Ahab, "By the life of Yahweh[b] [c]God of Israel,[c] [d]whose minister I am,[d] [e]there shall be neither dew nor rain throughout these years[e] except at my express word!"
2 여호와의 말씀이 엘리야에게 임하여 가라사대	**2** Then the word of Yahweh came to him:[a]
3 너는 여기서 떠나 동으로 가서 요단 앞 그릿 시냇가에 숨고	**3** "Go hence and head[a] eastward. And you shall conceal yourself in the wadi Kerith which lies on the opposite bank of the Jordan.
4 그 시냇물을 마시라 내가 까마귀들을 명하여 거기서 너를 먹이게 하리라	**4** Now it is arranged for you to drink[a] from the wadi; and I have appointed ravens to provide for you there."
5 저가 여호와의 말씀과 같이 하여 곧 가서 요단 앞 그릿 시냇가에 머물매	**5** [a]So he went and did[a] according to the word of Yahweh: [b]he stayed[b] in the wadi Kerith which[c] lies on the opposite bank of the Jordan.
6 까마귀들이 아침에도 떡과 고기를, 저녁에도 떡과 고기를 가져왔고 저가 시내를 마셨더니	**6** And the ravens would bring him bread [a]and meat[a] in the morning, [b]and bread[b] and meat in the evening. And he drank[c] from the wadi.
7 땅에 비가 내리지 아니하므로 얼마 후에 그 시내가 마르니라	**7** Now it happened at the end of a considerable time that the wadi ran completely dry because there was not a drop of rain in the land.
8 여호와의 말씀이 엘리야에게 임하여 가라사대	**8** Then the word of Yahweh came to him:[a]
9 너는 일어나 시돈에 속한 사르밧으로 가서 거기 유하라 내가 그 곳 과부에게 명하여 너를 공궤하게 하였느니라	**9** "Arise, go[a] to Zarephath belonging to Sidon. [b]Behold, I have appointed there a widow woman to provision you."

10 저가 일어나 사르밧으로 가서 성문에 이를 때에 한 과부가 그 곳에서 나뭇가지를 줍는지라 이에 불러 가로되 청컨대 그릇에 물을 조금 가져다가 나로 마시게 하라

11 저가 가지러 갈 때에 엘리야가 저를 불러 가로되 청컨대 네 손에 떡 한 조각을 내게로 가져오라

12 저가 가로되 당신의 하나님 여호와의 사심을 가리켜 맹세하노니 나는 떡이 없고 다만 통에 가루 한 움큼과 병에 기름 조금 뿐이라 내가 나뭇가지 두엇을 주워다가 나와 내 아들을 위하여 음식을 만들어 먹고 그 후에는 죽으리라

13 엘리야가 저에게 이르되 두려워 말고 가서 네 말대로 하려니와 먼저 그것으로 나를 위하여 작은 떡 하나를 만들어 내게로 가져오고 그 후에 너와 네 아들을 위하여 만들라

14 이스라엘 하나님 여호와의 말씀이 나 여호와가 비를 지면에 내리는 날까지 그 통의 가루는 다하지 아니하고 그 병의 기름은 없어지지 아니하리라 하셨느니라

15 저가 가서 엘리야의 말대로 하였더니 저와 엘리야와 식구가 여러 날 먹었으나

16 여호와께서 엘리야로 하신 말씀같이 통의 가루가 다하지 아니하고 병의 기름이 없어지지 아니하니라

* * * * * *

18:1 많은 날을 지내고 제삼년에 여호와의 말씀이 엘리야에게 임하여 가라사대 너는 가서 아합에게 보이라 내가 비를 지면에 내리리라

2 엘리야가 아합에게 보이려고 가니 그 때에 사마리아에 기근이 심하였더라

3 아합이 궁내 대신 오바댜를 불렀으니 이 오바댜는 크게 여호와를 경외하는 자라

10 So he arose and went to Zarephath. And he came to the gate of the city, and right there was a widow woman collecting twigs. And he[a] called to her and said,[b] "Fetch me[c] please a little water in a cup so that I may drink."

11 So she went to fetch it, but he[a] called to[b] her and said, "Fetch[c] me please a bit of bread in your hand."

12 And she[a] said, "By the life of Yahweh your God, [b]I have nothing to bake with,[b] except just enough flour in a jar to fill one's palm and a bit of oil in a cruse. And behold, I am just in the process of gathering two twigs so that I may go in and prepare this for myself and my sons.[c] We will eat this,[d] and then we will die."

13 But Elijah said to her, "Do not be afraid; go[a] make preparations just as you said, but first make me a small cake out of it and bring it out to me. And you shall then provide for yourself and your sons.[b]

14 For thus says Yahweh,[a] 'The jar of flour shall not be used up, and the cruse of oil shall not run out, until such a day as Yahweh shall give rain upon [b]the ground.'"[b]

15 And she[a] went and did [b]according to Elijah's word;[bc] and [d]she ate, and her children,[d] [e]for many days.[e]

16 The jar of flour was not used up and the cruse of oil did not run out, according to the word of Yahweh which he spoke by means of Elijah.

* * * * * *

18:1 Now it happened after[a] many days that Yahweh's word came to Elijah (in the third year), as follows: "Go, appear before Ahab, and I will give rain upon the face of the ground."

2 So Elijah went to appear to Ahab. Now the famine was severe in Samaria.

3 And Ahab summoned Obadiah, who was in charge of the royal property. Now Obadiah was

4 이세벨이 여호와의 선지자들을 멸할 때에 오바댜가 선지자 일백 인을 가져 오십 인씩 굴에 숨기고 떡과 물을 먹였었더라

5 아합이 오바댜에게 이르되 이 땅의 모든 물 근원과 모든 내로 가자 혹시 꼴을 얻으리라 그러면 말과 노새를 살리리니 짐승을 다 잃지 않게 되리라 하고

6 두 사람이 두루 다닐 땅을 나누어 아합은 홀로 이 길로 가고 오바댜는 홀로 저 길로 가니라

7 오바댜가 길에 있을 때에 엘리야가 저를 만난지라 저가 알아보고 엎드려 말하되 내 주 엘리야여 당신이시니이까

8 대답하되 그러하다 가서 네 주에게 고하기를 엘리야가 여기 있다 하라

9 가로되 내가 무슨 죄를 범하였기에 당신이 당신의 종을 아합의 손에 붙여 죽이게 하려 하시나이까

10 당신의 하나님 여호와의 사심을 가리켜 맹세하노니 내 주께서 사람을 보내어 당신을 찾지 아니한 족속이나 나라가 없었는데 저희가 말하기를 엘리야가 없다 하면 그 나라와 그 족속으로 당신을 보지 못하였다는 맹세를 하게 하였거늘

11 이제 당신의 말씀이 가서 네 주에게 고하기를 엘리야가 여기 있다 하라 하시니

12 내가 당신을 떠나간 후에 여호와의 신이 나의 알지 못하는 곳으로 당신을 이끌어 가시리니 내가 가서 아합에게 고하였다가 저가 당신을 찾지 못하면 내가 죽임을 당하리이다 당신의 종은 어려서부터 여호와를 경외하는 자라

13 이세벨이 여호와의 선지자들을 죽일 때에 내가 여호와의 선지자 중에 일백 인을 오십 인씩 굴에 숨기고 떡과 물로 먹인 일이 내 주께 들리지 아니하였나이까

exceedingly reverential toward Yahweh.

4 And it so happened, when Jezebel cut off Yahweh's prophets, that Obadiah took a hundred prophets[a] and hid them, fifty men in [b]a cave.[b] And he provided them with bread and water.

5 And Ahab said to Obadiah, "Go[a] into the land, to[b] the springs of water and to[c] the wadis. It may be that we will find grass sufficient to save the horses and the mules, [d]and we will not be deprived of any of the animals."[d]

6 And they split up [a]the land[a] between them, to pass through it. Ahab traveled on the one road,[b] and Obadiah traveled on the one road by himself.

7 And it happened that Obadiah was on the road[a] when behold,[b] here was Elijah coming to meet him![c] [d]And he recognized him.[d] And he fell on his face and said, "Is it you, O lord Elijah?"

8 And he[a] said to him,[b] "Go, say to your lord, 'Behold Elijah!'"

9 But he[a] said, "How have I sinned, that you place your servant into the hand of Ahab, to have me killed?

10 By the life of Yahweh your God,[a] there is no people or kingdom whither my lord has not sent to inquire for you, and when they said no he would adjure[b] the kingdom or people in question that they had indeed not found you.

11 And now you are saying, 'Go, say to your lord, [a]"Behold Elijah!"'[a]

12 And what will happen is, I will go from you and Yahweh's spirit will take you off to[a] I know not where. And I will come to tell Ahab about it, and [b]when he cannot find you[b] he will kill me, even though your servant has revered Yahweh from my[c] youth.

13 Has it not been told[a] my lord what I did? When Jezebel slew Yahweh's prophets, [b]I hid some of Yahweh's prophets, a hundred men,[b] fifty men [c]by fifty[c] [d]in a cave,[d] and provided them[e] with

14 이제 당신의 말씀이 가서 네 주에게 고하기를 엘리야가 여기 있다 하라 하시니 그리하면 저가 나를 죽이리이다

15 엘리야가 이르되 내가 모시는 만군의 여호와의 사심을 가리켜 맹세하노니 내가 오늘날 아합에게 보이리라

16 오바댜가 가서 아합을 만나 고하매 아합이 엘리야를 만나려 하여 가다가

17 엘리야를 볼 때에 저에게 이르되 이스라엘을 괴롭게 하는 자여 네냐

18 저가 대답하되 내가 이스라엘을 괴롭게 한 것이 아니라 당신과 당신의 아비의 집이 괴롭게 하였으니 이는 여호와의 명령을 버렸고 당신이 바알들을 좇았음이라

* * * * * *

41 엘리야가 아합에게 이르되 올라가서 먹고 마시소서 큰 비의 소리가 있나이다

42 아합이 먹고 마시러 올라가니라 엘리야가 갈멜 산 꼭대기로 올라 가서 땅에 꿇어 엎드려 그 얼굴을 무릎 사이에 넣고

43 그 사환에게 이르되 올라가 바다 편을 바라보라 저가 올라가 바라 보고 고하되 아무것도 없나이다 가로되 일곱 번까지 다시 가라

44 일곱 번째 이르러서는 저가 고하되 바다에서 사람의 손만한 작은 구름이 일어나나이다 가로되 올라가 아합에게 고하기를 비에 막히지 아니하도록 마차를 갖추고 내려가소서 하라 하니라

45 조금 후에 구름과 바람이 일어나서 하늘이 캄캄하여지며 큰 비가 내리는지라 아합이 마차를 타고 이스르엘로 가니

46 여호와의 능력이 엘리야에게 임하매 저가 허리를 동이고 이스르엘로 들어가는 곳까지 아합 앞에서 달려갔더라

bread and water.

14 And here you are saying,[a] 'Go, say to your lord, "Behold Elijah!"'; and he will kill me."

15 Then Elijah said, "By the life of Yahweh of Hosts, whose minister I am,[a] today I will appear to him!"[b]

16 So Obadiah went to meet Ahab and told him, and Ahab went[a] to meet Elijah.

17 And it so happened that, when Ahab saw Elijah, Ahab said to him,[a] "Is that you, O Israel's hex?"

18 And he[a] said, "It is not I who have put the hex on Israel, but you and your father's house, through [b]your collective[b] abandonment of [c]Yahweh's commandments.[c] And [d]you yourself[d] have gone after the baals.

* * * * * *

41 And Elijah said to Ahab, "Go up, eat and drink, for there is the noise of the tumult[a] of rain."

42 So Ahab went up to eat and drink while Elijah went up on[a] [b]the summit[b] of Carmel. And he crouched down on the ground, putting his face between his knees.[c]

43 ANd he said to his lad, "Please go up, look in the direction of the sea." [a]So he went up[a] and[b] looked. And he said, "Nothing!" And he[c] said,[d] "Return," seven times.[e]

44 And it so happened at the seventh time that he said,[a] "Behold, a cloud small as a man's hand is rising up out of the sea!"[b] Then he said, "Rise up, say to Ahab, 'Hitch up[c] and get on down, lest the rainstorm bog you in!'"

45 And it did happen that here and there the sky began to grow dark with clouds and wind. And pretty soon there was an enormous rainfall, with Ahab riding[a] to get back to Jezreel.[b]

46 And the hand of Yahweh came[a] upon Elijah. And, girding up his loins, he ran in front of Ahab [b]as far as the approach to[b] Jezreel.

원문주해

1.a. MT, G^{L}. G^{B}은 "그 선지자"라는 설명적인 어구를 가진다.

1.b. MT, G^{L}. G^{B}은 "만군의 하나님"이라는 착오로 글자를 두 번 쓴 어구를 첨가한다. 여기에 있는 "하나님"은 이어지는 절의 영향으로 인하여 "야웨"에 대한 원문 훼손일 것이다.

1.c-c. MT, G^{B}. G^{L}은 생략(가운데 글자를 빠뜨리고 쓴 오류?).

1.d-d. 문자적으로는 "내가 서 있는 자 앞에". 참조. 18:15.

1.e-e. 문자적인 영어 번역을 거부하는 맹세 구문("만약 …이 있게 될 것이라면, 등등…")에 대한 의역.

2.a. MT은 "즉", "다음과 같이"라는 뜻의 레모르(לאמר)를 첨가한다. 이것은 G^{BL} 판본에는 빠졌을 뿐만 아니라 대개 이 문단의 히브리어(MT)에서도 없는 것이다. MT의 "그에게" 대신에 사용된 G^{BL}의 "엘리야에게"라는 말은 8절에서처럼("그에게"라는 의미의 엘라이오〈אֵלָיו〉 대신에 "엘리야에게"라는 의미의 엘 엘야후〈אֶל אֵלִיָּהוּ〉) 번역하는 과정에서 생긴 원문 훼손이다.

3.a. MT, 문자적으로는 "너 자신을 돌려라". G^{BL}은 생략(가운데 글자를 빠뜨리고 쓴 오류).

4.a. MT. G^{BL}은 "물"이라는 설명적인 어구를 첨가한다.

5.a-a. MT. G^{B}은 "그래서 그는 갔다"라는 어구를 생략함. G^{L}은 "그리고 행했다"라는 어구를 생략한다.

5.b-b. G^{BL}. MT의 "그리고 그는 가서 머물렀다"라는 어구는 5a절로부터 같은 철자를 중복하여 필사하는 오류를 포함하고 있다.

5.c. MT, G^{L}. G^{B}은 9절에서처럼(문체적?) 관계사를 생략한다.

6.a-a, b-b. MT, G^{BL}은 아마도 더 나은 문체적 병행을 위한 목적으로 생략한다.

6.c. MT. G^{BL}은 "물"이라는 설명적인 어구를 첨가한다.

8.a. MT. G^{B}의 "엘리야"와 G^{L}의 "디셉 사람 엘리야"라는 어구는 설명적이다. G^{BL}은 "다음과 같이"라는 뜻의 레모르(לאמר)를 생략한다(참조. 2절).

9.a. MT. G^{BL}은 "그리고 가라"는 만연체적인 어구를 첨가한다.

9.b. G^{BL}. MT은 5절의 영향으로 "그리고 그 곳에서 머물러라"는 어구를 첨가한다.

10.a. MT. G^{BL}은 "엘리야"라는 설명적인 어구를 가진다.

10.b. MT. G^{BL}은 "그녀에게"라는 설명적인 어구를 가진다.

10.c. MT. G^{BL}은 생략(가운데 글자를 빠뜨리고 쓴 오류).

11.a. MT. G^{BL}은 "엘리야"라는 설명적인 어구를 가진다.

11.b. MT. G^{BL}은 오피소(ὀπίσω)=히브리어 אַחֲרֵי("…후에")는 해석적이다. 내러티브

는 비록 그녀가 여전히 부를 수 있는 거리에 있었다 할지라도 엘리야의 면전에서 이미 떠난 것을 가정하기 때문이다.

11.c. MT의 리크히(לִקְחִי)는 10절에 있는 규칙적인 형태 케히(קְחִי) 곁에 있는 미완료 여성 단수로서 비정상적인 형태다. "그녀에게 가져오라"는 뜻의 라흐 케히(לָהּ קְחִי)는 수정된 것으로 이야기된다(*BHS*mg). 그러나 "말했다"라는 어구 뒤의 인칭 목적어는 G^{L}만이 가지는 독법이다. G^{L}은 설명적인 자료를 자유롭게 삽입한다. 아마도 11절은 믿을 만한 북쪽 이스라엘 사람의 형태를 보존하고 있을 것이다.

12.a. MT. G^{BL}은 "그 여인"이라는 설명적인 어구를 가진다.

12.b-b. 일반적인 맹세 형태: "만약 …이라면".

12.c. G^{BL}. MT의 단수 형태는 17-24절로부터 혼합된 것이다.

12.d. MT. G^{BL}은 생략(가운데 글자를 빠뜨리고 쓴 오류).

13.a. MT. G^{BL}은 문맥의 연관성이 없는 구조를 피하면서 "그리고"라는 어구를 첨가한다.

13.b. G^{BL}. MT의 단수("원문주해" 12.c.를 보라).

14.a. G^{BL}. MT은 1절로부터의 혼합으로 인해서 "이스라엘의 하나님"이라는 어구를 첨가한다.

14.b-b. G^{BL}. MT은 18:1에서 "지면"이라는 어구를 빌려온다.

15.a. MT. G^{BL}은 "그 여인"이라는 설명적인 어구를 첨가한다.

15.b-b. MT과 G^{L} MS. G^{BL}은 생략(가운데 글자를 빠뜨리고 쓴 오류).

15.c. MT, G^{B}. G^{L}은 "그리고 그(누군가)가 그에게 주었다"라는 설명적인 어구를 첨가한다.

15.d-d. Q, G^{BL}은 "그리고 그녀가 먹었다. 그리고 그, 그리고 그녀의 집안 식구들(G은 아이들=ובניה?)". K는 "그리고 그가 먹었다. 그리고 그녀, 그리고 그녀의 집안 식구들". 이데올로기적인 문제는 손님으로서의 엘리야의 위치다. 그는 이 내러티브에서 결코 원본적일 것 같지 않다. 서두에 여성 내러티브 동사에 의해서 소개되었기 때문이다.

15.e-e. MT. G^{BL}은 생략(가운데 글자를 빠뜨리고 쓴 오류).

18:1.a. 세련된 히브리어를 수정할 필요가 없다. 참조. G^{BL}.

4.a. MT. G^{BL}의 "선지자적인 사람들"은 "사람들"이라는 뜻의 아나쉼(אֲנָשִׁים)과 "예언자들"이라는 뜻의 느비임(נְבִאִים)을 착오로 인해서 글자를 두 번 쓴 오류다.

4.b-b. MT, G^{B}. G^{L}의 남아 있는 증거들은 "두 동굴에". 참조. 13절.

5.a. MT. G^{BL}은 "그리고 우리가 건너가도록 하자"라는 만연체적인 어구를 첨가한다.

5.b. G^{BL}. MT은 "모든"이라는 만연체적인 어구를 첨가한다.

5.c. 위와 같음.

5.d-d. 그레이와 함께 נכר로부터 니팔로 읽는 독법. 참조. *BHS*mg. KBL은 "죽여야만

한다"라는 의미의 히필 미완료로 읽는다. 이것은 G^{BL}의 엑솔로드류데손타이(*ἐξολοθρευθήσονται*)에 의해서 지지된다. 헬라어 스케논(*σχηνῶν*)=המחכות는 "동물들"이라는 뜻의 הבהמת를 잘못 읽은 것이다.

6.a-a. MT. G^{BL}은 "그 길".

6.b. G^{BL}. MT은 "홀로"라는 설명적인 어구를 첨가한다.

7.a. MT. G^{BL}은 "홀로"라는 설명적인 어구를 첨가한다.

7.b. MT, G^{L}. G^{B}의 남은 증거들은 "그리고 왔다".

7.c. MT. G^{BL}은 "홀로"라는 설명적인 어구를 첨가한다.

7.d-d. MT. G^{BL} 카이 아브데이유 에스퓨센(*καὶ 'Αβδειου ἐσπευσεν*, "그리고 오바댜가 서둘러 갔다")=וימהר ע' 는 MT의 ויכרהו의 원문 훼손이다.

8.a. MT. G^{BL}은 "엘리야"라는 설명적인 어구를 가진다.

8.b. G^{L}, MT. G^{B}은 "그것은 나다"라는 해석적인 어구를 첨가한다.

9.a. MT. G^{BL}은 "오바댜"라는 설명적인 어구를 첨가한다.

10.a. 맹세 형식. 문자적으로는 "만약 …라면".

10.b. MT. G^{BL}의 에네프레센(*ἐνέπρησεν*)은 에네플레센(*ἐνέπλησεν*)=하쉬비아(הַשְׁבִּיעַ, "맹세시키다")의 원문 훼손이다(Klostermann도 그렇다; 참조. Burney, 221).

11.a-a. MT, G^{L}. G^{B}은 생략한다(가운데 글자를 빠뜨리고 쓴 오류).

12.a. MT. G^{BL}은 "한 (그) 나라"라는 만연체적인 어구를 첨가한다.

12.b-b. MT, G^{L} MSS. G^{B}은 생략. 참조, 14절.

12.c. MT. G^{BL} MSS, Syr, Vg은 문체적 개선으로서 "그의"로 대치한다.

13.a. MT. G^{BL}은 "나의 주" 앞에 "당신"이라는 만연체적인 어구를 첨가한다.

13.b-b. MT과 G^{B}. G^{L}은 "그리고 제가 야웨의 선지자들 중에 백 명을 데려다가 그들을 숨겼습니다".

13.c-c. MT. G^{BL}은 "오십으로".

13.d-d. MT, G^{B}. G^{L}은 "두 동굴 안에".

13.e. MT, G^{L}. G^{B}은 생략.

14.a. MT, G^{L}. G^{B}은 "당신"이라는 설명적인 어구를 첨가한다.

15.a. 17:1에 관한 것을 보라.

15.b. 맹세 형식, 문자적으로는 "만약 …라면".

16.a. MT. G^{BL}은 "달려갔다"라는 해석적인 어구를 가진다.

17.a. MT. G^{BL}은 "엘리야"라는 설명적인 어구를 가진다.

18.a. MT. G^{BL}은 "엘리야"라는 설명적인 어구를 가진다.

18.b-b. 이 의역은 히브리어 2인칭 복수의 영향력을 나타내는데, 이어지는 단수에 대해서 강조적으로 대조된다.

18.c-c. MT. G^{BL}은 "너의 하나님 야웨".

18.d-d. MT과 G^{B}(단수). G^{min}, Syr, Tg, Vg은 복수. G^{L}은 부정사(의역?).

41.a. MT. G^{BL}의 "발의"라는 뜻의 톤 포돈(*τῶν ποδῶν*)은 "소음"이라는 뜻의 히브리어 콜(קוֹל)에 의역적인 동일한 등가로서 의도된 것일 수 있다.

42.a. MT, G^{B}. G^{L}은 "…안으로"라는 뜻의 에이스(*εἰς*).

42.b-b. MT. G^{L}은 생략. "갈멜로"라는 G^{B}의 에피 톤 카르멜론(*ἐπὶ τὸν κάρμηλον*)이라는 구문은 MT의 엘 로쉬 헤케르멜(אֶל־רֹאשׁ הַכַּרְמֶל)을 의역한 것이다.

42.c. Q, G^{BL}. K는 단수.

43.a-a. MT. G^{BL}은 생략. 생략은 엘리야가 이미 산꼭대기에 있다는 앞에 있는 진술의 관점에서 한 주석적 설명일 수 있다.

43.b. MT. G^{BL}은 "그 소년"이라는 설명적인 어구를 보충한다.

43.c. MT. G^{BL}은 "엘리야"라는 설명적인 어구를 가진다.

43.d. MT. G^{L}, G^{B}은 "그리고 너는"="그래서 이제"라는 의미의 베아타(וְעַתָּה)의 원문 훼손일 수 있는 히브리어 베아타(וְאַתָּה)를 삽입한다. 이것은 이 문맥에서 좋은 히브리어 구문을 만들 수 있는 것이다.

43.e. MT. G^{BL}은 "그리고 그가 일곱 번 돌아갔다(^{L} 보았다). 그리고 그 소년이 일곱 번 (^{L} 더) 돌아갔다"라는 주석적 주해를 첨가한다.

44.a. MT. G^{BL}은 생략.

44.b. G^{L}. MT과 G^{B}은 "그 물".

44.c. MT. G^{BL}은 "당신의 병거를"이라는 설명적인 어구를 첨가한다.

45.a. MT. G^{BL}의 "그리고 그는 울었다"라는 의미의 카이 에클라엔/에클라이엔(*καὶ ἔκλαεν/ἔκλαιεν*)은 MT의 봐이르카브(וַיִּרְכַּב)의 원문 훼손인 봐이브크(וַיֵּבְךְּ)를 읽은 것이다.

45.b. MT, G^{L}. G^{B}은 규칙적으로 "이스르엘" 대신에 "이스라엘"로 원문 훼손적으로 읽는다(46절도 그렇다).

46.a. MT. 문자적으로 "있었다/되었다". 그래서 G^{L}은 에게네토(*ἐγένετο*). G^{B}은 생략.

46.b-b. MT. 문자적으로 "당신이 오기까지". G^{BL}은 "…까지(unto)"(문체적).

양식/구조/배경

아합에 대한 주제적(thematic) 선포, 17:1

1. 공급하는 야웨의 능력에 대한 예시들
   a. 자연의 창조물들을 명함에 있어서
      (1) 신적인 지시 사항, 2-4절

(2) 순응 내러티브, 5-6절
b. 사람의 먹을 것을 재생산함에 있어서
(1) 신적인 지시 사항, 7-9절
(2) 만남: 사르밧 과부의 곤궁, 10-12절
(3) 풍요에 대한 신탁, 13-14절
(4) 순응 내러티브, 15절
(5) 예언의 성취로서의 해석, 16절
2. 아합과 대면하는 엘리야
a. 준비
(1) 아합에게 오는 엘리야, 18:1-2a
(2) 오바댜가 물을 찾다
(a) 절망적인 상황, 2b절
(b) 아합의 지시 사항, 3a, 5절
[확장, 3b-4절]
(c) 찾음, 6절
(3) 엘리야가 오바댜에게 지시하다
(a) 예기치 않은 만남, 7절
(b) 오바댜가 엘리야의 지시 사항에 이의를 달다, 8-9, 12절
[확장, 10-11절]
[확장, 13-14절]
(c) 엘리야가 즉각적인 나타남을 약속하다, 15절
b. 만남
내러티브 전환, 16절
(1) 아합의 비난, 17절
(2) 엘리야의 맞비난, 18절
3. 해결: 엘리야의 기도가 비를 가져오다
a. 아합에 대한 지침
(1) 상징적인 준비에 대한 지시 사항, 41절
(2) 순응 내러티브, 42a절
b. 엘리아의 간구
(1) 기도, 42b절

(2) 야웨의 응답을 찾음, 43절

c. 야웨의 응답과 엘리야의 입증

(1) 비의 징조와 아합에 대한 지침들, 44절

(2) 폭우가 아합을 달아나게 하다, 45절

(3) 엘리야가 아합 앞에서 달리다, 46절

도입절은 장르에 관한 구분을 무시한다. 그것은 선지자적 문학에서 병행되는 구절을 가지지 않는다. 이 도입절은 선지자가 비를 선포하기까지 비가 오지 않을 것임을 야웨의 이름으로 맹세하는 것이다.

따라 나오는 이야기들(17:2-6과 7-16)은 "말씀 성취" 내러티브에 대한 고전적인 기준들을 확증해 준다. 그것들은 명령과 약속을 포함하는 하나님으로부터 오는 말씀을 받는 것으로 시작된다. 그러고 나서 그것들은 약속의 성취가 따라 나오는 명령에 대한 순종을 자세히 설명한다. 그리고 모든 것이 하나님의 말씀에 따라서 일어났음을 언급함으로써 끝난다.

다른 내러티브 단위들은 세분하기가 훨씬 더 어렵다. 이야기의 절정은 왕과 선지자(18:16-18)와 비를 위한 성공적인 기도(18:41-46) 사이의 만남에서 일어난다.

이 모음집에 있는 첫 번째 선지자 내러티브는 가장 일반적이지 않은 구조를 가지고 있다. 그 의미는 초반부에 있는 표제어적인 절에 모아져 있다. 즉 엘리야가 야웨로 인해서 맹세한 말인 "내 말이 없으면 수 년 동안 우로가 있지 아니하리라"에 있는 것이다. 이것은 아합에 의해서 나타난 바알에 대한 야웨의 도전을 의미하는 것이다. 만약 야웨가 비를 허락하지 않아서 바알이 그것에 대해 아무것도 할 수 없을 때 엘리야의 말을 통해서 비를 가져오신다면, 그분은 그 자신이 진정한 하나님이 됨을 증명하시게 될 것이다. 그러나 이것은 또한 엘리야가 야웨의 사역자인지를 알아보는 시험을 의미하는 것이기도 하다. 다음에 엘리야는 사라진다. 모든 땅이 고통하는 동안 야웨는 그릿 시내에 물이 흐르게 함으로써, 까마귀들이 음식을 날라오도록 함으로써, 다음으로 사르밧 과부의 항아리와 병이 "여호와가 비를 지면에 내리는 날까지"(17:14) 가득하게 함으로써 자신의 능력을 보여 주신다. 두 번째 일화(18:1-18)는 아합과 얼굴과 얼굴을 대할 것을 약속하는 목숨이 경각에 달려 있는 엘리야를 보여 준다. 도전은 누가 실제적으로 이스라엘에 대해서 괴롭게 하는 사람이었는가에 대한 교환되는 두 개의 비난으로써 묘사된다. 이 이야기는 18:41에 있는 세 번째 절정의 일화 앞에 나오면서 엘리야와 아합을 갈멜 산에 둔다. 아합이 상징적인 축제 중에 있는 반면에, 엘리야는 조금도 변동이 없는 하늘을 향해 계속적으로 기도한다. 너무나 갑작스럽게 그의 기도가 응답을 받고 비가 내린다. 아합이 미친 듯이 집으로 달려갈 때, 그 선지자는 야웨의 영에 힘입어 기운차게 그 앞에서 달린다.

주석

17 1 - 16 엘리야의 이름은 그의 특별한 사명에 대한 상징적인 의미가 있는 것 같다. 즉 야웨(Jah)가 그의 하나님(Eli)이라는 고백이다. 21:17을 포함해서 여덟 개의 본문에서 그는 "디셉 사람"으로 불린다. 많은 주석가들이 주장하는 것처럼 길르앗의 디셉(Tishbe)이라는 장소가 있다는 것은 매우 의심스럽기 때문에, "거주자"라는 의미를 주도록 "i"는 "o"로 발음되어야만 한다는 제안(*IDB* IV, 653-54에 있는 S. Cohen의 글을 보라)을 따르는 것이 가장 좋을 것이다. 요단 동쪽이자 야르묵(Yarmuk) 남쪽에 있는 길르앗은 이 시기에는 대부분이 사람이 살지 않고 숲이 우거진 비거주지였다. 갑자기 엘리야는 아합 앞에 서서(사마리아에서?) 야웨가 달리 말씀하실 때까지 무기한으로 비를 내리지 않으시겠다는 야웨의 굳은 맹세를 인용한다. 바알은 우로를 주는 폭우와 풍요의 신이라고 했다. 그러나 야웨는 직접적으로 그에게 도전하시는 것이다. 즉각적으로 야웨의 말이 선지자를 동쪽으로 가도록 지시했다. 아합의 보복을 피할 뿐만 아니라 야웨의 위협적인 경고가 즉각적으로 효력을 발하는 것을 보여 주기 위함이었다. 그릿(RSV, "Cherith") 시내를 알아내기 위한 유세비우스(Eusebius)와 몇몇 현대의 해석자들의 노력에도 불구하고 그 위치는 알려지지 않았다. 야웨는 시내로부터 물을 공급하고 까마귀들을 통해서 떡과 고기를 공급하실 것이다. 땅이 기근과 가뭄으로 빠져드는 때일지라도, 야웨가 그의 선지자를 먹이실 수 있다는 것을 보여 주기 위해서 엘리야는 야웨가 명령한 대로 가서 행했다.

그러나 이러한 시위는 결국 이 시내조차도 말랐을 때 좀더 극적인 형태를 띠게 된다. 야웨는 엘리야에게 이스라엘의 지역을 떠나 시돈의 남쪽으로 7마일 정도 떨어진 지중해 연안의 사르밧으로 가라고 지시하신다. 야웨는 그 곳에서 한 과부 여인(모든 사회에서 가장 가난한 자)이 그를 먹일 것을 약속하신다. 엘리야가 그 곳에 도착했을 때 본 것은 모든 면에서 믿음을 시험하는 것이었다. 선지자가 요구했을 때, 그 과부 여인은 기꺼이 그에게 물을 가져다 주었다. 그러나 그녀의 호의로 인하여 그가 또한 음식을 요구했을 때, 그녀는 기근에 몸을 맡기기 전에 자신과 그녀의 아들들을 위해서 마지막으로 조촐한 식사를 준비하고 있는 중이라고 가엾게 대답한다. 신현으로부터 빌려온 확신에 찬 말("두려워 말라")로 그는 먼저 자신에게 작은 떡을 만들어 달라고 요청함으로써 그녀의 믿음에 도전한다. 이 말에 그는 그의 구원 신탁(14절)을 더한다. 그것은 바싹 마른 토양으로부터 이러한 것들이 자라기 위해서 필요한 비를 야웨가 주시기까지 밀가루와 기름이 놀랍게 다시 채워질 것이라는 구원 신탁이었다. 15-16절은 그녀가 그 선지자의 말에 따라 행했고, 이 선지자의 말이 "여러 날 동안" 진실이었음을 증명했다는 것을 말해 주는 내리막 절정을 이룬다.

18 1 - 18 바알을 능가하는 야웨의 잠정적인 시위가 결론을 맺기 전에 여러 날이 지났다("세 번째 해에"라는 어구는 주해로 여겨진다). 야웨의 정하신 때가 되었을 때 그분은 엘리야에게 자신이 이제 비를 주리라는 것을 알려 주면서 한 번 더 아합에게 나타날 것을 지시하셨다. 다음으로 엘리야가 이 만남을 오바댜를 통해서 이루고 있음을 말하고 있는 일화(긴 첨가들로 인해서 복잡해진)가 나온다. 이 오바댜는 4:6에서 언급된 관직과 같은 직책을 가진 사람이다. 엘리야가 오바댜에게 자신이 여기에 있는 것을 아합에게 알리라고 말했을 때, 그는 엘리야가 다시 사라질 것이고 그러면 아합이 그 선지자를 찾기 위해 올 때 자신의 생명을 위험에 빠뜨리는 것이라고 항변하며 이의를 제기한다. 15절에서 엘리야는 그가 "오늘" 아합에게 분명히 나타날 것이라고 엄숙하게("만군의 야웨의 생명으로") 맹세한다(참조. *YTT*, 227-30). 엘리야는 너무나 멀리 떨어져 있어서, 아합은 그가 보고 있는 사람이 정말 엘리야인지 거의 믿을 수가 없었다. 아합이 알아보기 위해서 물었을 때, 그의 질문은 "이스라엘을 괴롭게 하는 자여, 네냐?"라는 명예 훼손적인 비난이었다. RSV의 "말썽꾼"은 충분하게 강한 어구가 아니다. 히브리어로는 해를 끼치기 위해서 초자연적인 어둠의 힘을 사용하는 사람을 말한다. 엘리야는 오므리 가문 전체가 야웨의 계명들을 버렸음을 책망하면서 아합에게 정면으로 그 비난을 돌린다. 그러고 나서 구체적으로 아합이 바알들(복수는 그 땅에 수많은 바알의 제단들이 있음을 반영해 주는 것이다)을 섬기고 있음을 비난한다. 한편, 이 일화는 불이 임한 제단에 관한 내러티브의 삽입으로 내용의 흐름에 방해를 받는다. 예후인 편집자는 이것을 준비하며, 또한 아합이 갈멜 산에 바알 선지자들(21-39절에는 전혀 언급되지 않은 아세라 선지자들)을 모으는 내용을 필요로 하는, 41-46절에 있는 가뭄 내러티브의 결론을 준비한다.

41-46 가뭄 이야기는 엘리야가 아합에게(제단 내러티브에서는 나타나지 않는다) 올라갈 것(어디에서 어디로?)을, 그리고 상징적인 먹고 마심이 분명한 일을 할 것을 말하는 41절에서 계속된다. 이 가뭄 이야기는 이 순간에 적합한데, 그것은 엘리야는 아직 구름 한 점 없는 하늘 아래서 비의 소동을 무아경 속에 듣고 있기 때문이다. 갈멜 산 꼭대기에 올라가서 엘리야는 간절한 간구의 기도를 위해 몸을 구부린다. 그의 인내와 끈기는 그가 젊은 종으로 하여금 바다 쪽을 보도록 일곱 번 보낸 것에 잘 나타나 있다. 일곱이라는 숫자는 물론 완전하고 온전한 것을 나타낸다. 종은 수평선으로부터 작은 구름 한 조각이 일어나는 것을 보고한다. 엘리야는 이것이 야웨의 응답임을 확신하면서, 곧 닥치는 폭우를 피하기 위해 서두를 것을 아합에게 촉구하도록 그의 종에게 말한다. 곧 어두움과 구름이 닥쳤다. 바람이 불기 시작한다. 아합이 이스르엘(오므리 왕가의 여름 궁궐)로 돌아가려고 올라 탔을 때 장대비가 쏟아졌다. "야웨의 손"(신적인 영의 초월적인 능력을 나타내는 용어; 참조. 겔 8:1)이 엘리야가 이스르엘 성문에 이르기까지 아합 앞에서 권능 가운데 달리도록 했다.

해설

17:1은 이 곁길로 벗어나기 쉬운 이야기의 중심 주제를 요약해서 말해 주는 표제어와 같은 구절이다. 엘리야에 관해서 그는 "야웨 앞에 서 있다", 즉 그의 친밀한 고문들과 순종적인 사역자들 중의 한 사람으로서 섬기는 자라고 말하는 것이라고 볼 수 있다. 야웨에 관해서는 그분은 이스라엘의 하나님(아합이 머뭇거리고 있는 점)이며, 또한 **그분은 살아 있는** 분이라고 말하고 있다고 볼 수 있다. 야웨는 그분이 실제적으로 살아 있고 행동하며 자신의 백성들의 필요에 응답하신다는 사실에서 다른 모든 신들과 다르다. 아합과 그의 결혼으로 인한 페니키아(베니게) 사람들은 바알에 관한 그들의 모든 신화들을 믿었을 것이고 그의 의식에 열정을 가지고 참여했을 것이다. 그러나 그 신은 야웨가 신이라는 의미에서 살아 있는 신은 아니다. 그가 정말로 풍요로움을 보장할 수 있겠는가? 그는 야웨가 주는 방식으로 생명을 줄 수 있는가? 야웨의 종으로서 엘리야는 실제적으로 위협이 된 도전을 실행한다. 그 도전은 야웨 그분만이 모든 자라나는 생명체들이 의존하고 있는 물을 보류할 수 있고 그분이 그의 선지자에게 다시 내리도록 할 때에만 물을 되돌려주시리라는 것을 보여 주는 것이었다.

이 말을 한 뒤에 선지자는 즉시 숨어 버린다. 많은 주석가들은 그가 자신의 생명을 구하기 위해서 이렇게 했다고 19장으로부터 추론하는데, 엘리야가 다시 나타나는 두 번째 일화는 이 숨는 행위는 상징적인 의도를 가졌음을 말해 준다. 엘리야가 눈에 띄지 않고 목숨이 경각에 달려 있는 한, 규칙적으로 내리며 바알주의자들이 확신을 가지고 기대하는 비도 분명치 않다. 예언적인 위협은 성취되었다. 이스라엘과 인근의 모든 땅이 심각한 가뭄으로 인해 고통당했다. 모든 시내와 강들이 말랐다. 물이 거의 없고 먹을 것도 거의 없었다. 그러나 야웨는 그릿 시냇가에서 은밀하게 자신의 선지자를 먹이신다.

그 시내가 말랐을 때 엘리야는 야웨의 명령으로 바알주의자들의 땅인 페니키아로 간다. 그 곳에서 가장 낮고 천한 사렙다의 과부에게서 먹을 것을 구한다. 그녀는 자신과 가족을 위해 마지막 먹을 것을 준비하려고 나뭇가지를 모으고 있었다. 이 이야기를 듣는 사람은 그녀가 엘리야가 요구했던 음식과 물을 그에게 주기를 거부한 것은 하나도 이상스러운 것이 아니라고 말할 것이다. 놀라운 것은 하나님이 그녀에게 그의 확신과 예언을 믿기에 충분한 믿음을 주셨다는 것이다. 까마귀들로 하여금 황량한 시내에 음식을 나르도록 하실 수 있는 하나님이 이 과부의 마음에 믿음을 만드셨음이 분명하다. 믿음의 기적 위에 야웨는 결코 다하지 않는 밀가루 항아리와 결코 마르지 않는 기름 병의 기적을 더하셨다. 하늘이 우로를 내리지 않는 동안 과부와 그녀의 아들들과 함께 선지자가 먹은 것은 다가올 위대한 신적 사역, 즉 야웨가 선택한 날에 비를 주시는 것을 예언하는 것이다.

죄에 대한 심판이 왔을 때, 그것은 악인과 더불어 경건한 사람에게도 닥칠 수 있다. 따라서 경건한 오바댜는 그의 주인 아합처럼 마초를 찾기 위해서 동일하게 마음을 기울여 노력했다. 우리는 아합과 그의 궁궐은 실제적인 굶주림을 제일 나중에 경험하게 되었으리라는 것을 확신할 수 있을 것이다. 그와 오바댜는 한 움큼의 풀을 찾기 위해서 모든 계곡과 냇가를 찾고 있었다. 우리는 아합이 그의 백성들을 위해서 한 것인지 의문을 가질 수 있다. 아마도 그의 걱정은 그가 통치하는 군중들보다는 그 자신의 마구를 위해서였을 것이다. 신기하게도 엘리야는 오바댜에게 나타나서 자신이 오늘(היום – 하욤, 18:15) 분명히 아합을 대면할 것이라고 약속한다. 그는 아합을 찾기 위해 갔고, 그를 엘리야에게 데려온다. 따라서 몇 년 만에 처음으로 세속적인 권력의 대표인 바알주의 왕과 영적 능력의 대표자인 겸손하고 영력으로 채워진 선지자가 만난다. 오만한 왕의 태도를 취하면서 아합은 엘리야를 알아보고자 하는 질문을 "이스라엘을 괴롭게 하는 자여, 네냐?"라는 꾸중으로 바꾼다. 우리는 그것이 고통을 야기한 신적 심판의 도구인지, 혹은 그 심판을 초래한 사람들인지를 물을 수 있다. 우리는 그것이 우리 자신들에게 초래되었을 때 우리의 고통으로 인해 하나님을 원망하기가 쉽다. 엘리야의 대답은 솔직하고 분명하다. 야웨의 계명들에 불순종하고 바알을 따랐기 때문에 아합은 그 자신을 괴롭게 하는 자로 만들었다는 것이다.

이 대면의 장면은 분명히 전체 이야기의 절정이다. 그러나 그것은 비를 실제적으로 주는 궁극적인 해결로 치닫게 한다. 아합은 상징적인 향연에 초대된 뒤에 갈멜산 꼭대기로 오른다. 이러한 인상적인 지형학적 면모는 성경에서 생장력이 넘치는 풍요로움에 대한 요약적인 기법을 나타낸다. 그것은 분명히 밀집된 아름다운 숲으로 뒤덮여 있을 것이기 때문이다. 그러한 곳으로 올라가는 것은 결전의 장소로, 황소의 경기장 같은 곳으로 들어가는 것이다. 바알과 야웨가 대결을 주장하기 때문이다. 그러나 그것은 상징적인 중요성보다 더 중요한 것이 있다. 그 곳은 선지자가 하늘과 가까운 곳에 있게 해주는 것으로, 그는 매우 유리한 지점에 있는 것이다. 그 곳에서 그는 야웨가 자신의 기도에 응답해 주시는 것을 즉각적으로 알아볼 수 있는 것이다. 그것은 17:1의 "나의 주"에 상응하는 일곱 번 반복된 기도다. 엘리야는 명하지 않는다. 야웨가 명하신다. 엘리야는 명하지 않는다. 그는 기도한다. 그러나 그렇게 영적으로 덧입힘을 받은 사람의 기도는 명령의 힘이 있는 것이다. 엘리야는 자신을 야웨와 온전히 동일시한다. 그래서 야웨는 그를 지금 저버리실 수 없는 것이다. 지속되는 일곱 번의 기도는 야웨가 그 선지자의 입을 통해서 명하신 길고 지속되는 가뭄을 상징적으로 나타낸다. 이제 야웨가 대답하신 대로, 먼저 "사람의 손같이 작은 구름이…바다로부터 일어난다"(18:44). 선지자는 아합에게 경고하기 위해서 그 작은 구름이 폭우가 되기까지 기다리지 않는다. 참 선지자는 시대의 표징들을 분별하는 방법을 알기 때문이다. 엘리야는 이것을 하나님이 임재하시는 표지로 해석한다. 17:1이 성취되는 것이다.

이야기의 맨 끝에 아합은 이스르엘을 향하여 그의 병거를 사납게 몰아간다. "야웨의 손"에 의해서 이끌리는 엘리야는 그의 앞에서 달린다. 이것은 지상의 제도들의 주장과 권한을 통제하는 영력의 권한을 의기양양하게 보여 주는 것이다. 그러나 역설적으로 이러한 달림은 영적인 권능이 지상적 제도의 지위를 빼앗지 않는다는 것을 보여 주는 것이다. 왕 앞에서 달린다는 것은 여전히 그를 섬긴다는 것이다. 따라서 아합에 대한 심판의 끝에는 그를 언약 백성 위에 더 나은 왕으로 만들려고 하는 의도가 있는 것이다. 그는 다듬어지고 있고 교화되고 있는 것이다. 회개가 마지막 심판 전에 오게 될 것인지는 이야기되지 않은 채 남겨진다. 아합은 아마도 회개하지 않을 것이다. 그러나 이제 그는 누가 이스라엘의 진정한 신인지를 분명히 아는 것이다.

2. 병든 청년을 소생시킴(17:17-24)

참고문헌

Bobichon, M. "Une païenne reconnaît l'homme de Dieu." *BTS* 157(1974) 15. **Driver, G. R.** "Ancient Lore and Modern Knowledge.—2. Resuscitation." *Hommages à A. Dupont-Sommer.* Paris: Adrien-Maisonneuve, 1971. **Kilian, R.** "Die Totenerweckungen Elias and Elisas—eine Motivwanderung?" *BZ* n.F. 10(1966) 44-56.

본 문

17 이 일 후에 그 집 주모 되는 여인의 아들이 병들어 증세가 심히 위중하다가 숨이 끊어진지라

17 And it so happened after these things—now[a] the son of the woman who was mistress of the household got sick. And, as it happened, his sickness grew very severe, to the point where breath was scarcely lfet in him.

18 여인이 엘리야에게 이르되 하나님의 사람이여 당신이 나로 더불어 무슨 상관이 있기로 내 죄를 생각나게 하고 또 내 아들을 죽게 하려고 내게 오셨나이까

18 And she[a] said to Elijah, "What is the quarrel between me and you, O man of God? Have you come to me to make public my transgression and kill my son?"

19 엘리야가 저에게 그 아들을 달라 하여 그를 그 여인의 품에서 취하여 안고 자기의 거처하는 다락에 올라가서 자기 침상에 뉘이고

19 And Elijah said,[a] "Give me your son." And he took him from her bosom and carried him to the upper room where he was staying, laying him on his bed.

20 여호와께 부르짖어 가로되 나의 하나님 여호와여 주께서 또 내가 우거하는 집 과부에게 재앙을 내리사 그 아들로 죽게 하셨나이까 하고

20 And he[a] cried to Yahweh and said,[b] "O Yahweh [c]my God,[c] hast thou in very fact brought evil on the widow with whom I am sojourning, causing her son to die?"

21 그 아이 위에 몸을 세 번 펴서 엎드리고 여호와께 부르짖어 가로되 나의 하나님 여호와여 원컨대 이 아이의 혼으로 그 몸에 돌아오게 하옵소서 하니

21 And he [a]stretched himself out[a] over the lad three times. Then he cried to Yahweh and said, "O Yahweh my God, please cause the life of this lad to come back inside him!"[b]

23 엘리야가 그 아이를 안고 다락에서 방으로 내려가서 그 어미에게 주며 이르되 보라 네 아들이 살았느니라

23 [a]And so it was: the lad cried out,[a] and he brought him down from the upper chamber into the house and presented him to his mother. And Elijah said, "Look, your son is alive."

24 여인이 엘리야에게 이르되 내가 이제야 당신

24 And the woman said to Elijah, [a]"Now for

은 하나님의 사람이시요 당신의 입에 있는 여호와의 말씀이 진실한 줄 아노라 하니라

sure[a] do I know that you are a man of God, and that the word of Yahweh is truly in your mouth."

원문주해

17.a. G^{BL}. MT은 생략. 우리는 이 구절에 있는 두 번째 카이(*καὶ*)를 히브리어에서 원래적으로 발견되었던 것을 나타내는 접속사로서 읽는다. 그러나 "그리고 그것은 이러한 일들 뒤에 일어났다"라는 앞에 나오는 편집적인 구절에 의해 드러나지 않는다.

18.a. MT. G^{BL}은 "그 여인"이라는 설명적인 어구를 가진다.

19.a. MT. G^{BL}은 "그 여인에게"라는 설명적인 어구를 가진다.

20.a. MT. G^{BL}은 "엘리야"라는 설명적인 어구를 가진다.

20.b. MT. G^{BL}은 서론적인 어구 "아-아!"라는 의미의 오이모이(*οἴμοι*, 히브리어는 הוי)로 문체를 좋게 개선한다.

20.c-c. MT. G^{BL}은 생략(가운데 글자를 빠뜨리고 쓴 오류).

21. a-a. MT(마다드〈מדד〉의 히트파엘로 여기서만 쓰인다). G^{BL}은 흔치 않은 히브리어 형태를 이해하지 못하고서 "그가 …위에 숨을 쉬었다"라는 뜻의 에네퓌세센(*ἐνεφύσησεν*)을 쓴다.

21.b. G^{B}. MT과 G^{L}은 긴 첨가 부분에서 기적적인 요소를 강조한다. "[22]그리고 야웨는 엘리야의 소리를 들었다. 그리고 그 소년의 생명은 그에게 돌아갔다. 그리고 그는 살아났다. [23]그리고 엘리야는 그 소년을 …로 데려갔다."

23.a-a. G^{BL}. MT은 생략.

24.a-a. MT(עתה זה – 아타 제). G^{BL}은 일상적이지 않은 표현을 이해하지 못하고서 "보라!"라는 어구를 쓰고 있다.

양식/구조/배경

[편집적 서론, 17aα절]

확장: 호의적인 환대의 장소에서 질병이 발생함, 17aβ절

1. 여주인의 불평
   a. 병이 그녀의 아이의 호흡을 앗아 감, 17b절
   b. 그녀가 엘리야의 권능에 대해서 잘못된 관계를 묘사함, 18절
   c. 엘리야가 도전에 직면함, 19a절
2. 선지자의 행동

a. 그 자신의 침대로 옮김, 19b절

[주해, 20절]

b. 상징적인 행동, 21aα절

c. 기도, 21aβ절

3. 기적적인 회복

a. 소년이 울다, 23aα절

b. 엘리야가 그를 그녀의 어머니에게 주다, 23aβb절

4. 해석적인 결론: 그녀의 증언, 24절

편집자는 첫 번째 이야기의 서론적 부분에서 사렙다 과부를 도와준 엘리야에 관한 내용으로부터 이 매우 이상한 예언전 합법화 내러티브를 첨부하기 위한 매우 이상적인(ideal) 장소를 얻게 되었다. 이 본문의 주제는 병든 혹은 죽어 가는 소년의 회복이다(참조. 왕하 4장). 17:18에서 그녀의 어머니는 그 병이 악한 사탄적 힘으로부터 왔을 것이라는 점을 시사하면서 "하나님의 사람"이라는 엘리야의 신분에 대해서 의심하며 도전을 한다. 그러나 엘리야는 기도 가운데 그 소년을 야웨의 소관에 맡기고, 그는 살아나게 된다. 그가 소년을 그의 어머니에게 주었을 때, 그녀는 그가 정말 야웨의 말이 그의 입에 있는 "하나님의 사람"이라고 소리친다. 이것은 공식적인 합법화 선언이다. 즉 엘리야가 보여 준 초자연적인 능력은 어둠과 죽음의 영역이 아닌 생명과 진실의 영역에서 온 것이라는 고백이다.

주석

"이 일 후에"(אחר הדברים האלה – 아하르 하데바림 하엘레)라는 용어는 부가적인 자료의 첨가를 위해서 일반적으로 흔히 사용되는 언어적 장치다. 동사 할라(חלה)는 전쟁에서 받은 상처나 혹은 심각한 종류의 질병을 나타낼 수 있다. 분명히 어떤 남자도 가장으로서의 역할을 하고 있는 것으로 나타나지 않는다. 아픈 아이는 단순히 "그 집 주모 되는 여인의 아들"로서 언급되고 있기 때문이다. 사렙다 과부가 살았던 집이 언급되고 있는 것이 아니기 때문에, 독자는 "그것은 어떤 집인가?"라고 물을 수 있다. 그것은 분명히 친구나 친척 집이 아니다. 엘리야는 그 곳에서 손님으로서뿐만 아니라 이방인으로서의 신분인 자신을 발견하기 때문이다. 그 곳이 여행자를 위해 머무는 집이나 임시적인 피난처와 같은 곳이었다고 해서 그리 무리가 되

는 것은 아니라고 생각한다.

이야기는 서둘러 진행된다. 그 여인은 엘리야에게 격한 감정을 토로한다. 비록 그녀는 그를 "하나님의 사람"으로 알고 있을지라도, 그녀는 그가 자신의 아들에게 이러한 질병을 가져왔다고 불평하기를 주저하지 않는다. 그는 그녀의 죄들을 기억하도록 하는 나쁜 목적을 가지고 있었던 것이라고 여겨진다! 무슨 죄들이며, 어떻게 아픔이 그 죄들을 기억나게 했단 말인가! 그녀의 죄들은 그녀 자신의 비밀 속에 남겨져 있었음이 틀림없다. 그러나 그녀의 신적인 심판에 대한 신학은 잘못되었기 때문에, 엘리야는 그것을 반박하는 행동을 해야만 한다. 이스라엘의 하나님 야웨는 한 사람의 죄와 생명에 대한 재앙 사이에 인과적인 관련성을 설정하지 않으신다(욥의 "친구들"과는 반대다!). 신약적인 용어를 빌리자면, 이 소년의 중병의 목적은 오히려 "그에게서 하나님의 하시는 일을 나타내고자"(요 9:3) 하는 것이다. 엘리야는 너무 정신이 없는 이 여인과 논쟁하지 않고 단지 그녀에게 "그 아들을 달라"고만 한다. 그는 의식이 없는 그를 위층으로 데리고 가서 자신의 침대에 뉘였다(19절). 20절은 적절하다. 그러나 21절에 있는 이야기의 원래적인 기도문은 이것이 2차적인 삽입 구문이라는 것을 보여 준다. 그것은 세 가지 실수가 있다. (1) 그 여인을 과부로 부른다. (2) 그 소년이 죽었다고 말한다. (3) 엘리야로 하여금 야웨가 실제적으로 어린아이들을 죽일 수 있다는 여인의 좋지 못한 신학을 언급하도록 한다. 그러고 나서 엘리야는 자기 몸을 세 번 소년에게 "펴서" 혹은 소년 "위에" 엎드린다. 이것은 마술이 아니다. 단지 이스라엘에 있었던 예언적 운동과 친숙한 전형적인 상징적 행동이다. 그것은 "그의 생명 없는 몸이 나의 생명력 있는 몸이 되게 하소서"라는 말을 "행동으로 보여 준" 것이다. 그리고 그것은 이러한 상징을 강화하는 "나의 하나님 여호와여! 이 아이의 혼(נפש – 네페쉬)으로 그 몸에 돌아오게 하옵소서!" 라는 기도를 동반한다.

엘리야는 능력 있는 기도의 사람이었기 때문에, 야웨는 그가 요청한 대로 응답해 주신다. 아이는 살아났고, 엘리야는 그 아이를 아래로 데리고 내려가 그의 어머니에게 준다. "보라! 네 아들이 살아났느니라"는 그의 말은 그녀에게 하나님의 전능하신 일이 시행되었다는 것뿐만 아니라, 소년의 죽음을 악한 의도로 생각한 것은 정말 잘못된 실수였다는 것을 알게 해주었다. 그녀의 반응은 감동적이고 모두가 적절하다(24절). 그 여인은 엘리야를 경외와 존경의 마음으로 "하나님의 사람"이라고 불렀다. 그러나 이제서야 그녀는 그가 하나님으로부터 받은 말이 진실한, 정말로 "하나님의 사람"임을 알게 된 것이다.

해설

종교가 진실하고 전 생애에 걸쳐 이루어지는 고백이 되는 것이 아니라 단순한 직업이 된다는 것은 그 의미가 너무나 다른 것이다. 평신도들은 그 차이를 구별하는 데 어려움을 가지고 있다. 그러나 목회자들은 그것이 그 자신에 관한 문제가 되었을 때 더욱더 어려울 수 있다. 엘리야는 모든 말씀을 알고 있으며, 모든 예식을 알고 있는 단순히 직업적인 "하나님의 사람"이었는가? 아니면 하나님이 그에게 사랑과 진리를 가득 채우며 완전히 주장하시는 "하나님의 사람"이었는가? 이것이 바로 모든 종교적인 사람들이 자신들의 지향점으로 삼아야 할 바로 그 문제다. 얼마나 많은 어둠의 일들이 자신들을 "하나님의 사람"으로 가장한 사람들에 의해서 이루어지고 있는가! 자신의 입에 하나님의 진실한 말씀을 가진 "하나님의 사람"의 완전한 모델은 권위 있는 선지자주의의 모형인 이 엘리야가 아니다. 그것은 바로 엘리야가 어느 날 변화산에서 만나기로 되어 있었던 예수 그리스도다(막 9:4과 병행구절들). 그 당시의 직업적인 "하나님의 사람들", 즉 성전의 바리새인들과 박사들이 그가 죽은 자를 생명으로 일으키고 사람들에게 진정한 예언의 말씀을 했기 때문에 그를 죽게 했다는 것은 얼마나 아이러니인가! 이 간략하고 매력적인 내러티브는 힘을 가지고 있다. 그것은 악을 행할 수도 있는 어떤 선한 것에 대한 영원한 역설을 나타내고 있기 때문이다. 성경은 다음과 같은 것을 우리에게 경고하고 있다. 거룩한 장소들에 있는 어둡고 사단적인 계략! 오로지 사랑의 행위들과 정직한 행동들만이 그 어둠의 세력들이 우리를 유혹할 힘을 가지지 못한다는 것을 보여 줄 수 있는 것이다.

3. 바알 선지자들과의 대항(18:19-40)

참고문헌

Alt, A. "Das Gottesurteil auf dem Karmel." Festschrift Georg Beer(1935). **Ap-Thomas, D. R.** "Elijah on Mount Carmel." *PEQ* 92(1960) 145-55. **Burmester, O. H. E.** "The Bohairic Pericope of III Kingdoms xviii 36-39." *JTS* 36(1935) 156-60. **Eissfeldt, O.** *Der Gott Carmel. SAB*(1953) Nr. 1. **Galling, K.** "Der Gott Karmel und die Ächtung der fremden Götter." *Geschichte und Alte Testament.* BHT 16. Tübingen: Mohr, 1953. **Jepsen, A.** "Elia und das Gottesurteil." *Near Eastern Studies.*(Albright Fs.) Baltimore: Johns Hopkins, 1971. **Junker, H.** "Der Graben um den Altar des Elias. Eine Untersuchung über die kultische Uberlieferung von I Kg 18, 29-38." *Miscellanea Biblica A. Fernandez.=EstEccl* 34(1960) 547-56=*TTZ* 69(1960) 65-74. **Kopp, C.** "Il sacrificio di Elia sul Carmelo." *BibOr* 2(1960) 11-13. **Rowley, H. H.** "Elijah on Mount Carmel." *BJRL* 43(1960) 190-219. **Seebass, H.** "Elia und Ahab auf dem Karmel." *ZTK* 70(1973) 121-36. **Tromp, N. J.** "Water and Fire on Mount Carmel. A Conciliatory Suggestion." *Bib* 56(1957) 480-502. **de Vaux, R.** "Les prophètes de Baal sur le Mont Carmel." *BulMusBeyrouth* 5(1941) 7-20=*BibOr*(1967) 485-97. **Vigouroux, P.** "Les pretres de Baal(III Reg. xviii, 23-28) et leurs successeures dans l'antiquités et dans les temps présent." *RB* 7(1896) 227-40. **Würthwein, E.** "Die Erzählung vom Gottesurteil auf dem Karmel." *ZTK* 59(1962) 131-44.

본 문

19 그런즉 보내어 온 이스라엘과 이세벨의 상에
서 먹는 바알의 선지자 사백오십 인과 아세라의
선지자 사백 인을 갈멜 산으로 모아 내게로 나오
게 하소서
20 아합이 이에 이스라엘 모든 자손에게로 보내
어 선지자들을 갈멜 산으로 모으니라
21 엘리야가 모든 백성에게 가까이 나아가 이르
되 너희가 어느 때까지 두 사이에서 머뭇머뭇 하
려느냐 여호와가 만일 하나님이면 그를 좇고 바

19 So now send: gather to me all Israel at
Mount Carmel: also the prophets of Baal,[a] four
hundred and fifty, plus the prophets of Asherah,
four hundred, those dining at Jezebel's table.
20 So Ahab sent to all Israel.[a] And he assem-
bled[b] the prophets at Mount Carmel.
21 And Elijah drew near to all [a]the people[a] [b]and
said[b], "For how much longer are you going to
hobble about on two crutches? If Yahweh is God,

알이 만일 하나님이면 그를 좇을지니라 하니 백성이 한 말도 대답지 아니하는지라

go after him, and if Baal is, go after him." But the people answered[c] not a word.

22 엘리야가 백성에게 이르되 여호와의 선지자는 나만 홀로 남았으나 바알의 선지자는 사백오십인이로다

22 And Elijah said to the people, "I survive all by myself as a prophet belonging to Yahweh, while the prophets of Baal number four hundred fifty men.[a]

23 그런즉 두 송아지를 우리에게 가져오게 하고 저희는 한 송아지를 택하여 각을 떠서 나무 위에 놓고 불은 놓지 말며 나도 한 송아지를 잡아 나무 위에 놓고 불은 놓지 말고

23 Now let them give us two oxen, and let these choose one of the oxen for themselves, cut it up, and place it upon the logs, but let them not put fire to it. And I will prepare one[a] of the oxen and will place it on the logs, but will not put fire to it.

24 너희는 너희 신의 이름을 부르라 나는 여호와의 이름을 부르리니 이에 불로 응답하는 신 그가 하나님이니라 백성이 다 대답하되 그 말이 옳도다

24 Then you shall call on the name of your god[a] while I call on the name of Yahweh.[b] And it will be that the god who answers by fire,[c] he is God." And all the people answered and said, "The word[d] is good."

25 엘리야가 바알의 선지자들에게 이르되 너희는 많으니 먼저 한 송아지를 택하여 잡고 너희 신의 이름을 부르라 그러나 불을 놓지 말라

25 Then Elijah said to the prophets of Baal, "Choose for yourselves the one ox and prepare it first, since you are in the majority. And call on the name of your god. But put no fire to it.

26 저희가 그 받은 송아지를 취하여 잡고 아침부터 낮까지 바알의 이름을 불러 가로되 바알이여 우리에게 응답하소서 하나 아무 소리도 없으므로 저희가 그 쌓은 단 주위에서 뛰놀더라

26 And they took the ox[a] and prepared it. And they called on the name of Baal from morning to midday, as follows,[b] "O Baal, hear us," but there was no sound and no answer. And they leaped around the altar which they[c] had made.

27 오정에 이르러는 엘리야가 저희를 조롱하여 가로되 큰 소리로 부르라 저는 신인즉 묵상하고 있는지 혹 잠깐 나갔는지 혹 길을 행하는지 혹 잠이 들어서 깨워야 할 것인지 하매

27 And at midday Elijah[a] began to ridicule them, and he said, "Call in a loud voice, for he is a god! Perhaps he has business[b] and perhaps he has a trip to make. Or it could be that he is asleep and needs to be awakened!"

28 이에 저희가 큰 소리로 부르고 그 규례를 따라 피가 흐르기까지 칼과 창으로 그 몸을 상하게 하더라

28 So they called with a loud voice and slashed themselves, according to their ritual, with swords and lances, until the blood poured out upon them.

29 이같이 하여 오정이 지났으나 저희가 오히려 진언을 하여 저녁 소제 드릴 때까지 이를지라도 아무 소리도 없고 아무 응답하는 자도 없고 아무 돌아보는 자도 없더라

29 And it turned out that, although they raved on from about noon until it was time to offer the oblation, there was no sound, nobody giving answer, and no one paying attention.[a]

30 엘리야가 모든 백성을 향하여 이르되 내게로

30 And Elijah said to[a] the people, "Draw near to

가까이 오라 백성이 다 저에게 가까이 오매 저가 무너진 여호와의 단을 수축하되

31 야곱의 아들들의 지파의 수효를 따라 열두 돌을 취하니 이 야곱은 여호와께서 옛적에 저에게 임하여 이르시기를 네 이름을 이스라엘이라 하리라 하신 자더라

32 저가 여호와의 이름을 의지하여 그 돌로 단을 쌓고 단으로 돌아 가며 곡식 종자 두 세아를 용납할 만한 도랑을 만들고

33 또 나무를 벌이고 송아지의 각을 떠서 나무 위에 놓고 이르되 통 넷에 물을 채워다가 번제물과 나무 위에 부으라 하고

34 또 이르되 다시 그리하라 하여 다시 그리하니 또 이르되 세 번 그리하라 하여 세 번 그리하니

35 물이 단으로 두루 흐르고 도랑에도 물이 가득하게 되었더라

36 저녁 소제 드릴 때에 이르러 선지자 엘리야가 나아가서 말하되 아브라함과 이삭과 이스라엘의 하나님 여호와여 주께서 이스라엘 중에서 하나님이 되심과 내가 주의 종이 됨과 내가 주의 말씀대로 이 모든 일을 행하는 것을 오늘날 알게 하옵소서

37 여호와여 내게 응답하옵소서 내게 응답하옵소서 이 백성으로 주 여호와는 하나님이신 것과 주는 저희의 마음으로 돌이키게 하시는 것을 알게 하옵소서 하매

38 이에 여호와의 불이 내려서 번제물과 나무와 돌과 흙을 태우고 또 도랑의 물을 핥은지라

39 모든 백성이 보고 엎드려 말하되 여호와 그는 하나님이시로다 여호와 그는 하나님이시로다 하니

40 엘리야가 저희에게 이르되 바알의 선지자를 잡되 하나도 도망하지 못하게 하라 하매 곧 잡은지라 엘리야가 저희를 기손 시내로 내려다가 거

me"; and all the people drew near to him. [b]And he repaired the altar of Yahweh that had been overturned.[b]

31 And Elijah took twelve stones, signifying the number of the tribes of Israel,[a] which accords with Yahweh's word to him that says, "Israel shall be your name."

32 And he constructed the stones [a]into an altar dedicated[a] [b]to the name of Yahweh.[bc] And he[d] constructed a ditch[e] to hold the equivalent of two seahs of seed, encircling the altar.

33 Then he arranged the logs,[a] cut up the ox, and placed it on the logs.[b] And he[a] said, "Fill[b] four[c] jars with water." And they poured it over the sacrifice [d]and over the logs.[de]

34 And he said, "A second time," and they did it a second time. And he said, "A third time," and they did it a third time.

35 And the water ran all around the altar, and even the ditch he[a] filled with water.

36 [a]And when it was time to offer the oblation[a] Elijah[b] [c]drew near[c] and said, "O Yahweh, God of Abraham, Isaac, and Israel, today[d] [e]let it e known[e] that thou[f] art[g] God in[h] Israel, and that I am thy servant, that [i]by thy word[i] I have performed[j] these things.

37 [a]Answer me, Yahweh, answer me, so that this people may know that thou, Yahweh, art God,[a] and that thou hast turned [b]their heart[b] in the opposite direction!"

38 And [a]Yahweh's fire[a] fell[b] and consumed the sacrifice and the logs, [c]the stones and the dust;[c] and [d]it even licked up[d] the water that was in the ditch.[e]

39 [a]And all the people saw it. And they fell[a] on their faces and said,[b] [c]"Yahweh, he is God! Yahweh, he is God!"[c]

40 And Elijah said to them,[a] "Aeize the prophets of Baal, let not one of them escape!" So they seized them and brought them down to Elijah at

기서 죽이니라

the river Kishon, and they slaughtered them there.

원문주해

19.a. MT. "수치"라는 의미의 헬라어 아이스퀴네스(*αἰσχύνης*)는 히브리어 판본에 있는 흉내낸 이름인 브솨세트(בֹּשֶׁת)를 번역한 것이다. 참조. 25-26절.

20.a. G^{BL}. MT은 "이스라엘의 아들들". MSS의 "이스라엘의 경계"는 만연체적인 어구다.

20.b. MT. G^{BL}은 "모두"라는 만연체적인 어구를 첨가한다.

21.a-a. MT, G^{L}. G^{B}은 생략(가운데 글자를 빠뜨리고 쓴 오류).

21.b-b. MT. G^{B}의 "그리고 엘리야가 그들에게 말했다"와 G^{L}의 "그리고 그들에게 말했다"라는 표현들은 만연체적인 어구들이다.

21.c. 2 MSS와 G^{B}. MT과 G^{L} MS은 "그에게"라는 설명적인 어구를 첨가한다.

22.a. MT. 2 MSS과 G^{BL}은 19절로부터 원문 훼손된 "그리고 아세라 선지자들은 사백명이다"라는 어구를 첨가한다.

23.a. MT, G^{L}. 2 MSS과 G^{B}은 "두 번째/다른"이라는 설명적인 어구를 첨가한다.

24.a. MT. G^{BL}의 데온(*θεῶν*)은 "신들"이라는 의미의 히브리어 엘로힘(אֱלֹהִים)을 읽은 것이다. 그러나 25절을 참조하라.

24.b. MT. G, Syr, Vg MSS은 "나의 하나님"이라는 설명적인 어구를 첨가한다.

24.c. MT, G^{B}. G^{L}은 36절의 영향 아래 "오늘"이라는 해석적인 어구를 첨가한다.

24.d. MT. G^{BL}은 "당신이 말씀하신 것"이라는 문체적으로 개선된 어구를 삽입한다.

26.a. G^{BL}. MT의 "누군가가 그에게 준 것"이라는 어구의 첨가는 해석적인 것이다.

26.b. MT. G^{BL}은 문체적 개선으로서 "우리를 들으소서"라는 어구를 첨가한다.

26.c. MSS, G^{BL}, Vrs, Seb. MT은 수동태 혹은 비한정적 동작을 의미하는 설명 불가능한 단수를 쓴다. 참조. *HOTTP*, 327.

27.a. MT. G^{BL}은 "디셉 사람"이라는 설명적인 어구를 첨가한다.

27.b. G^{BL}. MT은 "그리고 아마 그는 용변을 보고 있는 중일 것이다"라는 다소 직설적이고 상스러운 표현을 첨가하고 있다.

29.a. MT. G^{B}(참조. ^{L})은 다음과 같은 긴 해석적 주해 문장을 가지고 있다. "그리고 엘리야가 성난(*προσοχθισμάτων* - 프로소크디스마톤="오물"이라는 뜻의 히브리어 쉬쿠츠〈שִׁקּוּץ〉) 선지자들에게 말했다. '이제 그만하라. 내가 나의 희생제를 준비할 것이다.' 그리고 그들은 멈추고 떠났다."

30.a. G^{BL}. MT은 "모든"이라는 해석적인 어구를 첨가한다.

30.b-b. MT. G^{BL}은 생략. 그러나 이 부분은 LXX 32절에서는 회복된다.

31.a. G^{BL}. 이 절의 두 번째 부분을 보라. MT의 "야곱의 아들들"이라는 어구는 아마도 후대의 이데올로기적인 변형인 것 같다.

32.a-a. MT. G^{BL}은 생략.

32.b-b. MT, G^{B}. G^{L}은 생략.

32.c. MT. G^{BL}은 30b절을 첨가한다(MT).

32.d. MT. G^{BL}의 복수 형태는 명백한 실수를 교정하려는 것이다.

32.e. MT. "도랑"이라는 의미의 히브리어 테알라(תעלה)는 G^{L}에서 다알라(*θααλα*)로 문자적으로 번역했다. G^{B}의 "바다"라는 뜻의 달라싸(싼)(*θάλασσα[ν]*)는 원문이 훼손된 것이다.

33.a. MT, G^{B}. G^{L} 카이 에페데케(안)(*καὶ ἐπέθηκε[αν]*)=히브리어 봐야셈(וַיָּשֶׂם, "그리고 그가 놓았다").

33.b. MT. G^{BL}은 만연체적이며 중복된 독법을 가진 것처럼 보인다. G^{B}도 그렇다. "그리고 그는 자신이 만든 제단 위에 통나무들을 배열했다. 그리고 번제를 준비했다. 그리고 통나무들을 놓았다. 그리고 제단 위에 (그것들을) 배열했다".

34.a. MT, G^{B}. G^{L}은 "엘리야"라는 설명적인 어구를 가진다.

34.b. MT. G^{BL}은 "take me".

34.c. MT, G^{B}. G^{L}은 "둘".

34.d-d. MT, G^{B}. G^{L}은 생략.

34.e. MT, G^{L}. G^{B}은 중복적인 "그리고 그가 그렇게 했다"를 첨가한다.

35.a. MT, G^{L}. G^{B}은 복수. 참조. 32.d. 원문주해.

36.a-a. MT과 G^{Lmin}. G^{B}은 생략(29절의 관점에서 이데올로기적이고 주해적이다).

36.b. G^{BL}. MT은 "그 선지자"라는 설명적인 어구를 첨가한다.

36.c-c. MT. G^{BL}은 "하늘을 향해 외쳤다"(해석적이고 교정적이다).

36.d. MT. G^{BL}은 37a절의 관점에서 의역한다. "저를 들으소서! 야웨여! 불로!"

36.e-e. MT. 수동태를 피하면서 G^{BL}은 "그리고 이 모든 백성으로 알게 하소서!"라는 어구로 대치한다.

36.f. MT, G^{B}. G^{L}은 "홀로"라는 해석적인 어구를 첨가한다.

36.g. MT, G^{L}. G^{B}은 "야웨"라는 설명적인 어구를 첨가한다.

36.h. MT. G^{BL}은 "…의".

36.i-i. Q, MSS, Syr, Tg, Vg. K는 복수. G^{BL}은 "당신에 의해서".

36.j. G^{B}. MT과 G^{L}은 "모두"라는 만연체적인 어구를 첨가한다.

37.a-a. MT. G^{BL}은 생략하고 있는데, 이는 아마도 반복하는 것으로 여겨졌기 때문일 것이다.

37.b-b. MT. G[BL]은 “이 백성들의 마음을”.

38.a-a. MT. G[BL]의 “야웨 가까이에 있는 불”이라는 어구는 후대의 유대인들의 경건심을 반영한다.

38.b. MT. G[BL]의 “하늘로부터”라는 어구는 설명적인 첨가다.

38.c-c. MT. G[BL]은 생략.

38.d-d. MT. G[BL]은 생략.

38.e. MT. G[BL]은 “그리고 불이 돌들과 흙들을 핥았다”라는 의역적인 어구를 가진다.

39.a-a. MT. G[BL]은 “그리고 모든 백성들이 엎드렸다”라고 짧게 의역한다.

39.b. MT. G[BL]은 “진정으로”(문체적)라는 어구를 첨가한다.

39.c-c. MT. G[BL]은 “야웨 하나님, 그가 하나님이시다”(이데올로기적이며 해석적이다).

40.a. MT. G[BL]은 “그 백성들”이라는 설명적인 어구를 가진다.

양식/구조/배경

[편집적 전환, 19-20절]

1. 경합이 마련됨
    a. 엘리야가 백성들이 결정하도록 촉구하다
        (1) 그의 요구, 21a절
        (2) 백성들의 무응답, 21b절
    b. 신적인 해결을 이끌어 내기 위한 동의
        (1) 엘리야의 제안
            a. 경쟁하는 세력들 사이의 불균형, 22절
            b. 동등한 희생 제물, 23절
            c. 신에 대한 결정적인 호소, 24a절
        (2) 백성들의 승인, 24b절
2. 바알과 그의 선지자들의 실패
    a. 성공적이지 못한 아침, 25-26절
    b. 정오에 비웃음, 27절
    c. 성공적이지 못한 오후, 28-29절
3. 야웨의 불리한 조건
    a. 엘리야가 희생제를 준비함
        (1) 증언으로의 부름, 30a절

[주해, 30b절]

(2) 엘리야가 상징적인 제단을 쌓다, 31-32a절

(3) 더 준비함, 32b-33a절(영역본 33절)

b. 엘리야의 희생 제물에 물을 부음, 33b(영역본 34절)-35절

4. 야웨와 엘리야의 승리

a. 엘리야의 기도

(1) 결정적인 증거와 승리를 위한 호소, 36절

(2) 백성들의 돌아섬을 위한 간구, 37절

b. 야웨의 놀라운 응답, 38절

c. 백성들의 증언, 경배 그리고 고백, 39절

[편집적 결론, 40절]

선지자 권한 부여의 주제는 예후인 편집자가 다음에 삽입하는 자료의 성격을 나타낸다. 18:21-39에서 엘리야는 바알의 선지자들과 경합을 벌인다. 이 내러티브의 주제적인 단어는 "대답하다", "응답하다"라는 뜻의 아나(ענה)다. 백성들은 21절에서 **대답**하지 않을 것이다. 엘리야는 "불로 **응답**하는 신, 그가 하나님이니라"는 설명과 함께 두 가지 희생 제사를 제안한다. 이 제안에 백성들은 "그 말이 옳도다"라고 **대답**한다(24절). 바알주의자들이 그들의 신을 불렀을 때는 **대답**이 없다(26절, 29절에 의해서 강화됨). 엘리야가 그의 절정의 기도를 할 때, 그는 "여호와여 내게 **응답**하옵소서! 내게 **응답**하옵소서!"(37절)라고 하며 부르짖는다. 필자가 *YTT*의 231-33페이지에 쓴 것처럼, 36-37절에 제일 먼저 "오늘날"이라는 단어로 시작되는 엘리야의 기도는 전체 내러티브를 다음과 같은 두 가지로 나타내면서 요약한다. (1) 야웨는 이스라엘의 진정한 하나님이시다. 그리고 (2) 엘리야는 그분의 진정한 종이나. 그러므로 마지막 분석에서 이것은 야웨와 바알 사이의 대결에 관한 이야기일 뿐만 아니라 엘리야가 야웨의 진정한 권한이 부여된 선지자라는 것을 보여 주는 이야기다. 백성들은 그 권위를 의심했다. 그러나 마지막의 그들의 증언과 경배, 그리고 고백은 그들이 그 권위를 받아들였음을 보여 준다.

우리는 과학적인 관점 지향주의 주석가들의 오늘날 세대의 글들을 살펴보고자 한다. 이들의 방법론은 진부한 문자주의와 무미건조한 이성주의적 역사주의로부터 우리를 벗어나게 해주어서 훨씬 더 풍요로운 수단들이 됨을 증명해 주고 있다. 비록 이러한 해석들이 서로간에 반대가 된다고 할지라도, 그들은 각각 "갈멜" 내러티

브에 대한 유일하게 가능한 독법은 실제적인 역사적 사건에 대한 문자적(비록 완성되지 않을지라도)인 보고로서 읽는 것이라고 생각하는 실수를 저지르고 있다는 것이다. 문자주의가 직접적으로 초자연적인 것으로 귀의하는 것은, 역사주의가 감추어진 한 배럴의 석유와 불붙은 유리를 가지고 있는 교활한 협잡꾼의 성질을 가지고 있는 것과 같은 것이다(Montgomery-Gehman도 그렇다. 위에서 인용한 *Kings*, ICC 1951). 좀더 최근의 해석자들은 이 이야기를 하나의 거룩한 전설로 취급함으로써 우리를 이러한 난국으로부터 구해 주고자 한다. 전설! 그렇다. 그러나 **거룩한** 전설이다. 이러한 관점에서는 이 이야기에서 자세히 이야기된 것이 결코 문자적으로 일어나지 않았을 것이다. 이것은 그리 중요한 일이 아니다. 만약 그것이 거룩한 전설이라고 한다면, 우리는 이 이야기에 대해서 단지 역사로서가 아니라 증언과 호소로서 반응하도록 요청되기 때문이다.

실제적으로 최근 몇 년 동안 다른 엘리야 내러티브들과 선지자 이야기들의 전체 자료의 상황 안에서 이 본문에 대한 격렬한 토론이 있었다. 참고문헌에 기록된 주제들 중에서 우리는 알트(Alt), 드보(de Vaux), 아이스펠트(Eissfeldt), 포러(Fohrer), 에입 토머스(Ap-Thomas), 로울리(Rowley), 뷔르트바인(Würthwein), 쉬텍(Steck), 브론너(Bronner) 그리고 제프젠(Jepsen) 등의 글들을 가장 중요한 것들로 언급한다. 이러한 모든 논의의 주요 관심은 이것이 어떠한 종류의 이야기인가를 정확하게 구분하는 것이었다. 이것으로부터 그 이야기의 중심적인 관심-배경, 목적 그리고 메시지 등-이 무엇인지를 추측할 수 있기 때문이다. 알트(Alt)와 뷔르트바인(Würthwein)과 같은 학자들은 이 이야기는 갈멜 산에 있는 실제 산당을 위한 **거룩한 이야기**(*hieros logos*, 합법화 예전 의식적)라고 생각했다. 이 이야기는 아합 당시에 그 이야기의 이전 보관자, 즉 바알의 추종자들로부터 야웨의 열심당원이 빼앗은 이야기라고 보았다. 이러한 가설에서 한 가지 문제점은 그러한 산당에 대한 성경적 전통이 없다는 것이고, 그러한 잔해가 발견되지 않는다는 것이다(헬레니즘 기간에 있었던 갈멜의 전에 관한 전승들은 우리의 성경적 설명의 원인보다 훨씬 더 효과적이다). 또 다른 문제는 그들 자신의 성소를 건축할 수 있는 많은 장소를 가졌을 때 왜 야웨주의자들이 바알주의자들을 내쫓기 위해 무력을 사용했어야만 했느냐는 것이다. 어쨌든 본문은 엘리야가 새로운 제단을 세웠다고 말하고 있다. 그가 설립된 바알 단과 함께 야웨를 위한 제단을 건축했으리라는 것은 그 자체가 그럴듯하지 않은 것이다.

열왕기하 1:1-16에 있는 가까운 병행 구절은 이 이야기와의 유사성을 보여 준다.

둘 다 선지자 권한 부여 내러티브들이라는 점에서 그렇다. 어느 이야기도 하늘의 불을 보내는 것이 그 궁극적인 관심사는 아니다. 그것은 성소를 합법화하는 **거룩한 이야기**에 있었을 것이기 때문이다. 그 이야기에서 불은 엘리야가 배교한 왕에게 심판을 선포할 수 있는 권한이 주어진 참 "하나님의 사람"임을 세 군대의 무리에게 보여 주는 것이다. 이 본문에서 불은 야웨가 이스라엘의 하나님이 되며 엘리야가 그의 참 선지자가 됨을 증명해 주면서 엘리야의 기도에 응답한다. 그리고 이미 언급했듯이 이 이야기는 백성들에게 어느 신이 참 하나님임을 대답할 수 있도록 하는 목적을 가지고 있다.

우리가 따라가고 있는 구조적 · 편집적 분석은 우리에게 주석가들이 계속적으로 빠지고 있는 함정들을 피할 수 있도록 해준다. 예를 들어, 우리는 열왕기에 대한 아이스펠트(Eissfeldt)의 서론과 그레이(J. Gray)의 주석 그리고 토머스(Ap-Thomas)와 로울리(Rowley)의 글들은 17-19장 전체 – 작은 주해들까지도 – 를 하나의 문학적인 부분으로 간주하고 있음을 발견한다. 이러한 잘못된 판단이 가져오는 즉각적인 결과는 가뭄 이야기와 제단의 불 이야기가 같은 주석학적 문맥에 함께 속하게 된다는 것이다. 그러나 그렇게 되면 우리는 수많은 비평거리를 가지고 불을 보내는 것이 야웨가 가뭄 끝에 비를 주실 것인지에 대한 문제와 무슨 관련이 있는지를 물어야만 하는 것이다. 또한 엘리야는 그의 제단 위에 낭비적으로 물을 붓기 위해 열두 "배럴"의 물을 어디에서 구했는지도 물어야만 할 것이다. 만약 바알의 경합이 갈멜 산 꼭대기에서 이루어진 것이라면, 그들은 가장 가까운 곳 즉 그 산 기슭에 있는 기손 시내로부터 어떻게 수천 피트 위로 물을 끌어올렸을까? 사실 바알의 경합은 갈멜 산 꼭대기에서 이루어질 이유가 없는 것이다. 그것은 원래적으로 알려지지 않은 장소에서 이루어진 독립적인 이야기이기 때문이다. 우리는 아합 왕이 이 이야기에서 전혀 언급되고 있지 않다는 것을 유의해야 한다. 그는 분명히 하나의 계속되는 이야기인 17-19장에 등장했어야 하기 때문이다.

주석

21-24 "엘리야가 모든 백성에게 가까이 나아가." 내러티브 전체를 통해서 엘리야는 주도권을 가지고 있다. 이미 도입부에서 엘리야는 어디에서 왔느냐는 질문이 일어난다. 우리는 모른다. 우리는 단지 바알 산당의 근처라는 것 외에는 이 사건이 어디에서 일어나고 있는지를 알지 못한다. "가까이 나아가다"(נגש – 나가쉬, 칼과 니

팔)라는 어구는 종종 논쟁을 시작하거나 결정을 요구하는 의미로 쓰인다(창 18:23; 27:21; 45:4; 수 14:6; 21:1; 삼상 14:38; 사 41:1, 50:8; 욥 4:9). 따라서 그것은 때때로 선지자적인 신탁을 전하거나 받기 위해 준비하는 것을 의미한다(왕상 20:22, 28; 왕하 2:5; 렘 42:1). 본문의 화자는 이것을 1, 2 그리고 4장면에 있는 행동을 소개하기 위해서 사용한다. "어느 때까지?": 논쟁적인 문맥에서 호소, 책망, 슬픔 등을 나타내는 어구다(예를 들어, 시 82:2; 94:3; 렘 4:14). "머뭇머뭇하려느냐"("절뚝거리며"): "넘어가는"이라는 의미의 히브리어 파싸흐(פסח)는 또한 "절뚝거리다"라는 의미가 있다(참조. 삼하 4:4). 비록 이 단어가 26절에서는 제의적 춤을 가리킬지라도(참조. 삼하 4:4), 여기서는 분명히 "발을 절다" 혹은 "절뚝거리다"를 의미한다(참조. Fohrer, *Elia* 9-11). "두 사이에서": 이것은 오로지 이 곳에서만 발견되는 히브리어를 번역한 것으로 이것과 관련된 형태들은 "나뭇가지들", "가지로부터 잘려진 가지"를 의미한다. 그러므로 버팀목이 된 것을 의미한다. 어쨌든 암시하고 있는 것은 동요하는 것으로서 결단력이 없는 행동을 의미한다. 이러한 행태로 백성들이 이쪽 길도 아니고 저쪽 길도 아닌 모습으로 "행한다"(=도덕적 행위). "여호와가 만일 하나님이면 그를 좇고 바알이 만일 하나님이면 그를 좇을지니라": 선지자는 신앙으로 일관된 행동을 요구한다. (잘못된 길일지라도 중간에 있는 것보다는 이쪽이든 저쪽이든 한 길을 택하는 것이 좋다. 참조. 계 3:15). "백성이 한 말도 대답지 아니하는지라": "대답하다"(히브리어 아나〈ענה〉)라는 주제어가 첫 번째로 나타나고 있다. 위를 참조하라. "여호와의 선지자는 나만 홀로 남았으나 바알의 선지자는 사백오십 인이로다": 19절에 있는 편집자의 첨가와 비교하라. 열왕기상 22:6에 사백 명의 선지자들과 열왕기하 2:7, 16-17에 선지자들의 오십 명의 아들들이라는 표현이 있지만, 구약성경의 다른 어느 곳에서도 사백오십이라는 숫자는 다시금 나타나지 않는다. 엘리야는 자기 연민을 표현하고 있는 것이 아니라, 압도적인 숫자에도 불구하고 자신의 궁극적인 승리의 정도를 강조하고 있는 것이다. 바알의 선지자들은 열왕기하 10:19에서 다시 언급된다. 그리고 성경 외적인 자료들은 이스라엘 밖에 존재한 (마리) 선지자들에 관해서 이야기한다. 이스라엘의 선지자들과 같이 본문의 바알의 선지자들은 예전적 기능들이 있었던 것 같다.

23절에서 엘리야는 동일하게 불을 놓지 않는 희생제를 제안한다. 이러한 제사를 시행하는 제사장이 아닌 사람들에게 주어진 합법성은 레위기적인 규례에 나타난 것보다 더 이른 시기의 상황을 반영해 주고 있는 것이다. 모든 것이 준비 과정에서 다 이루어졌다. 그러나 희생제는 불이 그것을 사를 때까지 완성되지 않은 채(따라서 아직 효과가 없고 의미가 없는)로 남아 있게 된다. 여기서 우리는 예전적 제도의 합당한 영역을 벗어나고 있는 것이다. 희생 제물이 아닌 것으로부터 희생제를 만들어 내는 강력한 수단인 불을 통제하면서, 사제는 이 예전적 제도에서 엄격한 관할권을 가지고 있었다. 선전의 요소들과 성직자적인 속임수에 대한 혼돈의 요소를 제거하면서, 이 문제는 경쟁적인 상대 신들에게 온전히 일임되었다. "너희는 너희 신의 이름을 부르라 나는 여호와의 이름을 부르리니": 응답을 받기 위해서 누구든지 그 자신의 신의 바른 이름을 불러야만 한다(참조. 창 28:13; 33:29; 출 3:14-15). "불로 응답하는 신 그가 하나님이니라": 초기 이스라엘은 신학적인 유일신이 아닌 실제적인 유일신론을 믿었다. 즉 실제로서 여겨지는 하나님은 행동하는 자이고, 자기 백성을 도울 능력을 가진 자인 것이다. 나머지는 방관자다. 이 곳의 문제는 특별히 첨예한데, 바알과 야웨 모두 불의 권능을 주장했기 때문이다(야웨에 대해서는 창 15, 19장; 출 3, 19장; 삿 6, 13장; 암 1:4, 7, 10, 12, 14; 2:2, 5; 슥 2:5; 말 3:2을 보라). 실제적으로 불을 보내는 능력은 둘 중에 누가 진정한 하나님인지를 결정하게 될 것이다. "그 말이 옳도다": 문자적으로는 "그 말이 좋다". 참조. 21절. 선지자의 요구에 대답하지 못했거나 할 수 없었던 백성들이 이제 동의하며, 그들을 위한 다른 대답에 동의한다.

25-29 "너희는 많으니 먼저 한 송아지를 택하여 잡고 너희 신의 이름을 부르라": 이해할 수 없는 오묘한 주제를 계속하면서, 내러티브는 엘리야가 바알이 응답하지 않을 것이고 할 수도 없을 것이라는 자신감을 표현하고 있음을 보여 주고 있다. "아침부터 낮까지". 참조. "오정에", 27절; "오정", 29절; "소제 드릴 때", 29, 36절. 두드러진 시간적 요소는 엘리야에 대한 이상함을 강조하는 긴장의 또 다른 요소다. 바알주의자들은 실제적으로 엘리야가 야웨의 응답을 받아낼 시간을 거의 남겨 놓지 않고 온종일을 사용한다. "저희가 뛰놀더라": 히브리어 파싸흐(פסח)는 21절에 대한 동음이의어적인 익살스러운 표현이다. 주신제(酒神際)의 춤은 여러 자료들로부터 페니키아-가나안 종교의 특징으로 증명된다. 본문의 화자에게는 그것이 바알의 실패로 인해 일어난 절망감의 행동으로 설명된다. "엘리야가…조롱하여": 히브리어 하달(התל). 이것은 이 난어의 유일한 성경적 용례다. 그 의미는 문맥으로부터 명확하다(LXX를 보라). "큰 소리로 부르라" – 위에서와 같으며 단지 좀 더 그런 것이다. "저는 묵상하고 있는지(히브리어 시아흐〈שיח〉) 혹 잠깐 나갔는지(히브리어 시그〈שיג〉) 혹 길을 행하는지." 그 해석은 어느 정도 추측적인 면이 있다. 이것을 "개인의 일 혹은 대소변을 보느라 바쁜 것"을 말하는 외설적이고 장난기

있는, 풍자의 의미가 있는 것으로 해석하는 몇몇 유대 주석가들의 견해를 받아들이기가 쉽다. "저는 잠이 들어서 깨워야 할 것인지": 다양한 고대 종교들은 밤에 잠을 자러 가는 그들의 신들을 생각했다. 그러나 이것은 정오이지 않은가! "그 몸을 상하게 하더라": 히브리어 가다드(גדד, 히트파엘; 참조. 신 14:1). 이것은 다른 성경 외적인 보고, 즉 페니키아 사람들과 가나안 사람들에 관한 것과 일치한다. 이것은 본문의 화자에게는 극단적으로 이상스러운(그들의 제의에 따라), 가장 극렬한 절망의 표시로서 충격을 주게 된다. "저희가 큰 소리로 부르고": 히브리어 나바(נבא)의 히트파엘에 대한 지나친 번역이다(참조. 왕상 22:10). "아무 소리도 없고 아무 응답하는 자도 없고 아무 돌아보는 자도 없더라": 점증적인 결론. 참조. 26절. 우리는 29절을 장면 3(30-35절)이 진행되는 동안 계속 이어지는 노력을 나타내는 것으로 이해해야 할 것이다.

30-35 "내게로 가까이 오라": 위를 보라. "모든 백성"이 도울 것이다. 그러나 그들의 직접적인 도움(물을 붓는 것)은 그들이 모아지게 된 종국적인 증언을 예시하며 강조하는 것이다. "여호와의 단을 수축하되": 31절을 미리 이야기하는 이데올로기적 주해. "야곱의 아들들의 지파의 수효를 따라 열두 돌": 고대 규약을 토대로 한 의미 있는 상징(참조. 수 4:5 이하). 이것은 이스라엘의 제단, 즉 야웨의 제단이 되는 것이다. "그 돌로 단을 쌓고…도랑을 만들고": 다소 상충되는 듯한 수수께끼 같은 이야기. "종자 두 세아를 용납할 만한"에 대한 해석에는 다양한 가능성이 있다. 그러나 의심할 여지없이 이 표현은 원래의 청자들에게 정확한 표현을 전달하고 있다. 다음으로 마치 지금까지 한 모든 일들을 무효화시키는 듯이 보이는 거듭되는 네 항아리의 물에 대한 명령이 나온다(=열두 항아리는 열두 돌과 일치한다). "도랑에도 물이 가득하게 되었더라": 야웨에게 가장 불리한 마지막 요소다. 참조. 38절.

36-39 "저녁 소제 드릴 때에 이르러": 히브리어 바알로트 하미느하(בעלות המנחה). 이것은 모든 것이 준비된 절정의 순간이다. 여기서 의미하는 희생제는 고대로부터 저녁에 해지기 바로 직전에 드려졌던 것을 말하는 것 같다(참조. 출 29:38 이하; 민 28:3 이하; 왕하 16:15; 스 9:4-5; 단 9:21). 그러나 요세푸스와 미쉬나(Mishnah)는 본문을 분명히 잘못 이해하고 있는 전통을 따르면서 이른 오후(대략 오후 3-4시 전후)에 드려진 희생제를 말하고 있다. 이것은 해지기 전에 엘리야의 몇 시간에 걸친 기도와 같은 날에 40-46절의 좀더 이어지는 행위들을 위해 충분한 시간을 배려하려고 하는 당위성으로서 취해진 것이었다. 그러나 이러한 배

려는 이 구절들이 다른 자료로부터 온 것이라는 점이 증명될 때는 필요 없게 된다. 30-35절의 행동은 29절의 행동과 동시적인 것으로 이해되어야만 한다. 엘리야의 기도의 순간을 저녁 때로 보는 것 외에 다른 시간을 계산해야 할 이유가 없다. 실제적으로 강조적인 가장 첫 자리에 있는 "오늘"이라는 시간을 나타내는 단어에 의미를 주는 것은 저녁으로 보는 해석이다. 오늘이라는 시간은 바알의 선지자들에 의해서 모두 사용되었다. 그러나 야웨는 단 한 순간에도 행동하실 수 있는 것이다. "아브라함과 이삭과 이스라엘의 하나님 여호와": 오래된 친숙한 표현이다. 그러나 "당신께서 이스라엘의 하나님이시다"라는 어구의 동음이의어적인 연속을 위한 근거로서 "야곱" 대신에 "이스라엘"로 의도적으로 대치한다. "내가 주의 종이 됨을 알게 하소서"(참조. 출 14:31): 이것은 "제가 당신의 말씀(히브리어로 가장 먼저 나옴)으로"라는 구문과 병행을 이루는 것이다. 엘리야가 찾는 계시는 (1) 경합에 대한 응답(야웨가 이스라엘의 하나님이심)과 (2) 무응답으로 엘리야의 선지자적인 신용과 그의 말의 능력을 의심하고 있는 백성들과의 논쟁에 대한 응답을 보여 주는 것이다. "여호와여 내게 응답하옵소서 내게 응답하옵소서!": 마지막으로 나오는 열정적인 호소다. 엘리야는 더 이상 할 수도 말할 수도 없다. 만약 야웨가 지금 응답하지 않는다면 모든 것을 잃는 것이다. "여호와는 하나님이신 것": 36절에서보다 더 절대적이다. 만약 야웨가 이스라엘에서 하나님이시라면, 그분은 **매우 뛰어난** 하나님이시기 때문이다. "저희의 마음으로 돌이키게 하시는 것": 수정되지 않으면 수수께끼 같은 어구다. 엘리야는 야웨가 이스라엘을 다른 어떤 방향으로 배교하도록 하신다고 말하고 있는 것인가? 비록 오늘날의 우리에게는 이러한 용어가 환영받지 못한다 할지라도, 이 용어는 사무엘상 16:14; 사무엘하 24:1; 열왕기상 22:22-23; 아모스 3:6 등과 같은 본문들에서는 지지를 받고 있다.

마지막으로 38-39절에서 경합을 결말짓는 불이 떨어진다. 논쟁을 해결 받고 백성들은 그들의 얼굴을 숙인다. 극적인 절정은 우리를 놀라게 할 정도로 매우 단순하고, 그렇게나 갑작스럽다. 그러나 이것은 의도된 바로 그 효과다. 이전의 모든 것은 과연 야웨가 실제적으로 불로 응답하실 것인지에 대해서 긴장감을 형성하기 위해 고안된 것들이다. 그러나 화자는 야웨가 실제로 그러하실 것이라는 점에 대해서 조금도 의심하고 있지 않다. "모든 백성이 보고": 즉 증언되었다(참조. 출 14:13, 30-31). "여호와 그는 하나님이시로다 여호와 그는 하나님이시로다": 히브리어 본문도 동일하다. 아마도 똑같은 반복을 피함으로써 문제적인 개선을 꾀하는 LXX은 "여호와는 하나님이시다! 그는 하나님이시다!"로 표현하고 있다.

해설

이스라엘 백성들은 그들이 결정할 수 없었다는 반대 주장에 의해서 매우 혼돈스러웠을 것이다. "백성들이 한 말도 대답지 아니하는지라." 그들은 **대답할 수** 없었기 때문에 엘리야에게 **대답하지 않았다**. 야웨는 그들의 조상의 하나님이시다. 그러나 풍요의 바알 종교에 대한 자연적인 호소는 그들을 혼돈시켰다. 엘리야가 "여호와가 만일 하나님이면 그를 좇고 바알이 만일 하나님이면 그를 좇을지니라"고 말하는 것은 옳았다. 믿음은 행동을 요구한다–헌신되고 계속적인 삶. 만약 누군가가 바알을 믿는다면, 그는 호화롭고 물질적인 삶을 살아야만 한다. 만약 누군가가 야웨를 믿는다면, 그는 야웨의 숭고하고 준엄한 계명들의 높은 영성에 따라 살아야만 한다. 백성들이 대답할 수 없었기 때문에, 야웨가 그들을 위해서 응답하신다. 사백오십 명의 바알 선지자들이 하루 종일 춤을 추고 자신들을 해함으로써 바알이 무엇인가를 하도록 하지 못한 것을 야웨는 해지기 바로 직전 마지막 짧은 시간에 행하셨다. 그리고 야웨는 이것을 그의 참 종이었던 엘리야의 짧지만 매우 간절하고 강력하게 간구한 기도에 대한 응답으로서 행하셨다. 바알이 여행을 떠나고, 일을 하고, 잠이 든 동안, 바알의 무능력이 온전히 보일 때까지 야웨는 주의를 기울이며 깨어 계셨다. 반복적으로 바알의 선지자들은 "바알이여, 응답하소서!"라고 부르짖었다. 그러나 아무런 대답도 소리도 없었다. 누구도 주의를 기울이지 않았다. 이와는 반대로, 한 순간의 간절하고 긴급한 기도가 야웨를 행동하시도록 움직인다. 바알은 불의 신이라고 주장해 왔다. 그러나 불이 필요할 때 그는 불을 가지고 있지 못했다. 자신의 뜻을 수행하기 위한 불을 가지고 있는 것은 야웨이시다. 그러나 야웨가 그의 불을 보내신 것은 바알을 굴복시키고 바알주의자들과 논쟁하기 위해서가 아니라, 그의 선지자를 확증하고 그의 백성들을 확신시키기 위함이었다는 것을 확신해야 한다. 결국 이 이야기는 그들에 관한 것이다. 그들은 의심을 가지고 있었던 사람들이기 때문이다. 대단원의 결말은 바알이 실패할 때나 심지어 야웨가 성공할 때 오는 것이 아니다. 두 가지 생각에서 갈팡질팡하던 백성들이 "여호와 그는 하나님이시로다! 여호와 그는 하나님이시로다!"라고 경배하며 고백할 때이다.

오늘날의 사람들은 의심을 해결하기 위해서 하늘로부터 불을 간구하는 사람이 있느냐고 물을 수 있다. 대답은 아니라는 것이다. 오늘날의 세대는 돌연한 초자연주의의 그러한 광경과 같은 것에 대한 개념에 대해서 성숙해 있기 때문이다. 우리는 그러한 믿음을 하찮게 보아서는 안 된다. 그러나 고대인들의 세계관과 우리의 세계관을 비교해야만 한다. 고대 히브리인들은 하나님이 그들에게 불로 응답하실 것을 기대했다. 그들에게 하나님은 불의 하나님이었기 때문이다. 그러나 그것은 훨씬 깊숙이 놓여 있는 본질에 대한 특별한 것이었다. 야웨주의에 그 강한 생명력을 주었던 것은 이스라엘의 하나님은 살아 있고, 실제적이며, 즉각적으로 다가갈 수 있고, 행동할 수 있으며, 기꺼이 행동하신다는 확신이었다.

그들은 이교적 여건에 있는 만신들과는 달리, 야웨가 그의 언약 백성들의 행복을 위해 온전히 헌신적이라는 것을 믿었다. 이교의 신들은 악명 높게 변덕스럽고 엄청나게 이기적이다. 이교의 신들은 한 쪽으로 혹은 다른 쪽을 행동하도록 강제되지 않으면, 결코 그들의 수행적인 헌자들을 위해서 행동하지 않는다. 고대 예전과 신화의 세계는 분명히 "신들을 교화하는, 부양하는(*cultivare deorum*)" 목적을 가졌다. 여기서부터 "숭배, 예식"이라는 영어의 "cult"가 나왔다. 엘리야의 비난하는 말들에 있는 풍자는 정확히 맞는 것이다. 바알은 정말 신뢰할 수 없는 그러한 신이었다. 그는 응답할 수 있었을지도 모른다. 그러나 그는 응답할 수 없었다. 야웨는 자신과 가지는 어떠한 경합에서도 혹은 모든 이교적인 신들과 가지는 경합에서도 쉽게 이기실 것이다. 그분의 백성들에게 응답하실 때, 분명하지 않는 것은 결코 없다. 그분은 응답하실 수 있었다. 그분은 응답하기를 원하신다. 불에 의해서가 아니라 너무나 분명히 그리고 강력한 방법으로 응답하시기 때문에, 그분의 백성들은 그분이 듣고 있고 그분의 목적은 반드시 이루어진다는 것을 알 수 있을 것이다.

4. 여호와가 엘리야의 권위를 회복시키시다(19:1-18)

참고문헌

Allen, R. B. "Elijah the Broken Prophet." *JETS* 22(1979) 193-202. **Carlson, R. A.** "Élie à l'Horeb." *VT* 19(1969) 416-39. **Hossfeld, F.-L.** "Die Sinaiwahlfahrt des Propheten Elia." *ErbAuf* 54(1978) 432-37. **Lust, J.** "Elijah and the Theophany on Mount Horeb." *BETL* 41(1976) 91-100. **von Nordheim, E.** "Ein Prophet kündigt sein Amt auf(Elia am Horeb)." *Bib* 59(1978) 153-73. **Seybold, K.** "Elia am Gottesberg. Vorstellungen prophetischen Wirkens nach 1. Könige 19." *EvT* 33(1973) 3-18. **Stamm, J. J.** "Elia am Horeb." *Studia biblica et semitica Theodoro Christiano Vriezen…dedicata.* Wageningen: Veenman, 1961. **Weissman, S.** "Die Erzählung von der Theophanie am Horeb(I Reg 19)." *BMik* 11(1965) 140-43. **Würthwein, E.** "Reflections on I Kings 19:9-18." *Proclamation and Presence. Old Testament Essays in Honour of G. H. Davies.* London: SCM Press(1970) 152-66.

본 문

1 아합이 엘리야의 무릇 행한 일과 그가 어떻게 모든 선지자를 칼로 죽인 것을 이세벨에게 고하니

1 And Ahab told Jezebel[a] everything Elijah had done, [b]including the way[b] he had killed[c] the prophets with the sword.

2 이세벨이 사자를 엘리야에게 보내어 이르되 내가 내일 이맘때에는 정녕 네 생명으로 저 사람들 중 한 사람의 생명 같게 하리라 아니하면 신들이 내게 벌 위에 벌을 내림이 마땅하니라 한지라

2 Then Jezebel sent[a] to Elijah saying, "[b]If you are Elijah, I am Jezebel.[b] Thus may the [c]gods do,[c] and even more, if by this time tomorrow I do not make your life like the life of one of them!"

3 저가 이 형편을 보고 일어나 그 생명을 위하여 도망하여 유다에 속한 브엘세바에 이르러 자기의 사환을 그 곳에 머물게 하고

3 And he[a] was frightened;[b] he arose and went for his life, arriving at Beersheba, [c]belonging to[c] Judah. And he dismissed his lad there,

4 스스로 광야로 들어가 하룻길쯤 행하고 한 로뎀나무 아래 앉아서 죽기를 구하여 가로되 여호와여 넉넉하오니 지금 내 생명을 취하옵소서 나는 내 열조보다 낫지 못하니이다 하고

4 while he himself went on into the desert for a day's journey. And he came and sat down beneath a certain[a] broom tree. And he asked for his life, so that he might die; and he said, "Enough now, Yahweh,[b] take my life,[c] for I am no better than my forefathers!"

5 로뎀나무 아래 누워 자더니 천사가 어루만지며

5 Then he lay down and slept[a] beneath the broom

이르되 일어나서 먹으라 하는지라

6 본즉 머리맡에 숯불에 구운 떡과 한 병 물이 있
더라 이에 먹고 마시고 다시 누웠더니

7 여호와의 사자가 또 다시 와서 어루만지며 이
르되 일어나서 먹으라 네가 길을 이기지 못할까
하노라 하는지라
8 이에 일어나 먹고 마시고 그 식물의 힘을 의지
하여 사십 주 사십 야를 행하여 하나님의 산 호렙
에 이르니라
9 엘리야가 그 곳 굴에 들어가 거기서 유하더니
여호와의 말씀이 저에게 임하여 이르시되 엘리야
야 네가 어찌하여 여기 있느냐

10 저가 대답하되 내가 만군의 하나님 여호와를
위하여 열심이 특심하오니 이는 이스라엘 자손이
주의 언약을 버리고 주의 단을 헐며 칼로 주의 선
지자들을 죽였음이오며 오직 나만 남았거늘 저희
가 내 생명을 찾아 취하려 하나이다

11 여호와께서 가라사대 너는 나가서 여호와의
앞에서 산에 섰으라 하시더니 여호와께서 지나가
시는데 여호와의 앞에 크고 강한 바람이 산을 가
르고 바위를 부수나 바람 가운데 여호와께서 계
시지 아니하며 바람 후에 지진이 있으나 지진 가
운데도 여호와께서 계시지 아니하며

12 또 지진 후에 불이 있으나 불 가운데도 여호
와께서 계시지 아니하더니 불 후에 세미한 소리
가 있는지라
13 엘리야가 듣고 겉옷으로 얼굴을 가리우고 나
가 굴 어귀에 서매 소리가 있어 저에게 임하여 가
라사대 엘리야야 네가 어찌하여 여기 있느냐

14 저가 대답하되 내가 만군의 하나님 여호와를
위하여 열심이 특심하오니 이는 이스라엘 자손이
주의 언약을 버리고 주의 단을 헐며 칼로 주의 선
지자들을 죽였음이오며 오직 나만 남았거늘 저희

tree.[b] And behold, someone[c] was prodding him and
saying to him, "Get up and eat!"
6 And he[a] looked, and behold, near his head was
a cake made on heated stones, as well as a cruse of
water.[b] So he ate and drank,[c] then went back to sleep.
7 And the angel of Yahweh came back a second
time and prodded him, saying, "Get up and eat, for
the trip is too far for you."
8 So he arose, ate and drank,[a] and walked on in
the strength of that food for forty days and forty
nights, as far as the mountain of God.[b]
9 And at that place he entered a certain cave, and
there he lodged. And behold, the word of Yahweh
occurred to him, saying,[a] "What is it with you here,
Elijah?"
10 And he[a] said, "I have been furiously zealous for
Yahweh, God of Hosts; for the Israelites have
forsaken [b]thy covenant,[b] thine altars they have overturned,
and thy prophets they have slain with the
sword. And I survive – I alone – but they are attempting
to take my life."
11 And he said, "Go out and stand [a]on the mountain[a]
before Yahweh."[b] And behold, Yahweh was
passing by, and a wind great and strong was tearing
up the mountains, shattering the rocks before Yahweh.
Yahweh was not[c] in the wind. And after the
wind came an earthquake; Yahweh was not in the
earthquake.
12 After the earthquake came a fire; Yahweh was
not in the fire. And after the fire came a gentle little
breeze.
13 And it so happened that, when Elijah heard it,
he wrapped his face in his mantle, and going outside,
he stood [a]at the entrance to[a] the cave. And
behold, a voice came to him and said, "What is it
with you here, Elijah?"
14 And he[a] said, "I have been furiously zealous for
Yahweh, God of Hosts; for the Israelites have
forsaken [b]thy covenant,[b] thine altars they have
overturned, and thy prophets they have slain with

가 내 생명을 찾아 취하려 하나이다

15 여호와께서 저에게 이르시되 너는 네 길을 돌이켜 광야로 말미암아 다메섹에 가서 이르거든 하사엘에게 기름을 부어 아람 왕이 되게 하고
16 너는 또 님시의 아들 예후에게 기름을 부어 이스라엘 왕이 되게 하고 또 아벨므홀라 사밧의 아들 엘리사에게 기름을 부어 너를 대신하여 선지자가 되게 하라
17 하사엘의 칼을 피하는 자를 예후가 죽일 것이요 예후의 칼을 피하는 자를 엘리사가 죽이리라

18 그러나 내가 이스라엘 가운데 칠천 인을 남기리니 다 무릎을 바알에게 꿇지 아니하고 다 그 입을 바알에게 맞추지 아니한 자니라

the sword. And I survive – I alone – but they are attempting to take my life."

15 And Yahweh said to him, "Go, retrace your trip. [a]And you are to go[a] through the wilderness to Damascus[b] and are to anoint Hazael king over Syria.
16 Also Jehu son of Nimshi you are to anoint as king over Israel; and Elisha son of Shaphat[a] you are to anoint[b] as prophet to take your place.

17 And him who escapes from the sword of Hazael, Jehu will kill, while him who escapes from the sword of Jehu, Elisha will kill.
18 Also, I[a] have left in[b] Israel seven thousand – all the knees that have refused to bend for Baal and every mouth that has refused to kiss[c] him."

원문주해

1.a. MT, G^{L}. G^{B}은 "그의 아내"라는 설명적인 어구를 첨가한다.

1.b-b. G^{BL}(카이 호스⟨καὶ ὡς⟩=히브리어 베아쉐르⟨וַאֲשֶׁר, "그리고 …것"⟩, 원본적일 가능성이 있음). MT은 앞의 문맥으로부터 이것을 같은 철자를 중복하여 필사하는 오류를 위한 토대로 만들었다. 베에트 콜 아쉐르(וְאֵת כָּל אֲשֶׁר, "그리고 …한 모든 것").

1.c. G^{BL}. MT은 "모두"라는 만연체적인 어구를 첨가한다.

2.a. G^{BL}. MT은 "사자를"이라는 설명적인 어구를 첨가한다.

2.b-b. G^{BL}. MT은 생략(이데올로기적?).

2.c-c. MT(복수 동사와 함께 "신들"이라는 뜻의 엘로힘⟨אֱלֹהִים⟩). G^{BL}은 단수 주어와 동사. 이 두 개의 본문 전승 중에서 G은 이데올로기적인 고려에 의해서 영향을 받은 것이다.

3.a. MT. G^{BL}은 "엘리야"라는 설명적인 어구를 가진다.

3.b. MSS, G, Syr, Vg은 히브리어 봐이라(וַיִּרָא)를 읽는다. MT의 "보았다"(וַיַּרְא-봐야르)는 이데올로기적일 수 있다. 참조. *BHS*mg; *HOTTP*, 327.

3.c-c. MT. G^{BL}의 "…의 땅에 있는"이라는 어구는 "유다에 속한 것"이라는 MT의 아쉐르 레이후다(אֲשֶׁר לִיהוּדָה)를 "유다의 땅"이라는 에레츠 레후다(אֶרֶץ לְהוּדָה)로 읽은 것이다.

4.a. MT. G^{BL}은 생략(의역한 것?).

4.b. MT과 G^{LMS}. G^{B}은 절의 끝에 호격을 자리바꿈하여 놓는다.

4.c. MT. G^{BL}은 "저에게로부터"라는 설명적인 어구를 가진다.

5.a. MT. G^{BL}은 "그 곳에"라는 설명적인 어구를 가진다.

5.b. G^{BL}. MT은 "어떤"이라는 설명적인 어구를 첨가한다.

5.c. G^{BL}(τις – 티스). MT의 "천사"는 이데올로기적이고 해석적이다.

6.a. MT, G^{L}. G^{B}은 "엘리야"라는 설명적인 어구를 가진다.

6.b. MT. G^{B}은 "그리고 그가 일어섰다". G^{L}은 "그리고 엘리야가 일어섰다".

6.c-8.a. MT, G^{B}. G^{L}, Syr은 생략(인접해 있는 단어들이나 구들 혹은 절들의 끝이 비슷해서 발생하게 되는 필사상의 오류).

8.b. MT은 "호렙"이라는 해석적인 주해를 첨가한다. 반면에 G^{BL}은 "하나님의"라는 어구를 생략하면서 "호렙 산에 이르기까지"로 읽는다. MT의 독법은 헬라어 역본보다 더 원본적인 것 같다. 후자는 좀더 구체적인 것을 위해서 좀 덜 한정된 단어를 빼고 있기 때문이다. 그러나 MT에 의해서 선택된 좀 덜 한정적인 단어가 후자에 더해진 좀더 구체적인 단어(호렙)보다는 원본적일 가능성이 있다.

9.a. G^{BL}. MT은 "그에게"라는 설명적인 어구를 첨가한다.

10.a. MT. G^{BL}은 "엘리야"라는 설명적인 어구를 첨가한다.

10.b-b. MT. G^{BL}은 "당신". 14절을 보라. 참조. *HOTTP*, 328.

11.a-a. MT. G^{BL} 아우리온(*αὔριον*) = 히브리어 마하르(מָחָר, "내일")는 MT의 "산 위에"라는 의미의 바하르(בָּהָר)의 원문 훼손이다.

11.b. MT. G^{BL}은 "산 위에"라는 설명적인 어구를 첨가한다.

11.c. MT, G^{L}. G^{B}은 부정어를 생략한다(이데올로기적?).

13.a-a. MT. 히브리어 관용구는 전치사를 사용하지 않기 때문에, 이러한 것들은 G^{B}(*ὑπο* – 휘포, "안쪽으로")와 G^{L}(*παρὰ* - 파라, "곁에")에 의해 상상적으로 부가된 것이다.

14.a. MT. G^{BL}은 "엘리야"라는 설명적인 어구를 첨가한다.

14.b-b. MT. 10절에서처럼 G^{BL}은 "당신"으로 대치한다.

15.a-a. G^{BL}. MT은 생략(원문 훼손?).

15.b. G^{L}, MT. G^{B}은 "그리고 너는 가야 한다"라는 불필요한 어구를 첨가한다(같은 철자를 중복하여 필사하는 오류).

16.a. G^{BL}. MT은 "아벨므홀라로부터"라는 설명적인 어구를 첨가한다. 참조. *BHS*mg(주해).

16.b. MT, G^{L}. G^{B}은 "아벨므홀라로부터"라는 어구를 어색한 곳에 첨가한다.

18.a. MT, G^{L}. G^{BMSS}은 2인칭. 참조. 롬 11:4(*BHS*mg를 보라).

18.b. MT, G^{B}. G^{L}은 "…밖에"(이데올로기적?).

18.c. MT, G^{BL}은 "경배하다/…에게 경의를 표하다"(이데올로기적).

양식/구조/배경

1. 능력을 덧입는 신현의 자리로 돌아가다
    a. 엘리야가 선지자적 책임을 포기하다
        (1) 남용하는 정치적 권세의 위협, 19:1-2
        (2) 엘리야가 광야로 피함
            (a) 야웨의 땅을 버림, 3-4a절
            (b) 삶을 포기함, 4b절
    b. 엘리야를 옮김
        (1) 그의 힘 주심
            (a) 천사의 첫 번째 찾아옴, 5-6절
            (b) 천사의 두 번째 찾아옴, 7절
        (2) 그의 경이로운 여행, 8절
2. 인간과 신적인 가능성들에 대한 계시
    전환: 하나님의 산에 도착함, 9a절
    a. 첫 번째 물음
        (1) 야웨의 도전, 9b절
        (2) 엘리야의 낙담한 답변
            (a) 그의 지나친 열심, 10aαא절
            (b) 배교의 지배적인 세력, 10aαבβb절
        (3) 새로운 계시로의 부름, 11aαא절
    b. 두 번째 물음
        (1) 신현적 계시
            (a) 세 가지 파괴적인 힘과 고요한 소리, 11aαבβb-12절
            (b) 엘리야의 경배, 13a절
        (2) 야웨의 도전, 13b절
        (3) 엘리야의 낙담한 답변
            (a) 그의 지나친 열심, 14aαא절
            (b) 배교의 지배적인 세력, 14aαבβb절
3. 일을 조장하는 행위에 대한 명령
    a. 아람에 대한 간섭

(1) 다메섹으로 여행, 15a절
(2) 하사엘에게 기름부음, 15b절
b. 이스라엘에 대한 간섭
(1) 예후에게 기름부음, 16a절
(2) 엘리사에게 기름부음, 16b절
c. 야웨의 목적
(1) 세 겹의 응징, 17절
(2) 신실하게 남겨진 자들, 18절

우리는 *Überlieferung und Zeitgeschichte*를 쓴 쉬텍(O. H. Steck)에게 감사한다. 그는 그의 책에서 주전 841년에 시작한 예후의 통치에서 편집자가 어떻게 이 네 개의 엘리야 이야기를 아합의 집에 대한 선전 책자로서 만들었는지를 잘 보여 주고 있기 때문이다. 아픈 아이에 대한 이야기를 포함하기 위해서 17:17의 초반부에 전환구를 넣었던 사람이 바로 이 편집자다(21절에 있는 엘리야의 기도를 기대하는 20절은 원래의 내러티브에 의해서 의도되지 않은 신학적 질문을 일으키는 후대의 주해다). 또한 18:3b-4, 10-11 그리고 13-14에서 확장된 부분들을 첨가한 것도 그 편집자다. 18:19-20과 18:40에서 그는 또한 바알 선지자들을 장면에 등장시키고 나서 그들을 처리하며 가뭄 이야기에 연결 고리들을 만들었다. 이 초기 엘리야 모음집에서 하나 남아 있는 선지자 이야기인 19:1-18은 예후인 편집자가 그 부분에 대한 작업을 하기 전에 독립적으로 존재했던 부분을 가지고 있다. 그러나 그 서론은 18:19-20, 40에서 이미 만들어진 편집적인 첨가들을 익히 알고 있는 것을 보여 주는 방법으로 변경되었다. 19:1-18은 신현적인 위임의 장면을 향하여 주제가 되는 선지자의 되돌아감을 묘사해 주는 데 있어서 독특하다. 그것은 엘리야가 있었어야만 했던 곳(팔레스타인)인 "그 곳"과 그의 현재 피난 장소인 "이 곳" 사이의 대조를 특징적으로 묘사하고 있다. 그것은 또한 엘리야의 철저한 낙담(4절)과 부드럽고 고요한 바람의 힘이 없을 것 같은 곳에서 나타난 야웨의 측량할 수 없고 이해할 수 없는 능력(12절) 사이의 강한 대조를 특색으로 그리고 있다. 이야기는 여전히 초라하고 그럴 것 같지 않은 장소에서 나타난 야웨의 능력을 통해 현실화된 대담하고 야망적인 위임 명령으로 끝난다(15-16절).

주석

1-8 엘리야에게 보낸 이세벨의 메시지는 하나의 도전이다. 아마도 이 도전은 상징적으로 "야웨가 나의 하나님이다"라는 엘리야의 이름에 "왕자가 어디에 있는가?"라는 그녀의 이름을 상징적으로 겨루게 하는 것일 것이다(참조. O. Eissfeldt, VTSup 16[1967] 65-70). "내일 이맘때에는"(כעת מחר – 카에트 마하르)은 위협적인 형식이다. 참조. 출 9:18. 이 위협은 일종의 협상이다. 만약 이세벨이 실제로 엘리야를 잡고자 했다면, 그녀는 엘리야가 하루 먼저 출발할 시간을 주는 그녀의 사자를 보내지 않고 지방 행정관들을 보냈어야만 했을 것이다. 이 내러티브에 대한 심리학적인 해석은 18:46의 승리감을 만끽하고 있는 엘리야가 어떻게 그렇게 갑자기 겁을 먹고(19:3) 낙담할 수 있는지(4-9절) 설명하는 것을 매우 어려워한다. 물론 이러한 질문은 이 본문들의 원래적인 독립성을 인식하고 있는 사람들에게는 일어나지 않는다. 요점은 엘리야가 이세벨의 자신에 대한 개인적인 공격을 자신의 사역의 끝으로 해석한다는 것이다. 야웨의 땅의 극남단인 브엘세바에서 선지자가 자신의 사환을 놓아 보냈다는 것은 그가 그것과 함께 포기하고 있다는 것을 의미한다. 네게브(Negeb)를 향한 하루 동안의 여행길은 그가 가고자 했던 최대의 거리다. 그는 죽을 정도로 지쳐서 야웨가 모든 것이 족하도록 놓아두기를 위해서 기도한다. 그의 열조들은 그들의 무덤에 있다. 그를 그들이 있는 곳에 있게 하라고 한다. 그는 그들보다 더 낫지 않기 때문이다(4절). 그러나 그는 육체적으로, 영적으로 좀더 여행을 해야만 한다. 그래서 천사와 같은 방문자(7절의 "여호와의 사자"는 그 자신의 존재를 본질적으로 확대한 야웨의 사자를 의미한다)가 두 번 그를 먹인다. 두 번째는 야웨가 그에게 의도한 여행은 이 음식이 주는 모든 힘을 필요로 한다는 것을 설명한다. 놀랍게도 엘리야는 하늘이 준 음식의 한 조각 식사로 사십 일 낮과 밤을 여행하여 하나님의 산 호렙에 이른다. 비록 가능한 원본 텍스트가 이 산을 밝히고 있지는 않다 하더라도("원문주해"를 보라), 그것은 모세가 하나님을 보고(출 24:11) 신현적 능력을 덧입었던 계시의 산인 호렙 산임이 분명하다.

9-14 이 단락은 장소를 나타내는 부사(שם – 샴, "그 곳에"; פה – 포, "여기에")와 함께 장소를 강조한다. 엘리야는 산 위에 혹은 산 가까이에 있는 동굴에 숨는다. 야웨의 말이 그에게 도전했을 때, 선지자는 "만군의 하나님"인 야웨를 위한 그의 모든 열심은 헛된 것이었다고 설명한다. 이스라엘 백성들은 그들 스스로가 (1) 언약을 버리는 일에, (2) 제단을 훼파하는 일에 그리고 (3)선지자들을 죽이는 일에

열심이었다. 그래서 엘리야 혼자만 살아 남았다(10, 14절에 효과를 더하기 위해서 반복됨). 야웨는 그에게 산 밖에 서 있을 것을 지시하면서 지나가신다(참조. 출 33:22; 34:6). 커다란 극적 힘을 묘사하면서 내러티브는 신현의 친숙한 상징들(참조. 출 19:16-19)인 바람, 지진 그리고 불을 야웨가 가진 권능의 잠재적인 나타남으로써 언급한다. 그러고 나서 콜 데마마 다카(קול דממה דקה)가 언급된다(12절). 이것은 다양하게 번역되지만 단지 "부드럽고 약한 바람"을 의미하는 것이 분명하다(참조. J. J. Stamm, "Elia am Horeb", *Studia biblica*). 11절의 관점에서 13절을 해석하기 위해 우리는 대단한 소음이 엘리야를 겁주어 동굴로 들어가게 했다가 부드러운 바람이 그를 다시 나오게 한 것으로 생각해 볼 수 있다. 14절에 있는 그의 반복된 불평은 그에게 사역을 할 힘이 없기 때문에 하나님 자신으로부터 와야만 하는 것을 말하는 암시적인 고백이다.

15-18 이 단락의 해석과 전체 내러티브에 대한 해석은 18절에 있는 절정에 대한 이해에 달려 있다. 엘리야는 그의 사역의 땅으로 돌아가고 그 곳에서 하사엘(참조. 왕하 8:7-15), 예후(참조. 왕하 9:1-13) 그리고 엘리사(참조. 왕상 19:19-21, 이 구절들은 엘리야가 그의 외투를 엘리사에게 던졌다는 효과를 나타내기 위해 경쟁적인 전승〈a competing tradition〉을 기록하고 있다)에게 기름을 붓는 선지자적인 능력의 전능한 행동들을 성취함으로써 자신의 후퇴하는 모습을 바꾸어야만 한다. 이들은 각각 바알주의자들에 대해서 개인적으로 혹은 대리로서 칼을 휘두른다. 야웨는 한 사람이 다른 사람을 이어서 수행하게 됨을 보실 것이다. 그리고 만약 이것이 충분하지 않다면, 야웨는 자신의 침묵하고 있는 칠천 명을 여전히 의지하고 계시는 것이다. 그들은 지금은 알려지지 않았지만, 그들이 필요하게 될 때 야웨의 일을 하게 된 것이다(10, 14, 18절에 관해서는 롬 11:3-4을 참조하라).

해설

17-18장의 세 가지 엘리야 전설들에서 선지자는 능력과 힘이 있는 것으로 묘사되었다. 그러나 여기서는 약하고 체념하고 있다. 엘리야는 권능의 아합, 사백오십 명의 바알 선지자, 배교하는 이스라엘 그리고 죽어 가는 아이를 가진 미신적인 어머니 등 모든 상대의 적들과 문제에 도전했다. 엘리야는 마술적 행위에 의해서가 아닌 기도를 통해서 권능 있는 사역을 감당했다. 그는 기아 속에 죽어 가는 사렙다의 과부에게 음식을 주었고, 가뭄을 끝내는 비를 가져왔으며, 희생 제물을 사르는

불을 끌어내렸고, 확신 속에서 병든 아이를 고쳐 주었다. 그러나 열왕기상 19:1-18에서는 전혀 다르다. 여기서는 강했던 그가 약하게 되었다. 그는 그의 새로운 적 이세벨 앞에서 위축된다. 또 다른 권능 있는 사역을 시행하지 못하고, 그는 자신의 생명을 포기하면서 사막으로 도망한다.

독자는 이 내러티브가 얼마나 자주 엘리야의 생명에 대해서 언급하고 있는지 간과해서는 안 된다. 2절에서 이세벨은 생명을 빼앗을 것이라고 위협한다. 3절에서 그는 자신의 생명을 위해서 달아난다. 4절에서 그는 놀랍게도 그가 그렇게나 구하려고 했던 자신의 생명을 포기한다. 10, 14절의 이중의 불평에서 그는 자신의 적들이 그의 생명을 거두어 가려고 찾고 있다고 언급한다. 이 내러티브의 엘리야는 너무나 약하고 절망으로 가득 차 있음이 분명하다. 그는 갑자기 자신을 힘의 근원이 되는 이스라엘의 하나님, 하늘과 땅의 하나님으로부터 끊어 버렸다. 그가 기억할 수 있는 긍정적인 것이라고는 그 자신의 선지자적인 권위와 그 신빙성뿐이다. "내가 만군의 하나님 여호와를 위하여 열심히 특심하오니." 자신의 사역에서 좋지 않은 일들을 보며 그 결과 그것을 포기하기를 원하고, 심지어 자신의 생명을 포기하기를 원하는 선지자는 누구든지 그 자신의 진정한 힘이 누구로부터 오는지를 잊어버렸기 때문임이 분명하다.

야웨는 여전히 엘리야가 해야 할 일들을 가지고 계시기 때문에, 그분은 호렙에 이르는 긴 여정을 위하여 그에게 하늘의 양식을 주신다. 그리고 그 호렙에서 그분은 권능의 사역들을 위해 다음과 같은 것을 보여 주면서 그에게 다시 능력을 입혀 주신다. 그분은 지금까지 엘리야의 사역을 도왔던 "지진"과 "불" 그리고 "바람"뿐만 아니라 조용한 속삭임과 같은, 하나님이 분명히 없는 것 같은 고요한 침묵 속에서도 존재한다는 것을 보여 주신다. 이것은 조용한 사랑, 경건 그리고 설득력 있는 친절 등을 무시하고 소란하고 분요한 행동에 의지하는 성경적 선지자들뿐만 아니라 모든 종교를 가진 자들에게 책망이 되는 말이다. 하나님은 그들의 종교에 대해서 커다란 볼거리를 만드는 사람들 중에서보다는 언급된 미덕들에 헌신된 사람들 중에서 "바알에게 무릎 꿇기를 거절하고 그에게 입 맞추기를 거절한 칠천 명"을 가지기를 더욱 원하실 것 같다.

이 선지자 이야기의 구조에서 위치는 중요하다. 비록 엘리야가 이스라엘 땅에 있는 것이 분명할지라도, 초반부에서 우리는 그가 어디에 있는지 모른다. 겁과 절망감 속에서 선지자는 유다 극남단 경계에 위치한 브엘세바로 가면서 남쪽으로 도망간다. 유다에서 그는 이세벨이 미치지 못하는 곳에 있지만, 여전히 야웨의 땅 안에 있는 것이다. 그의 사환을 보내는 것은 그의 사역을 떠나는 것이지만, 브엘세바를 떠나 하룻길 더 광야를 향해 여행하는 것은 야웨의 땅에 사는 언약의 백성들을 포기하는 것을 의미하는 것이다. 네게브에 있는 로뎀나무 아래서 엘리야는 야웨가 자신의 생명을 취할 것을 기도한다. 그가 위해서 살았던 모든 것, 즉 그의 선지자적 사역과 야웨의 백성들이 떠났기 때문이다. 하나님께서 일하신 것은 바로 그 곳에서였다. 천사를 시켜 식물을 먹이고 사십 주야에 걸쳐 그를 하나님의 산에 이르도록 하신다. 9절은 전체 이야기의 의미에 대해 열쇠가 되는 구절이다. 9절에서는 "그 곳"이라는 부사를 두 번 사용한다. 그러고 나서 하나님이 "엘리야야! 네가 어찌하여 여기 있느냐?"라고 말씀하신다. 분명히 네게브는 이 하나님의 권능의 사람에게 적절한 장소가 아니었다. 호렙은 좀 덜하지만 그 곳 역시 만약 새로운 신현적 소명을 받지 않았다면 그가 있을 적절한 장소는 아닌 것이다. 본 내러티브는 두 개씩 함께 놓기를 선호한다. 엘리야는 산으로 갈 힘을 얻기 전에 하늘의 떡과 물을 두 번 먹어야 했을 때(5-8절) 9절의 야웨의 도전에 대해서 먼저는 불평으로 응답한다. 그런 뒤에 다시 "엘리야야! 네가 어찌하여 **여기** 있느냐?"라고 물었을 때(13절), 그는 첫 번째 것과 동일한 두 번째 불평으로 대답한다(10, 14절). 따라서 그의 불평으로부터 선지자를 떠나게 할 수 있었던 것은 신현 자체는 아니다. 그 불평은 아직 실제적으로 남아 있기 때문이다. 엘리야는 특별한 열심이 있었다. 이스라엘의 백성들은 언약을 버렸다. 그들은 야웨의 제단을 훼파했고, 그분의 선지자들을 죽였다. 그들은 야웨의 마지막 살아 남은 선지자의 생명을 취하기 위해서 실제로 찾고 있다. 그러면 무엇인가? 엘리야의 심리적 상태의 변화를 말해 주는 것은 아무것도 없다. 심지어 우리는 그가 실제적으로 하사엘, 예후 그리고 엘리사에게 기름을 부었는지 모르고 있다. 엘리야의 사역의 포기와 생명의 포기는 이 내러티브가 끝나는 직접적인 위임에 의해서 극복된다. 하나님이 그에게 일을 주셨을 때, 의심은 끝나고 걱정은 사라진다.

5. 엘리사의 소명(19:19-21)

참고문헌

Alcaina Canosa, C. "Vocación de Eliseo(1 Re 19, 19-21)." *EstBib* 29(1970) 137-51. **Alt, A.** "Die literarische Herkunft von I Reg 19, 19-21." *ZAW* 32(1912) 123-25. **Böklein, E.** "Elisas 'Berufung'(1 Reg 19, 19-21)." *ZAW* 32(1912) 41-48, 288-91. **del Olmo Lete, G.** "La Vocación de Elisea." *EstBib* 26(1967) 287-93. **Reiser, W.** "Eschatalogische Gottespruche in den Elisa-Legendeń." *TZ*(1953) 321-38.

본 문

19 엘리야가 거기서 떠나 사밧의 아들 엘리사를 만나니 저가 열두 겨리 소를 앞세우고 밭을 가는데 자기는 열둘째 겨리와 함께 있더라 엘리야가 그리로 건너가서 겉옷을 그의 위에 던졌더니

19 And he[a] went from there; and he came upon Elisha son of Shaphat while he was plowing, with twelve yokes of oxen preceding him. And he was with the twelfth, so Elijah[b] crossed over to him and tossed his mantle over him.

20 저가 소를 버리고 엘리야에게로 달려가서 이르되 청컨대 나로 내 부모와 입맞추게 하소서 그리한 후에 내가 당신을 따르리이다 엘리야가 저에게 이르되 돌아가라 내가 네게 어떻게 행하였느냐 하니라

20 And he[a] left the oxen, to run after Elijah. And he said, "Please, I want to kiss my father [b]and mother[b] goodbye; then I will go after you." And he[c] said, "But what[d] do I have to do with you?"

21 엘리사가 저를 떠나 돌아가서 소 한 겨리를 취하여 잡고 소의 기구를 불살라 그 고기를 삶아 백성에게 주어 먹게 하고 일어나 가서 엘리야를 좇으며 수종들었더라

21 Turning away from him, he took the yoke of oxen and sacrificed them, boiling them with the oxen's equipment.[a] And he gave it to the people, and they ate. Then he arose and went after Elijah. So he became his minister.

원문주해

19.a. MT, G^B. G^L은 "엘리야"라는 설명적인 어구를 가진다.

19.b. MT과 G^{LMSS}. G^B은 "그에게"라는 의미의 아래의 엘라이오(אֵלָיו)와 함께 가운데 글자를 빠뜨리고 쓴 오류로 인하여 생략한다.

20.a. MT. G^{BL}은 "엘리사"라는 설명적인 어구를 가진다.

20.b-b. MT. G^{BL}은 "나의 아버지에게"라는 의미의 레아비(לְאָבִי)와 "나의 어머니에게"라

는 의미의 레이미(לְאִמִּי)의 유사한 형태들에 의해서 야기된, 가운데 글자를 빠뜨리고 쓴 오류로 인하여 생략한다.

20.c. MT. G[BL]은 "엘리사"라는 설명적인 어구를 가진다.

20.d. MT. G[BL]은 생략(오해로 인해 가운데 글자를 빠뜨리고 쓴 오류?).

21.a. G[BL]. MT은 "그 살코기"라는 설명적인 주해를 첨가한다.

양식/구조/배경

엘리사 주기(cycle)에서 온 이야기: "엘리사의 소명"

1. 카리스마적인 지명
   a. 상황, 19a절
   b. 능력을 덧입는 행동, 19b절
2. 우유부단성에 대한 시험
   a. 엘리사의 요청(=소명에 대한 거부?), 20a절
   b. 엘리사의 도전, 20b절
3. 신성화 행위
   a. 작별 잔치, 21a절
   b. 일생의 사역에 들어섬, 21b절

"그리고 그는 그 곳으로부터 갔다"라는 서론적 어구들은 19:16로 인해 엘리사 사이클로부터 첫 번째 이야기를 앞으로 가져오면서(이 사이클에 있는 다음 이야기는 왕하 2:1-18에 있다), 선지자 전설들의 세 가지 주요한 모음집을 하나의 선지자 이야기로 묶는 편집자의 말이다(De Vries, *Prophet against Prophet*, 112-13를 보라). 우리가 앞서 말했듯이 본 내러티브는 엘리사의 능력에 대한 카리스마적인 자료로서 "선지적 소명 전설"이다. 다른 소명 내러티브와 같이(예를 들어, 출 3:9-15 [E]; 사 6:1-8; 렘 1:4-10), 이것은 내용이 능력을 덧입음에서 우유부단성으로, 그리고 확증으로 옮겨간다. 집에 가서 그의 부모님에게 입을 맞추고 인사를 드릴 수 있게 해주겠다고 말하는 엘리사의 요청은 분명히 지연적인 요소가 있다. 이는 엘리야가 엘리사로 하여금 마음을 결정하도록 하는(20절) 도전을 불러일으킨다. 마음의 결정은 하나님으로부터 오는 특별한 표지를 통해서 일어나는 것이 아니고, 엘리사가 이미 신적인 영으로 가득 찼음을 보여 주는 엘리사의 신성시하는 행위를 통해서였다.

선지자들은 그들의 이야기를 말하기 위해서 지엽적인 장식을 사용하지 않았다. 모든 단어가 중요했고, 모든 단어가 능력을 가졌다. 이 이야기의 극단적인 간결성 때문에 오늘날의 현대인들은 이해하기가 어렵다. 그러나 우리는 처음 그것을 말하고 들은 사람들은 모든 단어가 가진 의미들을 이해했으리라고 확신할 수 있을 것이다.

주석

엘리사는 열왕기상 19:16, 19; 열왕기하 3:11 그리고 6:31에서 사밧의 아들로서 언급된다. 열왕기하 5:8에서 그는 "하나님의 사람"으로, 그리고 열왕기하 9:1에서는 선지자로 불린다. 그의 아버지 사밧에 대해서는 알려진 것이 전혀 없다. 그의 출생지는 MT의 열왕기상 19:16(또한 삿 7:22; 왕상 4:12을 보라)에서 아벨므홀라로 말하고 있는데 확실히 밝혀지지는 않았다. 사무엘상 11:5에 있는 사울처럼 엘리사는 쟁기질하는 밭에 있었다. 비록 열둘이라는 숫자는 지파들을 상징하는 것이 분명할지라도, 그것은 또한 공동의 경작지를 개간할 때 결합된 마을의 소들로서 공동의 투자를 나타낸다. 극적으로 엘리야는 열한 번째 겨리의 소들을 보내고 영적인 능력의 상징(참조. 왕하 2:8, 13-14)인 그의 외투를 엘리사에게 던졌다. 다른 전승에서 온 열왕기상 19:16과 일치하지 않는 것을 주의 깊게 보아야만 한다. 엘리사는 즉각적으로 그 외투가 의미하는 바를 알고 엘리야를 좇는다. 그러나 그는 자신의 아버지, 어머니에게 작별 인사를 할 시간을 요청한다. 이것은 충분히 납득이 가는 것이다. 그러나 엘리야의 응답은 엘리사가 망설이고 있고 집에서 도망하거나 숨을 시간을 가지려고 하는 것이라고 말하는 것 같다. 그러므로 "내가 네게 어떻게 행하였느냐?"라는 말은 도전이다. 엘리사가 엘리야에게 영원히 속하게 될지를 결정하는 것은 바로 엘리사에게 달려 있는 것이다. 그러나 엘리사는 도전을 받아들이는 것 이상의 행동을 한다. 텍스트는 그의 부모에 대한 인사를 언급하고 있지 않고 그 자신을 선지자적 사역에 헌신하고자 희생제를 드리려고 그의 소들을 잡고 그 멍에를 쪼개는 것을 보여 준다. 그와 함께 잔치에 참여한 동료 마을 사람들은 그의 성직 수임에 대한 증인들이 되었다. 이러한 일을 하고 엘리사는 아벨므홀라를 영원히 떠난다. 그리고 엘리야의 도제(徒弟)가 되었다.

해설

엘리사 소명 이야기에 대한 가장 좋은 주석은 누가복음 9:61-62에 기록된 예수의 말씀이다. "또 다른 사람이 가로되 '주여 내가 주를 좇겠나이다 마는 나로 먼저 내 가족을 작별케 허락하소서.' 예수께서 이르시되 '손에 쟁기를 잡고 뒤를 돌아보는 자는 하나님의 나라에 합당치 아니하니라' 하시니라."

하나님을 따르는 것은 강력한 요구들을 포함한다. 비록 엘리야의 제자처럼 그리스도의 제자가 이 세상 **안에서** 계속적으로 살아야만 한다 할지라도, 그는 더 이상 세상**에 속한** 것이 아니다. 제자가 가야 할 유일한 한 가지 방향이 있다. 걱정이나 후회함이 없이 앞으로 가는 것이다. 만약 그가 이러한 헌신을 할 수 없다면, 그는 그의 소들과 함께 집에 머무르는 것이 더 낫다.

6. 오므리 왕조 전쟁 주기로부터의 세 가지 내러티브(20:1-43a)

참고문헌

Lipinski, E. "Le Ben-Hadad II de la Bible et l'Histoire." *Fifth World Congress of Jewish Studies*, 1969. Jerusalem: World Union of Jewish Studies, 1969. **Mazar, B.** "The Aramean Empire and its Relations with Israel." *BA* 25(1962) 98-120. **Meek, T. J.** "I Kings 20:1-10." *JBL* 78(1959) 73-75. **Miller, J. M.** "The Rest of the Acts of Jehoahaz(I Kings 20; 22, 1-38)." *ZAW* 80(1968) 337-42. **Schwally, F.** "Zur Quellenkritik der historischen Bücher. —III. I Kön. 20, 13ff." *ZAW* 12(1892) 157-59. **Weil, H. M.** "Le chapitre II de Michée expliqué par le Premier Livre des Rois chapitres XX-XXII." *RHR* 121(1940) A 146-61. **Yadin, Y.** "Some Aspects of the Strategy of Ahab and David(I Kings 20; II Sam 11)." *Bib* 36(1955) 332-51. **Zimmerli, W.** "Das Wort des göttlichen Selbsterweises(Erweiswort), eine prophetische Gattung." *Melanges bibliques A. Robert.* Paris: Bloud and Gay 1957(=*Gottes Offenbarung*[Munich: Chr. Kaiser, 1963] 120-32).

본 문

1 아람 왕 벤하닷이 그 군대를 다 모으니 왕 삼십이 인이 저와 함께 있고 또 말과 병거들이 있더라 이에 올라가서 사마리아를 에워싸고 치며	**1** Now Ben-Hadad [a]king of Syria[a] gathered all his forces;[b] and thirty-two kings were with him with[c] cavalry and chariotry. Then he went up and besieged Samaria,[d] threatening battle against it.
2 사자들을 성 중 이스라엘 왕 아합에게 보내어 이르기를 벤하닷은 이르노니	**2** And he sent[a] to Ahab the king of Israel inside the city
3 네 은금은 내 것이요 네 처들과 네 자녀들의 아름다운 자도 내 것이니라 하매	**3** and said to him, "Thus says Ben-Hadad, 'Your gold and your silver all belong to me, also your[a] wives and your children belong to me.'"
4 이스라엘 왕이 대답하여 말하기를 내 주 왕이여 왕의 말씀같이 나와 나의 것은 다 왕의 것이니이다 하였더니	**4** And the king of Israel gave answer and said, "Just as you say, O my lord king! To you do I belong, with all that is mine."
5 사자가 다시 와서 이르기를 벤하닷은 이르노라 내가 이미 네게 보내어 말하기를 너는 네 은금과	**5** But he sent the messengers back to say, "Thus says Ben-Hadad,[a] 'To be sure, I sent [b]to you[b] as

처들과 자녀들을 내게 붙이라 하였거니와

follows, "Your silver and your gold and your wives[c] belong to me;

6 내일 이맘때에 내가 내 신복을 네게 보내리니 저희가 네 집과 네 신복의 집을 수탐하여 무릇 네 눈이 기뻐하는 것을 그 손으로 잡아 가져가리라 한지라

6 nevertheless, tomorrow about this time I am going to send my servants to you to search [a]your own house[a] and the houses of your servants, and what will happen is that everything that is valuable in your[b] eyes [c]they will seize with their hands and confiscate!'"[c]

7 이에 이스라엘 왕이 나라의 장로를 다 불러 이르되 너희는 이 사람이 잔해하려고 구하는 줄을 자세히 알라 저가 나의 처들과 자녀들과 은금을 취하려고 사람을 내게 보내었으나 내가 거절치 못하였노라

7 Then the king of Israel summoned all the elders of the land[a] and said, "Now know and take notice that it is simple trouble that this one is looking for, for he sent to me for my women and my children,[b] for my silver and my gold, [c]and I have not refused it to him."[c]

8 모든 장로와 백성들이 다 왕께 고하되 왕은 듣지도 말고 허락지도 마옵소서 한지라

8 And all the elders and all the people said to him, "Do not obey, nor give in!"

9 그러므로 왕이 벤하닷의 사자에게 이르되 너희는 내 주 왕께 고하기를 왕이 처음에 보내어 종에게 구하신 것은 내가 다 그대로 하려니와 이것은 내가 할 수 없나이다 하라 사자들이 돌아가서 고하니라

9 So he said to the messengers of Ben-Hadad, "Say to my[a] lord [b]the king,[b] 'Everything that you mentioned to your servant at first I will perform, but this thing I am unable to do.'" And the men[c] departed and brought back word.

10 벤하닷이 다시 저에게 보내어 이르되 사마리아의 부스러진 것이 나를 좇는 백성의 무리의 손에 채우기에 족할 것 같으면 신들이 내게 벌 위에 벌을 내림이 마땅하니라 하매

10 And Ben-Hadad sent to him and said, "Thus may the gods do to me and more if the dust of Samaria shall suffice for handfuls for all the troops who follow me!"

11 이스라엘 왕이 대답하여 가로되 갑옷 입은 자가 갑옷 벗는 자같이 자랑치 못할 것이라 하라 하니라

11 But the king of Israel gave answer and said, [a]"you say,[a] 'Let not the one who binds on his armor boast as he who takes it off!'"

12 벤하닷이 왕들과 장막에서 마시다가 이 말을 듣고 그 신복에게 이르되 너희는 진을 베풀라 하매 곧 성을 향하여 진을 베푸니라

12 And it happened, when this word was heard, while he was drinking — he and his kings — in booths, that he said to his servants, [a]"Get ready!"[a] And they got ready[b] against the city.

13 한 선지자가 이스라엘 왕 아합에게 나아가서 가로되 여호와의 말씀이 네가 이 큰 무리를 보느냐 내가 오늘 저희를 네 손에 붙이리니 너는 내가 여호와인 줄 알리라 하셨나이다

13 And behold, a certain prophet came up to[a] the king of Israel and said, "Thus says Yahweh, 'Have you seen[b] this great mob? Behold, I am about to give them into your hand today, so that you will know that I am Yahweh."

14 아합이 가로되 누구로 하시리이까 대답하되 여호와의 말씀이 각 도의 방백의 소년들로 하리라 하셨나이다 아합이 가로되 누가 싸움을 시작

14 And Ahab said, "By whom?" And he said, "Thus says Yahweh, 'By the youths of the governors of the provinces.'" And he[a] said, "Who will com-

하리이까 대답하되 왕이니이다
15 아합이 이에 각 도의 방백의 소년들을 계수하니 이백삼십이 인이요 그 외에 모든 백성 곧 이스라엘의 모든 자손을 계수하니 칠천 인이더라

16 저희가 오정에 나가니 벤하닷은 장막에서 돕는 왕 삼십이 인으로 더불어 마시고 취한 중이라

17 각 도의 방백의 소년들이 먼저 나갔더라 벤하닷이 탐지군을 보내었더니 저희가 회보하여 가로되 사마리아에서 사람들이 나오더이다 하매

18 저가 이르되 화친하러 나올지라도 사로잡고 싸우러 나올지라도 사로잡으라 하니라

19 각 도의 방백의 소년들과 저희를 좇는 군대들이 성에서 나가서

20 각각 적군을 쳐 죽이매 아람 사람이 도망하는지라 이스라엘이 쫓으니 아람 왕 벤하닷이 말을 타고 마병으로 더불어 도망하여 면하니라

21 이스라엘 왕이 나가서 말과 병거를 치고 또 아람 사람을 쳐서 크게 도륙하였더라

22 그 선지자가 이스라엘 왕에게 나아와 가로되 왕은 가서 힘을 기르고 왕의 행할 일을 알고 준비하소서 해가 돌아오면 아람 왕이 왕을 치러 오리이다 하니라

23 아람 왕의 신복들이 왕께 고하되 저희의 신은 산의 신이므로 저희가 우리보다 강하였거니와 우리가 만일 평지에서 저희와 싸우면 정녕 저희보다 강할지라

24 왕은 이 일을 행하실지니 곧 왕들을 제하여 각각 그 곳에서 떠나게 하고 저희 대신에 장관들을 두시고
25 또 왕의 잃어버린 군대와 같은 군대를 왕을 위하여 충수하고 말도 말대로, 병거도 병거대로

mence the combat?" And he answered, "You."
15 [a]Then he[b] mustered the youths of the governors of the provinces,[a] and they numbered two hundred thirty-two.[c] And after them, he mustered[d] the troops; and the [e]armed men[e] were seven[f] thousand.[g]
16 And he[a] went out [b]at noon,[b] just when Ben-Hadad was drinking himself drunk in the booths, he and the kings, the thirty-two kings helping him.
17 [a]And the youths of the governors of the provinces went out as the first contingent.[a] [b]Then Ben-Hadad sent;[b] and they reported to him[c] as follows, "Men are coming out from Samaria."
18 [a]And he said,[a] "If [b]they are coming[b] out to sue for peace, take them alive. And if it be to fight,[c] take them alive just the same."
19 And these[a] came out from the city[b] — the youths of the governors of the provinces and the army [c]that was[c] behind them.
20 And each man struck his opposite number,[a] so that Syria took flight with Israel pursuing them. And Ben-Hadad, king of Syria, escaped on horse and by steeds.
21 This is the way in which the king of Israel went out and smote[a] the cavalry and chariotry; he delivered Syria a mighty blow.
22 And the prophet approached the king of Israel [a]and said,[a] [b]"Strengthen yourself, and take intelligence, and make plans for what you intend to do, for at the turn of the year the king of Syria is going to come up against you."
23 And the servants of the king of Syria said [a]to him,[a] "A god of the mountains is their god.[b] For this reason they have beaten us. But if we should perhaps fight with them on the plain, it is likely that we would beat them.
24 Now this is what you should do: dismiss each of the kings from his position and appoint commanders in their places.
25 And you should recruit for yourself an army similar to the army that is fallen,[a] with horse to

충수하고 우리가 평지에서 저희와 싸우면 정녕
저희보다 강하리이다 왕이 그 말을 듣고 그리하
니라

26 해가 돌아오매 벤하닷이 아람 사람을 점고하
고 아벡으로 올라와서 이스라엘과 싸우려 하매

27 이스라엘 자손도 점고함을 입고 군량을 받고
마주 나가서 저희 앞에 진을 치니 이스라엘은 염
소 새끼의 두 적은 떼와 같고 아람 사람은 그 땅
에 가득하였더라
28 때에 하나님의 사람이 이스라엘 왕에게 나아
와 고하여 가로되 여호와의 말씀이 아람 사람이
말하기를 여호와는 산의 신이요 골짜기의 신은
아니라 하도다 그러므로 내가 이 큰 군대를 다 네
손에 붙이리니 너희는 내가 여호와인 줄 알리라
하셨나이다 하니라
29 진이 서로 대한 지 칠 일이라 제칠일에 접전
하여 이스라엘 자손이 하루에 아람 보병 십만을
죽이매

30 그 남은 자는 아벡으로 도망하여 성읍으로 들
어갔더니 그 성이 그 남은 자 이만 칠천 위에 무
너지고 벤하닷은 도망하여 성읍에 이르러 골방으
로 들어가니라

31 그 신복들이 저에게 고하되 우리가 들은즉 이
스라엘 집의 왕들은 인자한 왕이라 하니 만일 우
리가 굵은 베로 허리를 묶고 테두리를 머리에 이
고 이스라엘 왕에게로 나아가면 저가 혹시 왕의
생명을 살리리이다 하고

32 저희가 굵은 베로 허리를 묶고 테두리를 머리
에 이고 이스라엘 왕에게 이르러 가로되 왕의 종
벤하닷이 청하기를 나의 생명을 살려 주옵소서
하더이다 아합이 가로되 저가 오히려 살았느냐
저는 나의 형제니라
33 그 사람들이 징조로 여기고 그 말을 얼른 받
아 대답하여 가로되 벤하닷은 왕의 형제니이다

replace horse and chariot to replace chariot. Then
let us fight with them on plain ground and we will
surely beat them." And he hearkened to their voice
and acted according to it.
26 And it so happened, at the turn of the year,
that Ben-Hadad mustered Syria and went up to
Aphek for battle with Israel.
27 And the Israelites were mustered[a] and marched
out to meet him.[b] And the Israelites[c] went into
formation opposite them like two little bunches of
goats, while Syria filled the land.
28 Then a man of God came near and said[a] to the
king of Israel,[b] "Thus says Yahweh, 'Just because
Syria says,[c] "Yahweh[d] is a god of the mountains,
but he is not a god of the valleys," I will give[e] this
mob into your hand, so that you[f] will know that I
am Yahweh.'"
29 And these were arrayed opposite those for seven
days. And it happened on the seventh day that bat-
tle was joined, and the Israelites[a] struck Syria
down, [b]one hundred thousand[b] infantrymen on a
single day.
30 So the survivors fled toward Aphek, into the
city, but the wall fell on twenty-seven thousand
individuals among the survivors. Now Ben-Hadad
was fleeing, and he entered into the inner chamber
of a house.[a]
31 [a]And his servants said to him,[a] [b]"Please notice,
we have heard[b] that the kings of the House of Israel
are certainly[c] kings who honor treaties. Please let us
put sackcloth on our loins and coils of rope on our
heads,[d] then we shall go out[e] to the king of Israel.
It is possible that he may spare your life."
32 So they bound [a]sackcloth on[a] their loins, with
rope-coils [b]on their heads,[b] and [c]came to[c] the king
of Israel [d]and said,[d] "Thy servant Ben-Hadad says,
'Allow my[e] life to be spared.'" And he said, "Is he
still alive? He is my brother."
33 And the men were observant and quickwitted,
and [a]took it as settled in his intent:[a] so they said,

왕이 가로되 너희는 가서 저를 인도하여 오라 벤하닷이 이에 왕에게 나아오니 왕이 저를 병거에 올린지라

34 벤하닷이 왕께 고하되 내 부친이 당신의 부친에게서 빼앗은 모든 성읍을 내가 돌려 보내리이다 또 나의 부친이 사마리아에서 만든 것같이 당신도 다메섹에서 당신을 위하여 거리를 만드소서 아합이 가로되 내가 이 약조로 당신을 놓으리라 하고 이에 더불어 약조하고 저를 놓았더라

35 선지자의 무리 중 한 사람이 여호와의 말씀으로 그 동무에게 이르되 너는 나를 치라 하였더니 그 사람이 치기를 싫어하는지라

36 저가 그 사람에게 이르되 네가 여호와의 말씀을 듣지 아니하였으니 네가 나를 떠나갈 때에 사자가 너를 죽이리라 그 사람이 저의 곁을 떠나가더니 사자가 그를 만나 죽였더라

37 저가 또 다른 사람을 만나 가로되 너는 나를 치라 하매 그 사람이 저를 치되 상하도록 친지라

38 선지자가 가서 수건으로 그 눈을 가리워 변형하고 길가에서 왕을 기다리다가

39 왕이 지나갈 때에 소리질러 왕을 불러 가로되 종이 전장 가운데 나갔더니 한 사람이 돌이켜 어떤 사람을 끌고 내게로 와서 말하기를 이 사람을 지키라 만일 저를 잃어버리면 네 생명으로 저의 생명을 대신하거나 그렇지 아니하면 네가 은 한 달란트를 내어야 하리라 하였거늘

40 종이 이리저리 일 볼 동안에 저가 없어졌나이다 이스라엘 왕이 저에게 이르되 네가 스스로 결정하였으니 그대로 당하여야 하리라

41 저가 급히 그 눈에 가리운 수건을 벗으니 이스라엘 왕이 저는 선지자 중 한 사람인 줄 알아 본지라

42 저가 왕께 고하되 여호와의 말씀이 내가 멸하

"Your brother Ben-Hadad." And he said, "Come and bring him." And Ben-Hadad came out to him; and he caused him to [b]mount up[b] into his chariot.

34 And he[a] said to him,[b] "The cities which my father took from your father I shall return. And you shall establish bazaars for yourself in Damascus, just like my father established in Samaria. And I shall release you from[c] the vassal-treaty." So he made a treaty with him and sent him away.[d]

35 Now a certain man belonging among the prophetic guilds said to his companion through Yahweh's word, "Fall upon me, please"; but the man refused to fall upon him.

36 So he said to him, "Just because you would not obey Yahweh's voice, behold, as you are departing from me, a lion shall fall upon you." And as he departed his company, a lion did come at him and fall upon him.

37 Then he found another man and said, "Fall upon me, please." So the man fell upon him, striking and bruising him.

38 Then the prophet went and stood waiting on the road for the king,[a] having [b]disguised himself with a mask[b] over his eyes.

39 And it so happened that, as the king was going by, he shouted to the king and said, "Your servant came away from the midst[a] of the battle, when behold, a certain man had [b]turned away[b] and was bringing a man to me. And he said, 'Guard this man![c] If he should [d]turn out to be missing,[d] it will be your life for his life, or else you must [e]weigh out[e] a talent of silver.'

40 But it happened, while your servant [a]was occupied[a] here and there, that[b] he was not there." And the king of Israel said to him, "Thus[c] shall be [d]your penalty;[d] you [e]have determined it."[e]

41 Then he hastened to remove the mask from his eyes, and the king of Israel recognized him, that he was one of the prophets.

42 And he said to him, "Thus says Yahweh,

기로 작정한 사람을 네 손으로 놓았은즉 네 목숨은 저의 목숨을 대신하고 네 백성은 저의 백성을 대신하리라 하셨나이다

'Because you dismissed my man destined for destruction when you had him in your hand,[a] your own life shall substitute for his life, and your people for his people."

43a 이스라엘 왕이 근심하고 답답하여

43 And the king of Israel went to his house resentful and fuming.

원문주해

1.a-a. MT. G^{BLmin}은 생략(가운데 글자를 빠뜨리고 쓴 오류).

1.b. MT. G^{BL}은 "그리고 그는 올라갔고 사마리아를 에워쌌다"라는 어구를 같은 철자를 중복하여 필사하는 오류로서 첨가한다.

1.c. MT, G^{L}. G^{B}은 "모두"라는 만연체적인 어구를 첨가한다.

1.d. MT, G^{B}. 사마리아는 앞의 같은 철자를 중복하여 필사하는 오류에서 언급되었기 때문에, G^{L}은 목적어 "그것"으로 대치한다.

2.a. G^{B}. MT, G^{LMSS}은 "사자들"이라는 설명적인 어구를 첨가한다.

3.a. G^{B}. MT, G^{L}은 "사랑받는 사람"이라는 해석적인 어구를 첨가한다.

5.a. G^{BL}. MT은 "다음과 같이"라는 어구를 첨가한다(같은 철자를 중복하여 필사하는 오류).

5.b-b. MT, G^{L}. G^{B}은 생략(가운데 글자를 빠뜨리고 쓴 오류).

5.c. G^{BL}. MT은 "그리고 너의 아이들"이라는 어구를 첨가한다(3절로부터 중복되는 어구).

6.a-a. MT, G^{B}. G^{L}은 "너의 집들을".

6.b. MT, G^{L}. G^{B}의 "그들의"라는 어구는 해석적이다. 참조. *HOTTP*, 327a.

6.c-c. MT. G^{BL}은 "그들의 손이 잡을 것"이라는 만연체적인 어구를 첨가한다.

7.a. MT. G^{L}은 "이스라엘". G^{B}은 생략.

7.b. MT, G^{L}. 우르바나이(ולבני)를 "그리고 나의 아들들"로 읽음. G^{B}은 "그리고 나의 딸들을"이라는 해석적인 어구를 첨가한다.

7.c-c. 참조. *HOTTP*, 327a.

9.a. MT. 이스라엘 왕이 자신의 형식적인 충성을 유지하고 있다는 것을 인식하지 못하고 G^{BL}은 "당신의"라는 어구로 대치한다.

9.b-b. MT. G^{BL}은 생략.

9.c. G^{BL}. MT은 "사자들"이라는 해석적인 어구를 첨가한다.

11.a-a. MT(복수 명령법). "이제 충분하다"라는 뜻의 G^{BL}의 히카누스노(*ἱκανούσθω*)는 "네가 말한다"라는 따브루(דַּבְּרוּ)를 "이제 충분하다"라는 라브 따이(רַב דַּי)로 읽은 것

이다.

12.a-a. MT(שִׂימוּ – 시무). G^{BL}은 "방어벽들을 건축하라"는 만연체적인 해석으로 대치한다.

12.b. MT. G^{BL}은 "방어벽들"을 첨가한다.

13.a. G^{BL}. MT은 "아합에게"라는 설명적인 어구를 첨가한다.

13.b. G^{BL}. MT은 "모든"이라는 설명적인 어구를 첨가한다.

14.a. MT. G^{BL}은 "아합이"라는 설명적인 어구를 가진다.

15.a-a. MT, G^{B}. G^{L}은 이 곳과 17절에서 두 번 거듭 읽혀진다.

15.b. MT. G^{BL}은 "아합이"라는 설명적인 어구를 가진다.

15.c. MT. G^{B}은 "둘"이라는 어구를 생략. G^{L}은 "그리고 에젤(Ezer)의 왕이 그들과 함께 있었다"라는 만연체적인 주해를 첨가한다.

15.d. G^{BL}. MT은 "모두"라는 설명적인 어구를 첨가한다.

15.e-e. G^{BL}. MT은 "이스라엘 백성들"(원문 훼손).

15.f. MT. G^{BL}은 "60".

15.g. MT, G^{L}. G^{B}은 생략(가운데 글자를 빠뜨리고 쓴 오류).

16.a. G^{B}. G^{L}은 "그 왕"이라는 설명적인 어구를 가진다. MT은 복수(17절로부터 원문 훼손).

16.b-b. MT, G^{B}. G^{L}의 "그들과 함께"라는 구문은 원문 훼손.

17.a-a. MT, G^{B}. G^{L}은 원문 훼손(이중 독법).

17.b-b. MT. G^{BL}은 생략.

17.c. MT. G^{BL}은 "아람의 왕에게"라는 설명적인 어구를 가진다.

18.a-a. MT. G^{B}은 "그리고 그들에게 말한다." G^{L}은 "그리고 아람의 왕이 말했다"(설명적임).

18.b-b. MT, G^{L}. G^{B}은 우 가르(*οὐ γάρ*)=히브리어 "아니기 때문에"라는 뜻의 키 로(כִּי לֹא), 이것은 MT의 "그들이 나갔다"라는 의미의 야차우(יָצְאוּ)에 대한 원문 훼손이다.

18.c. G^{BL}. MT은 "그들이 나오고 있다"라는 해석적인 어구를 첨가한다.

19.a. MT. G^{B}의 "그리고 …이 아니다"는 "그리고 이 사람들"이라는 히브리어 베엘레(וְאֵלֶּה)의 원문 훼손임=MT, G^{L}은 생략.

19.b. MT. G^{B}은 "방백들"이라는 뜻의 하르콘타(*ἄρχοντα*)라는 설명적인 주어를 쓴다. 이것은 G^{L}에서 "그들이 온다"라는 학콘타이(*ἄχχονται*)로 원문이 훼손되었다.

19.c-c. MT. G^{BL}은 생략.

20.a. MT. G^{BL}은 "그리고 각 사람은 그의 상대의 적을 다시금 죽였다"라는 어구를 첨가한다.

21.a. MT. G^{L}은 "취했다". G^{B}은 "모두를 취했다".

22.a-a. MT, G^{B}. G^{L}은 "다음과 같이"라는 어구를 첨가한다(문체적).

22.b. G^{BL}. MT은 "그에게 '가라'"는 설명적인 어구를 첨가한다.

23.a-a. MT, G^{L}. G^{B}은 생략(가운데 글자를 빠뜨리고 쓴 오류).

23.b. MT. G^{B}은 28절로부터 "그리고 계곡의 신이 아니다"라는 어구를 첨가한다.

25.a. G^{B}. MT, G^{L}은 "당신으로부터"라는 설명적인 어구를 첨가한다.

27.a. G^{BL}. MT은 "그리고 식량이 공급되었다"라는 어구(וְכִלְכְּלוּ – 베칼케루)를 첨가한다. 이것은 "그리고 그들이 행진했다"라는 뜻의 이어 나오는 바예르쿠(וַיֵּלְכוּ)로부터 온 원문 훼손이다.

27.b. G^{BL}. MT은 "그들을"이라는 설명적인 단어로 대치한다.

27.c. MT. G^{BL}은 이어 나오는 "아람"에 일치하는 세련된 표현을 위해 "이스라엘"로 대치한다.

28.a. MT, G. MS, G^{A}, Syr은 생략.

28.b. MSS, G^{BL}, Vg. MT은 "그리고 그가 말했다"라는 어구를 첨가한다.

28.c. MT, G^{B}. G^{L}은 히브리어의 비연결적인 문체를 피하면서 "…를(that)"이라는 어구를 삽입한다.

28.d. MT. G^{BL}은 "이스라엘의 하나님"이라는 어구를 첨가한다.

28.e. G^{BL}. MT은 "모두"라는 만연체적인 어구를 첨가한다.

28.f. MT의 복수보다는 오히려 단수(G)로 읽음. 짐멀리(Zimmerli)의 "역사적 예시 형식"(나의 용어)에 대한 연구가 보여 주듯이, 후기 문학적 단계들의 경향은 원시적인 단수로부터 복수로 이동한다. 따라서 이 곳에서 MT의 독법은 후기 서기관적 활동의 산물인 것이다.

29.a. MT. 27절에서처럼 G^{BL}은 이어 나오는 "아람"에 일치하는 세련된 표현을 위해 "이스라엘"로 대치한다.

29.b-b. MT, G^{B}. G^{L}, Vrs는 "십이만"(이것은 아마도 상징적 숫자인 12×10×1000으로서 이해한 것일 것이다).

30.a. G^{BL}. MT은 "그 성읍"(이 구절에 있는 바로 전의 "성읍"에 대한 단어로부터 원문 훼손된 것임).

31.a-a. MT. G^{BL}의 "그리고 그는 그의 신하들에게 말했다"라는 구문은 헬라 세계의 더 높은 전제적 권위의 수준에서 말미암은 이데올로기적인 바꿈이다.

31.b-b. MT. G^{DL}의 "알았습니다"라는 어구는 이전 어구에 의역적으로 맞추어진 것이다.

31.c. MT(확신적으로 단언하는 키〈כִּי〉). G^{BL}은 생략하고 있는데, 이는 아마도 이해의 부족에서 온 것이다.

31.d. MSS, G, Syr, Vg. MT은 단수인데, 이것은 아마도 철자를 잘못 기록한 것일 것이

다.

31.e. MT, G^{L}. G^{B}은 "다시"라는 설명적인 어구를 첨가한다.

32.a-a, b-b. MT, G^{B}. G^{L}은 "…위에"(*περὶ* - 페리)를 생략하면서 절 끝에 "베"를 놓는다. 그리고 그것은 "그들의 머리들 위에"라는 어구를 생략한다. 이것은 문체적인 의역으로 보인다.

32.c-c. MT. G^{BL}은 "말했다".

32.d-d. MT. G^{BL}은 생략.

32.e. MT, G^{L}. G^{B}은 "우리의"(해석적인 교정).

33.a-a. 서방적인 전승(K)을 대표하는 MSS은 헤(ה)를 앞의 단어("그 말/일"이라는 뜻의 G^{BL}의 톤 로곤〈*τὸν λόγον*〉은 설명적인 첨가)에 붙은 대명접미사로서 읽는다. 반면에 동방적인 전승(Q)은 그것을 뒤에 나오는 단어와 함께 의문사로서 읽는다. 할라트(חָלַט)의 원형은 오로지 이 곳에서만 나타난다. 그리고 분명히 "헛되이 선언하다"라는 의미를 나타낸다(Baumgartner, *Hebräisches und Aramäisches Lexikon*, I, 305). "셈하다"라는 의미의 G의 아날레고(*ἀναλέγω*)는 아마도 하나의 좋은 추측에 지나지 않는다.

33.b-b. MT. G^{BL}은 "그에게"라는 설명적인 어구를 첨가한다.

34.a. MT, G^{B}. G^{L}은 "아람의 왕"이라는 설명적인 어구를 첨가한다.

34.b. MT, G^{B}. G^{L}은 "아합"이라는 설명적인 어구를 첨가한다.

34.c. MT, G은 문자적으로는 "…안에".

34.d. MT, G^{B}. G^{L}은 "그의 집으로부터 그리고 그는 그로부터 떠났다"라는 오히려 신중하지 못한 해석을 첨가한다.

38.a. MT. G^{BL}은 "이스라엘의"라는 설명적인 어구를 첨가한다.

38.b-b. MT. G^{BL}은 "붕대를 감고".

39.a. MT. G^{BL}은 "싸움의 장소"라는 해석적인 어구로 대치한다.

39.b-b. MT. G^{BL}은 생략(가운데 글자를 빠뜨리고 쓴 오류).

39.c. MT, G^{B}. G^{L}은 "그리고 발생할 것이다"라는 전환구를 첨가한다.

39.d-d. MT. G^{BL}은 "달아나는 일이 발생하다"라는 해석적인 어구를 첨가한다.

39.e-e. MT. G^{BL}은 "제공하다"(스테세이스〈*στήσεις*〉=타쿰〈תָּקוּם〉은 MT의 티스콜〈תִּשְׁקוֹל〉에 대한 원문 훼손).

40.a-a. MT. G^{BL}의 "둘러보다"라는 어구는 해석적이다.

40.b. MT, G^{B}. G^{L}은 "보십시오"라는 어구를 첨가한다.

40.c. MT. G^{BL}은 "보십시오(^{B}그리고)".

40.d-d. MT, G^{L}. G^{B}은 타 에네드라(*τά ἔνεδρα*, "매복"?). G^{BL}은 "나로부터"라는 설명적인 어구를 첨가한다.

40.e-e. MT. G^{BL}은 "네가 죽였다".

42.a. MT, G^{BL}, Vg. Vrs는 "나의 손". MT은 암시하고 있기는 하지만 대명접미사를 쓰지 않는다.

양식/구조/배경

오므리 왕조 전쟁 주기로부터의 이야기(1): "사마리아에서의 성전"
1. 위기
   a. 초기 협상
      (1) 군사적 상황, 20:1
      (2) 곤혹스러운 요구, 2-6절
      (3) 거절과 저항, 7-9절
   b. 이어지는 대치 상황
      (1) 위협, 10절
      (2) 역위협, 11절
      (3) 공격 명령, 12절
2. 격려의 신탁
   a. 전달된 신탁
      내러티브 서론과 보고자 형식, 13aα절
      (1) 상황적 질문(=독설), 13aβ절
      (2) 선언, 13bα절
      (3) 역사적 예시 형식, 13bβ절

[주해, 14a]

   b. 해석적인 지시 사항, 14b절
3. 성취
   a. 준비
      (1) 소집, 15절
      (2) 접근, 16-17a절
      (3) 아람의 선략, 17b-18절
   b. 전투
      (1) 접근(개설〈槪說〉적인), 19절
      (2) 살육과 추격, 20a절

[편집적: 벤하닷의 탈출, 20b절]

c. 요약적 결론, 21절

오므리 왕조 전쟁 주기로부터의 이야기(2): "아벡에서의 성전"

[편집적: 정비된 전쟁 도구를 위한 준비

a. 이스라엘 왕에 대한 충고, 22절

b. 아람 왕에 대한 충고, 23-25절

1. 위기

a. 아람의 공격, 26절

b. 이스라엘 사람의 준비, 27a절

c. 동등하지 않은 세력, 27b절

2. 격려하는 신탁

내러티브 서론과 보고자 형식, 28aαא절

a. 독설, 28aαבβ절

b. 위협(선언), 28bα절

c. 역사적 예시 형식, 28bβ절

3. 성취

a. 칠 일 동안의 대치, 29a절

b. 하루만의 승리, 29b절

오므리 왕조 전쟁 주기로부터의 이야기(3): "벤하닷을 놓아 줌"

[편집적: 아람 생존자들에게 안정적이지 않은 아벡, 30a절]

1. 벤하닷을 놓아 주기로 한 이스라엘 왕의 말

a. 벤하닷이 협상을 흥정하다

(1) 궁지에 몰린 벤하닷, 30b절

(2) 간청

(a) 제안, 31절

(b) 접근, 32a절

(3) 인척 관계 확인

(a) 왕의 질문, 32b절

(b) 신하들의 반응, 33aα절

(c) 초대, 33aβ절

b. 조약 협상

(1) 벤하닷의 접근, 33b절

(2) 용인을 제안함, 34a절

(3) 조건을 수용함, 34b절

2. 왕의 말이 이스라엘의 심판을 설정하다

a. 한 선지자가 심판을 선포하기 위해서 자신을 준비하다

(1) 부수적인 계시의 효용성

(a) 거절된 명령, 35절

(b) 징계된 거절, 36절

(2) 상징적인 역할을 위한 준비, 37절

b. 선지자에 대한 상징적인 심판

(1) 그의 변장, 38절

(2) 왕에 대한 그의 선언

(a) 이야기 속의 책임, 39절

(b) 야야기 속의 직무 태만, 40a절

(3) 왕의 직무 태만, 40b절

c. 해석: 왕과 이스라엘에 대한 심판

(1) 선지자 자신을 드러냄, 41절

(2) 신탁

(a) 독설, 42a절

(b) 위협, 42b절

(3) 내러티브 결론, 43aα절

[주해, 43aβ절]

위의 내러티브들에 대한 구조, 장르 구분 그리고 편집에 관해서는 *Prophet against Prophet*, 57-58, 63, 123-25에 있는 나의 논의를 보라. 처음 두 개의 이야기는 선지자 이야기 하부 장르인 "역사적 예시 내러티브" 성격을 공유하고 있는 성전 이야기들을 개작한 것들이다(참조. G. von Rad, *Der heilige Krieg im alten Israel*, 3rd ed., 1958). 이들 중에 두 번째 것은 좀더 단순한 구조를 가지고 있을지라도, 그들의 기본적인 구조는 (1) 위기로부터 (2) 격려하는 신탁 그리고 (3) 성취라는

방향으로 이동하는 구별할 수 있는 것임에 틀림없다. 신탁을 제외하고 두 번째 이야기는 강화(講話)를 가지고 있지 않다. 첫째 이야기는 신탁을 가운데에 두고, 서두(2-12절)에 왕들의 대치 그리고 끝에 전쟁을 위한 아람의 준비(17-18절)를 생동감 있고 다채로운 강화로 꾸미고 있다. 그러므로 첫 번째 내러티브가 사람들 사이에 인기 있는 이야기가 되고 여흥과 교화를 위해 사용된 것으로 추측하는 것은 당연한 것이다. 어쨌든 주석가는 13절과 28절에 있는 선지자(혹은 하나님의 사람)가 두 이야기 각각에서 중요한 역할을 한다는 것을 유의해야만 한다. 또한 주석가는 신탁들이 역사적인 사건은 야웨가 어떻게 역사를 그의 목적에 맞게 관리하고 계시는지를 보여 주면서, 사람으로부터 오는 것이 아닌 하나님으로부터 오는 승리를 약속하고 있음을 알아야만 한다. 나는 *Gottes Offenbarung*(Munich 1963) 54-56, 122-31에 있는 소위 "Erweiswort"라고 불리는 짐멀리(W. Zimmerli)의 글을 보면서 13절을 *YTT*, 231-33에서 자세히 논의했다.

30b-43a절에 있는 내러티브는 제왕적 자체 심판 내러티브 하부 장르에 속한다. 이것이 두 부분의 구조를 가지고 있는 것은 일상적이지 않은 것이다. 두 부분은 서로 뚜렷하게 대조를 보이고 있다. 이스라엘의 왕은 두 가지 면에서 책임이 있다. 첫째로 위험스러운 벤하닷에 대해서 형제애의 말을 하고 있다는 것이다. 둘째로는 군인으로 위장한 선지자에 대해서 심판의 말("네 생명으로 저의 생명을 대신한다", 39, 42절)을 하고 있는데, 이것은 선지자가 왕과 그의 백성들에 대한 심판의 말로 재해석한다.

이 세 가지 이야기는 한때 20장에 바로 연결되어 있었던 22장과 직접적으로 연결하려는 목적으로 어느 예후인 편집자에 의해서 편집되었다. 그는 20b절과 22-25절에서 두 가지 역사적 예시 내러티브를 함께 엮기 위해 다른 확장된 부분을 첨가했으며, 30a절에서는 이 내러티브들의 두 번째 것을 제왕적 자체 심판 내러티브에 연결하기 위한 말들을 첨가했다. 후대의 주해가는 2절과 14절에 있는 주해에서 "아합"과 43절에서는 "분개하고 노여워하면서"(21:4을 보라)라는 단어들을 첨가했다. 그는 또한 이 구절의 남은 단어들과 21:1의 첫 번째 절을 21장에 대한 전환을 만들기 위해서 첨가했는데, 그것은 이어 나오는 19장의 원래적 위치로부터 이 곳에 옮겨진 것이다.

주석

1-12 1-21절의 역사적 예시 내러티브는 익명의 선지자가 결정적인 역할을 하는 한 선지자 이야기임이 분명하다. 그 이야기는 극적인 효과를 위해서 그리고 최대의 여흥적 가치를 위해서 단장되었다. 그러나 그것은 본질적으로 신학적 목적을 가지고 있다. 비록 이 이야기가 상세한 세부 사항들로 가득 차 있다 할지라도, 그것은 고도의 도식적인 요소들을 보여 주고 있다. 분명히 하나의 역사적인 요소는 적개심에 불타는 왕 벤하닷의 이름이다. 이 왕의 신분을 밝히는 것은 이 본문이 가지는 첫 번째로 중요한 해석의 문제가 된다. 이 왕은 열왕기하 13:24-25에 언급된 하사엘의 아들 벤하닷일 수 없다. 열왕기상 20:30-43은 요아스가 이루는 빛나는 성공이 아니라 이스라엘에 대한 군사적인 재앙을 예언하고 있기 때문이다. 다른 한편, 그는 아사를 도와주기 위해 주전 약 886년에 왔던 헤시온의 손자 다브림몬의 아들 벤하닷일 수 있다고 생각하기도 어렵다(왕상 15:18-20). 본 이야기는 오므리 왕조 때의 어느 시기, 아마도 그 왕조의 제일 마지막에 해당하는 주전 약 845년경으로 정해져야만 하기 때문이다. 언급된 이 두 벤하닷 사이에 또 다른 벤하닷이 있었다는 것은 가능하다. 그러나 우리는 "벤-하닷", 즉 문자적으로 "하닷의 아들"(아람어 בר를 대치하는 히브리어 בֵּן)은 이러한 개별적인 왕들의 개인의 이름이 아니라 왕위계승 이름이었다는 가능성을 진지하게 받아들여야만 한다. 벤하닷의 이스라엘의 상대는 2절과 14절의 주해들에도 불구하고 아합이 아닌 것이 분명하다. 요람이 다른 곳에서 아람과의 전쟁에서 활약하고 있는 것으로 확인되기 때문이다(왕하 8:28-29). 하사엘의 행동에서 실현된 열왕기상 20:43에 나오는 다가오는 재앙에 대한 예언은 오므리 왕조의 이 마지막 왕이 가장 유력한 후보자가 되게 한다. 어느 경우든 그러한 것이 바로 예후인 편집자의 이해였다. 그는 22:1-38을 요람에 관한 것으로서 보았고, 따라서 그 본문을 직접 이 곳에 붙였던 것이다.

"벤하닷의 모든 군대들"이란 아마도 "서른두 왕"을 제외한 것이다(참조. 16절; 이것은 22:31에 있는 주해에서 쓰인 도식적인 숫자다). 이 왕들은 벤하닷과 동맹한 주변 지역의 족장들을 나타낸다(참조. *ANET* 501). 기병과 병거들을 갖춘 이 군대는 분명히 적의를 가지고 사마리아에 내려온다. 이스라엘 왕은 복종하는 태도를 버릴 테지만, 그는 벤하닷의 거친 요구에 대처하기 위해 준비한 것이 거의 없다는 것을 깨닫는다. 그 두 왕은 오가는 사자들을 통해서 대화한다. 3절에서 아람 사람은 금전적인 부와 소중한 사람들에 대한 소유를 주장하는 무례하고 거만한 요구를 한다. 이스라엘 사람은 즉각적으로 동의한다. 그러나 이러한 주장을 단순한 형식으로 받아들인다. 아람 사람은 형식적인 복종은 충분하지 않다고 대답한다. 그는 그의 신하들을 "내일 이맘때"(위협 형식, 참조. 19:2)에 그들이 좋아하는 것(6절)을 취하기 위해 보내서 그것을 시험하는 일을 허락할 것을 요구한다. 이제 모든 상황의 위험성을 알고서 이스라엘 왕은 "나라의 장로를 다" 부른다. 이들은 전 지역의 지도자들임이 확실하며, 구체적이지 않은 몇몇 목적을 위해 사마리아에 모였다. 왕은 그가 공식적인 가신으로 예속됨을 말했으나, 이제 아람인들이 분명히 의도하는 약탈과 모욕을 두려워하고 있다고 설명한다. 장로들의 충고에 따르면서 이스라엘 왕은 새로운 요구를 거절한다. 이러한 새로운 요구 위에 벤하닷은 사마리아를 한 줌의 먼지로 만들겠다고 위협하는 다짐의 형식으로 오만한 말을 한다. 이스라엘 왕의 답변은 참으로 고전적이다. "갑옷 입는 자가 갑옷 벗는 자같이 자랑치 못할 것이라!" 그의 사자들은 이 말을 분명히 말하라고 직접적으로 지시를 받는다("너희는 말하라", 명령형). 반쯤 취한 벤하닷(16절)은 이 무례한 대답에 격분하여 그 성읍을 공격하기 위한 준비를 하라고 명령한다.

13-21 보고자 형식으로 소개된 "한 선지자"의 신탁은 직접 왕에게 "네가 이 큰 무리를 보느냐?"(ההמון הגדול הזה – 헤하몬 하가돌 하제)고 하는 비난 섞인 질문을 한다. "무리"가 파생된 원형 하마(המה)는 "당황케 하다", "혼돈으로 집어넣다"라는 의미를 가지는데, 이것은 성전(holy war) 구조에서 쓰이는 기술적인 용어다. 참조. 삿 4:15; 삼상 14:20. 이 질문은 일반적인 독설을 대치하는 것이고, 즉각적인 행동 형식으로 시작하는 선언(위협)인 "오늘 저희를 네 손에 붙이리니"라는 구절이 따라 나온다. "오늘"이라는 단어는 요약하고 있으며, 짐멀리가 "Erweiswort" 혹은 "증명의 말"이라고 부른 것을 소개해 준다. 그러나 나는 이것을 "역사적 예시 형식"이라고 명명하는 것을 더 좋아한다. 그것은 하나의 역사적 사건이 야웨는 그 자신이 누구인지 말하는 자라는 것을 보여 주는 방법에 주의를 모으기 때문이다. 14절은 "아합"이라는 이름에 의해서 뿐만 아니라 특별히 단순한 질문에 대답을 부적절하게 소개하는 새로운 보고자 형식에 의해서 첨가적인 구절로 드러난다. 이 본문에 있는 세 가지 원본적 사건들로부터 이 확장을 위해서 빌려온 구문인 "각 도의 방백의 소년들"은 아마도 각 도 통치자들에게 소속된 젊은 사람들로 구성된 특별한 엘리트 친위대를 말하는 것일 것이다. 이스라엘의 왕은 싸움을 시작(문자적으로는 "묶다", "교선하나")할 것을 지시받는다. 그는 먼저 이백삼십이 명의 엘리트 특공대와 칠천 명의 일반 군인을 소집한다. 벤하닷은 오정에 이미 수치스럽게도 만취했다. 흐릿한

눈을 가진 왕에게 다가오는 공격이 보고되었을 때, 그는 피에 굶주리기보다는 술로 머리가 더 혼돈스러운 상태였다. 이스라엘 사람들이 그들의 의도가 무엇이든지 간에 사로잡히게 될 것이라고 보았기 때문이다(18절). 이스라엘 사람들은 그렇게 간단하지 않았다. 그들 각자는 아람 사람들을 황급히 도망가도록 몰아붙이면서 적병들을 죽였기 때문이다. 21절은 요약이다. 왕의 군병들이 한 것은 그가 한 것이다. 기병과 전차는 모든 군대의 상징이다. 그것들은 가장 두려운 것이었기 때문이다. 결론적으로 "그는 아람 사람들을 크게 쳐 죽였다."

22-30a 22-25절은 26-29절을 준비하는 정교한 편집적 전환이다. 28절은 거꾸로 23절을 가리키는 것이 아니다. 23절은 아벡(*Al-Fiq*, 갈릴리 바다의 남쪽 끝에서 동쪽으로 몇 마일 떨어진 지점에 위치한 고원 대지)의 실제 지역에 좀더 적절한 "평야"(מישור – 미쇼르) 대신에 대치하는 28절의 "그는 골짜기(עמקים – 아마킴)의 신은 아니라"라는 구문을 정확하게 다시 말하고 있지 않기 때문이다. 확장된 부분은 이스라엘 왕에게 내년의 전투를 위해 준비할 것을 충고해 주는 13절의 예언이다. "해가 돌아오매"(תשובת השנה – 트슈바트 하샤나)라는 어구는 봄 시기를 말한다(참조. 삼하 11:1). 이 봄 시기를 북 왕국에서는 새 해로 지켰다("The Chronology of the Israelite Kings"를 보라). 아람 사람들이 산지에서 이스라엘 사람들의 우세한 싸움을 이야기한 것은 분명한 사실이었다. 그것은 그들의 신학적 해석이었는데, 이것은 그들에게 매우 불쾌한 것이었다. 그러나 주해가는 이전 아람 군대는 완전히 대치되었다고 설명한다. 비효율적인 "왕들"은 시민 장군들(פחות – 파호트)로 대치되었고, 평지가 선택되었다. 그러고 나서 26b절에서 그 주해가는 아벡에서의 전투에 관한 원래의 역사적 예시 내러티브를 취한다. 우리는 하나의 언어학적 특성에 유의해야만 한다. 즉 이스라엘 사람들은 계속해서 베네이 이스라엘(בני ישראל), 즉 문자적으로 "이스라엘의 아들들"로 불리고 있다는 것이다. 우리는 또한 1-21절과 비교했을 때 이 내러티브가 놀라울 정도로 냉정하고 침착한 것을 보게 된다. 이스라엘 사람들은 그들의 상대적인 약함으로 인해서 안쓰러운 것처럼 보인다: "염소 새끼의 두 적은 떼." 아람 사람들은 "그 땅에 가득하였다." 13절을 상기시켜 주면서 28절은 비난하는 듯한 인용("그는 골짜기의 신은 아니라")을 가진 "하나님의 사람"의 선언과 역사적 예시 형식인 "너희는 내가 여호와인 줄 알리라"는 어구를 동반한 위협("내가 이 큰 군대를 다 네 손에 붙이리니")을 나타내는 어구들을 가지고 있다. 결론은 매우 양식화되었다. 칠 일 동안 양편의 군대는 서로 대치해 있었다(참조. 수 6:12-21). 그러고 나서 단 하루 동안의 싸움에서(참조. "오늘", 13절) 십만 명의

아람 사람들이 죽는다. 이것이 그리 놀라운 일이 아닌 것처럼, 예후 편집자는 아벡의 성벽이 무너져(여리고처럼?) 이만 칠천 명을 더 죽였다고(30a절) 말한다.

30b-34 "벤하닷은 도망하여"(ובן־הדד נס – 우벤하닷 나쓰)라는 어구는 서론적인 설명이다. 그가 어떤 집에 숨어 있을 때, 그 가신들은 그에게 "이스라엘 집"(정치적 실체로서의 왕국)의 왕들에 대한 평판에 대해서, 즉 그들은 "인자한 왕들"(חסד מלכי – 말케이 헤쎄드, 문자적으로는 "조약을 존중하는 왕들")이라는 것을 생각나게 해준다. 나는 최근에 현재 본문의 번역이 유용함을 주장하면서 헤쎄드(חסד)라는 단어에 대한 전통적인 의미를 변호했다("A Reply to G. Gerlemann on *Malkê Ḥesed* in 1 Kings XX 31", *VT* 29, 359 -62). 아람과 이스라엘은 형제의 서약을 포함하는 조약을 맺었었다. 그래서 벤하닷의 참모들은 이스라엘 왕이 현재의 적대감 대신에 그 조약에 무게를 둘 수도 있다는 바람을 가졌다. 이어지는 행동은 단순하고 직접적이다. 참모들은 통회의 표시(끈으로, Gray, 429-30를 보라)를 하고서 이스라엘 왕에게 접근한다. 그들은 협상으로 초대를 얻어내기 위해서 "나의 형제"라는 왕의 말에서 기회를 잡는다. 34절은 벤하닷이 그의 생명을 바꾸어서 만든 양보, 즉 노획한 성읍들을 돌려줌, 다메섹에 저자 거리를 만듬, 설정되었던 가신국 상태를 해체함 등을 기록한다. 이러한 조건을 받고 이스라엘 왕은 벤하닷을 풀어 주고 떠나 보낸다.

35-43 몇몇 주석가들이 이 구절들은 새로운 다른 이야기를 구성하고 있다고 생각하는 것은 그리 놀라운 일이 아니다. 그러나 사실 이 구절들은 이전 이야기와 나누어질 수 없는 결론을 제공해 주고 있다. 이 구절들은 특이함과 이상스러운 역설들을 가지고 있다. 사실 "야웨의 말을 통하여"라는 어법과 신기한 사자는 열왕기상 13장의 벧엘 사람 이야기에서 직접 가져온 것처럼 보인다. 그러나 이 모든 것의 요점은 "그는 나의 형제다"라고 한 왕의 말이 첫 번째 이야기의 결과를 결정하는 것처럼, "네 생명으로 저의 생명을 대신하거나"라고 한 같은 왕의 말이 두 번째 이야기의 결과를 결정한다는 것이다. 선지자 그룹의 한 구성원(בני הנביאים – 베네이 한네비임)이 동료에게 자신을 치라고 요구했을 때, 그는 실제적으로 하나님에 의해서 영감되었었다. 그리고 그 동료가 "야웨의 소리"를 인식하지 못해 거절했을 때, 그는 사자에 의한 공격의 위협을 받았고, 그 위협은 이루어졌다. 두 번째 사람은 이 "선지자들의 아들"을 쳤다. 그래서 그는 길에서 왕을 기다리고 있었을 때 멍들고 상처입은 것처럼 보였다. 왕은 그를 선지자로 알아보지 못했다. 그는 눈에 붕대를 두르고 있었기 때문이다. 그래서 그는 가능한 예언적 비난에 대하여 방비(防備)를 하지

못했다. 이상스럽게도 선지자가 왕에게 이야기한 지어낸 이야기, 즉 그가 부주의하여 죄인을 놓친다면 그의 생명이 그 죄인의 생명을 대신하거나 무거운 벌금을 내야 한다고 한 꾸며낸 이야기에 왕이 답변한다. 그 사람이 그에게 한 모든 것을 믿으면서 왕은 "네가 스스로 결정하였으니 그대로 당하여야 하리라"고 판결을 내린다. 그때 선지자는 자신이 선지자들 중에 한 사람임을 나타내면서 눈에 가리운 수건을 벗었다. 그리고 왕이 지어낸 이야기의 직무태만한 병사가 행한 것을 했기 때문에 고통받아야만 한다는 야웨의 신탁을 전했다. 비난하는 절은 "내가 멸하기로 작정한 사람(איש חרמי – 이쉬 헤르미)을 네 손으로 놓았은즉"이며, 위협의 말은 "네 백성은 저의 백성을 대신하리라"는 것이다.

해설

위의 자료에 대해서 계속되는 우리의 장르 분석은 이미 구분이 단순한 내용에 기초한 것이라기보다는 기능에 근거한 것이라는 점에 대해서 어느 정도 필요한 설명을 제공해 주고 있다. 두 개의 역사적 예시 내러티브들의 기능은 어떻게 하나님이 역사적인 사건들을 통제하시는지를 보여 주는 것이다. 이스라엘이 더 약한 것 같고 적이 더 자신감이 있을수록, 하나님이 자신감 있는 자를 약한 자에게 넘기시는 날이 **바로 이 날**이라는 예언적인 말을 더욱 확실시하게 된다. 여기에 역사에 존재하는 초월적인 요소의 극적인 연결점이 있다. "하나님의 사람"이 말을 했든 그렇지 않든, 매일 하나님은 인간의 경험 속에 현존하시고 매일 그분의 결정적인 순간에 자신을 잠정적으로 나타내신다는 것이 사실이다. 제왕적 자체 심판 내러티브의 기능은 세속적 권력을 소유하고 있는 자들은 그 권력을 잘못 사용함으로써 그들 자신의 운명을 결정지을 수 있다는 것을 확증해 주는 것이다. 이 이야기는 조약을 맺을 때가 있고, 적을 멸하기까지 추적할 때가 있다는 것을 말해 준다. 사울 왕이 사무엘상 15장에서 아말렉 사람 아각에 대해 헤렘(חרם, 진멸에 대한 예전적 바침)을 계속하는 것을 무시해서 정죄 받은 것과 같이, 이 이야기의 이스라엘 왕(아마도 오므리 왕가의 마지막 왕인 요람)은 벤하닷에 대한 야웨의 헤렘(חרם)을 무시해서 정죄 받는 것이다. 그의 징벌 – 이스라엘의 모든 백성과 함께 받게 될 – 은 하사엘 치하의 아람 사람들이 조약을 깨고 이스라엘의 호의를 무자비한 폭력과 탐욕으로 돌려줄 때 이루어진다.

7. 나봇의 법정적 살인자에 대한 내러티브(20:43b-21:29)

참고문헌

Andersen, F. I. "The Socio-Juridical Background of the Naboth Incident." *JBL* 85 (1966) 46-57. **Baltzer, K.** "Naboths Weinberg(1 Kön 21). Der Konflikt zwischen israelitischem und kanaanäischem Bodenrecht." *WuD* 8(1965) 73-88. **Baumann, A.** "Naboths Fasttag und Josephus." *Theokratia, Festgabe für K. H. Rengstorf*(1973), II. **Bohlen, R.** "Alttestamentliche Kunstprosa als Zeitkritik." *TTZ* 87(1978) 192-202. **Gooding, D. W.** "Ahab According to the Septuagint." *ZAW* 76(1964) 269-80. **Jepsen, A.** "Ahabs Busse. Eine kleiner Beitrag zur Methode literarhistorischer Einordnung." *Archäologie und Alktes Testament.* Festschrift für Kurt Galling, ed. A. Kuschke and E. Kutsch. Tübingen: J.C.B. Mohr, 1970. **Napier, B. D.** "The Inheritance and the Problem of Adjacency. An Essay on 1 Kings 21." *Int* 30(1976) 3-11. ______. "The Omrides of Jezreel." *VT* 9(1959) 366-78. **Poggioli, R.** "Naboth's Vineyard of the Pastoral View of the Social Order." *JHI* 24(1963) 3-24. **Seebass, H.** "Der Fall Naboth in 1 Reg. XXI." *VT* 24(1974) 474-88. **Weitemeyer, M.** "Nabots vingård"(1 Kong. 21:1-16). En traditionshistorisk kommentar.(Danish) *DTT* 29(1966) 129-43. **Welten, P.** "Naboths Weinberg(1. Könige 21)." *EvT* 33(1973) 18-32.

본 문

43b 그 궁으로 돌아가려고 사마리아에 이르니라

21:1 그 후에 이 일이 있으니라 이스르엘 사람 나봇이 이스르엘에 포도원이 있어 사마리아 왕 아합의 궁에서 가깝더니

2 아합이 나봇에게 일러 가로되 네 포도원이 내 궁 곁에 가까이 있으니 내게 주어 나물 밭을 삼게 하라 내가 그 대신에 그보다 더 아름다운 포도원을 네게 줄 것이요 만일 합의하면 그 값을 돈으로 네게 주리라

3 나봇이 아합에게 말하되 내 열조의 유업을 왕에게 주기를 여호와께서 금하실지로다 하니

43b And he entered into Samaria.

21:1 [a]And after these events it so happened that[a] a[b] vineyard belonged to Naboth the Jezreelite,[cd] next to the palace[e] of Ahab, king of Samaria.

2 And Ahab spoke to Naboth as follows, "Give me your vineyard so that it may become my vegetable garden, for it lies close[a] to my house. And I will give you in compensation a superior vineyard or, if that is better in your eyes, I will give you money equal to its[b] value."[c]

3 But Naboth said to Ahab, "It is forbidden me by Yahweh[a] to give you the inheritance of my

4 이스르엘 사람 나봇이 아합에게 대답하여 이르
기를 내 조상의 유업을 왕께 줄 수 없다 함을 인
하여 아합이 근심하고 답답하여 궁으로 돌아와서
침상에 누워 얼굴을 돌이키고 식사를 아니하니
5 그 아내 이세벨이 저에게 나아와 가로되 왕의
마음에 무엇을 근심하여 식사를 아니하나이까

6 왕이 이르되 내가 이스르엘 사람 나봇에게 말
하여 이르기를 네 포도원을 내게 주되 돈으로 바
꾸거나 만일 네가 좋아하면 내가 그 대신에 포도
원을 네게 주리라 한즉 저가 대답하기를 내가 내
포도원을 네게 주지 않겠노라 함을 인함이로라
7 그 아내 이세벨이 저에게 이르되 왕이 이제 이
스라엘 나라를 다스리시나이까 일어나 식사를 하
시고 마음을 즐겁게 하소서 내가 이스르엘 사람
나봇의 포도원을 왕께 드리리이다 하고
8 아합의 이름으로 편지들을 쓰고 그 인을 쳐서
그 성에서 나봇과 함께 사는 장로와 귀인들에게
보내니

9 그 편지 사연에 이르기를 금식을 선포하고 나
봇을 백성 가운데 높이 앉힌 후에
10 비류 두 사람을 그 앞에 마주 앉히고 저에게
대하여 증거하기를 네가 하나님과 왕을 저주하였
다 하게 하고 곧 저를 끌고 나가서 돌로 쳐 죽이
라 하였더라
11 그 성 사람 곧 그 성에 사는 장로와 귀인들이
이세벨의 분부 곧 저가 자기들에게 보낸 편지에
쓴 대로 하여
12 금식을 선포하고 나봇을 백성 가운데 높이 앉
히매
13 때에 비류 두 사람이 들어와서 그 앞에 앉고
백성 앞에서 나봇에게 대하여 증거를 지어 이르
기를 나봇이 하나님과 왕을 저주하였다 하매 무
리가 저를 성 밖으로 끌고 나가서 돌로 쳐 죽이고

14 이세벨에게 통보하기를 나봇이 돌에 맞아 죽
었나이다 하니
15 이세벨이 나봇이 돌에 맞아 죽었다 함을 듣고

forefathers."
4 [a]And Ahab entered his house resentful and
fuming.[ab] And he lay down upon his bed and
turned away his face, refusing to eat any food.

5 And Jezebel his wife came to him and said to
him, "What is this, that your spirit is troubled, and
that you are not eating food?"
6 And he said to her, "When I spoke to Naboth the
Jezreelite [a]and said to him,[a] 'Give me your vineyard
for money; or if it pleases you I will give you a[b]
vineyard in its place,' then he said, 'I will not give
you my vineyard.'"
7 And Jezebel his wife said to him, "You now:
you are going to perform majesty over Israel. Get
up, eat food, and let your heart by happy. I will
give you the vineyard of Naboth the Jezreelite."
8 And she[a] wrote letters[b] in[c] Ahab's name and
sealed them with his seal, sending the letters[d] to
the[e] elders and the freemen[f] who were living with
Naboth.
9 And she wrote in the letters as follows: "Call a
fast and seat Naboth at the head of the people;
10 also seat two men, scoundrels,[a] opposite him,
and have them testify against him as follows, [b]'You
have[b] cursed[c] God and the king.' Then take him out
and stone him so he dies."
11 And the men of the city—the elders and the
freemen who were living in his city—did just as
Jezebel had instructed them.[a]
12 They called a fast and seated Naboth at the
head of the people.
13 And two men, scoundrels, entered and sat op-
posite him. And they[a] testified against him[b] as fol-
lows, [c]"Naboth has[c] cursed[d] God and the king." So
they took him outside the city and stoned him with
stones until he died.
14 And they sent to Jezebel as follows: "Naboth
has been stoned to death."
15 And it happened, when Jezebel heard it,[a] that

아합에게 이르되 일어나서 그 이스르엘 사람 나봇이 돈으로 바꾸어 주기를 싫어하던 포도원을 취하소서 나봇이 살아 있지 아니하고 죽었나이다

16 아합이 나봇의 죽었다 함을 듣고 곧 일어나 이스르엘 사람 나봇의 포도원을 취하러 그리로 내려갔더라

17 여호와의 말씀이 디셉 사람 엘리야에게 임하여 가라사대

18 너는 일어나 내려가서 사마리아에 거하는 이스라엘 왕 아합을 만나라 저가 나봇의 포도원을 취하러 그리로 내려갔나니

19 너는 저에게 말하여 이르기를 여호와의 말씀이 네가 죽이고 또 빼앗았느냐 하셨다 하고 또 저에게 이르기를 여호와의 말씀이 개들이 나봇의 피를 핥은 곳에서 개들이 네 피 곧 네 몸의 피도 핥으리라 하셨다 하라

20 아합이 엘리야에게 이르되 나의 대적이여 네가 나를 찾았느냐 대답하되 내가 찾았노라 네가 스스로 팔려 여호와 보시기에 악을 행하였으므로

21 여호와의 말씀이 내가 재앙을 네게 내려 너를 쓸어 버리되 네게 속한 남자는 이스라엘 가운데 매인 자나 놓인 자를 다 멸할 것이요

22 또 네 집으로 느밧의 아들 여로보암의 집처럼 되게 하고 아히야의 아들 바아사의 집처럼 되게 하리니 이는 네가 나의 노를 격동하고 이스라엘로 범죄케 한 까닭이니라 하셨고

23 이세벨에게 대하여도 여호와께서 말씀하여 가라사대 개들이 이스르엘 성 곁에서 이세벨을 먹을지라

24 아합에게 속한 자로서 성읍에서 죽은 자는 개들이 먹고 들에서 죽은 자는 공중의 새가 먹으리라 하셨느니라 하니

25 예로부터 아합과 같이 스스로 팔려 여호와 보시기에 악을 행한 자가 없음은 저가 그 아내 이세

she[b] said to Ahab, "Get up, confiscate the vineyard of Naboth the Jezreelite, the one who refused to give it to you for money. For Naboth is no longer living, but is dead."

16 And it happened, when Ahab heard that Naboth[a] was dead,[b] that Ahab arose to go down to the vineyard of Naboth the Jezreelite in order to confiscate it.

17 And [a]Yahweh spoke[a] to Elijah the Settler as follows:

18 "Arise, go down to meet Ahab, king of Israel, who is in Samaria. [a]Behold, he[a] is in the vineyard of Naboth whither[b] he has gone down in order to confiscate it.

19 And you shall speak to him [a]as follows:[a] 'Thus says Yahweh, "Have[b] you murdered, and actually taken possession?" Therefore,[c] thus says Yahweh, "In the[d] place where[e] the dogs licked Naboth's blood, the dogs shall lick your blood[f] – even yours!"'"

20 And Ahab said to Elijah, "Have you found me, my enemy?" And he[a] said, "I have found you, because you have sold yourself[b] to perform what is evil in Yahweh's eyes.[c]

21 Behold, I am about to bring disaster on you, and will pursue you with fire. And I will cut off from Ahab anyone urinating against the wall, helpless and abandoned in Israel.

22 And I will make your house like the house of Jeroboam, son of Nebat, and like the house of Baasha, son of Ahijah, because of the anger to which you provoked me, causing Israel to sin.

23 And also concerning Jezebel Yahweh spoke, as follows: 'The dogs shall eat Jezebel[a] within the bounds of Jezreel.'

24 The one belonging to Ahab who dies in the city, the dogs shall eat, and the one belonging to Ahab who dies in the open, the birds of the heaven shall eat."

25 Moreover, there has been none like Ahab, who sold himself to do what was evil in Yahweh's eyes

벨에게 충동되었음이라
26 저가 여호와께서 이스라엘 자손 앞에서 쫓아 내신 아모리 사람의 모든 행한 것같이 우상에게 복종하여 심히 가증하게 행하였더라
27 아합이 이 모든 말씀을 들을 때에 그 옷을 찢고 굵은 베로 몸을 동이고 금식하고 굵은 베에 누우며 행보도 천천히 한지라
28 여호와의 말씀이 디셉 사람 엘리야에게 임하여 가라사대
29 아합이 내 앞에서 겸비함을 네가 보느냐 저가 내 앞에서 겸비함을 인하여 내가 재앙을 저의 시대에 내리지 아니하고 그 아들의 시대에야 그 집에 재앙을 내리리라 하셨더라

—whom Jezebel his wife misled.
26 And he behaved very abominably in going after idols, just like everything that the Amorites did, whom Yahweh dispossessed before the Israelites.
27 [a]And it so happened, when Ahab heard these words,[a] that he tore his clothing and put sackcloth on his body. And he fasted and [b]lay down[b] in sackcloth.[c] And he went about dejected.[d]
28 And the word of Yahweh came[a] to Elijah [b]the Settler[b] as follows:[c]
29 "Have you observed how contrite Ahab is before me? [a]Because he is contrite before me,[a] I will not bring the disaster in his own days; in the days of his son I will bring the disaster."[b]

원문주해

1.a-a. MT, G^L. G^B은 생략(아마도 20장으로의 위치 바꿈과 더불어 잃어버렸을 것이다).

1.b. MT. G^{BL}은 "어떤"이라는 어구를 첨가한다(문체적).

1.c. 18장에서처럼 G^B은 "이스라엘 사람"(같은 단어가 이곳저곳에 나타난다).

1.d. G^{BL}. MT은 "이스르엘에 있었던 것"이라는 해석적인 주해를 첨가한다.

1.e. MT, G^B. G^L은 2절로부터 원문 훼손인 "집"을 사용한다.

2.a. G^{BL} 엥기온(ἐγγίων)=MT 카로브(קָרוֹב), 이것은 1절의 "…의 곁에"라는 의미의 에첼(אֵצֶל)의 첨가와 더불어 서기관적인 관점으로 주해된 것이다.

2.b. MT. G^{BL}은 "너의 포도원".

2.c. MT. G^{BL}은 "그리고 그것은 나의 채소 밭이 될 것이다"라는 해석적인 어구를 첨가한다.

3.a. MT. G^B은 "나의 하나님". G^L은 "야웨 나의 하나님".

4.a-a. MT. G^{BL}의 "그리고 아합의 마음이 곤혹스럽게 되었다"라는 어구는 5절의 관점에서 해석적인 대치다.

4.b. G^{BL}은 MT에 있는 긴 설명적인 주해를 생략한다. "이스르엘 사람 나봇이 그에게 한 말로 인해서…그리고 그는 그에게 말했다. '나는 왕께 나의 조상들의 유업을 드릴 수 없습니다.'"

6.a-a. MT. G^{BL}은 "말하면서"(문체적).

6.b. MT, G^L. G^B은 "또 다른".

8.a. MT, G^B. G^L은 "이세벨"이라는 설명적인 어구를 첨가한다.

8.b. MT. G^{BL}의 단수는 단지 하나의 편지가 인용되었다는 사실에 비추어 본 해석적인 것이다.

8.c. MT. "…에" 혹은 "…위에"라는 의미의 G^{BL}의 에피(ἐπί)는 서명이 편지 내용 "아래" 있을 것이라는 사실에 비추어 본 해석적인 어구다.

8.d. K는 복수. Q, G^{BL}은 단수(8절을 보라).

8.e. MT, G^L. G^B은 생략.

8.f. G^{BL}. MT은 "성읍에 있었던 자"라는 해석적인 어구를 첨가한다.

10.a. G^B은 13절에 있는 "불한당들"이라는 베네이 벨리야알(בְנֵי בְלִיַּעַל)이라는 어구를 생략한다(인접해 있는 단어들이나 구들 혹은 절들의 끝이 비슷해서 발생하게 되는 필사상의 오류).

10.b-b. MT. G^L, Syr, Vg은 "그가 했다".

10.c. MT. G^L은 "축복했다"(이데올로기적인 변경).

11.a. G^L. MT은 "그녀가 그 편지들에 썼던 대로 그녀는 그들에게 보냈다"라는 이중 독법을 첨가한다.

13.a. G^{BL}. MT은 "그 불한당들".

13.b. G^{BL}. MT은 9, 13절의 "그 맞은편에서"라는 어구로부터 해석적인 "그 백성들 맞은편에서"라는 어구를 첨가한다.

13.c-c. MT. G^{BL}은 "네가 했다". 참조. 10절.

13.d. MT. G은 "축복했다". 참조. 10절.

15.a. G^B. MT은 "그가 돌에 맞아 죽었음을"이라는 만연체적인 어구를 가진다. 참조. G^L.

15.b. G^B. MT, G^L은 "이세벨"이라는 설명적인 어구를 가진다.

16.a. MT. G^L, G^B은 "이스라엘 사람"이라는 어구를 첨가한다.

16.b. MT. G^{BL}은 "그리고 그가 그의 겉옷을 찢고 베를 입었다. 그리고 이 일 뒤에 …이 일어났다"라는 설명적인 주해를 첨가한다.

17.a-a. G^{BL}. MT의 "그리고 야웨의 말이 왔다…"라는 어구는 후대의 선지자주의의 언어에 의해서 영향을 받은 것이다.

18.a-a. MT. G^{BL}은 "그가 …때문에".

18.b. MT. G^{BL}은 "…때문에".

19.a-a. MT, G^B. G^L은 생략(문체적).

19.b. MT, G^{BL}은 "…때문에".

19.c. G^{BL}. MT의 "그리고 네가 그에게 다음과 같이 말할 것이다"라는 어구는 의역적이다.

19.d. MT, G^L. G^B은 "모든"이라는 만연체적인 어구를 첨가한다.

19.e. MT. G^{BL}은 "돼지 그리고"라는 만연체적인 어구를 첨가한다(참조. 22:38).

19.f. MT. G^{BL}은 "(그러나) 또한 창기들이 너의 피에서 목욕할 것이다"라는 만연체적인 어구를 첨가한다.

20.a. MT, G^B. G^L은 "엘리야"라는 설명적인 어구를 가진다.

20.b. MT. G^{BL}은 "어리석게"라는 해석적인 어구를 첨가한다.

20.c. MT. G^{BL}은 "그를 격노케 하는"이라는 해석적인 어구를 첨가한다.

23.a. MT. G^{BL}은 "그녀를"로 대치한다(문체적).

27.a-a. MT. G^{BL}은 "그리고 그 말에 관하여 아합이 야웨의 얼굴 앞에서 회개했던 것처럼 그는 울며 떠났다"(문체적).

27.b-b. MT. G^{BL}은 "입었다".

27.c. MT. G^{BL}은 "그(^{L} 이세벨)가 이스라엘 사람(이스르엘 사람) 나봇을 죽였던 날에"(해석적임).

27.d. G^B. G^L은 29절의 관점에 비추어 "그의 아들과 함께"라는 어구를 첨가한다. MT은 생략.

28.a. MT. G^{BL}은 "그의 종을 통하여"라는 어구를 첨가한다.

28.b-b. MT. G^{BL}은 생략.

28.c. MT. G^{BL}은 "그리고 야웨가 말했다".

29.a-a. MT. G^{BL}은 생략(가운데 글자를 빠뜨리고 쓴 오류).

29.b. G^{BL}. MT은 "그의 집 위에"라는 해석적인 어구를 첨가한다.

양식/구조/배경

예후인 선지자들로부터 온 전설: "이세벨이 나봇의 포도원을 빼앗다"
[편집적인 전환, 20:43b-21:1]

1. 나봇의 조심스러움에 관한 문제
   a. 성공적이지 못한 협상
      (1) 상황, 1aβb절
      (2) 아합의 제안, 2절
      (3) 나봇의 거절, 3절
   b. 성공적인 중재에 대한 전망
      (1) 아합의 낙담, 4절
      (2) 이세벨의 해결

(a) 아합이 그의 실패를 다시 이야기하다, 5-6절
(b) 이세벨이 당당한 강탈을 제안함, 7절
2. 권위의 남용을 통해서 해결된 문제
a. 이세벨이 나봇의 합법적인 살인을 계략하다
(1) 그녀가 편지들을 꾸미다, 8-10절
(2) 순종의 내러티브, 11-13절
(3) 이세벨에게 보고함, 14절
b. 이세벨이 그녀의 성과물을 처리하다
(1) 아합에 대한 그녀의 제안, 15절
(2) 아합이 소유를 얻기 위해 준비하다, 16절
3. 권위의 남용에 대한 예언적인 심판
a. 엘리야가 아합을 꾸짖다
(1) 신적인 지시 사항
서론, 17절
(a) 명령, 18절
(b) 비난조의 질문, 19a절
(c) 위협, 19b절
(2) 대치, 20절
[신명기 사가: 여로보암과 바아사의 집들과 같이 될 아합의 집, 21-22, 24절]
[확장: 이세벨의 죽음에 대한 기록, 23절]
[신명기 사가: 아합의 죄에 대한 마지막 평가, 25-26절]
b. 재해석: 연기된 심판
(1) 아합의 회개, 27절
(2) 재적용에 대한 신탁
내러티브 서론, 28절
(a) 아합의 회개에 대한 신적인 동정, 29a절
(b) 아합의 아들에게로 심판이 전이됨, 29b절

나봇의 이야기가 원래적인 위치에서 이 곳으로 옮겨질 때, 서두에 편집적인 전환이 요구되었다. 마지막 부분(21-26절)에 확장적인 신명기 사가석 확상 부분들을 제외하고는 다른 2차적인 자료는 없다. 27-29절이 후대의 첨가 부분을 가지고 있다고 주장하는 학자들의 견해를 수용할 필요는 없다. 여기에서 갑작스런 전환을 설명하는 제왕적 자체 심판 하부 장르의 구조를 따르면, 27-29절은 원본을 개정하기 위한 편집자의 시도가 아니라 원래 내러티브의 구조다.

이 내러티브는 나의 책 *Prophet against Prophet*, 90, 115-16, 130-32에서 광범위한 평가를 받고 있다. 이것은 제왕적 자체 심판 내러티브 하부 장르의 두 번째 유형인 남용적 행위 이야기로 분류되었다. 이러한 특별한 유형의 다른 예들은 사무엘상 15:1-35(사울이 "금지령"〈חרם – 헤렘〉을 무시함), 사무엘상 28:4-25(사울이 점쟁이에게 호소함) 그리고 열왕기하 20:12-19(히스기야가 바벨론 사람들에게 자랑함) 등에서 발견될 수 있다. 신탁을 다루는 내러티브(참조. 왕상 20:30-43)는 선지자에 의해서 재해석된 심판을 그 자신의 공식적인 선언을 통해 그 자신에게 가져오는 왕을 특징적으로 묘사한다. 그러나 책임 있는 행위에 대한 왕의 위법 행위는 남용적인 행위 내러티브에서 그를 정죄하는 것이 된다. 두 가지 유형에서 야웨는 왕의 징벌의 용어를 재해석하는 특권을 가지고 있다. 그리고 그것은 27-29절에서 일어나고 있는 것이다.

이 내러티브가 상대적으로 늦은 시기, 즉 예후 가문의 왕들의 통치기 중 어느 시기의 것임을 보여 주는 세 가지 특별한 점들이 있다. (1) 19절의 판결처럼 역사적인 실제 아합은 잔혹하게 죽지 않고 평화와 존경 가운데 죽었다는 것과 신탁의 직접적인 성취를 실제적으로 경험한 것은 아합의 아들 요람이었다는 것을 저자가 알고 있다. (2) 이세벨에 대한 거칠고 심판적인 묘사는 그녀에 대한 예후인의 논박의 전형적인 모습이다(왕상 19:2; 왕하 9:10, 30-37). 그리고 (3) 이 내러티브는 원래의 엘리야 주기 안에 고정된 위치가 없다는 사실로(비록 이 이야기가 엘리야를 이곳에서 틀에 박히고 무미건조하게 묘사하고 있기는 할지라도), 이것은 아마도 결국 이것을 현재의 위치에 옮긴 편집자/교정자에게 영향을 주었을 것이다. 따라서 이 내러티브는 엘리야가 바알주의의 유입에 대해서 아합과 투쟁하던 시기보다는 상당히 후대에 만들어졌음을 확신 있게 말할 수 있다. 이 도전은 주전 841년 예후의 쿠데타로 완전히 끝나게 된다. 열왕기상 21장은 아합의 모든 잘못의 원인이 된 이세벨을 정죄하는 목적을 가진 후대의 선전이다. 따라서 이세벨, 그녀의 아들 그리고 이스르엘에 있는 그녀의 조카(왕하 9장)에 대한 예후의 피의 보복을 정당화하고 있는 것이다. 호세아 1:4에 의해서 판단해 본다면 그러한 선전은 필요했다.

주석

1-16 아합과 이세벨이 사마리아에 있다는 것은 20:43에서 추론된 것이 아니라 17절에 있는 엘리야에게 말한 야웨의 설명으로부터다. 몇몇 비평가들은 "사마리아에 있는 자"는 주해라고 주장한다. 역본들은 MT의 독법을 지지한다. 사마리아 지역을 나타내는 내적인 증거는 이세벨이 사자를 통하여 나봇의 성읍의 지도자들에게 편지들을 보내고, 그들로부터 말을 전해 받는다는 사실이다(9, 14절). 물론 나봇은 이스르엘 사람이라고 소개된다. 예후의 쿠데타를 지지하는 높은 역사적 자료(참조. De Vries, *Prophet against Prophet*, 102-3)인 열왕기하 9:25-26은 이스르엘 근처의 어떤 "작은 구역"을 나봇의 소유지로 말한다. 더욱이 아합은 이스르엘에 궁궐을 가지고 있었음이 분명하다(왕상 18:46; 왕하 8:29; 9:5-37). 1절에서 "사마리아 왕"이라고 그에게 주어진 칭호는 그의 전 영역을 포함한다. 이것은 이스르엘 성읍을 포함할 것이다. 이 증거는 이스르엘 사람은 사마리아에 있는 왕궁 가까운 곳에 선조의 유업을 가졌을 것이라고 보기는 매우 어렵다는 생각과 더불어, 몇몇 비평가들로 하여금 모든 것은 이스르엘에서 일어났음에 틀림없다는 것을 주장하게 만들었다. 필자에게는 이렇게 분명히 불일치하는 사항들은 단순히 화자가 혼돈을 일으킨 것을 나타내는 것으로 보인다. 그는 나봇 이야기의 주요한 세부 사항들을 알고 있었다. 그러나 모든 것을 철저하게 엮을 수는 없었다. 이것이 바로 상대적으로 늦은 시기에 대한 증거의 요소가 되는 것이다. 어찌 되었든지 그 자체의 용어들에 관한 이야기를 취하는 것이 최선이다. 즉 편지들을 보냈다는 것은 아합/이세벨과 나봇이 지리적으로 떨어져 있음이 분명하다는 것을 해석해 주는 것이다.

아합은 나봇의 포도원을 위해서 친절하게 돈이나 보상을 제안한다. 그러나 나봇은 선조의 법에 근거해서 거절한다(참조. 레 25장). 땅을 잃는 것은 지위를 상실하게 되는 것이었다. 그리고 머지 않아 나봇과 그의 후손은 왕실의 고용인의 지위로 하락하게 되었을 것이다. 비록 아합이 독재자일지라도, 그는 감히 나봇에 대해서 직접적인 행동을 취하지 못한다. 그러나 이세벨을 그렇지 않았다. 그녀는 페니키아 도시 국가들의 절대적인 전통에서 훈련받았기 때문이다. 그녀에게 아합은 약골에 지나지 않았다. 그녀는 자신이 그의 이름으로, 그의 권위로 직접적으로 무엇을 시행할 것인지를 설명하기 위해 수수께끼 같은 말을 한다. "이제 왕께서 이스라엘 위에 위엄을 보이실 것입니다"(개역 성경에는 "왕이 이제 이스라엘 나라를 다스리시나이까". 그녀는 아합의 암묵적인 동의 하에 그의 이름으로 편지들에 서명을 하고 그의 인장을 사용한다). 그녀는 두 계층, 즉 감독하는 장로들과 사법적인 과정에서 판결을 하는 자유인들에게 지시한다. 금식을 선포하고 나봇이 하나님과 왕을 저주했다는 것을 맹세할 두 명의 불한당(בְנֵי בְלִיַּעַל – 베네이 벨리야알)을 준비하라고 한다. 그런 뒤에 그들은 나봇을 처형했다. 이스라엘의 가장 권세 있고 존경받아야 할 계층이 그들 중에 있는 의로운 사람을 처형하기 위한 패역한 증언을 준비하라는 왕실의 명령에 의해서 지시받을 수 있었다는 것은 분명히 슬픈 광경이다. 그러나 그렇게 되었다. 그 편지는 읽혀졌고, 그 지시대로 되었다. 이세벨은 그 소식을 듣는다. 그녀는 자랑스럽게 나봇이 죽었음을 보고하며, 이제 그가 값없이 나봇의 포도원을 취하도록 한다. 땅을 빼앗기 위해 진술된 합법적인 권위는 물론 왕을 저주했다는 "불한당들"의 꾸며낸 고소였다.

17-20 이 곳에 처음으로 초월적인 요소가 등장한다. 야웨는 "거주자 엘리야"(참조. 17:1)에게 사마리아에 있는 아합을 대면하기 위해서 "내려가라"(어디로부터?)고 지시하신다. 우리는 엘리야는 알려지지 않은 사람으로서 소개되었을 뿐만 아니라, 그는 "이스라엘 왕"으로서 묘사되어야만 하는 아합을 모르고 있다는 사실에 주의해야만 한다. 이것은 역사적인 실제성들과 거의 일치하지 않는다. 그리고 우리는 이것을 후대의 문체화 양식의 표시로서 받아들여야 한다. 엘리야는 사마리아 가까이에 있음이 분명하다. 왕은 포도원에 오래 머물지 않았기 때문이다. 엘리야에게 상황을 말해 준 뒤에 야웨는 그에게 위협이 따라 나오는 독설로 격앙된 비난의 질문과 함께 심판의 특징적인 신탁을 준다. "따라서 여호와가 말씀하신다"라는 보고자 형식에 의해서 소개되는 독설과 위협의 양식은 보기가 드물다(기록 선지자의 가장 첫 번째 사람인 아모스는 위협 전에 보고자 형식을 가진다. 반면에 대부분의 기록 선지자들은 독설 전에 있는 신탁의 도입부에 보고자 형식을 가진다). 현재 위협은 열왕기하 9:26에 의해서, 특별히 열왕기상 22:38에 있는 예후인 편집자의 조롱하는 말들에 의해서 영향을 받고 있다. 그래서 현재 본문에 있는 G은 그 본문으로부터 세부 사항들을 직접적으로 삽입한 한 병행 구절이 있음이 분명하다("원문주해"를 보라). 그러나 열왕기상 22장의 왕(아합이 아님)은 라못-길르앗에서 죽었고 사마리아에 묻힌 반면에, 나봇은 이스르엘에서 죽었다. 그러므로 우리는 그 위협이 아합 자신이 아니라 아합의 아들 요람에게 적용하기 위해서 맨 처음부터 계획되었음을 알 수 있다. 비록 17절의 문체는 아합과 엘리야가 잘 알지 못하는 것으로 묘사할지라도, 20절에서는 아합이 엘리아를 자신의 잘 알려진 적으로 대하며 이야기한다. "찾았느냐"는 표현에 대한 구절은 하나님이 틀림없이 죄를 발견하신다는 화자의 개

념을 나타낸다. 이것은 아합이 야웨가 악이라고 생각하시는 것을 하기 위해서 "스스로 팔렸기" 때문이라는 엘리야의 설명은 나봇의 법정적인 살인이 실제로 무엇이 되었는지에 대한 화자의 해석이다.

21-26 여로보암의 집과 바아사의 집에 일어났던 일의 분명한 동일함을 말하면서 신명기 사가는 14:10-11; 16:4의 추적하는 불의 이미지, 보잘것없고 버려진 남자들에 대한 조야한 말 그리고 개들과 새들에 의해서 먹히는 시체들에 대한 격렬한 예언을 반복해서 말한다. 신명기 사학파의 후기 구성원들은 이세벨은 정당한 비난의 분량을 받았다고 확신한다(23절; 참조. 왕하 9:10, 33-37). 16:30에서의 아합에 대한 과장된 비난에 더해서, 신명기 사가는 25-26절에서 두 번째 과장적인 어구를 첨가한다. 이 곳에서 그는 아합의 죄를 줄이는 것이 아니라 부추김으로써 그를 잘못 인도한 이세벨의 역할을 언급하면서, 아합이 가증스러운 아모리 사람들의 우상숭배를 다시 소개한 구체적인 죄목을 더한다.

27-29 이 곳에서 원래의 제왕적 자체 심판 내러티브의 놀라운 결말이 보인다. 아합은 회개한다. 그리고 자신이 회개하고 있다는 것을 보이기 위해서 베를 입고, 금식하고, 베에 누워 자며, 낙담하여 기운이 없는 상태로 걸어 다닌다(참조. 삼하 12:13, 16에 있는 다윗). 야웨는 엘리야에게 새로운 말씀을 하신다. 그러나 이번에는 행동에 대한 명령이 없다. 야웨가 말씀하신 것은 역설적이게도 아합을 구하는 신탁이다. 그러나 그의 아들을 심판하는 신탁이다. 29절에는 비난적인 질문이 없고 단지 칭찬의 물음이 있다. "아합이 내 앞에서 겸비함을 네가 보느냐(문자적으로는 "아합이 내 앞에서 어떻게 회개하고 있는지 관찰했느냐?"). 이것은 19절의 재앙은 아합의 시대가 아닌 요람의 시대에 일어나게 될 것이라는 결론적인 선언/위협을 동반한다.

해설

이 본문의 장르를 구별하는 것은 이 본문의 설명이 된다. 여기서 주는 교훈은 부패한 권력, 절대 권력은 절대적으로 부패한다는 것이다. 그러나 특별히 하나님은 그 권력을 점검하고 계산하신다는 것이다. 신적인 심판이 늦게 오는 것 같다 할지라도 기다리라! 심판 선언은 다가오는 세대를 위해 계획되었을 수도 있다.

8. 미가야의 비우호적인 신탁에 관한 내러티브들(22:1-40)

참고문헌

De Vries, S. J. *Prophet against Prophet. The Role of the Micaiah Narrative(I Kings 22) in the Development of Early Prophetic Tradition.* Grand Rapids: Eerdmans, 1978. **Schwally, F.** "Zur Quellenkritik der historischen Bücher. –V, 1 Kön. 22,19-25." *ZAW* 12(1892) 159-61. **Seebass, H.** "Zu 1 Reg XXII, 35-38." *VT* 21(1971) 380-83. **Würthwein, E.** "Zur Komposition von I Reg 22,1-38." *Das ferne und nahe Wort.* Festschrift Leonhard Rost. Berlin: A. Töpelmann, 1967.

본 문

1 아람과 이스라엘 사이에 전쟁이 없이 삼 년을 지내었더라

1 So they[a] remained for theree years: no warfare between Syria and Israel.

2 제삼년에 유다 왕 여호사밧이 이스라엘 왕에게 내려가매

2 And it so happened in the third year that Jehoshaphat king of Judah went down to[a] the king of Israel.

3 이스라엘 왕이 그 신복에게 이르되 길르앗 라못은 본래 우리의 것인 줄을 너희가 알지 못하느냐 우리가 어찌 아람 왕의 손에서 취하지 아니하고 잠잠히 있으리요 하고

3 And the king of Israel said to his servants, "Do you know that Ramoth[a]-Gilead belongs to us, yet we refrain from seizing it from the hand of the king of Syria?"

4 여호사밧에게 이르되 당신은 나와 함께 길르앗 라못으로 가서 싸우시겠느뇨 여호사밧이 이스라엘 왕에게 이르되 나는 당신과 일반이요 내 백성은 당신의 백성과 일반이요 내 말들도 당신의 말들과 일반이니이다

4 And he[a] said to Jehoshaphat, "Will you go with me[b] to Ramoth-Gilead?"[c] And Jehoshaphat said,[d] [e]"As you act, so shall I; [f]as your army acts, so shall my army act."[efg]

5 여호사밧이 또 이스라엘 왕에게 이르되 청컨대 먼저 여호와의 말씀이 어떠하신지 물어 보소서

5 And Jehoshaphat[a] said to the king of Israel, "Inquire, please,[b] [c]of Yahweh."[c]

6 이스라엘 왕이 이에 선지자 사백 인쯤 모으고 저희에게 이르되 내가 길르앗 라못에 가서 싸우랴 말랴 저희가 가로되 올라가소서 주께서 그 성을 왕의 손에 붙이시리이다

6 So the king of Israel assembled[a] the prophets, about four hundred persons, and[b] said to them, "Shall I go up to Ramoth-Gilead to fight, or shall I desist?" And they said, "Go up, and Yahweh[c] will[d] deliver it into the king's hand."

7 여호사밧이 가로되 이외에 우리가 물을 만한 여호와의 선지자가 여기 있지 아니하니이까

7 But Jehoshaphat said,[a] [b]"Is there not one other prophet of Yahweh here,[b] that we may inquire of

8 이스라엘 왕이 여호사밧에게 이르되 오히려 이믈라의 아들 미가야 한 사람이 있으니 저로 말미암아 여호와께 물을 수 있으나 저는 내게 대하여 길한 일은 예언하지 아니하고 흉한 일만 예언하기로 내가 저를 미워하나이다 여호사밧이 가로되 왕은 그런 말씀을 마소서
9 이스라엘 왕이 한 내시를 불러 이르되 이믈라의 아들 미가야로 속히 오게 하라 하니라
10 이스라엘 왕과 유다 왕 여호사밧이 왕복을 입고 사마리아 문 어귀 광장에서 각기 보좌에 앉았고 모든 선지자가 그 앞에서 예언을 하는데

11 그나아나의 아들 시드기야는 철로 뿔들을 만들어 가지고 말하되 여호와의 말씀이 왕이 이것들로 아람 사람을 찔러 진멸하리라 하셨다 하고
12 모든 선지자도 그와 같이 예언하여 이르기를 길르앗 라못으로 올라가 승리를 얻으소서 여호와께서 그 성을 왕의 손에 붙이시리이다 하더라

13 미가야를 부르러 간 사자가 일러 가로되 선지자들의 말이 여출일구하여 왕에게 길하게 하니 청컨대 당신의 말도 저희 중 한 사람의 말처럼 길하게 하소서

14 미가야가 가로되 여호와의 사심을 가리켜 맹세하노니 여호와께서 내게 말씀하시는 것 곧 그것을 내가 말하리라 하고
15 이에 왕에게 이르니 왕이 저에게 이르되 미가야야 우리가 길르앗 라못으로 싸우러 가랴 말랴 저가 왕께 이르되 올라가서 승리를 얻으소서 여호와께서 그 성을 왕의 손에 붙이시리이다

16 왕이 저에게 이르되 내가 몇 번이나 너로 맹세케 하여야 네가 여호와의 이름으로 진실한 것으로만 내게 고하겠느냐
17 저가 가로되 내가 보니 온 이스라엘이 목자 없는 양같이 산에 흩어졌는데 여호와의 말씀이 이 무리가 주인이 없으니 각각 평안히 그 집으로

him?"
8 And the king of Israel said to Jehoshaphat, "There is yet[a] a certain man from whom one may inquire of Yahweh, but I reject him because he does not prophesy[b] good concerning me, but evil: Micaiah son of Imlah."[c] And Jehoshaphat[d] said, "Let not the king say that!"
9 And the king of Israel summoned a certain officer and said, "Quickly, Micaiah son of Imlah!"
10 [a]Now the king of Israel and Jehoshaphat king of Judah[a] were sitting each upon his throne, clad [b]in robes,[bc] [d]in the open place at the doorway of the gate[d] of Samaria, while all the prophets were prophesying before them.
11 And Zedekiah son of Kenaanah made himself iron horns and said, "Thus says Yahweh, 'By these[a] shall you push Syria to their destruction.'"
12 And all the prophets were prophesying the same, saying, "Go up to Ramoth-Gilead and succeed, and Yahweh shall deliver [a]into your hand even the king of Syria."[a]
13 And the messenger who had gone to summon Micaiah said to him, "Look now,[a] [b]the prophets have spoken[b] good to[c] the king with one[d] mouth. [e]Let your words[e] be like the word of one of them, and speak what is good!"
14 But Micaiah said, "By Yahweh's life, I swear that whatever [a]Yahweh says to me,[a] that is what I will speak!"
15 And he[a] came to the king. And the king said,[b] "Micaiah, shall I[c] go up to Ramoth-Gilead to fight, or shall I[d] desist?" And he said,[e] [f]"Go up and succeed,[f] and Yahweh [g]shall deliver it[g] into the king's hand."
16 And the king said unto him,[a] "How often must I adjure you that you are not to speak to me in Yahweh's name except in truth?"
17 Then he said,[a] "I saw all Israel[b] scattered on the mountains, like sheep for whom there is no shepherd. Also Yahweh said, '[c]They have no

돌아갈 것이니라 하셨나이다

18 이스라엘 왕이 여호사밧에게 이르되 저 사람이 내게 대하여 길한 것을 예언하지 아니하고 흉한 것을 예언하겠다고 당신에게 말씀하지 아니하였나이까

19 미가야가 가로되 그런즉 왕은 여호와의 말씀을 들으소서 내가 보니 여호와께서 그 보좌에 앉으셨고 하늘의 만군이 그 좌우편에 모시고 서 있는데

20 여호와께서 말씀하시기를 누가 아합을 꾀어 저로 길르앗 라못에 올라가서 죽게 할꼬 하시니 하나는 이렇게 하겠다 하고 하나는 저렇게 하겠다 하였는데

21 한 영이 나아와 여호와 앞에 서서 말하되 내가 저를 꾀이겠나이다

22 여호와께서 저에게 이르시되 어떻게 하겠느냐 가로되 내가 나가서 거짓말하는 영이 되어 그 모든 선지자의 입에 있겠나이다 여호와께서 가라사대 너는 꾀이겠고 또 이루리라 나가서 그리하라 하셨은즉

23 이제 여호와께서 거짓말하는 영을 왕의 이 모든 선지자의 입에 넣으셨고 또 여호와께서 왕에게 대하여 화를 말씀하셨나이다

24 그나아나의 아들 시드기야가 가까이 와서 미가야의 뺨을 치며 이르되 여호와의 영이 나를 떠나 어디로 말미암아 가서 네게 말씀하더냐

25 미가야가 가로되 네가 골방에 들어가서 숨는 그 날에 보리라

26 이스라엘 왕이 가로되 미가야를 잡아 부윤 아몬과 왕자 요아스에게로 끌고 돌아가서

27 말하기를 왕의 말씀이 이놈을 옥에 가두고 내가 평안히 돌아올 때까지 고생의 떡과 고생의 물로 먹이라 하라

28 미가야가 가로되 왕이 참으로 평안히 돌아오시게 될진대 여호와께서 나로 말씀하지 아니하셨으리이다 또 가로되 너희 백성들아 다 들을지어

masters,[c] they shall each return home in safety.'"

18 And the king of Israel said to Jehoshaphat,[a] "Did I not say to you that he does not prophesy good concerning me, but only evil?"

19 And he[a] said, "Therefore[b] hear the word of Yahweh![c] I saw Yahweh[d] sitting on his throne, with all the host of heaven standing beside him, to his right and to his left.

20 And Yahweh said, 'Who shall deceive Ahab,[a] [b]so that he may go up and fall at Ramoth-Gilead?'[b] And one said this and another said that.[c]

21 Then the[a] Spirit came forth and stood before Yahweh; and he said, 'I will deceive him.' And Yahweh said,[b] 'How?'

22 And he said, 'I will go forth and become a lying spirit in the mouth of all[a] his prophets.' And he said, 'You shall deceive him; indeed, you shall succeed! Gop and do it!'

23 So now behold,[a] Yahweh has appointed a lying spirit in the mouth of[b] these your prophets. Thus Yahweh has spoken evil against you."

24 Then Zedekiah son of Kenaanah approached and struck Micaiah on the cheek, and said, *a"In what manner[a] did Yahweh's spirit pass[b] [c]from me[c] to speak with you?"

25 And Micaiah said, "Behold, you shall be an observor of it on that day, when you shall enter an inner chamber to hide!"

26 And the king of Israel said, "Take Micaiah and bring him back to Amon,[a] the city governor,[b] and to Joash the king's son,

27 and say,[a] 'Keep this person in jail and feed him with scant bread and scant water until I come[b] in safety.'"

28 And Micaiah said, "If you do indeed return in safety, Yahweh has not spoken through me."[a]

다 하니라

29 이스라엘 왕과 유다 왕 여호사밧이 길르앗 라
못으로 올라가니라

29 Then the king of Israel and Jehoshaphat king of Judah went up[a] to Ramoth-Gilead.

30 이스라엘 왕이 여호사밧에게 이르되 나는 변
장하고 군중으로 들어가려 하노니 당신은 왕복을
입으소서 하고 이스라엘 왕이 변장하고 군중으로
들어가니라

30 And the king of Israel said to Jehoshaphat,[a] "With respect to girding for combat and entering into battle: you dress in your[b] robes." But the king of Israel girded himself for combat and so went[c] into battle.

31 아람 왕이 그 병거의 장관 삼십이 인에게 명
하여 이르기를 너희는 작은 자나 큰 자나 더불어
싸우지 말고 오직 이스라엘 왕과 싸우라 한지라

31 [a]And the king of Syria ordered[a] the chariot commanders [b]who were with him[bc] as follows: "Fight neither with the small nor the great, but solely with the king of Israel."

32 병거의 장관들이 여호사밧을 보고 이르되 이
가 필연 이스라엘 왕이라 하고 돌이켜 저와 싸우
려 한즉 여호사밧이 소리지르는지라

32 And it so happened, when the chariot commanders saw Jehoshaphat,[a] that they said, [b]"Surely he is[b] the king of Israel!" So they turned[c] to fight against him, and Jehoshaphat cried out.[d]

33 병거의 장관들이 저가 이스라엘 왕이 아님을
보고 쫓기를 그치고 돌이켰더라

33 And it happened that, when the chariot commanders saw that he was not the king of Israel, they turned away from him.

34 한 사람이 우연히 활을 당기어 이스라엘 왕의
갑옷 솔기를 쏜지라 왕이 그 병거 모는 자에게 이
르되 내가 부상하였으니 네 손을 돌이켜 나로 군
중에서 나가게 하라 하였으나

34 But someone drew the[a] bow at a chance and struck the king of Israel between the scale armor and the breastplate. And he[b] said to his[c] charioteer, "Turn your hand[d] and bring me away from the battle line,[e] for I have been wounded!"

35 이 날에 전쟁이 맹렬하였으므로 왕이 병거 가
운데 붙들려 서서 아람 사람을 막다가 저녁에 이
르러 죽었는데 상처의 피가 흘러 병거 바닥에 고
였더라

35 So the battle intensified that day, while the king[a] [b]remained propped up[b] in the chariot facing toward Syria.[c] [d]But he[e] died at evening.[d] [f]And the blood from his wound seeped into the bottom of the chariot.[f]

36 해가 질 즈음에 군중에서 외치는 소리 있어
가로되 각기 성읍으로 각기 본향으로 하더라

36 [a]And the alarm spread[ab] just as the sun went down, "Each man to his city, and each man to his land!"

37 왕이 이미 죽으매 그 시체를 메어 사마리아에
이르러 거기 장사하니라

37 So the king died. And he came to Samaria, and they buried the king[a] in Samaria.

38 그 병거를 사마리아 못에 씻으매 개들이 그
피를 핥았으니 여호와의 하신 말씀과 같이 되었
더라 거기는 창기들의 목욕하는 곳이었더라

38 And they[a] washed the chariot at the pool of Samaria;[b] and the dogs licked the[c] blood and the harlots washed in it,[d] according to the word of Yahweh.[e]

39 아합의 남은 행적과 무릇 그 행한 일과 그 건
축한 상아궁과 그 건축한 모든 성은 이스라엘 왕

39 Now the remainder of Ahab's acts, and all that he did, and the ivory house which he built: also

역대지략에 기록되지 아니하였느냐

40 아합이 그 열조와 함께 자매 그 아들 아하시야가 대신하여 왕이 되니라

all the cities which he built,[a] [b]are these not[b] written in the Book of the Chronicles of the kings of Israel?

40 And Ahab slept with his fathers. And Ahaziah his son reigned in his place.

원문주해

1.a. MT. 20장으로부터 이어지는 G^{BL}은 단수를 가진다(아합을 가리킴).

2.a. MT, G^{B}(*Kaige*). G^{L}은 "아합"이라는 설명적인 어구를 첨가한다.

3.a. MT. G^{BL}은 곳곳에 "라맛".

4.a. MT. G^{BL}은 "이스라엘 왕"이라는 설명적인 어구를 가진다.

4.b. MT, G^{L}, 역대기, G^{B}은 "우리와".

4.c. "싸우기 위해"라는 어구를 첨가함(MT, G^{BL}, 역대기는 6절로부터 원문 훼손).

4.d. G^{BL}. MT은 "이스라엘 왕에게"라는 설명적인 어구를 첨가한다. 역대기는 "그에게"라는 설명적인 어구를 가진다.

4.e-e. G^{L}(두 번째 "때" 앞에 있는 "그리고"를 생략함). MT, G^{B}(*Kaige*): "내가 행동할 때 당신도 그렇게 할 것입니다. 나의 군대가 행동할 때 당신의 군대도 그렇게 할 것입니다." 참조. 왕하 3:7.

4.f-f. 역대기는 "그리고 당신의 군대가 행동할 때, 나의 군대도 또한 싸움터에 당신과 함께 있을 것입니다". Par은 "나의 군대처럼 당신의 군대도 싸움터에 당신과 함께 있을 것입니다."

4.g. MT, G^{B}(*Kaige*)은 "나의 말들이 행동할 때 당신의 말들도 행동할 것입니다"라는 어구를 첨가한다.

5.a. MT. G^{BL}은 "유다의 왕"이라는 설명적인 어구를 첨가한다.

5.b. G^{L}. MT, G^{B}(*Kaige*)은 "먼저/오늘"이라는 해석적인 어구를 첨가한다.

5.c-c. G^{BL}. MT은 "야웨의 말씀을 위해서".

6.a. MT. G^{BL}은 7-8절과 관련이 없는 "모든"이라는 만연체적 어구를 첨가한다.

6.b. MT. G^{BL}은 "그 왕(^{L} 이스라엘의)"이라는 설명적인 어구를 첨가한다.

6.c. MT은 아도나이(אדני). G은 퀴리오스(*κύριος*)=야웨.

6.d. MT. G^{BL}은 중복되는 "참으로"를 첨가한다.

7.a. MT. G^{BL}은 "이스라엘의 왕에게"라는 설명적인 어구를 첨가한다.

7.b-b. MT. G^{BL}은 "이 곳에 야웨의 선지자가 없다"(이데올로기적).

8.a. MT. G^{B}은 생략(해석적).

8.b. MT. G^{BL}은 "말하다".

8.c. G^{L}은 곳곳에 "나말레이"(Namalei)(원문 훼손).

8.d. MT. G^{BL}은 "유다의 왕"이라는 설명적인 어구를 첨가한다.

10.a-a. MT, G^{B}. G^{L}은 "한편 유다의 왕 여호사밧과 이스라엘의 왕 아합".

10.b-b. MT. G^{BL}은 생략(원문 훼손).

10.c. 역대기는 "그리고 앉아서"라는 어구를 첨가한다.

10.d-d. MT. G^{B}은 "문에서". G^{L}은 "문의 노상에서".

11.a. MT. G^{BL}은 "뿔들을"이라는 설명적인 어구를 첨가한다.

12.a-a. G^{BL}. MT은 "그 왕의 손에"(6절로부터 해석적임).

13.a. MT. G^{BL}은 "모두"라는 어구를 첨가한다.

13.b-b. G^{BL}. MT의 "선지자들의 말들은 …이다"라는 어구는 바른 것일 수 없다. "좋은 것"과 "한 입으로"(פֶּה־אֶחָד - 페 에하드)가 단수이기 때문이다.

13.c. MT. G^{BL}은 "관하여"(엘〈אֶל〉을 알〈עַל〉로 읽은 것).

13.d. MT, G^{L}. G^{B}은 "입"과 "좋은 것" 사이에 에피(ἐπὶ)를 삽입한다. "하나"를 위한 그의 대치는 많은 의역적 수정에 의해서 나온 것이다.

13.e-e. MT. G^{BL}은 "또한 당신의 말들도 하나가 되게 하십시오"(의역함).

14.a-a. MT. G. 역대기는 "나의 하나님이 말씀하실". Par은 "그가 나에게 말씀하실".

15.a. MT, G^{B}. G^{L}은 "미가야"라는 설명적인 어구를 가진다.

15.b. G^{BL}. MT은 "그에게"라는 설명적인 어구를 첨가한다.

15.c,d. G^{BL}, Par. MT, 역대기는 "우리".

15.e. G^{BL}. MT, 역대기는 "그에게"라는 설명적인 어구를 첨가한다.

15.f-f. MT. G, Par은 단수. 역대기는 복수.

16.a. MT, G^{B}, G^{L}은 "다시"라는 어구를 첨가한다(문체적).

17.a. MT, G^{BL}은 우크 후토스(οὐχ οὕτως)=히브리어 레켄(ל[א]כן, "그러므로"). 참조. 19절.

17.b. MT, G, 역대기. Par은 생략.

17.c-c. MT. G^{B}은 "야웨는 그들에게 하나님이 아니시다". G^{L}은 "만약 야웨 그들이 하나님을 향한다면"(둘 다 원문 훼손).

18.a. MT. G^{BL}은 "유다의 왕"이라는 설명적인 어구를 첨가한다.

19.a. MT. G^{BL}은 "미가야"라는 설명적인 어구를 첨가한다.

19.b. MT. G^{BL}은 "내가 아니다"라는 어구를 첨가한다.

19.c. MT. G^{BL}은 "그렇지 않게"(לָכֵן - 라켄)라는 어구를 첨가한다. 참조. 17절.

19.d. MT, G^{L}. G^{B}은 "이스라엘의 하나님".

20.a. MT. G^{BL}, 역대기(Par)는 "이스라엘의 왕"이라는 설명적인 어구를 첨가한다.

20.b-b. MT, G^{B}(*Kaigc*). G^{L}은 "그리고 그가 라못-길르앗으로 올라갈 것이다. 그리고 그 곳에서 죽을 것이다".

20.c. MT, G^{B}. G^{L}은 "그리고 그가 말했다. '너희들은 하지 못할 것이다.' 그리고 그가 말했다. '당신으로 인해서.'"

21.a. MT. G^{BL}은 생략(이데올로기적?).

21.b. 역대기(Par). MT, G^{BL}은 "그에게"라는 설명적인 어구를 첨가한다.

22.a. MT, G^{B}(*Kaige*). G^{L}은 "이들"이라는 어구를 첨가한다.

23.a. MT, G^{B}(*Kaige*). G^{L}은 생략한다.

23.b. 역대기(Par). MT, G은 "모든"이라는 어구를 첨가한다.

24.a-a. MT, G. 역대기(Par)는 "어떤 길이 있느냐?".

24.b. MT, G^{L}, 역대기. G^{B}, Par은 생략.

24.c-c. MT, G^{L}. G^{B}은 생략.

26.a. MT. G^{BL}은 세메르($\Sigma\epsilon\mu[\mu]\eta\rho$). BHS는 MT의 아만(אמן)을 아마르(אמר)로 읽는 에메르($E\mu[\mu]\eta\rho$)로부터 연유된다.

26.b. MT, G^{L}. G^{B}은 "왕"이라는 설명적인 어구로 대치한다.

27.a. G^{BL}. MT은 "따라서 왕이 말한다"라는 어구를 첨가한다(해석적).

27.b. MT. G, 역대기(Par)는 28절로부터 원문이 훼손된 "돌아오다"라는 어구를 가진다.

28.a. G^{BL}. MT은 서기관적 주해인 "그리고 그가 말했다. '오! 백성들이여! 그들 모두를 경청하라!'"는 어구를 첨가한다. 참조. 미 1:2. *HOTTP*, 329를 보라.

29.a. MT. G^{BL}은 "그와 함께"라는 설명적인 어구를 첨가한다.

30.a. MT. G^{BL}은 "유다의 왕"이라는 설명적인 어구를 첨가한다.

30.b. MT. G^{BL}의 "나의"라는 어구는 설명적이다.

30.c. MT, G. 역대기는 복수. Par은 단수.

31.a-a. MT은 우멜레크 아람 치바(וּמֶלֶךְ אֲרָם צוֹבָה). 6QK는 ויצו מלך ארם.

31.b-b. MT, G^{BL}은 생략(가운데 글자를 빠뜨리고 쓴 오류).

31.c. 역대기(Par). MT, G은 "삼십이"라는 어구를 첨가한다. 참조. 20:1, 16(*HOTTP*, 329).

32.a. MT. G^{BL}은 "유다의 왕"이라는 설명적인 어구를 첨가한다.

32.b-b. MT. G^{BL}은 "그가 …인 것같이 보인다"(해석적임).

32.c. MT, G. 역대기는 "둘러쌓다".

32.d. MT, G^{D}. G^{L}은 "그리고 야웨가 그를 구원했다"라는 어구를 첨가한다. 역대기(Par)는 "그리고 야웨가 그를 도와주었다. 그리고 하나님이 그들을 그로부터 돌려놓았다".

34.a. MT. G^{B}(*Kaige*). G^{L}은 "그의".

34.b. MT, G^{B}. G^{L}은 "그 왕"이라는 설명적인 어구를 첨가한다.

34.c. 역대기(Par)는 "그".

34.d. Q, 역대기(Par), G^{L}은 단수. G^{B}, K는 복수.

34.e. MT. G^{BL}은 투 폴레무(τοῦ πολέμου, "전투"). 참조. 35절.

35.a. MT, G. 역대기는 "이스라엘의"라는 설명적인 어구를 첨가한다.

35.b-b. MT, 역대기는 "그 자신이 서 있었다". 그래서 G^{BL}, Par은 "병거 위에"라는 어구를 첨가한다(ἑστηκὼς ἐπὶ τοῦ ἅρματος-헤스테코스 에피 투 하르마토스).

35.c. MT. G^{BL}은 긴 이데올로기적 주해를 가지고 있다: "그리고 그 피(^{L} 상처의)가 상처로부터 병거의 바닥에 쏟아져 나왔다."

35.d-d. 역대기는 "저녁에 이르기까지, 그가 죽었을 때".

35.e. MT, G^{B}. G^{L}은 "그 왕"이라는 설명적인 어구를 첨가한다.

35.f-f. MT과 G^{B}. G^{L}, 역대기(Par)는 생략.

36.a-a. MT. G^{BL}은 "전쟁 포고가 멈췄다"(헬라 시대의 예증이 되는 어구. 그러나 이스라엘 전쟁 장면에는 거의 적절하지 않은 표현이다).

36.b. G^{BL}. MT은 "진중에/전선에"라는 해석적인 어구를 첨가한다.

37.a. MT, G^{B}. G^{L}은 "아합"이라는 설명적인 어구를 첨가한다.

38.a. G^{BL}. MT은 단수.

38.b. MT, G^{B}. G^{L}은 "그리고 불결한 것들"이라는 어구를 첨가한다. 참조. 21:19(G 20:19).

38.c. G^{BL}. MT은 "그의"라는 설명적인 어구를 첨가한다.

38.d. MT. G^{B}은 "그 피에". G^{L}은 "그의 피에".

38.e. G^{L}, MT. G^{B}은 "그가 말한 것"이라는 해석적인 어구를 첨가한다.

39.a. MT. G^{BL}은 "만들었다".

39.b-b. MT. G^{B}은 "그리고 보라. 이것들이 기록되었다". 참조. G^{L}.

양식/구조/배경

[편집적인 부분: 20장으로부터의 전환 형식, 22:1-2a]

내러티브 A: "비우호적인 신탁이 우호적인 신탁을 무용지물로 만들다"

1. 문제: 계시를 지지하기 위한 필요
    a. 아람에 대한 "성전"(holy war)을 제안
        (1) 정황, 2b절
        (2) 정치적/군사적인 문제, 3절
        (3) 여호사밧을 초대

(a) 질문, 4a절

[주해, 4b절]

(b) 동기, 4b절

b. 신적인 승인을 찾음

(1) 신탁을 요구함, 5절

(2) 우호적인 신탁

(a) 모아진 선지자들, 6aα절

(b) 질문, 6aβ절

(c) 응답, 6b절

c. 확증을 위한 준비

(1) 여호사밧의 요청, 7절

(2) 미가야의 신원 확인을 위한 특징화, 8a절

(3) 부름

(a) 여호사밧의 꾸짖음, 8b절

(b) 이스라엘 왕의 명령, 9절

내러티브 B: "하늘 어전이 사마리아에 있는 어전을 이기다"

1. 사마리아에서의 계시적인 대치

a. 상황

(1) 자문을 위해 앉아 있는 두 왕, 10a절

(2) 예언하는 모든 선지자들, 10b절

b. 시드기야의 우호적인 신탁

(1) 그의 상징적인 행동, 11a절

(2) 그의 해석적인 선언, 11b절

(3) 집단에 의한 확증, 12aα절

[편집적인 부분: 편집적인 전환

a. 확증하는 신탁의 인용, 12aβb절

b. 미가야에 대한 사자의 충고, 13절]

2. 하늘에서의 계시적인 대치

a. 독립적인 계시에 대한 선언, 14절

계속되는 내러티브 A
- 2. 대치: 우호적인 신탁과 비우호적인 신탁 사이의 대치
  - a. 초기의 우호적인 신탁
    - (1) 질문, 15a절
    - (2) 응답, 15b절
    - (3) 꾸짖음, 16절
  - b. 비우호적인 신탁으로 대체됨
    - (1) 환상, 17a절
    - (2) 신탁의 해석, 17b절
    - (3) 왕의 확증적인 특징화, 18절

계속되는 내러티브 B

[편집적인 전환, 19aαא절]
- b. 미가야의 비우호적인 신탁
  - 형식적 서론, 19aαבβ절
  - (1) 환상
    - (a) 상황
      - 1) 자문을 위해 앉아 있는 야웨, 19bα절
      - 2) 참석하는 하늘의 주, 19bβ절
    - (b) 자문
      - 1) 야웨의 도전, 20aαb절

[편집적인 주해, 20aβ절]
- 2) 영적인 자원자들, 21a절
- 3) 수단을 설정함, 21b-22a절
- 4) 야웨의 위임, 22b절
- (2) 해석적인 선언
  - (a) 우호적인 신탁에 대한 설명, 23a절
  - (b) 그 의미에 대한 선언, 23b절
- 3. 해결: 시드기야와 미가야 사이의 맹렬한 비난
  - a. 시드기야의 꾸짖음
    - (1) 구타, 24a절

(2) 도전, 24b절

b. 미가야의 답변

(1) 성취에 대한 증언으로서의 시드기야, 25a절

(2) 진노의 대상으로서의 시드기야, 25b절

계속되는 내러티브 A

c. 해석적인 통렬한 비난

(1) 미가야의 억류를 위한 지시 사항, 26절

(2) 동반된 메시지, 27절

(3) 미가야의 재치 있는 즉답, 28a절

[주해, 28b절]

3. 해결: 비우호적인 신탁의 성취

전환: 라못-길르앗으로 전환된 장면, 29절

a. 좌절된 속임수

(1) 대화적인 지시 사항

(a) 변장, 30절

(b) 공격, 31절

(2) 이어지는 내러티브

(a) 여호사밧에 대한 공격이 그를 알아봄으로써 끝나다

1) 공격, 32절

2) 철군, 33절

(b) 우연히 쏜 화살이 이스라엘의 왕을 맞추다, 34a절

(3) 철군에 대한 최종적인 지시 사항, 34b절

b. 대단원: 전투가 이스라엘 왕의 죽음으로 끝나다

(1) 싸움이 격렬하다, 35aα절

(2) 외관상의 생명에 대한 마지막 속임수, 35aβbα절

[편집자석인 수해, 35bβ절]

(3) 군인들이 흩어지다, 36절

c. 요약적인 결론, 37절

[편집자석인 결론, 38절]

[신명기 사가: 아합에 대한 결론적인 요약, 39-40절]

이것은 두 가지의 독립적인 자료들이 서로 짜여진 것으로 가장 잘 설명되는 정말 얼마 되지 않는 선지자 내러티브들 중의 하나다(참조. De Vries, *Prophet against Prophet*, 1-51). 비평가들은 1-38절이 역사적인 보고인지, 아니면 선지자 내러티브의 어떤 종류인지에 관해서 오랫동안 진퇴양난에 빠져 있었다. 그러나 내가 이 내러티브에 줄 수 있었던 특별한 자료 비평은 비록 두 가지 독립적인 내러티브들로부터 온 것일지라도 이 내러티브는 정말 선지자적 자료라는 것을 분명히 보여 준다. 우리가 분명한 자료들을 실제적으로 가지고 있는 증거는 다음과 같은 것들이다. (1) 4b-5절은 여호사밧이 말하는 것으로, 그러나 자체 충돌적인 방법으로 말하는 것으로 두 번 소개한다. (2) 장면은 10절에서 납득이 가지 않게 바뀐다. (3) 주어가 19절에서 이해할 수 없게 바뀐다. 이것은 미가야의 두 번째 환상 신탁에 이르게 한다. (4) 미가야가 24절에서 비난을 받고, 26-27절에서 징벌을 받는다. (5) 절정의 재치 있는 즉답이 25절과 28절에서 각각 나타난다. (6) 30절에 있는 "당신은 왕복을 입으소서"라는 구문은 여호사밧이 왕복을 입고 있는 것으로 묘사된 10절과 일치하지 않는다. (7) 10, 15절에 있는 단수 이야기는 이야기를 받는 사람으로서 두 명의 왕과 일치하지 않는다. (8) 10절에 있는 "예언하는 모든 선지자"에 대한 구절은 6절 이후에 쓸데없이 반복되는 어구이며 12b절의 단어들과 일치하지 않는 것이다. (9) 9절에서 이스라엘 왕은 싸리쓰(סריס, "관리")를 급파한다. 그러나 13절에서는 말아크(מלאך,"사자")가 미가야를 데려온다. (10) 14절에서 미가야는 야웨가 자신에게 말씀하신 것을 말할 것이라고 야웨의 생명으로 맹세한다. 그러나 15절에서 그는 이스라엘 왕이 16절(미가야는 그가 왕의 선지자들이 22절에서 행한 것을 비난한 바로 그것을 하고 있다)에서 그를 꾸짖게 되는 거짓말을 한다. (11) 19절에 있는 라켄(לכן, "그러므로")은 누군가의 설명이 아닌 미가야 자신이 말한 것을 전제로 한다. (12) 25절의 미래적인 "그 날"은 35절의 과거적인 "그 날"과 구조적으로 불일치한다(참조. *YTT*, 112-13, 292-95). 이러한 많은 세부 사항에 더해서, 이야기가 지금 있는 대로는 의미 있는 구조를 가지지 못하며, 우리가 얽힌 것을 풀어 놓을 수 있는 독립된 내러티브들은 원래적으로 스스로 의미 있는 구조들을 가지고 있고, 또한 우리는 이러한 문학적 가설을 수용하기 위한 강력한 사례를 가지고 있다.

"내러티브 A"라고 분류된 이야기는 경질 신탁 내러티브로서 이것과 유일하게 비슷한 병행 본문은 열왕기하 8:7-15에 있다. 선지자 이야기의 이러한 하부 장르에서 왕에 대한 경질 신탁은 그 신탁 앞의 것보다 우선하여 성취된다. 이 신탁의 목적은 역사의 사건에서 야웨의 궁극적인 목적이 어떻게 초기 혹은 중간의 목적 위에 우선권을 차지하는지를 보여 준다(참조. *Prophet against Prophet*, 63-65). 본문의 내러티브 A는 역사적인 아합에 관한 것이 아니고 그의 아들 요람에 관한 것으로 예후 왕조에 우호적인 선지자들의 그룹에서 온 것이다. 이 내러티브의 가장 개연성 있는 연대는 주전 9세기 말경이다.

"내러티브 B"로 분류된 이야기는 말의 논쟁 내러티브로 이것과 유사한 병행 본문은 열왕기하 18:17-19:37에 있다. 이것은 *Prophet against Prophet*, 69-71에 서술되어 있다. 그 연대기는 내러티브 A보다 약 백 년 정도 후대인 주전 약 700년경의 히스기야 통치기다. 이 하부 장르의 이야기는 계시에 대한 경쟁적인 주장자들 사이의 경합과 관련이 있다. 그 목적은 야웨가 그의 역사적인 목적들의 성취를 위해 충돌하는 예언을 무력화시킬 수 있는 힘을 가지고 계시다는 것을 보여 주는 것이다. 내러티브 A나 내러티브 B 어느 것도 엄격하게 정형화된 언어의 형태를 활용하지 않는다. 그러나 각각의 내러티브는 그 특별한 기능을 수행하기 위해 계획된 특별한 구조를 가진다. 따라서 내러티브 A는 다음과 같이 긴밀하게 통합된 세 개의 구조를 가지고 있다. (1) 계시를 지지하기 위한 필요, (2) 우호적이고 비우호적인 신탁 사이의 갈등, (3) 비우호적인 신탁의 성취. 내러티브 B 또한 세 개의 삽화를 가지고 있다. 그러나 처음 두 개는 지상 어전과 하늘 어전 사이의 다른 종류의 충돌을 묘사하기 위해 두 어전 사이의 해결을 가져오는 세 번째 요소와 함께 사용된다. (1) 사마리아에서의 계시적인 대치, (2) 하늘에서의 계시적인 대치, (3) 시드기야와 미가야 두 선지자 사이의 맹렬한 비난. 두 내러티브가 미가야를 두드러지게 묘사하고 어느 정도 유사한 주제들을 가지고 있을지라도, 각각은 실제적으로 다른 문제와 관련되어 있다. 내러티브 A에서 중요한 문제는 왕이 경질 신탁 내러티브가 실현되는 것을 막을 수 있느냐는 것이다. 내러티브 B에서 관건은 야웨가 왕에게 좋은 것을 전하는 거짓 신탁을 말하는 선지자들을 실제적으로 관할할 수 있느냐는 것이다. 첫 번째 내러티브에서 그 대답은 '아니다'이고, 두 번째에서는 그 대답이 '그렇다'이다.

일반적으로 일어나는 것처럼, 이 문단도 수많은 2차적인 첨가 부분으로 부담을 가지고 있다. 분리된 주해 부분들은 4bα절과 28b절에서 보인다. 신명기 사가는 39-40절에 있는 결론적인 아합에 관한 요약 부분을 첨가했다. 오므리 왕조의 전쟁 사이클을 만들어 낸 예후인 편집자는 1-2a절에 있는 내러티브 A로의 전환 부분과 35b절에 있는 피를 흘리며 죽은 왕에 관한 구절, 그리고 예언이 성취되었다는 38절에 있는 결론적 진술을 썼다. 두 내러티브를 엮었던 후기의 편집인(신명기 사가 이전)은 12aβb절, 13절, 19절 초반부의 한 단어 봐요메르(ויאמר, "그리고 그가 말했다"), 그리고 20절에 있는 "그가 올라가 라못-길르앗에서 죽게 할 것인가"라는 어구들을 첨가한 것이다.

주석

[1]-[9] 1절은 20:43과 직접적으로 연결되는데, 이것은 원래적으로 연결되어 있었다. 휴전의 햇수를 나타내는 3이라는 숫자는 즉흥적이고 상투적인 것으로(참조. 18:1에 있는 주해) 성경적 연대기자들에 의해서 신뢰받지 못하는 것이다. 16:28⁺에서 여호사밧의 서론적 요약을 의도적으로 삽입하고 있는 G^{BL}과 구별하여 MT은 여기에 그 왕이 41-43절에 있는 신명기 사가의 본래 서론적 요약보다 먼저 나타나도록 했다. 이것은 신명기 사가의 시기에 미가야 이야기가 아합에게 적용되었기 때문이다. 내러티브 A는 노트(North)의 관점에서 이야기되고 있다. 이스라엘 왕에게 "내려간다"는 어구는 예루살렘이 가장 높은 곳이라는 관례적인 성경적 경향을 의미하고 있는 것이다. 예루살렘에 이스라엘 왕 자신이 있었다는 것은 언급되지 않는다. 37절에 있는 결론이 그 곳은 사마리아라고 분명히 하고 있다. 이스라엘 왕이 그의 신복들에게 말한 것은 사실상 비난하는 질문이다. 그것은 상황이 그렇다는 정보를 주기 위한 것이 아니고 부끄럽고 분한 감정을 불러일으키는 것이다. 라못-길르앗은 짙은 산림으로 우거진 길르앗의 북동쪽 전방에 놓여 있었다. 요람이 이 같은 장소에서 상처를 입었다고 진술하는 열왕기하 8:28은 또 다른 전쟁이 있었다는 것으로 해석되는 것이 아니라 지금 이야기의 배후에 있는 전승들의 상징적이지 않은 실제적 자료로서 해석되는 것이다.

"여호사밧이 이르되"라는 주해는 별 문제로 하더라도, 4절은 라못-길르앗에 대항한 전쟁에서 여호사밧의 도움을 요청하고 있는 이스라엘 왕을 묘사하고 있다. 여호사밧과 그의 군대가 나아갈 때에만 그와 그의 군대도 나아갈 수 있다는 것을 설명하고 있다("원문주해"를 보라). 여호사밧은 동의하기 전에 우호적인 신탁을 듣기를 요구한다. 이스라엘 왕은 이에 대한 답변으로 사백 명의 선지자들을 모은다(왕상 18:19에 있는 것과 같은 구조적인 숫자). 그들은 모두 왕(들)에게 야웨가 그 성읍의 회복을 허락하실 것을 확신하면서 라못-길르앗으로 올라갈 것을 조언한다. 그러나 그들의 일치된 견해는 여호사밧으로 하여금 오히려 의심을 가지도록 했다. 그래서 그는 또 다른 신탁을 요구하게 된다. 이스라엘 왕은 아직 여전히 이믈라의 아들 미가야(다른 자료에는 알려지지 않음)가 있음을 말한다. 그러나 그는 그 왕에 대해서 항상 나쁜 것만을 이야기하기 때문에 부르지 않았던 것이다. 여호사밧의 주장으로 그가 불려온다.

10-14 10절은 가장 먼저 명사 주어들이 나오고 이어서 서술적인 분사들이 나오는 특징적인 설명적 문체로 이루어져 있다. 이것은 2-9절에 대한 요약적인 병행 본문이 아니고 내러티브 B에 대한 서론이다. 비록 이 이야기가 이스라엘 왕을 결국 아합으로 말하게 될지라도(20절), 그는 이 곳에서 "유다의 왕" 여호사밧과 함께 익명으로 소개되고 있다. 그 정황은 공식적이고 예전적이다. 각각의 왕은 자신의 보좌에 공식적인 왕복을 입고 앉아 있다. 그 장소는 사마리아 문 밖에 있는 "광장"(גרן –고렌)이었다(사마리아의 문은 매우 높은 곳이기 때문에 "타작 마당"은 아니다). "모든 선지자들"이 왔다. 아마도 이 유사한 성스러운 장소(참조. 삼하 6:6; 24:16)는 왕의 집무실보다는 그들을 수용하기에 더 적합한 장소였을 것이다. 독자는 여기서 우가릿 문헌 2 Aqht V, 3-8과 놀라울 정도로 병행을 이루는 것을 보아야만 한다. 이 문헌은 심판을 위해서 *grn*, 곧 "광장", "타작 마당"에 나타나는 반신(半神)인 사람 다니엘을 말하고 있다(*ANET* 151a; 참조. J. Gray, 450). 모든 선지자가 "그 앞에서 예언하고" 있었다–동시에 혹은 연속적으로. 다른 곳에서 역시 언급되지 않는 그나아나의 아들 시드기야가 상징적인 행동을 할 때(참조. E. Haller, "Charisma und Ekstasis in 1 Kg 22", *ThEx* 82, Munich 1960; G. Fohrer, *Die symbolischen Handlungen der Propheten*, ATANT 54, 2nd ed.[Zürich: Zwingli Verlag, 1968] 22-23), 모든 선지자는 암묵적으로 동의한다. 시드기야는 철로 된 뿔들을 만든다. 그리고 그 철 뿔들은 왕이 아람을 멸하기까지 "밀어부치는 것", 즉 치거나 깨뜨리는 것을 신탁적으로 의미하는 것으로 해석한다. 킬(O. Keel)은 뿔로 된 투구를 쓰고 있는 신들을 보여 주는 이집트와 가나안 조상(彫像)들로부터 시드기야의 뿔들은 그에 의해서 왕에게 씌워지는 투구를 의미한다고 유추해 냈다(O. Keel, *Wirkmächtige Siegeszeichen im Alten Testament*, OBO 5[Göttingen: 1974] 123-34, 142).

내러티브 A와 내러티브 B를 묶었던 편집자는 12b절에서 시드기야의 신탁을 의역하는 "모든 선지자"라는 어구를 첨가하면서 끼어든다. 13절에서 그는 15-18절을 위해 미가야에게 다른 선지자들과 같은 말을 하도록 조언하는 "사자"를 준비한다. "당신의 말들(즉 신탁들)도 그들 중의 하나의 말(신탁)같이 되게 하십시오"라는 어구는 이 편집자가 그의 편집적인 결합에서 미가야가 정말로 하나의 신탁 이상, 즉 17절에서 하나 그리고 19-23절에서 또 다른 하나를 말하리라는 것을 잘 알고 있었음을 보여 준다. 미가야가 14절에서 말할 때, 그는 사마리아에 있는 선지자 무리에 속하지만 어느 정도 떨어져 나간 누군가처럼 보인다. "모든 선지자"에게 동의하는 대신, 그는 지금도 야웨로부터 계시를 받고 있으며 자신이 보고 들은 것을 그대로 말할 것임을 야웨의 생명을 걸고 맹세한다.

15-18 이 곳에서 다시 시작되는 내러티브 A에서 미가야는 그가 있었던 곳 어디에선가로부터 온다. 왕은 사백 명에게 물었던 것과 같은 질문을 그에게 한다. 그리고 미가야로부터 같은 대답을 얻는다. 그러나 그것은 우호적인 대답이었기 때문에 왕은 그것이 미가야의 진실한 대답일 수 없음을 안다. 따라서 그는 진실 외에 그에게 야웨의 말을 하지 말 것을 미가야에게 엄중히 훈계한다. 비록 많은 해석자들이 미가야가 고의적으로 거짓말을 하고 있는 것이라고 할지라도, 그의 말들은 그의 이데올로기에 있어서 애국적인 부담감으로 표현된 서론적인 메시지로서 해석하는 것이 더 낫다. 그러나 왕의 맹세시킴은 그로 하여금 야웨의 진정한 의도가 무엇인지를 분명하게 보도록 해준다. 17절에서 그는 흩어진 양 같은 이스라엘의 단순한 환상과 더불어 야웨 자신의 수수께끼 같은 해석에 대해 듣는 보고를 한다. 집에 안전하게(בשלום – 베샬롬) 돌아오지만 그들의 주인들이 없는 것은 그 주인들의 죽음을 의미한다. 그 신탁은 비우호적인 것이다. 따라서 이스라엘 왕은 여호사밧에게 그것을 해석하여 설명한다.

19-25 미가야는 14절로부터 감동적으로 계속 이어 나간다. 부름을 받았을 때 그는 17절에 있는 미가야의 다른 계시와 완전히 다른 계시를 보고한다. 이스라엘 왕과 여호사밧을 대항해서, 그는 양편으로 "하늘의 주"(하늘에 대한 상징적인 궁)와 더불어 보좌에 앉아 아합을 꾀려는(פתה – 파타, 피엘) 지원자들을 묻고 있는 야웨를 본다. 그 영(의인화된 선지자적 영감의 영임이 분명함) 외에 하늘의 가신들 중 어느 누구도 감히 대답하지 못한다. 그 영에게 위임된다. 오늘날의 성경 학도들은 예레미야(20:7, 10)와 에스겔(14:9)이 야웨를 속이며 꾀는 선지자로 묘사하는 것을 알게 되기까지는 이러한 본문을 어떻게 이해할지 난감해 할 것이다. 이것은 이 하늘의 영이 왕의 선지자들의 입에 속이는 영이 된 것을 말하는 23절에 있는 그의 계시에 대한 미가야의 설명과 일치한다. 이것은 궁극적으로 야웨가 왕을 대항해서 비우호적으로 말했음을 의미한다. 그의 꾀임을 받은 선자자들의 격려하는 신탁은 그가 그 자신을 해하도록 할 것이기 때문이다. 이것은 더 큰 권위가 어디에 있는지에 대한 문제를 앞으로 이끄는 세 번째 삽화로 이어 준다(24-25절). 시드기야의 무례한 후려침과 모욕적인 비난은 사마리아 궁을 대표한다. 우선시되는 본문들에 따르면서, 우리는 그의 물음은 다음과 같은 의미를 나타내는 것이라고 해석할 수 있

다. 즉 그가 선지자적인 영감을 가졌는데 어떻게 미가야가 그와 같은 선지자적인 영감을 가진 체하며 그러한 주장할 수 있느냐는 것이다. 미가야의 계시 신탁은 이미 이러한 난감한 문제가 섞인 질문에 대한 대답을 주고 있다. 즉 비록 그것이 야웨가 그 백성들을 위해 준비하신 심판으로 그들을 꾀일 거짓말하는 영일지라도, 특별한 선지자는 야웨에 의해서 영감을 받을 수 있다는 것이다. 미가야는 자신이 이미 무엇을 이야기했는지 반복하는 대신에 야웨가 그 심판을 위해 준비하신 날에 시드기야가 그것에 대한 증인이 될 것이라는 마지막 답변을 한다(*YTT*, 292-95를 보라). 그때 그 자신은 그 진노의 희생자가 될 것이다.

26-28 이것은 내러티브 A에 있는 삽화 2의 마지막 부분이다. 아몬과 요아스는 각각 시민과 합법적인 권위를 상징한다. 그들은 단지 생명 유지에 필요한 만큼의 음식과 물을 주면서 왕이 "안전히"(בשלום – 베샬롬) 돌아올 때가지 미가야를 가두어 지키는 공동의 책임을 맡았다. 왕은 선지자를 벌하기보다는 오히려 그가 말했던 것을 밖으로 나가지 못하게 하고 시행하지 못하도록 그 영을 지키려는 것이었다. 여기에는 왕이 가지고 있으나 화자는 공유하고 있지 않은 강한 역동적 개념이 있다. 화자는 미가야의 예언의 힘을 누르려는 시도가 성공할 수도 그렇지 못할 수도 있다는 것을 계속해서 이야기한다. 미가야가 왕이 정말 "안전히"(בשלום – 베샬롬) 돌아온다면 야웨는 그를 통해서 이야기하지 않았을 것이며, 그렇다면 그는 그러한 사건은 다른 초자연적인 존재 즉 악마가 이야기했으리라는 것을 말하고 있는 것이다.

29-38 삽화 3은 구두적인 지시 사항들에 대한 두 가지 장면으로 시작한다. 즉 이스라엘 왕 자신은 일반 병사와 같이 옷을 입는 반면에 여호사밧에게는 왕으로서 의복을 입으라고 말하는 것(30절)과, 아람 왕은 자신의 병거 장관들에게 이스라엘 왕을 공격하라고 말하는 것(31절) 두 가지다. 아람인들이 여호사밧을 공격할 때 그들의 처음 실수를 바로잡는 긴장된 장면이 있다(32-33절). 그 절정은 우연한 화살이 이스라엘 왕에게 치명적인 상처를 준다고 말해 주는 34절에 있다. 그 날의 전투가 격렬했기 때문에 그는 자신의 병거에서 버팀대를 의지하여 아람인들을 바라보며 서 있는 마지막 속임수를 계속하게 된다. 저녁에 이르러서 그는 죽는다. 그리고 집으로 돌아가라는 소리가 외쳐지는데, 이는 주인 없는 양들이 흩어진다는 예언을 성취하게 된다. "왕이 이미 죽으매"라고 말하는 37절은 요약이다. 화자는 왕이 묻히기 위해 사마리아에 "이르렀다"는 보고를 하는 것 외에 그의 진술을 끝맺는다. 그러나 이러한 가혹하고 장엄한 결론은 예후인 편집자의 38절에 있는 조롱하는 듯한 말로 인해서 망가진다. 38절은 개들이 어떻게 그의 피를 핥았는지, 그리고 그 곳에서 창

기들이 어떻게 목욕을 했는지를 말해 주고 있다.

39-40 이것은 아합에 대한 신명기 사가의 결론적인 요약이다. 이 왕의 주목할 만한 업적들 중에 "상아궁"과 궁궐의 건축(N. Avigad, *Eretz Shomron*[Jerusalem: Israel Exploration Society, 1973] 75-85)과 이름이 없는 성읍들의 건축이 있다. 이 요약에서 중요한 것은 "아합이 그 열조와 함께 잤다"는 진술이다. 이것은 그가 평화와 존경 가운데 죽었다는 것이므로 37절에 있는 왕에게 적용될 수 없는 것이다. 위에서 주장되었듯이, 이것은 두 개의 미가야 내러티브가 열왕기하 8-9장에 보고된 요람의 죽음에 대한 상상적인 반영이라는 것이다. 진짜 아합은 사마리아에서 아마도 나이가 들어 화평 가운데 죽었을 것이다(*Prophet against Prophet*, 97-99를 보라).

해설

분명히 이믈라의 아들 미가야라는 역사적인 선지자가 있었다. 그는 엘리야나 엘리사처럼 이야기의 전체 사이클에서 그 자신에게 관심을 집중시킬 정도로 충분히 알려지지는 않았다. 그러나 그는 라못-길르앗에서 아람 사람들과 가진 다가오는 전투에서 이스라엘 왕이 죽을 것을 예언했기 때문에 기억되고 있다. 그 왕은 내러티브 B가 그를 명명하는 것처럼 아합이 아니며, 그의 유다 동맹은 실제 여호사밧도 아니었다. 내러티브 B가 쓰였던 주전 약 700년경 북 이스라엘 왕조에서 가장 악명 높다는 평가를 받은 왕은 아합이었다. 그러므로 우리가 이미 언급했듯이 비록 실제적인 아합은 평화와 존경 가운데 죽었다고 기록하고 있을지라도, 이 이야기에서 악한 왕으로 그의 이름이 거론되는 것은 매우 이해할 만한 것이다. 선지자 미가야가 실제적으로 거론했던 왕은 아합의 아들인 요람임이 분명하다. 그리고 그의 유다 동맹은 여호사밧의 아들 아하시야임이 틀림없다. 열왕기하 9장은 어떻게 라못-길르앗에서의 전투가 실제적으로 이루어졌는지, 그리고 요람과 아하시야가 예후의 화살에 의해서 어떻게 죽었는지를 매우 높은 사실성을 가지고 말해 주고 있다. 내러티브 A에 있는, 우리가 가지고 있는 대로의 미가야 이야기는 이 사건에 대해서 상상적으로 다시 말하는 이야기다. 그 자체가 아합 가문에 대한 예후의 민감한 논박을 담고 있는 것이다. 어쨌든 그 목적은 선전적인 것은 아니고 교훈적인 교화의 측면이 있다. 주전 약 800년경, 즉 초기 예후 왕들의 통치기에 쓰인 이야기는 네 가지 예언적 사이클, 즉 열왕기상 20:1-43; 22:1-38에 사용되었을 때 좀더 넓은 초점을 가지게 된다. 열왕기상 20:1-43; 22:1-38은 오므리 왕조의 실패를 강조하려는 편집자에 의해서 수많은 주해와 확장들로 함께 묶여진 부분이다. 단지 내러티브 A의 저자인 이 편집자는 "이스라엘 왕"의 이름을 구체화한다. 역사적으로 그것은 단지 요람이 될 수 있다. 그러나 상징적으로는 "아합"과 그의 가문 전체를 가리킨다. 이러한 형태로 내러티브 A는 나중에 열왕기하 13장에서 확장되는 선지자 이야기들의 모음집에 들어가게 된다. 그리고 결국에는 다른 미가야 이야기인 내러티브 B는 내러티브 A에 편집적으로 결합된다.

하나의 단순한 선지자 이야기가 이처럼 복잡한 편집 과정을 거친 것이 거의 없고, 하나의 본문이 이렇게나 광범위한 신학적 문제들을 거론케 한 것도 드물다. 내러티브 A는 내러티브 B보다 백 년 정도 이른 시기의 것이다. 그러나 그것은 하나님의 방법들에 대한 그 성찰에서 이미 놀라울 정도로 세련되었다. 주전 841년 예후의 혁명 시기와 아람의 하사엘 통치의 이어지는 수십 년 어간에 북 왕국은 야웨가 외국 나라로 하여금 자신의 나라를 짓밟도록 용인하고 있는 사실에 대해서 계속적으로 당혹스러워하며 유감스럽게 생각하고 있었다. 내러티브 A의 관점은 이스라엘 왕들이 그러한 침략에 저항하기 위해서 행진해 갈 때, 그들은 영웅들처럼 행동한다는 것이다. 그러나 그러한 침략은 야웨의 언약 백성을 위험에 빠뜨리는 것이 아니다. 이스라엘을 지키기 위해 성전을 지지하는 것은 언제나 히브리 예언자주의의 역할이었다. 미가야가 당면하고 있는 역설은, 그는 이스라엘의 구원을 바라지만 이스라엘 왕들의 탐욕, 야망 그리고 물질주의를 한탄해야만 하는 데 있는 것이다. 왕의 "애국적인" 전쟁을 저항하는 미가야와 같은 선지자는 왕 자신을 겁쟁이나 반역자로 만들기 때문에, 이스라엘 왕은 표면적으로 그를 감옥에 집어넣게 된다. 그렇지만 이 경우에 그의 진정한 의도는 그의 전쟁에 대해서 저주를 불어넣는 선지자의 있을 수 있는 어떠한 영향을 막으려는 것이다. 그러나 이것은 다가올 일에 대한 예견이었다. 이사야, 예레미야 그리고 에스겔은 각각 겁쟁이와 반역의 표지에 용감하게 맞설 것이다. 그들 역시 왕의 거친 야심과 민족에게 진정으로 좋은 것 사이를 용감하게 분별해야만 할 것이기 때문이다. 물론 내러티브 A의 중심적인 교훈은 야웨의 궁극적인 목적은 그의 일시적이며 관례적인 목적을 지나 성취된다는 것이다. 왕은 일시적인 목적인 이스라엘의 구원과 자신을 위한 명예와 행운을 셈하고 있었다. 그러나 어느 것도 야웨의 궁극적인 목적의 성취를 막을 수는 없었다. 어느 것도 – 미가야를 옥에 가두고, 일반 병사로 가장하여 전투에 참여하고, 그의 병거에 의지해서 서 있는 것 등 – 왕을 평강 가운데 돌아오게 할 수는 없었다. 사백 명의 선지자가 그에게 잘못된 조언을 해주었다. 그러나 야웨는 저항하는 한 사람을 통하여 진실을 말씀하셨다.

내러티브 A를 오므리 왕조 전쟁 모음집에 놓은 예후인 편집자는 많은 면에서 동일한 관점을 가졌으나 그 이야기에 좀더 넓고 예리한 초점을 맞추었다. 그에게도 이스라엘 왕은 익명이었다. 그러나 그 왕은 예후나 그의 계보보다는 아합의 가문 중의 하나였음이 분명하다. 이 편집자는 이스라엘의 익명의 왕을 대항한 아람의 벤하닷에 의한 침략들, 즉 첫 번째는 사마리아에서 그리고 다음으로 아벡에서의 침략을 특징적으로 묘사하는 두 개의 "역사적 예시" 내러티브를 가지고 있다(왕상 20:1-21; 26-30). 두 이야기에서 모든 일은 선지자 혹은 "하나님의 사람"이 야웨가 이스라엘에 승리를 주실 것이라고 약속하는 장면이 나타날 때까지 절망적인 듯이 보인다. 이것은 두 경우에 진정한 예언은 이스라엘이 아람 사람들을 영광스럽게 이기는 것으로 나타난다. 본문의 편집자는 이 두 이야기를 연결하기 위해서 약간의 전환적인 내러티브(20:22-25)를 만든다. 그러나 그는 20:30b-43의 또 다른 선지자 이야기를 가진다. 그는 이것을 그가 만들고 있는 전체적인 새로운 이야기의 절정으로 사용하려고 하는 것이다. 이것을 위해서 그는 먼저 20:30a에서 전환을 필요로 한다. 그러고 나서 그는 제왕적 자체 심판 내러티브를 쓰고 있는데, 이 곳에서 이스라엘의 익명의 왕은 먼저 벤하닷이 자신을 "나의 형제"라고 부르도록 한다. 다음으로 변장한 선지자가 "내가 멸하기로 작정한 사람을 네 손으로 놓았은즉 네 목숨은 저의 목숨을 대신하고 네 백성은 저의 백성을 대신하리라"(42절, RSV)는 예언을 가져온다. 편집자의 시기에(내러티브 A보다 후대, 약 주전 700년경) 이스라엘 백성들은 이 예언의 고통을 깊이 느끼고 있었다. 아람인들이 그들이 방비하지 못하는 지역을 앞뒤로 짓밟았기 때문이다. 이러한 오므리 왕조 왕들의 이전 백성들은 아합과 요람, 그리고 나머지 왕들의 짧은 소견과 자신들의 사욕을 추구하는 정책으로 인해서 정말 고통당하고 있었다.

그러므로 원래 20:43에 바로 병치되도록 위치했던 내러티브 A는 좀더 날카로운 반(反)오므리 왕조의 면모를 가지게 되었다. 이 이야기에서 왕－선지자에 의해서 저항된 시기에－은 아람 사람들을 대항해서 다시금 전투를 하기 위해 나간다. 그는 이것이 또 다른 방어적 "성전"인 체한다. 따라서 그를 지지하기 위한 애국자들과 동맹들, 그리고 선지자들을 소집한다. 그러나 20장의 전투들과는 다르게, 이것은 방어적인 전투가 아니라 외관직인 권력을 보여 주기 위한 것이었다. 많은, 정확하게는 사백 명의 선지자와 그를 대항하는 한 명의 진정한 선지자가 있었다. 그 왕은 또한 유다의 강력한 왕 여호사밧과 동맹을 맺고 있었다. 여호사밧이 죽음을 피하는 마지막 장면은 만약 그가 미가야의 경고의 목소리에 주의를 기울였다면 어떻게 이스라엘 왕이 평강 가운데 집으로 돌아올 수도 있었는지를 보여 주는 것이다. 내러티브 A는 이스라엘 왕이 어떻게 화살에 맞는지, 그리고 어떻게 죽음에 이르도록 천천히 피를 흘렸는지를 말해 준다. 그러나 38절을 위한 예비 작업으로서 병거 바닥에 흘러나온 피에 대해서 말하는 22:35b을 쓴 사람은 예후인 편집자다. 내러티브 A는 이스라엘 왕이 죽어서 사마리아에 돌아왔다는 37절에서 끝난다. 그러나 편집자의 38절은 그 왕의 불명예스러운 죽음을 말하고 있다. 그들은 그 왕의 병거를 씻는다. 개들이 그 피를 핥는다. 창기들은 그 피를 씻은 물에서 자신들을 씻는다. 이것은 20:42의 "네 목숨은 저의 목숨을 대신하고"라고 했던 경고적인 예언을 성취하기에 충분할 정도로 무서운 죽음인 것이다. 이제 성취된 것은 바로 그 예언이었다. 이오므리 왕조의 왕에게 일어났던 모든 비참한 일들은 삼 년 전에 있었던 "여호와의 말씀에 따른 것"이었다(22:1).

미가야의 기억은 전승으로 전해졌다. 비록 그것이 이제는 단지 내러티브 A와 함께 한 예언적 모음집의 부분이 되었을지라도, 그것은 때때로 다른 형태로 이야기되었다. 그리고 북 왕국이 사라진 뒤에는 모든 북쪽의 전승들은 점차로 히스기야 왕과 예루살렘 성전의 후원 아래 모아졌다. 이때 우리가 "내러티브 B"라고 부르는 다른 이야기가 기록되었다. 그러고 나서 내러티브 A에 합쳐진 것으로 편집된 것이다. 이제 그 둘이 실제로 하나였던 것처럼 보였다. 우리 세대말고 모든 세대가 그렇게 보았다. 그러나 그것은 정말로 두 이야기가 함께 섞여 있는 것이다. 그 이야기들은 공통적으로 미가야, 대적적인 선지자들, 두 왕, 사마리아라는 지역, 대립하는 신탁 등을 가지고 있었다. 그러나 시간에 대한 영적인 문제들이 다르기 때문에, 두 가지 원래의 내러티브들은 그것들이 유사성에도 불구하고 달랐다. 내러티브 A에서 미가야는 알려지지 않은 누군가로 소개된다. 그러나 내러티브 B에서 그는 성이 없고 엘리야처럼 매우 잘 알려진 전형적인 인물이다. 내러티브 A에서 미가야는 서로 다른 두 가지 예언을 말한다. 두 번째가 첫 번째 것을 이겨내는 것이다. 그러나 내러티브 B에서는 선시사를 내항하는 선지자－두 가지 신탁을 가진 하나의 선지자가 아니라－의 두 종류를 말한다. 우리는 그들을 "길조를 이야기하는 사람"과 "흉조를 이야기하는 사람"으로 부를 수 있다. 그들은 유다 존속 말기에 결정적인 운명을 가지게 되었다. 후내의 왕들은 흉한 것, 즉 이스라엘 왕국의 전체 국가적인 구조의 멸망을 말하는 사람들보다 길한 것을 이야기하는 사람들을 더 선호했기 때문이다. 내러티브 B에서 우리는 사마리아의 어전과 하늘의 어전을 본다. 미가야는 오로지 자신이 들은 것을 말한다. 그것은 야웨로부터 거짓말하는 영이 모든 아합의 선지자들의 입에 들어가 아합을 속이기(פתה – 파타, 피엘) 위한 야웨의 목적을 수행한다는 것이다. 얼마나 경이로운 생각인가! 야웨가 의도적으로 누군가를 죄로 유인하기 위해 그를 속이신다는 말인가? 이것에 대답하기 위해서 우리는 우주에는 유일한 초자연적 존재가 존재하며 악조차도 그의 뜻 아래 있어야만 한다는 성경적 원리를 신중하게 생각해 보아야만 한다. 이 이야기에서 야웨는 정말로 "아합의" 파멸을 의도하셨다. 이것을 성취하는 가장 빠른 길은 아합이 듣기를 원하는 것을 그에게 말함으로써 그를 잘못 인도할 그의 선지자들을 통해서다. 그 선지자들은 아합의 호의 가운데서 그가 어떤 좋은 것을 듣기를 원했던 자들이다.

미가야 이야기는 이러한 새로운 형태로 우리에게 전해져 내려왔다. 특별히 "예언적" 사역에 열정을 가진 사람들은 이 메시지를 숙고할 수도 있는 것이다. 우리는 우리가 무엇을 의도하든지 하나님의 목적을 벗어나 일할 수 없다. 그분이 나쁜 것을 의도할 때 우리가 좋은 것을 말할 때조차도, 우리의 좋은 말은 그분의 "악"이 시행되는 도구가 될 수도 있는 것이다.

9. 여호사밧 왕의 통치(22:41-51[영역본 22:41-50])

참고문헌

Stade, B. Miscellen –9. 1 Kön. 22,48f." *ZAW* 5(1885) 178. **Yeivin, S.** "King Yehoshaphat." *EI* 7(1964) 6-17. *L. A. Mayer Memorial Volume.* Jerusalem: Israel Exploration Society.

본 문

41 이스라엘 왕 아합 제사년에 아사의 아들 여호사밧이 유다 왕이 되니	**41** [ab]Now Jehoshaphat son of Asa reigned over Judah[bc] in the fourth[d] year of Ahab [e]king of Israel.[ce]
42 여호사밧이 왕이 될 때에 나이 삼십오 세라 예루살렘에서 이십오 년을 치리하니라 그 모친의 이름은 아수바라 실히의 딸이더라	**42** And Jehoshaphat was thirty-five years old when he became king,[a] and for twenty-five years he reigned in Jerusalem. Now the name of his mother was Azubah, daughter of Shilhi.[b]
43 여호사밧이 그 부친 아사의 모든 길로 행하며 돌이켜 떠나지 아니하고 여호와 보시기에 정직히 행하였으나 산당은 폐하지 아니하였으므로 백성이 오히려 산당에서 제사를 드리며 분향하였더라	**43** And he walked in all[a] the way of Asa his father, not departing from it, performing what is right in Yahweh's eyes.
	44 However, the country shrines [b]he did not remove;[b] the people were still [c]sacrificing and making burnt-offerings at the country shrines.[c]
44 여호사밧이 이스라엘 왕으로 더불어 평화하니라	**45**(44) [a]And Jehoshaphat made peace with the king of Israel.[a]
45 여호사밧의 남은 사적과 그 베푼 권세와 그 어떻게 전쟁한 것은 다 유다 왕 역대지략에 기록되지 아니하였느냐	**46**(45) [a]Now the remainder of the acts of Jehoshaphat,[a] [b]and all his acts of greatness which he did, [c]and how he fought,[bc] are they not written [d]in the Book of [e]the Chronicles of the kings of Judah?[de]
46 저가 그 부친 아사의 시대에 남아 있던 남색하는 사를 그 땅에서 쫓아내었더라	**47**(46) aAnd the remainder of the male prostitutes who were left in the days of Asa his father he exterminated from the land.
47 그 때에 에돔에는 왕이 없고 섭정 왕이 있었더라	**48**(47) And there was no king in Edom:[a] a deputy reigned.[b]
48 여호사밧이 다시스의 선척을 제조하고 오빌로	**49**(48) Jehoshaphat[a] made [b]Tarshish-style ships[b] to

금을 취하러 보내려 하였더니 그 배가 에시온게
벨에게 파선하였으므로 가지 못하게 되매

journey to Ophir for gold, but they did not make the voyage; [c]the ships were[c] wrecked at Ezion- Geber.

49 아합의 아들 아하시야가 여호사밧에게 이르되
나의 종으로 당신의 종과 함께 배에 가게 하라 하
나 여호사밧이 허락지 아니하였더라
50 여호사밧이 그 열조와 함께 자매 그 조상 다
윗 성에 그 열조와 함께 장사되고 그 아들 여호람
이 대신하여 왕이 되니라

50(49) Then [a]Ahaziah son of Ahab[a] said to Jehoshaphat, "[b]Let my servants journey with your servants[b] in ships," but Jehoshaphat would not agree.
51(50) And Jehoshaphat[a] slept with his fathers and was buried with his fathers in the city of David his father. And his son Jehoram reigned in his place.

원문주해

41.a. G^L은 41-51절을 생략함. 참조. LXX $16:28^{a-h}$, 절의 숫자는 영역본을 따른다.

41.b-b. MT, G. 역대기는 "그리고 여호사밧이 유다 위에 통치했다."

41.c-c. MT, G. 역대기는 생략.

41.d. MT. G. LXX $16:28^a$은 "열한 번째".

41.e-e. MT. G^B은 "통치했다"(이전 상황으로부터 반복됨).

42.a. MT, G^B. LXX $16:28^a$은 "그는 그의 왕국에서 삼십오 년을 통치했다"라는 어구를 첨가한다(역대기적인 이데올로기의 영향을 받음).

42.b. MT. 엘(l) 대신에 엠(m)으로 대치하는 G^B의 세메이(*Σεμεεί*)는 원문 훼손.

43.a. MT, G^B. 역대기는 생략.

44(43).b-b. G^B. 참조. $16:28^b$에 있는 G^L, MT, C 그리고 $16:28^h$에 있는 G^B은 복수. Par은 "여전히 그 곳에 있었다"(의역함). 히브리 절 나눔에 있어서의 변화를 주의하라.

44.c-c. MT, G^B. 역대기는 "그들의 마음들을 그들의 조상들의 하나님(Par은 야웨)을 위해 확증했다."

45(44).a-a. MT, G^B. 역대기(Par), LXX $16:28^+$은 생략함.

46(45).a-a. MT, G^B. G^L의 $16:28^c$은 "그리고 여호사밧이 이스라엘 왕과 함께 더했던 것."

45.b-b. MT. G^B은 "그들이 어떻게 싸웠는지"라는 어구를 생략함. 역대기(Par)는 "첫 번째 그리고 마지막".

45.c-c. MT. G^B은 생략.

45.d-d. 역대기는 다른 형식.

45.e-e. MT, G $16:28^c$. G^B은 "여호사밧".

47(46).a. G^B은 47-50절을 생략함, 역대기 46-49. 참조. LXX $16:28^{d-g}$.

48(47).a. LXX 16:28e은 "아람에서". 참조. *HOTTP*, 330.

48.b. 2 MSS와 LXX 16:28은 나치브(נציב). "지명된 자"는 "지명되고 있었다"라는 의미의 MT의 니차브(נצב)의 니팔, 분사를 의미한다.

49(48).a. LXX 16:28^{f}은 생략함.

49.b-b. LXX 16:28^{f}은 "다시스에 있는 배들".

49.c-c. Q. K, LXX 16:28^{f}은 단수.

50(49).a-a. LXX 16:28^{g}은 "이스라엘의 왕".

50.b-b. LXX 16:28g은 "내가 당신의(^{L} 나의) 종들과 나의(^{L} 당신의) 종들을 보내도록 하시오."

51(50).a. MT. G^{B}은 생략. LXX^{BL} 16:28^{h}은 가지고 있다.

양식/구조/배경

[신명기 사가: 여호사밧의 통치

1. 서론적 요약, 41-42절
2. 신학적인 평가, 43-44(43)절
3. 유다 왕 역대지략으로부터 발췌한 부분, 45(44)절
4. 결론적 요약(1), 46(45)절
5. 유다 왕 역대지략으로부터 발췌한 또 다른 부분, 47-48(46-47)절]

예기되는 해상 모험들에 대한 보고, 49-50(48-49)절

[신명기 사가: 여호사밧에 대한 결론적 요약(2), 51(50)절]

주석

여호사밧은 신명기 사가로부터 높은 점수를 받고 있다. 그가 비교되고 있는 것은 다윗이 아니고 아사 왕이라는 것을 주목해야 한다(참조. 15:11). 그것은 여호사밧이 지역 산당들에 대해서 관용했다는 점에서 여전히 꾸짖음이 있기 때문임이 분명하다. 여호사밧이 이스라엘 왕과 화평했을지라도, 신명기 사가는 그가 전쟁에 가담했음을 결론에서 말하고 있다(46절). 신명기 사가는 또한 "남창"(여창들 역시 이 남성 복수의 공통석인 성에 포함될 수 있음)들에 대해서 여호사밧이 그의 아버지 아사의 온전히 이루지 못한 것(참조. 15:12)을 이루었다고 말하고 있다. 에돔에 왕이 없었고 지명된 자(LXX 16:28^{+}과 많은 학자들이 보는 대로 보통명사 "나십〈Nasib〉이 아님")가 관리했다는 신명기 사가의 진술은 열왕기하 3:1-25의 사실성(historicity)에 중대한 문제를 만들게 된다. 열왕기하 8:20-22은 에돔이 여호사밧의

아들 여호람의 통치기 동안에 처음으로 왕을 가졌다고 확증하고 있기 때문이다(De Vries, *Prophet against Prophet*, 134-45에 있는 논의를 참조 하라). 48절의 다시스 양식의 배들에 관해서는 10:22을 참조하라. 이 배들이 난파된 원인은 언급되지 않았다. 홍해의 교역을 위한 항구로서의 에시온게벨에 관해서는 9:26을 참조하라. "그 때"(אָז - 아즈)는 신명기 사가의 연결어일 수 있다. 49절과 50절은 아마도 별개의 모험들에 관한 것일 수 있기 때문이다. 여호사밧이 아하시야의 제안을 받아들이지 않은 것은 개인적이고 이데올로기적인 적대감 때문이라기보다는 상업적인 보수적 성향을 보여 주는 것일 수 있다.

10. 아합의 아들 아하시야의 통치(22:52-54[영역본 22:51-53])

본 문

51 유다 왕 여호사밧 제십칠년에 아합의 아들 아하시야가 사마리아에서 이스라엘 왕이 되어 이 년을 이스라엘을 다스리니라

52(51) Ahaziah son of Ahab reigned over Israel in Samaria in the seventeenth[a] year of Jehoshaphat king of Judah. And he ruled over Israel for two years.

52 저가 여호와 보시기에 악을 행하여 그 아비의 길과 그 어미의 길과 이스라엘로 범죄케 한 느밧의 아들 여로보암의 길로 행하며

53(52) And he[a] performed what was evil in the eyes of Yahweh. And he walked in the way of [b]his father[bc] and [d]in the way of[de] his mother; also in the way[f] of[g] Jeroboam son of Nebat, who made Israel to sin.

53 바알을 섬겨 숭배하여 이스라엘 하나님 여호와의 노를 격동하기를 그 아비의 온갖 행위같이 하였더라

54(53) And he worshiped Baal[a] and did obeisance to him,[b] enraging Yahweh the God of Israel according to all [c]that his father had done.[cd]

원문주해

52(51).a. MT, G^{B}(*Kaige*). G^{L}은 "이십칠 년째".

53(52).a. MT, G^{B}. G^{L}은 "아하시야"라는 설명적인 어구를 가진다.

53.b-b. MT, G^{B}. G^{L}은 생략.

53.c. MT, G^{B}은 "아합"이라는 설명적인 어구를 첨가한다.

53.d-d. MT, G^{B}. G^{L}은 생략.

53.e. MT, G^{L}. G^{B}은 "이세벨"이라는 설명적인 어구를 삽입한다.

53.f. MT, G^{BL}은 "죄들".

54(53).a,b. MT. G^{BL}은 복수.

54.c-c. MT. G^{BL}은 "그 앞에서 행했던 것"이라는 어구를 첨가한다(해석적임).

54.d. G^{BL}은 열왕기하의 서두에 있는 히브리어 본문에 속한 첨가적인 단어들을 가진다.

양식/구조/배경

[신명기 사가: 아하시야의 통치

1. 서론적 요약, 52(51)절
2. 신학적인 평가, 53-54(52-53)절]

주석

아하시야는 단지 일 년 조금 넘는 기간 동안만을 통치했다. 이세벨은 너무나 악명 높은 죄인이었기 때문에, 아하시야의 아버지와 함께 그의 어머니의 악행이 언급된다. 그러나 모든 것은 느밧의 아들 여로보암의 죄인 "원래적인" 죄 아래 들어오게 된다. 열왕기상은 아하시야가 바알에게 헌신적인 예배를 드림으로써 야웨를 격노케 했다는 기록으로 끝난다.

열왕기상

- 2006년 3월 30일 초판 1쇄 발행
- 2014년 3월 25일 초판 2쇄 발행
- 지은이: 시몬 J. 드 브리스
- 옮긴이: 김병하
- 펴낸이: 박영호
- 펴낸곳: 도서출판 솔로몬
- 등록번호: 제16-24호
- 등록일: 1990년 7월 31일
- 주소: 서울시 동작구 사당로 155 신주빌딩 B1
- 전화: 599-1482 팩스: 592-2104
- 직영서점: 596-5225

ISBN 978-89-8255-374-5
ISBN 978-89-8255-267-0(세트)